GRAETZ · GESCHICHTE DER JUDEN

GESCHICHTE DER JUDEN

VON DEN ÄLTESTEN ZEITEN BIS AUF DIE GEGENWART

Aus den Quellen neu bearbeitet von

DR. H. GRAETZ

DRITTER BAND

ERSTE HÄLFTE

Fünfte verbesserte und vermehrte Auflage

Bearbeitet von Dr. M. Brann

GESCHICHTE DER JUDÄER

VON DEM TODE JUDA MAKKABIS
BIS ZUM UNTERGANGE DES JUDÄISCHEN STAATES

Von

DR. H. GRAETZ

arani

Reprint der Ausgabe letzter Hand, Leipzig 1905

© arani-Verlag GmbH, Berlin 1998
Gesamtherstellung: Ebner Ulm
ISBN 3-7605-8673-2

Geschichte der Juden

von

den ältesten Zeiten bis auf die Gegenwart.

Aus den Quellen neu bearbeitet

von

Dr. H. Graetz,

weil. Professor an der Universität und am jüdisch-theologischen
Seminar zu Breslau.

Dritter Band.

Erste Hälfte.

Fünfte verbesserte und vermehrte Auflage.

———— ·•◆•· ————

Leipzig,
Oskar Leiner.
1905.

Geschichte der Judäer

von dem

Tode Juda Makkabis

bis

zum Untergange des judäischen Staates.

Von

Dr. H. Graetz,

weil. Professor an der Universität und am jüdisch-theologischen
Seminar zu Breslau.

Fünfte verbesserte und vermehrte Auflage,

erste Hälfte.

Bearbeitet von

Dr. M. Brann.

Leipzig,
Oskar Leiner.
1905.

Vorwort zur dritten und vierten Auflage.

—✦—

Mir ist die einem Autor jüdischer Geschichte seltene und schmeichelhafte Freude geworden, die dritte und vierte Auflage des gegenwärtigen Bandes veranstalten zu können. Es wäre aber töricht von mir, von dieser dem Leser gleichgültigen Tatsache zu sprechen wenn ich mich nicht genötigt sähe, Rechenschaft von der dem Umfange und Inhalte nach bedeutenden Veränderung desselben abzulegen. Innerhalb der 15 Jahre seit dem Erscheinen der zweiten Auflage ist nämlich gerade der Zeitraum der judäischen Geschichte, welchen dieser Band umfaßt, Gegenstand eingehendster Behandlung geworden. Es ist den Forschern zum Bewußtsein gekommen, daß diese Zeit grundlegend für die ganze Folgezeit geworden ist und Anregung für noch zukünftige Gestaltungen enthält. Ein ganz neues Gebiet wurde innerhalb derselben abgesteckt, das unter verschiedenen Titeln figuriert und am bündigsten die neutestamentliche Zeitgeschichte benannt wurde. Angeregt durch Renans ebenso glänzenden wie hohlen Roman: »histoire des origines du christianisme« sind gründlichere Historiker auf die allerdings nicht fern liegende Tatsache geführt worden, die daher nicht hätte übersehen werden sollen, daß das Christentum nicht fertig und elternlos als Fleisch gewordener Logos in die Weltgeschichte eingegriffen hat, sondern daß es, als Produkt tiefer Bewegungen in der judäischen Geschichte dieses Zeitraums, mit der Kraft und Schwäche desselben behaftet ist. Um die Genesis des Christentums tiefer und wahrer als bis dahin zu begreifen, haben die Historiker die Quellen und das ganze einschlägige judäische Literaturgebiet von neuem mit kritischem Auge durchforscht. Selbst die bis dahin beiseite gelassenen „alten Rabbinen" oder die talmudiſche Literatur wurde in den Kreis der Unterſuchung gezogen. Die Geſchichte dieſes Zeitraums iſt infolgedeſſen in ein neues Stadium getreten. Auch die Hilfswiſſenſchaften: die Chronologie, die Geographie und Archäologie von Paläſtina und die Numismatik, wurden zu dieſem Zwecke um vieles ſchärfer und beſtimmter behandelt, um feſte Grundlagen für die geſchichtlichen Vorgänge zu gewinnen.

Mir lag daher die Pflicht ob, bei der Ausarbeitung der neuen Auflage dieſe ſeit den ſechziger Jahren vielfach angewachſene und weitſchichtige Literatur zu berückſichtigen, die ſichern Reſultate aufzunehmen, das kritiſch Unhaltbare abzuweiſen und, wenn es von autoritativen Forſchern vertreten wird, meine Darſtellung dieſen gegenüber zu rechtfertigen. Mir ſelbſt haben ſich bei erneuter Durchforſchung der Quellen neue Tatſachen ergeben. Dieſe Momente zuſammen haben die bedeutende Veränderung dieſer Auflagen veranlaßt. Der Umfang dieſes Bandes iſt dadurch ſtärker geworden, und um ihn nicht gar zu voluminös anſchwellen zu laſſen, iſt er in der vierten Auflage in zwei Hälften geteilt worden.

Die vierte Auflage iſt auch gegen die dritte vielfach vermehrt und verbeſſert. Außer den neugewonnenen Tatſachen, die in dem Text eingewebt ſind, enthält dieſe Auflage in den Noten eine Reihe von Abhandlungen für Fachmänner, welche in den drei älteren Ausgaben fehlen. Als Ergänzung zur Entſtehung der Septuaginta iſt hinzugefügt die Abfaſſungszeit des Pſeudo-Ariſteas. — In der Entwickelungsgeſchichte der judäiſch-helleniſtiſchen Literatur iſt die Chronologie der zwei helleniſtiſchen Schriftſteller Eupolemos und Demetrios näher präziſiert und die Unterſuchung über die Geneſiszeit des vierten Makkabäerbuches und des Pſeudo-Ariſtobulos hinzugefügt. — Dann die judäiſchen Ethnarchen oder Arabarchen in Alexandrien. — Die Note über die judäiſchen Geſandtſchaften nach Rom iſt durch die Beleuchtung und chronologiſche Präziſierung der Urkunden von Cäſar und anderen römiſchen Machthabern vermehrt. — Ferner die Unterſuchung über das Sendſchreiben der Paläſtinenſer an die ägyptiſch judäiſchen Gemeinden im zweiten Makkabäerbuch. — Ferner Unterſuchung über die Zeit, in welcher die Bergfeuer zum Zwecke der Feſtesankündigung aufgehoben wurden. — Der Polemos des Varus und die ſich daran knüpfenden Fakta. — Die Aufeinanderfolge der Wahlhohenprieſter und der römiſchen Proku-

ratoren in Judäa. — Die Abfassungszeit der Evangelien.
— Chronologische Untersuchung über die Vorgänge unter
Caligula, die Judäer betreffend. — Erweiterung Jerusalems durch
die Entstehung der Vorstadt Bezetha und über die Lage von
Bethanien und Beth-Phage. — Zusammenhang der Be-
kehrung des Apostels Paulus mit der Bekehrung der Königin
Helena zum Judentum. — Eine eigentümliche Volkszählung
vor dem Ausbruch des Krieges gegen die Römer. — Der erste
Schritt zu diesem Kriege und endlich eine ausführliche Untersuchung
über die judäischen Münzen.

Breslau, im Juni 1888.

Der Verfasser.

Vorwort zur fünften Auflage.

—— •+• ——

Abermals sind 15 Jahre ins Land gegangen, seitdem der
vorliegende Band in der letzten Fassung, die der verewigte Meister
ihm gegeben hat, erschienen ist. Die Arbeitslust auf dem hier behandelten Gebiete der jüdischen Geschichte ist auch während der letzten
anderthalb Jahrzehnte die gleiche geblieben und in der Gegenwart
eher noch in der Zunahme begriffen. Neben dem vorzüglichen
Schürerschen Buche, das jetzt in bedeutend vermehrter dritter Auflage herausgekommen ist, sind zahlreiche wichtige und wertvolle Einzel-
untersuchungen über die einschlägigen geschichtlichen, literaturgeschicht-
lichen und religionsgeschichtlichen Probleme angestellt worden. Die
Ergebnisse des Verfassers an den neuen Aufstellungen zu messen oder
wenigstens, wo das zu weit geführt hätte, auf die neuere Literatur
hinzuweisen, war eine unabweisbare Notwendigkeit. Ich habe mich
dieser Aufgabe um so bereitwilliger unterzogen, als sie mir die er-
freuliche Gelegenheit bot, zu Studien zurückzukehren, denen vor 30
Jahren die Liebe meiner Jugend gehört hat. Die Grundsätze, von
denen ich bei der Durchsicht ausging, habe ich bereits mehrfach in
den Vorbemerkungen zu Bd. II a, X und XI erörtert. Der Leser
erhält den Text seines Autors möglichst unverändert. Meine Bemerkungen in den Rand- und Schlußnoten sollen ihm nur die Gelegenheit geben, die Meinungen des Autors zu prüfen und von
abweichenden Ergebnissen Kenntnis zu nehmen.

Breslau, 10. Februar 1905.

M. Brann.

Inhalt

der ersten Hälfte des dritten Bandes.

Elftes Kapitel.

Messianische Erwartungen und der Ursprung des Christentums.

Zwölftes Kapitel.

Die makkabäische und herodianische Epoche.

Erstes Kapitel.

Jonathan.

Zustand des Volkes nach dem Tode des Helden Juda Makkabi. Parteistellung; Aßidäer, Hellenisten, Hasmonäer; Jonathan, Führer der Hasmonäer. Sein Guerillaskrieg gegen Bakchides. Tod des Hohenpriesters Alkimos. Waffenstillstand zwischen Jonathan und Bakchides. Jonathan stillschweigend Oberhaupt des Volkes. Der Streit um den syrischen Thron bringt Jonathan die Hohepriesterwürde ein. Seine vorsichtige Politik, seine Gefangenschaft und sein Tod.

160—143 v. Ch.

Juda der Makkabäer hatte seine Heldenseele auf dem Schlachtfelde von Eleasa ausgehaucht. Die ganze Nation legte Trauer um ihn an[1]), sie war in der Tat eine Waise geworden. Die hochanschwellende Begeisterung, welche waffenscheue Dulder zu Helden umgeschaffen, jene kühnen Taten zuwege gebracht, die man unter dem Namen „die makkabäischen" bezeichnet, und feurige Sänger geweckt, welche „dem Herrn neue Lieder sangen", konnte, eben weil sie eine aufgeregte Seelenstimmung war, nicht allzulange andauern; es mußte naturgemäß allmählich eine Abspannung eintreten. Ein ganzes Volk, das zumeist auf Ackerbau und Viehzucht angewiesen ist, kann nicht jahraus, jahrein unter den Waffen bleiben, um sich den stets erneuernden feindlichen Heereszügen entgegen zu werfen. Die Erhebung des judäischen Volkes zur Abwehr der tyrannischen Zumutung, die teuersten geistigen Güter, Religion, Sittlichkeit und Sitte, mit einem fremden, verhaßten Wesen umzutauschen, hatte den Landmann vom Pfluge, den Gesetzeslehrer von seinem heiligen Buche, den Priester von heiliger Stätte, den Frommen von seinem beschaulichen Leben hinweggerissen und alle Lebensgewohnheiten verschoben. Ein solcher Zustand konnte nicht von langer Dauer sein. Außerdem war ja die

---

[1]) I. Makkabäerbuch 9, 18—21. [Über den Ort, wo Juda starb, vgl. Schürer, Gesch. d. jüdischen Volkes im Zeitalter Jesu Christi, I, 3. u. 4. Aufl., S. 222, Anm. 36. Buhl, Geogr. d. alten Palästina 169.]

Hauptbeschwerde, welche das Volk zu mannhafter Gegenwehr auf=
gestachelt hatte, erledigt und der Sieg gewissermaßen errungen und
befestigt. Der Zwang, den Gott Jsraels zu verleugnen und dafür
dem Zeus zu opfern, die judäische Sittenstrenge aufzugeben und den
griechischen Leichtsinn anzunehmen, hatte aufgehört. Der Vertrag,
welchen Juda Makkabi mit dem unmündigen König Antiochos Eupator
und seinem Feldherrn und Vormunde Lysias in Jerusalem geschlossen
hatte (163), sicherte dem Volke die Religionsfreiheit zu[1]), und der
darauffolgende König Demetrios I., wenn auch von feindlicher Ge=
sinnung gegen die Judäer, hatte diesen Vertrag nicht gebrochen. Im
Tempel zu Jerusalem durften die Opfer vorschriftsmäßig gebracht
werden, und wenn auch der von Demetrios eingesetzte Hohepriester
Jakim oder Alkimos gerade nicht der Liebling des Volkes war,
so war er doch, seinem Vorgänger Menelaos unähnlich, von rein
priesterlichem Geschlecht[2]). Zwar hatte die hellenistische, dem Juden=
tume feindliche Partei noch immer die Burg Akra in Jerusalem
inne, von wo aus sie den Treugebliebenen Untergang und dem
Tempel Schändung drohte, und reizte durch ihre sich wiederholenden
Anklagen gegen die Patrioten den syrischen König, Heeresmassen gegen
Judäa zu senden. Der Sieger Bakchides hatte sie gar zu Herren
des Landes eingesetzt, und diese Gewalt mißbrauchte sie nach Herzens=
lust zum Verderben der Frommen[3]). Aber solche Vorgänge, welche
wohl edle Naturen zur Abhilfe oder Aufopferung aufrütteln, er=
scheinen dem vor allem Ruhe liebenden Volke nicht bedeutend genug,
um sich, die Seinigen und das Seinige auf das Spiel zu setzen wenn
es nicht von einer mit Autorität bekleideten Gewalt dazu gezwungen
wird. Und an einer solchen allgemein anerkannten Autorität fehlte
es gerade nach dem Tode Juda Makkabis; die Führer des Volkes
gingen in Parteiungen auseinander, und die Hasmonäerbrüder, wie=
wohl die Lieblinge des Volkes, hatten noch nicht so viel Ansehen er=
langt, um die Gesamtheit der Nation um ihre Fahnen sammeln zu
können; sie galten eben auch nur als eine Partei.

Man kann nämlich schon in der Zeit noch vor Judas Tod drei
ausgeprägte Parteien unterscheiden, wie denn überhaupt das Partei=
wesen, welches das Symptom einer lebenskräftigen Geschichte ist,
seinen Ursprung in der Makkabäerzeit hat. Die eine ältere im Juden=
tume wurzelnde Partei waren die Chaßidäer (Aßidäer), die Streng=
frommen.

---

[1]) I. Makkabäerbuch 6, 59—61. Bd. II b S. 364.
[2]) Vergl. B. II b S. 367 R.
[3]) I. Makkab. 9, 25 f. 13, 47 f.

Sie beobachteten auf das gewissenhafteste nicht nur die penta=
teuchischen Gesetze, sondern auch die seit Esra aufgenommenen Er=
weiterungen und die von den sopherischen Lehrern eingeführten Er=
schwerungen, welche als Verhütungen und Umzäunungen galten. Ja,
die Frommen legten sich selbst Erschwerungen und Kasteiungen auf,
entsagten als Nasiräer zeitweise oder fürs ganze Leben dem Weine.
Diese chaßidäische Partei betrachtete jeden nicht vom Gesetz gezügelten
Genuß als eine Sünde; überhaupt das Judentum galt ihr als eine
Religion der Askese, welche stete Entsagung und Kasteiung fordere
und alle Lebenstätigkeit unter das Gesetz stelle. Mit dieser asketischen
Lebensrichtung verband ein Teil der Aßidäer das theoretische Streben,
sich in das schriftliche Gesetz zu vertiefen, überhaupt die bereits als
heilig anerkannten Schriften zu erforschen und namentlich die mündlich
überkommenen Gesetzesbestimmungen und Auslegungen treu zu erhalten
und weiter zu überliefern. Die Schriftkundigen (Sopherim, γραμματεῖς)
und Chaßidäer gehörten zusammen, bildeten eine eigene Klasse, wenn
auch die einen, die Jünger des José, Sohn Joësers, mehr Gewicht
auf das Lehren und Lernen und die andern, die Anhänger des José,
Sohn Jochanans aus Jerusalem, mehr Wert auf die praktische Er=
füllung des Gesetzes legten [1]). Als Schriftkundige hatten jene die
Gerichts= und Lehrämter inne und dadurch auch den damit ver=
bundenen Einfluß auf das Volk und die lernbegierige Jugend. Ver=
möge ihrer Lebensrichtung mußte diese Partei vor allem Ruhe und
friedliche Zustände lieben, welche ihr Muße ließen, das Gesetz zu er=
füllen und zu erforschen, und mußte jeder Beteiligung an politischen
Vorgängen abhold sein. Aus dieser Ruhe konnten sie nur die ge=
waltsamen Eingriffe der syrischen Tyrannen in die heiligsten An=
gelegenheiten des Judentums für einen Augenblick herausreißen,
weil sie schmerzlicher noch als der übrige Teil des Volkes sich von
diesem Zwange verletzt fühlten. Den Aßidäern war nichts mehr
verhaßt als das griechische Wesen, da es gerade auf Schaugepränge,
Genußbefriedigung und Äußerlichkeit hinauslief, während ihnen der
Leib mit seinen Anforderungen und Trieben als Sitz des Satans
galt, der niedergehalten werden müsse. Und nun hatte das Macht=
gebot des syrischen Herrschers von ihnen verlangt, daß sie der eigenen
Lebensweise entsagen, der fremden huldigen und noch obendrein den
heidnischen Gott verehren sollten. Diese unerträgliche Zumutung hatte
sie aus ihrer Beschaulichkeit aufgerüttelt und ihnen die Waffen in
die Hand gedrückt. Nach den ersten Siegen und der Einweihung des

---

[1]) I. Makkab. 7, 12—13. Vgl. B. IIb S. 274.

Tempels zogen sie sich aber, wie es scheint, unzufrieden mit dem von den Hasmonäern eingeschlagenen Weg, in ihre Lehrhäuser und ihre Beschaulichkeit zurück und schlossen sich sogar dem Hohenpriester Alkimos an; „da er doch vom Samen Ahrons war, so werde er" — so dachten sie — „ihnen nichts Böses zufügen." Obwohl sie in ihren Erwartungen getäuscht und Opfer ihrer Leichtgläubigkeit geworden waren, so findet sich doch nicht, daß sie unter Juda oder Jonathan zu den Waffen gegriffen hätten. Die Aßidäer griffen nicht mehr tätig in die Begebenheiten ein, sondern überließen den Gang derselben der göttlichen Vorsehung, die doch alles zum Guten leiten werde, oder die harten Schläge zu Prüfungen und Läuterung sende, wie das aus ihrem Kreise hervorgegangene Buch Daniel betont hat.

Die den Aßidäern schroff entgegengesetzte Partei bildeten die Hellenisten. Weil das Judentum mit seiner Sittlichkeit und seinem Ernste ihrem Gelüste hinderlich war, hatten sie einen leidenschaftlichen Haß gegen dasselbe gefaßt, und weil das Judentum mit der Nationalität innig und unauflöslich verwachsen war, so wurden sie die erbittertsten Feinde ihrer Nation. Ohne Anhang im Volke mußten sich die Griechlinge an die syrischen Machthaber halten, um mit deren Hilfe ihre Verkehrtheiten durchzusetzen, und wurden so Verräter an ihrer Nation nicht minder als an der väterlichen Lehre und Sitte. Von der Verachtung und dem Abscheu, dem sie verfallen waren, zeugen die brandmarkenden Benennungen, die ihnen die Zeitgenossen beilegten: „Abtrünnige vom heiligen Bunde, Verräter am Bunde, Gesetzübertreter, Gesetzlose und Gottlose." Doch zählten sie in ihren Reihen Tempelbeamte, Priester und die aus altem Adel abstammenden Familien. Durch die siegreichen Kämpfe der Hasmonäer ihrer Macht beraubt und seit dem Tode des Hauptverräters Onias-Menelaos (163) ohne Führer, waren die Hellenisten gezwungen, vor dem gerechten Volkszorne Zuflucht in der Akra zu suchen, von wo aus sie, glühende Rache gegen alle, die ihre Verräterei nicht teilten, brütend, die syrischen Machthaber fortwährend gegen ihre Stammesgenossen aufstachelten. Aber Judas Tod hatte wieder die Herrschaft in ihre Hände gespielt. Die Namen ihrer Häupter sind nicht bekannt worden; möglich, daß Odura, seine Brüder und die Söhne Phasiron die hellenistischen Führer waren[1]).

---

[1]) Makkab. 9, 66. Unmöglich können diese Häuptlinge eines Nomadenstammes gewesen sein. Denn der Schauplatz der Fehden war die Gegend des diesseitigen Jordans bei Bethagla (w. unten), und hier gab es in der makkabäischen Zeit wenigstens keine Nomaden. Warum hätte auch Jonathan mit friedlichen Nomaden anbinden sollen? Hatte er nicht Feinde genug?. Und daß

Zur dritten Hauptpartei hatten sich die Hasmonäer in kurzer Zeit emporgeschwungen, deren Führer die drei noch übrigen Söhne Matthatias waren: Jonathan, Simon und Jochanan, zu denen Verwandte ihres Hauses, andere Freunde und Gesinnungsgenossen hielten. Mit den Aßidäern in ihrer Liebe zum Judentume und seinen Heiligtümern geeint, unterschieden sich die Hasmonäer von ihnen durch den weiten Blick, die richtige Beurteilung der Verhältnisse und eine mannhafte Tatkraft, welche sich durch Hindernisse vom vorgesteckten Ziele nicht abbringen ließ. Diese Partei, durch religiösen Eifer, Mut und glückliche Benutzung der Umstände an die Spitze der Bewegung gestellt, begnügte sich nicht, die Schändung der Heiligtümer abgewendet und die Rücknahme des Religionszwanges durchgesetzt zu haben; sie wollte die Ursachen entfernen, welche die trübe Zeit herbeigeführt hatten. Treffend charakterisiert ein Psalmist die Haltung dieser Partei: „Gottes Ruhm ist in ihrem Munde und ein zweischneidiges Schwert in ihrer Hand." Sie mochte es nicht dulden, daß Judäa das Joch der verhaßten Griechen noch ferner tragen, und der Bestand des Judentums von der Laune eines syrischen Despoten oder den Ränken einer verräterischen Partei abhängig sein sollte; sie wollte nicht bloß Religions= freiheit, sondern auch politische Unabhängigkeit in Judäa be= gründen[1]). Auf dieses Ziel hatte Juda Makkabi zugesteuert, als er nach der Einweihung des Tempels die Idumäer gezüchtigt, den Be= drängten in Galiläa und jenseits des Jordans geholfen, Festungen ange= legt und das Schwert nicht aus den Händen gelegt hatte, bis es ihm der Tod entriß. Aber zu einem so schwierigen Unternehmen, ein unab= hängig judäisches Gemeinwesen herzustellen, schienen den Hasmonäern die Mittel, über welche sie zu verfügen hatten, durchaus unzulänglich. Die Zahl ihrer treuen, todesmutigen Anhänger belief sich nicht über 3000 und war noch dazu ungeübt, nur durch Begeisterung in die Schlachtreihe geführt, ohne vollständige Waffenrüstung, ohne Reiterei.

---

ein Stamm „der Söhne Phasiron", etwa wie die „Söhne Baian" feindselig gegen die Hasmonäer verfahren wäre, hätte doch in der Erzählung angegeben sein müssen. Der Ausdruck: ἐν τῷ σκηνώματι αὐτῶν im Singul. spricht doch auch dagegen, daß man dabei an Nomadenzelte zu denken habe: sonst hätte der Plural gebraucht sein müssen. Der hebräische Text hat gelautet: ויך את ־קורא יאת אהיו ואת בני פ־שירון כמשכנם Aber משׁכ= bedeutet doch nicht so ohne weiteres „Zelte"; die Fortsetzung des V.: καὶ ἐξήρξατο τύπτειν kann sich ja doch nur auf Hellenisten beziehen. Gegen wen sonst hätte sich Jonathans Feindseligkeit richten sollen? — Die L. = A. ־קדי־רא ist nach der syr. Version, in der griech. Version 'Οδοαρρῆς.

[1]) I. Makkab. 8, 18. καὶ τοῦ ἆραι τὸν ζυγὸν αὐτῶν ('Ιουδαίων), ὅτι ἶδον τὴν βασιλείαν τῶν Ἑλλήνων καταδουλουμένους τὸν Ἰσραὴλ δουλίαν.

Wie ſollten ſie den wiederholten Angriffen des ſyriſchen, in der
mazedoniſchen Kriegskunſt ergrauten Heeres auf die Dauer ſtand
halten! Darum gingen die Hasmonäer ſtaatsmänniſch zu Werke und
waren darauf bedacht, die Schwäche des ſyriſchen Reiches zu be=
nutzen und ſich mit deſſen Feinden in Verbindung zu ſetzen. Die
Hauptfeinde der ſyriſchen Dynaſtie waren die Römer, welche damals
ſchon in den Scheitelpunkt ihrer Macht getreten waren. Mit dieſen
Herren der Welt ſcheint ſchon Juda in Unterhandlungen getreten zu
ſein, wenn auch die Nachricht von einer förmlichen Geſandtſchaft, die
er nach Rom um Eintritt in das Verhältnis der römiſchen Bundes=
genoſſenſchaft geſchickt[1]), nicht recht wahrſcheinlich iſt. Auch mit dem
parthiſchen Könige, Mithridates I., der um dieſelbe Zeit glückliche
Angriffe auf die ſyriſchen Beſitzungen jenſeits des Euphrats machte,
ſcheinen die Hasmonäer eine diplomatiſche Verbindung angeknüpft und
von ihnen Hilfe erwartet zu haben. So dürfte jene Tradition zu
verſtehen ſein, welche berichtet, daß Israel, d. h. die Hasmonäer, nach
den Bergen des Oſtens blickten und Hilfe von den Perſern er=
warteten[2]). Mit einem Worte, dieſe hasmonäiſche Partei ließ ſich von
der politiſchen Klugheit leiten, die eigene Unzulänglichkeit durch Hilfe
von außen zu unterſtützen. Aber gerade dieſe weltliche Politik der
Hasmonäer mißfiel ihren Verbündeten, den Aßidäern. Dieſe, welche
ihr ganzes Vertrauen auf Gott ſetzten, konnten ſich Schlachten und
Siege nur in bibliſcher Weiſe denken, daß Gott die Feinde auf
wunderbare Weiſe vernichten werde, wie Sißeras Heer am Fluß
Kiſon vor Barak, die Ammoniter und Moabiter im Tale Beracha
vor dem frommen König Joſaphat und wie die Aſſyrer unter Sancherib
vor Jeruſalem. Auswärtige Hilfe ſuchen, war ihnen gleichbedeutend
mit Unglauben an Gottes Allmacht. „Beſſer iſt's auf den Herrn ver=
trauen als auf Menſchen; beſſer iſt's auf den Herrn vertrauen als
auf Fürſten"[3]). Darum machte ein Führer der Aßidäer=Partei den
Hasmonäern den Vorwurf, daß ſie von den Perſern Hilfe erwarteten.
„Heißt es nicht in der Schrift", ſo äußerte er ſich, „verflucht ſei der
Mann, der Fleiſch zu ſeiner Hilfe macht und von Gott ſein Herz
abwendet," und ferner: „geſegnet ſei der Mann, der auf Gott ver=
traut, dann wird auch Gott ſeine Zuverſicht"[4])? Man kann wohl
vermuten, daß dieſe Unzufriedenheit Miturſache war, daß ſich die
Aßidäer von den Hasmonäern getrennt und dadurch die Zahl der

---

[1]) Vergl. B. IIb S. 374.
[2]) Midrasch l'Chanukah in Bet-ha-midrasch I, edit. Jellinek, S. 140.
[3]) Pſ. 118, 8 fg.
[4]) Midrasch l'Chanukah in a. a. O. S. 140.

Kämpfer vermindert haben, ein Umstand, der wohl Judas Tod ver=
schuldete. Denn in der großen Bedrängnis, als er von den syrischen
Heeren umringt war, blieben ihm nur 800 Mann treu, die tapfer,
aber unglücklich gekämpft haben.

Von diesen drei Parteien hatten nur die Hasmonäer Aussicht,
ans Ruder zu kommen. Denn die Griechlinge hatten allzusehr mit
der Nation im ganzen gebrochen, sich zu sehr verhaßt gemacht, als
daß ihnen je eine Zukunft beschieden sein konnte. Und die Assidäer
hatten wiederum einen zu beengten Gesichtskreis, waren durchaus
ohne Verständnis für die politischen Verwickelungen, von deren Be=
nutzung das Zustandekommen friedlicher, ungestörter Verhältnisse ab=
hängig war, waren auch zu wenig ehrgeizig und liebten zu sehr die
Ruhe, als daß sie den anarchischen Zustand zur Ordnung hätten hin=
überführen können. Und die Anarchie, welche zu dieser Zeit in Judäa
herrschte, war schrecklich genug. Die zwei bewaffneten Parteien, die
Hasmonäer und Hellenisten, befehdeten und zerfleischten einander, wo
sie zusammentrafen; Mißhandlungen und Metzeleien waren an der
Tagesordnung, und es gab keine Autorität, welche ihnen hätte Ein=
halt tun können. Es scheint nicht einmal eine regelmäßige Behörde
bestanden zu haben. Die Anarchie wurde durch die Hungersnot[1])
noch mehr gesteigert, wahrscheinlich herbeigeführt durch die syrischen
Heere, welche wiederholentlich Einfälle ins Land machten und die
Saaten zerstörten. Die Hauptquelle schilderte diese anarchische Zeit
mit den Worten: „Es war eine große Betrübnis in Israel, wie sie
nicht war seit dem Tage, als die Propheten aufgehört haben"[2]). In
diesen Drangsalen blickten die Verzweifelten auf Jonathan Apphus
(Chaphus) und erwarteten von ihm, daß er die Hellenisten demütigen,
die Syrer aus dem Lande jagen und Frieden und Wohlstand wieder=
herstellen werde[3]). Aber Jonathan hatte weder die kriegerische
Tüchtigkeit seines Bruders Juda, noch wurde er von dem ganzen
Volke unterstützt. Er war mehr Politiker als Feldherr, verstand
besser die Schwäche des Feindes auf diplomatischem als auf krie=
rischem Wege zu benutzen. Zu schwach zum Angriffskriege gegen
Bakchides und sein Heer, das Demetrios in Judäa hatte einrücken
lassen, mußte er sich auf die Verteidigung beschränken, so oft er von
dem syrischen Heere angegriffen wurde. Denn der syrische Hof sah
mit Recht in den Hasmonäern eine Rebellenschar, welche ihnen die
Untertanenpflicht aufzukündigen strebte, und verfolgte sie als solche.
Vor diesen Verfolgungen verschanzten sich die Hasmonäer in der

---

[1]) I. Makkab. 9, 24.   [2]) Das. 27.   [3]) Das. 28—31.

Nähe einer Cisterne Asphar¹), in dem Wald=Gestrüppe des Jordan=
Ghor, hielten sich aber auch da für so unsicher, daß sie Weiber und
Kinder zu dem Stamme der Nabatäer jenseits des Jordan schickten,
zu dem sie in einem freundlichen Verhältnisse standen²). Unterwegs
wurden diese aber nebst ihrem Führer, dem Hasmonäer Jochanan,
von einem feindlichen Stamme, den Bne=Amri aus der Stadt Medaba,
angefallen und sämtlich niedergehauen, eine Untat, welche Jonathan
später rächte. Er überfiel nämlich unversehens den Stamm Amri,
welcher eine Braut aus einem angesehenen Hause mit hochzeitlichem
Gepränge führte, schlug viele derselben und trieb die übrigen in die
Flucht³). Aber selbst in den Schlupfwinkeln des Jordantales hatte
die hasmonäische Schar keine Ruhe. Bakchides suchte sie auch da
auf, griff sie gerade am Sabbat an, an welchem Tage der Kampf,
wenn auch nicht verboten, doch wegen der gesetzlichen Umständlichkeit
nicht mit ganzer Kraft aufgenommen werden konnte, und zwang sie,
sich durch Schwimmen jenseits des Jordan zu retten⁴). Das ganze
diesseitige Land lag dadurch dem Feinde offen, und Bakchides ließ
diese günstige Gelegenheit nicht vorübergehen, den Hasmonäern jede
Möglichkeit zu neuen Unternehmungen abzuschneiden. Zu diesem
Zwecke stellte er die zerstörten Festungen wieder her: Jericho,
Bethel im Osten; Emmaus, Bethoron, Thamnatha im Westen,
Pharaton oder Pirathon auf dem Gebirge Ephraim und
Netopha⁵) im Südwesten von Jerusalem. Die festen Punkte Akra,
Betzur und Gazara verstärkte er und legte Waffen= und Mund=
vorrat hinein. Außerdem versicherte er sich der Treue des Volkes
durch die Kinder der angesehensten Familien, welche er als Geißel in
der Akra ließ⁶). So war es Bakchides binnen Jahresfrist (160—159)
gelungen, was mehrere Feldherren vorher in sechs Jahren nicht durch=
zusetzen vermochten: den bewaffneten Widerstand gegen die Syrer
vollständig zu brechen. Schmerzlich wurde des Makkabäers Heldenarm
vermißt. Wäre es dem Könige Demetrios darum zu tun gewesen,

¹) Das. 33. Die L.=A. εἰς τὴν ἔρημον Θεκῶε kann nicht richtig sein, da
gleich darauf erzählt wird, Bakchides habe Jonathan πέραν τοῦ Ἰορδάνη auf=
gesucht. Auch B. 43 und 45 ist angegeben, daß Jonathan zurückkehrte εἰς τὸ
ἕλος τ. Ἰορδ. Dort war also sein und der Seinen Aufenthalt eine geraume
Zeit.   ²) I. Makkab. 9, 33—35.   ³) Das. 36—41.   ⁴) Das. 43—48.
⁵) I. Makkab. 9, 50 wird zuletzt genannt ein Ort Τεφών; die syr. Version
hat טפש, die Vulg. Thopo; Joseph. korrumpiert Tochoa. Es ist wahrscheinlich
נטופה (Esra 2, 22 Parall. Nehemia 12, 28), im Talmud נטופה בית, jetzt Beit-Netif,
einige Stunden südwestlich von Jerusalem, in Verbindung mit Bethlehem ge=
nannt. [Vgl. jedoch Schürer, a. a. O. S. 225.]
⁶) Das. 50—53.

gewaltsame Eingriffe in die religiösen Verhältnisse des judäischen Volkes zu machen und das Griechentum als Staatsreligion aufzuzwingen, so hätte er keinen günstigeren Augenblick finden können, als den, wo die Vollkraft des Volkes gebrochen und seine Helden außer dem Bereiche der Tätigkeit waren. Aber der zweite Nachfolger des Antiochos Epiphanes, dem schwelgerischen Leben ergeben, hatte dessen Politik fallen lassen und begnügte sich, die Herrschaft über Judäa behauptet zu haben, um den jährlichen Tribut einziehen zu können und die Einnahme-Quellen des Volkes an sich zu ziehen. — Die Steuerforderungen waren aber drückend. Demetrios behandelte Judäa wie ein erobertes Land, das keine Schonung verdiente. Den Boden und die Personen sah er wie sein Eigentum an. Zur Kopfsteuer und den Kronengeldern, die bereits früher eingeführt waren, mußten die Landbesitzer den dritten Teil der Feldfrüchte und die Hälfte der Baumfrüchte, namentlich von der Olivenernte, leisten. Die Bewohner der Hauptstadt, die keinen Ackerbau trieben, mußten eine Art Verzehrungssteuer, den Zehnten von den Lebensmitteln, zahlen. Das Salz vom toten Meere und von den Gruben, welche die dortigen Bewohner zur Aufnahme der Salzablagerungen ringsumher machten, maßte sich der König von Syrien an, und die Sammler mußten ein Drittel der Einnahmen an den Schatz abliefern. Aus den eingehenden Spenden für die Bedürfnisse des Heiligtums ließ sich Demetrios jährlich 5000 Sekel zahlen[1]).

---

[1]) Die Abgaben, welche Judäa an die syrische Krone zu leisten hatte, sind aufgezählt I. Makkab. 10, 29—42 und als Ergänzung dazu 11, 34—35. Die Ausll. haben sich nicht darin zurecht gefunden. Es waren: 1) $\varphi \acute{o} \rho o \varsigma$ wohl Geldsteuer; 2) $\sigma \tau \acute{\eta} \gamma a \nu o \varsigma$ oder $\sigma \tau \acute{\varepsilon} \varphi a \nu o \iota$ = כלילא, Kronengelder; 3) $\grave{a} \pi \grave{o} \tau \widetilde{\omega} \nu$ $\gamma \varepsilon \nu \nu \eta \mu \acute{a} \tau \omega \nu \tau \widetilde{\eta} \varsigma \gamma \widetilde{\eta} \varsigma \varkappa a \grave{\iota} \grave{a} \pi \grave{o} \tau \widetilde{\omega} \nu \grave{a} \varkappa \varrho o \delta \varrho \acute{v} \omega \nu$, näher bestimmt in 10, 30: $\grave{a} \nu \tau \grave{\iota}$ $\tau o \widetilde{v} \tau \varrho \acute{\iota} \tau o \nu \tau \widetilde{\eta} \varsigma \grave{a} \pi o \varrho \widetilde{a} \varsigma$, $\grave{a} \nu \tau \grave{\iota} \tau o \widetilde{v} \grave{\eta} \mu \acute{\iota} \sigma o \nu \varsigma \tau o \widetilde{v} \varkappa a \varrho \pi o \widetilde{v} \tau. \xi \nu \lambda \acute{\iota} \nu o \nu$. Das gibt keinen Sinn. Es scheint im Original gelautet zu haben: חלק השלישי מזרע וחלק. Der Übersetzer las dafür חלב und gab es durch $\grave{a} \nu \tau \acute{\iota}$ wieder. 4) $\tau \iota \mu \grave{\eta} \tau o \widetilde{v} \grave{a} \lambda \acute{o} \varsigma$ Parall. $a\grave{\iota} \tau o \widetilde{v} \grave{a} \lambda \acute{o} \varsigma \lambda \acute{\iota} \mu \nu a \iota$, d. h. מברה מלח, Salzgruben in der Nähe des toten Meeres; das Salz, sowie die übrigen Produkte daraus waren regalia, und die Sammler leisteten dafür eine Schätzung $\tau \iota \mu \acute{\eta}$ = ערך המלח. 5) $a\grave{\iota} \delta \varepsilon \varkappa \acute{a} \tau a \iota \varkappa. \tau \grave{a} \tau \acute{\varepsilon} \lambda \eta$ steht absolut weder als Objekt noch als Subjekt. Nur einige Codd. lesen objektiv $\tau \grave{a} \varsigma \delta \varepsilon \varkappa. \ldots . \grave{a} \varphi \acute{\iota} \eta \mu \iota$ vom folgenden V. Es ist aber eine notbehelfliche Korrektur. Das richtige ist, es auf das vorangehende Jerusalem zu beziehen. $^{\prime} I \varepsilon \varrho o v \varsigma. \ddot{\eta} \tau \omega \grave{a} \gamma \acute{\iota} a \varkappa a \grave{\iota} \grave{a} \varphi \varepsilon \iota \mu \acute{\varepsilon} \nu \eta \ldots . \varkappa a \grave{\iota} a\grave{\iota}$ $\delta \varepsilon \varkappa \acute{a} \tau a \iota \varkappa. \tau \acute{\varepsilon} \lambda \eta$, d. h. כמעשר וממכס . . . ירושלם תהי קדושה וחפשית; das מ vor מעשר ist ausgefallen. Josephus (Altert. XIII, 2, 3) gab den Sinn richtig wieder: $\tau \grave{\eta} \nu \pi \acute{o} \lambda \iota \nu \ldots ^{\prime} I \varepsilon \varrho o v \varsigma. \ldots \grave{\varepsilon} \lambda \varepsilon v \vartheta \acute{\varepsilon} \varrho a \nu \ldots \grave{a} \pi \grave{o} \tau \widetilde{\eta} \varsigma \delta \varepsilon \varkappa \acute{a} \tau \eta \varsigma \varkappa a \grave{\iota} \tau \widetilde{\omega} \nu \tau \varepsilon \lambda \widetilde{\omega} \nu$. Der Zehnte sollte nicht etwa von dem levitischen Zehnten gegeben werden, wie es die Ausll. irrtümlich aufgefaßt haben, sondern von den Lebensmitteln, wie auch zur Zeit Hyrkans II. später der Zehnte von den Lebensmitteln auferlegt war (Vgl. Note 9, II.). Dann paßt $\tau \acute{\varepsilon} \lambda \eta$ dazu, d. h. ein Zoll, der nur der

Der ſyriſche Hof zeigte indeß auch nach dem Abſterben des Alkimos, daß er nicht mehr an den Religionszwang dachte. Dieſer Hoheprieſter, obwohl mißliebig, hatte keineswegs zu den wütenden Helleniſten ge= hört. Wenigſtens weiß die Quelle nicht einen einzigen Zug von ihm zu erzählen, daß er die Auflöſung des Judentums angeſtrebt hätte. Es wird ihm nur vorgeworfen, daß er ſich durch Bakchides in die Hohe= prieſterwürde habe einſetzen laſſen, ſich durch die ſyriſche Macht be= hauptet habe und ein Gegner der Hasmonäer geweſen ſei, gegen welche er den Zorn des Demetrios zu erregen nicht ermüdete; aber es wird nicht erzählt, daß er heidniſche Inſtitutionen eingeführt oder weſentliche Neuerungen im Tempel vorgenommen hätte. Er war bloß ein Ehr= geiziger, der ſich an die Tagesmacht anklammerte, um ſich in ſeiner Würde zu behaupten. Das Vergehen, das ihm zum Vorwurfe gemacht wurde, wodurch er den Zorn des Himmels auf ſich geladen haben ſoll, erſcheint bei näherer Betrachtung noch keineswegs als Religionsver= letzung. Es beſtand nämlich im Tempel zwiſchen dem inneren und äußeren Vorhofe des Tempels eine Art Staket, welches wegen ſeiner durchbrochenen Arbeit den Namen Sorêg (chald. Soriga, δρύφακτος) führte. Dieſe Scheidemauer, das Werk der Propheten, wie man ſie nannte, diente als Schranke für die Heiden, wie für die an Leichen Verun= reinigten, die nur bis dahin vordringen durften. Am 23. Marche=

Hauptſtadt auferlegt war. 6) 5000 Sekel vom Tempel V. 42. οὓς ἐλάμ- βανον iſt die erſte P., „welche ich zu nehmen pflegte". In V. 41 iſt πᾶν τὸ πλεονάζον, ὃ οὐκ ἀπεδίδοσαν οἱ ἀπὸ τῶν χρειῶν iſt πλεονάζον gleich ἐλλιπόν, das Zurückgebliebene, nicht Bezahlte, Vulgata: quod reliquum fuerit: und ſtatt οἱ zu leſen μοι = ὃ οὐκ ἀπεδίδ. . . μοι, wie die ſyr. Verſ. geleſen hat: בל דלא אחיזא לי· · · · · Im Original: בל נשאר אשר לא נתנו לי. · וכל מדם דמתחייב לי οἱ ἀπο τῶν χρειῶν als Finanzbeamte iſt Widerſinn. Der V. will ſagen, daß die Steuerreſte, die nicht gezahlt wurden, für das Werk des Heiligtums geliefert werden ſollen. Abgabe vom Vieh iſt nicht angegeben, wahrſcheinlich weil nur wenige damals Viehzucht trieben und dieſe wenigen in den Steppen (כדברוה) lebten. — V. 33 bis 34 ſind auch unverſtändlich. Sie wollten offen= bar ausſagen, daß nicht nur die Bewohner Judäas, ſondern auch die Judäer anderer ſyriſcher Länder befreit ſein ſollten, an Sabbat und Feiertagen ihre Eſel und Laſtvieh zum Poſtdienſte zu ſtellen (ἀγγαρία), wie es Joſephus (Ant. XIII. 2, 3) richtig aufgefaßt hat. Man muß daher die beiden Verſe zuſammenziehen: Καὶ πάντες ἀφείτωσαν τοὺς φόρους (καὶ) τῶν κτηνῶν αὐτῶν (καὶ) πᾶσαι αἱ ἑορταί . . . κ. τρεῖς ἡμέραι μετὰ ἑορτήν. Das erſte καὶ iſt zu ſtreichen und das zweite iſt mißverſtändlich entſtanden, י conj. ſtatt ב. Im Original lauteten wohl d. V.: ובב· ישמטו· מכסם זאבם בכל ימי המועד ושבת וחדשים· Mit ἔστωσαν πᾶσαι αἱ ἡμέραι ἀτελείας καὶ ἀφέσεως πᾶσι τοῖς Ἰουδαίοις . . . ἐν πάσῃ τῇ βασιλείᾳ μου beginnt ein neuer Vers. „Alle dieſe Tage ſollen fortan Tage der Frohnfreiheit und Erlaſſung ſein." So ſind die bis jetzt unrichtig ausgelegten Stellen von den Abgaben und ihrem Erlaſſe zu verſtehen.

schwan (November 159) begann Alkimos diese innere Mauer nieder=
reißen zu lassen, ohne Zweifel in der Absicht, den Heiden weiteren
Zutritt zum Tempel zu gestatten. Dieser Akt verletzte die frommen
Gemüter so sehr, daß, als Alkimos gleich darauf an Gliedmaßen und
Sprache gelähmt wurde und infolgedessen gestorben war, sie nichts
anderes glaubten, als daß er für die Tempelschändung vom Himmel
bestraft worden sei. Man setzte sogar den Tag, an welchem die
Breschen dieses Werkes verhängt worden waren, unter die Gedenktage[1]),
wie die Tage der Tempelweihe, den Todestag des Antiochos Epiphanes
und den Siegestag über Nikanor. Hätte sich Alkimos sträflicher am
Judentume vergangen, so würden Geschichte und Sage dieses Vergehen
nicht verschwiegen haben. Darum darf Alkimos keineswegs mit
Menelaos in eine Reihe gestellt werden. Dieser war ein Abtrünniger,
der aus Leidenschaftlichkeit das Judentum umzukehren bestrebt war;
Alkimos hingegen wollte lediglich aus Ehrgeiz die Ehren des Hohen=
priestertums tragen. Nach dem Tode dieses Hohenpriesters ließ nun
der syrische Hof die Hohepriesterwürde, welche die Spitze des jüdä=
ischen Staates bildete, ganz unbesetzt[2]), weil ihm viel daran lag, auch
diesen Schein von Selbständigkeit schwinden zu lassen; sieben Jahre
blieb der Tempel ohne Hohenpriester und das Land ohne politischen
Vertreter. Wahrscheinlich übte in dieser Zeit ein Stellvertreter des
Hohenpriesters, unter dem Titel Sagan[3]), die hohenpriesterlichen Funk=
tionen aus. — Von anderen Eingriffen der Syrer in die inneren Ver=
hältnisse wird nichts erwähnt, im Gegenteil wird erzählt, daß Bakchides
gleich darauf abzog, und das judäische Land zwei Jahre der Ruhe ge=
noß (159—157)[4]).

Diese Ruhe benutzten die Führer der Hasmonäer=Partei, Jona=
than und Simon, sich zu verstärken und wehrfähig zu machen. Sie
hatten in der Wüste Jericho eine Oase bei Bethagla, unweit des Jor=
dans, befestigt[5]), wo zugleich ein schattiger Wald und eine Quelle von

---

[1]) Siehe über alles Note 1 über Megillat Taanit. |Vgl. Schürer a. a. O.|

[2]) Josephus Altertümer XX, 10, 3.

[3]) Joma, Mischna 7, 1 und andere Stellen.

[4]) I. Makkab. 9, 57.

[5]) Josephus Altertümer XIII, 1, 5 nennt den Ort $B\eta\vartheta\alpha\lambda\alpha\gamma\alpha$, muß aber
wohl in $B\eta\vartheta\alpha\gamma\alpha\lambda\acute{\alpha}$ emendiert werden. Über die Lage dieses Ortes an einer Quelle
und Waldung vergl. Robinsons Palästina II 510 und Schwarz 50a. Hiero=
nymus (Onomastic. s. v. Area Atad) identifiziert diesen Ort mit Bethagla
und gibt die Distanz 2 röm. M. vom Jordan und 3 von Jericho an, jetzt Ain=
Hagla. I. Makkab. 9, 62 hat dafür $B\alpha\iota\vartheta\beta\alpha\sigma\iota$, das sicherlich eine Corruptel
ist, da der Name sonst nirgends vorkommt. |Vgl. Buhl, a. a. O. 180 und
Note 525.|

ſüßem, klarem Waſſer waren. Der Jordan in der Nähe diente ihnen als Schutzwehr im Rücken gegen eine Überrumpelung und als Zufluchtsort bei einer etwaigen Niederlage. Jonathan hatte zwar in dieſem Kriege kein anderes Anſehen, als etwa das eines Beduinenhäuptlings, welcher der Landesmacht einen Waffenſtillſtand abtrotzt; allein da er die Sympathie des Volkes hatte und für eine heilige Sache das Schwert führte, genoß er eine höhere Autorität. Ohne Zweifel war der Schaden, den er mit ſeinem Anhange von der günſtigen Lage aus den Helleniſten zufügte, bedeutend genug; denn dieſe beklagten ſich von neuem beim ſyriſchen Hof über den Übermut der Hasmonäer[1]). Weil aber Demetrios in ſeiner Trägheit und Bakchides durch die gemachten Erfahrungen überdrüſſig waren, mit regelmäßigen Truppen auf einem ungünſtigen Terrain einen Guerillakrieg zu führen, erboten ſich die Helleniſten, Jonathan und Simon heimlich zu überfallen und gefangen zu überliefern. Schon war den zwei Führern, auf welchen die Zukunft beruhte, ein Hinterhalt gelegt, als ihnen die Liſt verraten wurde, wodurch ſie in den Stand geſetzt waren, Gegenvorkehrungen zu treffen. Bei dieſer Gelegenheit wurden fünfzig von den Helleniſten ergriffen und hingerichtet[2]). Bakchides, der auf einen ſchnellen Ausgang gerechnet hatte, ſah ſich in einen neuen Krieg verwickelt. Er belagerte die Hasmonäerpartei in ihrer Feſtung Bethagla längere Zeit. Aber dieſe hatte bereits über ſo viel Mannſchaften zu gebieten, daß ſie ihre Schar teilen konnte. Jonathan überließ ſeinem Bruder Simon die Verteidigung der Feſtung, und er ſelbſt, auf unbewachtem Wege ins Freie gelangt, ſchlug die Bakchides unterſtützenden Griechlinge Odura, ſeine Brüder und die Söhne Phaſiron und ſchnitt wohl dem Belagerungsheer die Zufuhr von Lebensmitteln ab. Simon und die ihm zurückgelaſſene Abteilung verbrannten die aufgerichteten Belagerungsmaſchinen[3]). So von zwei Seiten bedrängt, mußte Bakchides mit Verluſt eines Teiles ſeines Heeres die Belagerung aufgeben und kühlte ſeinen Zorn über den mißlungenen Kriegszug an den Helleniſten, von denen er viele hinrichten ließ[4]).

[1]) I. Makkab. 9, 58.

[2]) Wer dieſe 50 hinrichten ließ, bleibt zweifelhaft. Joſephus bezieht es auf Bakchides: Ὁ Βακχίδης ὀργισθεὶς τοῖς φυγάσιν πεντήκοντα αὐτῶν ... ἀπέκτειν. Dagegen ſcheint zwar der griechiſche Text des I. Makkabäerbuches und ebenſo die Peſchito, welche dabei den Plural braucht, καὶ συνέλαβον (Var. συνέβαλον) . . . καὶ ἀπέκτειναν, anzudeuten, als wenn die Hasmonäer an ihnen Rache genommen hätten; allein die Vulgata hat dafür den Singular: at apprehendit . . . . et occidit. Ewald iſt in dieſem Punkte ungenau.

[3]) I. Makkab. 9, 62—66; vergl. o. S. 4 R.

[4]) I. Makkab. 9, 67—69.

Die Verstimmung des syrischen Feldherrn hielt Jonathan für Unterhandlungen günstig und erlangte in der Tat von ihm einen Friedensschluß. Die Bedingungen desselben waren, daß Jonathan unbelästigt und unbehindert im Lande, nur nicht in Jerusalem, bleiben durfte und zum Unterpfande seiner Versprechungen, die nicht mehr bekannt sind, Geiseln stellen sollte. Die Gefangenen wurden gegenseitig ausgewechselt. Bakchides zog ab und ließ die Hellenisten, die Verbündeten Syriens, welche um der Syrer willen Vaterland, Sitte und Religion verraten, ihren eigenen und des Landes Wohlstand gefährdet hatten, gänzlich im Stich. Jonathan wohnte in dem befestigten Michmas, wo auch einst Saul seinen Aufenthalt hatte, er galt stillschweigend als das Haupt des judäischen Volkes und verfuhr gegen die Feinde desselben mit schonungsloser Strenge [1]). Dieser Zustand, „wo das Schwert in Israel aufgehört hatte"[2]), dauerte nahe an fünf Jahre (156 — 152). Wohin dieser unentschiedene Zustand geführt hätte, läßt sich aus den Umständen kaum schließen; gewiß ist es aber, daß ohne Hinzutreten einer außergewöhnlichen Gunst des Zufalls der Traum der Hasmonäer sich schwerlich verwirklicht hätte. Eine Wendung im syrischen Reiche führte eine günstige Rückwirkung für Judäa herbei und förderte die Machtvergrößerung Jonathans und der Nation.

Ein unbekannter Jüngling aus Smyrna, mit Namen Alexander Balas, veranlaßte diesen Umschwung in den Verhältnissen der Judäer. Da dieser Alexander eine auffallende Ähnlichkeit mit dem syrischen König Antiochos Eupator hatte, benützte ihn Attalus II., König von Pergamus, ihn als Gegenkönig des ihm verhaßten Demetrios aufzustellen[3]). Demetrios hatte sich in seiner elfjährigen Regierung bei Volk und Heer durch Ausschweifung und Stolz so sehr verhaßt gemacht und seinen Nachbarkönigen so viel Grund zur Unzufriedenheit gegeben, daß er weder im eigenen Lande noch im Auslande Freunde hatte. So wie Alexander, von Attalus mit Geld und Truppen aufs kräftigste unterstützt, bei Ptolemaïs landete, ergab sich ihm die Besatzung. Der römische Senat, gierig jede Gelegenheit wahrnehmend, welche Verwirrung im syrischen, wie in andern, wenn auch verbündeten Reichen hervorzubringen geeignet war, gab Alexander die Anerkennung als Thronerben und begünstigte dessen Unternehmen. Diese Vorgänge rüttelten Demetrios aus seiner Trägheit auf und bewogen ihn, sich nach Verbündeten umzusehen. Vor allem trachtete er Jonathan für

¹) I. Makkab., daf. 9, 70—72.   ²) Daf. 73.
³) Diodor von Sizilien in C. Müller's fragmenta historicc. graecc. praef. II, p. XII, N. 14.

sich zu gewinnen, der, wenn er der von ihm erlittenen Feindseligkeit
eingedenk sein sollte, ihm durch Anschluß an seinen Gegenkönig sehr
gefährlich hätte werden können. In einem einnehmenden Schreiben an
den Hasmonäerführer machte er ihn zum Bundesgenossen, erlaubte ihm
Truppen anzuwerben und Waffen anzuschaffen und befahl, daß ihm
die judäischen Geiseln ausgeliefert würden. Jonathan säumte nicht,
diese günstige Gelegenheit wahrzunehmen, eilte nach Jerusalem, nahm
Besitz von demselben, ließ die Mauern ausbessern und setzte es in
wehrhaften Zustand¹). Die Hellenisten mußten aus Furcht vor der
Macht in den Händen ihres Hauptfeindes die judäische Hauptstadt verlassen und Schutz in der Festung Betzur suchen. Aber Alexander
Balas, der auch seinerseits Unterstützung brauchte, bewarb sich nicht
minder um Jonathans Bundesgenossenschaft und wußte ihn geneigter
für sich zu machen. Er ernannte ihn zum Hohenpriester, schickte ihm
einen Purpurmantel und eine goldene Krone und erklärte ihn hierdurch
zum Vasallenfürsten des syrischen Reiches und zum Freunde des Königs.
Am Hüttenfeste (152)²) legte Jonathan zum ersten Male den hohenpriesterlichen Schmuck an und fungierte im Tempel als Hoherpriester³),
der erste, welcher diese Würde dem hasmonäischen Hause für die Dauer
erworben hat. Denn Matthatia, der Stammgründer, war nicht mit
dieser Würde bekleidet, und Juda Makkabi hatte sie nur vorübergehend
inne⁴). Die Priesterabteilung Jojada, aus welcher bis dahin die
Hohenpriester stammten, war dadurch gegen die Abteilung Jojarib
welcher die Hasmonäer angehörten, zurückgesetzt⁵). So war denn das
tief erniedrigte, an den Rand des Untergangs gebrachte Judäa durch
den Heldenmut und die Opferfreudigkeit einer kleinen Schar gehoben
aus dem beinahe zwanzigjährigen Kampfe hervorgegangen. Die leidende
Rolle, welche es vor dem Aufstande sich hatte gefallen lassen müssen,
und die es zum Zankapfel zweier ehrgeiziger Höfe gemacht hatte, war
jetzt in eine tätige verwandelt. Es nahm eine imponierende Stellung
ein und konnte in den politischen Verwickelungen Vorderasiens ein
Wort mitsprechen.

Zu dieser immer zunehmenden Machtstellung trug Jonathan
während seiner neunjährigen Regierung (152 — 144) viel bei. Mit
richtigem Blicke erkannte er in dem Streite um die syrische Krone, auf
welche Seite er sich stellen sollte. Er schlug sich zu Alexander, obwohl
Demetrios, wie einer, der nichts zu verlieren hat, dem Volke die
glänzendsten Versprechungen gemacht hatte, um es gegen Jonathan auf=

---

¹) I. Makkab. 10, 1—11.   ²) Das. 10, 12—14.
³) Das. 10, 15—21.   ⁴) S. B. IIb, S. 395 Note.
⁵) S. das. S. 392.

fässig zu machen und es auf seine Seite zu ziehen. Er scheint nämlich „an das Volk der Judäer", mit Übergehung des von Alexander eingesetzten Hohenpriesters, geschrieben zu haben: er wolle die meisten Steuern und Abgaben erlassen, drei Bezirke, welche zu Samaria geschlagen worden waren, wieder mit Judäa vereinigen, Jerusalem als ein Asyl anerkennen und sogar die wichtige Akra den Judäern überlassen. Er versprach ferner, den Kultus des Tempels aus dem königlichen Schatze zu bestreiten und sogar die Einkünfte der Stadt Ptolemaïs, welche in den Händen seines Gegners war, dazu anzuweisen. Truppen sollten auf königliche Kosten ausgehoben werden und Beförderungen und Belohnungen gleich den syrischen erhalten. Die ausgehobenen Truppen, 30000 Mann, sollten natürlich ihm als Hilfsheer dienen, um ihn von der Übermacht seines Gegenkönigs zu befreien. Auch den auswärtigen im syrischen Reiche wohnenden Judäern verhieß Demetrios alle möglichen Freiheiten und Privilegien, daß sie von den Nachbarn nicht bedrückt und an ihren Sabbaten und Festen selbst drei Tage vorher und nachher nicht durch etwaige Anklagen oder Ladung vor Gericht belästigt werden sollten[1]). Allein das Volk mochte sich von Jonathan nicht trennen, gab nichts auf solche Vorspiegelungen und Jonathan kannte Demetrios' Charakter zu gut, um solchen in der Not gegebenen Versprechungen zu trauen. Er hielt sich an Alexander, unterstützte ihn, bis er seinen Rivalen besiegt hatte und fand später keinen Grund, diesen Schritt zu bereuen[2]). Obwohl von bürgerlicher Abkunft, zeigte Alexander eine hochherzige, echt königliche Gesinnung und hielt seinem Verbündeten treu das gegebene Wort; den boshaften Einflüsterungen der Hellenisten, welche ihn wie seinen Vorgänger gegen Jonathan und die Nationalpartei einzunehmen sich bemühten, gab er kein Gehör, wies sie vielmehr mit Entrüstung zurück. Er überhäufte Jonathan mit Ehrenbezeigungen und zeigte recht auffallend, wie viel er ihm für dessen Hülfeleistung in der kritischen Zeit zu danken hatte. Als er mit seinem Schwiegervater, dem König Ptolemäus VI. Philometor von Ägypten, in Ptolemaïs zusammen kam, wo ihm dieser seine Tochter als Frau zuführte, lud er Jonathan zu sich ein und behandelte ihn wie seinesgleichen[3]). Welch ein befriedigendes Gefühl muß es für den hasmonäischen Hohenpriester gewesen sein, ebenbürtig neben den zwei Königen zu sitzen, deren Vorgänger Judäa oft genug verachtet hatten, und die es jetzt als eine achtunggebietende Macht zu behandeln gezwungen waren! Während der mehrjährigen Regierung des Alexander Balas (152— 146) konnte sich Judäa von den Wunden erholen, welche ihm Verrat

---

[1]) S. I. Makkab. 10, 22—45. [2]) Das. 46—47. [3]) Das. 59—65.

und Tyrannei geschlagen hatten. Es konnte 10,000 Bewaffnete ins Feld stellen.

Jonathan vergalt aber Alexander's Wohlwollen mit unerschütterter Treue. Als Demetrios II. mit dem Beinamen Nikator, Sohn Demetrios I., gegen den Emporkömmling Alexander als echter Erbe des syrischen Thrones auftrat, fuhr Jonathan fort, Alexander zu unterstützen, obwohl Ägypten und Rom denselben im Stich gelassen hatten. Er widersetzte sich zuerst dem Feldherrn des Demetrios, Apollonios Daos, an der Küste des Mittelmeers, belagerte dann dessen Besatzung in der Hafenstadt Joppe so lange, bis deren Einwohner ihm die Tore öffneten, zerstörte die ehemalige Philisterstadt Azotus (Asbod), welche für Apollonios Partei ergriffen hatte und verbrannte den Tempel des Götzen Dagon. Askalon unterwarf sich ihm aus Furcht ohne Schwertstreich. Als Belohnung erhielt er von Alexander die Stadt Akkaron (Ekron) mit der Umgegend, welche von jetzt an zu Judäa gehörte (147) ¹). Die griechischen Bewohner der Stadt Azotus verklagten Jonathan dafür bei dem ägyptischen Könige Ptolemäus Philometor, welcher während des Streites zwischen den zwei syrischen Gegenkönigen eine Protektorrolle über Syrien angenommen hatte. Sie zeigten ihm bei seinem Durchzuge die Zerstörungen, die der Hohepriester in ihrer Stadt zurückgelassen, ermangelten nicht hervorzuheben, daß er sogar den Dagontempel niedergerissen habe, und erwarteten von dem heidnischen Könige, daß er sich der beleidigten Stammesgenossen gegen die Eingriffe der Judäer annehmen werde. Allein dieser Lagide war entweder aus Rücksicht auf die Judäer seines Landes, die ihm Dienste geleistet, oder aus Gleichgültigkeit nicht gewillt, die Zerstörung eines heidnischen Tempels zum Gegenstande einer persönlichen Beleidigung zu machen oder als Tempelschändung zu behandeln. Als ihm Jonathan auf dessen Zuge entgegengekommen war, behandelte er ihn mit ausnehmender Freundlichkeit ²).

Die Verwirrung, welche darauf im syrischen Reiche entstand indem ein Teil des Volkes und Heeres zu Demetrios II. hielt, ein anderer Teil aber Alexander Balas' Hause treu blieb, auch nachdem dieser auf eine verräterische Weise in Nabatäa, wo er Schutz gesucht hatte, ermordet worden war, wollte Jonathan benutzen, sich der Griechlinge zu entledigen, und belagerte die Akra, ihre Schutzwehr, wo sie noch immer Ränke gegen die Nationalpartei zu schmieden nicht ermüdeten. In ihrer Bedrängnis wendeten sie sich an den neuen syrischen König

---

¹) I. Makk. daf. 69—89. Den Beinamen Δάος oder Τάος des Apollonios hat nur Josephus (Altert. XIII, 4, 3) erhalten.
²) Daf. 11, 4—7.

und baten um Hilfe. Demetrios II. Nikator (146 — 138) war schon
im Begriff, ihnen Gehör zu geben, zog sogar gegen Jonathan zu Felde
und forderte ihn gebieterisch auf, zur Rechtfertigung vor ihm in
Ptolemaïs zu erscheinen. Als aber Jonathan mit reichen Geschenken
zu ihm kam und seine Unterstützung dem von Feinden bedrängten
Gegenkönig von Nutzen schien, rügte er nicht nur nicht das Unternehmen
gegen die Akra, sondern bestätigte Jonathan im Hohenpriesteramte und
in der Würde, welche er von Alexander erhalten hatte[1]. Die Geld-
not, in welcher sich Demetrios wie seine Vorgänger befand, benutzte
Jonathan, um die Steuerfreiheit für Judäa zu erwerben und es um
einige Bezirke zu vergrößern; dies alles erlangte er für 300 Talente.
Die Bezirke Lydda, Ramathaim (Arimathia) und Ephraim, welche bis
dahin wieder zu Samarien gehört hatten, wurden zu Judäa geschlagen.
Die Abgaben, welche die Judäer bisher an den syrischen König zu leisten
hatten, wurden ihnen erlassen. Die bewilligten Privilegien wurden
durch ein königliches Schreiben, welches im Tempel niedergelegt wurde,
verbrieft[2]. Allein trotz der feierlich gegebenen Zusicherung bereute
Demetrios bald, die Ansprüche auf diese Abgaben aufgegeben zu haben.
Die syrischen Fürsten schlugen bis zu ihren letzten Abkömmlingen nicht
aus der Art, Wortbrüchigkeit zu üben und die im Augenblick der Not
gemachten Zugeständnisse gelegentlich zu widerrufen. Bald feierte indessen das judäische Heer den unerwarteten Triumph, der syrischen
Hauptstadt die Schmach vergelten zu können, welche die Syrer zu
wiederholten Malen Jerusalem angetan hatten. Demetrios, welcher
die Unzufriedenheit der Antiochenser erregt hatte, wurde von ihnen in
seinem Palaste förmlich belagert, und da seine Soldaten ihm wegen
ausgebliebenen Soldes keine Hilfe leisten mochten, so sah er sich in der
unangenehmen Lage, Jonathan angehen zu müssen, judäische Truppen
zu seiner Rettung zu senden. Die 3000 judäischen Hilfstruppen, welche
Jonathan darauf nach Antiochien geschickt hatte, verwüsteten einen Teil
der syrischen Hauptstadt durch Feuer und zwangen die Einwohner und
die aufwieglerischen Soldaten, von der Belagerung des Königs abzu-
stehen und ihn um Verzeihung anzuflehen[3]. Aber kaum war Demetrios
von der Gefahr befreit, so zeigte er schnöden Undank gegen seinen
Retter und behandelte ihn feindselig[4]. Dadurch fand sich Jonathan

[1] Das. 20—27.
[2] Das. 11, 28—37. Über die Bezirke vergl. B. II b, S. 79. [Vgl.
Buhl, a. a. O., S. 177.]
[3] Das. 42—52. Von einer ξενικὴ δύναμις ἀξιόλογος, welche Demetrios
zu Hilfe kam, berichtet auch Diodor II, 592.
[4] Das. 53.

nicht bewogen, ihm zum zweiten Male in der Not beizuſtehen, als
ein Feldherr des Alexander Balas, namens Diodotos Tryphon,
eine Verſchwörung gegen ihn anzettelte, den noch ſehr jungen Sohn
ſeines Herrn Antiochos VI. als König aufſtellte und Demetrios in
die Flucht trieb. Jonathan unterſtützte, aus Dankbarkeit gegen Alexander
und aus Erbitterung gegen den Treubruch des Demetrios, den jungen
König und ſeinen Regenten Tryphon und wurde dafür von ihm
in ſeiner Hohenprieſterwürde beſtätigt; die Herrſchaft über die zu
Judäa geſchlagenen Diſtrikte wurde ihm zugeſichert; er durfte eine goldene
Spange, Abzeichen eines freien Fürſten, anlegen. Simon, ſein Bruder,
wurde zum ſyriſchen Feldherrn über den Küſtenſtrich des mittelländiſchen
Meeres von der tyriſchen Leiter, einem Berge etwa zwei Stunden
nördlich von Ptolemaïs, bis zur Grenze Ägyptens eingeſetzt[1]). Tapfer
kämpften die beiden Hasmonäerbrüder für den Antiochos, an deſſen
Beſtand die Unabhängigkeit Judäas geknüpft war. Denn der flüchtige
Demetrios II., welcher wieder Truppen ſammelte, hatte Jonathan ſeiner
Würde entkleidet, und ſeine Feldherren ſtanden ſchon an der Nordgrenze
Judäas in Kades, um einen Einfall zu machen. Durch einen Hinterhalt,
den Demetrios' Truppen auf einer Höhe des galiläiſchen Gebirges gelegt
hatten, erlitt das judäiſche Heer bei Aſor (Chazor) eine ſo vollſtändige
Niederlage, daß nur zwei Befehlshaber, Matthathia b. Abſalom und
Juda b. Chalphaï, an Jonathans Seite ſtandhielten; die übrigen
Krieger hatten ſchmählich die Flucht ergriffen. Bald aber ſammelte ſie
der Feldherr wieder, führte ſie gegen den Feind und verfolgte denſelben
bis Kedes Naphtali[2]). An mehreren Orten waren die Waffen der
Hasmonäer = Brüder mit Sieg gekrönt. Bis in die Gegend von Hamat
(Amathitis) im Norden des Libanon drang Jonathan vor, um den Feld=
herren, welche für Demetrios II. wieder Truppen ſammelten, entgegen=
zutreten, und dieſe konnten nicht ſtand vor ihm halten. Dann führte
er einen glücklichen Zug gegen einen Nabatäerſtamm, die Zabedäer,
aus, die ohne Zweifel das Heer der feindlichen Syrer gegen ihn
unterſtützt hatten, zog als Sieger in Damaskus ein und durch=
ſtreifte unbehindert das ganze Land[3]). Schon früher war die ſüdlichſte
philiſtäiſche Stadt Gaza, welche die judäiſchen Feldherren nicht aner=
kennen mochte und für Demetrios Partei ergriff, ſo hart bedrängt, daß
ſie um Frieden bat und zur Gewähr ihrer Unterwürfigkeit Geiſeln

---

[1]) I. Makkab. 11, 57—59. Über die Lage der κλίμαξ Τύρου Joſeph. jüd.
Kr. II, 10, 2. Im Talmud [j. Baba Kamma 4 b] kommt dieſe Lokalität
unter dem Namen סולמא דצור vor.

[2]) Daſ. 67—74.

[3]) Daſ. 12, 25—32.

stellte. Die Festung Bethzur, wo die Griechlinge Zuflucht genommen
hatten, hatte Simon eingenommen, diese daraus vertrieben und eine
Besatzung treuer Judäer hineingelegt. Er hielt auch die Seestädte in
Zaum und legte nach Joppe eine judäische Besatzung, damit diese wichtige
Stadt nicht in Feindes Hände falle. Die Stadt Adida, östlich von
Lydda, in der Ebene Schephela, befestigte Simon [1]. Aber vor allem
lag es den Hasmonäern am Herzen, Jerusalem uneinnehmbar zu
machen. Daher erhöhten sie die Mauern nach allen Seiten, dehnten sie
im Osten bis hart an das Tal Kidron aus, wodurch auch der Tempelberg geschützt war, und richteten mitten in der Stadt, gegenüber der Akra,
einen festen Wall auf, um den Hellenisten in derselben den Verkehr abzuschneiden [2]. Die Schlucht, welche den Tempelberg von der Stadt trennte
und nur zum Teil überbrückt war, füllten sie aus, um die Stadtteile
in Verbindung zu bringen. Diese Schlucht führte den Namen Chaphe-
natha (Käsemacherschlucht? [3]). Eine Belagerung der Akra vorzu-
nehmen mochte ihnen nicht gelegen scheinen, teils weil dies den Syrern
Anstoß gegeben hätte, teils weil die Truppen nicht auf diesen Punkt
konzentriert werden durften, da die Feldherren des gestürzten Demetrios
noch immer eine drohende Haltung zeigten. Judäa stellte bereits in
dieser Zeit (144 — 143) 40,000 auserlesene Krieger.

Die Folgen bewiesen nur zu deutlich, daß die Vorsicht, von
welcher die Hasmonäer durch die Befestigung des Landes und die
Unterhaltung einer Achtung gebietenden Truppenzahl sich leiten ließen,
nicht überflüssig und ihr Mißtrauen gegen die vielfache Freundschafts-
versicherung der Syrer vollkommen gerechtfertigt war. Denn kaum
sah sich der rebellische Feldherr Diodotos Tryphon in dem Besitz der
syrischen Macht, als er den Plan verfolgte, den er gleich anfangs
gehegt haben mochte, sich des unmündigen Königs Antiochos, der nur
durch ihn getragen wurde, zu entledigen und die syrische Krone auf sein
eigenes Haupt zu setzen. Das größte Hindernis zur Erreichung dieses
Zieles schien ihm aber Jonathan zu sein, weil er in der Tat dem
jungen Könige, aus Dankbarkeit gegen die ihm von dessen Vater
erwiesene Anhänglichkeit, aufrichtig zugetan und dann im Besitz der
Herrschaft über einen Teil der Meeresküste war. Jonathan, das konnte
Tryphon voraussehen, würde dem Mörder des gekrönten Kindes den
hartnäckigsten Widerstand mit allem Aufgebot seiner Macht entgegen-
setzen und im Verein mit den andern Unzufriedenen ihn um das Ziel

---

[1] I. Makkab. 11, 61—62. 65. 12, 33—34. 38.
[2] Das. 12, 35—37.
[3] Das. 12, 37, s. darüber Monatsschr. Jahrg. 1876, S. 152 fg. [Vgl.
Buhl, a. a. O. S. 162, Note 429.]

ſeiner Wünſche bringen. Tryphon trachtete daher vor allem, den mächtig gewordenen judäiſchen Hohenprieſter aus dem Wege zu räumen und durch ſeinen Tod Judäa und die Anhänger des jungen Königs zu ſchwächen. Aber offene Gewalt gegen Jonathan zu gebrauchen, ſchien ihm doppelt gefährlich; darum verlegte er ſich auf eine Überliſtung desſelben, und es gelang ihm in der Tat, den ſchlauſten der Hasmonäer zu täuſchen und in ſeine Gewalt zu bringen. Auf die Nachricht, daß Tryphon mit einem Heer in Betſan (Skythopolis) eingezogen ſei, eilte ihm Jonathan mit 40,000 Kriegstüchtigen entgegen, wurde aber von Tryphon durch Geſchenke, Ehrenbezeigungen und Schmeicheleien ſo ſehr umſtrickt, daß er in die Falle ging. Auf Tryphons Zureden entließ er den größten Teil ſeiner Truppen, da die Niederlage des Anhangs des Demetrios eine ſo bedeutende Heeresmasſe überflüſſig mache, und folgte ihm nach der wichtigen Meeresfeſtung Akko (Ptolemaïs), die ihm der Schlaue verſprochen hatte. Von den 3000 Kriegern, die er behalten hatte, entſandte Jonathan 2000 nach Galiläa, und nur 1000 begleiteten ihn nach Akko. Tryphon hatte alle Veranſtaltungen getroffen, daß Jonathan bei ſeinem Eintritte in die Feſtung gefangen genommen und ſeine Schar niedergehauen wurde. Den judäiſchen Truppen, welche in der Ebene Jesreel und in Galiläa verbleiben ſollten, ließ Tryphon nachſetzen; ſie hatten aber vorher von dem an ihrem Führer begangenen Verrat Wind bekommen, ſetzten ſich zur Wehr und zwangen ihre Verfolger zum Rückzug[1].

Die Nachricht, welche dieſe zwei Tauſend von Tryphons Liſt und Gewaltſtreichen nach Jeruſalem brachten, verbreitete Trauer und Schrecken. Man glaubte nicht anders, als daß Jonathan gleich den Tauſend ſeiner Begleitung in Akko durch die Hand des Treuloſen umgekommen ſei. Wie nach dem Tode Juda Makkabis, ſo fühlte ſich das Volk ohne Jonathan Apphus verwaiſt und ohnmächtig[2]. Eine neue Unterjochung von ſeiten der Syrer mit all den traurigen Folgen ſchien nahe und unabwendbar; man glaubte die Hand der Helleniſten hinter dieſen Vorgängen tätig. Es beſtand in der Tat eine geheime Verbindung zwiſchen Tryphon und dem Reſt der Griechlinge, und er ſchien ihnen Entſatz von außen vorgeſpiegelt zu haben, wie ſie ihm Angriffe auf die judäiſche Hauptſtadt von innen[3]. Dieſe von zwei Seiten drohende Gefahr wendete Simon Tharſi, der letzte der Hasmonäer-Brüder, glücklich ab. Obwohl dem Greiſenalter nahe, zeigte er ſo viel jugendlichen Mut und eine ſo hinreißende Begeiſterung,

---

[1]) I. Makkab. 12, 39—51.   [2]) Daſ. 52—53.
[3]) Folgt aus I. Makkab. 13, 21.

daß er das Volk in einer großen Versammlung im Tempelvorhofe aus der Verzweiflung, in die es versunken war, zur Siegeshoffnung erweckte. Als er die Worte sprach: „Ich bin nicht besser als meine Brüder, welche für die Heiligtümer und die Freiheit starben," hallte ihm der einstimmige Ruf der Versammlung entgegen: „Sei unser Heerführer wie Juda und Jonathan, deine Brüder!¹)" Durch das Vertrauen des Volkes an die Spitze gestellt, war Simon vor allem darauf bedacht, Jerusalem gegen einen Handstreich von außen und Angriffe von innen sicher zu stellen und Tryphon die Zugänge ins Land zu versperren. Joppe, die Jerusalem zunächst liegende Hafen= stadt, ließ er durch eine judäische Besatzung unter dem Feldherrn Mattathias ben Absalom bewachen, um die Landung eines syrischen Heeres von dieser Seite zu verhindern; die Anhänger der Syrer wurden aus Joppe ausgewiesen. Simon selbst zog ein Heer bei Adida zusammen, um gegen den Einfall der Syrer an der Niederung der Meeresküste gerüstet zu sein. In der Tat war Tryphon bereits von Akko ausgezogen und hatte die Absicht, das durch die Kühnheit seiner Untat erschreckte Judäa zu überfallen, ehe es an Widerstand denken könnte. Er führte Jonathan als Gefangenen mit sich, weil er durch die über dem Haupte des Lieblings der Nation schwebende Todesgefahr mehr Vorteile zu erzielen hoffte, als durch dessen Tod, indem er dadurch die Unternehmung der judäischen Krieger zu lähmen hoffte. Als er aber hörte, daß Judäa gegen ihn gerüstet sei und in Simon einen aufopferungsmutigen Feldherrn gewählt habe, knüpfte er schlau wieder Unterhandlungen an. Er gab vor, Jonathan nur deswegen zum Gefangenen gemacht zu haben, um sich die hundert Talente zahlen zu lassen, die das judäische Volk an den königlichen Schatz früher gezahlt und später eingestellt habe, und versprach, wenn diese Schuld getilgt und Jonathans zwei Söhne ihm als Geiseln zugeschickt sein würden, den Gefangenen freizulassen. Obwohl Simon die List, die hinter diesen Forderungen steckte, durchschaute, ging er dennoch darauf ein, um sich nicht den Vorwürfen auszusetzen, als habe er den Tod seines Bruders veranlaßt. Tryphon empfing die verlangte Geldsumme und die Geiseln, setzte aber nichts desto weniger, wie Simon vorausgesehen hatte, den Krieg fort; aber durch das judäische Heer gehindert, den geraden Weg einzu= schlagen, mußte er einen Umweg machen, um von Süden her, von der zum idumäischen Gebiete gehörenden Stadt Adora, Jerusalem zu bedrohen. Aber das Glück, das dieser gewissenlose Ehrgeizling heraus= forderte, ließ ihn stets im Stich. Ein starker Schneefall, wie er in

¹) Das. 2—9.

dieser heißen Gegend selten ist, machte die Wege durch das Gebirge Juda unwegsam und zwang ihn, sich nach jenseits des Jordans zu wenden. Aus Rache über das Mißlingen seiner Pläne ließ er Jonathan in einem sonst unbekannten Orte Baskama hinrichten (143). Seine Gebeine ließ Simon später unter der Trauer des ganzen Volkes in dem Erbbegräbnis der Hasmonäerfamilie zu Modin beisetzen[1]. Das war das Ende des vierten Hasmonäers, der mehr als seine Vorgänger und sein Nachfolger geleistet hat; denn er hob die judäische Republik aus einem tiefen Abgrunde zu einer Höhe, von der aus sie auch bei nur mäßigem Glücke steigen konnte.

Juda Makkabi hatte mehr Heldentaten ausgeführt und einen glänzenderen Kriegsruhm hinterlassen; Jonathan aber hat sein Volk zu Macht und Einfluß erhoben und sein Geschlecht durch die Hohepriesterwürde, die er gewonnen, zum angesehensten gemacht. Nach Judas Tod war die Auflösung des judäischen Volksverbandes fast eben so groß, wie zur Zeit der Blutregierung des Antiochos Epiphanes, weil er nicht vermocht hatte, etwas Dauerndes und Festes herzustellen. Nach Jonathans Tod hingegen, der zwar weniger kriegerisch, aber desto mehr umsichtig war, waren bereits die Grundlagen zu einem förmlichen Staate vorhanden, auf denen weiter gebaut werden konnte. Wenn Juda Makkabi noch den Richterhelden des ersten Zeitraums der israelitischen Geschichte glich, jenen Helfern in der Not, welche die Gefahren für den ersten Augenblick abzuwehren, aber ihre Wiederkehr nicht zu verhindern vermochten, so war Jonathan gewissermaßen wie der erste König Saul, welcher der Zerfahrenheit zu steuern und einen festen Mittelpunkt zu begründen verstand. Wie Saul durch die Königskrone die geteilten Stämme zu einem kräftigen Volke verband, so vereinigte Jonathan durch das Hohepriesterdiadem die zerfahrenen Parteien zu einer selbstbewußten starken Nation. Beider Tod, wiewohl schmerzlich empfunden, hat nicht den Untergang der errungenen Einheit und Machtstellung nach sich gezogen, weil sie nicht von einer einzigen Persönlichkeit, sondern von dem Volksbewußtsein getragen waren. Wie Saul an seinem Schwiegersohne David, so hatte Jonathan an seinem Bruder Simon einen Nachfolger, der die Errungenschaften fortführen und fester begründen konnte. Mit Simon beginnt daher im zweiten Zeitraum, wie mit seinem Gegenbilde in dem ersten, ein neuer Abschnitt. Von Jonathans Nachkommen ist nur eine Tochter geblieben, welche, an Matthatia b. Simon Pfellos verheiratet, die Stammmutter des judäischen Geschichtsschreibers Flavius Josephus

---

[1] I. Makkab. 13, 10—30.

geworden ist[1]). Zu gleicher Zeit aber, als der judäische Staat mitten in dem Drange politischer Kämpfe sich entwickelt hatte, entfaltete sich auf einem anderen Schauplatze die judäische Lehre zu einer Selbständigkeit, welche ihr einen Einfluß auf den Gang der Völkerentwickelung einräumte. Das politische Wachstum des Judentums ging in Judäa, das theoretische in Ägypten vor sich.

[1]) Josephus Vita c. 1. [S. jedoch Schürer I³, 375.]

Zweites Kapitel.

Der judäische Alexandrinismus.

Die judäische Kolonie in Ägypten und Kyrene; Auswanderung aus Judäa nach Ägypten. Innere Einrichtung der alexandrinischen Gemeinde. König Philometor, Gönner der Judäer. Die judäischen Feldherren Onias und Dositheos. Oniastempel. Übersetzung des Pentateuchs ins Griechische (Septuaginta). Die synagogale Predigt. Die judäisch=alexandrinische Literatur. Streit der Judäer und Samaritaner in Alexandrien. Der Samaritaner Theodotos und der Judäer Philo der ältere. Der König Ptolemäus VII. Physkon Euergetes II. und die Judäer.

160 — 143

Das Wunderland des Nil, das einst die Wiege und Leidensschule des israelitischen Volkes gewesen war, wurde in diesem Zeitraum für die judäische Nation die Schule der Weisheit. Wie unter den Pharaonen, so ist auch unter den griechischen Beherrschern Ägyptens die Ansiedelung der Judäer in Ägypten gefördert worden. Sei es, daß Alexander, der Eroberer Asiens und Ägyptens, der Erbauer Alexandriens, eine judäische Kolonie nach Ägypten verpflanzt[1]), sei es, daß der erste Ptolemäer viele judäische Gefangene dorthin versetzt, denen sein Nach= folger die Freiheit gegeben hat[2]), oder daß sich gar noch ein Rest jener judäischen Auswanderer, welche nach der Zerstörung des Tempels unter Nebuchadnezar Zuflucht in Ägypten gesucht, daselbst erhalten hatte: genug, die judäische Bevölkerung Ägyptens war zahlreich. Sie ver= breitete sich über den ganzen Landstrich von der lybischen Wüste im Norden bis an die Grenze Äthiopiens im Süden[3]). Ähnlich wie während des Aufenthaltes ihrer Stammväter in Ägypten vermehrten sich die ägyptischen Judäer von Tag zu Tage mehr durch Fruchtbarkeit und Zuzüge von Palästina aus, sodaß ihre Zahl ein Jahrhundert später schon eine Million betragen haben soll[4]). Die Landschaft Kyrenaika sowie der bewohnbare Landstrich Lybiens hatten in den Städten eine judäische Bevölkerung, entstanden aus einer von Ptolemäus I.

---

[1]) S. B. II b, S. 231.
[2]) Aristeasbrief, ed. M. Schmidt S. 15 fg. [Ed. Wendland, Leipzig, 1900, § 12.] Vgl. Note 2, II.
[3]) Philo gegen Flaccus 6, edit. Mangey, II, 523.   [4]) Daf.

dahin gesandten Kolonie[1]). In Ägypten und Kyrene genossen die Judäer dieselben Rechte[2]) wie die griechischen Bewohner, weil beide fast zu gleicher Zeit sich daselbst angesiedelt hatten, und waren sogar vor den ägyptischen Urbewohnern bevorzugt, welche die Herrscher als Besiegte behandelten. Auf diese Gleichstellung (ἰσοπολιτεία, ἰσονομία, ἰσοτιμία) waren die Judäer so stolz, daß sie dieselbe wie ihren Augapfel wahrten. Eine tätige Rolle fing die judäische Bevölkerung Ägyptens erst zu der Zeit zu spielen an, als die Reibungen zwischen dem ägyptischen und syrischen Hofe häufiger und erbitterter wurden und beiden daran gelegen war, da es sich auch um den Besitz Judäas handelte, die Judäer in ihre Interessen zu ziehen. Die ägyptischen Judäer waren stets treue Anhänger des ptolemäischen Königshauses und unterstützten es, soviel sie konnten. Bereitwillig hatte daher der sechste Ptolemäer, Philometor, die Flüchtlinge aus Judäa aufgenommen, welche in großen Scharen vor der syrischen Zwingherrschaft unter Antiochos Epiphanes ihr Vaterland verlassen hatten. Unter den Flüchtlingen befanden sich der Sohn des Hohenpriesters Onias' III. und andere Personen von angesehenen Geschlechtern, welche von dem ägyptischen Herrscher bevorzugt wurden und später Gelegenheit fanden sich auszuzeichnen. Die gesunde Politik des ägyptischen Hofes gebot, die judäischen Unzufriedenen für sich einzunehmen, um mit deren Hilfe das von Ägypten unter Antiochos dem Großen losgerissene Palästina wieder zu gewinnen. Freilich konnte man in Ägypten so wenig wie in Syrien ahnen, daß der Kampf, den die judäischen Patrioten gegen die syrischen Heere eingegangen, einen so unerwarteten Verlauf nehmen und eine gewisse Unabhängigkeit Judäas herbeiführen würde.

Am meisten konzentriert waren die Judäer in Alexandrien, welches, wie es nächst Rom damals die zweite Stadt für Handel und politische Bedeutung, so nächst Athen die zweite für Künste und Wissenschaften war. Unter den fünf Quartieren Alexandriens, welche mit den fünf ersten Buchstaben des griechischen Alphabets bezeichnet waren, nahmen die Juden zwei beinahe ein; namentlich war das Quartier Delta, das an der Meeresküste lag, ganz allein von Judäern bevölkert[3]). War diese ihnen eingeräumte Lage an der Küste eine besondere Begünstigung, wie es den Anschein hat, und wie sich die Judäer Alexandriens rühmten, oder sollte sie für dieselben eine Zurücksetzung bedeuten, um sie gewissermaßen an den Strand zu werfen, wie

---

[1]) Strabo bei Josephus Altert. XIV, 7, 2. Josephus gegen Apion II, 4.
[2]) Josephus, jüd. Kr. II, 18, 7. Altert. XII, 1, 1. f. B. IIb, S. 231.
[3]) Philo gegen Flaccus II, 8., M. 525.

ihre Gegner es später auslegten[1])? Tatsache ist, daß alexandrinische
Judäer später eine gewisse Aufsicht über den Hafen von Alexandrien und
über die Meeres- und Flußschiffahrt führten, welche ihnen einer der
ägyptischen Herrscher eingeräumt hat[2]). Von dieser Lage zogen sie den
größtmöglichen Nutzen; sie gaben sich der Richtung hin, welche sie ihnen
vorschrieb; sie verlegten sich auf Schiffahrt und Ausfuhrhandel[3]).
Die Getreidefülle, welche Rom für seine Bevölkerung und Legionen
von Ägyptens reichen Fluren bezog, wurde ohne Zweifel auch auf
judäische Schiffe verladen und durch judäische Kaufleute auf den Markt
gebracht. Wie einst ihr Vorfahr Joseph, versorgten sie die getreide-
armen Länder mit dem Segen der ägytischen Ernte. Wohlstand und
verfeinerte Lebensweise waren die Früchte dieser Tätigkeit. Doch war
Handel und Schiffahrt weder ausschließlich in den Händen der Judäer
noch deren ausschließliche Beschäftigung. Vermöge ihrer Lernbegier
und ihrer Anstelligkeit lernten sie bald den Griechen ihre Kunstfertigkeit
ab und wußten Rohprodukte schön und sinnreich zu verarbeiten. Es
gab unter den alexandrinischen Judäern viele Handwerker und Künstler,
die in einer Art Zunftgenossenschaft organisiert waren[4]). Brauchte
man in Palästina Künstler für den Tempel, so berief man sie aus der
alexandrinisch-judäischen Gemeinde[5]), wie man sie in früherer Zeit aus
Phönizien verschrieb. Die alexandrinischen Judäer eigneten sich ferner
die griechische Kriegs- und Staatskunst und die melodische griechische
Sprache an trotz der Schwierigkeit, welche das an die hebräischen
Kehllaute gewöhnte Organ in der Aussprache des Griechischen finden
mußte. Sie vertieften sich endlich in die griechische Gelehrsamkeit und
das Schrifttum so sehr, daß manche unter ihnen Homer und Plato
ebenso gut verstanden wie ihren Mose und Salomon. Die Wohlhabenheit,
die edlere Beschäftigung und die Bildung flößten den alexandrinischen
Judäern Selbstbewußtsein und ein Hochgefühl ein, wie sie etwa in
späterer Zeit die spanischen Juden besaßen. Die alexandrinische Gemeinde
galt als Mittelpunkt der judäischen Kolonie in Ägypten, und auch die
auswärtigen Judäer, selbst Judäa zu Zeiten, lehnten sich gerne an
diese starke Säule des Judentums an.

Die alexandrinische Gemeinde besaß in allen Stadtteilen Gebet-
häuser, welche hier den Namen Proseuchen oder Proseukterien
führten[6]), unter denen sich die Hauptsynagoge durch künstlerischen Bau,

[1]) Josephus gegen Apion II, 4.   [2]) Das. II, 5. Vergl. Note 4.
[3]) Philo das.   [4]) Philo das. Tosefta Sukka, c. 4, 6.
[5]) Joma 38a. Erachin 10b.
[6]) Philo gegen Flaccus 6, M. II, 528. Legatio ad Cajum 20. Vita
Mosis II, 27.

Zierlichkeit und glänzende Ausstattung besonders ausgezeichnet hat. Sie war in der Form einer Basilika mit doppeltem Säulengang (διπλῆ στοά) gebaut und hatte einen so weiten Umfang, daß, wie übertreibend erzählt wird, ein eigens dazu bestimmter Beamter mit einer Fahne das Zeichen gegeben habe, so oft die Gemeinde auf einen Segensspruch mit Amen einzufallen hatte. Die Bethäuser waren auch in Alexandrien und vermutlich ebenso in ganz Ägypten zugleich Lehrhäuser, indem an den Sabbaten und Festen derjenige, welcher in der Gesetzeskunde am meisten erfahren war, nach dem Vorlesen des Abschnittes aus dem Pentateuch sich erhob und über das Vorgelesene einen Vortrag hielt[1]).

Den rechten Glanz erhielt das alexandrinisch-judäische Leben erst durch hervorragende Flüchtlinge, welche während der syrischen Drangsale nach Alexandrien gekommen waren. Der bedeutendste unter ihnen war Onias, der junge Sohn des letzten, rechtmäßigen Hohenpriesters von der Linie Jesua b. Jozadak. Dieses hohepriesterliche Haus hatte in Palästina die ägyptischen Interessen gegen die Söhne des Tobias und die Griechlinge unterstützt, welche auf Seiten der Syrer standen, und darum war Onias III. den Tobiaden so sehr verhaßt. Als dieser, weil er mit seinem ganzen Ansehen den Ausschreitungen der Hellenisten entgegengearbeitet und es mit dem ihnen verhaßten Hyrkanos gehalten hatte, durch deren Schuld meuchlings ermordet worden war[2]), hatte sich sein junger Sohn Onias IV. im Mutterlande nicht sicher gefühlt und in Ägypten Schutz gesucht, sei es unmittelbar nach dem Tode seines Vaters oder mehrere Jahre später. Er wurde von dem milden König Philometor aufs freundlichste aufgenommen, weil er eine große Partei hinter sich hatte, die ihn als den einzig berechtigten Nachfolger in der Hohenpriesterwürde betrachtete, und der sechste Ptolemäer, der noch immer Hoffnung hegte, Cölesyrien mit Judäa zurückzuerobern, sich auf diese Partei und die treuen Judäer in Syrien stützen zu können vermeinte. Als der verruchte sogenannte Hohepriester Menelaos von dem syrischen Hofe aufgegeben und umgebracht worden war und der Prinz Demetrios, aus Rom entflohen, sich Syriens bemächtigt hatte, schmeichelte sich Onias IV., der inzwischen in das männliche Alter getreten war, von dem neuen syrischen König die Hohepriesterwürde, das Erbe seiner Väter, zu erlangen. Der König Philometor, sein Gönner, war in dieser Zeit mit Demetrios II. befreundet[3]) und mag seinem Schützling bei ihm das Wort geredet haben, ihn als Hohenpriester einzusetzen. Als aber Alkimos zum Hohenpriester ernannt

---

[1]) Vergl. weiter unten.   [2]) S. B. IIb, S. 303.
[3]) Vergl. Diodor Excerpta zu 31, 7, auch Valerius Maximus, nach Valesius' Emendation.

war und von dem ſyriſchen König mit Waffengewalt ſelbſt gegen die
Hasmonäer unterſtützt wurde, gab Onias die Hoffnung auf, in den
Beſitz der erblichen Würde zu gelangen und ließ ſich dauernd in Ägypten
nieder[1]).

Onias war nicht allein nach Ägypten gekommen, ſondern hatte
Stammesgenoſſen aus Judäa im Gefolge, welche während der troſtloſen
Lage des Vaterlandes unter Antiochos Epiphanes und ſeinem Nach=
folger dort eine Zuflucht geſucht hatten. Ein Mann von beſonderer
Bedeutung, Namens Doſitheos, ſcheint in derſelben Zeit ausgewandert
zu ſein. Dieſer und Onias waren berufen, eine einflußreiche Rolle
unter Philometor zu ſpielen.

Gelegenheit dazu gab die Feindſeligkeit der beiden Brüder, der
Könige von Ägypten, des milden Philometor und des wilden
Euergetes II., eines Scheuſals an Körper und Geiſt, der wegen ſeines
häßlichen Körperumfanges der Schmeerbauch (Physkon) und wegen
ſeiner teufliſchen Bosheit der Übeltäter (Kakergetes) genannt wurde.
In den Kriegsläuften zu gemeinſamer Regierung mit ihrer Schweſter
Kleopatra, Gemahlin des älteren, berufen, hatte der jüngere, Physkon,
den älteren Bruder vom Throne verdrängt und ihn gezwungen, nach
Rom zu gehen und dort im Bettleraufzug den Senat um Wieder=
einſetzung anzuflehen. Der nach Ausdehnung der römiſchen Gewalt
lüſterne Senat ſprach zwar dem älteren Bruder Philometor das Recht
der Regierung zu, ließ ſich aber die Gelegenheit nicht entgehen, Ägypten
durch den Bruderzwiſt zu ſchwächen. Er dekretierte, daß die Landſchaft
Kyrene im Weſten von Ägypten davon losgetrennt und zu einem
eigenen Königreich für Physkon eingeräumt werden ſollte. So geſchah
es auch. Aber dieſer begnügte ſich nicht mit dem kleinen Reiche, ſondern
brütete immer wieder darüber, Philometor zu verdrängen, und da er
in Rom ihm geneigte Senatoren zu finden hoffte, trat er mit Anklagen

---

[1]) Joſephus ſetzt im jüb. Kr. (I, 1, 1; VII, 10, 2) Onias' Flucht nach
Ägypten noch während des erſten Stadiums der Wirren in Judäa unter Anti=
ochos Epiphanes. Er identifiziert ſogar dieſen Flüchtling Onias mit Onias III.
dem Hohenprieſter. Dieſen Irrtum berichtigte er aber — entweder von einer
beſſeren Quelle geleitet oder von Zeitgenoſſen aufmerkſam gemacht — in den
Altertümern. Hier (XII, 9, 7 und XIII, 3, 1) macht er den Flüchtling zum
Sohne Onias' III., ſetzt aber deſſen Flucht erſt nach dem Tode Menelaos' (163
bis 162). Das Richtige wird wohl ſein, daß Onias der Sohn gleich nach dem
Tode ſeines Vaters, weil wahrſcheinlich auch ſein Leben bedroht war, nach
Ägypten entfloh und erſt nach Menelaos' Tod und Alkimos' Einſetzung ſich in
Ägypten dauernd niederließ, weil er die Hoffnung aufgeben mußte, das Hohe=
prieſtertum zu erlangen. Auf dieſe Weiſe können die Widerſprüche gelöſt werden.
[Vgl. auch Schürer I[3], S. 215, Anm. 16.]

gegen den Älteren auf und suchte auch die Bevölkerung ihm abwendig
zu machen. So kam es zum zweiten Male zu einem Bruche zwischen
den Brüdern und zum Kriege. Philometor wagte Rom zu trotzen, das
für Physkon Partei nahm; aber es gebrach ihm an Kriegern, da die
alexandrinisch-griechische Bevölkerung unter allen Lastern des griechischen
Wesens Wankelmut und Unzuverlässigkeit in einem hohen Grade besaß;
noch mehr gebrach es Philometor an tüchtigen Kriegsführern. In dieser
Notlage betraute er die judäischen Einwanderer Onias und Dositheos,
die sich wohl schon früher bewährt hatten, mit der Kriegführung gegen
seinen Bruder. Die judäische Bevölkerung Ägyptens stand ohne Zweifel
wie ein Mann Philometor bei. Durch die Geschicklichkeit der beiden
judäischen Feldherren gelang es Philometor, seinen Bruder so sehr zu
schwächen, daß er ihn für immer hätte unschädlich machen können. Aus
angeborener Güte und zum Teil aus Rücksicht auf Rom ließ er ihm
das Königreich Kyrene und gewährte ihm noch andere Vorteile [1]).
Onias und Dositheos standen seit der Zeit (153) in hoher Gunst bei
Philometor und blieben die Anführer seines ganzen Heeres [2]).

Selbstverständlich sammelten sich die Judäer Alexandriens und
wohl auch die Ägyptens unter Onias, sobald er den Entschluß kund-
gegeben hatte, unter ihnen zu weilen, und in den Dienst des Königs
getreten war. Stammte er doch aus der angesehensten Familie, aus
dem Hause des Hohenpriesters, und mag auch sonst Verdienste und
anziehende Eigenschaften gehabt haben. In Streitfällen haben sie ohne
Zweifel ihn zum Schiedsrichter erkoren, bei Unbilden, die einem von
ihnen widerfuhren, riefen sie seinen Schutz an, und er war imstande,
durch sein Ansehen bei Hofe sie abzuwenden. Bei religiösen und
sittlichen Fragen war Onias als hoherpriesterlicher Abkömmling und
als Schriftkundiger ohnehin ihr Gewissensrat und Leiter. Durch
eigene Gesetze und Lebensweise von den einheimischen und griechischen
Mitbewohnern getrennt, mußten es die Judäer als eine Wohltat
empfinden, einen Mann an der Spitze zu haben, der Autorität genug
besaß, sie zusammenzuhalten und zu Gliedern eines eigenen Gemeinwesens zu vereinigen. Onias wurde solchergestalt als Oberhaupt oder
Stammesfürst (Ethnarch, Genarch) der Judäer anerkannt, gleichviel
ob seine Stammesgenossen ihn dazu erkoren und der König Philometor
ihn aus Erkenntlichkeit bestätigt, oder ob dieser aus freien Stücken
ihm diese Würde übertragen hat.

---

[1]) Diodor Excerpta 31, 18. Dieser Krieg kann nur stattgefunden haben,
nachdem Physkon unter dem Konsulat des Opimius und Albinus = 154 Anklagen gegen seinen Bruder erhoben und beim Senat Gehör gefunden hatte.
S. Clinton, Fasti Hellenici, III, 94 und 387.   [2]) Josephus gegen Apion II, 5.

Allmählich erlangte diese Würde eine hohe Bedeutung. Der Ethnarch hatte die Befugnis, die inneren Gemeindeangelegenheiten zu leiten, das Richteramt auszuüben und über die Aufrechterhaltung der Verträge zu wachen. Er vertrat auch seine Stammesgenossen gegenüber der Krone; durch seine Hand gingen wohl die Steuern, welche sie an den Staat zu leisten hatten, und die königlichen Verordnungen für sie wurden ihnen durch den Ethnarchen bekannt gemacht [1]). Es ist zwar nicht bekannt, ob seine Befugnisse sich auch auf sämtliche in Ägypten vorhandenen Judäer erstreckt haben; aber es ist wahrscheinlich, daß diese, wenn auch nicht gesetzlich gehalten, sich doch freiwillig dem judäischen Volksfürsten ebenso wie die der Hauptstadt untergeordnet haben, zumal sie, in kleine Gemeindegruppen zerstreut, glücklich sein mußten, ein Oberhaupt aus ihrem Stamme zu haben, das imstande war, sie gegen das Übelwollen der Nachbarn und gegen die Willkür der Beamten zu schützen. Waren sie doch durch Anlehnung an denselben gesichert, die Pflichten, welche ihnen das Judentum auflegte, ohne Gewissenszwang erfüllen zu können. Die ethnarchische Würde, welche Onias zuerst bekleidete, bot sämtlichen ägyptischen Judäern zu viel Vorteile, als daß sie Anstand genommen haben sollten, sie auch ihrerseits anzuerkennen.

Solchergestalt waren die ägyptischen Judäer in der glücklichen Lage, durch ein eigenes Oberhaupt mit fürstlicher Würde eine Stärke verleihende Einheit zu bilden. Diese Einheit wurde noch durch eine andere Schöpfung gekräftigt. Bei allem Ansehen, welches Onias am Hofe Philometors und unter seinen Stammesgenossen besaß, konnte er es nicht verschmerzen, daß er durch die Vorgänge in Judäa seiner rechtlich ihm gebührenden Hohenpriesterwürde verlustig geworden war.

Während des unsicheren Zustandes in Judäa, besonders als Alkimos mit Übergehung der berechtigten hohenpriesterlichen Familie zum Hohenpriester eingesetzt wurde, und nach seinem Tode, als diese Würde gewissermaßen erloschen war, kam Onias auf den Gedanken, für den entweihten Tempel in Jerusalem einen solchen in Ägypten zu errichten, dessen berechtigter Hohepriester er selbst sein sollte. War er dabei von einem frommen Gefühle oder von Ehrgeiz geleitet? Die innersten Herzensregungen bleiben der Geschichte verborgen. Um den Beifall der Judäer dafür zu erlangen, berief sich Onias auf eine Prophezeiung des Propheten Jesaia, die hierdurch in Erfüllung gehen sollte (19, 19): „Einst wird ein Altar des Herrn in Ägypten stehen."

[1]) Folgt aus Strabo bei Josephus Altert. XIV, 7, 2. Dieses Zeugnis gehört zwar der Augusteïschen Zeit an; aber die Ethnarchie stammt ohne Zweifel aus der Zeit des Ptolemäus Philometor; vergl. Note 4.

Philometor, dem er den Wunsch vortrug, gewährte ihm denselben aus Erkenntlichkeit für die Dienste, die Onias ihm in dem Kriege gegen Physkon geleistet hatte, und räumte ihm dazu einen Landstrich in der Gegend von Heliopolis 180 Stadien (4½ geographische Meilen) nord= östlich von Memphis in dem Lande Gosen ein, wo einst die Nachkommen Jakobs bis zum Auszuge aus Ägypten gewohnt hatten. In einem ver= fallenen Götzentempel der ägyptischen Gottheit Bubastis, in dem Städtchen Leontopolis, wo einst Tiere abgöttisch verehrt worden waren, baute Onias ein judäisches Heiligtum. Dasselbe hatte äußerlich nicht ganz die Gestalt des jerusalemischen Tempels, sondern war turmähnlich aus gebrannten Steinen erbaut. Im Innern hingegen waren die Tempelgeräte ganz nach dem Muster der jerusalemischen eingerichtet, nur daß statt des siebenarmigen stehenden Leuchters ein goldener Hängeleuchter an einer goldenen Kette angebracht war. Priester und Leviten, welche sich der Verfolgung in Judäa entzogen hatten, fungierten an diesem Onias=Tempel (Bet-Chonjo) mit Opfer und Liturgie. Für die Bedürfnisse des Tempels und der Priester überließ der König das Einkommen der heliopolitanischen Gegend auf großmütige Weise. Diese ganze Gegend, welche einen kleinen Priesterstaat bildete, führte den Namen Onion um 153—152[1]). Es war noch ein Einigungsband mehr für die ägyptischen Judäer.

[1]) Josephus jüd. Kr. VII, 10, 2—3. Altert. XIII, 3, 1. Die an letzterer Stelle mitgeteilte Korrespondenz zwischen Onias und Philometor bezüglich des Onias=Tempels kann unmöglich echt sein. Der heidnische König sollte Bedenken gehabt haben, daß ein judäischer Tempel auf einem durch den Tierkultus ent= weihten Platze erbaut werden sollte? Ein solches Gewissensbedenken können nur Judäer gehabt haben, und die Korrespondenz hat offenbar die Tendenz, dieses Bedenken durch Hinweis auf Jesaia aus den Gemütern zu bannen. — Das Datum der Erbauung dieses Tempels deutet Josephus durch die Angabe an, daß er 343 Jahre bestanden habe (jüd. Kr. das.). Diese Zahl ist gewiß falsch, da sie in das dritte Jahrh. hinaufführt, ein Jahrh. vor Onias. Statt 300 muß man 200 lesen. Da Josephus in jüd. Kr. Onias' Flucht und Er= bauung des Tempels in die Zeit des Antiochos Epiphanes setzt (o. S. 28 N.), so dachte er unstreitig für diese Begebenheit an das Jahr 170. Der Onias=Tempel wurde von Lupus einige Jahre nach dem Untergang Jerusalems gesperrt. Nehmen wir 3 Jahre an, so erfolgte die Schließung 73 post + 170 ante = 243. So kommen die 243 Jahre richtig heraus. Indessen kann der Onias= Tempel nicht in Antiochos' Zeit erbaut sein, da Onias damals noch jung war und also Philometor noch keine Dienste geleistet hatte. Die Erbauung kann erst nach dem zweiten Bruderkriege, nach 154 stattgefunden haben (o. S. 29 N.); denn erst in diesem Kriege war Onias Philometor's Feldherr. Damals fungierte in Jerusalem kein Hoherpriester. Dieser Umstand mag Onias bewogen haben, diese Würde wenigstens in Ägypten zu erhalten. Die Erbauung hat also wahrscheinlich zwischen 154 und dem Beginne von Jonathans Hoherpriester=

Obwohl ſie den Oniastempel als ihren religiöſen Mittelpunkt anſahen, dorthin zur Feſtzeit wallfahrteten und daſelbſt ihren Opfer= bedürfniſſen genügten, ſo dachten ſie doch nicht daran, etwa wie die Samariter, dem jeruſalemiſchen Heiligtum die Verehrung aufzukündigen und ihm das ihrige nebenbuhleriſch gleichzuſtellen oder gar überzuordnen. Im Gegenteil, ſie verehrten Jeruſalem als heilige Metropole und den Tempel als eine Gottesſtätte, und ſobald er wieder in ſeine Würde eingeſetzt war, erfüllten ſie gegen denſelben ihre religiöſen Pflichten, ſchickten Abgeordnete dahin und opferten hin und wieder daſelbſt [1]). Aber durch die wunderbare Erfüllung des Prophetenwortes: „daß in Ägypten einſt ein Gottestempel prangen werde“, waren ſie auch ſtolz auf den ihrigen und nannten Heliopolis die „Stadt der Gerechtigkeit“ (Ir ha-Zedek), indem ſie darauf den Vers desſelben Propheten an= wandten: „Einſt werden fünf ägyptiſche Städte den Gott Iſraels anerkennen und eine davon wird die Stadt Heres ſein;“ ſie laſen aber ſtatt deſſen: Ir ha-Zedek [2]). In Judäa würde man unter Umſtänden in ruhigen, der Empfindlichkeit und Peinlichkeit günſtigeren Zeiten den Oniastempel gleich dem Garizimtempel mit dem Banne belegt und deſſen Angehörige gleich den Samaritanern aus der judäiſchen Gemein= ſchaft ausgeſchloſſen haben. Aber als die erſte Kunde von dem Bau des ägyptiſch=judäiſchen Tempels in Judäa einlief, war die Zerrüttung in Staat und Tempel noch derart, daß man keine Urſache hatte, einen Akt zu verdammen, der doch in der beſten Abſicht geſchehen war. Betrachtete man den Gründer des Onias=Tempels, der ein Abkömmling einer langen Reihe von rechtmäßigen Hohenprieſtern war, deſſen Geſchlecht ſeinen Anfang aus der Davidiſchen und Salomoniſchen Zeit datierte, und dem man die Wiederherſtellung des Tempels nach der Rückkehr aus dem Exile verdankte, der Simon den Gerechten zu ſeinen Ahnen zählte, und deſſen Vater der fromme Onias III. war, ſo konnte man ihm um ſo weniger grollen. Später, als die hasmonäiſchen Hohen= prieſter den Kultus in ſeiner Lauterkeit wieder hergeſtellt hatten, ſah man allerdings mit Bedauern auf einen im Auslande beſtehenden Tempel, welcher die religiöſe Einheit und die Heiligkeit des judäiſchen Bodens gefährdete; aber dann hatte der Oniastempel durch die Reihe von Jahren ſeines Beſtehens und die Dienſte, welche Onias durch

herrſchaft, d. h. 152, ſtattgefunden. [Kohout, Ph., Joſ. Jüd. Krieg, aus dem Griechiſchen überſ. (Linz 1901), S. 796., ſetzt die Erbauung in das Jahr 150.|

[1]) Vergl. über die hohe Verehrung ſeitens der ägyptiſchen Judäer für dieſen Tempel: Geſandtſchaft an Cajus § 29, M. 573, fg. Die Arabarchen haben den jeruſalemiſchen Tempel reich verziert (Vgl. Note 4.).

[2]) Septuaginta zu Jeſaia 19, 18.

Einwirkung auf den König Philometor dem judäischen Staate geleistet, in den Gemütern soweit Wurzel gefaßt, daß es nicht mehr an der Zeit war, ihn zu verdammen. Aber einer gewissen Unbehaglichkeit konnten sich die Frommen dabei doch nicht erwehren, daß das heliopolitanische Heiligtum auf einer Verletzung des Kultusgesetzes beruhe. Und aus diesen widersprechenden Empfindungen gegen den Onias = Tempel, der Achtung vor seinem, aus der Zeitlage hervorgegangenen Ursprunge und dem Mißbehagen gegen sein ungesetzliches Bestehen, entsprang das Verhalten gegen denselben in der Folgezeit. Die Gesetze in betreff desselben tragen diesen schwankenden, zwischen Anerkennung und Verdammung schwebenden Charakter. Ein allerdings späteres Gesetz bestimmte nämlich, daß Priester des Onias = Tempels zwar nicht im jerusalemischen fungieren dürften, daß sie aber dadurch ihrer Priesterwürde nicht verlustig würden, sondern wie die ehemaligen Hohenpriester ihren Anteil an den Priesterrechten behielten[1]).

An eine solche überraschende Tatsache, wie der Bestand eines judäischen Tempels in Ägypten, brachte die geschäftige Sage später, als die wahre Veranlassung in Vergessenheit geraten war, je nach der Verschiedenheit der Beurteilung, ihre verschönernden oder entstellenden Züge an. In Alexandrien erzählte man sich: der König Philometor und die Königin Kleopatra hätten auf das Gesuch des Onias, einen Tempel bei Heliopolis zu erbauen, ein eigenes Handschreiben an ihn erlassen, worin sie ihre Verwunderung zu erkennen gegeben hätten, ob es Gott wohlgefällig sein könne, wenn ihm ein Heiligtum auf einem Platze erbaut würde, der ehemals dem Tierkultus geweiht war, und sie hätten sich erst dann beruhigt, als sie diese Versündigung von sich abgelehnt und sie auf Onias geschoben, der sich hierbei auf die jesaianische Prophezeiung berufen habe. In Judäa waren zwei verschiedene Sagen über die Veranlassung und Bedeutung des Onias=Tempels in Umlauf, eine anerkennende und eine verdammende. Man brachte diese Tatsache in Verbindung mit dem weltlichen Treiben der Hellenisten und namentlich jenes Onias, der unter dem Namen Menelaos so viele Schmach auf sein Haupt geladen hatte, und den man auch für einen Nachkommen Simons des Gerechten hielt. Die nachsichtige Beurteilung stellte den ägyptischen Onias in ein günstiges Licht; sie machte ihn und seinen Bruder Simon zu Söhnen Simons des Gerechten, der seinem jüngeren Sohne gleichen Namens die Hohepriesterwürde in Rücksicht auf seine

---

[1]) Menachot 109a; Tosefta das. XIII, 12—14. Der letzte Passus stammt jedenfalls aus der Zeit vor dem Tempeluntergang; er hatte eine praktische Bedeutung. Die beiden ersten dagegen scheinen lediglich theoretisch aufgestellt zu sein.

Würdigkeit übertragen hätte, der ältere, Onias, habe aber einen inneren Verdruß darüber empfunden und dem Volke zeigen wollen, wes Geistes Kind sein Bruder sei; darum habe er ihn überredet, sich im Tempel in Weiberkleidern zu zeigen; aber wegen dieses Streiches verfolgt, sei Onias nach Alexandrien geflohen und habe einen Tempel zu Ehren Gottes erbaut. Das verdammende Urteil verwechselt gerade Onias IV. mit jenem Onias-Menelaos. Es läßt ihn daher beim ersten Auftreten im Tempel auf den bösen Rat seines älteren, zurückgesetzten Bruders in Weiberkleidern erscheinen, und vom Volke wegen dieses unwürdigen Benehmens aus Jerusalem vertrieben, einen Götzentempel in Ägypten erbauen [1]). Eine so verschiedene Beurteilung mußte ein Akt erfahren, welcher zwischen Frömmigkeit und Abfall in der Mitte schwebte.

In dem Gebiete Onion, in welchem der neue Tempel erbaut war, hatte Philometor zum Schutze desselben gestattet, einen festen Platz anzulegen. Dieses Kastell, sowie die judäischen Krieger, die es zu verteidigen hatten, standen selbstverständlich unter dem Oberbefehle des Onias. Er war zugleich kriegerischer Leiter des Kreises von Heliopolis, in welchem das Gebiet Onion lag, der als arabischer bezeichnet zu werden pflegte. Onias Titel nach dieser Seite seiner Machtbefugnis lautete: Arabarch, Gebieter über den arabischen Kreis, (in veränderter Aussprache: Alabarch [2]). In Alexandrien war Onias gemeindliches und richterliches Oberhaupt (Ethnarch) der dortigen Judenheit, im Gebiete Onion oder im arabischen Kreise Ägyptens war er militärischer Gebieter der dort angesiedelten kriegerischen judäischen Bevölkerung, mit deren Hilfe er dem König Philometor so nachhaltig Beistand geleistet hatte. So unbedingtes Vertrauen muß dieser König zu Onias und zu den zu ihm stehenden Stammes- und Religionsgenossen gehabt haben, daß er ihm noch einen andern außerordentlich wichtigen Posten anvertraute. Die Hafenplätze am Meere und den Nilmündungen waren für die Einnahmen des königlichen Schatzes von der höchsten Wichtigkeit. Hier wurden die Zölle für die ein- und auslaufenden Rohstoffe und verarbeiteten Waren erhoben, wodurch Ägypten das reichste Land während der Herrschaft der Ptolemäer und später der Römer war. Die Aufsicht über Meer und Nilfluß vertraute Philometor ebenfalls dem Arabarchen an, und von den Judäern Alexandriens, welche an dem Hafenplatze wohnten (o. S. 25), waren sicherlich die Beamten ausgewählt, welche die Eingangs- und Ausgangszölle überwachten [3]).

---

[1]) Daf. und Jerus. Joma VI, p. 43 d.
[2]) Vergl. über Alabarch und Arabarch Note 4 [S. jedoch Schürer III³, 88 ff.]. [3]) Josephus contra Apionem II, 5 Ende. Maximam vero eis fidem olim a regibus datam conservaverunt (imperatores romani) i. e. fluminis

Ein anderes, weit wichtigeres, tief in die weltgeschichtlichen Ver=
hältnisse eingreifendes Ereignis fand zu derselben Zeit und auf dem=
selben Schauplatze statt und erfuhr eine eben so entgegengesetzte
Beurteilung wie der Onias=Tempel. Die Flüchtlinge aus Judäa,
welche aus Anhänglichkeit an das väterliche Gesetz Vaterland und
Lebensgewohnheit aufgegeben hatten, mögen in dem gebildeten König
Philometor, der ein Freund des Wissens war, den Wunsch erweckt
haben, dieses so hochverehrte Gesetz kennen zu lernen; oder Judäer,
die bei ihm Zutritt hatten, mögen sein Interesse für das von seinem
Gegner Antiochos Epiphanes so geschändete Gesetz in so hohem Grade
angeregt haben, daß er es in einer Übersetzung zu lesen gewünscht
haben mochte. Einer der nach Alexandrien aus Jerusalem aus=
gewanderten Priester, Namens Juda Aristobul, soll Lehrer dieses
Königs gewesen sein[1]). Möglich auch, daß die Schmähschrift gegen
die Judäer und ihren Ursprung, welche unter dem Namen des ägyptischen
Priesters Manetho in griechischer Sprache im Umlauf war, und
woran die spottsüchtigen und auf die Judäer neidischen Griechen in
Alexandrien ihre hämische Freude hatten, möglich also, daß diese Schrift
den Wunsch unterstützt hat, den Ursprung und die Geschichte des
judäischen Volkes aus den Quellen kennen zu lernen. Diese Schmäh=
schrift, vielleicht die erste in der langen Reihe der Lügenmären über
die Judäer, erzählte einmal, daß Hirten unter dem Namen Hyksos
zuerst Ägypten unterjocht, dann besiegt, vermindert und nach Syrien
ausgewandert, die Stadt Hierosolyma aus Furcht vor den damals
mächtigen Assyrern erbaut hätten. Das andere Mal erzählte sie mehr
verunglimpfend, daß Aussätzige aus Ägypten vertrieben worden wären
und sich einen heliopolitanischen Priester, Namens Osarsiph, zum
Führer genommen hätten, der sie gelehrt und ihnen Gesetze gegeben
habe, nicht Götter zu verehren und besonders die von den Ägyptern als
göttlich angebeteten Tiere zu töten und zu verzehren und sich nur mit
ihresgleichen zu verbinden. Dieser heliopolitanische Priester unter den
Aussätzigen habe seinen Namen in Moyses (Mose) umgewandelt.
Er habe auch die in Hierosolyma angesiedelten Hyksos aufgerufen, in
Ägypten einzudringen und mit den Aussätzigen vereint das Land zu
erobern. Es sei den Verbündeten auch gelungen, es zu bezwingen
und es mehrere Jahre zu verheeren, besonders die Tempel und die

custodiam, totiusque custodiae. Statt des letzten unverständlichen Wortes
emendiert Schürer (in Hilgenfelds Zeitschrift, s. N. 4) richtig, daß im griechischen
Original πάσης θαλάσσης gestanden haben müsse. Vergl. über diese die Hafen=
aufsicht betreffende Seite des Arabarchen dieselbe Note [und die Bemerkungen
dazu]. [1]) II. Makkab. 1, 10. Vgl. Note 10.

heiligen Tiere zu entweihen, bis der entflohene König Amenophis mit Hilfe der Äthiopier ſie beſiegt und nach Syrien zurückgeworfen hätte[1]). Das ſei der Urſprung der Judäer geweſen, teils niedrige gefangene Hirten, teils Ausſätzige. Ihr Geſetzgeber Moſe ſei urſprünglich ein ägyptiſcher Prieſter geweſen, der, ſeinem Urſprung untreu geworden, gegen Tempel, Prieſter und Götter gewütet und das ihm untergebene Volk gelehrt habe, dieſe zu verachten. Ehe die Judäer an eine ſolche erlogene, gehäſſige Schilderung ihrer Vergangenheit gewöhnt waren, mußten ſie ſich dadurch tief gekränkt gefühlt und gewünſcht haben, ſie widerlegt zu ſehen. Widerlegt konnte ſie aber lediglich durch Kenntnis= nahme von ihrem Schrifttum, von dem Fünfbuch der Thora, werden, welches in ſchlichter eindringlicher Weiſe von dem Einzug, Aufenthalt in Ägypten und Auszug ihrer Vorfahren erzählt. Den bei Hofe ver= kehrenden Judäern mußte eben ſo viel daran liegen, daß der ihnen wohlwollende König Philometor das von der einen Seite ſo geſchmähte und von der andern ſo hochverehrte „Geſetzbuch" in griechiſcher Ver= dolmetſchung kennen lernen möchte, um die Überzeugung von der Vortrefflichkeit desſelben und dem untadelhaften Urſprung des Volkes zu gewinnen.

War die Einwanderung Onias' IV. und vieler Judäer nach Ägypten unter Philometor für die Stellung der ägyptiſchen Judäer ein hoch= wichtiges Ereignis, ſo wurde ſie durch die daraus entſtandene Über= ſetzung von weltgeſchichtlicher Tragweite für die Entwickelung und Verbreitung des Judentums. Näheres über die Art und Weiſe, wie

---

[1]) Josephus contra Apionem I, 14—15; 26—27. Wann dieſe Schmäh= ſchrift verfaßt wurde, läßt ſich nicht beſtimmen. Selbſt wenn der unter Ptole= mäus I. und II. lebende Manetho Verfaſſer der ägyptiſchen Dynaſtienfolge geweſen ſein ſoll, ſo iſt es nicht wahrſcheinlich, daß auch die nur bei Joſephus erhaltenen Fragmente über die Hykſos und die Ausſätzigen von ihm herrühren. Denn Manethos Aufzählung der Dynaſtien (Αἰγυπτιακά) enthält nur Namen und Zahlen, während dieſe Fragmente eine detaillierte Geſchichte geben. Daß unter Manethos Namen Pſeudepigraphien zirkuliert haben, geben ſämtliche Forſcher zu, beſonders das Sendſchreiben an Philadelphus (ἐπιστολή . . πρὸς Πτολεμαῖον) und das Sothos=Buch (βιβλος Σώθεος) gelten entſchieden als pſeud= epigraphiſch. Ohnehin beſtehen Widerſprüche bezüglich der Könige und ihrer Regierungszeit in den Fragmenten mit den Angaben in den Aegyptiaca, welche die Ägyptologen ſchwer auszugleichen vermögen. Aus allem dieſen ſcheint zu folgen, daß die Fragmente von einem griechiſchen Judenfeinde her= rühren, [Auch Boeckh, Carl Müller und Kellner halten die Erzählungen für einen ſpäteren Einſchub, doch ſcheinen ſie von Schürer III[3], 399 f. für die Echt= heit geltend gemachten Gründe ausſchlaggebend zu ſein. So auch Th. Reinach, Textes d'auteurs grecs et romains relatifs au judaïsme, S. 29, N. 1.] der ſie unter Manethos Namen verbreitete, vielleicht erſt in der Zeit des Antiochos Epiphanes, als die Judäer Gegenſtand der Antipathie und Schmähung wurden

diese Übersetzung zustande gebracht wurde, wissen wir nicht mehr. Allem Anschein nach wurde diese Arbeit, um sie zu erleichtern, an fünf Dolmetscher verteilt, sodaß von den fünf Büchern des Pentateuchs je eins einen eigenen Übersetzer hatte. (Ein Bericht weiß in der Tat von „fünf Alten" zu erzählen, welche die Thora griechisch verdolmetscht haben[1]). Die noch vorhandene Übersetzung zeigt ebenfalls, wiewohl sie durch mancherlei Entstellungen ihre ursprüngliche Gestalt verloren hat, daß sie nicht gleichmäßig behandelt worden und also nicht aus der Hand eines einzigen Übersetzers hervorgegangen ist. Auch jener Zug mag geschichtlich sein, daß die fünf Übersetzer, um ungestört eine Arbeit zu vollbringen, welche zugleich eine Gewissenssache und ein Ehrenpunkt für sie war, sich auf die Insel Pharos, die Alexandrien in geringer Entfernung gegenüberliegt, zurückgezogen haben. In der Übersetzung ist das Bestreben ersichtlich, die wörtliche Treue zugunsten einer geläuterten Vorstellung von Gott zu opfern, was sicherlich auf gemeinsame Verabredung der Dolmetscher geschehen ist, weil sie zunächst mit Hinblick auf den gebildeten König gearbeitet haben; diese Rücksicht leitete die Dolmetscher auch augenscheinlich bei der Wahl eines Wortes, das dem Könige hätte anstößig sein können. Das Wort Arnébet (Hase) unter den unreinen, zum Genusse verbotenen Tieren ist durch eine Umschreibung übersetzt, um nicht das griechische Wort Lagos (Hase) zu gebrauchen, weil der Stammvater des Königshauses Lagos hieß. — Die Begebenheit der Übersetzung mag etwas später vorgefallen sein als der Bau des Onias-Tempels (etwa 150); möglich auch, daß zwischen beiden Begebenheiten ein innerer Zusammenhang herrscht. Die Übersetzer waren wahrscheinlich gleich Onias palästinensische Auswanderer, welche die Kunde der hebräischen Sprache aus dem Vaterlande mitgebracht hatten; denn die früher eingewanderten, bereits hellenisierten Judäer in Ägypten hatten wohl schwerlich so viel Kenntnis des Hebräischen bewahrt, um sich an einem so schwierigen Unternehmen zu beteiligen. — Die griechische Übersetzung der Thora war gewissermaßen auch ein Tempel, ein Schriftheiligtum, zu Ehren Gottes auf fremdem Boden errichtet.

Die Vollendung dieses Werkes verbreitete unter den Judäern Alexandriens und Ägyptens hohe Freude. Sie waren stolz darauf, daß die auf ihre Weisheit eingebildeten Griechen doch endlich einsehen lernen müßten, um wie viel älter und erhabener die Weisheit des

---

(s. B. II b S. 305). Die Lügen von der Ausweisung der Judäer wegen Aussatzes und ihrer menschenfeindlichen Gesetze wurden von Antiochos Sibetes' Freunden wieder aufgefrischt (Diodor Ecloge 34, 1).

[1]) Vergl. über die Entstehung der Septuaginta Note 2.

Judentums sei als die griechische Philosophie. Es schmeichelte ihnen,
sagen zu können: „Seht da, Moses ist größer denn Pythagoras und
Plato." Nicht wenig mag der Umstand die freudige Stimmung erhöht
haben, daß die Übersetzung durch eifrige Teilnahme des judenfreund=
lichen Königs zustande gekommen war, indem dadurch ein Weg zur
Anerkennung des Judentums unter den Griechen angebahnt schien.
Kein Wunder also, wenn der Tag, an welchem die Übersetzung dem
Könige überreicht wurde, von den ägyptischen Judäern festlich begangen
und die alljährliche Wiederkehr desselben gefeiert wurde. Sie pflegten
an diesem Tage nach der Insel Pharos zu wallfahrten, daselbst zuerst
Freuden= und Dankgebete anzustimmen und dann in Zelten oder unter
freiem Himmel, je nach ihrem Stande, mit ihren Angehörigen ein
Freudenmahl zu halten. Daraus wurde später ein allgemeines Volksfest,
woran sich sogar die heidnischen Alexandriner beteiligt haben sollen [1]).

Einen ganz anderen Eindruck mußte die Übersetzung der Thora
ins Griechische auf die Frommen in Judäa hervorbringen. War ihnen
schon das griechische Wesen wegen der vielen Leiden, die es über die
Nation und die Heiligtümer gebracht hatte, verhaßt, so mußte man
dort der Sorge Raum geben, daß der richtige Sinn der judäischen
Lehre durch die Übertragung in die griechische Sprache entstellt und
verkannt werden würde. Nur die hebräische Sprache, in welcher sich
Gott auf Sinai geoffenbart, schien ein würdiges Gefäß für den gött=
lichen Inhalt der Thora; in eine fremde Form gegossen, dünkte den
Frommen das Judentum sich selbst entfremdet und entgöttlicht. Darum
betrachteten diese in Judäa den Tag der Übersetzung, der den ägyptischen
Judäern ein Freudentag war, als einen nationalen Unglückstag, gleich
jenem, an welchem das goldene Kalb in der Wüste dem Volke als
Gott hingestellt worden war; ja man soll sogar denselben (achten Tebet),
an welchem die Übersetzung vollendet war, als einen Fasttag eingesetzt
haben. Eine solche entgegengesetzte Beurteilung hat dieses Ereignis
erfahren. Überblickt man die Folgen, welche aus der griechischen
Übersetzung hervorgingen, so waren allerdings beide Gefühle, die Freude
der Alexandriner und die Trauer der Palästinenser, so ziemlich gerecht=
fertigt. Durch das griechische Gewand wurde das Judentum allerdings
den Griechen, den Trägern der Weltbildung, zugänglich und verständlich;
sie lernten es allmählich kennen; und wie sehr sie sich auch gegen dessen
Aufnahme sträubten, ehe ein halbes Jahrtausend abgelaufen war, war
der Inhalt des Judentums den herrschenden Völkern geläufig. Die
griechische Übersetzung war der erste Apostel, den das Judentum an
die Heidenwelt ausgesandt hat, um sie von ihrer Verkehrtheit und

[1]) Vergl. dieselbe Note.

Gottvergessenheit zu heilen; sie war der Mittler, welcher die zwei einander gegenüberstehenden Weltanschauungen, die judäische und die hellenische, näher brachte. Durch die Verbreitung, welche die Übersetzung später durch den zweiten Apostel des Judentums an die Heiden, das Christentum, erhielt, hat sie sich tief in die Denkweise und Sprache der Völker eingeprägt, und es gibt jetzt keine ausgebildete Sprache, welche nicht Vorstellungen und Wörter vermittels dieser Übersetzung aus dem judäischen Schrifttum aufgenommen hätte. Die alexandrinische Übersetzung hat also das Judentum in die Weltliteratur eingeführt und es volkstümlich gemacht. — Andererseits trug sie aber auch zur Verkennung und Verkümmerung der judäischen Lehre unwillkürlich bei und war gewissermaßen ein falscher Prophet, der im Namen Gottes seine Irrtümer verkündete. War es schon an sich schwer, aus der hebräischen Sprache in die griechische, die so grundverschieden davon ist, zu übertragen, so kam noch der Umstand hinzu, daß zu jener Zeit weder die hebräische Sprache, noch der Inhalt und die wahre Bedeutung der Thora so vollständig erkannt waren, daß die Übersetzung den richtigen Sinn jedes Ausdrucks hätte wiedergeben können. Endlich noch war der griechische Text nicht so sehr überwacht, daß nicht der eine oder der andere seine vermeintliche Verbesserung hätte hinein-bringen können. Denn diese Übersetzung kam bei den Vorlesungen an Sabbaten und Feiertagen in Gebrauch, und es blieb dem Geschmacke, dem Verständnis oder auch der Willkür des Dolmetschers überlassen, Abänderungen zu treffen. Wie leicht konnte nicht ein Dolmetscher, der im Besitze eines Exemplars war, seine Übersetzungsweise in den Text hineintragen! In der Tat wimmelt der griechische Text von solchen angebrachten Zusätzen und Verbesserungen, die später in der Zeit der Reibungen zwischen Judentum und Christentum noch häufiger wurden, so daß die ursprüngliche Gestalt der Übersetzung aus der gegenwärtigen Beschaffenheit des Textes nicht überall erkennbar ist. Nichts desto weniger glaubten die alexandrinischen Judäer einige Menschenalter später so sehr an die Vollkommenheit dieser Übersetzung, daß sie allmählich das hebräische Original für entbehrlich hielten und sich auf ihren Text ganz allein verließen. Alle Mißverständnisse, welche in die griechische Bibel durch Unkenntnis, Übersetzungsfehler und willkürliche Zusätze hineingekommen waren, hielten sie für das Wort Gottes, und so lehrten sie später manches im Namen des Judentums, was ihm durchaus fremd oder entgegen ist. Mit einem Worte: alle Siege, welche das Judentum im Laufe der Zeiten über das gebildete Heidentum gefeiert und alle Verkennung, die es dadurch erfahren hat, verdankt es wesentlich dieser Übersetzung.

Das Ansehen, welches diese Verdolmetschung in den Augen der Judäer und allmählich auch der Heiden erlangte, forderte gewissermaßen dazu heraus, ihr eine höhere Weihe und unbestreitbare Autorität zu geben, vielleicht gerade deswegen, weil man sie in Judäa geringschätzte oder gar verdammte. Es bildeten sich Sagen über die Zeit und die Art ihrer Entstehung aus, die im Verlaufe immer mehr anwuchsen und sehr lange für geschichtliche Wahrheit gehalten wurden. Vor allem ließ sichs die Sage angelegen sein, die Übersetzung älter zu machen als sie war, und sie in jene Zeit zu versetzen, wo noch innerhalb des Judentums keine Spaltung herrschte; ferner bemühte sie sich, sie durch Autoritäten von Judäa sanktionieren und endlich ein Wunder dabei mitwirken zu lassen, damit sie durch ein göttliches Zeichen bestätigt erscheine und einen geheiligten Charakter an sich trage. Man erzählte sich, schon der zweite Ptolemäer, der König Philadelphos, begierig, so viele Schriften als möglich in seine Büchersammlung aufzunehmen, sei von dem Aufseher derselben, Demetrios Phalereus, auf die Bücher Moses' aufmerksam gemacht worden, daß sie würdig seien, einen Platz in der königlichen Büchersammlung einzunehmen; nur müßten sie ins Griechische übersetzt werden. Darauf habe der König zwei Gesandte, Aristeas und Andreas, an den damaligen Hohenpriester Eleasar mit reichen Geschenken abgeordnet, ihn um würdige Männer zu bitten, die zugleich des Hebräischen und Griechischen kundig seien. Um sich den Judäern gefällig zu zeigen, habe er auf seine Kosten sämtlichen judäischen Sklaven in Ägypten, welche sein Vater, der erste Ptolemäer, als Gefangene dahin geschleppt haben soll, die Freiheit geben lassen. Der Hohepriester Eleasar, gerührt durch die Beweise der königlichen Huld, habe zwei und siebenzig der kundigsten Männer und zwar aus allen zwölf Stämmen ausgewählt, je sechs aus einem Stamme, und sie nach Alexandrien geschickt. Vom Könige auf das huldvollste empfangen, hätten diese zwei und siebenzig Männer in zwei und siebenzig Tagen die Übersetzung der Thora vollendet und sie dem Könige und allen anwesenden Judäern vorgelesen. Der König habe darauf ein Exemplar in seine Büchersammlung aufgenommen, und Demetrios Phalereus habe einen Fluch über diejenigen aussprechen lassen, welche etwas daran, sei es vermindernd oder erweiternd, verändern würden [1]. Von dieser Sage, die bis vor noch nicht langer Zeit allgemein für eine geschichtliche Tatsache gehalten wurde, hat die Übersetzung den Namen „der Zwei und Siebenzig" oder kurzweg „der Siebenzig" (Septuaginta) erhalten. Diese Sage erhielt später, ungewiß

---

[1] Aristeasbrief vgl. Note 2, II.

ob von Judäern oder Christen, einen neuen Zusatz von Wunderhaftigkeit.
Man fügte hinzu, der König habe jeden der zwei und siebenzig Übersetzer in ein besonderes Gemach einschließen und jede Verabredung
untereinander verhindern lassen; dennoch seien die Übersetzungen derselben bis auf Wort und Silbe so einstimmig ausgefallen, daß der
König und alle Anwesenden nicht umhin gekonnt hätten, das Werk als
ein von der Gottheit begünstigtes anzuerkennen [1]). Alle diese Züge
gehören aber durchaus der Sage an.

　　War einmal der Anfang gemacht, so konnte es nicht fehlen, daß
der Eifer, die Schriftdenkmäler des Judentums für griechische Leser
zugänglich zu machen, sich regte, und so wurden nach und nach auch
die Geschichtsbücher in griechisches Sprachgewand gehüllt. Die poetischen
und prophetischen Schriften sind wohl keineswegs zugleich mit dem
Pentateuch und den Geschichtsbüchern übersetzt worden, weil sie eine
doppelte Schwierigkeit darboten. Das hebräische Original war nicht
leicht verständlich, und die griechische Sprache, die einen ganz andern
Geist und Satzbau hat als die hebräische, war nicht geeignet, den
Gedankengang und die dichterischen Redewendungen jener Schriften
wiederzugeben. Es gehörten dazu außerordentliche Sprachkenntnisse
und Gewandtheit, welche die Judäer in Ägypten damals noch nicht
besessen haben können. Diese Bücher sind gewiß erst ein Jahrhundert
später verdolmetscht worden.

　　Die Verdolmetschung des pentateuchischen Gesetzbuches in die
griechische Sprache schuf in der Mitte der ägyptischen Gemeinden eine
neue Kunstgattung, die Kanzelberedsamkeit. War es vielleicht in Judäa
Sitte, bei den Vorlesungen aus der Thora die Abschnitte in die dort
übliche Volkssprache (die chaldäische oder aramäische) für Unkundige
nicht bloß zu übersetzen, sondern auch zu erklären, und ist dieser Brauch
auch in die Bethäuser der ägyptischen Judäer eingeführt worden?
Oder ist er lediglich bei diesen aufgekommen, weil die hebräische Sprache
ihnen am meisten fremd geworden war? Gleichviel, ob Nachahmung
oder selbständige Einrichtung, diese Sitte, dunkle oder minder faßliche
Verse aus dem Verlesenen für die Zuhörer zu übersetzen und zu
erläutern, bildete eine neue Form aus. Die Übersetzer, unterstützt von
dem, dem griechischen Wesen entlehnten Rededrang, blieben nicht beim
Gegebenen, sondern spannen es weiter aus, pflegten Betrachtungen
daran zu knüpfen, Nutzanwendungen für Lagen in der Gegenwart
davon zu machen, Ermahnungen anzubringen. So entstand aus der

---

[1]) Justinus Martyr, Cohortatio ad Graecos, c. 13. Megilla 9 a.

Schriftklärung die Predigt[1]), welche allmählich nach der griechischen Art, allem und jedem eine gefällige, schöne Form aufzudrücken, kunstvoll ausgebaut wurde. Die Kanzelberedsamkeit ist eine Tochter der alexandrinisch-judäischen Gemeinde. Hier wurde sie geboren, großgezogen und vervollkommnet und diente später größern Kreisen als Muster.

Der Reiz, welchen die griechisch redenden Judäer an dem ihnen zugänglich gemachten biblischen Stoff fanden, weckte die Lust der Gebildeteren unter ihnen, diesen Stoff selbständig zu bearbeiten, ihn volkstümlich zu machen, die Lehren, welche darin liegen, hervorzuheben oder auch das scheinbar Auffällige und Widersprechende zu erklären und auszugleichen. So entstand ein eigenes judäisch-griechisches Schrifttum, das mit der Zeit einen großen Umfang erlangte und befruchtend auf große Kreise wirkte. Aus der Jugend dieser eigenartigen Literatur, in welcher die beiden Volksgeister, die sich im Leben abstießen, sich gewissermaßen brüderlich umarmten, ist nur wenig bekannt. Es scheint, daß auch an ihr sich der Erfahrungssatz bewährte, daß die gebundene und gehobene Rede der schlichten Prosa voranzugehen pflegt. Es sind noch Bruchstücke von Schriften vorhanden, welche die alt-hebräische Geschichte in Versen erzählen. Veranlassung zu diesen

---

[1]) Daß schon im 2. Jahrh. in Alexandrien über biblische Texte gesprochen, d. h. gepredigt wurde, ist durch das Vorwort des jüngeren Sirach belegt: ὡς οὐ μόνον αὐτοὺς τοὺς ἀναγινώσκοντας δέον ἐστὶν ἐπιστήμονας γίνεσθαι ἀλλὰ καὶ τοῖς ἐκτὸς δύνασθαι τοὺς φιλομαθοῦντας χρησίμους εἶναι καὶ λέγοντας καὶ γράφοντας κ. τ. λ. Es ist mit dem ersten Satze verbunden: „Da uns Vieles und Bedeutendes in Gesetz, Propheten und den ihnen folgenden Schriften gegeben ist, wofür Israel notwendigerweise wegen Zucht und Weisheit zu loben ist, sodaß nicht bloß die Lesenden dadurch einsichtsvoll werden müssen, sondern auch die Weisheitbeflissenen, wenn sie sprechen oder schreiben, den außen Stehenden nützlich werden können" usw., (das schwierige ὡς leitet wie ὥστε den Folgesatz ein). Dieser Sirach kam 132 nach Alexandrien und fand dort bereits λέγοντας, d. h. Prediger und γράφοντας, Schriftsteller. Daß die Vorträge aus den Vorlesungen aus dem Gesetze und aus Erklärung dunkler Stellen hervorgegangen sind oder richtiger damit verbunden waren, ist aus der klassischen Stelle belegt, welche Philo einem judenfeindlichen Präfekten in den Mund legt (de Somniis II, 18 [ed. M. p. 675, ed. Cohn-Wendl. III. § 127]): καὶ καθέζεσθε ἐν τοῖς συναγωγίοις ὑμῶν, τὸν εἰωθότα θίασον ἀγείροντες. καὶ ἀσφαλῶς τὰς ἱερὰς βίβλους ἀναγινώσκοντες, κἄν εἴ τι μὴ τρανὲς εἴη διαπτύσσοντες, καὶ τῇ πατρίῳ φιλοσοφίᾳ διὰ μακρηγορίας ἐνευκαιροῦντές τε καὶ ἐνσχολάζοντες. Hier haben wir das Vorlesen aus der heiligen Schrift, die Auslegung und die langen Reden. Die Stelle in quod omnis probus liber 12 beweist weniger, da sie schwerlich von Judäern handelt (vergl. die Note über Philo und seine Schriften). Über die griechisch-judäische Kanzelberedsamkeit vergl. Freudenthal, die Flavius Josephus beigelegte Schrift über die Herrschaft der Vernunft, S. 6 fg.

poetischen Schriften scheint die Feindseligkeit der Judäer und Samaritaner gegeben zu haben.

Die beiden in der Anerkennung des Gesetzbuches der Thora und des einigen Gottes und in der Verwerfung des Götzentums einigen, sonst aber gegeneinander erbitterten Nachbarvölker hatten ihren gegenseitigen Haß von alters her noch nicht fahren lassen. Der Religionszwang unter Antiochos Epiphanes, die Makkabäerkämpfe und die Veränderung, welche infolge derselben eingetreten war, hatten diese Abneigung nicht gemildert, vielleicht noch eher geschürt. Wenn auch die Samaritaner, die wohl ebenfalls von Antiochos' Schergen gezwungen worden waren, die Verehrung des Gottes Israels aufzugeben, diesem Zwange sich nur ungern fügten, so machten sie doch nicht gemeinsame Sache mit den Judäern, den gemeinschaftlichen Feind zu bekämpfen, standen vielmehr auf der Seite desselben gegen ihre halben Bekenntnisgenossen. Judäischerseits erhob man gegen sie die Anschuldigung, sie hätten zur Zeit des Zwanges ihr altes Bekenntnis abgeschworen, hätten freiwillig ihren Tempel auf dem Berge Garizim dem hellenischen Zeus geweiht und hätten angegeben, sie seien keineswegs den Judäern stammverwandt, sondern ursprünglich Sidonier, und seien nur infolge einer Notlage gezwungen gewesen, den Sabbat zu feiern und andere judäische Gewohnheiten zu beobachten[1]). Es war aber eine falsche Anklage. Denn die Samaritaner fuhren fort, ihren dem Gotte Israels geweihten Tempel auf Garizim heilig zu halten und nach der Vorschrift der Thora zu leben. Während des Religionszwanges scheinen Samaritaner ebenfalls nach Ägypten ausgewandert zu sein und sich ihren Stammesgenossen, welche von Alexanders Zeit her dort angesiedelt waren, angeschlossen zu haben. Die ägyptischen Samaritaner eigneten sich gleich den Judäern die herrschende griechische Sprache und das griechische Wesen an.

[1]) Die beiden Sendschreiben (Josephus Altert. XII. 5, 6) der Samaritaner an Ant. Epiphanes und dessen Befehl an Nikanor bezüglich derselben können unmöglich echt sein, wie bereits von anderen geltend gemacht wurde. Das Datum in dem zweiten Schreiben: im 140. Jahre Sel. im Monat Ἑκατομβαίων verrät die Unechtheit. Das Datum entspricht Juli — August 172; aber damals bestand der Religionszwang noch nicht. Will man etwa der Zahl 40 noch eine Einzahl anflicken, so verdächtigt der Monatsname Hekatombaion, den der syrische König gebraucht haben soll, statt des syrischen Panemos. Verdächtig ist auch die angebliche Abstammung der Samaritaner von den Sidoniern; warum blieben sie nicht bei der Wahrheit, daß sie von den Babyloniern abstammen? Endlich ist auch der Ζεὺς Ἑλλήνιος nicht naturgetreu. Kurz, die Sendschreiben sind gemacht, um die Samaritaner als Götzendiener zu verunglimpfen und ihre Zusammengehörigkeit mit Israel, deren sie sich rühmten, zu negieren. In Hyrkans I. Zeit, als dieser die Samaritaner bekämpfte und ihren Tempel zerstörte, mögen diese Schreiben fabriziert worden sein.

Die gegenseitige Abneigung zwischen den Anhängern Jerusalems und Garizims folgte beiden auch ins Ausland nach, und sie befehdeten sich gegenseitig mit demjenigen Eifer, welchen Religionsgenossen in der Fremde für ihre heimischen Traditionen zu haben pflegen. Die Über-setzung der Thora ins Griechische, vom König Philometor begünstigt, scheint neuen Zündstoff zwischen beide geworfen zu haben. Wie sehr mußte es die Samaritaner kränken, daß durch die Septuaginta die Heiligkeit ihres Tempels an Beweiskraft eingebüßt hatte, indem im Griechischen der von ihnen geltend gemachte Vers „und du sollst einen Altar bauen auf Garizim", nicht vorhanden war. Die Samaritaner in Alexandrien scheinen daher einen Protest gegen diese Übersetzung oder vielmehr gegen diese angebliche Fälschung des Textes beabsichtigt zu haben, und da von ihnen wohl auch einige bei Hofe in Gunst standen, wußten sie es dahin zu bringen, daß der milde Philometor ein Religionsgespräch zwischen beiden streitenden Religionsparteien ver-anstalten ließ, wodurch die Frage über die höhere Heiligkeit des sama-ritanischen oder jerusalemischen Tempels erledigt werden sollte[1]) — das erste Religionsgespräch dieser Art vor einem weltlichen Herrscher, das sich von den im Verlaufe der judäischen Geschichte vorgekommenen öfteren Fällen dadurch unterscheidet, daß der Schiedsrichter sich ganz unparteiisch zu der Frage verhielt und also den Streitenden die volle Freiheit vergönnte, ihre Gründe ohne Rückhalt und Rücksicht geltend zu machen.

Die beiden Parteien wählten aus ihrer Mitte die gelehrtesten Männer zu ihren Sprechern, deren Namen auf uns gekommen sind. Auf Seiten der Judäer sprach ein gewisser Andronikos, Sohn Messalams. Die Samaritaner hatten zwei Vertreter, Sabbai und Theodosios, zwei in der samaritanischen Geschichte nicht unbekannte Namen; sie galten bei ihnen als angesehene Weise, und Theodosios, dessen Name in Dositai, Dostai und Dostan[2]) umgewandelt wurde, galt als Gründer einer samaritanischen Sekte, deren Ansichten dem Judentume näher standen. Auf welche Weise das Religions-gespräch geführt wurde, und welchen Ausgang es hatte, läßt sich kaum mehr ermitteln, da die Berichte darüber einen durchweg sagenhaften Charakter angenommen haben. Jede Partei suchte sich den Sieg zu-zuschreiben, und beide haben ihre Erfolge übertrieben. Religionsgespräche haben noch nie einen wesentlichen Erfolg erzielt. Die judäischen Quellen stellen die Sache so dar, als wenn die Bedingung gewesen wäre, der König sollte das Recht und die Pflicht haben, die Besiegten

---

[1]) Vergl. Note 5.   [2]) Vergl. dieselbe Note.

umbringen zu lassen — eine gewiß unwahre Wendung — und als
Andronikos auf die lange Reihe der Hohenpriester hingewiesen habe,
die von Ahron bis auf die Gegenwart herab ununterbrochen im
jerusalemischen Tempel fungiert haben, und ferner die Tatsache ange=
führt habe, daß die Könige von Asien denselben Tempel durch Weihe=
geschenke bereichert hätten, Vorzüge, deren sich der Tempel auf Garizim
nicht rühmen konnte, seien die Samaritaner öffentlich für überwunden
erklärt und der Verabredung gemäß getötet worden[1]). Die sama=
ritanischen Berichte, welche viel jünger und trüber sind, schreiben ihrer
Partei den Sieg zu durch die Beweisführung, daß der Gesetzgeber
Mose wohl nicht einen so wichtigen Punkt, wie die Stätte für die
Gottesverehrung (Kiblah) unbestimmt gelassen haben könne, vielmehr
sei anzunehmen, er habe in dem Schlußsegen vor seinem Tode einen
Berg im Stamme Joseph als Berg des Segens bezeichnet, nämlich
den Garizim. Die Nachrichten der übrigen judäischen Schriften bewiesen
nichts dagegen, da ihnen keine Heiligkeit innewohne, und deren Verfasser
von ihnen, den Samaritanern, nicht als Propheten angesehen werden.
Durch diese Beweise sei der König von der Heiligkeit des samaritanischen
Tempels überzeugt worden und habe auf den Wunsch der Samaritaner
befohlen, daß die Judäer bei Todesstrafe den Berg des Segens
(Garizim) nicht betreten dürften[2]).

Diese Streitfrage über die Heiligkeit Jerusalems oder Sichems
wurde, wie es scheint, von beiden Parteien in griechischen Versen fort=
geführt. Ein samaritanischer Dichter Theodotos, vielleicht derselbe
Theodosios, welcher als Anwalt aufgetreten war, rühmte die Frucht=
barkeit der Gegend von Sichem.

„Zwischen zwei hohen gras= und waldreichen Höhen
„Erscheint das hehre Sichem,
„Die heilige Stadt, unten am Fuße erbaut,
„Mit Mauern von glattem Gestein umgeben."

Um die Wichtigkeit dieser Stadt hervorzuheben, erzählte Theodotos
die Geschichte Jakobs, wie er sich bei Sichem niedergelassen, wie dessen
Tochter Dinah von dem jungen Fürsten Sichem geschändet und von
deren Brüdern Simon und Levi gerächt worden war[3]). Ohne Zweifel
waren auch in Theodotos' Gedicht die Erbauung des Tempels auf
Garizim und die Heiligkeit desselben geschildert.

[1]) Vergl. Note 5.   [2]) Note 3.
[3]) Die Fragmente des Theodotus bei Eusebius Praeparatio evangelica IX.
c. 22. Daß sie von einem Samaritaner stammen, dafür spricht die Bezeichnung
ἱερὰ Σικιμων, ἱερὸν ἄστυ, die heilige Stadt. Nach dieser Schilderung war
Sichem damals noch mit Mauern umgeben. Sie muß demnach der Zeit an=
gehören, ehe Hyrkan I. Sichem zerstört hat.

Dem entgegen rühmte ein judäischer Dichter, Philo der ältere, die Wichtigkeit Jerusalems in einem Gedichte „über Jerusalem", pries darin die Fruchtbarkeit der judäischen Hauptstadt und das unterirdische Wasser, welches durch Kanäle geleitet werde von der „Quelle des Hohenpriesters". Dieser Dichter hob seinerseits die Bedeutung des jerusalemischen Tempels auf Morija hervor, hinweisend auf die geschichtliche Erzählung, daß Abraham auf dieser Höhe seinen Sohn habe opfern wollen, und dieses sei für seine Nachkommen ein ewiger Ruhm. Auch von Jakob und Joseph erzählen seine Verse, wahrscheinlich um die Urgeschichte Israels im judäischen Sinne zu verherrlichen[1]).

Ein anderer samaritanischer Schriftsteller, der Eupolemos genannt wird, schrieb die Urgeschichte des israelitischen Volkes und hob darin, wie Theodotos, die große Bedeutung des Tempels auf dem heiligen Berge Garizim hervor. Der Name Argarizim bedeute „Berg des Höchsten". In der Stadt bei diesem Berge habe Melchisedek als König und Priester geherrscht, und dort sei Abraham nach dem Siege über den aramäischen König gastlich aufgenommen worden. Dieser samaritanische Eupolemos, oder wie er sonst geheißen haben mag, war der erste oder einer der ersten, welcher wunderliche Sagen mit der israelitischen Urgeschichte verflochten hat, in der Absicht, griechischen Lesern einen hohen Begriff von den biblischen Personen beizubringen. Nicht die Ägypter hätten die Sternkunde erfunden, auch nicht die Babylonier die astrologische Kunst, sondern der erste Erfinder derselben sei Enoch gewesen, von den Griechen Atlas genannt. Sein langlebiger Sohn Methusalem, vom Engel belehrt, habe diese Belehrung

---

[1]) Die Fragmente, ausgezogen aus mehreren Büchern des Philo περὶ Ἱεροσόλυμα bei Eusebius das. c. 20, 24, 37. Das Erste, so dunkel es wegen des korrumpierten Textes auch ist, handelt von der Opferung Isaaks. V. 8: Ἄρτι χερὸς θηκτοῖο ξιφηφόρον ἐντύνοντος, zuletzt auch von dem Widder zum Ersatz für Isaak. Ganz ohne Zweifel war in den Versen „über Jerusalem" der Berg Morija, der Tempelberg, verherrlicht, welcher zur Opferstätte geworden war. Dadurch sollte eben die Heiligkeit Jerusalems bewiesen werden. In welchem Zusammenhange der Inhalt des zweiten Fragments, die Geschichte Josephs, mit Jerusalem stand, ist wegen dessen Kürze nicht ersichtlich. Das dritte Fr., welches von der Quelle handelt, die im Winter austrocknet und im Sommer reichlich fließt, ferner von der unterirdischen κρήνη ἀρχιερέως. Αἱ τὸ δ' ἄρ' ἐκπτύουσι διὰ χθονὸς ὑδροχόοισι σωλῆνες, will offenbar den Wasserreichtum Jerusalems hervorheben, als Seitenstück zur vielgerühmten Fruchtbarkeit Sichems. Ob unter der „Quelle des Hohenpriesters" die Wasserbehälter unter dem Tempel zu verstehen sind, welche Simon der Gerechte angelegt hat? (Sirach 50, 3; s. B. II b., S. 238.) Aus dem Wenigen geht hervor, daß Philos Verse eine polemische Tendenz gegen Theodotos' Verherrlichung Sichems waren. Diesen Philo meint Josephus (c. Apionem I, 23) mit der Bezeichnung: Φίλων ὁ πρεσβύτερος.

seinen Nachkommen überliefert. Dadurch sei Abraham in den Besitz
derselben gelangt, habe durch Adel und Weisheit alle Menschen über=
troffen. Er sei es nun gewesen, der in Chaldäa die Babylonier, die
Phönikier und, bei seinem Aufenthalte in Ägypten, die Ägypter in die
Wissenschaft von der Bewegung der Gestirne eingeweiht habe [1]). Der
an den griechischen Mythen verdorbene Geschmack fand kein Genüge
an der Einfachheit und Tugendhoheit der Erzväter und an ihrer
Dulbergröße. Sie sollten durchaus gleich den Gestalten der griechischen
Sagenwelt himmelanragende Helden oder mindestens Erfinder der zu
der Zeit geschätzten Kenntnisse gewesen sein. Unter den aus Misch=
lingen verschiedener Völkerschaften bestehenden Samaritanern, deren
Köpfe noch voll von wirren Vorstellungen von ihrem Ursprunge und
zugänglich für ähnliche aus anderen Kreisen waren, konnte sich eine
solche Mischung von Zügen aus der israelitischen Urgeschichte und aus
der griechischen Sagenwelt leichter bilden. Bald folgten ihnen auch
Judäer auf diesem Wege. Die Zeit des sinkenden Geschmacks und der
abnehmenden Bildung in Alexandrien bei dem Zusammenfluß von
Abkömmlingen verschiedener Völker war für eine solche Mischung ver=
schiedenartigen Stoffes außerordentlich günstig, weil damals und in dieser
Umgebung der Sinn für Wahrheit und Eigenartigkeit abgestumpft war.

Für die Judäer Alexandriens trübte sich indessen einige Zeit der
Himmel, der ihnen während Philometors Regierung so heiter lächelte.
Als wenn die Tochtergemeinde mit der Muttergemeinde in Judäa in
seelischem Verkehr stünde, folgten für beide fast zu gleicher Zeit auf
eine Reihe glücklicher Tage unglückliche. Judäa war durch Jonathans
Mißgeschick in Trauer geraten, und in Ägypten führte ein Thron=
wechsel ein ähnliches herbei. Ptolemäus VII., mit dem Beinamen
Euergetes II. Physkon, der mehrere Jahre mit Philometor zu=
gleich regierte, dann auf dessen Sturz hingearbeitet, ihm viele Verlegen=
heiten bereitet und die Landschaft Kyrene ihm entrissen hatte (v. S. 28),

---

[1]) Das Fragment des Eupolemos über Abraham bei Eusebius Praeparatio
evang. IX, 17. Freudenthal hat unwiderleglich festgestellt (Hellenistische
Studien, S. 92 fg.), daß der Verf. dieses Stückes ein Samaritaner gewesen ist,
weil er von ἱερὸν Ἀργαριζίν, ὅ εἶναι μεθερμηνευόμενον ὄρος ὑψίστου
spricht. Die Samaritaner nennen den Berg Garizim nicht anders als Arga=
rizim in einem Worte. Ferner hat Freudenthal festgestellt, daß der Verfasser
dieses Fragments, das Alexander Polyhistor zusammengeworfen mit Bruchstücken
eines Eupolemos, welche von Mose und den judäischen Königen handeln, ver=
schieden sei von diesem. Entweder haben beide Schriftsteller, der samaritanische
und judäische, Eupolemos geheißen, und daher habe der Epitomator Alexander
beide Fragmente zusammengeworfen, oder er hat aus Gedankenlosigkeit Ver=
schiedenes unter eine Rubrik gebracht.

trachtete nach dem Tode desselben nach dessen Krone, obwohl ein
Thronerbe vorhanden war. Die neuerungssüchtige, wankelmütige und
gesinnungslose Bevölkerung Alexandriens war sofort geneigt, den miß=
gestalteten und boshaften Physkon als König anzuerkennen. Indessen
hatte die verwitwete Königin Kleopatra, welche während der Minder=
jährigkeit ihres Sohnes die Regierung leitete, ebenfalls Anhänger.
Ganz besonders stand ihr Onias bei, welcher schon früher ihr und
ihrem königlichen Gemahl eine kräftige Stütze war. Es scheint infolge=
dessen zu einem Kriege zwischen ihr und ihrem feindlichen Bruder
gekommen zu sein, wobei Onias mit der judäischen Schar aus dem
Gebiete Onion beteiligt war. Zuletzt kam ein Vergleich zustande,
vermöge dessen Physkon seine Schwester heiraten und beide zusammen
regieren sollten (145). Diese Ehe war sehr unglücklich. Sobald der
grausame Physkon in Alexandrien eingezogen war, tötete er nicht
bloß die Freunde des rechtmäßigen Thronerben, sondern auch diesen
in der Jugend, am Hochzeitstage mit dessen Mutter. Es entstand ein
Zerwürfnis zwischen König und Königin, zwischen Bruder und Schwester.
Der geile und blutdürstige Dickbauch erwies nicht nur einer Buhlerin
öffentlich Gunst und Auszeichnung, sondern schändete auch die Tochter
seiner Frau, füllte Alexandrien mit Blut und Schrecken, sodaß die
Bewohner meistens die Stadt verließen und er über leere Straßen
und Häuser herrschte. Selbst diejenigen, welche ihm die Krone errungen
hatten, verschonte er nicht[1]. Wie sollte er die Judäer schonen, von
denen er wußte, daß sie zu seiner von ihm gehaßten Schwester=Gemahlin
hielten? Als er erfahren hatte, daß Onias, der treue Freund Kleopatras,
ein Heer sammelte, um ihr gegen die Schandtaten des Ungeheuers
Hilfe zu bringen, erteilte er seinen Soldaten Befehl, sämtliche Judäer
in Alexandrien mit Weibern und Kindern zu verhaften, nackt und ge=
bunden auf einen Platz zu legen, um von Elephanten zertreten zu
werden. Die Elephanten, welche dazu gebraucht werden sollten, ließ
er vorher durch Wein berauschen, um sie zur Wut gegen die hilflosen
Schlachtopfer zu reizen. Indessen trat etwas ein, was den unglücklichen
Judäern wie ein Wunder erschien. Die berauschten Tiere nahmen
nämlich einen Anlauf nach der entgegengesetzten Seite, wo die Leute
des Königs saßen, um sich an dem erwarteten blutigen Schauspiel zu
weiden, und töteten viele derselben. So wurden die Judäer gerettet.
Physkons Buhlerin Irene, welche dem Wüterich das Ungeheuerliche
seiner Grausamkeit zu Herzen führte, brachte ihn dahin, Reue darüber
zu empfinden und zu versprechen, daß er dergleichen in Zukunft nicht

[1]) Physkons Schandtaten erzählen Diodor Excerpta 33, ed. Wesseling,
p. 593, 595 fg. und andere Stellen, Justinus 38,8.

wiederholen werde. Die alexandrinischen Judäer, von ihrem Untergange gerettet, setzten den Tag ihrer Rettung zum ewigen Andenken der ihnen vom Himmel gewordenen Hilfe als Feiertag ein[1]). Physkon scheint in der Tat seit dieser Zeit die Judäer in Ruhe gelassen zu haben. Denn gerade während seiner Regierung nahm ihr Eifer für Kenntnisse und Denktätigkeit noch mehr zu[2]), und Schriftsteller konnten ungestört judäische Stoffe bearbeiten.

---

[1]) Josephus c. Apionem II, 5, nach Ruffinus' Übersetzung. Vergl. Note 3 über das dritte Makkabäerbuch. An der Tatsache ist nicht zu zweifeln, da sie auch Apion in seiner Schmähschrift gegen die Judäer zugegeben hat (das.). Die Buhlerin Irene, welche in dieser Erzählung vorkommt, nennt auch Diodor (II. p. 395): παλλακὴ Εἰρήνη. Die Zeit dieses Ereignisses läßt sich aber nicht mit Sicherheit bestimmen. Vgl. Note 4, S. 637, Anm. 2, wonach es um 145 zu setzen wäre.

[2]) Prolog zu Sirach: ἐν γὰρ τῷ ὀη ἔτει ἐπὶ τὸν Εὐεργέτου . . παραγενη- θεὶς εἰς Αἴγυπτον . . εὗρον οὐ μικρᾶς παιδείας ἀφορμήν So haben zwei Codices. Die L.-A. ἀφομοιον oder ἐφόδιον gibt gar keinen Sinn. Die alte lateinische Übersetzung bestätigt eher die emendierte L.-A., inveni libros relictos non parvae nec contemnendae doctrinae.

Drittes Kapitel.

Simon.

Judäa wird unabhängig; Aufhören der Krongelder, des Tributs und der
syrischen Zeitrechnung in Judäa. Simons Bündnis mit den Römern.
Zerstörung der Akra und Vertilgung der letzten Hellenisten. Judäische
Münzen. Spannung zwischen Simon und dem syrischen König; dessen
Feldherr Kendebaios wird besiegt. Simon fällt durch Meuchelmord.

143 — 135.

Während die judäisch-alexandrinische Gemeinde einen hohen geistigen
Aufschwung nahm, erreichte die judäische Nation im Heimatlande eine
politische Höhe, von welcher aus sie mit Hochgefühl auf die Zeit ihrer
Niedrigkeit herabblicken konnte. Welchen Vorsprung sie während
Jonathans Regierung gewonnen hatte, ergibt die einfache Vergleichung
ihrer Lage nach dessen Tode mit derjenigen, in welcher sie sich nach
Makkabis Fall befunden hat. Judas Nachfolger konnte anfangs nur
eine Handvoll Treuer um sich scharen, war selbst ein Führer ohne
Berechtigung und Titel, besaß weder feste Plätze noch Hilfsmittel für
Verteidigung und Angriff, welche weitgreifende Niederlagen verhindern
und Siege erleichtern, und war endlich von inneren und äußeren Feinden
hart bedrängt. Jonathans Nachfolger hingegen, Simon Tharsi, der
letzte Heldensohn Matthias, übernahm die Regierung über ein ganzes,
zum Bewußtsein seiner Kraft erstarktes Volk, das mit dem Aufgebot
seines ganzen Wesens das Errungene zu behaupten und zu erweitern
bereit war; er überkam bereits einen vollgiltigen Fürstentitel nach
außen, die Hohepriesterwürde nach innen, die ihn ermächtigten, seinen
Anordnungen Nachdruck zu geben. Er fand Festungen vor, welche als
Stützpunkte gegen feindliche Angriffe dienen konnten, und hatte nur
einen einzigen Feind vor sich, welchen sein Vorgänger hinlänglich geschwächt hatte. Jonathans Tod brachte daher keineswegs einen nieder-
beugenden Eindruck hervor, sondern entflammte die Anhänger des
hasmonäischen Hauses und das Volk, den Tod des edlen hasmonäischen
Hohenpriesters an dem arglistigen Mörder zu rächen. Simon hatte
nur die entstandene Lücke in der Oberleitung auszufüllen.

Simon besaß, obwohl bei der Übernahme der Führerschaft bereits dem Greisenalter nahe, doch die Jugendfrische und den feurigen Mut wie zur Zeit, als ihn sein sterbender Vater zum Ratgeber für die bevorstehenden Kämpfe gegen die syrische Zwingherrschaft empfohlen hatte. So kräftig war das hasmonäische Geschlecht, daß nur wenigen seiner Glieder Feigheit und Geistesschwäche zum Vorwurf gemacht werden kann. Die meisten bewahrten bis zum letzten Hauche Jugendkraft und Mut. Simon zur Seite standen vier hoffnungsvolle Söhne Jochanan, Juda, Matthatia und ein Ungenannter, welche in den fortwährenden Kämpfen sich zu Kriegern herangebildet hatten. Mit solchen reichen Hilfsmitteln versehen, befolgte er die Politik seines Bruders, die Schwäche der Feinde auszubeuten, das Land zu befestigen und das Gebiet Judäas zu erweitern. Aber es gelang ihm noch ein mehreres. Er verschaffte der judäischen Nation die vollständige Unabhängigkeit von dem syrischen Szepter und erhob Judäa zu einem selbständigen Staate. Simons beinahe neunjährige Regierung wird daher mit Recht als glänzend geschildert, in welcher es „den Greisen vergönnt war, in Ruhe ihr Lebensende zu genießen, der Jugend, sich ihrer Kraft zu erfreuen und jedermann ohne Störung unter seinem Weinstock und Feigenbaum zu sitzen" [1]). — Simons erster Schritt war sogleich ein Akt der Unabhängigkeit; das Hohepriestertum, das ihm das Volk übertragen hatte, ließ er sich nicht, wie es bis dahin Brauch war, von dem syrischen Lehnsherrn bestätigen, ein Brauch, dem sich selbst Jonathan nicht hatte entziehen können. Er benutzte vielmehr die Anarchie des syrischen Reiches, in welche es Tryphon gestürzt, dasjenige Amt, welches zugleich religiöse und politische Bedeutung hatte, der Einmischung der Fremden zu entwinden. Das heilige Priester-Diadem sollte nicht mehr von der Hand heidnischer Machthaber nach Willkür verliehen werden. In Voraussicht des Kampfes, den dieser Schritt nach sich ziehen würde, ließ er sodann die Festungen Judäas wehrhaft machen und sie mit Mundvorrat versehen und knüpfte Unterhandlungen mit dem von dem Thronräuber verdrängten König Demetrios II. (Nikator) an, obwohl dieser Jonathans rettenden Beistand mit schnödem Undank vergolten hatte (o. S. 18). Simon berechnete, daß dieser in seiner Hilflosigkeit Judäas Besitzstand anerkennen und noch mehr gewähren würde, wenn er nur von ihm als König von Syrien anerkannt würde. Er sandte ihm daher durch eine feierliche Botschaft eine goldene Krone als Zeichen der Anerkennung und stellte ihm Hilfe gegen Tryphon in Aussicht unter der Bedingung, daß er durch vollständigen

---

[1]) I. Makkab. 14, 9. 12.

4 *

Erlaß von Leiſtungs= und Steuerpflicht Judäas Unabhängigkeit an=
erkenne. Seine Berechnung war richtig. Demetrios ging in der Not
auf Simons Vorschläge willig ein, um in der Nähe seines eingebüßten
Reiches, falls er einen Feldzug gegen Tryphon eröffnen sollte, einen
treuen Bundesgenossen an Simon zu haben. Er gewährte daher (143)
der judäiſchen Nation Amneſtie für die vorhergegangene Auflehnung,
erließ die Krongelder, welche die Nation ihm noch schuldete, verzichtete
überhaupt auf jede Art Tribut und bestätigte alle Akte Simons, die
er zum Nachteil der ſyriſchen Krone unternommen hatte. Er schrieb
an den Hohenprieſter und „Freund des Königs," an die Älteſten und
an das judäiſche Volk des Inhalts: „Die goldene Krone, welche ihr
geſandt habt, haben wir erhalten, und wir sind bereit, mit euch einen
dauernden Frieden zu schließen und den königlichen Verwaltern zu
schreiben, daß wir euch die Schulden erlaſſen. Was wir euch gewähren,
das ſei fest; die Festungen, die ihr angelegt, sollen euch verbleiben.
Wir erlaſſen euch die abſichtlichen wie unabſichtlichen Vergehungen
gegen uns bis auf den heutigen Tag, auch die Krongelder, welche
ihr schuldet und jede Steuer, die Jeruſalem aufgelegt war, ſei auf=
gehoben. Wenn einige unter euch tauglich sind, in unſer Heer auf=
genommen zu werden, mögen ſie ſich aufnehmen laſſen, und es ſei
Friede zwiſchen uns"[1]. — Der Tag, an welchem die Abgabenfreiheit
gewährt wurde, war dem Volke so wichtig, daß man denſelben (den
ſiebenundzwanzigsten Ijar, Mai) als einen Halbfeiertag unter die Sieges=
tage aufgenommen hat[2]. Das Volk betrachtete Demetrios' Zugeständ=
niſſe als den Anfang völliger Unabhängigkeit. Es fing an, die übliche
Zeitrechnung nach dem Regierungsjahre der ſyriſchen Könige einzuſtellen
und dafür die Regierungsjahre Simons zu gebrauchen; man schrieb
in dieſem Jahre (142) in allen öffentlichen Urkunden: „Im erſten
Jahre des Hohenprieſters, Heerführers und Volksfürsten Simon"[3].
Es war ein Vorgreifen des ſeine Macht fühlenden Volkes, welches
ſich wenig darum kümmerte, ob es auch berechtigt war, das königliche
Vorrecht auf ſeinen Führer zu übertragen. Denn Simon war damals
weder durch Anerkennung der ſyriſchen Krone, noch durch Volkswahl

---

[1] I. Makkab. 13, 35—40. τὴν βαΐνην ἣν ἀπεστείλατε kann weder Palm=
zweig, noch Mantel, noch sonst dergleichen bedeuten, sondern lediglich „die
Geſandtſchaft", πρεσβείαν, wie auch ein Kodex hat und die ſyriſche Verſion
überſetzt שלמא = שלחומא. Aus der Endung βειαν wurde βαιν und das darauf=
folgende Relat. ην dazu gezogen βαινην. Der Fehler ist übrigens so alt, daß
die Itala ihn schon vorfand und daher das verdorbene Wort bean wiedergab,
und daraus wurde wieder bahem.

[2] Vergl. Note 1, III. 9.

[3] I. Makkab. 13, 41—42.

legitimer Fürst. Er selbst scheint die erlangten Zugeständnisse noch nicht als völlige Unabhängigkeit betrachtet zu haben und datierte daher seine selbständige Regierung erst später, als ihm auch das Münzrecht eingeräumt worden war[1]).

Die Freude in Jerusalem über die erlangte Selbständigkeit, die seit dem Untergange des judäischen Staates unter dem letzten König Zidkija schmerzlich vermißt wurde, war so gewaltig, daß die Vertreter des Volkes, die Alten oder der hohe Rat, sich gedrängt fühlten, den Judäern in Ägypten Mitteilung davon zu machen. Sie hatten dabei aber eine Unannehmlichkeit zu überwinden. Denn dort lebte wohl noch Onias, der Gründer des Onias-Tempels, der Nachkomme des seit der Rückkehr aus dem Exile an die Spitze gestellten hohenpriesterlichen Hauses, das durch die Vorgänge in Judäa von dem hasmonäischen Hause vollständig und aussichtslos verdrängt wurde. Mochte auch Onias oder seine Söhne die Hoffnung aufgegeben haben, je die Hohepriesterwürde wieder zu erlangen, so war es doch peinlich, ihn und die ihm anhängenden ägyptischen Judäer daran zu erinnern, daß die Familie, welche seit der Regierung des Königs Salomo diese Würde inne gehabt, nun in der Heimat vom Volke beiseite geschoben und aufgegeben sei. Es war vorauszusehen, daß die Mitteilung dieser Tatsache im ägyptisch-judäischen Kreise schmerzlich berühren würde. Die Vertreter des Volkes gingen daher darüber hinweg und teilten nur mit, daß sie lange Zeit in Not und Drangsal gewesen, und daß Gott ihr Gebet erhört habe, wodurch sie in den Stand gesetzt worden seien, in dem Tempel, den der Feind so lange verwüstet und in dem er noch unschuldiges Blut vergossen hatte, wieder ungestört Opfer zu bringen, die Lichter auf dem heiligen Leuchter anzuzünden und die Schaubrote wieder aufzulegen[2]). Diese zarte Darstellung, welche alles vermied, was die Empfindlichkeit hätte verletzen können, auch die Einsetzung der Hohenpriester aus der Familie Jojarib, scheint unter den Judäern Ägyptens einen guten Eindruck gemacht zu haben. Auch sie freuten sich der wiedererlangten Unabhängigkeit Judäas und betrachteten das Jahr, in dem diese gewährt worden war, als ein besonders wichtiges[3]). Simon selbst mag dazu geraten haben, ihn und seine Hohepriesterwürde un-

---

[1]) Durch diese Annahme, daß das Volk die Souveränität antizipiert hat, ehe noch Simon davon Gebrauch machte, dürfte der Widerspruch sich auflösen, der zwischen I. Makkab. 13, 42 und 14, 43 besteht. Dort heißt es, das Volk fing an zu zählen, sobald das Joch der Syrer aufgehört hatte (ohne weitere Berechtigung), erst später kam das formelle Recht zum fait accompli hinzu.

[2]) Das Sendschreiben, II. Makkab. 1. Vergl. Note 10.

[3]) Der judäisch-alexandrinische Schriftsteller Eupolemos stellt das Jahr der Unabhängigkeit als Ära auf. Vergl. Note 3.

berührt zu laſſen, um den Zuſammenhang mit den ägyptiſchen Gemeinden
zu erhalten.

Die zweite wichtige Tat Simons war, daß er den Reſt der
Helleniſten, welche ſich noch in der Akra zu Jeruſalem und in den
Feſtungen Gazara und Bethzur aufhielten, aus ihrem Verſtecke trieb
und ihren Einfluß vernichtete. Zuerſt ergab ſich Gazara auf Gnade
und Ungnade. Simon gewährte den Helleniſten freien Abzug und ließ
ihre Wohnungen von den götzendieneriſchen Bildern ſäubern. Die
Griechlinge in der Akra hatten ſich aber ſo ſehr befeſtigt, daß ſie
förmlich belagert und ausgehungert werden mußten. Als ſie ſich
ergaben, zogen die Sieger mit klingendem Spiel unter feierlichen
Lobgeſängen in die Burg ein[1]). Der Tag der Einnahme der Akra
(am 23. Jjar, Mai 141) wurde als ein Freudentag zum ewigen
Andenken eingeſetzt[2]). Die Vertreibung der Helleniſten aus Bethzur
ſcheint ohne große Mühe erzielt worden zu ſein, da ſie nur vorübergehend
angedeutet wird[3]). Wohin ſie ſich gewendet, wird nicht angegeben; es
ſcheint, daß manche nach Ägypten geflüchtet ſind, andere ihre heidniſche
Lebensweiſe aufgegeben haben und als Reuige in das Gemeinweſen
aufgenommen worden, die Beharrlichen hingegen dem Geſetzeseifer der
ſiegenden Frommen zum Opfer gefallen ſind. Es wird nämlich erzählt,
der 22. Elul (September) ſei als ein Siegestag gefeiert worden, weil
an demſelben die Heidniſchgeſinnten umgebracht worden ſeien, nachdem
ſie die Friſt von drei Tagen, die ihnen zu ihrer Rückkehr gewährt
worden war, hatten verſtreichen laſſen[4]). — So war denn die feindliche
Partei, welche nahe an vierzig Jahre an den Grundfeſten des Juden=
tums gerüttelt, welche, um ihren Abfall durchzuſetzen, die Plagen
innerer und äußerer Kriege und religiöſer Verfolgungen über das
Volk heraufbeſchworen und ihr Vaterland an den Rand des Abgrundes
gebracht hatte, endlich bis auf die letzte Spur verſchwunden. Sie hat
kein anderes Andenken in der Geſchichte zurückgelaſſen, als das ſchmählicher
Verachtung über ein Beginnen, das mit Geſinnungsloſigkeit anfing und
mit Verrat an Religion, Sitte und Vaterland endete. Für die innere
Entwickelung des Volkes war dieſe Kriſis von wohltätigen Folgen.
Sie hat es aus dem religiöſen und politiſchen Schlummer aufgeweckt,
alle ſeine Kräfte in Spannung geſetzt und es gelehrt, ſein Leben für
ſeine Heiligtümer einzuſetzen. Das Märtyrerblut, welches zum erſten
Male in Strömen für die Lehre des Judentums auf dem Richtplatz
und auf Schlachtfeldern vergoſſen wurde, hatte dieſe Lehre mit dem

---

[1]) I. Makkab. 13, 43—52; 14, 5—7. Statt *Γάζαν* muß *Γάζαραν* nach
Joſephus geleſen werden.
[2]) Note 1, III. 6.   [3]) I. Makkab. 14, 33.   [4]) Note 1, III. 8.

Volke so eng verbunden, daß sie fortan die Seele desselben geworden ist, ohne welche jenes nicht bestehen zu können glaubte. Die ganze Nation, die mit ihrem Blute die Erhaltung des väterlichen Erbes besiegelt hatte, war dadurch die lebendige Trägerin des Judentums geworden. Die Geschichte nimmt daher von diesem Zeitpunkte an den religiösen Charakter in so durchgreifender Weise an, daß selbst das politische Leben davon durchdrungen ist. Die Gesamtheit fühlte sich durch den Gegensatz der abtrünnigen Griechlinge erst recht und wahrhaft als Volk Gottes. Darum hatten die hasmonäischen Familienglieder die ganze Liebe des Volkes gewonnen, nicht weil sie ruhmreiche Helden und geschickte Staatsmänner, sondern weil sie Hüter der Religion waren. Sobald sie diesen Charakter verleugneten, wendete sich das Volk von ihnen ab und empfand nur Haß für sie.

Die festen Plätze, welche Simon den Hellenisten abgerungen hatte, Bethzur und Gazara, schuf er zur Verteidigung des Landes um. Außerordentlich wichtig war auch die Einnahme der Hafenstadt Joppe (Jaffa); auch sie befestigte Simon, um die südwärts vorhandene Mischbevölkerung von Eingeborenen und Griechen in Zaum halten und die Verbindung mit dem Meere und dem Westen unterhalten zu können [1]). Mit der Erlangung des Hafens von Joppe erwuchs dem judäischen Staate eine ergiebige Einnahmequelle; denn der Ein= und Ausfuhrzoll für Erzeugnisse und Waren, welchen die syrischen Könige eingeführt hatten, fiel von jetzt an Judäa zu. Mit der wieder= gewonnenen Afra schlug der letzte der Hasmonäersöhne ein eigenes Verfahren ein. Sie durfte nicht bestehen bleiben, weil der ganze Unwille des Volkes gegen die Zwingburg gerichtet war, von wo aus die Griechlinge und die mazedonische Besatzung Jahre lang feindselige Angriffe auf die Bevölkerung der Hauptstadt gemacht und den Tempel entweiht hatten. Auch eine gewisse religiöse Stimmung empfand Widerwillen gegen sie. Die Burg mit ihren hohen Türmen, welche die Syrer zur Überwachung der Stadt errichtet hatten, überragte den Tempelberg, und das sollte nicht sein. Die Jesajanische Verkündigung, daß „in den letzten Tagen der Tempelberg auf der Spitze der Berge aufgerichtet und höher als die Höhen sein werde," wurde im buch= stäblichen Sinne ausgelegt, daß kein Berg und kein Gebäude höher als der Tempel sein dürfe. Diesen Gefühlen mußte Simon Rechnung tragen, selbst wenn er nicht selbst davon beherrscht war. Andererseits war die Afra ein bequem gelegener Platz zur Unterbringung von Kriegern und Waffen, wozu dieser Platz von Anfang an eingerichtet

---

[1]) I. Makkab. 14, 5.

war. Es schien daher unvorsichtig, die Burg vollständig zu zerstören,
Simon und sein Beirat schlugen daher einen Mittelweg ein. Die
Türme und Bollwerke der Zwingburg wurden abgetragen — und das
Volk soll drei Jahre mit diesem Zerstörungswerk zugebracht haben.
Die Mauern, Höfe und Räume dagegen blieben bestehen. Nur wurde
der verhaßte Name Akra oder Akropolis außer Brauch gesetzt und
dafür wieder der alte, bereits von Nehemia eingeführte Name Birah
(Baris) aufgenommen. In diesem umgewandelten Platze hatten die
judäischen Krieger ihr Standquartier und Waffenarsenal. Simon selbst
richtete seine Wohnung in der Birah inmitten der Krieger ein[1]). Seinen
Sohn Jochanan (Johannes) setzte er zum Statthalter des Meerstriches
Gazara ein[2]).

Gerüstet mußte er noch immer bleiben, wenngleich die Lage ihm
günstig war, daß zwei Kronprätendenten gegeneinander kämpften, einander schwächten und ihm Ruhe ließen. Demetrios II. Nikator, welcher
Judäa Unabhängigkeit gewähren mußte, hatte einen abenteuerlichen Zug
gegen Osten, nach Persien, unternommen, obwohl er nicht einmal Herr
seines eigenen Landes war. An seiner Stelle führte die Regierung
sein Bruder Antiochos Sidetes (aus Side), und dieser hatte gegen
Diodotos Tryphon zu kämpfen, welcher Jonathan auf arglistige Weise
getötet, auch den jungen Antiochos, Sohn des Alexander Balas, umgebracht und sich zum Herrscher über Syrien aufgeworfen hatte.

Simon war also aus einfacher Staatsklugheit darauf hingewiesen,
diesen übelgesinnten, arglistigen Feind zu schwächen und dagegen dessen
Gegnern Vorschub zu leisten. Er unterstützte daher Antiochos Sidetes
und erhielt von demselben die Bestätigung aller der Freiheiten, die
ihm sein Bruder in der Not gewährt hatte (140). Außerdem räumte
er ihm das Münzrecht ein, was ein besonderes Zeichen zugestandener
Selbständigkeit war[3]).

Wie es so oft geschieht, setzte auch hier dieselbe Hand, welche
den Baum der Freiheit gepflanzt, den nagenden Wurm in die edle
Blüte. Von dem augenblicklichen Nutzen geleitet und ohne jenen Fern-
blick über den Kreis den Gegenwart hinaus, wie er den begeisterten
Propheten der Vorzeit eigen war, vermeinte Simon die mühsam er-
kämpfte Unabhängigkeit dadurch für die Dauer zu sichern, wenn er sie
unter den Schutz desjenigen Volkes stellte, welches in nimmersatter
Eroberungs- und Vergrößerungssucht seiner ganzen Richtung nach
freiheitsmörderisch war. Um die ewigen Neckereien der kleinen syrischen

---

[1]) I. Makkab. 14, 52 fg. S. Monatsschr., Jahrg. 1876, S. 148 fg. [Vgl.
hierzu Buhl, a. a. O., S. 141. 143].
[2]) Daf. 13, 53; 14, 33—34.   [3]) Daf. 15, 1—8.

Tyrannen loszuwerden, vertraute er das Heil des Volkes jenem mächtigen Tyrannen Rom an, der die sich ihm ergebenden Völker mit seinen freundschaftlichen Umarmungen erstickte. Simon schickte judäische Abgeordnete, Numenios, Sohn des Antiochos, und Antipater, Sohn des Jason, mit einem schweren goldenen Schilde als Huldigungs= geschenk, um die Gunst der römischen Bundesgenossenschaft für sein Volk zu erwerben. Der römische Senat war gar nicht abgeneigt, auch die geringste Nation als seine Bundesgenossin aufzunehmen, in dem sichersten Bewußtsein, daß er mit diesem scheinbar als Gnadenakt er= teilten Schutze den ersten Schritt gesetzt hat, sie zu seiner Vasallin zu machen. Rom glich einem treulosen Vormund, welcher die Güter seiner Schutzbefohlenen mit aller Umsicht wahrt, um eine desto reichere Erb= schaft anzutreten. Der römische Senat, vor dem alle europäischen und westasiatischen Völker zitterten, weil gerade zu dieser Zeit die mächtigsten Feinde Roms, Griechenland und Karthago, ihr Haupt unter das römische Joch gebeugt hatten, machte seinen Bundesgenossen und Vasallen be= kannt, daß er Judäa ebenfalls als Bundesgenossen aufgenommen habe, und daß es den syrischen Herrschern nicht gestattet sei, sich an Judäa zu vergreifen (140)[1]). Kaum zwei Jahrhunderte später verlangte Rom, daß sein schamloser, blutdürstiger Kaiser im Tempel zu Jerusalem verehrt werden solle, und noch drei Jahrzehnte später hatte es die Kraft der judäischen Nation gebrochen, ihre Helden getötet und gegen den Rest eine Hetzjagd angestellt. Diese traurigen Folgen des Bündnisses mit den Römern sahen weder Simon, noch seine Zeitgenossen voraus, sondern freuten sich, daß sie von den Römern Freunde, Brüder und Bundesgenossen genannt wurden, und die Nation war so dankerfüllt gegen ihren Führer, der ihr diese Vorteile verschafft, daß sie ihm auf eine feierliche und förmliche Weise die Herrschaft über sich dauernd übertrug.

Man wird kaum im Altertum ein ähnliches Beispiel finden einer mit Bewußtsein ausgeführten Machtübertragung des Volkes auf einen Fürsten und der ruhigen Verwandlung einer republikanischen Verfassung in die monarchische, wie sie damals die judäische Nation vollzogen hat. Wenn die Hohenpriester bisher auch die politischen Vertreter des Volkes waren, so hatten sie doch nur einen beschränkten Wirkungskreis, allenfalls die Steuern für die derzeitigen Machthaber zu sammeln und abzuliefern, und ihr Ansehen beruhte weit eher auf dem Herkommen als auf freier Huldigung. Die Hohenpriester glichen den Richtern der biblischen Zeit, welche für die dem Volke geleisteten außerordentlichen

---

[1]) I. Makkab. 14, 24; 15, 15 f., vergl. Note 9.

Dienſte Zeit ihres Lebens als Vertreter der Nation geehrt wurden.
Daß das Hohepriestertum in der Familie Jozadak erblich war, kann
nicht in Betracht kommen, weil es bloß ein zufälliger Nebenumstand
war, welcher dem Hohenpriester keine größere Machtvollkommenheit
einräumte. Auch Juda und Jonathan können noch als solche in der
Not des Augenblicks aufgetretene Richter angeſehen werden, deren nur
für die Lebenszeit dauernde Häuptlingswürde der republikaniſchen Verfaſſung keinen Eintrag tat. Erst mit Simon beginnt der Übergang
der judäischen Republik in eine erbliche, geiſtliche Monarchie, und die
geſchichtliche Entwickelung dieser Zeit entſpricht genau der Davids in
dem vorexiliſchen Zeitraume. Die Vorgänger Simons, wie die Davids,
waren, wenn auch mit Macht bekleidet, noch nicht erbliche Fürsten,
ſondern bildeten einen Mittelzuſtand zwiſchen dem zeitlichen Richtertum
und dem erblichen Königtum.

Der Akt der Machtübertragung iſt in einer Urkunde aufbewahrt
worden und veranſchaulicht aufs lebendigſte die ganze Dankbarkeit,
welche die neuverjüngte Nation für die Hasmonäer empfand. Am
18. Elul (September) des Jahres 140, im dritten der Regierung
Simons als Hoherpriester[1]) in Israel, waren ſämtliche Prieſterklaſſen,
die Ältesten und Vorsteher der Nation und das ganze Volk Jeruſalems,
vermutlich auf dem Tempelberge, verſammelt und beschloſſen in Anerkennung der großen Verdienste, welche Simon ſowie das hasmonäiſche
Haus um das Volk und das Heiligtum hatte, ihn und ſeine Nachkommen
bis zur Zeit, daß ein wahrer Prophet aufſtehen wird, als Hoherpriester
und Volksführer (Nassi, ἡγούμενος) anzuerkennen. Simon ſoll als Abzeichen ſeiner Würde einen Purpurmantel und eine goldene Spange
tragen; in ſeinem Namen ſollen alle öffentlichen Dokumente ausgeſtellt
werden; er ſoll das Recht über Krieg und Frieden haben, Beamte
über das Land, die Waffen und Festungen ſetzen dürfen, Tempel und
Heiligtümer unter alleiniger Aufſicht haben; wer ſich ihm widerſetzt,
ſoll der Strafe verfallen[2]). Dieſer Volksbeſchluß wurde in eherne
Tafeln gegraben, die im Tempelvorhofe auf einem hohen, ſichtbaren
Orte an Säulen angebracht waren, und in einer Urkunde im Tempel-
archiv aufbewahrt[3]). So viel hatten die Judäer ſchon von den ſie
umgebenden Griechen trotz ihrer Abneigung gegen griechiſches Weſen
gelernt, ihre Regungen und Taten in Erz und Stein zu verewigen;
aber ihre Gunſtbezeugungen waren nicht flüchtig und launenhaft, um
den heute mit Kot zu beſudeln, dem man geſtern Bildſäulen errichtet
hatte, ſondern ſie trugen ihre Lieblinge mit aufopfernder Treue im Herzen.

[1]) I. Makkab. 14, 27—34.   [2]) I. Makkab. 14, 35—49.   [3]) Note 6.

So hatte denn Israel abermals einen gesetzmäßig gewählten Fürsten, den es während neun Jubiläen, seit der Gefangenschaft des Königs Zedekia, entbehrt hatte. Von Simon beginnen daher die altjudäischen Chroniken die Dauer der hasmonäischen Dynastie 103 Jahre (von 140 bis 37) zu zählen[1]); Jonathans Regierungszeit rechnen sie nicht hinzu, augenscheinlich weil ihm die Legitimität gefehlt hat. Der Umstand ist nicht zu übersehen, daß das Volk Simon nicht den Königstitel, sondern nur den eines Fürsten beilegte, nicht etwa, um dadurch dessen Machtvollkommenheit zu schmälern, sondern um den Erinnerungen an das davidische Haus nicht untreu zu werden. Wahrer König durfte nach der damaligen Volksanschauung nur ein Abkömmling Davids werden, und dieser werde zugleich der erwartete Messias sein. Daher enthielt der Volksbeschluß die Beschränkung, die dem Simon übertragene Fürstengewalt solle nur bis zum Auftreten des wahren Propheten (Elia) gelten[2]), welcher der Vorläufer des Messias sein werde.

Erst nachdem Simon förmlich als Fürst anerkannt war, machte er von dem Münzrechte Gebrauch, das ihm Antiochos Sidetes eingeräumt hatte. Es war das erste Mal, daß judäische Münzen geprägt wurden, und die gewonnene Selbständigkeit Judäas konnte sich dadurch auch nach außen zeigen. Es waren Silbermünzen, ganze Schekel (σίκλος, im Werte äginäischer Doppel-Drachmen, δίδραχμον, und der späteren attischen vier Drachmen, vier römische Denare, ungefähr 2¾ Mark) und halbe Schekel, davon sich noch einige schön geprägte Exemplare erhalten haben. — Die Münzen geben auf der einen Seite den Wert an mit den Inschriften: „Schekel Israel," auf der Kehrseite ebenfalls eine Inschrift: „das heilige Jerusalem" (Jeruschalaim ha-kedoscha). Die Jahreszahl ist oberhalb des Emblems durch eine Abbreviatur das erste, zweite usw. Jahr[3]) ausgedrückt. Als Embleme der Münzen sind Sinnbilder des Hohenpriestertums Israels gebraucht, auf der einen Seite ein blühender (Ahrons-)Zweig und auf der andern eine Art Schale, vielleicht ein Weihrauchgefäß. Simon ließ auf diesen Münzen seine Persönlichkeit und Würde zurücktreten. Er nannte weder seinen Namen, noch sich als Fürsten oder als Hohenpriester. — Die Schriftzüge dieser Münzen sind althebräisch oder samaritanisch, entweder weil die neuhebräische oder Quadratschrift einen geheiligten Charakter erlangt hatte, seitdem sie für die heiligen Bücher in Gebrauch gekommen war, und man dieselbe durch den Profangebrauch des täglichen Verkehrs nicht entweihen mochte, oder weil die althebräischen

---

[1]) Seder Olam Rabba Ende; Aboda sara 9a.
[2]) J. Makkab. 14, 41.   [3]) Vergl. Note 30.

Schriftzeichen den umwohnenden Völkern bekannt, die neuen aber für
ſie unleſerlich waren. — Die Jahresangaben auf den vorhandenen
Simoniſchen Münzen gehen nur bis in das vierte[1]) Jahr ſeiner Regierung,
weil er wohl nicht ſofort nach Übernahme der Führerſchaft, ſondern
erſt mehrere Jahre ſpäter (um 139) die erſten Münzen prägen ließ.

So entgegenkommend ſich Antiochos Sidetes gegen Simon er-
wieſen hatte, als er noch wenig Hoffnung hatte, den Kronräuber
Tryphon zu beſiegen, ſo kalt benahm er ſich gegen ihn, als er mit
Hilfe judäiſcher Unterſtützung ſich dem Ziele nahe glaubte. Dieſer
Antiochos war übrigens keineswegs ſo ungerecht wie ſeine Vorgänger, die
Söhne und Enkel Antiochos des Großen; im Gegenteil wird er von
judäiſcher wie von heidniſcher Seite als großmütig und ſanft geſchildert,
und es widerſtrebte ihm, grauſame Maßregeln anzuwenden. Aber die
Notwendigkeit gebot ihm, undankbar zu ſein und die Selbſtändigkeit
Judäas nicht auf Koſten ſeines Reiches fortdauern zu laſſen. Syrien,
das früher bis an den Indus und über Kleinaſien hinaus bis an die
Grenze Europas reichte, war durch die Unklugheit ſeiner Herrſcher in
ſehr enge Grenzen eingeſchränkt; der Staatsſchatz war in der letzten
Zeit ganz erſchöpft, und nun hatte ſich auch Judäa der ſyriſchen
Lehnsherrſchaft entzogen. Wozu ſollte ihm der Sieg über Tryphon
nützen, wenn er keine Mittel beſaß, den leeren Schatz wieder zu füllen?
Es war daher mehr die Scheu vor gehäufter Undankbarkeit als
Wankelmut, als Antiochos die zweitauſend Mann Hilfstruppen und
die Geldunterſtützung zurückwies, die ihm Simon bei der Belagerung
der Stadt Dora (139) zugeſchickt hatte, um mit mehr Nachdruck gegen
den belagerten Tryphon auftreten zu können. Der ſyriſche König
ſchickte dann ſeinen Feldherrn Kendebaios an Simon, um ihm Vorwürfe machen zu laſſen, daß er die zugeſtandene Freiheit überſchritten,
daß er ſich auch die nicht förmlich abgetretenen ſyriſchen Beſitzungen
Joppe, Gazara und die Akra in Jeruſalem angeeignet hätte, ohne dafür
Entſchädigung zu bieten. Er ſtellte daher den Anſpruch, daß Simon
die Plätze wieder räume oder für ſie und die Einkünfte davon tauſend
Talente Silbers zahle. Simon konnte nichts anderes erwidern, als
daß er nur den von den Vätern ererbten Beſitz wieder eingenommen
habe. Für Joppe und Gazara wolle er allenfalls hundert Talente
leiſten. Da die Streitſache auf freundlichem Wege nicht beigelegt werden
konnte, ſo ſollte das Schwert entſcheiden. Während Antiochos den
aus der Feſtung Dora entſchlüpften Tryphon verfolgte, ſchickte er Fuß-

---

[1]) [Auch aus dem fünften Jahre beſitzen wir jetzt ein Exemplar eines
ganzen Schekels (Schürer, I[3], 243. 762).]

volk und Reiterei unter dem Feldherrn Kendebaios, dem Hyrkanier,
Judäa zu bekriegen und es wieder unter syrische Botmäßigkeit zu bringen.
Simon sah also alle Errungenschaften bedroht und rüstete sich zu einem
hartnäckigen Kampfe. Glücklicherweise konnte er über eine ansehnliche
Truppenmacht von 20000 Mann gebieten und sogar auch Reiterei aufstellen, deren Mangel in den früheren Kriegen so verderblich für Judäa
gewesen war. Da er selbst zu alt war, um sich an dem Kriege zu
beteiligen, so ernannte er seine Söhne Jochanan (Johannes) und
Juda zu Feldherren, die von Gazara aus dem Feinde entgegenrückten.
Kendebaios war indessen schon von Jamnia aus, wo er seine Truppen
ausgeschifft hatte, tiefer in das Land bis zur Stadt Ekron[1]) vorge-
drungen, begann einen Plünderungskrieg und führte die Einwohner des
Flachlandes in Gefangenschaft. In einer Ebene zwischen dieser Stadt,
welche Kendebaios befestigte, und Modin, wo im Frühjahr ein von
Regen angeschwollenes Flußbett war, kam es zur Schlacht, und der
Sieg blieb auf Seiten der Judäer. Kendebaios und sein Heer wurden
geworfen, bis nach Azotos verfolgt, und diese Stadt, welche Widerstand
geleistet, wurde verbrannt. Jochanan, der zur Entscheidung am meisten
beigetragen haben mochte, erhielt von diesem Siege über die Hyrkanier
den Namen Hyrkanos, den er später im Verkehr mit auswärtigen
Völkern ausschließlich führte[2]). Juda, der jüngere Bruder, wurde dabei
verwundet[3]). Dies war die letzte Kriegstat Simons (137 bis 136),
welche ihm die Zuversicht einflößte, daß seine Söhne die aufstrebende
Macht Judäas zu erhalten wissen würden.

Die Niederlage, die sein Heer gegen Simon erlitten hatte, erbitterte
Antiochos noch mehr, aber zu schwach zu einem neuen Angriffe, nahm
er, wie es den Anschein hat, zur List Zuflucht. Das Geschlecht der
Hasmonäer, das gegen sein Haus so hartnäckig und so glücklich gekämpft
hatte, wollte er aus dem Wege räumen lassen, damit Judäa, seiner mutigen
und umsichtigen Feldherren beraubt, von selbst seiner Macht wieder
anheimfallen sollte. Er scheint zu diesem Zwecke den Ehrgeiz und die
Habsucht eines Mannes aufgestachelt zu haben, der als Schwiegersohn
Simons eine Untat leichter ausführen konnte; er mochte ihm mit der
Hoffnung auf die Nachfolgerschaft geschmeichelt haben, wenn er Simon

---

[1]) I. Makkab. 15, 26 — 42. Der Name der Stadt, welche Kendebaios
befestigte, lautet Kedron, Vulgata: Gedor, der Syrer: גדרון. Die Angabe,
daß Kendebaios sich von Jamnia dahin begeben, daß die Schlacht westlich von
Bethoron war, und daß die Flüchtlinge bis Azotos entflohen, führt darauf, daß
es Ekron gewesen sein muß, Ακκαρών verschrieben Κεδρών und חברם. |S. jedoch
Buhl, a. a. O., S. 188, der Kedron mit dem heutigen Katra identifiziert, vgl.
noch Schürer, a. a. O., S. 255.|
[2]) Arabisches Makkabäerbuch, c. 20. [3]) I. Makkab. 16, 1—10.

und seine Söhne aus dem Wege geräumt haben würde. Der Name dieses Schändlichen, den nicht Ehrfurcht vor einem in Heldentaten ergrauten Alter, nicht Liebe zu seiner Nation, nicht verwandtschaftliche Anhänglichkeit an seinen Schwiegervater, nicht Dankbarkeit gegen seinen Wohltäter von der verbrecherischen Tat zurückhielt, war Ptolemäus ben Chabub. Simon hatte ihm mit der Tochter auch Reichtümer gegeben und ihn zum Statthalter der Provinz Jericho eingesetzt; dieses alles befriedigte sein hochmütiges Herz noch nicht. Er wollte sich durch ein Verbrechen zum Erben Judäas einsetzen lassen und, auf das Ausland gestützt, sich in der Herrschaft behaupten; Ptolemäus war Herodes Vorläufer. Wie dem König David erwuchs auch Simon ein Feind aus seinem eigenen Hause. Es konnte dem Ptolemäus nicht schwer werden, den Mordplan auszuführen, da auch der Vorsichtigste eines solchen Bubenstücks sich nicht versehen kann. Simon pflegte, ungeachtet seines hohen Alters, das Land zu bereisen, um die Handhabung der Gesetze und die Bedürfnisse des Volkes mit eigenen Augen zu überwachen. Bei dieser Gelegenheit kam er auch nach der Festung Dok (Dagon) unweit Jericho, wo sein Schwiegersohn seinen Aufenthalt genommen hatte. Seine Frau und seine zwei jüngern Söhne, Juda und Matthatia hatten ihn auf der letzten Reise begleitet, der ältere Jochanan war in seiner Residenz Gazara zurückgeblieben. Ptolemäus heuchelte Gastfreundschaft gegen die dem Tode geweihten Opfer, bereitete ihnen ein glänzendes Mahl, und während sie, nichts Arges ahnend, sich im Familienkreise behaglich fühlten, wurden Simon und seine Söhne[1] von Ptolemäus und seinen Trabanten überfallen und niedergehauen (Monat Schebat, Februar 135). Sobald die Untat verübt war, schickte der Mörder Boten an den syrischen König mit der Aufforderung, ihm mit Truppen beizustehen, um sich des Landes bemächtigen zu können. Er schickte Boten nach Gazara, auch Jochanan aus dem Wege räumen zu lassen und endlich Boten nach Jerusalem, Stadt und Heiligtum für sich in Besitz nehmen zu lassen. Aber er sollte den Lohn seiner Verbrechen nicht ernten; denn Jochanan wurde durch einen Freund gewarnt, der in der Verwirrung aus der Festung Dok nach Gazara geeilt war, so daß die gedungenen Mörder bei ihrer Ankunft sofort ihre Strafe erleiden konnten. Auch gelang es Jochanan, noch vor Ptolemäus in Jerusalem anzukommen, wo er das Volk leicht auf seine Seite bringen konnte[2]. Die Hilfe des Antiochos traf nicht so-

---

[1] Josephus das. XIII, 7, 4.
[2] I. Makkab. 16, 11—17. Anders Josephus XIII, 8, 1, daß die beiden Söhne erst später umgebracht worden seien. In den geringen Abweichungen, die Josephus von dem Makkabäerbuche hat, verdient das letztere mehr Glauben.

bald ein, weil dieser wohl anderweitig beschäftigt war, so daß Chabubs Sohn nichts weiter übrig blieb, als sich in seine Festung einzuschließen, seine Schwiegermutter als Geisel festzuhalten und sich gegen etwaige Angriffe zur Wehr zu setzen. — So war das Ende des letzten der Hasmonäer = Brüder, von denen kein einziger eines ruhigen Todes starb, sondern die sämtlich für Volk und Heiligtum ihr Leben aushauchten. Juda und Eleasar starben auf dem Schlachtfelde, Jochanan, Jonathan und Simon, minder glücklich als ihre Brüder, erlagen der Arglist der Feinde ihres Volkes.

Viertes Kapitel.

Johann Hyrkanos.

Gipfelpunkt des Zeitraumes. Kampf gegen den syrischen König Antiochos Sidetes. Belagerung Jerusalems. Friedensschluß unter ungünstigen Bedingungen; parthischer Kriegszug: Hyrkanos im Heere des Antiochos; Hyrkanos erringt Vorteile. Glückliche Kriegszüge gegen die Samaritaner und Idumäer. Gebietserweiterung des judäischen Landes. Die Idumäer zur Annahme des Judentums gezwungen. Der samaritanische Tempel auf Garizim und die Hauptstadt Samaria werden zerstört.

135 — 106.

Hyrkanos bezeichnet den Scheitel= und Wendepunkt dieses Zeitraumes. Er führte nicht nur das Werk seines Vaters fort, sondern krönte es auch mit dem Stempel der Vollendung. Judäa war unter seinen Vorgängern auf einen engen Flächenraum beschränkt, und selbst innerhalb des judäischen Gebietes waren Enklaven von fremder, feindlicher Bevölkerung eingenommen. Hyrkanos erweiterte die Grenzen nach Süden und Norden und befreite dadurch den Staatskörper von den Fesseln, die seine Glieder eingeschnürt hatten. Diese glücklichen Erfolge erlangte er eben so sehr durch die Gunst der Umstände wie durch seine kriegerischen Tugenden. Denn Syrien, das noch immer den Besitz Judäas beanspruchte und es als einen ihm entrissenen Landesteil betrachtete, war durch Kronstreitigkeiten zerrissen und geschwächt, und von ägyptischer Seite, wo judäische Feldherren das Heer anführten, erhielt Hyrkanos eher Vorschub als Beeinträchtigung. Die günstige Stellung nach außen ermöglichte die Befestigung der inneren religiösen Zustände. Der hohe Rat, der in der Krisiszeit entweder ganz aufgelöst war oder nur schwache Bedeutung hatte, erhielt ein höheres Ansehen und gab der religiösen Richtung eine feste Grundlage. Die Keime verschiedener Religionsansichten bildeten sich zu Parteiungen aus, in jedem Gemeinwesen ein Symptom von Lebensfähigkeit, indem es durch Parteireibungen vor Stillstand und Verfall geschützt wird. Die Heftigkeit, mit der diese Parteien später gegeneinander anrannten, wußte Hyrkanos durch Klugheit und Autorität in Schranken zu halten. Er genoß daher die Liebe, die sich das Hasmonäergeschlecht im Herzen des Volkes erworben, und obwohl er in seinem Alter sich einer der

Parteien mehr zuneigte, so hat doch die andere, zurückgesetzte seine Verdienste nicht geschmälert und nicht verfehlt, zu berichten, dieser Herrscher habe das Ideal erreicht, die drei höchsten Würden des Judentums, die Fürsten-, Hohepriester- und Prophetenwürde in sich zu vereinigen. Wenn die Regierung des Hyrkanos an Glanz der salomonischen Zeit entspricht, so ist sie ihr auch in dem Punkte ähnlich, daß der Beginn und das Ende derselben unruhig, widerwärtig und getrübt waren. Die Glanzzeit beider fällt in die Mitte.

Wie Salomo im Beginn seiner Regierung einen Kronprätendenten an seinem Bruder Adonija hatte, den er unschädlich machen mußte, ebenso und in einem noch viel höheren Grade hatte Hyrkanos einen Kampf gegen Gegner zu bestehen. Einer dieser Gegner war sein Schwager Ptolemäus ben Chabub, der Mörder seines Vaters, welcher auch seinem Leben nachgestellt hatte. Ptolemäus war aber nur deswegen zu fürchten, weil er die syrische Macht hinter sich hatte, die ihn unterstützte, um das abgefallene Judäa wieder zu gewinnen. Hatte sich auch die Bevölkerung von Jerusalem bei der Kunde von Simons durch Meuchelmord erfolgtem Tode für Hyrkanos ausgesprochen, ihn als Nachfolger anerkannt und Ptolemäus gezwungen, sich in seine Burg einzuschließen, so erforderte es doch die eigene Sicherheit wie die Pflicht, den Tod seines Vaters zu rächen, diesen gewissenlosen Feind nicht ungestraft zu lassen. Er beeilte sich daher, ihn sofort aufzusuchen, ehe noch Antiochos zu dessen Entsatz seine Truppen heranzog. Über die Belagerung der Festung und den Ausgang derselben herrscht einige Dunkelheit. Nach einer jedenfalls ausgeschmückten Nachricht habe Hyrkanos nicht mit aller Energie die Belagerung betreiben können, weil der Feind die als Geisel zurückgehaltene Mutter (nach anderen auch die Brüder) des Hyrkanos auf der Mauer grausam habe foltern lassen; die Mutter aber habe, als echte Hasmonäerin, ihren Sohn ermuntert, auf ihre Schmerzen nicht zu achten, vielmehr nicht nachzulassen, den Mörder ihres Hauses nach Gebühr zu züchtigen. Demzufolge sei Hyrkanos' Herz von zwei Gefühlen zerrissen worden, von dem Pflichtgefühl der Rache und dem Erbarmen für seine Mutter[1]. Tatsache ist es indessen, daß Hyrkanos unverrichteter Sache abgezogen ist, entweder, wie erzählt wird, weil wegen des Sabbatjahres[2]) der Krieg verboten war, oder, was viel wahrscheinlicher ist, weil der syrische König sich mit einem Heere näherte, um die Verlegenheit der Judäer zu benutzen. Ptolemäus soll nach Abzug des Belagerungsheeres

---

[1]) Josephus Altert. XIII, 8, 1.
[2]) Das. XIII, 8, 1. Vergl. Note 8.

Hyrkanos' Mutter (und Brüder) getötet haben und nach Philadelphia,
der ehemals ammonitiſchen Hauptſtadt Rabbat=Ammon, geflohen und
von dem Beherrſcher derſelben, Zeno Kotylas, freundlich aufgenommen
worden ſein (Herbſt 135). Sein Name wird nicht weiter genannt; er
verſchwindet ſpurlos.

Eine viel größere Gefahr drohte Hyrkanos von Antiochos Sidetes,
welcher den Abfall Judäas von Syrien und die erſt jüngſt erlittene
Niederlage zu rächen hatte. Er zog (Herbſt 135) mit einem großen
Heere, wir wiſſen nicht, ob auf dem Landwege von Norden her oder
zu Schiffe von der Küſte aus, heran, zerſtörte die Gegend auf ſeinem
Zuge und näherte ſich der Hauptſtadt. Hyrkanos muß ſich zu ſchwach
gefühlt haben, ihm in offener Schlacht entgegenzutreten; denn er ſchloß
ſich in Jeruſalem ein, auf die Feſtigkeit der Mauern vertrauend.
Antiochos veranſtaltete daher eine förmliche Belagerung in ausgedehntem
Umfange. Er ſchloß die Stadt durch ſieben Lager ein, errichtete im
Norden, wo der Boden ebener iſt, hundert dreiſtöckige Türme, von
welchen aus die Truppen gegen die Mauern zu operieren vermochten,
und ließ einen breiten Doppelgraben um das Lager ziehen, um die
Ausfälle der Belagerten zu erſchweren. Dennoch unterließen die letzteren
nicht, häufige Ausfälle zu machen und den vorbereiteten Sturm mit
großer Tapferkeit zurückzuſchlagen, ſo daß ſich die Belagerung in die
Länge zog. Dabei litt das ſyriſche Heer an Waſſermangel und infolge=
deſſen wohl auch an Krankheiten. Aber auch die Belagerten, obwohl ſie
keinen Mangel an Waſſer hatten, litten nicht weniger durch Mangel
an Nahrungsmitteln, und Hyrkanos war in die traurige Notwendigkeit
verſetzt, einen Akt der Grauſamkeit gegen die Wehrloſen der Stadt zu
begehen. Um nicht den Vorrat aufzehren zu laſſen, trieb er dieſe aus
der Stadt, vielleicht in der Hoffnung, daß ſich der Feind ihrer erbarmen
und ſie abziehen laſſen werde; aber Feinde ſind gegen Wehrloſe ſelten
großmütig. Das Belagerungsheer ließ dieſe Unglücklichen die Be=
lagerungslinien nicht überſchreiten und zwang ſie innerhalb des den
Doppelgeſchoſſen ausgeſetzten Raumes zu bleiben, und ſo wurden ſie
von zwei Seiten aufgerieben. Indeſſen war der Sommer verſtrichen,
ohne daß ſich den Syrern die Ausſicht auf Erſtürmung der Mauer
eröffnete. Die eintretende Regen= und Winterszeit mochte ihnen noch
ungünſtiger dazu erſcheinen und ſie zu Friedensunterhandlungen geneigt
machen. Die Belagerten waren wegen des empfindlichen Nahrungs=
mangels und der eintretenden Feſtzeit noch mehr dazu geneigt. Hyrkanos
tat den erſten Schritt, einen Waffenſtillſtand für die ſieben Tage des
Hüttenfeſtes zu erbitten, und Antiochos gewährte ihm nicht nur das
Verlangte, ſondern ſchenkte auch Opfertiere mit vergoldeten Hörnern

und goldene Gefäße mit Wohlgerüchen [1]). Als darauf Unterhandlungen
für den Frieden angeknüpft wurden, rieten Antiochos' Ratgeber zur
äußersten Strenge und erinnerten ihn an die richtige Politik eines
seiner Vorgänger, des Antiochos Epiphanes, der kein anderes Mittel
kannte, den „Menschenhaß" der Judäer zu vertilgen, als sie zu zwingen,
ihre eigentümlichen Gesetze aufzugeben. Wenn Antiochos von Side auf
den Rat dieser vorurteilsvollen Ratgeber gehört hätte, welche in der
befangenen Weise jener Zeit in den judäischen Absonderungsgesetzen
nichts als Menschenhaß erblickten, so hätten sich die blutigen Kämpfe
um die Erhaltung von Gesetz und Sitte zum zweiten Male wiederholt.
Denn die beschränkte Weisheit dieser Ratgeber kannte keinen anderen
Ausweg, als entweder die Judäer mit Stumpf und Stil zu vertilgen
oder ihnen das Aufgeben ihrer Gesetze aufzuzwingen. Zum Glücke für
sie war dieser Antiochos weder so gemütsroh noch so mächtig, um sich
in ein so gewagtes Spiel einzulassen. Er stellte vielmehr verhältnismäßig annehmbare Friedensbedingungen. Die Judäer sollten ihre Waffen
ausliefern, für Joppe, Gazara und andere ehemals syrische Festungen
Tribut zahlen und in Jerusalem eine syrische Besatzung aufnehmen.
Hyrkanos ließ sich die ersten beiden Bedingungen in der Not gefallen,
aber die letzte wies er entschieden zurück, weil die nahe Berührung
mit Syrern in der heiligen Stadt unvermeidlich zu unaufhörlichen
Reibungen und Gehässigkeiten hätte führen müssen. Er bot daher
Geiseln und fünfhundert Talente dafür an, worauf der syrische König
um so eher eingehen mochte, als ihm die angebotene Geldsumme Mittel
gewährte, einen Kriegszug nach Parthien zu unternehmen. Er nahm
also die Geiseln, worunter auch ein Bruder des Hyrkanos war, und
eine vorläufige Abschlagssumme von dreihundert Talenten an, welche
Hyrkanos angeblich aus dem Schatze des Grabmals Davids gehoben
haben soll. Antiochos begnügte sich, den oberen Teil der Stadtmauer
Jerusalems mit den Zinnen zu zerstören (Herbst 134) [2]). So war die

---

[1]) Josephus Altert. XIII, 8, 1.

[2]) Josephus XIII, 8, 3 und Fragment des Diodor Exc. c. 34, 1. Über
die chronologischen Data dieses Krieges vergl. Note 8. Wenngleich Diodor
(das.) referiert: Antiochos habe die ganze Mauer Jerusalems zerstören lassen:
τὰ τείχη περιελών, so ist Josephus' Angabe doch vorzuziehen, daß es lediglich
die Mauerkrone betroffen hat: τὴν στεφάνην. Josephus hatte Diodors Bericht
vor Augen (vergl. das. 8, 2—3); er muß also einen Grund gehabt haben, in
diesem Punkte von ihm abzuweichen, wahrscheinlich gestützt auf eine andere
Quelle, vielleicht auf Posidonius von Apamea. Wäre die ganze Mauer abgetragen worden, so hätte berichtet sein müssen, daß Hyrkan sie wieder aufgerichtet habe. Davon wird aber nichts erwähnt. [Vgl. jedoch I. Makkab. 16, 23,
worauf Schürer, I³, 260, Anm. 6, mit Recht hinweist.]

finstere Wolke, welche der Unabhängigkeit Judäas gedroht hatte, ohne bedeutenden Schaden vorübergezogen, und selbst die verhältnismäßig geringen Nachteile, welche dem jüdischen Staate aus den Bedingungen erwachsen waren, glichen sich bald aus.

Der syrische König war auch gezwungen, eine freundliche Miene gegen Hyrkan anzunehmen. Er hatte nämlich einen Kriegszug gegen das Partherland vor, das früher zum Reich seiner Vorfahren gehört und sich davon losgemacht hatte. Sein Bruder Demetrios Nikator hatte einen Zug dahin unternommen, hatte aber eine Niederlage erlitten und wurde beinahe zehn Jahre in parthischer Gefangenschaft gehalten. Antiochos glaubte glücklicher als sein Bruder zu sein. Zu dem Heer von 80000 Bewaffneten, das er sammelte, konnte er die Hilfe der judäischen Krieger wie die anderer Nachbarländer nicht entbehren. Er forderte daher Hyrkan auf, mit seinem Heere den Feldzug mitzumachen. Antiochos mochte dabei nicht bloß auf die materielle Unterstützung rechnen, welche Hyrkanos ihm zuführen konnte, sondern auch auf die Vorteile, die ihm von seiten der zahlreichen Judäer in der Euphrat- und Tigrisgegend erwachsen möchten. Diese judäisch- babylonische Kolonie, welche waffengeübt war, würde, nach seiner Berechnung, wenn auch nicht gemeinsame Sache mit ihm machen, doch wenigstens sich neutral verhalten, wenn sie einen judäischen Fürsten und judäische Hilfstruppen unter seinem Heere erblicken würde. Der syrische König nahm daher während des Feldzuges Rücksichten auf das judäische Kriegsheer; er ließ auf Hyrkanos' Wunsch nach einem Siege am Flusse Zab (Lykos) die zwei Tage eines Sabbats und des darauf folgenden Wochenfestes der Judäer wegen rasten (129)[1]. Indessen hatte das Glück seit den Tagen Antiochos des Großen der seleucidischen Dynastie den Rücken gekehrt; Antiochos ließ auf diesem Feldzuge sein Leben. Sein Bruder Demetrios II., Nikator, den der Partherkönig bei Antiochos Einfall in Parthien aus der Gefangenschaft entlassen, um ihn als Gegenkönig aufzustellen, regierte zum zweiten Male nur kurze Zeit (128—125). Bei den Syrern wegen seiner langen parthischen Gefangenschaft verhaßt, hatte Demetrios gegen einen Gegenkönig Alexander Zebina zu kämpfen, welchen Ptolemäus Physkon aufgestellt hatte, weil seine Frau und Schwester sich mit Demetrios verbunden hatte. Von Zebina besiegt und zur Flucht gezwungen, fand

---

[1] Jos. Altert. XIII, 8, 4, nach Nikolaos von Damaskus oder richtiger nach Posidonius. Hyrkanos' Beteiligung an der parthischen Expedition war keineswegs eine gezwungene Heeresfolge — sonst hätte Antiochos nicht auf die religiösen Bedenken desselben Rücksicht genommen — sondern eine freiwillige συμμαχία.

der unglückliche Demetrios nicht einmal bei seiner Gattin Kleopatra,
welche mit den zwei Brüdern zugleich verheiratet war, in Akko Aufnahme, sondern mußte sich nach Tyrus retten, wo er durch die Hand
seiner Feinde umkam. Noch verwirrter gestalteten sich die syrischen
Verhältnisse unter dessen Nachfolgern, indem einerseits dem Alexander
Zebina (128 — 123), wiewohl er von Ägypten unterstützt wurde, der
rechtmäßige Thronerbe Antiochos VIII. mit dem Beinamen Grypos
(125 — 96) kriegerisch entgegentrat, und andererseits diesem wieder
sein Bruder mütterlicherseits, Antiochos IX. Kyzikenos (113 — 95),
die syrische Krone streitig machte[1]). Tödlicher Haß der Glieder des
seleucidischen Hauses gegeneinander und Mordtaten füllten die letzten
Geschichtsblätter desselben. Kleopatra, die Mutter, ließ einen ihrer
Söhne (Seleucos) bald nach dem Tode ihres Gatten Demetrios umbringen und mischte für den andern, Antiochos Grypos, den Giftbecher;
dieser aber zwang sie, ihn selbst zu leeren.

Diesen Zustand äußerster Schwäche in Syrien, der eine Reihe von
Jahren dauerte, machte sich Hyrkan zunutze, um die Grenzen Judäas
zu dem Umfange wieder auszudehnen, den sie in den glücklichen Tagen
der Vorzeit hatten. Bald nach Antiochos Sidetes' Tode löste Hyrkan
das Vasallenverhältnis zu Syrien, in welches die Belagerung Jerusalems
Judäa gebracht hatte, vollständig auf und ließ sich nicht einmal das
Bundesgenossenverhältnis gefallen[2]). Alexander Zebina war froh, daß
ihn Hyrkan als König anerkannte, und nach dessen Untergang (123)
sah Hyrkan den Augenblick gekommen, angriffsweise gegen Syrien zu
verfahren. Zunächst ließ er sich den Besitzstand durch Rom sichern.
Er schickte, wie sein Vater, eine Gesandtschaft nach Rom, drei Männer,
Simon, Sohn des Dositheos, Apollonius, Sohn des Alexander,
und Diodor, Sohn Jasons, um den Senat zu bitten, die Freundschaft,
welche Rom verschwenderisch auch dem geringsten Völkchen erweist, mit
dem judäischen Gemeinwesen zu erneuern, und zugleich Klage zu führen
darüber, daß sich Antiochos Sidetes die wichtigen Festungen, Joppe
mit dem Hafen, Gazara mit den Quellen und noch andere Plätze in
Judäa angeeignet hatte. Rom pflegte stets sich der Schwachen gegen
die Starken anzunehmen, nicht aus Gerechtigkeitssinn, sondern um sie
zu schwächen und für sich willfährig zu machen. Die Demütigung des
seleucidischen Königshauses lag ihm besonders am Herzen, weil dieses
sich erlaubte, hin und wieder einen trotzigen oder mindestens einen

---

[1]) Das. 9, 3; 10, 1. Josephus' Schreibweise Ζεβινᾶς ist richtiger als
Ζαβινᾶς, denn der Name bedeutet im Syrischen einen gekauften Sklaven, also
זבינא. [Vgl. Schürer, I³, S. 175. 265.]

[2]) Das. 10, 1.

unfreundlichen Sinn gegen Rom zu zeigen. Die judäischen Gesandten wurden daher in Rom freundlich aufgenommen und aufmerksam angehört, und es wurde ihnen der Beschluß eingehändigt, daß Antiochos, der syrische Herrscher, gehalten sei, ihnen die Plätze wieder zuzustellen und daß es ihm weder gestattet sei, seine Truppen durch Judäa ziehen zu lassen, noch die Einwohner als seine Untertanen zu behandeln (um 123)[1]. Dann ging Hyrkan kriegerisch vor. Nach drei Seiten hin war Judäa von fremder Bevölkerung eingeengt. Im Süden von den Idumäern, welche ihr Gebiet bis tief nach Judäa hinein ausgedehnt hatten; in der Mitte von den verhaßten Samaritanern, deren Gebiet eine Scheidewand für die galiläischen Judäer bildete und sie verhinderte, auf dem kürzesten Wege Jerusalem zu erreichen; endlich war der Landstrich jenseits des Jordan und die Ufer dieses Flusses von Griechen bewohnt, die sich stets feindlich gegen die Judäer gezeigt hatten. Hyrkanos betrachtete es daher als eine Aufgabe, alle diese Gebiete wieder an Judäa zu bringen und die feindliche Bevölkerung entweder auszuweisen oder mit den Judäern eng zu verschmelzen. Denn so lange diese Enklaven fremder, feindlicher Bevölkerung im Herzen des Landes fortbestanden, waren die politische Unabhängigkeit und der religiöse Bestand gefährdet. Nicht nur gewährten diese feindlichen Völkerschaften auswärtigen Eroberern stets bereitwillige Unterstützung, sondern sie legten der religiösen Übung nicht selten Hemmnisse in den Weg und gaben dadurch Gelegenheit zu blutigen Reibungen. Hyrkan mußte sich also eben so sehr aus religiösen, wie aus politischen Gründen bewogen fühlen, diesen Herd beständiger Unruhe und Feindseligkeit zu ersticken. Aber um so große Ziele zu erreichen, bedurfte es des Aufwandes aller Kräfte und des Aufgebotes ausreichender militärischer Mittel, welche die judäische Nation aus sich selbst nicht hätte erschwingen können. Hyrkan sah sich also genötigt, um die Wehrkraft des Volkes nicht allzusehr anzustrengen, Soldtruppen in Dienst zu nehmen[2]. Die Mittel für die Söldner nahm Hyrkan, wie man sich erzählte, aus dem Schatze, den er im Grabmal Davids gefunden haben soll, wahrscheinlicher aber aus demjenigen, welchen seine Vorgänger durch die Kriege zusammengebracht haben mochten. Diese Mietlinge wurden in der Burg Birah (Baris) untergebracht.

Zuerst wandte sich Hyrkan nach Osten, der Jordangegend, nach

----

[1] Vgl. Note 9. [Vgl. hierzu Schürer, I[3], S. 261 ff., der trotz großer Bedenken die Gesandtschaft in die ersten Jahre der Regierung Hyrkans setzen möchte.]

[2] Josephus das. 6, 4. In der talmudischen Literatur werden solche im judäischen Dienste stehenden Soldtruppen אכסניא ξένοι genannt.

Medaba. Gegen diese Stadt hatten die Hasmonäer einen alten Groll, weil die Bewohner derselben unter Anführung der Bne=Amri einmal einen der Hasmonäerbrüder, welcher die Frauen und Kinder der judäischen Krieger bei den Nabatäern in Sicherheit bringen wollte, überfallen und ihn samt den seinem Schutze anvertrauten Schwachen niedergemetzelt hatten [1]). Medaba muß aber so befestigt gewesen sein, und die Einwohner müssen so tapfer gekämpft haben, daß es Hyrkan erst nach sechs Monaten ˙gelang, es einzunehmen und zu zerstören. Dann zog das Heer nach der am Jordan und am südlichen Ende des Tiberiassees gelegenen Stadt Samega [2]) (Kefar Zemach), welche für die Judäer eine besondere Wichtigkeit gehabt haben muß. Dann kamen die samaritanischen Städte an die Reihe. Die Hauptstadt Sichem und der auf dem Berge Garizim errichtete chutäische Tempel, welcher dem judäischen Volke stets ein Dorn im Auge war, wurden zerstört (21. Kislew um 125—20) [3]). Der Tag der Zerstörung dieses Tempels, der an drei Jahrhunderte gestanden hatte, galt der jüdischen Nation als ein besonders freudiges Ereignis, dessen Andenken unter dem Namen Garizim=Tag (Jom har-Garizim) alljährlich durch das Unterbleiben von Fasten und Trauer gefeiert wurde [4]). Seit dieser Zeit ist der Glanz der Samaritaner entschwunden; denn obwohl sie ihre Eigentümlichkeit noch Jahrtausende bewahrten und noch heutigen Tages fortdauern und noch immer fortfahren auf dem Berge Garizim zu opfern, so verkümmert doch ihr Wesen durch den Mangel an einem Mittelpunkte immer mehr. Die Zerstörung des Garizim=Tempels trug aber dazu bei, den Haß gegen die Judäer noch mehr zu schüren, und die Samaritaner schlossen sich stets denjenigen Völkern an, die es auf Unterdrückung der Judäer abgesehen hatten.

Von dem Siege über die Samaritaner schritt Hyrkan zum Kampfe gegen die Idumäer. Dieses Volk, obwohl durch die mannigfaltigen Wechselfälle der aufeinander folgenden asiatischen und mazedonischen Dynastieen tief herabgekommen und von den Nabatäern aus seinen Wohnsitzen verdrängt, hatte sich allein unter all den ehemaligen mit Israel stammverwandten Völkerschaften zu behaupten gewußt und seine feindselige Haltung gegen die Judäer aus der älteren Zeit bewahrt. Es hatte den südlichen Teil des ehemaligen Judäa besetzt und sein Gebiet bis Hebron, Marissa (Marescha) und Adora ausgedehnt [5]). Juda Makkabi hatte zwar die Idumäer geschlagen, ihnen Hebron entrissen und ihre Burgen zerstört; aber durch die ihnen eigene Zähigkeit hatten

---

[1]) Oben S. 8.   [2]) [Vgl. Buhl, a. a. O., S. 266.]   [3]) Josephus Altert. XIII, 9, 1.   [4]) S. Note 1, IV, 10.
[5]) I. Makkab. 4, 61. 5, 3. 65 ff. Vgl. Bd. IIb, S. 164.

ſie ſich wieder geſtärkt und ſich zum Nachteil der Judäer des Südens wieder bemächtigt. Hyrkan fühlte ſich aber ſtark genug, ſie unſchädlich zu machen, belagerte ihre zwei Feſtungen Adora und Mariſſa in der Landſchaft Gabalene und ſtellte ihnen nach Schleifung derſelben die Wahl zwiſchen Annahme des Judentums oder Auswanderung. Sie zogen das erſtere vor, unterwarfen ſich der Beſchneidung und blieben von der Zeit an äußerlich dem Judentume anhänglich[1]). Die idumäiſchen Götzentempel wurden ſelbſtverſtändlich zerſtört; doch blieben die Götzen= prieſter heimlich ihrem Kultus anhänglich[2]). So war denn Jakob und Eſau, ſeit mehr als einem Jahrtauſend in Haß gegeneinander ent= brannt, von jetzt an vereinigt; der ältere Bruder diente dem Jüngern. Zum erſten Male zeigte hier das Judentum in ſeinem Fürſten Johann Hyrkanos Unduldſamkeit gegen andere Kulte und legte Religionszwang auf; aber es erfuhr bald genug mit empfindlichem Schmerze, wie höchſt nachteilig es ſei, den Eifer für die Erhaltung bis zur Bekehrung anderer zu treiben. Wenn Simon durch das Bündnis mit den Römern den erſten Keim zur Auflöſung des judäiſchen Staates gelegt hat, ſo gab ihm ſein Sohn durch die gewaltſame Bekehrung der Idumäer reichliche Nahrung, und er hat in kaum einem halben Jahrhundert die bitterſten Früchte getragen, nicht bloß für die judäiſche Nation, ſondern auch für das hasmonäiſche Fürſtenhaus. Die Verſchmelzung der Söhne Edoms mit den Söhnen Jakobs brachte dieſen nur Unglück. Idumäer und Römer waren es, welche die hasmonäiſche Dynaſtie entthronten und dem judäiſchen Staate den Untergang brachten. Indeſſen wie hätten Fürſt und Volk, unbelehrt durch die warnende Stimme von Propheten wie in früherer Zeit, gerade in den zwei glücklichen Erfolgen, dem ſchützenden Bündniſſe mit den Römern und dem Siege über die uralten Feinde, die Samaritaner und Idumäer, eine Gefahr für die Zukunft erblicken ſollen? Das Glück in der Gegenwart befriedigte ſie. In dieſer glücklichen Stimmung ſuchten die Vertreter des Volkes und der hohe Rat zum zweiten Male das Band der Brüderſchaft mit den Judäern in Ägypten und beſonders in Alexandrien enger zu knüpfen. Sie ſandten im Namen Jeruſalems und Judäas ein gewinnendes Sendſchreiben an ſie (124), um ſie zu bewegen, die Feſttage zum

---

[1]) Joſephus Altert. XIII, 9, 1.

[2]) Daſ. XV, 7, 9. Die mit einer Fabel gemiſchte Geſchichte von dem Idumäer Zabid, welche Apion erzählt, bei Joſephus contra Apionem II, 9, gehört wohl in dieſe Zeit. Das von dem erſteren angeführte und von Joſephus verkannte Dora iſt Abora, eine idumäiſche Stadt in dieſer Zeit. Ebenſo iſt verſchrieben Altert. XIV, 5, 3. Δῶρα Μάρισά τε ſtatt Ἄδωρα, wie in der Parallelſt. jüd. Kr. I, 8, 4. Μάρισσα καὶ Ἀδώρεως.

Andenken an die Siege der Hasmonäer und an die Tempelweihe ihrerseits zu begehen, was so viel sagen wollte als den veränderten Zustand in der Urheimat anzuerkennen, nicht damit zu schmollen, vielmehr sich damit zu freuen und daran mit ganzem Herzen teilzunehmen. Der Zeitpunkt war gut gewählt. Denn während die Judäer in der Heimat durch die Selbstzerfleischung der seleucidischen Herrscher sich frei fühlten, drohte denen in Ägypten Unheil dadurch, daß Ptolemäus VII., Physkon, jenes Scheusal an Leib und Geist, der Übelwollen gegen sie hegte (o. S. 49), wiederum zur Herrschaft gelangte (127). Der jerusalemische hohe Rat richtete sein Sendschreiben zunächst an Juda Aristobul, den ehemaligen Lehrer des Königs Ptolemäus Philometor, „welcher vom Geschlechte der gesalbten Hohenpriester stammte" [1]), weil dieser wohl damals an der Spitze der alexandrinischen Gemeinde stand. Das brüderliche Sendschreiben beginnt mit einer Fürbitte für die Judäer im Nachbarlande: „Gott der Väter gebe euch Frieden, erhöre eure Gebete, sei euch gnädig und verlasse euch nicht in schlimmer Zeit." Es erinnert an die Leiden, welche das Volk durch die Religionsverfolgung des Antiochos Epiphanes erduldet, an die Hilfe, die ihm Gott gewährt, an die Wiederherstellung des Heiligtums in seiner Reinheit und an den schmählichen Untergang des frevelhaften Königs, der Gott bekämpft habe. Indem es wiederholentlich die Brüder in Ägypten auffordert, die Feier der Tempelweihe ihrerseits zu begehen, auf die Wichtigkeit derselben hinweist und an die großen Verdienste des makkabäischen Helden Juda erinnert, schließt es mit einer Hoffnung: „Gott, der sein ganzes Volk gerettet und allen seinen Söhnen das Erbe und die Herrschaft und die Priesterschaft und die Heiligkeit zugesichert, wird uns bald Erbarmen zuwenden und alle aus den Ländern unter dem Himmel zum heiligen Orte sammeln. Denn er hat uns aus großen Nöten erlöst und hat den Ort (wieder) gereinigt." Der Ton dieses in hebräischer Sprache gehaltenen Sendschreibens klingt wie ein verklingender Nachhall aus der biblischen Zeit und heimelt mit seiner Milde an. Wenn der Gesetzeslehrer Josua b. Perachja [2]) damals zu den Mitgliedern des hohen Rates gehört hat, derselbe, zu dessen Lebenszeit ein lebhafter Handelsverkehr mit Weizen zwischen Palästina und Alexandrien stattfand, und der seinen Jüngern einprägte, die Menschen nach der Seite der Unschuld zu beurteilen, so würde der milde Ton in dem Sendschreiben von ihm herrühren. Hyrkan ist in diesem Schreiben auch nicht versteckt wahrnehmbar: es durfte von ihm keine Rede sein, wenn die alexandrinische Gemeinde für die

---

[1]) Vgl. Note 10 [und Schürer III³, 361 f.]
[2]) Abot I, 6. Tosefta Machschirin III. 2.

Gemeinſamkeit gewonnen werden ſollte. Die angeſehenſten Familien der Nachkommen Onias ſollten durch nichts daran erinnert werden, daß die Hasmonäer Prieſtertum und Herrſchaft beſaßen, welche ihnen gebührten.

Infolge der Eroberung des idumäiſchen Gebietes und der Bekehrung der Idumäer zum Judentume entſtand ein neuer Krieg mit der Stadt Samaria, welche größtenteils mazedoniſche oder ſyriſche Bewohner hatte. Hyrkan hatte in die Nähe Samarias Idumäer aus der Landſchaft Mariſſa als Kolonie¹) verpflanzt. Dieſe wurden indeſſen von den Nachbarn angefeindet und mißhandelt, welche dazu von den ſyriſchen Königen Grypos und Kyzikenos ermutigt wurden. Ganz beſonders zeigte der letztere, welcher durch ſeine Verſchwendungsſucht und ſeine Torheiten an Antiochos Epiphanes erinnert, einen feindlichen Sinn gegen Hyrkan, namentlich in der Zeit, als er im Alleinbeſitze des ſyriſchen Thrones war (113—111). Seine Truppenführer machten Streifzüge in Judäa, bemächtigten ſich einiger feſter Plätze in der Nähe der Küſte und legten nach Joppe eine Beſatzung. Hyrkan führte deswegen Klage beim römiſchen Senate, welcher früher die Zugehörigkeit dieſer wichtigen Hafenſtadt und anderer Plätze zu Judäa zugeſichert hatte. Durch fünf Geſandte ließ Hyrkan die Gerechtigkeit ſeiner Sache in Rom geltend machen, darunter durch den bereits bei einer früheren Geſandtſchaft verwendeten Apollonios, Sohn Alexanders; alle dieſe waren wohl des Griechiſchen kundig und redegewandt. Rom gab Hyrkan mit ſchönen Worten Recht. Es erließ einen Senatsbeſchluß, daß Antiochos (Kyzikenos), Sohn des Antiochos, die Judäer, die Bundesgenoſſen der Römer, nicht feindlich behandeln, ihnen vielmehr die entriſſenen Feſtungen, Hafenplätze und Landſtriche zurückerſtatten ſolle, ferner daß es den Judäern unverwehrt ſei, Waren aus ihren Häfen auszuführen, aber keinem andern Volksgenoſſen, auch nicht einem König, ſei zollfreie Ausfuhr geſtattet, es ſei denn dem König von Ägypten, als römiſchem Bundesgenoſſen. Endlich ſollte die ſyriſche Beſatzung aus Joppe weichen²). Gleichviel, ob Roms Machtwort auf Antiochos Kyzikenos Eindruck gemacht hat oder nicht, es war immer von Wert für Hyrkan, daß es ſich nicht gegen ihn ausgeſprochen und ihn nicht gelähmt hat. Er konnte daher ſeine Kräfte frei entwickeln und ſeinen Feinden entgegentreten. Den Kyzikener ſcheint er in Schranken gehalten zu haben.

Als er aber Samaria wegen der Feindſeligkeit gegen die Mariſſener züchtigen wollte und die Stadt durch Graben und Wälle ſo eng be=

¹) Joſ. Altert. XIII, 10, 2. Zu beachten dabei iſt der Ausdruck: Μαρισσηνοὺς ἀποίκους. Es war eine mariſſeniſche Kolonie, welche die Bewohner Samarias feindlich behandelt haben. Dieſe muß alſo in der Nähe angeſiedelt geweſen ſein. ²) Daſ. XIV, 10, 22, ſ. Note 9. [Vgl. Schürer, I³, 267, N. 21.]

lagern ließ, daß ihr jede Zufuhr abgeschnitten war, und Hungersnot
sich einstellte, kam ihr dieser König zu Hilfe. Er wurde indessen in
einem Treffen von Aristobul, Hyrkans ältestem Sohne, welcher mit
seinem jüngern Bruder Antigonos die Belagerung leitete, geschlagen
und mußte nach Betsan (Skythopolis) entfliehen. Zu schwach, den
Judäern Schaden zuzufügen, rief er den Mitregenten Ägyptens,
Ptolemäus VIII. Lathuros (Lathyros), zu Hilfe gegen sie. Dieser
König ließ sich aus Abneigung gegen die Judäer Ägyptens leicht dazu
bewegen. Seine Mutter Kleopatra, der er vom Volke als Mitherrscher
aufgezwungen worden war, führte einen stillen Krieg gegen ihn und
begünstigte nach dem Beispiel ihrer Eltern, ihres Vaters Ptolemäus
Philometor und seiner Schwester-Frau Kleopatra, die Judäer. Zwei
Söhne Onias' IV., Helkia und Anania, als Befehlshaber des Bezirkes Onion und als Arabarchen (o. S. 37), standen ihr zur Seite[1]).
Eben deswegen scheint ihr Sohn eine Abneigung gegen die Judäer
im allgemeinen empfunden zu haben und folgte der Einladung des
Kyzikenos, Hyrkan zu bekriegen und ihn zu zwingen, die Belagerung
Samarias aufzuheben. Gegen den Willen seiner Mutter führte Lathuros
6000 Mann Kyzikenos zu Hilfe. Zu schwach jedoch, eine Schlacht auf
offenem Felde gegen das judäische Heer zu wagen, mußte dieser sich
darauf beschränken, das Land hie und da zu verwüsten, in der Hoffnung,
dadurch die Belagerung Samarias zu stören. Indessen hoben die
judäischen Prinzen die Belagerung nicht ganz auf und zwangen den
Feind, durch Überrumpelung von sicherem Hinterhalte aus, den Kriegsschauplatz zu verlassen und sich nach Tripolis zurückzuziehen[2]). Einen
der Siege über Kyzikenos soll eine Stimme aus dem Allerheiligsten
in dem Augenblicke Hyrkan verkündet haben, als seine Söhne ihn er-
fochten hatten. In aramäischer Sprache soll er die Worte vernommen
haben: „Die jungen Prinzen haben über Antiochos gesiegt!" gerade
als er im Tempel das Räucherwerk darbrachte. Das wunderbar Vernommene habe er beim Heraustreten sofort den Anwesenden mitgeteilt.
Später habe es sich ergeben, daß diese wunderbare Kunde gerade im
entscheidenden Augenblicke des Kampfes gehört worden war[3]). Zwei
Feldherren, die zur Fortsetzung der Feindseligkeiten zurückgelassen waren,
Kallimandros und Epikrates, waren nicht glücklicher; der erstere
verlor sein Leben in einem Treffen, der letztere, durch Geldbestechung
gewonnen, übergab den judäischen Prinzen die Stadt Betsan und noch
andere Städte der Ebene Jesreel bis zum Karmelgebirge[4]), welche

---

[1]) Josephus Altert. XIII, 10, 4. Vgl. Note 4.   [2]) Daf. 10, 2
[3]) Tosefta Sota c. 13. Babli Sota 33 a. Joseph. daf. 10, 3.
[4]) Josephus Altert. XIII, 10, 3 und Note 1, IV, 12.

bisher in den Händen der Griechen oder Syrer gewesen waren. Sofort
wurden die heidnischen Einwohner aus den neuerworbenen Städten
ausgewiesen. Die Tage der Wiederbesetzung von Betsan und der Ebene
(Bekaata) von Judäern (15. und 16. Siwan, Juni um 110) gehörten
fortan zu der Zahl der Siegestage[1]. — Die Einwohner von Samaria,
von auswärtiger Hilfe nun verlassen und zu ohnmächtig zu weiterem
Widerstande, kapitulierten und überließen nach einem Jahr der Belagerung die Stadt den Siegern. Sei es aus Rachegefühl oder Vorsicht, Hyrkan ließ Samaria bis auf den letzten Stein zerstören und
mit Wassergräben und Kanälen durchziehen, um nicht eine Spur von
der ehemals blühenden Stadt übrig zu lassen; man nannte Samaria
seitdem in judäischen Kreisen die Grabenstadt (Ir Nebrechta); der
Tag der Einnahme (25. Marcheschwan, November um 110) wurde
ein neuer Gedenktag[2]. So hatte Hyrkan die weitgehenden Pläne der
Hasmonäer verwirklicht und ihrem Werke die Krone aufgesetzt. Judäa
war in seiner Selbständigkeit gesichert und zur Höhe der Nachbar-
staaten emporgebracht. Die Feinde, die es von allen Seiten bedroht
hatten, Syrer, Idumäer, Samaritaner, waren größtenteils besiegt und
das Land von den Schranken befreit, welche seine Entwickelung gehemmt hatten. Die glücklichen Zeiten des judäischen Volkes unter
David und Salomo schienen wiedergekehrt, fremde Stämme mußten
dem judäischen Herrscher huldigen. Der alte Haß zwischen den Bruder-
stämmen Judäas und Idumäas war getilgt, Jakob und Esau waren
wieder Zwillingsbrüder geworden. Moabitis, die Tochter des Arnon,
mußte wieder zum Berge der Tochter Zions Geschenke senden. Die
Jordanufer, die Meeresküste, die Karawanenstraßen, die von Ägypten
nach Syrien und Kleinasien führten, waren ganz in der Gewalt Judäas.
Auch seinen Feind Ptolemäus Lathuros sah es gedemütigt. Dieser,
welcher in Zerwürfnis mit seiner Mutter-Mitregentin lebte, wurde ihr
zuletzt so unerträglich, weil er Freunde und Anhänger ihrer Eltern,
Philometors und Kleopatras — worunter ohne Zweifel auch Judäer —
aus dem Wege räumte, daß sie das Volk gegen ihn aufstachelte und
ihn aus Alexandrien vertrieb (108). Als er zu Schiff nach Cypern
floh, sandte Kleopatra ihm ein Heer nach, um ihn unschädlich zu

---

[1]) Josephus Altert. XIII, 10, 3 und Note 1, IV, 12.

[2]) Note 1, IV, 11. Die Zeit ist durch den Umstand bestimmbar, daß Lathuros damals noch nicht mit seiner Mutter zerfallen und aus Alexandrien
verdrängt war (Jos. das.). Seine Flucht nach Cypern fand nach Porphyrius'
Angabe statt 108. Folglich fallen die Belagerung und Einnahme Samarias
— 1 Jahr — zwischen 111 und 108. Dieses Faktum hat keinen Zusammenhang mit der Besiegung der Chuthäer (o. S. 71). Samaria gehörte nicht diesen,
sondern griechischen Einwohnern.

machen. Indessen gingen die Truppen, die sie nacheinander zu seiner
Verfolgung ausgesandt hatte, zu ihm über; nur die judäische Schar
aus dem Bezirk von Onion, befehligt von den judäischen Truppen=
führern Helkia und Anania, Onias' Söhnen (o. S. 75), blieben der
Königin treu und bedrängten ihn, um ihn auch aus der Insel Cypern
zu verjagen[1]). In Alexandrien wie in Judäa spielten die Judäer
damals eine Hauptrolle und arbeiteten einander in die Hände. Beide
führten den Kampf gegen gemeinsame Feinde, gegen Lathuros und
seinen Verbündeten Antiochos Kyzikenos.

Selbstverständlich ließ Hyrkan auch judäische Münzen und zwar
mit althebräischen Schriftzeichen prägen[2]), wie eine Anzahl Exemplare

[1]) Strabo bei Josephus daf. 10, 4. Auch bei Porphyrius kommt ein Passus
vor, welcher von der Einmischung der Judäer in die Kronstreitigkeiten zwischen
Kleopatra und ihrem Sohn Lathuros oder beiden Söhnen zu sprechen scheint.
(Fragment bei Eusebius Chronicon, ed. Schöne, I, p. 166, 20—21, bei C. Müller
fragm. hist. graecc. III, p. 722): προσέκρουσι γὰρ αὐτοῖς διά τινας Ἰου-
δαϊκὰς ἐπικουρίας. Der Passus hat aber gar keinen Zusammenhang mit
dem Vorangehenden. Es ist da die Rede von der Zahl der Regierungsjahre
der beiden Söhne Kleopatras, Lathuros und Alexandros, und dazu paßt der
Satz durchaus nicht. Es läßt sich weder das Subjekt noch das Objekt αὐτοῖς
erkennen. Der Sinn: „er (oder sie) war ihnen feindlich oder nachteilig durch
die judäische Hilfeleistung", — Majus' lat. Übersetzung aus dem Armenischen:
cui rei Judaeorum quoque studio (subsidio) abfuerunt — scheint jedenfalls
die Hilfeleistung der Judäer für Kleopatra gegen die Alexandriner oder gegen
Lathuros und seinen Anhang anzudeuten. Der Passus ist jedenfalls das
Trümmerstück einer längeren Erzählung bei Porphyrius von Kleopatras Ver=
fahren gegen ihre Söhne.

[2]) Über Münzen von Hyrkanos vergl de Saulcy, Madden, Merzbacher und
Note 30. Die bisher gefundenen sind bloß Kupfermünzen. Unter mehreren un=
bedeutenden Varianten der Hyrkanischen Prägung sind nur zwei hervorzuheben.
Eine Gruppe hat die Inschrift יהוחנן הכהן הגדול וחבר היהודים und eine andere
die Variante היהודים (החבר) חבר ראש הגדול הכהן ירוחנן. Die tiefere
Bedeutung dieser Variante ist nicht erkannt worden, weil das Wort חבר durch=
weg verkannt wurde. Was ist nicht alles daraus gemacht worden! Ewald, der
mit de Saulcy חֶבֶר gelesen, machte daraus einen General, M. A. Levy nach
der L.=A. חֶבֶר, einen Senat, Geiger eine priesterliche Genossenschaft. Andere
kamen wohl dem Richtigen nahe, natio, populus, gens oder Cavedoni als
πολίτευμα τῶν Ἰουδαίων, aber sie konnten keine Analogie aus dem hebräischen
Sprachgebrauche dafür beibringen. Aber in der Mischna und der damit ver=
wandten Literatur wird öfter der Ausdruck gebraucht חֶבֶר עִיר, was nichts anderes
bedeuten kann, als „städtisches Gemeinwesen". Wer noch daran zweifeln
wollte, der kann sich Belehrung aus Jeruf. Berachot IV, p. 8 c. holen. Dort
heißt es anknüpfend an חבר עיר in Form einer Frage: ואין חבר עיר בצפורין? Hat
etwa Sepphoris kein städtisches Gemeinwesen, bildet die Stadt nicht eine
geschlossene Einheit, eine Gemeinde? Dieselbe Bedeutung hat das Wort auch
Babli Megilla p. 27 a, b. התכן לחבר עיר, wenn ein Fremder Almosen gelobt
hat, so soll es der Stadtgemeinde übergeben werden. Ebenso Rosch ha=

aus Kupfer beſtätigen. Er ging aber von der beſcheidenen Weiſe ſeines Vaters ab. Er ließ nämlich ſeinen Namen darauf prägen: „Jochanan, Hoherprieſter." Ein Teil dieſer Münzen hat wenigſtens noch neben ſeinem Namen die Inſchrift: „und das Gemeinweſen der Judäer (Cheber ha-Jehudim), als hielte er es für nötig anzudeuten, daß er das Münzrecht im Namen des Volkes übe. Andere Münzen Hyrkans haben aber eine veränderte Inſchrift: „Jochanan der Hoheprieſter und Oberhaupt des Gemein= weſens der Judäer" (Roſch Cheber ha-Jehudim), als hätte er damit die republikaniſche Regierungsform in Vergeſſenheit bringen und ſich als alleinigen Inhaber der Regierungsgewalt hinſtellen wollen. Als Sinnbild auf den Münzen ließ er nicht gleich ſeinem Vater eine Lilie anbringen, ſondern mit Annäherung an das Vorbild der maze= doniſchen Herrſcher ein Füllhorn.

Gegen Ende ſeiner Regierung ſchlug Hyrkan immer mehr eine weltliche Richtung ein. Vergrößerung des Landes und Erhöhung ſeiner Macht war ſein Streben. Hyrkan ſcheint auch auf das ausgedehnte Gebiet, das die Straße nach Damaskus beherrſchte, ein lüſternes Auge geworfen zu haben; die Eroberung von Ituräa, dem Strich öſtlich vom Hermongebirge, die ſein Nachfolger vollendete, ſcheint von ihm angebahnt worden zu ſein. Aber er wurde durch eine gewaltige Be= wegung im Innern, der er nicht Herr werden konnte, und durch ſeinen bald darauf erfolgten Tod an der Ausführung gehindert. Und dieſe Bewegung, ſo unſcheinbar in ihren Anfängen, nahm eine ſo unglückliche Wendung, daß der mühſam aufgeführte Bau der Hasmonäer erſchüttert wurde. Zum zweiten Male erfuhr es der judäiſche Staat, daß er, auf dem Gipfelpunkt ſeiner Macht angelangt, ſich nicht in äußerlicher Größe behaupten ſollte.

Schana p. 34 b. Das Wort חבר iſt unſtreitig eine Überſetzung des griechiſchen κοινόν. Joſephus gebraucht öfter dieſen Ausdruck; ὑπὸ τοῦ κοινοῦ τῶν Ἱερο- σολυμιτῶν (Vita 12 u. a. St.). Die Bezeichnung auf den Münzen: יחנן הכהן הגדול וחבר היהודים, kann alſo nichts anderes bedeuten, als κοινὸν τῶν Ἰουδαίων. Mir ſcheinen die Münzen mit dieſer Inſchrift den erſten Regierungsjahren, dagegen die anderen mit der Legende כהן הגדול וראש חבר היהודים, „das Haupt des Gemeinweſens der Judäer" einer ſpäteren Epoche anzugehören. Allerdings haben die Münzen Ariſtobuls I., Alexanders, Hyrkanos II. und Antigonos nur die Inſchrift יהודה וחבר היהודים uſw. ohne ראש. Allein von den Münzen dieſer Könige ſind nur wenige Exemplare vorhanden. Geiger hat den Terminus חבר עיר mißverſtanden (Urſchr. 122 fg). Toſefta Megilla c. III und Chullin p. 94 a ואם היה חבר עיר muß geleſen werden בחבר עיר, wie Semachot c. 14.

Fünftes Kapitel.

Johann Hyrkan (Fortsetzung).

Innere Angelegenheiten. Literatur; Bildung und Haltung der Parteien: Pharisäer, Sadduzäer und Essäer. Organisation des großen Synhedrial-Körpers. Die Vorsitzenden Josua b. Perachia und Nittai aus Arbela. Funktionen des hohen und niederen Rates. Der Tempelkultus und dessen Beamte. Hyrkans Verordnungen. Spannung zwischen Hyrkan und den Pharisäern. Hyrkans Tod.

135—106.

Der hohe Wellenschlag der politischen Bewegung Judäas unter Johann Hyrkan und seinen Vorgängern konnte nicht verfehlen, alle Lebensrichtungen des Volkes zu durchströmen und besonders auch die geistigen Kräfte zu wecken. Die Nation war mit geringen Unterbrechungen durch die ein halbes Jahrhundert dauernden Kämpfe, Siege und Niederlagen, durch die freundliche und feindliche Berührung mit verschiedenen Völkern und durch den Übergang aus der Lebenseinfachheit zum Wohlstand zu einer höheren Reife gelangt. Die schwer errungene Selbständigkeit öffnete ihr den Blick in ihr eigenes Innere und lehrte sie das Eigene festzuhalten, aber auch Fremdes sich anzueignen, wenn es sich mit ihrem Wesen verträglich zeigte. Wenn sich früher die Frommen gegen alles, was hellenisches Gepräge trug, mit aller Macht stemmten, so waren viele derselben zu der Einsicht gelangt, daß es in den griechischen Lebensformen auch manches gab, welches ohne Beeinträchtigung des Eigenen angenommen werden könnte. Nicht bloß die Künste des Krieges, der Bewaffnung, der Taktik und des Festungsbaues haben die Hasmonäer, ohne Anstoß zu erregen, von den Nachbarn gelernt, sondern auch die friedlichen Künste der Münzprägung mit geschmackvollen Verzierungen und der griechischen Architektonik. Sie hatten einen prachtvollen Palast auf einer Anhöhe westlich vom Tempelberge an dem nordöstlichen Ende der Oberstadt, sicherlich im griechischen Stile, bauen lassen. Vor dem Hasmonäerpalast war ein weiter, bedeckter Raum mit Säulengängen, Xystos genannt, zu Volksversammlungen, nahe an der talartigen Vertiefung, welche die Oberstadt von dem Tempel trennte. Vom Xystos führte

eine Brücke zur Westpforte des äußersten Tempelvorhofes [1]). Auch ein
Gebäude für die Ratsversammlung (βουλευτήριον) war in der Oberstadt
nach griechischer Art errichtet, und damit war ein Archiv zur Auf=
bewahrung wichtiger Urkunden verbunden [2]).

Johann Hyrkan ließ ein Familienmausoleum in Modin, dem
Stammsitze der Hasmonäer, in griechischem Geschmacke errichten. Es
bestand aus einem hohen Gebäude von weißem, poliertem Marmor.
Ringsherum waren Säulengänge kunstvoll gearbeitet, und an den
Säulen waren allerlei Waffen und darüber Schiffsfiguren ausgehauen.
Auf dem Bau erhoben sich sieben Pyramiden zum Andenken an die
Stammeltern der Hasmonäer und die fünf Heldensöhne. Das has=
monäische Mausoleum hatte eine solche Höhe, daß es vom Meere aus
gesehen werden konnte [3]). Die Schiffsfiguren an den Säulen sollten
wohl andeuten, daß die Hasmonäer auch über eine Flotte und den
Hafen von Joppe zu gebieten hatten.

Aber mehr noch als auf Aneignung des Fremden ging die Richtung
der Zeit auf Behauptung und Ausbildung des Eigenen aus. Die
hebräische Sprache, welche seit der Berührung mit asiatischen Völkern
aus dem Munde des Volkes von der aramäischen fast verdrängt war,
feierte gewissermaßen ihre Auferstehung; sie verjüngte sich und wurde
zum zweiten Male, wenn auch in veränderter Gestalt, Volkssprache.
Sie war der Nation durch die heiligen Schriftdenkmäler, die sie dem
Untergange abgerungen, und aus denen sie Begeisterung geschöpft hatte,
um so teurer geworden. Die Münzen wurden, wie schon erwähnt,
hebräisch geprägt, öffentliche Urkunden in hebräischer Sprache aus=

---

[1]) Josephus Altert. XX, 8, 11; jüd. Krieg II, 16, 3; VI, 6, 2; 8, 1.

[2]) Das. jüd. Kr., II, 17, 6; V, 4, 2; VI, 6, 3.

[3]) I. Makkab. 13, 27—30; Josephus Altert. XIII, 6, 5. In diesen
Quellen heißt es zwar, Simon habe dieses Mausoleum erbaut, allein die
sieben Pyramiden sagen wohl hinlänglich, daß auch Simons Name in diesem
Denkmal verewigt werden sollte, was er wohl schwerlich selbst getan haben
wird. Die Quellen sind auch in Verlegenheit, was sie mit der Zahl sieben
anfangen sollen, und geben die Bestimmung, unrichtig genug, für den Vater,
die Mutter und vier Brüder an! [Diese Begründung scheint doch nicht aus=
reichend, um dem Simon die Errichtung des Bauwerkes abzusprechen. Vergl.
Schürer, I [3], 240 und 201 und Buhl, S. 197 f.] Der Text leidet an einigen
Korruptelen; so fehlt in Makkab. V. 27 vor καὶ αὐτὸν das Wort οἶκον und ist
in der Vulgata durch aedificium erhalten. Was die μηχανήματα (V. 29) be=
deuten sollen, ist unklar; Vulgata hat das Wort gar nicht. Wiederum spricht
Josephus von στοάς, das im Makkab. fehlt oder vielleicht eine Übersetzung jenes
hebräischen Wortes ist, welches der griechische Übersetzer durch μηχανήματα, d. h.
Kunstwerke, wiedergegeben hat.

gestellt, Volkslieder hebräisch gesungen[1]), was eben beweist, daß die heilige Sprache dem Volke wieder geläufig war. Wenn auch das Hebräische gangbare Benennungen aus dem Aramäischen beibehalten und auch griechische Bezeichnungen aufgenommen hat, so zeigte es doch eine so frische Triebkraft, daß es seinen eigenen Wortschatz durch Neubildungen bereichern und sogar den fremden Elementen seinen eigenen Stempel aufdrücken konnte. Man nennt die Gestaltung der hebräischen Sprache von dieser Zeit an das Neuhebräische, das sich vor dem Althebräischen durch Deutlichkeit und Ungezwungenheit auszeichnet, wenn es diesem auch an Tiefe und poetischem Schwunge nachsteht. Die Führer an der Spitze des Gemeinwesens und die Staatsmänner verstanden indessen das Griechische. Die ersteren hatten es zum Verkehr mit den syrischen Königen nötig, und die Gesandten, welche an diese oder an den römischen Senat abgeordnet wurden, mußten sich der griechischen Sprache bedienen. Neben judäischen Eigennamen kamen mehr als früher griechische vor.

Die Richtung, welche der judäische Volksgeist in der Zeit der Wiederverjüngung genommen hat, charakterisiert auch die Gestaltung der Literatur. Der süße Laut der Poesie ist verklungen, nicht eine Spur dichterischer Schöpfung ist aus dieser und der nachfolgenden Zeit vorhanden; nicht einmal die Einkleidung einer Lebenserfahrung in ein zugespitztes Gleichnis (Maschal) hat die Dichtung erzeugt. Die Sprüche Sirachs haben keinen Nachwuchs erhalten. Die Nation war nüchtern und selbstbewußt geworden und bedurfte nicht mehr der entflammenden Begeisterung, welche das lyrische Lied des Psalms einflößt, wie sie auch keinen Stoff mehr hatte für die elegischen Töne der Trauer. Was sie zu innerer religiöser Erregung brauchte, das lieferte ihr die bereits ausgeprägte Tempelpoesie der Psalmen, und zum Belehrtwerden hatte sie an den vorhandenen Schriftdenkmälern eine reiche Fülle. Statt der Siegeshymnen schuf sie die nüchterne Geschichtserzählung, welche die Taten und Ereignisse für die Nachwelt aufzeichnete. Die Psalmenliteratur wurde seit den ersten Kriegen gegen den Religionszwang nicht mehr bereichert. Geschichte war der einzige Literaturzweig, welcher seit dieser Zeit angebaut wurde; sie hatte auch aus der jüngsten Vergangenheit und der unmittelbaren Gegenwart reichen Stoff dazu. Die Geschichtsschreiber, deren Namen nicht bekannt geworden

---

[1]) Die Urkunde, welche das Volk für Simon ausstellte (o. S. 58), ist im hebräischen Stile abgefaßt. Das erste Makkabäerbuch war im Original hebräisch; auch das Sendschreiben der Jerusalemer an die ägyptischen Judäer war ursprünglich in dieser Sprache abgefaßt (Note 10). Über Volkslieder in hebr. Sprache Mischna Taanit IV. 8.

sind, arbeiteten die großen Begebenheiten seit dem Beginne der Unab=
hängigkeitskriege nach dem Muster der biblischen Geschichtsbücher aus,
nicht in trockenem Chronikstil, wenn auch mit zuverlässiger Angabe
von Zeit und Ort, sondern in fließender Erzählung und lebendiger
Anschaulichkeit. Hyrkans Regierung wurde, wenn auch nicht bei seinem
Leben, so doch nicht lange später geschichtsmäßig aufgezeichnet unter
dem Titel: „Jahrbücher" (Dibre ha-Jamim), die aber bis auf ein
geringes Bruchstück[1]) verloren gegangen sind. Dies sind übrigens die
einzigen Reste der hebräischen Literatur aus diesem Zeitabschnitte.

Mehr noch als in Sitte und Literatur zeigte sich die durch die
politischen Vorgänge veränderte Zeitstimmung im Kreise des Religiösen
selbst. Allerdings konnte alles, was seit Jonathan erkämpft und
errungen worden war, als im Interesse der Religion ausgeführt an=
gesehen werden. Die Siege über die Syrer, die Vertreibung der
Hellenisten, die Unterwerfung der Idumäer, die Demütigung der
Samaritaner und namentlich die Zerstörung des Garizim=Tempels
galten als eben so viele Triumphe des Judentums über seine Gegner,
wurden von den Vertretern der Religion sanktioniert und durch religiöse
Feiern dem Gedächtnis der kommenden Geschlechter eingeprägt gleich
den Tagen der Tempelweihe. Das Religiöse blieb immer noch der
Grundzug aller Bewegungen und zeigte sich selbst in dem Mißbrauche,
das Judentum den Heiden aufzuzwingen. Indessen klärte sich das
religiöse Bewußtsein durch den freieren Umblick in der wirklichen Welt;
die erworbene Einsicht in die Lebensverhältnisse, das Heraustreten
aus dem engen Kreise des Überkommenen und Überlieferten erzeugte
Scheidung und Trennung. Die streng religiöse Partei der Assidäer
hatte sich vom Schauplatze der Begebenheiten zurückgezogen und sich,
um mit dem Weltleben in gar keine Berührung zu kommen, in die
Abgeschiedenheit vereinsamter Gegenden begeben, wo sie ihrer Beschau=
lichkeit ungestört nachhängen konnte. Sie bildete sich in dieser Einsamkeit
zu einem eigenen Orden mit abweichenden Sitten und Anschauungen
aus und erhielt den Namen Essäer[2]). Allein nicht sämtliche Fromme
folgten diesem Beispiele, ihre Tätigkeit dem Allgemeinen zu entziehen.
Die meisten hielten es vielmehr für ihre Pflicht, auch bei strenger
Beobachtung der religiösen Vorschriften ihre Kräfte für die nationale
Sache zu verwenden. Dadurch entstand innerhalb der Frommen eine
Scheidung: eine national=religiöse Partei trennte sich von der assidäischen
oder essäischen insofern, als sie es nicht scheute, inmitten der Strömung

---

1) I. Makkab. 16, 23—24 S. Note 11.
2) Über Bildung, Haltung und Bedeutung der drei Parteien vgl. Note 12.

der Weltbegebenheiten zu bleiben und so viel an ihr lag, dabei tätig
zu sein. Diese zahlreichere Partei begann in dieser Zeit den Namen
Pharisäer (Peruschim) zu führen. Aber auch diese, in welcher der
Schwerpunkt der Nation ruhte, verlangte, eben weil ihr die Erhaltung
des Judentums in der überkommenen Gestalt vor allem am Herzen
lag, daß alle öffentlichen Angelegenheiten, alle politischen Unternehmungen,
jede nationale Tätigkeit an dem Maßstabe des religiös Zulässigen ge-
messen werden sollten. Diesen Zumutungen konnten oder mochten sich
diejenigen nicht fügen, welche an der Spitze der kriegerischen oder
diplomatischen Angelegenheiten standen und die Einsicht erlangt hatten,
daß die wirklichen Lebensverhältnisse sich nicht immer so gefügig zeigen,
daß man sie ohne weiteres nach den Anforderungen der Religions-
vorschrift regeln könne. So entstand eine dritte Partei, welche Sadduzäer
(Zedukim) hieß, und die ihrer ganzen Richtung nach, ohne der Religion
abtrünnig zu werden, dem nationalen Interesse das Übergewicht gab.
Von diesen drei Parteien, der assidäisch-essäischen, pharisäischen und
sadduzäischen, haben nur die zwei letzteren einen mächtigen Einfluß
auf den Gang der Begebenheiten ausgeübt und durch ihre Zwiste den
judäischen Staat tief zerrissen. Die Essäer dagegen, im ganzen ein-
flußlos, traten erst später in die Öffentlichkeit, nicht lange vor dem
Schluß dieses Zeitraumes. Die ganze nachfolgende Geschichte bleibt
unverständlich, wenn man nicht das Grundwesen dieser Parteien und
ihre hervorstechenden Eigentümlichkeiten begreift, soweit sie noch aus den
Quellen kenntlich sind.

Zu welcher Zeit der Gegensatz dieser Parteien sich entwickelt hat,
ist nicht genau zu bestimmen, wie überhaupt die Geburtsstunde einer
geistigen Regung dem Auge verborgen bleibt. Nach einer Nachricht
habe der Parteigegensatz bereits zur Zeit Jonathans bestanden[1]), was
aber nur so viel sagen will, daß er bereits im Keime vorhanden gewesen.
Die Ausbildung zu ausgeprägter Parteiung hat sicherlich erst in Hyrkans
Regierungszeit stattgefunden.

Die Pharisäer (Peruschim) können nur uneigentlich und im
Gegensatz zu den beiden anderen eine Partei genannt werden; denn
der größte Teil der Nation war pharisäisch gesinnt, nur daß in den
Führern die Eigentümlichkeit mehr zum vollen Ausdruck gekommen

---

[1]) Josephus Altert. XIII, 5, 9, bemerkt gewissermaßen ex abrupto in
der Erzählung von Jonathans Taten: Κατὰ δὲ τὸν χρόνον τοῦτον τρεῖς
αἱρέσεις τῶν Ἰουδαίων ἦσαν. Damit soll das Voraufgehende, daß Jonathan
Gesandtschaften nach Athen und Sparta geschickt, erklärt werden, daß auch die
Pharisäer nicht alles der Heimarmene zugeschrieben, sondern zugegeben hätten,
daß manches auch von der menschlichen Tätigkeit abhänge.

war, das Volk hingegen, wie immer, die Parteistichwörter blindlings hinnahm. Ihren Namen hat die pharisäische Partei vielleicht von ihren sadduzäischen Gegnern erhalten, von dem Umstande, daß sie das Schriftwort eigentümlich auslegte und aus dieser Auslegungsart neue Gesetze folgerte. Als Gesetzeskundige bildeten die Pharisäer den Gelehrtenstand gegenüber den Unwissenden und den Richterstand. — Der leitende Grundsatz ihrer Gesinnungen und Handlungen war, daß die Erhaltung des Judentums, d. h. Gesetz und Sitte der Väter, die einzige Richtschnur für den Staat wie für den einzelnen sein müsse. War doch nur dafür das edle Blut auf den Schlachtfeldern und unter dem Henkerbeil verspritzt worden. Jede Abweichung von diesem Grund-satze schien den Pharisäern eine Schändung des Heiligen, ein Verrat an dem Teuersten. Machten ihre sadduzäischen Gegner dagegen geltend, daß für politische Verhältnisse ein anderer Maßstab gelten müsse, da sonst wichtige Staatsinteressen an religiösen Bedenklichkeiten scheitern müßten, so antwortete das Pharisäertum: das Geschick des Staates wie des einzelnen hänge nicht von der menschlichen Tätigkeit, sondern einzig und allein von der göttlichen Waltung ab, wie ja das jüngst Erlebte in den Makkabäerkämpfen augenscheinlich bewiesen habe, indem zahlreiche Heere durch ein winziges Häuflein, erfahrene Krieger durch waffenscheue Schwächlinge, Gottlose durch Fromme zum Falle gebracht worden sind. Nicht Menschenkraft, nicht Menschenklugheit, nicht Kriegs-macht vermögen das Wohl und Wehe des judäischen Volkes zu be-stimmen, sondern die göttliche Vorsehung allein. Alles geschehe nach dem ewigen Ratschlusse des göttlichen Willens; nur das Tun des einzelnen, sein sittliches Verhalten falle der menschlichen Willensfreiheit anheim, der Ausgang der menschlichen Tätigkeit und der Erfolg lägen keineswegs im Bereiche menschlicher Berechnung. Von dieser pharisäischen Lebensansicht wich die gegnerische Ansicht der Sadduzäer ab, und die der Essäer ging übertreibend darüber hinaus. — Eine andere pharisäische Ansicht war wahrscheinlich ebenfalls gegen einen Einwurf der Sadduzäer gerichtet. Wenn das Geschick des einzelnen oder des Volkes nicht von seinem Verhalten abhänge, so wäre ja die göttliche Gerechtigkeit aufgehoben, indem der Gerechte und Fromme oft genug mit Mißgeschick zu kämpfen habe, während dem Ungerechten und Sünder die Sonne heiteren Glückes stets zulächle. Diesen Einwurf beseitigten die Pharisäer durch den anderweitig entlehnten Lehrsatz, daß die göttliche Gerechtigkeit sich nicht im Leben, sondern erst nach dem Tode bewähre. Gott werde die Toten einst aus ihrem Grabesschlummer erwecken, um die Gerechten nach ihrem Wandel zu belohnen, die Gottlosen nach ihrem Tun zu bestrafen, „jene werden auferstehen zum ewigen Leben und

diese zur ewigen Schmach." Wann diese Ausgleichung aller Miß=
verhältnisse eintreten sollte, und in welchen Zusammenhang sie mit dem
erwarteten Messiaskönig gesetzt wurde, darüber herrschte Unklarheit.

Diese Ansichten bildeten aber, eben weil sie nur die innere Über=
zeugung betrafen, keinen so einschneidenden Gegensatz wie die dritte
Lehre der Pharisäer von dem Umfange und der Giltigkeit des
Religiösen. In einer Nation, deren Lebenshauch die Religion war,
die jede Lebenstätigkeit in deren Bereich zog, bildeten sich neben dem
geschriebenen Gesetze auch Sitten und Bräuche aus, deren Ursprung
sich in graues Dunkel verliert. Fand man die religiöse Sitte nicht
in dem Buchstaben des Religionsgesetzes deutlich angegeben, so führte
man sie auf die großen Lehrer (Sopherim) und die große Versammlung
(Kneset ha-gedola) zurück, welche zur Zeit der Rückkehr aus dem Exile
der geschwächten Religion Bestand und Halt gegeben, und an deren
Spitze der große Schriftkundige Esra gestanden habe. Man nannte
solche religiösen Sitten und Bräuche „Vermächtnisse der Schriftkundigen"
(Dibre Sopherim) und dachte sich dieselben entweder aus der Urzeit
überliefert oder von der großen Versammlung eingeführt. Alle diese
ungeschriebenen Bräuche, welche in der Nation lebten und mit ihr auf=
wuchsen, hatten erst durch die Gefahren und Siege eine außerordentliche
Wichtigkeit erlangt, weil das Volk dafür Güter und Leben eingesetzt
hatte. Die Verhöhnung des Judentums von seiten der Griechlinge
und die plumpen Angriffe darauf von seiten der Syrer hatten das
Judentum seinen Anhängern um so teurer gemacht und ihnen auch
dasjenige als hochheilig erscheinen lassen, was früher nur als der
Ausdruck einer höheren Frömmigkeit gegolten haben mochte. Das
Märtyrertum und die Opposition gegen die leichtsinnigen abgefallenen
Griechentümler hatten bei den Treugebliebenen die Anhänglichkeit an
jede Sitte und jeden Brauch unendlich gesteigert. Namentlich war
der Tempel, der so schonungslos entweiht und so wunderbar wieder
geweiht worden war, der Augapfel des Volkes geworden, von dem es
jeden Hauch von Entweihung und Verunreinigung fern gehalten wissen
wollte. Galt das Heiligtum als die Offenbarungsstätte Gottes, als
der sichtbare Träger alles Heiligen, so mußte es nach dieser Ansicht
nur mit äußerster, peinlichster Aufmerksamkeit behandelt werden. Die
Bestimmungen levitischer Reinheit, soweit sie den Tempel betrafen,
wurden daher von den Pharisäern mit noch verschärfterer Sorgfalt
und noch größerer Strenge beobachtet.

Doch schloß die äußerliche Frömmigkeit die innere keineswegs aus.
Die Pharisäer oder ihre Häupter galten als streng=sittlich, keusch, mäßig
im Genusse, milde und wohlwollend gegen jedermann. Gleichgültig

gegen weltlichen Besitz und weltliche Ehren, standen sie nicht an, ihrer Überzeugung gern ihr Vermögen und selbst ihr Leben zum Opfer zu bringen, ohne daß sie das Leben oder die Freuden verachteten. In der Handhabung der peinlichen Gesetze ließen sie als Richter Milde vorwalten und beurteilten die Angeklagten nicht vom Gesichtspunkt sittlicher Verdorbenheit, sondern nach dem menschlicher Schwäche. So stellte einer der Führer der pharisäischen Partei, Josua b. Perachja, welcher mit seinem Genossen Matthai (Nithai) aus Arbela wohl in Hyrkans Zeit lebte, den Denkspruch auf: „Mache dir einen Lehrer, erwirb dir einen Genossen und beurteile jeden Menschen nach der Seite der Unschuld"[1]). Dieser Spruch bekundet seine hohe sittliche Gesinnung. Er übertrieb aber die Gesetze levitischer Reinheit[2]). Wegen ihrer Gesetzesstrenge auf der einen Seite und ihrer Milde auf der anderen hing das ganze Volk dieser Partei mit tiefer Verehrung an, stets bereit, sich ihren Aussprüchen zu unterwerfen, sie zu verteidigen und ihre Sache zu der seinigen zu machen. Diese Partei bestand aus den frommen Priestern, den gesetzeskundigen Männern und überhaupt den religiösen, richterlichen und weltlichen Behörden, welche in dieser Zeit in eins zusammenfielen. Die ganze innere Verwaltung des Staates und Tempels war in ihren Händen.

Doch den größten Einfluß hatten die Pharisäer wegen ihrer tiefen Gesetzeskunde und deren Anwendung auf das Leben, und sie allein führten den Namen Schriftkundige (Sopherim, γραμματεῖς) und Gesetzeslehrer (νομοδιδάσκαλοι). Die entehrenden Namen, wie Augenverdreher und Heuchler, welche ihnen in späterer Zeit ihre Feinde beigelegt haben, verdienten sie keineswegs; sonst wäre weder das Volk ihnen so anhänglich gewesen, noch hätten die späteren Herrscher ihnen die einflußreichsten Ämter anvertraut, wie es denn überhaupt ungereimt ist, eine ganze Menschenklasse aus lauter Heuchlern bestehen zu lassen. Wenn einzelne aus ihrer Mitte in späterer Zeit entartet waren und äußerliche Frömmigkeit aus Eigennutz oder Scheinheiligkeit übten, so trifft diese Entartung die ganze Partei um so weniger, als sie selbst sich mit Entrüstung über die Heuchelei einiger ihrer Glieder ausgesprochen und sie „die Plage der Pharisäer" genannt haben. Man

---

[1]) Abot I, 6. Da Josua b. Perachja und Matthai aus Arbela vor Simon b. Schetach und Juda b. Tabbaï aufgeführt werden, und diese zur Zeit Alexander Jannaïs gelebt haben, so müssen jene Hyrkanos' Zeitgenossen gewesen sein. Im Jerusalemischen Talmud lautet der Name: מתאי statt נתאי.

[2]) Tosefta Machschirin III, 4. ספי אנסא אלישא לחלין kann nicht bedeuten wegen „des Pumpwerkes", weil Weizen nicht begossen wurde, sondern gleich ἀντλία, wegen des nassen, feuchten Schiffsraumes, worin der Weizen gelegt werden mußte und exportiert wurde.

bezeichnete solche pharisäische Heuchler als „Gefärbte (Zebuim), welche Schlechtigkeiten wie Simri begehen und Gotteslohn wie Pinehas ver= langen." Man tut den Pharisäern Unrecht, wenn man sie samt und sonders als Scheinheilige verdammt. Sie waren vielmehr in ihrem Ursprunge die edelsten Bewahrer und Vertreter des Judentums und von strenger Sittlichkeit; selbst ihre Gegner, die Sadduzäer, konnten nicht umhin, ihnen das Zeugnis zu geben, „daß sie sich in diesem Leben abhärmen, aber schwerlich in einem zukünftigen Leben Lohn finden werden."

Diese schroffe Gegenpartei der Pharisäer verfolgte, wie schon angedeutet, eine national=politische Richtung. Zu den Sadduzäern gehörten die judäische Aristokratie, die tapferen Krieger, die Feldherren, die Staatsmänner, welche in den Kämpfen mit den Syrern und anderen Völkern Ehren und Reichtümer erworben oder als Gesandte an den Höfen verkehrt und durch nähere Berührung mit der Außenwelt freiere, weltlichere Lebensansichten sich angeeignet hatten. Sie bildeten sicherlich den eigentlichen Kern des hasmonäischen Anhanges, der in Schlachten und Unterhandlungen den Führern treu diente. Zu ihnen gehörten wohl auch Griechlinge, welche vor der Ungeheuerlichkeit des Abfalles zurückschreckten und sich bekehrt hatten. Ihren Namen hatten sie ver= mutlich von einem Führer Zadok (Sadduk). Den Sadduzäern ging das Interesse an dem judäischen Gemeinwesen über das an der judäischen Lehre und an dem Gesetze. Der glühende Patriotismus war ihr vor= herrschendes Gefühl, und die Frömmigkeit nahm in ihrem Herzen erst die zweite Stelle ein. Als erfahrene Weltmänner mochten sie von der Überzeugung ausgegangen sein, daß das bloße Vertrauen auf Gott und die strenge Übung der Religionsgesetze nicht ausreichen, die Unab= hängigkeit des judäischen Staates zu erhalten. Sie stellten daher den Grundsatz auf: der Mensch müsse seine körperlichen und geistigen Kräfte dazu anspannen; man dürfe sich nicht durch religiöse Bedenklichkeiten zurückhalten lassen, politische Verbindungen einzugehen oder Kriege zu führen, wobei eine Verletzung der Religionsvorschriften unvermeidlich sei. Überhaupt habe, nach ihrer Ansicht, Gott dazu dem Menschen den freien Willen geschenkt, damit er sein Wohlergehen selbst begründe, er sei eigener Herr seines Geschickes, und Gott mische sich gar nicht in menschliche Angelegenheiten ein. Von dem Tun und Lassen des Menschen allein hänge sein Wohl oder Wehe ab, und es sei töricht, die Hände in den Schoß zu legen und von der Dazwischenkunft Gottes die Wendung der Verhältnisse für den einzelnen wie für den Staat zu erwarten. Lohn und Strafe für gerechte und ungerechte Handlungs= weise folgen aus den Taten, und man brauche dazu nicht eine Auf=

erstehung nach dem Tode anzunehmen, bei der Gott die Taten der Menschen richten werde. Ohne geradezu die Unsterblichkeit der Seele zu leugnen, wiesen die Sadduzäer lediglich die Annahme einer ausgleichenden Gerechtigkeit n a ch dem Tode zurück. — Von dem Übermaß der religiösen Satzungen beengt und gehemmt, leugnete die sadduzäische Partei die Gemeingiltigkeit und Verbindlichkeit derselben. Gedrängt, einen Maßstab anzugeben, welche Gesetze wichtig seien, stellten sie das Prinzip auf: daß nur diejenigen Bestimmungen, welche in der pentateuchischen Gesetzgebung deutlich und ausdrücklich aufgeführt werden, verbindlich seien, die anderen hingegen, welche entweder auf mündlicher Überlieferung beruhen oder in einer späteren Zeit entstanden sind, oder durch Anordnung von Kollegien ins Leben gerufen worden, haben einen untergeordneten Wert und könnten keine unverbrüchliche Heilighaltung beanspruchen. Doch konnten sie nicht umhin, manche überlieferte Auslegung pentateuchischer Gesetze anzuerkennen. Es ist überhaupt zweifelhaft, ob die Sadduzäer bei ihrem ersten Auftreten ein klares Bewußtsein von der Unterscheidung von schriftlichen und mündlichen (sopherischen) Gesetzen hatten; es scheint vielmehr, daß dieses Prinzip erst im Verlaufe der heftigen Reibungen mit ihren Gegnern sich ihnen klar entwickelt hat. Schwerlich hatten die dem Kriegshandwerk und den diplomatischen Künsten obliegenden judäischen Großen so viel Gesetzeskunde, um ein solches Prinzip theoretisch aufzustellen und durchzuführen. Die konsequente Behauptung und Anwendung dieses Prinzipes wird daher wohl zum großen Teile den Boëthuseern zugeschrieben werden müssen, welche erst viel später aufgetaucht sind und von einem gewissen Boëthos ihren Namen haben.

Aus mehreren einzelnen Fällen, in denen die Sadduzäer von ihren Gegnern abwichen, läßt sich der Umfang des Gegensatzes einigermaßen anschaulich machen. Der Gegensatz erstreckte sich über richterliche, strafrechtliche und rituelle Verhältnisse. Namentlich war das Tempelritual ein Gegenstand heftigen Streites. Die Sadduzäer nahmen z. B. die pentateuchische Strafbestimmung für körperliche Verletzungen „Auge um Auge, Zahn um Zahn" buchstäblich und haben sich dadurch den Ruf grausamer Handhabung des Strafrechtes zugezogen, während die Pharisäer, mit Berufung auf traditionelle Auslegung, in solchen Fällen Milde walten ließen und nur eine Geldentschädigung für die verletzten Körperteile verhängt wissen wollten. Hingegen waren jene milder bei der Verurteilung überführter Zeugen, die einen Justizmord veranlaßt hatten, indem sie die Strafe nur nach vollzogener Hinrichtung des Angeklagten anwendeten, während ihre Gegner die Strafe schon für die böse Absicht der Zeugen eintreten ließen, oder nur in diesem

Falle. Nach der Ansicht der Sadduzäer ist ferner der Herr so wie für seine Tiere, so auch für seine Sklaven wegen verübter Schäden verantwortlich. Sie nahmen auch ein eigenes Erbrecht an, nach welchem beim Mangel an männlichen Erben die Töchter des Erblassers mit den Enkelinnen desselben von dem früher verstorbenen Sohne die Erbschaft zu gleichen Teilen antreten sollten. — Unter den rituellen Streitpunkten zwischen Sadduzäern und Pharisäern waren mehrere, um welche mit heftiger Leidenschaftlichkeit gekämpft wurde; so um den Tag des Wochenfestes, welcher nach den Sadduzäern, dem Wortlaut entsprechend, stets auf einen Sonntag fallen müsse, fünfzig Tage von dem Sabbat nach dem Passahfeste gezählt; ferner um den Wasserguß auf den Altar an den sieben Tagen des Hüttenfestes und die Umzüge mit Weidenzweigen um den Altar (Hosianna), welche die Pharisäer geübt wissen wollten und die Sadduzäer verwarfen. Ebenso leugneten die letzteren, daß die täglichen Nationalopfer aus einer Tempelkasse bestritten werden müßten. Sie lehrten vielmehr, daß es dem Belieben einzelner überlassen bleibe, die erforderlichen Opfer zu liefern. Die Art, wie das Räucherwerk am Versöhnungstage angezündet werden soll ob schon vor dem Eintreten des Hohenpriesters ins Allerheiligste oder nachher, war ebenfalls Gegenstand eines erbitterten Streites. In diesen und anderen Punkten nahmen die Sadduzäer stets den trockenen Buchstaben des Gesetzes in Anspruch, und die konsequente Durchführung dieser Ansicht brachte sie auch dahin, zuweilen eine größere religiöse Peinlichkeit geltend zu machen, als die wegen ihrer Strenge verschrieenen Pharisäer. Auch gaben sie wenig auf die peinliche Vermeidung der Berührung mit levitisch unreinen Personen oder Gegenständen und machten sich über ihre Gegner, wenn sie bemerkten, daß diese die Tempelgefäße wegen etwaiger Berührung einer Reinigung unterwarfen, mit den Worten lustig: „Es fehlt nicht viel, so werden die Pharisäer noch den Sonnenball reinigen wollen."

Trotz der Erleichterung, welche die sadduzäische Ansicht von der Religion gewährte, war diese Partei im Volke wenig beliebt. Sie hatte die Richtung der Zeit gegen sich, die einer strengen Religiosität durchaus günstig war. Das Volk liebte es nicht, daß man an der in ihm lebenden Überzeugung mäkele und feilsche, und dasjenige, was es mit seinem Herzblute gerettet hatte, blieb ihm teuer, wenn man ihm auch den zeitlichen Ursprung desselben nachweisen konnte. Die Schriftkunde war überhaupt noch nicht so sehr ins Bewußtsein des Volkes eingedrungen, daß es nach diesem Maßstabe sein religiöses Verhalten hätte regeln können. Es genügte ihm, dasjenige zu üben, was es von Geschlecht zu Geschlecht hatte üben gesehen, oder was von den Geſetzeslehrern als wichtig ausgegeben wurde. Außerdem ſtießen die Sadduzäer das Volk durch ihr ſtolzes, unfreundliches Weſen und ihr ſtrenges Gerichtsverfahren ab; daher kam es, daß ſie niemals die öffentliche Meinung für ſich gewinnen und ihre Grundſätze nur durch Gewaltmittel zur Herrſchaft bringen konnten. Die Sadduzäer konnten eben ſo wenig wie ſpäter ihre Zwillingsbrüder, die Karäer, mit ihrer nüchternen verſtändigen Anſchauungsweiſe und ihrem auf Weltlichkeit und Lebensgenuß gerichteten Sinn in einer Zeit durchdringen, in welcher die tiefſte Religioſität die Gemüter beherrſchte, neben der die anderen Intereſſen, ſelbſt die ſtaatliche Unabhängigkeit, erſt in zweiter Reihe ſtanden. Das Religiöſe hatte ſo ſehr die Oberhand, daß ſich ſogar eine Art religiöſen Ordens ausbilden konnte, welcher die Phariſäer an Strenge und Peinlichkeit noch übertraf und den Grund zu einer ganz neuen geſchichtlichen Erſcheinung legte, die, mit neuen Elementen gemiſcht, eine weltgeſchichtliche Bewegung hervorgebracht hat. Dieſer Orden und dieſe aus unbedeutenden Keimen zu mächtigem Einfluß berufene Erſcheinung waren die Eſſäer oder Eſſener.

Der Urſprung dieſes merkwürdigen, noch nicht genügend gewürdigten Eſſäer-Ordens, der ſogar die Bewunderung der Griechen und Römer erregt hat, fällt ebenfalls in die große Bewegung, welche der Wider= ſtand gegen die ſyriſche Thyrannei und den Religionszwang veranlaßt hatte. Die Eſſäer bildeten von Hauſe aus keine politiſche Partei; im Gegenteil, ſie flohen das geräuſchvolle öffentliche Leben. Sie ſtanden auch in keinem ſchroffen Gegenſatze zu den Phariſäern. Sie waren vielmehr eine Steigerung des Phariſäertums, mit dem ſie urſprünglich eins waren. Sie gingen ohne Zweifel aus den Aſſidäern hervor, wie ſie denn auch gleich dieſen eine außerordentliche Sabbatſtrenge beobachteten. In ihren Augen galt ſchon das Verſetzen eines Gefäßes von einem Platze an einen anderen als Entweihung des heiligen Tages. Ja nicht einmal ihre Notdurft verrichteten ſie an dieſem Tage. Außerdem lebten ſie als Naſiräer, deren Ideal es war, die höchſte Heiligkeit prieſterlicher Weihe zu erſtreben. Das pentateuchiſche Geſetz überläßt es zwar dem freien Willen eines jeden, der, von innerem Drange getrieben, ein asketiſches Leben führen will, beſchränkt es aber zugleich darin, daß man nur zeitweiſe dem feineren Lebensgenuß, wie dem Weine und dem Umgange mit der Geſellſchaft, entſagen dürfe (Naſiräat). Ein ſolcher Naſiräer galt für die Zeit ſeines Gelübdes als eine Art freiwilliger Prieſter, der die Geſetze levitiſcher Reinheit aufs ſtrengſte zu beobachten habe; aber nach Ablauf derſelben durfte er wieder in die Geſellſchaft eintreten und an den geſtatteten Lebens= genüſſen teilnehmen. In der nachexiliſchen Zeit gab es indeſſen

nicht wenige Affibäer, welche in trüber Lebensanfchauung nicht blcß
zeitweife, fondern fürs ganze Leben Nafiräer zu fein beftrebt waren
(Nazir Olam) und überhaupt den höchften Grad levitifcher Reinheit
beobachteten, wie es für den Tempelkultus vorgefchrieben war. Sie
wollten aber gerade durch äußerliche Beobachtung der levitifchen Vor=
fchriften eine innere Heiligkeit und Weihe erlangen, die Leidenfchaften
abtöten und ein geweihtes Leben führen.　Die levitifchen Reinheits=
beftimmungen waren aber durch Entlehnung aus dem perfifchen Kreife[1])
und deffen Sitten zu einer folchen Höhe angewachfen, daß jede Berührung
mit Perfonen und Gegenftänden die Weihe hätte unterbrechen müffen,
die erft durch vorfchriftsmäßiges Baden, zuweilen auch durch Opfer
wieder zu erlangen war. Lebenslängliche Nafiräer oder, was dasfelbe
ift, Effäer waren alfo dahin gebracht, jeden Umgang mit Perfonen von
minder ftrenger Lebensweife zu meiden, da deren Nähe fie verunreinigen
konnte.　Solche Rückfichten zwangen fie, nur mit Gleichgefinnten zu
verkehren und fich zu vereinigen, um keine Trübung ihres geweihten
Zuftandes zu erfahren; fie waren auf diefe Weife genötigt, fich
zu einem Orden zufammenzutun, deffen Regel zunächft auf gewiffen=
hafter Beobachtung der allerftrengften Reinheitspflege beruhte.　Nur
von Gleichgefinnten konnten fie ihre Speifen bereiten laffen, Kleider,
Werkzeuge und andere Gegenftände kaufen, von denen fie überzeugt
waren, daß bei deren Anfertigung die Reinheitsgefetze beobachtet worden
waren.　Sie waren daher aufeinander angewiefen und mochten es für
ratfam erachten, ihre Mahlzeiten gemeinfam zu halten, um jeder Beihilfe
minder Strenger entbehren zu können.　Dabei mochte ihnen das Paffah=
mahl als Ideal vorfchweben, welches nur in gefchloffenen Kreifen
(Chabura, φρατρία) genoffen werden durfte, wobei alfo eine gewiffe
Gemeinfchaftlichkeit der dabei beteiligten Mitglieder zur Pflicht gemacht
war.　Mit Frauen zufammen zu leben war den Effäern faft unmöglich,
um nicht durch deren auch nur anftreifende Berührung jeden Augen=
blick der levitifchen Verunreinigung ausgefetzt zu fein.　So gelangten
die Effäer, von Konfequenz zu Konfequenz fortfchreitend, bis zur Ver=
achtung oder wenigftens Vermeidung des Eheftandes.　Wie follten fie
fich gar erft in den kriegerifchen Zeitläuften inmitten der Gefellfchaft
mit ihrer gefteigerten Peinlichkeit behaupten?　Nicht bloß der heidnifche
Feind, fondern auch der heimkehrende judäifche Sieger, der fich in der
Schlacht an Leichnamen verunreinigt hatte, konnte ihre ganze Vorficht
zufchanden machen.　Diefe Verlegenheit mag den Effäern den Gedanken
eingegeben haben, fich in eine einfame Gegend zurückzuziehen, um un=

---

[1]) Vergl. Bd. II b, 202.

beläftigt vom Kriegslärm und deffen für ihre Lebensweise ftörenden
Folgen bleiben zu können. Sie wählte zu ihrem Aufenthalte die
Wüftenei im Weften des toten Meeres, in der Oafe von Engadi.
Die in diefer Gegend wuchernden Dattelpalmen konnten fie bei ihrer
einfachen Lebensweise zum Teil mit Nahrung verfehen. Doch waren
wohl nicht fämtliche Affidäer der effäifchen Lebensweise ergeben, noch
hielten fich fämtliche Effäer in jener Gegend auf. Es gab auch welche,
die nicht Mitglieder des Ordens waren und in ihren Familienkreifen
verblieben. Diefe zerftreuten Effäer waren auch verheiratet, hatten
aber bei ihrer ffrupulöfen Richtung viele Schwierigkeiten zu überwinden.

So bildeten fich die in die Augen fallenden, von vielen bewunderten Züge des effäifchen Ordens aus: gemeinfchaftliche
Mahle und Ehelofigkeit. Das Zufammenleben der Effäer führte
fie auch dahin, fich ihres Eigentums zu entäußern. Wozu brauchte
auch ein Ordensmitglied Privateigentum? Es war ja nicht imftande,
es zu verwenden. Jeder übergab daher fein Vermögen der Ordens-
kaffe, aus welcher die Lebensbedürfniffe für die Mitglieder beftritten
wurden. Aus diefer Anfchauung ftammt der Spruch: Ein Chaßid
fpricht: „Das Meinige und das Deinige gehören Dir (nicht mir)"
Es gab daher unter ihnen weder Arme, noch Reiche, und diefe Sorg-
lofigkeit um alles hatte die Folge, daß ihr Sinn, von Haufe aus dem
Religiöfen zugewendet, fich immer mehr vom Irdifchen losfagte und
einer träumerifch-idealen Richtung folgte. Die Effäer zeichneten fich
noch durch andere Eigentümlichkeiten aus, die, wiewohl an fich kleinlich,
doch ihre Denk- und Lebensweise charakterifieren. Sie trugen ftets
weiße Linnenkleider, vermutlich um auch äußerlich an ihren freigewählten Priefterftand zu erinnern. Jeder führte, wie die Israeliten
während ihrer Wüftenwanderung, eine kleine Schaufel bei fich, um die
Erde zu feiner Notdurft aufzufcharren und das Unfaubere zu verdecken.
Dadurch wollten fie ihren Aufenthaltsort als einen heiligen bezeichnen,
der, gleich der Bundeslade, von dem Anblick des Tierifchen nicht entweiht werden foll. Sie trugen auch ftets eine Art Schurzfell oder
Handtuch (Kenaphajim, περίζωμα), das dazu diente, fich jederzeit bei
ihren Wafchungen abtrocknen zu können. Jeden Morgen badeten fie
in frifchem Quellwaffer — wie der Priefter vor den Funktionen im
Tempel — um auch eine unbewußt an ihrem Körper erfolgte Unreinheit zu befeitigen. Von diefem täglichen Baden nannte man fie
Morgentäufer (Toblé Schacharit, ἡμεροβαπτισταί). Auch den Namen
Effäer fcheinen fie von diefem Umftande erhalten zu haben, da er in
chaldäifcher Sprache Badende, Täufer bedeutet (As'chai ausge-
fprochen Assäi).

Diese Äußerlichkeiten waren für sie jedoch nur eine Vorstufe, um sich eine innere Frömmigkeit, die innige Gemeinschaft mit Gott, anzueignen, welche nach der Ansicht des Altertums nur in der Flucht aus der Welt, in stiller Abgeschiedenheit und in asketischer Lebensweise zu erlangen sei. Schmucklose Einfachheit in Nahrung und Kleidung, Nüchternheit, Sittsamkeit (Zeniut), stets bereite Aufopferung für andere waren zwar Tugenden, welche die Essäer zierten, aber sie waren ihnen nicht eigentümlich, indem sie sie mit den Pharisäern teilten. Was die Essäer auszeichnete, war die Scheu vor einer Eidesleistung, das öftere Beten und die Beschäftigung mit einer Art Geheimlehre. Vor dem Gebete sprachen sie kein profanes Wort, und nachdem sie bei dem ersten Erglänzen des Tagesgestirns das Schemá-Gebet gelesen, sammelten sie sich in stiller Andacht zum eigentlichen Gebete, das ein freier Erguß des Gemütes sein sollte. Denn vorgeschriebene Gebet-formeln gab es überhaupt in dieser Zeit noch nicht. — Ihre Mahlzeit betrachteten die Essäer als eine Art Gottesdienst, ihre Speisetafel als einen Altar, und die Nahrung, die sie zu sich nahmen, gleich einer heiligen Opfergabe, die sie mit Andacht und Sammlung verzehrten. Kein unheiliges Wort entfuhr ihrem Munde während der Mahlzeit; meistens verhielten sie sich dabei in lautloser Stille. Dieses Schweigen muß auf die außerhalb des Ordens Stehenden einen um so mächtigeren Eindruck gemacht haben, als das wahre Wesen dieses sich abschließenden Ordens den Zeitgenossen unbekannt war und als etwas schauerlich Mysteriöses erschienen sein mochte.

Es lag wohl nicht von vornherein in der Absicht der Essäer, sich in eine Art Geheimlehre zu vertiefen; aber ihr asketisches Wesen, ihr Stilleben, welches der Beschaulichkeit so viel Nahrung gab, ihre Sorglosigkeit um Familie, endlich ihre religiöse Schwärmerei mußten sie darauf führen, andere Wahrheiten im Judentum zu suchen, als dem nüchternen Sinn darin erscheinen. Vor allem scheint ihnen der Gottesname Stoff zu tieferer Betrachtung gegeben zu haben. Ist der Gottesname so heilig, so müsse auch schon in den Buchstaben desselben etwas Geheimnisvolles liegen. Die Essäer, welche infolge ihrer Zurück-gezogenheit Muße dazu hatten, grübelten über dieses Geheimnis nach. Der Name Gottes war ihnen so heilig, daß sie sich scheuten, einen Eid, der mit demselben bekräftigt werden mußte, zu leisten. Sie be-zeugten ihre Aussagen an Eidesstatt durch ein einfaches Ja oder Nein. Mit dem Geheimnisse des Gottesnamens hing aufs innigste die Be-deutung der Engelnamen zusammen. Obwohl das Wesen der Engel, ihre Zahl, Namen und Rangordnung, dem Judentume ursprünglich fremd, aus der Theologie der Magier stammten, so wurde doch die

Engellehre, eben weil die Engel hebräische Namen: Gabriel, Michael, Raphael, Uriel und andere erhalten hatten[1]), später im Judentume bereits so sehr eingebürgert, daß sie als wesentlicher Bestandteil desselben gelten konnte. Die Namen der Engel, sowie deren Bedeutung und Stellung in ihrem theosophischen Systeme überlieferten die Essäer treulich ihren Jüngern. Welch einen reichen Stoff der Betrachtung bot die mystische Auffassung der Gottesnamen und der Engellehre für eine müßige, auf das Schwärmerische und Geheimnisvolle gerichtete Phantasie! Wenn sie mit neugefundenen phantastischen Ideen an das Verständnis der heiligen Schrift gingen, welche neuen Gesichtspunkte und Seiten mußten sich nicht ihrem getrübten Blicke erschließen! Jedes Wort, jede Wendung mußte einen bisher nicht geahnten Sinn offenbaren; die schwierigsten Fragen über das Wesen Gottes und sein Verhältnis zu den himmlischen Mächten und niederen Kreaturen konnten in ihren Augen die Lösung finden. Die Vertiefung in den heiligen Text spiegelte den Essäern die optische Täuschung vor, daß die Gedankenreihe von Urzeiten her in die heilige Schrift niedergelegt sei, die sie doch eigentlich erst hineintrugen. Ohne Zweifel waren die Essäer die Erfinder der „Geheimnisse der Lehre" (Sitre Thora), wie sie auch die Urahnen der judäischen Mystik und der christlichen Gnosis waren. Durch ihren dem Staate wie dem Alltagsleben abgewandten Sinn führten sie das auf Betätigung der Nationalwohlfahrt beruhende Judentum in die Dunkelheit und Überschwenglichkeit einer Geheimlehre ein. Befremdlich war an ihnen ihre hohe, schauervolle Verehrung für den Propheten und Gesetzgeber Mose. Sein Andenken und sein Name war allen Judäern in und außerhalb Palästinas teuer, und er wurde von allen für den größten der Propheten gehalten. Man schwur bei dem Namen Mose und legte ihn keinem anderen Menschen bei. Aber die Essäer trieben diese Verehrung auf die Spitze, gewissermaßen wie für ein göttliches Wesen. Wer den Namen Moses lästerte, galt in ihren Augen für ebenso todeswürdig wie ein Gotteslästerer. Sie scheinen auch damit eine mystische Vorstellung verbunden zu haben.

Das letzte Ziel der Essäer war ohne Zweifel das Streben nach prophetischer Verzückung, um des heiligen Geistes (Ruach ha-Kodesch) gewürdigt zu werden. Die Prophetenstimmen waren seit langer, langer Zeit verklungen, die Nation tastete, unbelehrt von der Gottesmänner mahnendem oder warnendem Worte, im Dunkeln über das, was zu tun oder zu lassen sei. Die Essäer glaubten nun, durch die strenge Lebensweise das Mittel gefunden zu haben, das seit lange verstummte

---

[1]) Vergl. Bd II b, S. 200; 415.

Himmelsecho wieder zu wecken. Und dann, wenn dieses Ziel erreicht, wenn die Prophezeiung wieder ausgebrochen ist, wenn Männer und Jünglinge wieder himmlische Gesichte zu schauen, wieder in Verzückung den Schleier der Zukunft zu lüften vermögen, dann ist das große messianische Reich nahgerückt, das Himmelreich (Malchut Schamajim) tritt seine Herrschaft an und macht mit einem Schlage der Mühe und Qual der Gegenwart ein Ende. Es kann kein Zweifel obwalten, daß diese Ideenverbindung im Essäertume lag, freilich dem einen mehr, dem andern weniger bewußt. Eines der letzten Glieder des Essäer= ordens führt diese Gedankenreihe in kurzen, aber leicht verständlichen und unzweideutigen Worten aus: „Von Stufe zu Stufe führen Gesetzes= eifer, körperliche Reinheit, Enthaltsamkeit zur essäischen Lebensweise (Chassidut), und diese führt zu Demut und Sündenscheu, diese wiederum zur Empfänglichkeit für den heiligen Geist, und diese endlich zur Auferstehung, welche durch Elia, den Vorläufer des Messias, herbei= geführt wird."

Wegen ihrer eigentümlichen Lebensweise und schwärmerischen Richtung wurden die Essäer vom Volke nicht bloß als Heilige, sondern auch als Wundertäter bewundert und angestaunt. Das Volk lauschte auf ihre Stimme und erwartete von ihnen die Abwendung drückender Übel. Einige unter den Essäern standen im Rufe, daß sie die Zukunft zu enthüllen und Träume zu deuten vermöchten. Gehoben war die scheue Verehrung der Essäer in den Augen der Unwissenden wegen deren Beschäftigung mit Wunderkuren an sogenannten Besessenen. Die Berührung mit den Persern hatte nämlich, wie den Glauben an das Dasein der Engel, so auch den Aberglauben an schädliche Dämonen (Schedim, Massikin[1]) in der Anschauung der Judäer feste Wurzel schlagen lassen. Ein Geisteszerrütteter galt als ein vom bösen Geist Besessener, dessen Seele und Körper der Dämon ganz und gar be= herrsche, der nur auf das Zauberwort Kundiger zum Verlassen des Besessenen gebracht werden könne. Jede außergewöhnliche Krankheits= form, wie hartnäckige Lähmung, Aussatz, anhaltenden weiblichen Blut= fluß schrieb man der dämonischen Wirkung zu und suchte nicht den Rat des Arztes, sondern die Wunderkur des Beschwörers. Mit solchen Kuren, Beschwörungen, Geistesaustreibungen befaßten sich die Essäer und forschten nach Heilmitteln in einem Buche (Sefer Refuot), das dem König Salomon, der als Banner böser Geister in der Volks= meinung galt, zugeschrieben wurde. Diese Heilmittel bestanden teils in gewissen leise gesprochenen Beschwörungsformeln und Versen aus der

[1] Vergl. Bd II b, S. 201; 417.

heiligen Schrift (Lechiſcha, έορκισμός), teils in Anwendung gewiſſer
Wurzeln und Steine von vermeintlich magiſcher Geheimkraft und wohl
auch in Berührungen durch magnetiſchen Rapport. So hatten die
Eſſäer das Höchſte mit dem Niedrigſten, das Streben nach einem
frommen Wandel und heiliger Begeiſterung mit dem vulgärſten Aberglauben in ſich vereinigt. Die überſtrenge Enthaltſamkeit und die Flucht
vor Berührung mit Perſonen von einer anderen Lebensweiſe haben
bei ihnen kraſſe Auswüchſe erzeugt.

Wegen dieſer Auswüchſe zollten nüchtern denkende Phariſäer den
Eſſäern keine ſo große Verehrung. Sie machten ſich im Gegenteil
öfter über den „närriſchen Chaßid" luſtig. Gegen die Scheu der
Eſſäer, den Gottesnamen ohne vorangegangene Waſchung und Reinigung
auszuſprechen, bemerkten die Phariſäer, daß ſie folgerichtig der Anrufung
Gottes ſich ganz enthalten müßten, da es doch ohne den Körper nicht
geſchehen könne und dieſer ein Gefäß voller Unreinheit ſei. Mit den
eſſäiſchen Wunderkuren, namentlich mit ihrer Anwendung von heiligen
Verſen für Beſchwörungen und Geiſtesaustreibungen waren manche
Phariſäer vollends unzufrieden. Obwohl einer gemeinſamen Wurzel
entſproſſen und dasſelbe Ziel verfolgend, gingen Phariſäertum und
Eſſäertum, je mehr beide ſich entwickelten, in verſchiedenen Richtungen
auseinander. Jenes ſtand mitten in der Wechſelfülle des Lebens und
ſuchte es durch Sittlichkeit und Geſetz zu heben und überhaupt praktiſche
Zwecke zu verfolgen; dieſes floh das Leben mit ſeinen Freuden und
Schmerzen und vertiefte ſich immer mehr in jene brütende Beſchaulichkeit,
welche die Tugend ſelbſt abſtoßend und die Hingebung zu einer anderen
Art Egoismus macht. Jenes erblickte in der Ehe eine heilige, im
Dienſte der Menſchheit ſtehende Inſtitution; dieſes betrachtete ſie als
Hemmnis der folgerichtig durchzuführenden religiöſen Lebensweiſe. Die
Phariſäer erkannten dem Menſchen die Freiheit des Willens und
Tuns zu, vermöge welcher er für ſein ſittliches Verhalten verantwortlich
iſt. Die Eſſäer dagegen, in den engen Kreis von täglich in derſelben
Form ſich wiederholender Tätigkeit gebannt, unberührt von den Stößen
und Gegenſtößen der Wirklichkeit, gerieten auf eine Art von göttlichem
Fatalismus, welcher nicht bloß das Geſchick der Menſchen, ſondern auch
ihr Tun und Laſſen beherrſche. Höchſt wahrſcheinlich differierten die
Phariſäer von der eſſäiſchen Lehre auch in den Punkten der Unſterb-
lichkeit der Seele, der ausgleichenden Gerechtigkeit jenſeits des Grabes
und noch in anderen Stücken, obwohl ſich dieſes aus den Quellen nicht
zu völliger Klarheit belegen läßt. Es ſcheint alſo eine kleine Spannung
zwiſchen Phariſäern und Eſſäern beſtanden zu haben, die im Verlaufe
immer mehr zunahm, je mehr jene in den Strudel des politiſchen Lebens

hineingerissen wurden, und je mehr diese sich in das enge Gehäuse
eines abgeschiedenen Ordenslebens eingesponnen hatten. Es war eine
Art Vorgefühl daß sie, später auf einen weiteren Schauplatz versetzt,
erbitterte Feinde werden würden. Die Essäer mieden sogar den
Tempel, vermutlich weil der Tempelritus, nach der pharisäischen Lehre
eingerichtet, ihrem Ideale nicht zu entsprechen schien. Mit der Pflicht
zu opfern, fanden sie sich auf eine bequeme Weise ab, indem sie die
Opfer in den Tempel sandten, ohne bei der Handlung gegenwärtig zu
sein. Das Nationalgefühl trat bei den Essäern immer mehr vor der
Anhänglichkeit an ihren Orden zurück, und sie lösten sich nach und
nach von den starken Banden der Volkstümlichkeit ab. Das Essäertum
barg in seinem Schoße eine Opposition gegen das bestehende Judentum,
von welcher Anhänger und Gegner keine Ahnung hatten.

Die Essäer hatten durchaus keinen Einfluß auf die politische
Bewegung, von welcher sie sich möglichst fern hielten. Nur ein einziger
Essäer, soviel bekannt ist, war Mitglied des hohen Rates. Aber als
fühlte er sich in dieser Atmosphäre unheimisch, schied er aus. Ihre
Zahl war gering, und selbst zur Zeit seiner Blüte zählte der Orden
nicht mehr als etwa viertausend Mitglieder. Da sie vermöge ihrer
Ehelosigkeit auf eine natürliche Ergänzung der abgehenden Mitglieder
verzichten mußten, so waren sie darauf bedacht, um nicht allmählich
ganz zu verschwinden, Novizen anzuwerben und Proselyten zu machen.
Die Eintretenden nahmen sie mit einer Art zeremoniöser Feierlichkeit
auf. Man reichte ihnen das weiße Kleid, das Schurzfell und die
Schaufel, die Symbole des Essäertums. Der Novize trat aber nicht
sogleich in die Gemeinschaft der Ordensglieder ein, sondern wurde
allmählich einer immer strengeren Enthaltsamkeit und immer schwereren
Beobachtung der Reinheitsgesetze unterworfen. Drei Grade, eine Art
Probe, waren durchzumachen, ehe ein neues Mitglied zu der vollen
Teilnahme am Orden zugelassen wurde. Bei der Aufnahme wurde
der Eintretende beschworen, die essäische Lebensweise zu beobachten,
die geheimen Lehren, namentlich die, welche sich auf den geheimnisvollen
Gottesnamen, die Engellehre (und wohl auch die Beschwörung der
Dämonen) bezogen, gewissenhaft zu bewahren und treu zu überliefern.
Der unwürdig Befundene sollte ausgestoßen werden; doch findet sich
kein Beispiel eines solchen Falles.

Es kann, weil die falsche Auffassung zu weitverbreiteten Irrtümern
geführt hat, nicht genug wiederholt werden, daß, sowie die Benennung
der drei Sekten ihrem wahren Begriff nicht ganz entspricht, ebenso die
Bezeichnung „Sekte" für alle drei ganz unpassend ist. Die Sadduzäer
hatten gar nichts von einer aufs Religiöse gerichteten Sekte, vielmehr

alles, was eine politische Partei ausmacht; sie wollten sich von der
religiösen Norm in öffentlichen Angelegenheiten möglichst frei halten, und
nur vermöge des religiösen Charakters der judäischen Nation nahmen
auch sie eine religiöse Färbung an. Die Pharisäer waren eigentlich
nur ihre politischen Gegner, aber aus einem religiösen Prinzip, und
auf sie paßt der Name Sekte um so weniger, als sie den Kern der
Nation ausmachten. Höchstens könnte man die Essäer eine religiöse
Sekte nennen, weil sie sich von öffentlicher Tätigkeit ganz fern hielten;
aber die Essäer verdienen diese Benennung wiederum nicht ganz, weil
sie von den Pharisäern ursprünglich nicht unterschieden waren und, wie
gesagt, nur eine Übertreibung des Pharisäertums bildeten, weil beide
also von gleichen Überzeugungen getragen waren. Die Pharisäer waren
auch keineswegs die Vermittler zwischen zwei extremen Richtungen.
Sie müssen vielmehr als Grundstock der Nation angesehen werden,
von welchem sich die Sadduzäer einerseits durch Überordnung der
weltlichen Interessen über die religiösen und die Essäer andererseits
durch schwärmerische Lebensweise absonderten. Wie wenig die Sadduzäer
und Essäer als Träger der nationalen Richtung angesehen werden
können, beweist der Umstand, daß weder die einen, noch die anderen
eine selbständige Literatur aus sich zu erzeugen vermochten.   Die
literarischen Erzeugnisse der Folgezeit tragen einen durchweg pharisäischen
Charakter. Auf die Sadduzäer hingegen ist mit Gewißheit kein Schrift=
denkmal zurückzuführen, weil ihr Streben eben nur auf Weltlichkeit
gerichtet war, und von den Essäern wird nur ein einziges literarisches
Produkt namhaft gemacht, eine „assidäische Rolle“ (Megillat
Chassidim), aus welcher sich nur ein einziger Spruch erhalten hat,
der da lautet: „Verläßt du sie (die Lehre) auch nur einen Tag, so
verläßt sie dich zwei Tage.“
    Das schroffe Verhältnis zwischen Pharisäern und Sadduzäern
bestand zu Hyrkans Zeit noch nicht. Ihre entgegengesetzten Ansichten
über gewisse Fragen hatten noch keine Reibung erzeugt; die zwischen
beiden herrschende Spannung war noch nicht in Feindseligkeiten über=
gegangen. Hyrkan gebrauchte beide nach ihren Fähigkeiten für seine
Regierung: die Sadduzäer als Krieger und Diplomaten für äußere
Angelegenheiten, die Pharisäer als Gesetzeslehrer, Richter und Beamte
für innere Angelegenheiten. Die einen ehrten in Hyrkan das Staats=
oberhaupt und den Feldherrn, die anderen den frommen Hohenpriester,
der sich der religiösen Norm befliß. Hyrkan ließ sich in der Tat an=
gelegen sein, wie er persönlich sich streng an die pharisäische Auslegung
hielt[1]), so auch die innere Einrichtung des Staates auf religiöse, d. h.

---

[1]) Josephus Altert. XIII, 10, 5.

pharisäische Grundlagen zu gründen, und diejenigen Verordnungen, die auf ihn zurückgeführt werden, zeugen, daß er von diesem Geiste durch= drungen war. Die Spitze der religiösen Institute bildeten in der hyrkanischen Zeit der hohe Rat, der, wenn nicht von Hyrkans Vor= gängern, doch sicherlich von ihm selbst reorganisiert worden sein muß. Er behielt die alte Benennung „der große Gerichtshof (Bet Din ha-gadol) oder der „Rat", der „Rat der Alten" (βουλή, γερουσία) und bestand aus siebzig Mitgliedern, nach dem Muster der Beiräte unter Mose. Es verstand sich von selbst, daß der Hohepriester, welcher seit Simon alle staatlichen und religiösen Machtvollkommenheiten erhalten hatte, an der Spitze derselben stand[1]). Er war der Höchste (Nasi).

[1]) Über die Gestaltung des hohen Rates tradiert R' José Tosefta Sanhedr. VII, 1. Chagiga II, 9. jerus. Sanh. I, p. 19 b, Babli p. 88 b mit Varianten. Doch läßt sich nicht scheiden, was davon der älteren und was der jüngeren Zeit angehört. Die Körperschaft wird bald בית דין הגדול, bald סנהדרין הגדולה genannt. Die Benennung συνέδριον stammt aber, wie Wieseler mit Recht behauptet, aus der römischen Zeit. Daß der jedesmalige Hohepriester Präses dieses Kollegiums gewesen, ist nirgends direkt bezeugt. Josephus' Erzählung von Vorkommnissen beim Synhedrion beweist nichts, da dabei von einem συνέδριον κριτῶν die Rede ist (Ant. XX, 9, 1). Die Schilderung contra Apionem II, 21; 23 von der hohen Bedeutung des Hohenpriesters ist ein Phantasiestück. Die Angabe Ant. XX, 10, 4, daß dem hohen Priester die προστασία τοῦ ἔθνους anvertraut war, bezieht sich nur auf Hyrkan II. Die Argumente aus den Evangelien und der Apostelgeschichte beweisen nichts, da sie erst im zweiten Jahrhundert abgefaßt, nur vage Überlieferungen aus dem Prozesse Jesu oder Paulus wiedergeben. Außerdem ist dabei auch nur von Kriminalprozessen die Rede, und diese gehörten eigentlich gar nicht vor das Forum des großen Rates. In der Mischna Sanh. I, 4—5 wird ausdrücklich hervorgehoben, daß Kriminalfälle von einem Kollegium von 23 abgeurteilt wurden und nur causes célèbres dem hohen Rate vorbehalten wurden. Was Schürer behauptet (Lehrb. d. neuest. Zeitgesch., S. 41 [jetzt II³, 203]), daß nach dem einstimmigen Zeugnisse des Jos. und des neuen Test. stets der Hohepriester Haupt und Vor= sitzender des Synhedrium gewesen, ist demnach durchaus nicht erwiesen. Da das בית דין הגדול lediglich eine theoretische, gesetzgebende, gesetzauslegende und in zweifelhaften Fällen letztentscheidende Funktion hatte, so mußte selbstverständlich ein ganz besonders Gesetzeskundiger an der Spitze stehen. Wenn auch nicht in der Mischnah, so ist doch in der ihr ebenbürtigen Tosefta ausdrücklich angegeben, daß mindestens Hillel נשיא war, und dafür zeugt doch auch Joseph. (vita 38), indem er von Simon, dem Nachkommen Hillels angibt, er stammte von γένους σφόδρα λαμπροῦ. Inwiefern war sein Geschlecht so berühmt? Doch wohl nur, weil der Stammgründer Hillel eine große Bedeutung hatte. Das Nasiat bestand also mindestens schon zu Hillels Zeit, und Schürer bezweifelt dessen Bestand ohne Grund. Übereilt ist die Behauptung dieses Gelehrten, daß die Benennung נשיא als Präsident in der Mischna nicht vorkäme, es sei denn in der Hauptstelle Chagiga und diese sei interpoliert. Recht wunderlich! In Ne= darim V, 5 kommt aber vor: והכותב חלקו לנשיא. Aus dem Passus im Talmud zu der Stelle geht hervor, daß dieses Mittel dem Naßi die Güter zu verschreiben,

Da der Hohepriester wegen seiner politischen und kriegerischen Funktionen öfter verhindert war, den Sitzungen beizuwohnen, so wurde, wie
es scheint, ein stellvertretender Vorsitzender dazu ernannt, welcher den
Titel: „Vater des Gerichtshofes" (Ab Bet-Din) führte. Bei den Beratungen saßen die Mitglieder im Halbkreise vor dem Vorsitzenden,
um ihn von allen Seiten sehen und hören zu können.

Welche Funktionen dem hohen Rate in seiner Reorganiſation oblagen, läßt sich nicht bestimmt angeben. Mit der peinlichen Gerichtsbarkeit hatte er wohl nichts zu schaffen; dafür bestanden Gerichtshöfe
von dreiundzwanzig Mitgliedern in jeder größeren Stadt eines Bezirkes,
die übrigens, wie es scheint, von dem hohen Rat erwählt oder bestätigt
wurden. Zu seiner regelmäßigen Beschäftigung gehörte besonders die
Überwachung der Familienreinheit für die priesterliche Ehe. Zu diesem
Zwecke dienten Stammregister (Genealogien, Sepher Jochaſin), die von
glaubwürdigen Personen geführt und vom hohen Rat bestätigt werden
mußten. Von Ägypten, Babylonien und allen Orten, wo die Judäer
zerstreut lebten, wurden Familienregister, mit den Namen der Stammväter und der Nachkommen und mit Zeugenunterschrift versehen[1]), dem
hohen Rat zugeschickt und zur Bestätigung vorgelegt. Diejenigen Familien,
welche auf Ehre hielten, gingen keine Ehe mit Personen ein, von denen
sie sich nicht die Überzeugung verschafft hatten, daß sie aus unbefleckter
Ehe stammten. An die Stammbäume waren in der Regel wichtige Begebenheiten der Familien, namentlich wenn sie historisches Interesse hatten,
geknüpft, und diese waren die ersten Elemente zu den Geschichtsquellen[2]).
Die Kalender-Berechnung und namentlich die Ausgleichung des Sonnen-
jahres mit dem Mondjahre durch Einschaltung eines Monats war ſicherlich ebenfalls eine Funktion des großen Rates, doch war später[3]) der
Brauch eingeführt, daß der Vorsitzende einen Ausschuß von mehreren
Mitgliedern dazu ernannte.

Als Organ des Gesetzes hatte der hohe Rat den Sinn der geschriebenen Gesetze auszulegen und sie auf vorkommende Fälle anzuwenden; er war zugleich das Gedächtnis für die aus alter Zeit über-

---

noch v o r der Tempelzerstörung stattgefunden. Auch Taanit II, 1 . . ונתחין אפר
בראש הנשיא ואב בית דין. Bedenkt man, daß dergleichen Halachas aus dem Leben
gegriffen sind (vergl. daf. 5: נוהגין כן בשער המזרח ונהר הבית), so kann füglich ihre
Entstehung auf die anhaltende Regenlosigkeit zur Zeit Herodes, in dessen
13. Jahr, d. h. zur Zeit Hillels, oder noch früher zur Zeit des frommen Onias,
d. h. Jannaï Alexanders und Simon ben-Schetachs (Joseph. Ant. XIV, 2, 1,
Taanit III, 8), zurückgeführt werden. [Vgl. jetzt Schürer, a. a. O., S. 205]
    [1]) Josephus contra Apionem I, 7; Middot V, 4; Tosefta, a. a. O.
    [2]) Vgl. Jebamot 49 b; Jerus. Taanit 68 a; Genes. Rabba 98.
    [3]) Sanhedrin 10 b, fg.

kommenen Überlieferungen und setzte die Traditionskette fort. Zweifel=
hafte Fälle wurden ihm zur Entscheidung vorgelegt, doch hatte er dazu
aus sich zwei Ausschüsse ernannt, die auf dem Tempelberg und in dem
Tempelvorhofe ihren Sitz hatten und aus je drei[1]) Mitgliedern be=
standen, welche gewissermaßen als zwei Instanzen selbständige Entschei=
dungen trafen. Nur, wenn in diesen beiden Ausschüssen Meinungs=
verschiedenheit herrschte, kam der Fall vor den hohen Rat. Tiefere
Gesetzeskunde war dabei unerläßlich und namentlich Kenntnis der
traditionellen Schriftauslegung, und da die pharisäischen Führer allein
im Besitze derselben waren, so verstand es sich wohl von selbst, daß
sämtliche Körperschaften mit Pharisäern besetzt waren. Der hohe
Rat hielt Sitzungen in der Quaderhalle des Tempels (Lischchat
ha-Gasit[2]), die an der Südseite zwischen dem Heiligtum und der Vor=
halle (Ulam) gelegen war und Ausgänge nach dem Heiligtum und dem
freien, allen zugänglichen Hof hatte, als sollte er stets eingedenk bleiben,
daß ihm die Vermittelung des Heiligtums mit dem Volke obliege. Die
Einheit der Lehre war durch den hohen Rat gewahrt und vertreten,
die Entscheidungen und Verordnungen, die von ihm ausgingen, wurden
von den heimischen und auswärtigen Judäern als Norm anerkannt[3]).
Sitzungen fanden täglich statt, mit Ausnahme der Sabbate und Feier=
tage, an welchen Mitglieder desselben in dem Lehrhause des Tempels
Vorträge hielten. Obwohl der Körper des hohen Rates aus ein=
undsiebzig Mitgliedern bestand, so waren dennoch schon dreiundzwanzig
beschlußfähig[4]). Die Beratungen waren öffentlich. Der Senat ergänzte
sich selbst aus würdigen Personen, die bereits als Richter in kleineren
und größeren Kreisen fungiert hatten[5]). Die Würdigkeit und die
Geschäftsordnung waren für diesen und die Gerichtshöfe ganz gleich.

Die erforderlichen Eigenschaften für die Räte und Kriminalrichter
waren, nächst Gesetzeskunde, Abstammung von judäischen Eltern in
gesetzmäßiger Ehe, Beliebtheit beim Volke und Demut[6]); in Ehebruch
erzeugte Bastarde und Proselyten waren davon ausgeschlossen[7]), doch
waren solche Proselyten zulässig, deren Mutter eine geborene Judäerin
war. Man sah aber auch darauf, Greise und Kinderlose nicht als
Richter zu ernennen[8]), weil solche, wie vorausgesetzt wird, sich mehr zur

[1]) Tosefta, a. a. O., c. II. In Babli Sanh. a. a. O. ist zwar angegeben,
daß die Kollegien auf dem Tempelberg und im Chel aus 23 Gliedern bestanden
haben, der Text ist aber das. lückenhaft. Vergl. Sanh. II, 2.

[2]) Middot das. u. a. St.

[3]) Tosefta Sanhedrin c. 7. Chagiga c. 2, 6, a. a. O.

[4]) Tos. Chagiga II, 9. Sanhedrin VII.

[5]) Das. B. Sanhedrin 88 b.   [6]) Tosefta Chagiga, Sanhedrin das.

[7]) Tosefta Sanhedrin das.   [8]) Das.

Strenge als zur Milde neigen, und bei peinlichen Gerichtsverhand=
lungen ſollte, nach phariſäiſchen Grundſätzen, die Milde ihre Stimme
lauter erheben, als das ſtrenge Recht; die Richter ſollten bei der Be=
ratung und Beurteilung ein Herz mitbringen. Aus dem Prinzipe vor=
waltender Milde floß eine eigentümliche Geſchäftsordnung, welche den
altphariſäiſchen Geiſt der Menſchlichkeit unwiderleglich bezeugt. Genügte
für das Freiſprechen des peinlich Angeklagten die einfache Majorität
von den dreiundzwanzig Mitgliedern des Gerichtshofes, ſo bedurfte es
für die Verurteilung mindeſtens dreizehn Stimmen[1]. Schon beim Be=
ginn der Verhandlung mußte der Vorſitzende die Zeugen, welche als
öffentliche Ankläger galten, aufmerkſam machen, wie ſchwer ein Menſchen=
leben wiegt, und ob ſie nicht einen Umſtand überſehen hätten, der für
die Unſchuld des Angeklagten ſpräche[2]. Selbſt die Zuhörer durften
ſich an der Debatte beteiligen, wenn ſie Milderungsgründe vorzubringen
hatten, und wiederum durften diejenigen Richter, die ſich einmal in der
Debatte für Freiſprechen erklärt hatten, bei der Abſtimmung nicht für
ſchuldig ſtimmen[3], d. h. ihr Votum wurde nicht mitgezählt. Die Ab=
ſtimmung begann jedesmal von dem letzten, d. h. jüngſten Mitgliede in
der Reihe, damit das vom Vorſitzenden abgegebene Urteil auf „Schuldig“
auf die übrigen Mitglieder nicht einen unwillkürlichen Einfluß ausübe
und ſie befangen mache[4]. Und ſo bis ins einzelne waren Beſtimmungen
getroffen, die Richter anzuweiſen, daß ſie weit eher darauf bedacht ſein
ſollten, den Angeklagten loszuſprechen, als ihn zu verdammen. War
ein Verbrecher zu einer der vier Todesarten, durch Steinigung, Feuer,
Eiſen oder Erſticken verurteilt, ſo gab man ihm vor dem Tode einen
Kelch mit betäubendem Getränke, um ihm das Bewußtſein ſeines Un=
glücks zu benehmen, und edle Frauen ließen es ſich nicht nehmen, dieſen
Trank zu bereiten[5]; ſie hielten es für ihren Beruf, den bitteren Schmerz
des Unglücklichen in etwas zu mildern. Die Güter der Hingerichteten
wurden nicht eingezogen, ſondern gingen auf die Erben über[6]. Die
Hinrichtung betrachtete man überhaupt weder als Strafe, noch als
Wiederherſtellung der verletzten Sittlichkeit oder Religioſität, ſondern
als Sühne für den Verbrecher, der durch den Verluſt des Lebens ge=
läutert und mit dem Himmel verſöhnt erſchien. Daher blieb bei der
verhängten Todesſtrafe jeder Gedanke an Rache und Vergeltung fern.
Nur bei einem einzigen Vergehen ſollten alle Rückſichten der Milde
wegfallen, wenn es galt, einen Volksverführer, der zum Abfall vom

---

[1]) B. Sanhedrin daſ. 34 a, 40 a.   [2]) Daſ. 37 a.   [3]) Daſ. 40 a.
[4]) Daſ. 32 a.   Vergl. über dieſe Punkte Frankel, gerichtlicher Beweis, 70 ff.
[5]) Sanhedrin 43 a.
[6]) Daſ. 48 b.   Toſefta Sanhedrin IV, 6.

Judentum überredet halte (Messith), zu bestrafen: für einen solchen
sollte die unerbittliche Strenge der Gesetze ihren Lauf haben[1]). Indessen kamen derartige Straffälle fast gar nicht vor, so daß das strenge
Verfahren nur der Theorie zu Liebe aufgestellt scheint und wohl nie
praktische Anwendung gefunden hat. Alle diese Gesetzesbestimmungen
haben wohl unter den ersten Hasmonäern, wenn nicht ihre Ausbildung
und Kräftigung, so doch ihre Anregung erhalten.

Wie das Kollegial= und Gerichtswesen, so hatte wohl auch das
Tempelritual infolge der Wiedergeburt des judäischen Gemeinwesens hin
und wieder eine veränderte Gestalt erhalten. Haben auch die Hasmonäer
weiter nichts beabsichtigt als den Kultus in seiner Reinheit so wieder=
herzustellen, wie er vor den entweihenden Eingriffen der Hellenisten
und Syrer bestanden hatte, so haben doch die Zeitumstände geboten,
manches anders zu gestalten. Mehrere Jahre hindurch war der Tempel
geschändet, verwaist, ohne hohenpriesterliches Oberhaupt gewesen; der
Faden der Überlieferung, den die täglich und jährlich wiederkehrende
Übung naturgemäß fortzuspinnen pflegt, war zerrissen. Wieviel mag
von den mit dem Kultus zusammenhängenden Bräuchen in der Zwischen=
zeit bis zur Wiederherstellung vergessen worden sein! Man darf also
die Tempeleinrichtung in derjenigen Gestaltung, die sie in den letzten
zwei Jahrhunderten angenommen hatte, auf die Zeit der ersten drei
Hasmonäer zurückführen, wobei der Buchstabe der heiligen Schrift und
die traditionellen Erinnerungen soviel wie möglich als Leitfaden dienten.
An der Spitze des ganzen Kultus stand der Hohepriester, der als der
lebendige Träger desselben galt. Hatten schon die Hohenpriester nach
der Rückkehr aus dem babylonischen Exile eine hohe Bedeutung, so
steigerte sich dieselbe noch mehr für die aus dem hasmonäischen Hause.
Von den Institutionen der alten Zeit war das Priestertum allein übrig
geblieben, alles übrige war verwittert. Die Stammesverfassung war
völlig erloschen, und selbst der Unterschied von Judäern und Benja=
miniten, welcher noch zur Zeit der Rückkehr aus dem babylonischen
Exil fortbestand, geschwunden[2]). Es gab allerdings noch Familien,
die sich der Abstammung von Juda oder Benjamin rühmten, so die
Söhne Paroschs, die Söhne Zathus, die Söhne Adins, die Söhne
Pachat=Moabs (Joab) von Juda, die Söhne Sennas von Ben=
jamin. Selbst Nachkommen vom König David durch Serubabel be=

---

[1]) Sanhedrin 67 a.

[2]) Im Buche Esther hat das Wort יהודים schon die allgemeine Bedeutung
Judäer ohne Rücksicht auf den Stamm. Mardochaï wird איש יהודי genannt,
obwohl er auf den Stamm Benjamin zurückgeführt wird.

ſtanden noch[1]). Die drei verworfenen Brüder Simon, Menelaos und
Lyſimachos ſollen von Benjamin entſtammt geweſen ſein[2]). Aber dieſe
geringen Reſte konnten die ehemalige Scheidung nicht aufrecht erhalten.
Selbſt die abhängigen Familienkreiſe, die ſogenannten Salomo = Sklaven
(die zu Staatsſklaven erniedrigten Chanaaniter) waren verſchwunden.
Sie ſcheinen durch ihre Beteiligung an den Kämpfen ihre Ebenbürtig=
keit mit den übrigen Judäern erlangt zu haben. Nur die ehemaligen
Tempel = Sklaven (Gibeoniten,. Nethinim genannt) beſtanden noch, waren
aber nur dadurch kenntlich, daß rein = israelitiſche Familien ſich nicht
mit ihnen verſchwägerten[3]). Aber ihre Dienſtbarkeit, Holz und Waſſer
für den Tempelbedarf zu liefern, hatte allmählich aufgehört. So blieb
nur noch von dem Altertume das Prieſtertum zurück und an der Spitze
desſelben die Hohenprieſter aus dem Hauſe Jojarib, denen der Tempel
und das Judentum ihren wiedergewonnenen Glanz zu verdanken hatten.
Ihnen wurden die höchſten Ehren erwieſen. Der Hoheprieſter, der nur
am Verſöhnungstage im Tempel zu fungieren brauchte, durfte ſich zu
jeder Zeit am Ritual beteiligen. In dieſem Falle leiſteten ihm die
übrigen Prieſter in demütiger Haltung die nötigen Dienſte[4]). Die
üblichen Anreden an denſelben geſchahen auf eine Ehrfurcht bezeugende
Weiſe: „Mein Herr Hoherprieſter" (Ischi kohen gadol[5]). Kam am
Verſöhnungstage der Akt an die Reihe, aus der Geſetzesrolle den die
Feier betreffenden Abſchnitt vorzuleſen, ſo überreichten ihm die höchſten
Tempelbeamten in aufſteigender Rangordnung die Rolle auf eine feier=
liche Weiſe[6]). Wie es ſcheint, wurde dem Hohenprieſter die Funktion
übertragen, welche im pentateuchiſchen Geſetze dem Könige vorbehalten
blieb, nämlich in jedem ſiebenten Jahr einen Teil des Geſetzbuches vor=
zuleſen. Zum Schlußfeſte des Erlaßjahres pflegte er von einer Er=
höhung im Tempelvorhofe dem anweſenden Volke die Geſetze und die
Ermahnungen zur Befolgung derſelben vorzutragen[7]). Nach Beendigung
des Rituals am Verſöhnungstage gab ihm die ganze anweſende Volks=
menge das Ehrengeleit vom Tempel bis an ſein Haus[8]). Bei ſeinem

---

[1]) Taanit IV, 5. Vergl. daſ. Gemara p. 12 a und Parall. אמר ר' אלעזר
בן ר' צדוק אני מבני בניו של שנאב (סנאה) בן בנימין.

[2]) Vergl. B. II b, S. 301, N. 3.

[3]) Vergl. Jebamot 78 b. Jerus. Kiduschin 65 c.

[4]) Tamid 7, 1—3.

[5]) Joma 1, 3; 4, 1. Tamid 6, 3. Parah 3, 8.

[6]) Joma 7, 1.

[7]) Joſephus Altert. IV, 8, 12. Da er vom ἀρχιερεὺς ἐπὶ ἥματος ὑψη-
λοῦ σταθεὶς ſpricht, wie die Miſchna (Sota VII, 8) von עץ של בימה, ſo ſcheint
er vom Vorkommnis ſeiner Zeit zu ſprechen, wie er denn überhaupt bei der
Aufzählung der Geſetze altes und jüngeres zuſammenwirkt.   [8]) Joma 7, 4.

öffentlichen Auftreten ging ihm ein hoher Tempelbeamter voran, um die Menge vor ihm ausweichen zu lassen. Traf ihn ein Trauerfall, so saß er nicht, wie andere Leidtragende auf der Erde, sondern auf einem hohen Sitze, während die Beileidbezeigenden in seiner Gegenwart auf der Erde saßen[1]). Und so wurden dem Hohenpriester, als dem Ersten der Nation, bei jeder Gelegenheit die höchsten Ehren erwiesen. Doch waren die hasmonäischen Hohenpriester, obwohl sie auch mit der fürstlichen und später gar mit der königlichen Würde bekleidet waren, nicht unverantwortlich für ihre Handlungen. Sie durften wegen Vergehen zur Verantwortung gezogen werden, nur nicht vor die Schranken eines gewöhnlichen Gerichtshofes, sondern vor das Tribunal des großen Senats[2]).

Dem Hohenpriester zunächst stand ein Priesterkollegium (Sikne Kehunna, Bet-din schel-Kohanim)[3]), dessen Befugnisse zwar nirgends verzeichnet sind, das aber sicherlich die Aufsicht über die Priester und über den regelmäßigen Gang des Kultus geführt hat; die Tempelbeamten, deren es mancherlei in vielfacher Abstufung und Unterordnung gab, bildeten ohne Zweifel die Mitglieder desselben. Die Aufsicht über die äußeren Tempelangelegenheiten führte der Tempelhauptmann (Isch har ha-baït, στρατηγός τοῦ ἱεροῦ). Er überwachte[4]) die vierundzwanzig Wachtposten, welche an verschiedenen Stellen des Tempelberges aufgestellt waren, hielt die Ordnung im Tempel aufrecht[5]), daß niemand die Räume betreten sollte, wohin ihm zu kommen verboten war, übte mit einem Worte die Tempelpolizei aus. Jede Nacht machte der Tempelhauptmann die Runde bei allen Posten, um sich von deren Wachsamkeit zu überzeugen und bestrafte die Lässigen. Mit der Zeit wurde dieses Amt äußerst wichtig, da die Verteidigung des Tempels damit verbunden war. Wer die Zugänge zum Tempel beherrschte, hatte die Hauptstadt in Händen. So wie der Tempelhauptmann, so standen auch zwei Schatzmeister unter dem Namen Katholiken (καθολικοί[6]) unmittelbar unter dem Hohenpriester; sie verwalteten die eingehenden Tempelgelder, welche durch alljährliche Spenden und Weihen einliefen, und besorgten auch die Ausgaben. Unter ihnen standen andere Beamte (Amarkelim), deren Hauptfunktion darin bestand, bei dem Öffnen und

---

[1]) Sanhedrin 2, 1.
[2]) Sanhedrin 2, 1 und 1, 1.
[3]) Joma 1, 5. Ketubbot 1, 5. Pesachim 90 b; dagegen ist Rosch ha-Schana I, 7 durchaus nicht von einem Priesterkollegium die Rede, da gleich darauf folgt: לבית דין שבבא. Vgl. Monatsschr, Jahrg. 1887, 118.
[4]) Middot I, 2. Josephus jüd. Krieg VI, 5, 3.
[5]) Apostelgeschichte 4, 1; 5, 24, 26.
[6]) Jerus. Schekalim 5, 2, p. 49 a.

Schließen der Tempeltore zugegen zu ſein, ferner den Tempelſchatz zu
beſichtigen und aus ihm die Summen zu entnehmen, welche für die
Beſtreitung der Bedürfniſſe nötig waren. Alle mußten beim Öffnen
anweſend ſein[1]). Dieſe Schlüſſelträger ſtanden im Range höher als die
Einnehmer (Gisbarim[2]), deren es drei gab; ſie nahmen die Opfer
und Weihgeſchenke in Empfang, veräußerten, was nicht zum Opfer
tauglich war[3]), und lieferten den Erlös dafür den Schatzmeiſtern ab.
Außer den höheren Beamten gab es noch mehrere Unterbeamte, denen
einzelne Zweige der Tempelverwaltung überwieſen waren, und die ihre
Ämter zum Teil in ihren Familien vererbten. Es gab einen Aufſeher
über die prieſterlichen Ornate (al ha-Malbuſch), einen anderen über
die Zubereitung des Räucherwerkes (al ha-Ketôret), über die Bereitung
der Schaubrote (al Lechem ha-Panim), Aufſeher über die verſchiedenen
muſikaliſchen Inſtrumente, über die Ausbildung der Levitenchöre (al
ha-Dukan, al ha-Zilzel, al ha-Schir), über das Waſſerkunſtwerk im
Tempel. Ein Oberarzt war angeſtellt für die Behandlung der dienſt-
tuenden Prieſter, die ſich durch das Stehen auf dem ſteinernen Pflaſter
des Vorhofes öfter Erkältungen zuzogen[4]).

Über die Ordnung des täglichen Kultusrituals war ein eigener
Beamter geſetzt, der den Titel Memunna (Vorgeſetzter) führte[5]). Er
hatte dafür zu ſorgen, daß das Ritual in vorgeſchriebener Reihen- und
Zeitfolge vollzogen werde, und die Funktionen an die jedesmaligen dienſt-
habenden Prieſter zu verteilen. Den in den weiten Tempelräumen zer-
ſtreuten Prieſtern rief ein Herold (Kerus) auf ein Zeichen des Kultus-
aufſehers ihre Funktionen mit lauter Stimme zu[6]). Der Wetteifer der
Prieſter, die Funktionen an ſich zu reißen, war ſo ungeſtüm, daß es
manchmal zu Handgreiflichkeiten kam; deswegen wurden ſpäter die Funktionen durchs Los verteilt (Pijus[7]).

Der Tempelkultus beſtand in dieſer Zeit wie früher nicht bloß
aus Opfern und Pſalmenhymnen, ſondern auch aus Gebeten, die ſich

---

[1]) Toſefta Schekalim c. 2.
[2]) Daſ. vergl. indeſſen Peſachim 57 a.
[3]) Toſefta Schekalim daſ.
[4]) Schekalim 5, 1—3; Toſefta Schekalim c. 2.
[5]) Tamid 1, 2; 3, 1. Joma 2, 1; ob dieſer Memunna identiſch war mit
dem Vizehohenprieſter (Segan), ſiehe Sanhedrin 19 a und Tosafot zu Menachot 100 a.
[6]) Tamid 3, 8.   [7]) Joma 22 a; 23 a. [Vergl. hierzu die Abhandlung
Büchlers „Zur Geſchichte des Tempelkultus in Jeruſalem" (in der Feſtſchrift zu
Ehren Chwolſons, Berlin 1899) S. 4 ff. und deren Berichtigung in dem Auf-
ſatz Frieds „Das Loſen (פיס) im Tempel zu Jeruſalem" in der Monatsſchrift
1901, S. 292 ff.]

nach und nach zu festen Formeln gestalteten. Nach Vollendung des
Morgenopfers begab sich die Priesterabteilung, die den Dienst hatte, und
vermutlich auch die anwesende Menge zum Gebete in die Quaderhalle [1]),
den Sitzungssaal des hohen Rats. War das Räucherwerk auf dem
Altar angezündet, so dröhnte der durchdringende Ton der Magrepha
(eine Art Instrument) und der Herold rief: „Tretet ihr Leviten zum
Gesange zusammen", worauf die Sänger aus allen Räumen des weit-
läufigen Tempelgebäudes zum Chor zusammenströmten [2]), der auf fünfzehn Stufen am Eingange vom Weibervorhofe in den Männervorhof
angebracht war. Während die Priester das Weinopfer auf den Altar
gossen, stimmten die Leviten den Wettgesang der Psalmen an, begleitet
von dreierlei musikalischen Instrumenten, Harfen, Nablien und einem
Paare rauschender Handbecken. Mit diesen Klangbecken gab der Chor-
führer (Menazéach) das Zeichen zum Beginne des Gesanges und der
musikalischen Begleitung. An den Hauptfesten, sowie am Passahvorabend
mischte noch die Flöte ihre schmelzenden Töne in den Gesang. Um
Harmonie von hohen und tiefen Stimmen zu erzielen, wurden Leviten-
knaben herangezogen [3]). Jeder Psalm wurde in drei Absätzen mit Pausen
(Perek) gesungen; bei jeder Pause ließen zwei Priester Posaunen
schmettern, und die anwesende Volksmenge warf sich anbetend nieder [4]).

Die Psalmen für den täglichen und feiertägigen Gottesdienst scheinen
erst von der hasmonäischen Zeit an stehend geworden zu sein. Bis dahin
waren sie dem Wechsel je nach der Zeitstimmung unterworfen. Drückte
ein schweres Weh das Volk nieder, so klagten die Levitenchöre in
düsteren Weisen und wählten elegische Psalmen dazu; hatte sich das
Volk vom Drucke befreit, so erschallten jauchzende Siegeslieder. Bis
Hyrkans Regierung scheinen Klagepsalmen stehend und namentlich der
Psalm vierundvierzig aus der Zeit des Religionszwanges ein Lieblings-
psalm gewesen zu sein, weil er den tiefen Abstand zwischen der ehemaligen Größe der judäischen Nation und ihrer Gesunkenheit während
der syrischen Zwingherrschaft so eindringlich zu Herzen führt. Das
Volk hatte diese und ähnliche Psalmen in der verzweifelten Lage so
oft vernommen, daß es sich gern noch länger davon erschüttern und
erheben ließ, obwohl die Zeit eine andere geworden war. Hyrkan
beseitigte aber den Psalm der Verzweiflung und sicherlich auch andere
gleichen Inhaltes aus dem Gottesdienste [5]) und führte wohl an ihrer
Statt frohe Choräle ein. Die Nation sollte nicht mehr aus dem Munde
seiner Sänger klagen: „Erwache, o Herr, warum schlummerst Du . . .

---

[1]) Vergl. Bd. IIb, S. 167 fg.   [2]) Das.   [3]) Erachin 10 a ff.
[4]) Tamid 7, 3. Succa 5, 4.   [5]) Sota 48 a.

gebeugt in den Staub iſt unſer Leben, an der Erde klebt unſer Leib.“
Die Pſalmen, welche bis zur Tempelzerſtörung beim Gottesdienſte in
Gebrauch geblieben ſind, ſtammen wohl teilweiſe aus Hyrkans Zeit.
— Am Sabbat war der Gottesdienſt feierlicher und ausgedehnter.
Neben dem Sabbatpſalm wurde das erhabene Lehrgedicht, das Moſe
vor ſeinem Tode dem Volke übergeben (Haaſinu), in ſechs Abteilungen
geſungen, jeden Sabbat ein anderer Abſchnitt, und beim Nachmittags-
gottesdienſt das Siegeslied am roten Meere[1]). An den Feſttagen
wurde eine Reihe von Pſalmen geſungen, welche die wunderbare Errettung des Volkes aus Ägypten und deſſen Erhebung aus der Niedrigkeit verlebendigen (Hallel), auch an dem Lichtfeſt zur Erinnerung an
die Tempelweihe, für welches ſie wohl zuerſt eingeführt worden waren,
und auch beim Opfern der Paſſah=Lämmer[2]). Dieſe Hymnen wurden
von zwei oder mehreren Flöten begleitet[3]).

Der Gottesdienſt außerhalb des Tempels in den Synagogen (Bet-
Tefilla, Bet ha-Kneſet, Moade-El) hat ohne Zweifel in der hasmonäiſchen Zeit einen Aufſchwung genommen. Im ganzen war der
ſynagogale Gottesdienſt dem Tempel entlehnt und galt als Stellvertreter
des Tempelrituals. Selbſt das Landvolk fand ſich am Montag, Donnerstag und an den Feiertagen in der zunächſt gelegenen Stadt zum Gottesdienſte ein, bei welchem Gebete mit Vorleſungen aus dem Geſetze ab-
wechſelten[4]). Am Montag und Donnerstag waren auch Wochenmärkte
und Gerichtstage in den Städten. Der Pentateuch wurde in kleinen
Abſchnitten vorgeleſen und am Sabbat und an Feſttagen entſprechende
Stellen aus den Propheten. Um richtige Abſchriften des ſo wichtigen
Fünfbuches, als Quelle für die Geſetze, für die Bethäuſer und Lehr-
ſtätten zu haben, wurde in den Tempelvorhof eine Muſterrolle
(Sepher ha-Asarah) niedergelegt. Infolge des Religionszwanges unter
Antiochos Epiphanes, deſſen Schergen die Geſetzrollen zerriſſen und verbrannt hatten, waren wohl fehlerhafte Exemplare, die ſich einzelne zum
Erſatze der eingebüßten abgeſchrieben hatten, in Umlauf gekommen. Es
ſchien daher der hohen Behörde notwendig, um die eingeſchlichenen
Fehler zu tilgen und deren Vervielfältigung zu verhüten, ein Muſter-
exemplar zur Berichtigung niederzulegen. Schriftkundige wurden angeſtellt, nach dieſer Hauptrolle anderweitige zu verbeſſern. Diejenigen,
welche mit der Auswahl derſelben beauftragt waren, haben wohl mehrere
vorgefundene Exemplare verglichen. Man erzählte ſich, daß ſie drei

---

[1]) Roſch ha-Schana 31 a.
[2]) Toſephta Succa III, 2.   Babl. Taanit 28 b: Peſachim 64 a: 117 a.
[3]) Erachin p. 10 a.
[4]) Megilla 2 a u. a. St.

vor Augen hatten, die an einigen Stellen verschiedene Lesarten gehabt haben[1]).

Jede Gemeinde war für ihre inneren Angelegenheiten selbständig, sie durfte Bestimmung über Maße und Gewichte, über Marktpreise und über Arbeiterlöhnung treffen[2]). Die Freizügigkeit von einer Gemeinde in die andere war unbeschränkt. Sowie jemand ein Jahr an einem Orte weilte oder ein Grundstück kaufte, galt er für alle Rechte und Pflichten als Bürger[3]). Die Gemeinde wählte ihre Vertreter für die synagogalen und städtischen Angelegenheiten und für Armenpflege, die ein Kollegium von sieben Mitgliedern (Schiba Tobe Ir) bildeten. Sie wurden selbstverständlich aus den angesehensten Kreisen gewählt. Weil die Ahroniden dem ältesten Adel angehörten, so wurden diese stets in das städtische Kollegium gewählt[4]). Sie hatten auch richterliche Be=

---

[1]) Mischna Moed Katon III, 4: אין מגיהין אות אחת אפילו בספר העזרה. Diese L.=A. hat Jeruf. Babli dagegen ספר עזרא (f. Raschi z. St.). Die erste L.=A. er= weist sich als die richtige durch die Notiz in Tosefta Kelim, baba mez. V, 9: ספר עזרא שיצא לחיץ פטמאו את הידים ולא ספר עזרא בלבד אמרו אלא אפילו נביאים וחומשים נכנס לשם Der Ausdruck וספר אחר שנכנס לשם מטמא את הידים. und יצא לחיץ beweist, daß hier von einem Raume die Rede ist, also vom Tempelvorhof, auch Mischna Kelim XV, 6: כל הספרים מטמאין את הידים חוץ כספר העזרה; jer. Schekalim IV, p. 48 a: מגיהין ספר העזרה נוטלין שכר מהרומת הלשכה. Statt dessen lautet es im b. Ketubbot p. 106 a: מגיהי ספרים שבירושלים היו נוטלין שכן מהרומת דלשכה. Viel= leicht muß gelesen werden: מגיהי ספרים ... כספר העזרה. Bemerkenswert nimmt sich dazu jene Tradition aus, welche auf Simon b. Lakisch zurückgeführt wird, daß drei Exemplare in der Asarah mit dreierlei Varianten gefunden worden. (Soferim VI, 4, Sifre zu Deuter. s. fine No. 356 und j. Taanit IV p. 68 a): ג' ספרים נמצאו (מצאו) בעזרה ספר מעוני (מעונים מעינו) וספר זעטוטי וספר היא ... בטלו חכמים את האחד וקיימו השנים Es scheint zu bedeuten, daß bei der Auswahl des Musterexemplars für die Asarah 3 Exemplare mit dreierlei Varianten vorlagen, die zwei übereinstimmenden sind beibehalten worden. Insofern können beide L.=A. עזרה und עזרא richtig sein. Man hat ein Musterexemplar für die עזרה hergestellt; dazu mußte man vorhandene Exemplare vergleichen und eine Norm für die vorgefundenen Varianten aufstellen. Dieses korrigierte und als Kor= rektiv dienende, in die עזרה niedergelegte Exemplar, ספר העזרה, galt, als von Esra stammend, als ספר עזרא. — Was die Variante מעון oder מעונה betrifft, so hat Geiger, wie öfter, die Quelle nicht richtig angesehen. Im Sifre lautet sie: באחד כתיב מעון קדם ובשניה ' מעונה אלהי קדם.

[2]) Baba Batra 8 b.   [3]) Daf 7 b, vergl. 8 a.

[4]) Megilla p. 27 a. Folgt aus Josephus' jüd. Krieg. II, 20, 5 und auch aus Altert. IV, 8, 14 und 38. Wenn aus der vorletzten Stelle gefolgert wurde, daß in jedem Kollegium Ahroniden sitzen müssen, so ist das ein Irrtum. Denn Josephus sagt nur, daß jeder Behörde zwei untergeordnete Personen aus dem Stamm Levi beigegeben werden sollen: ἑκάστῃ δὲ ἀρχῇ δύο ἄνδρες ὑπηρέται διδόσθωσαν ἐκ τῆς τῶν Λευιτῶν φυῆς. Vergl. Note 11. Diese Angabe hat kein Verhältnis zur Interpretation Sifre zu Deuteron. Nr. 153 מצות בית דין שיהא בו כהנים ולוים. Diese Bestimmung ist wohl nur rein theoretisch.

fugnisse für Vergehen und Übertretungen, welche nicht Todesstrafe nach sich zogen[1]).

Zwei Verordnungen, die auf Hyrkan zurückgeführt werden, beweisen, wie nachhaltig die infolge der Syrerkriege eingetretene Zerrüttung im Inneren fortwirkte. Mit der Einführung der pentateuchischen Gesetze in das Volksleben infolge des Eifers Esras, Nehemias und ihrer sopherischen Nachfolger wurde es auch mit den vorgeschriebenen Abgaben für die Ahroniden und Leviten ernster als früher genommen. Unter diesen Verpflichtungen war aber die für die Zehntenleistung drückend. Nach der älteren Gesetzgebung sollte Jahr für Jahr der zehnte Teil der Ernte den Leviten gegeben und der zehnte Teil dieser Abgabe für den Priester als eine Art heilige Gabe (Terumat Ma'asser) abgeschieden werden[2]). Die jüngere (deuteronomische) Gesetzgebung hatte diese Abgabe erleichtert und verordnet, den zehnten je zwei Jahre von den Bodenbesitzern mit Hinzuziehung der Besitzlosen in der heiligen Stadt verzehren zu lassen und nur in jedem dritten Jahre ihn den Verarmten zu überlassen[3]). Während in Nehemias Zeit auf diese Verschiedenheit der Gesetze keine Rücksicht genommen, sondern angeordnet wurde, daß der Zehnte in die Tempelspeicher zu gleicher Verteilung geliefert werde, wurde sie in der sopherischen Zeit derart ausgeglichen, daß dreierlei Zehnten abgesondert werden sollten: Der erste Zehnte (Ma'asser rischon) für die Leviten und ein Zehntel davon an die Ahroniden, der zweite Zehnte (M. scheni) zur Verzehrung für die Eigentümer in Jerusalem und endlich der dritte Zehnte in jedem dritten Jahre für die Armen (M. ani), aber zugleich auch der erste Zehnte[4] Das war zu viel. Sollte der Landmann den fünften Teil seiner Ernte jedes Jahr dem freien Gebrauche entziehen? Judäa war in der nachexilischen Zeit größtenteils auf Ackerbau eingerichtet, die Viehzucht auf den Weideplätzen äußerst beschränkt; und der Wohlstand beruhte auf Absatz des Getreides für das Ausland. Und wenn nun Mißernten eintraten, sollte der fünfte Teil des Eingeheimsten noch vergeben werden?

Die Folge war, daß die Ackerbauer ihre Ernte entweder gar nicht oder nur unvollständig zu verzehnten pflegten. In der Zeit der syrischen Drangsale und Kriege hat die Vernachlässigung des Zehntengesetzes nur noch mehr zugenommen. Not und Unwille trugen in gleicher Weise

---

— Aus Apostelgeschichte 5, 2 geht hervor, daß die ersten Christengemeinden ebenfalls die Zahl 7 für die Armenverwaltung beibehalten haben.

[1]) Jos. Altert. IV, 8, 38.   [2]) Numeri 18, 21 ff. 25 ff.

[3]) Deuteron. 14, 22 ff., vergl. B. II b, S. 305 fg.

[4]) Vergl. Rosch ha-Schana 12 b. Sifre Nr. 109 und 302, Tobit 1, 7, und dazu die Berichtigung Monatsschrift, Jahrg. 1879, S. 434 f.

dazu bei. Sollte der Landmann die abtrünnigen Priester mit seinem Schweiße nähren? Diese Entwöhnung vom Abscheiden des Zehnten dauerte auch noch unter den hasmonäischen Fürsten fort. Dadurch waren aber die Priester, die seit der Wiederherstellung der alten Ordnung dem Tempeldienste treuer oblagen, ihrer Nahrungsquelle beraubt. Diese Not führte zu einem anderen Übelstande. Priester, welche genug Macht und Keckheit besaßen, erpreßten von den Bodenbesitzern den Zehnten mit Gewalt. Genannt werden Eleasar und Juda, Sohn Pachuras (Poiras?), die eine solche Gewalttätigkeit geübt haben sollen, ohne daß der regierende Hohepriester Johann Hyrkan ihr gesteuert hätte. Sie hat gewiß große Unzufriedenheit erregt. Die Notwendigkeit machte sich also gebieterisch geltend, dieser Zerfahrenheit und Gesetzlosigkeit ein Ende zu machen. Hyrkan traf nun Maßregeln dagegen einerseits durch Erweckung von religiösen Bedenken und andererseits durch ein staatliches Machtgebot.

Ausgehend von der pharisäischen Auslegung, daß das Genießen unverzehnteten Getreides (Tebel) eben so sündhaft sei wie der Genuß der für die Ahroniden bestimmten Gabe[1], die wohl erst in dieser Zeit zur Kenntnis gebracht wurde, erließ Hyrkan an die Tempelbeamten die Weisung, das vorgeschriebene Dankbekenntnis im Tempel (Widduj Ma'asser) jedes dritte Jahr denjenigen zu verbieten, welche nicht sämtliche Zehnten gesetzmäßig abgeschieden hätten. Für die Gewissenhaften, welche die Erfüllung des Gesetzes erstrebten, genügte dieses Verbot. Für diejenigen, welche aus weltlicher Berechnung den Zehnten vorzuenthalten pflegten, stellte er je zwei Beamte, wahrscheinlich von levitischem Stamme[2] an, die darauf zu sehen hatten, daß mindestens der Zehntzehnte für die Ahroniden geliefert werde, weil lediglich der Genuß dieses Teils als sündhaft für Laien galt. Bezüglich der Abgaben für die Leviten und Armen wurde indes keine Zwangsmaßregel angewendet; sie sollten wohl abgesondert werden, aber es sollte jedem überlassen bleiben, sie ihrem Zwecke gemäß zu verwenden oder selbst zu gebrauchen. Indessen hat der Ernst, mit dem Hyrkan die Verwirklichung des Zehnten=Gesetzes betrieben hat, so viel bewirkt, daß auch das Landvolk nicht zurückblieb. Ohne Gewissensbedenken konnte auch der strengfrommste Pharisäer von jedermann Getreide beziehen, ohne zu fragen, ob es gesetzmäßig verzehrbar sei.

Hyrkan folgte in diesem Punkte, sowie überhaupt der von den pharisäischen Häuptern angegebenen Weisung. Da diese — wie es scheint Josua, Sohn Perachias und Matthäi (Nitai) aus Arbela

---

[1] Leviticus 22, 10 ff.   [2] Siehe Note 11.

— ſchwere Arbeiten auch in den Zwiſchentagen der beiden Hauptfeſte, des Feſtes der ungeſäuerten Brote und des Hüttenfeſtes, für verboten erklärten, ſo befahl er, das lärmende Schmieden an den Halbfeiertagen einzuſtellen [1]).

Unter Hyrkan ſcheint überhaupt das phariſäiſche Geſetz ſeine Ausbildung erhalten zu haben, teils durch Erweiterung und Einſchränkung des pentateuchiſchen Geſetzes vermittels eigener Auslegung, teils durch neueingeführte Verordnungen. So wurden Frauen von der Zeugenſchaft ausgeſchloſſen [2]). Auch wurde das Entmannen von Tieren wie von Menſchen verboten [3]). Bei der Strafe von Geißelung ſchreibt das pentateuchiſche Geſetz vierzig Streiche vor. Da aber dabei hinzugefügt wird, „um den Bruder nicht verächtlich zu behandeln", ſo beſtimmte das phariſäiſche Geſetz, daß ein Streich weniger als vierzig angewendet werden ſollte, damit nicht aus Unachtſamkeit die Zahl überſchritten werde [4]). Die unbeſtimmt gelaſſene Vorſchrift „Du ſollſt die Lehre zum Zeichen an Deiner Hand und zur Erinnerung zwiſchen Deinen Augen haben" wurde dahin ausgelegt, daß die Verſe, welche beſonders Gottes Einheit, die Liebe zu ihm, ſeine Gnade gegen ſein Volk und die Warnung vor Götzendienſt einprägen, niedergeſchrieben am Arm und Haupte (Thephillin) getragen werden ſollen [5]). Auch ein nützlicher Brauch wurde wohl in dieſer Zeit eingeführt, um demjenigen, dem eine Wertſache abhanden gekommen war, wieder dazu zu verhelfen.

[1]) Sota Ende und Toſefta daſ. Ende.
[2]) Joſephus Altert. IV, 8, 15; Schebuot 4, 1.
[3]) Joſ. daſ. 8, 40. Vergl. Sifra oder Torat Kohanim zu Levit. 22, 24.
[4]) Joſephus daſ. 8, 23. Maccot 3, 10. Vergl. Korintherbrief II, 11, 24.
[5]) Die LXX laſſen es zweifelhaft, ob die Vorſchrift real oder bloß als Symbol aufgefaßt wurde. Joſ. dagegen (daſ. 8, 13) ſpricht es deutlich aus, daß zu ſeiner Zeit ſie ſo aufgefaßt wurde, wie ſie im Talmud unter תפלין bezeichnet wird: ὅσα τε τὴν ἰσχὺν ἀποσημαίνειν δύναται τοῦ Θεοῦ καὶ τὴν πρὸς αὐτοὺς εὔνοιαν, φέρειν ἐγγεγραμμένα ἐπὶ τῆς κεφαλῆς καὶ τοῦ βραχίονος. In ſeiner Zeit muß demnach dieſer Brauch beſtanden haben und wohl ſchon früher eingeführt geweſen ſein. Dazu kommt noch die Angabe bei PſeudoAriſteas, wo bereits von dem Knüpfen des Zeichens an die Hand die Rede iſt (ed. M. Schmidt, Merx Archiv I p. 41 [ed. Wendland, § 159]); καὶ ἐπὶ τῶν χειρῶν δὲ διαρρήδην τὸ σημεῖον κελεύει τετυπῶσθαι. Dieſe Schrift wurde in Tiberius Zeit um 20 n. Chr. verfaßt. (Vgl. Note 3 [und die Bemerkungen dazu].) Daraus folgt, daß auch unter den ägyptiſchen Judäern der Brauch eingeführt war. Schorrs Behauptung, daß die Phylakterien in alter Zeit nur von einzelnen, ganz beſonders Frommen getragen worden ſeien (Chaluz, V, p. 15 fg.), beruht demnach auf einem Irrtum. — Phylakterien wird dieſer Brauch bekanntlich im MatthäusEvangelium genannt (23, 5): πλατύνουσι δὲ τὰ φυλακτήρια αὐτῶν. Die Benennung iſt wahrſcheinlich von der Form der Amulette genommen. Was das Wort תפלין etymologiſch bedeutet, iſt noch dunkel.

Hatte jemand einen Gegenstand gefunden, so ließ er es in Jerusalem an den drei Hauptfeiertagen durch einen Ausrufer verkünden; wenn der Eigentümer zum Feste anwesend war, suchte er den Platz bei einem Steine auf, welcher „Stein der Vermissenden" genannt wurde, gab dort die Zeichen des Gegenstandes an und erhielt ihn, wenn diese richtig befunden wurden, zurück[1]). Die Festversammlungen, welche das Gefühl der Zusammengehörigkeit und Brüderlichkeit unterhielten, wurden als Gelegenheit zur Veröffentlichung benützt. Die im pentateuchischen Gesetze nicht bestimmt genug ausgesprochene Vorschrift, daß durch Pflanzenzweige und eine gewisse Fruchtart am ersten Tage des Hütten= festes die Freude ausgedrückt werden soll, wurde pharisäisch dahin aus= gelegt, daß Myrtenzweige, Palmen und Weidenzweige nebst einer Art Zitronenfrucht bei dem Psalmengesang in die Hand genommen werden sollen und zwar für die ganze Zeit des Festes[2]). Kurz Hyrkan war nach der einen Seite ganz frommer Hoherpriester, Hüter und Förderer des pharisäischen Judentums.

Andererseits war Hyrkan auch Fürst und durfte es mit den Sadduzäern nicht verderben; sie waren seine Mitstreiter, seine Feld= herren und Räte. Jonathan, ihr Führer, war ein vertrauter Freund des Fürsten, der einen nicht geringeren Einfluß ausübte als die Vor= sitzenden des Lehrhauses. Bis in sein Alter wußte Hyrkan indessen die schwierige Aufgabe glücklich zu lösen, zwei in Spannung begriffene Parteien in leidlicher Verträglichkeit miteinander zu erhalten. Er ver= stand es zu verhüten, daß nicht die eine oder die andere Partei das Übergewicht erhalte und verfolgungssüchtig gegen die gegnerische ver= fahre. Aber wie es so oft in solchen schwierigen Lagen geht, ein Wort, ein Hauch kann die feinste Berechnung zu Schanden machen, und der jahrelang mühsam aufgeführte Bau stürzt an einem Tage zusammen. Ein solches unbedachtsam ausgesprochenes Wort brachte den eifrigen Anhänger des Pharisäertums dahin, dessen erbitterter Gegner zu werden. In den letzten Jahren seines Lebens neigte sich Hyrkan ganz den Saddu= zäern zu.

Die Veranlassung zu diesem Gesinnungswechsel, welcher so unsäg= liches Leid über die judäische Nation gebracht und den ersten Anstoß

---

[1]) Josephus Altert. IV, 8, 29: κηρύξας τὸν τόπον, ἐν ᾧ εὖρεν, ἀποδύτω. Vergl. Baba Mezia p. 28a, b: אבן טוען היתה בירושלים, Jerus. Taanit III, p. 66b.

[2]) Josephus III, 10, 4. ἐφ᾽ ἡμέρας ὀκτὼ . . . φέροντας ἐν ταῖς χερσὶν εἰρεσιώνην μυρσίνης καὶ ἰτέας σὺν κράδῃ φοίνικος πεποιημένην, τοῦ μήλου τοῦ τῆς Περσέας προσόντος. Es sind die in dem Talmud angegebenen: רדב ערבה אתרונ לולב, und der Ritus ist auf 8 Tage ausgedehnt.

zur Zerstörung des von den Hasmonäern unter harten Kämpfen ge-
ordneten Gemeinwesens gegeben hat, war im Verhältnis zu den Folgen
durchaus geringfügig; aber sie erhielt durch die nur mühsam zurückgehaltene Spannung eine weitgreifende Ausdehnung. Hyrkan war von
einem glänzenden Siege zurückgekehrt, den er über eine der vielnamigen
Völkerschaften im Nordosten von Peräa (Kochalit?) davongetragen hatte.
Wohlgemut über die glücklichen Erfolge seiner Waffen und den blühenden Zustand im Inneren, veranstaltete er ein Mahl, wozu er die Führer
der Sadduzäer und Pharisäer ohne Unterschied eingeladen hatte. Auf
goldenen Tischen wurden Speisen aufgetragen, unter anderen auch
Steppenpflanzen zur Erinnerung an die Leidenszeit unter der syrischen
Zwingherrschaft, wo die Edeln des Volkes sich in Wüsten und Steppen
verborgen halten mußten. In der fröhlichen Stimmung der Gäste
warf Hyrkan die Frage hin, ob die Pharisäer ihm wohl etwas vor-
zuwerfen hätten, worin er gegen das Gesetz gefehlt; dann sollten sie es
ihm nur freimütig vorhalten, da es sein ernster Wille sei, das Gesetz
zur Richtschnur seiner Handlungsweise zu nehmen[1]). War diese heraus-
fordernde Demut nur ein schlau angelegter Plan, um die heimliche
Gesinnung der Pharisäer in bezug auf ihn zu erfahren? Eine Quelle
berichtet in diesem Sinne, daß seine sadduzäischen Freunde ihm Argwohn gegen die Anhänglichkeit der Pharisäer beigebracht und ihm geraten hätten, sich auf diese Weise Gewißheit zu verschaffen. Auf diese
Aufforderung erhob sich ein gewisser Eleasar b. Poïra (wohl identisch
mit Pachura) und äußerte ohne Umschweife: Hyrkan möge sich mit der
Fürstenkrone begnügen und das Hohepriesterdiadem einem Würdigeren
übergeben, weil seine Mutter bei einem Überfalle der Syrer in Modin,
dem Wohnorte der Hasmonäer, vor seiner Geburt gefangen genommen
worden sei, und der Sohn einer Gefangenen zum Priester, geschweige denn
zum Hohenpriester, untauglich sei. Nach einer anderen Quelle habe ein
gewissenhafter Frommer, Jehuda b. Gedidim, diese Äußerung in der
wohlmeinendsten Absicht getan. Obwohl im Inneren wegen einer solchen
ehrenrührigen Äußerung verletzt, behielt Hyrkan Besonnenheit genug,
darauf einzugehen und eine Untersuchung über den Sachverhalt an-
zustellen. Es zeigte sich aber, daß es ein leeres Gerücht ohne alle
tatsächliche Begründung gewesen war. Noch mehr wurde Hyrkan gegen
die Pharisäer aufgebracht, als ihn die Sadduzäer und besonders sein
Vertrauter Jonathan zu überzeugen suchten, es sei von den Pharisäern
darauf angelegt gewesen, ihn in den Augen des Volkes zu erniedrigen.
Doch wollte er sich auch darüber Gewißheit verschaffen, ob die Ver-

---

[1]) Vergl. Note 11.

dächtigung seiner Würdigkeit zum Hohenpriestertum das Werk der ganzen
Partei oder nur die Schmährede eines einzelnen gewesen sei. Er ver=
langte daher von den Häuptern der Pharisäer, den Verleumder nach
der Strenge des Gesetzes zu bestrafen, und erwartete, daß das Straf=
maß im Verhältnis zu seiner hohen Stellung ausfallen werde. Aber
das Pharisäertum hatte kein Gesetz für Majestätsbeleidigung. Die
pharisäischen Richter erkannten dem Beleidiger nur die gesetzliche Strafe
von neununddreißig Hieben zu. Der Sadduzäerführer Jonathan ver=
fehlte nicht, diesen Umstand auszubeuten und den Haß wider die Gegen=
partei in Hyrkans Brust zu schüren. Er ließ ihn in dieser Milde des
Gerichtshofes eine tiefe Abneigung der Pharisäer gegen das fürstliche
Ansehen erblicken und brachte ihn dahin, sich von ihnen loszusagen und
den Sadduzäern anzuschließen. Es ist wohl übertrieben, wenn eine
Quelle erzählt, Hyrkan habe verordnet, die pharisäischen Bestimmungen
zu übertreten und habe die pharisäisch Gesinnten verfolgt. So weit
konnte er nicht gehen, ohne den Zorn des ganzen Volkes gegen sich
zu reizen und einen Aufstand heraufzubeschwören. Richtiger ist es,
wie eine andere Quelle angibt, daß Hyrkan die Pharisäer aus den
hohen Stellen verdrängt hat. Die Tempelämter, der hohe Rat und
die Gerichtshöfe wurden mit sadduzäisch Gesinnten besetzt. Aber dieser
Staatsstreich hatte die traurigsten Folgen. Denn damit legte er dem
Volke nicht bloß den Gewissenszwang auf, die Sadduzäer als die Ver=
treter und Ausleger der Gesetze anzuerkennen, sondern er hob auch die
innere Freiheit und Selbständigkeit des hohen Rates auf und ver=
wandelte die aus freier Wahl hervorgegangene Herrschaft der Hasmo=
näer in Despotismus. Der hohe Rat, gewissermaßen die Volks= und
Gesetzesvertretung, die berufen war, das Gleichgewicht zu hüten, wurde
auf eine lange Zeit das Werkzeug der Fürsten, und anstatt der Gesetze
herrschte die Willkür. Kein Wunder, wenn infolge dieser Vorgänge
sich in die Gemüter der Pharisäer und des hinter ihnen stehenden
Volkes ein tiefer Haß gegen das hasmonäische Haus eingewurzelt hat,
welcher den Bürgerkrieg und die Schwächung der Nation im Schoße
trug. Ein einziger Akt hatte genügt, um die glanzvollen Tage der
Hasmonäer zu Grabe zu tragen. Mit unerbittlicher Konsequenz traten
die unheilvollen Folgen desselben ein, und die Selbständigkeit der
judäischen Nation fing damit an, ihre rückgängige Bewegung zu machen.
Hyrkan lebte wohl nicht lange nach diesem Vorfalle. Er starb im ein=
unddreißigsten[1]) Jahre seiner Regierung in seinem sechzigsten Lebens=

---

[1]) In jüd. Kr. gibt ihm Josephus 33 Jahre. Diese Zahl berichtigte er
selbst in den Altert., in denen er ihn im 31. Jahre sterben läßt (XIII, 10, 7):
ἔτεσιν ἑνὶ καὶ τριάκοντα τελευτῇ. Sollte er sich bei der Aufzählung der

jahre (106), hinterließ fünf Söhne: Aristobul, Antigonos, Alexander, Absalon und einen namenlos Gebliebenen, und ähnelte auch in diesem Punkte seinem Gegenbilde Salomon; nach beider Tod traten unaufhaltsam innere Spaltungen ein.

Hohenpriester (daf. XX, 10, 3) widersprochen haben, indem er ihm nur 30 Jahre zuschreibt? τριάκοντα δὲ ἐν ἔτεσι τῆς τιμῆς ἀπολαύσας . . . τελευτᾷ? Man muß wohl vor ἐν ergänzen ἑνί. [Niese liest jetzt auf Grund guter Handschriften: „τριακονταετὲν ἔτη τῆς τιμῆς Ὑρκανὸς ἀπολαύσας τελευτᾷ", womit die Schwierigkeit gehoben ist.] Dann ist der Widerspruch gehoben. Hyrkan trat das Hohenpriestertum oder die Regierung an Schebat 177 Sel. Mit dem Monat Nissan begann schon sein zweites Jahr. Sein Sohn Aristobul starb nach einjähriger Regierung gleich nach dem Hüttenfeste, d. h. Tischri (Septbr. — Oktbr) 208 Sel. Selbst wenn er ein volles Jahr regiert und also Tischri 207 die Regierung angetreten hat, so dauerte die Regierung seines Vaters doch von Schebat 177 bis Tischri 207, einunddreißig Jahre, allerdings nicht voll. Er starb demnach Herbst 106 vorchr. Z., nicht 105 wie gewöhnlich angegeben wird. [Siehe hierzu jedoch die Auseinandersetzung bei Schürer I³, 256 f., der mit der Ansetzung 135—104 für Joh. Hyrkan im Recht zu sein scheint.] Woher Eusebius die 26 Jahre für Hyrkan entnommen haben mag? Im Talmud werden ihm 80 Jahre beigelegt, wahrscheinlich verschrieben פ statt כ, und 40 eine runde Zahl.

Sechstes Kapitel.

Hyrkans Nachfolger: Aristobul I. und Jannaï Alexander.

Aristobuls Charakter; sein Lieblingsbruder Antigonos; seine Eroberungen im Lande Ituräa. Sagen über die Veranlassung seines Todes. Jannaï Alexanders Charakter und kriegerische Leidenschaft; seine Kämpfe gegen die Seestädte und den ägyptischen Prinzen Lathyros. Die ägyptische Königin Kleopatra und ihre judäischen Feldherren Chelkia und Anania. Alexanders Eroberungen am Jordan und am Mittelmeere; sein Verhalten zur Pharisäerpartei. Simon b. Schetach. Alexander bricht mit den Pharisäern; Aufstand gegen ihn; seine Eroberungen in Moabitis und Galabitis und seine Niederlage im Kampfe mit dem Nabatäerkönig. Aufstand der Pharisäer gegen ihn; ihr Landesverrat; Alexanders grausames Verfahren gegen sie; massenhafte Auswanderung derselben. Alexanders Waffentaten, sein Tod und sein Vermächtnis.

106 — 79.

Johann Hyrkan hatte seine Gemahlin als Königin eingesetzt und seinen ältesten Sohn Juda[1]) zum Hohenpriester ernannt. Dieser ist mehr unter dem griechischen Namen Aristobul bekannt; er, sowie seine Brüder und Nachfolger führten neben dem hebräischen auch einen griechischen Namen. Es zeigte sich aber bald, daß die hellenische Sitte, Weiber an die Spitze des Staates zu stellen, in Judäa keinen Boden hatte. Die jahrhundertelang eingeführte Ordnung, daß der Hohepriester zugleich die staatlichen Interessen zu versehen habe, überwog die letztwillige Verfügung Hyrkans. Aristobul durfte die Mutter von der Regierung entfernen[2]), ohne einen Aufstand des Volkes herbeizuführen; er vereinigte wieder die beiden Würden in Judäa. Nach einer Nachricht soll er der erste Hasmonäer gewesen sein, der sich den Königstitel beigelegt hat[3]); aber dieser Titel vergrößerte weder seine Macht, noch sein Ansehen. Nur verletzte er damit die Volksanschauung, welche die Königswürde lediglich dem Hause Davids zuerkannte und daran die Erwartung der Ankunft des Messias knüpfte. Indem nun Aristobul sich das Königsdiadem aufsetzte, verletzte er gewissermaßen diese Messias-

---

[1]) Josephus Altertümer XX, 10, 3; auch auf den Münzen führt er den Namen יהודה.

[2]) Das. XIII, 11, 1.   [3]) Das. Vergl. Note 7.

hoffnung. Er war überhaupt mehr weltlich geſinnt. Er befreundete
ſich mit den Griechen in der Nachbarſchaft und nahm wohl auch das
griechiſche Weſen an, welches den Frommen, in Rückerinnerung an die
Leiden durch die Helleniſten, verhaßt war. Er wurde daher von den
Griechen Philhellen (Griechenfreund) genannt. Auf den Münzen,
die man von ſeiner Prägung gefunden hat, führte er nicht den Königstitel, ſondern die Inſchrift: „Der Hoheprieſter Juda und das Gemeinweſen der Judäer"[1]). Der Same der Zwietracht, den Hyrkan ausgeſtreut hatte, wucherte unter ſeinen Nachkommen verhängnisvoll fort
und brachte den judäiſchen Staat von Stufe zu Stufe bis zu völliger
Erniedrigung herunter. Vergebens ſuchten die nachfolgenden Herrſcher
ihre Macht zu unnahbarer Höhe zu erheben, vergebens umgaben ſie
ſich mit einer Leibwache treuer Mietstruppen und verrichteten glänzende
Waffentaten; der Bruch war unheilbar, und die angewandten Heilmittel
trugen nur dazu bei, ihn zu vergrößern. Das Fürſtenhaus und das
Volk waren nicht mehr eins; das Politiſche ſchied ſich von dem Religiöſen, und beide folgten einer entgegengeſetzten Richtung, die ſie nur
noch mehr auseinander brachte.

Der König Ariſtobul verdrängte nicht nur ſeine Mutter vom
Throne, ſondern brachte ſie auch mit dreien ſeiner Brüder in Haft.
Nur ſeinen Bruder Antigonos, der ſein Geſinnungs- und Kampf-
genoſſe war, und den er ſehr liebte, ließ er an der Regierung teilnehmen. Obwohl wegen der Kürze ſeiner Regierung nur wenige und
unzuſammenhängende Nachrichten aufbewahrt ſind, ſo läßt ſich doch
ſo viel daraus ſchließen, daß er das Verhalten ſeines Vaters in den
letzten Jahren gegen die beiden Parteien befolgt hat, indem er ſich
enger an die Sadduzäer anſchloß und die Phariſäer von jedem Einfluſſe fernzuhalten ſuchte. Doch wie Ariſtobul in ſeinem eigenen Hauſe
nur wenig Freunde hatte, ſo ſcheint er auch beim Volke nicht beliebt
geweſen zu ſein. Der Umſtand, daß er eine Vorliebe für das Griechiſche
hatte, genügte wohl, ihn bei der Volkspartei verhaßt zu machen. Der
Argwohn heftete ſich an ſeine Ferſen und dichtete ihm alles Schlimme
an. Während ihn die Griechen als billig denkend und beſcheiden
ſchilderten[2]), warfen ihm ſeine judäiſchen Beurteiler Herzloſigkeit und

---

[1]) Man hat bis jetzt etwa zehn Münzenexemplare gefunden, welche mehr
oder weniger deutlich die Inſchrift haben יהודה כהן גדול וחבר היהודים. Vergl.
Merzbacher, Unterſuchungen 2c., S. 196. De Sauley, welcher zuerſt eine Kupfer-
münze mit der Inſchrift Juda entdeckt hat, bezog ſie auf Juda Makkabi. Es
iſt aber als Irrtum erkannt worden. Das Emblem auf Ariſtobuls Münzen iſt
auch ein Füllhorn.

[2]) Timagenes bei Strabo und Joſephus daf. XIII, 11, 3.

Härte vor. Seine Mutter war im Gewahrsam, vielleicht vor Alters=
schwäche, gestorben; der Argwohn verbreitete, der eigene Sohn habe
sie verhungern lassen[1]). Sein Lieblingsbruder Antigonos war, ver=
mutlich durch die Ränke der dem hasmonäischen Hause feindlichen
Partei, meuchlings ermordet worden; das scharfzüngige Gerücht machte
den König zum Urheber des Mordes, weil er auf den Bruder eifer=
süchtig gewesen sei[2]). Die Sage hat überhaupt um den Tod des
Antigonos ein ganzes Gewebe tragischer Zufälle gesponnen, um die
Gottvergessenheit des Königs Aristobul recht schauerlich zu machen.

Aristobul hatte mit der kriegerischen Tüchtigkeit auch die Pläne
seines Vaters geerbt, Judäa nach Nordosten hin, wo gewissermaßen
noch herrenlose Länderflächen lagen, auszudehnen. Die Strecke vom
Fuße des südlichen Ausläufers des riesigen Hermon nach Osten bis in
die syrisch=arabische Sandwüste und nördlich bis an die paradiesischen
Gefilde von Damaskus durchzogen, wie ehemals der nomadisierende
halbe Stamm Manasse und die Kedarener, so zur Zeit Aristobuls
die Ituräer und Trachoniten, die öfter das harmlose Hirten=
leben mit dem rauhen Kriegshandwerk vertauschten. Der nur oasen=
weise fruchtbare Landstrich hat seine Bewohner mit entgegengesetzten
Eigenschaften ausgestattet: sie waren von jeher, bald mehr bald weniger,
Hirten und Straßenräuber, Kaufleute und Krieger. Gegen diese halb=
arabischen Völkerschaften, welche damals den Namen Ituräer führten,
unternahm Aristobul einen Kriegszug, wahrscheinlich nur eine Fortsetzung
der Unternehmung seines Vaters. Sein Bruder Antigonos, mit dem
er zugleich die ersten Lorbeeren gegen die Samaritaner und Syrer
erworben hatte, war auch in diesem Kriege sein Waffengefährte. Das
Kriegsglück war Aristobul wie seinem Vater günstig, er vergrößerte
Judäa nach dieser Seite hin und befolgte auch dessen System, den be=
siegten Völkern die judäische Religion aufzuzwingen[3]). Fortgesetzte
Eroberungen auf dieser Bahn hätten Judäa die Karawanenstraßen von
den Euphratländern nach Ägypten und hiermit die Verbindungslinie
für den Zwischenhandel von dem asiatischen Binnenlande zum Mittel=
meere in die Hände gegeben, und es hätte dadurch eine Wichtigkeit
erlangen können, die, unterstützt von dem kriegerischen Mute seiner
Bewohner und dem wehrhaften Zustande seiner Festungen, es eine
Stellung in dem Ländersystem des damaligen Vorderasiens hätte ein=
nehmen lassen können. Aber, als wäre es von der Vorsehung be=
schlossen, daß Judäa nicht auf diesem Wege einen bedeutenden Einfluß

---

[1]) Josephus das. 11, 1.   [2]) Das. 11, 2.
[3]) Timagenes bei Josephus das. 11, 3.

gewinnen ſollte, mußte Ariſtobul ſeine Eroberungen, von einer ſchweren
Krankheit befallen, einſtellen und ſich nach Jeruſalem zurückziehen.
Antigonos ſetzte zwar den Krieg einige Zeit mit Glück fort, als er
aber wegen des herannahenden Feſtmonats Tiſchri ebenfalls nach Jeruſalem zurückkehrte, war es weder ihm, noch ſeinem königlichen Bruder
vergönnt, den Kriegsſchauplatz wieder zu betreten. Antigonos fiel, wie
ſchon erwähnt, durch Meuchelmord, und Ariſtobul erlag der Krankheit,
nachdem er ein Jahr regiert hatte[1]) (106—105).

Der aufeinanderfolgende Tod der beiden Brüder gab dem boshaften Gerüchte den Stoff zu einem erſchütternden Phantaſieſtück. Die
Sage erzählt: Als Antigonos zu dem großen Feſte heimgekehrt und
in glänzendem Waffenſchmuck auf dem Tempelplatze und in den Straßen
Jeruſalems einherſchritt in jugendlicher Schönheit und Vollkraft, hätten
ſeine Gegner Veranlaſſung davon genommen, die Eiferſucht des kranken
Königs rege zu machen, ihm zutragend, daß Antigonos nach ſeinem
Leben und ſeiner Krone trachtete. Ariſtobul, obwohl voll Vertrauen
auf die Zuneigung ſeines Bruders, habe doch der Verleumdung Gehör
gegeben. Er wollte ihn ſelbſt ſprechen, um in ſeinen Zügen die Schuld
oder Unſchuld zu leſen. Zu dieſem Zwecke habe er ihn rufen laſſen
und ihm zugleich bedeutet, er möge unbewaffnet zu ihm kommen; zu
größerer Vorſicht habe er in einem Gange, der zu ſeinem Zimmer im
Palaſte der Hasmonäer in der Burg Baris führte, ſeine Leibwache
aufſtellen laſſen, mit dem Befehle, Antigonos ſofort niederzuſtecken,
wenn er etwa bewaffnet eintreten ſollte. Dieſen Befehl habe die Königin,
welche Antigonos haßte, zu ſeinem Verderben benutzt, indem ſie ihm
durch die Boten des Königs die entgegengeſetzte Aufforderung habe
zugehen laſſen: nämlich in vollſtändiger Waffenrüſtung vor dem König
zu erſcheinen. Dieſer Weiſung ſei Antigonos nachgekommen und in
dem dunkeln Gange Stratonsturm der Birah ſofort von den Trabanten niedergeſtoßen worden. Bei der Nachricht von dem auf ſeine
Veranlaſſung erfolgten Tod des Bruders habe die Krankheit des Königs
noch mehr zugenommen, da der Schrecken ihm einen Blutſturz zugezogen. Eine Schale von dieſem Blute habe ein Diener des Königs,
ausgleitend auf dem von dem Blute des Erſchlagenen noch ſchlüpferigen
Boden des Vorgemaches, verſchüttet, ſo daß das Blut beider Brüder
ſich vermiſcht habe. Dieſer Vorfall habe auf das Gemüt des Königs
einen ſo erſchütternden Eindruck gemacht, daß er ſich als Mörder ſeines
Bruders angeklagt habe, und die Seelenpein habe eine Zunahme der
Krankheit herbeigeführt, worauf der Tod erfolgt ſei[2]). Ariſtobuls

---

[1]) Daſ. XIII, 11, 2—3.   [2]) Joſephus Altert. daſ.

kurze Regierungszeit ist in der Chronik ganz übergangen, und die Sage
hat sich ihrer daher bemächtigt. Sie fügte zu dem Obigen noch das
Wunderbare hinzu, daß ein zukunftskundiger Essäer, namens Juda,
den gewaltsamen Tod des Antigonos an einem bestimmten Tage vor=
hergesehen habe und noch dazu mit dem Nebenumstande, daß er in
Stratonsturm erfolgen werde. Da aber der Ort Stratonsturm, das
spätere Cäsarea, fünfzehn Meilen von Jerusalem entfernt war, habe
der Essäer, als er noch an dem verhängnisvollen Tage Antigonos in
strotzender Gesundheit in Jerusalem gesehen, an seiner Prophetengabe
selbst gezweifelt, bis es sich bald herausgestellt, daß Antigonos wirklich
in dem Gange, namens Stratonsturm, ermordet worden sei. Denselben
sagenhaften Charakter trägt noch der Beginn der Regierung von Ari=
stobuls Nachfolger. Alexander, dessen judäischer Name Jannaï
(eine Abkürzung von Jonathan) lautete, soll nicht bloß von seinem
Bruder in Gewahrsam gehalten worden, sondern auch seinem Vater
so verhaßt gewesen sein, daß er ihn nach Galiläa verbannt hatte, weil
ihm im Traume die Kunde zugekommen, daß derselbe, obwohl sein
dritter Sohn, die Krone von Judäa tragen werde[1]. Aus dem Kerker,
wohin ihn Aristobul gebracht, soll ihn dessen Witwe befreit und ihm
mit der Krone zugleich ihre Hand geboten haben[2]. Aber dann hätte
Alexander als Hoherpriester eine Witwe geheiratet, was ungesetzlich
war, wenn auch in Schwagerehe. Noch minder begreiflich ist es, wie
Alexander in seinem späteren Leben so sehr alle Rücksichten gegen die=
jenige, der er Freiheit und Herrschaft verdankte, hätte außer acht setzen
können. Man wird daher diesen ganzen Zug in das Reich der Sage
verweisen müssen. Alexander wird vielmehr ohne Vorschub von Ari=
stobuls Witwe nach dem Rechte der Erbfolge, weil sein älterer Bruder
kinderlos gestorben war, den judäischen Thron bestiegen und seine Frau
Salome, in strenger Beobachtung des priesterlichen Ehegesetzes, als
Jungfrau in sein Haus geführt haben. Auch das ist nicht begründet,
daß Alexander seine Regierung mit der Ermordung eines seiner Brüder,
der noch dazu sein Leidensgenosse im Kerker gewesen wäre, begonnen
habe[3]; denn damit hätte er sich beim Volke alsbald verhaßt gemacht,

[1] Das. 12, 1.
[2] Das. Doch dieses Faktum ist aus Josephus Konfusion entstanden.
Aristobuls Frau hieß Salome, und ebenso die Alexanders. Josephus hat sie
identifiziert und auch die andere, des Ersteren Frau, Alexandra genannt, wie
die des Letzteren, die später Alleinherrscherin wurde. Denn bei Alexanders
Regierungsantritt 105 war er bereits mit Salome=Alexandra verheiratet und
hatte bereits von ihr den ältesten Sohn, Hyrkan, geb. um 110. Denn dieser
wurde hingerichtet im J. 30 und war schon 80 Jahre alt. Ebenso Madden,
history of the jewish coinage, p. 71.   [3] Jüd. Kriege I, 4, 1.

und doch hat er ſich erſt viel ſpäter durch ſeine offene Hinneigung zu
den ſadbuzäiſchen Anſichten die Abneigung desſelben zugezogen. Er
ſcheint vielmehr gerade im Anfang ſich der Volksgunſt befliſſen zu
haben, wie denn auch die ſeit längerer Zeit bei Hofe mißliebigen Phariſäer ihr Haupt wieder erheben durften. Simon ben Schetach, der
als der Wiederherſteller des Phariſäertums geprieſen wird, verkehrte
am Hofe Alexanders; er war der Bruder der Königin Salome[1]).
Alexanders Mißhelligkeit mit den Phariſäern kann alſo im Beginn
ſeiner Regierung nicht beſtanden haben, ſondern erfolgte wohl erſt
mehrere Jahre ſpäter.

Der mit dreiundzwanzig Jahren zur Herrſchaft gelangte Alexander
Jannaï war kriegeriſch wie die Familie, der er entſproſſen; aber er
beſaß weder das Feldherrentalent ſeiner Vorfahren, noch deren Umſicht, einen umfaſſenden Plan zu entwerfen und die Mittel nach den
Umſtänden abzuwägen. Er ſtürzte ſich tollkühn in kriegeriſche Unternehmungen, die ſelbſt bei glücklichem Ausgang bedeutende Erfolge nicht
erwarten ließen, zerſplitterte dadurch die Volkskraft und brachte den
Staat mehr als einmal an den Rand des Abgrundes. Seine ſieben-
undzwanzigjährige Regierungszeit verlief daher in äußeren und inneren
Kriegen und war nicht geeignet, die materielle Volkswohlfahrt zu heben.
Größer als ſeine Klugheit war indeſſen ſein Glück, das ihn auch in
verzweifelten Lagen, in die er ſich ſelbſt gebracht, nicht im Stich ließ,
und dem Glücke hatte er es zu danken, daß er im ganzen doch die
Grenzen Judääs erweitern konnte. Wie ſein Vater führte er ſeine
Kriege mit Soldtruppen, die er aus Piſidien und Cilicien angeworben
hatte[2]). Syrer zu gebrauchen, wagte er nicht, weil die gegenſeitige
Abneigung zwiſchen Judäern und Syrern ſo feſt gewurzelt war, daß
auf ihr herzliches Zuſammenwirken in keiner Weiſe zu rechnen war.

Alexanders Hauptaugenmerk war auf die Seeſtädte gerichtet[3]),
die infolge der Fehden der beiden Halbbrüder gegeneinander, Antiochos
Grypos und Kyzikenos, ſich unabhängig gemacht hatten. Ptolemaïs
(Akko) und Gaza hatten ſich als Republiken erklärt, und die in der
Mitte liegenden Stratonsturm und Dora wurden von einem Banden-
führer Zoïlos beherrſcht, der ſich zu ihrem Tyrannen aufgeworfen
hatte. Alexander hatte ihre Wichtigkeit für das Gedeihen des judäiſchen
Staats, wahrſcheinlich während ſeiner Verbannung in Galiläa, erkannt.
Ganz beſonders wünſchte er das reichbevölkerte, mit einem vortrefflichen
Hafen verſehene und auch von Judäern bewohnte Ptolemaïs Judäa

---

[1]) S. Note 13.
[2]) Joſephus Altert. XIII, 13, 5; jüd. Kr. I, 4, 3.
[3]) Taf. 12, 2—6.

einzuverleiben. Während Alexander die Gegend von Gaza und das
Gebiet des Zoïlos von seinen Scharen verwüsten ließ[1]), bedrängte er
selbst die wichtige Hafenstadt mit einer harten Belagerung. Die Einwohner von Ptolemaïs riefen daher Zoïlos zu Hilfe, aber seine Macht
für zu gering anschlagend, wandten sie sich an den ägyptischen Prinzen
Ptolemäus Lathuros, welcher, wie schon erwähnt (o. S. 75), im offenen
Kriege gegen seine Mutter Kleopatra sich in den Besitz von Chpern
gesetzt hatte. Lathuros war froh, eine Gelegenheit zur Machtvergrößerung
zu erhalten und sich zugleich auf dem Landwege Ägypten nähern zu
können und beeilte sich, dreißigtausend Mann nach der judäischen
Küste zu werfen. Ehe er aber die Küste erreicht hatte, waren die
Ptolemäenser anderen Sinnes geworden. Auf den Rat eines ange-
sehenen Bürgers Demainetos wollten sie sich lieber dem judäischen
Könige unterwerfen, als in Abhängigkeit von Lathuros geraten und
dadurch in den Streit zwischen ihm und seiner Mutter verwickelt werden.
Nichtsdestoweniger landete Lathuros unweit Akko, verband sich mit
Zoïlos und den Einwohnern von Gaza und wollte die Übergabe der
Stadt ertrotzen. Alexander sah sich in die Lage versetzt, sein Vorhaben
auf Akko aufgeben zu müssen und verlegte sich auf diplomatische Künste.
Auf der einen Seite unterhandelte er heimlich mit Lathuros, ihm Zoïlos
und dessen Gebiet für vierhundert Talente Silber zu überliefern, auf
der anderen Seite mit Kleopatra, Truppen zu ihm stoßen zu lassen,
um ihren widerspenstigen Sohn zu demütigen. Aber diese Doppel-
züngigkeit trug ihm keine Früchte. Lathuros, im Begriffe ihm zu will-
fahren, erfuhr noch zeitig genug von seinem hinterlistigen Verfahren,
um ihn zur Aufhebung der Belagerung von Akko zu zwingen und
seinem Heere Niederlage auf Niederlage beizubringen. An einem Sabbat
schlug er das judäische Heer, das aus mindestens fünfzigtausend
Mann bestand, bei Asochis (Socho, Sichin) unweit Sepphoris[2]) bis
an den Jordan, wo bei Asophon (Zaphon) eine so mörderische Schlacht
erfolgte, daß die Hände der Kämpfenden ermüdeten, und die Schwerter
stumpf geworden waren. Mehr als dreißigtausend Krieger Alexanders
bedeckten das Schlachtfeld, viele wurden gefangen und die übrigen ergriffen die Flucht. Lathuros durchzog mit seinem Heere einen Teil
Judäas mordend und selbst die Frauen und Kinder nicht schonend.

---

[1]) Josephus Altert. XIII, 12, 4.

[2]) Josephus das. 12, 4—5: πειράσας δὲ καὶ Σεπφώριν μικρὸν ἄποθεν
τῆς πεπορθημένης. Tosefta Sabbat c. XIV, 9: ein Brand ist ausgebrochen
in שיחין und die Soldaten der כצריה דציפורי kamen ihn zu löschen. Auch
b. Sabbat p. 121 a und jerus. z. St. und Parallelen. Daraus folgt, da Asochis
ebenfalls nahe bei Sepphoris lag, die Identität von שיחין und Ἀσωχίς.

Er wollte nicht bloß an Alexander, ſondern an den Judäern überhaupt
Rache nehmen, weil ſie in Ägypten ſeine Gegner und einige ſogar die
vertrauteſten Ratgeber ſeiner Mutter (o. S. 75) waren. Akko fiel
ebenfalls in ſeine Hände, und Gaza unterwarf ſich ihm freiwillig[1]).

Dieſe beträchtliche Niederlage hätte unfehlbar die ſchimpflichſte
Knechtſchaft über Judäa gebracht, wenn nicht Kleopatra wegen der
Siege und Machtvergrößerung ihres Sohnes die größte Sorge empfunden
und Vorkehrungen getroffen hätte, ihm die Früchte ſeiner Siege zu
entreißen, ehe er ſie gegen ſie ſelbſt gebrauchen konnte. Sie rüſtete
ein ſtarkes Heer und ſandte es, von der Flotte unterſtützt, gegen Lathuros nach Judäa und Syrien. Den Oberbefehl über dasſelbe hatten
die zwei judäiſchen Feldherren Chelkia und Anania, jene beiden
Söhne des Onias, welchen die Königin Kleopatra die Behauptung
ihrer Krone verdankte. Chelkia ſtarb in dieſem Feldzuge, in welchem
er den Lathuros auf ſeinem Zuge nach dem Süden, um während der
Abweſenheit ſeiner Mutter und des Heeres einen Einfall in Ägypten
zu machen, auf Schritt und Tritt verfolgt hatte[2]). Durch den Tod
dieſes bewährten Feldherrn hatte aber die Unternehmung gegen Lathuros
nicht gelitten. Sein Bruder füllte ſeine Stelle im Rate und im Heere
aus. Ananias hohe Stellung war zu dieſer Zeit von entſchiedenem
Einfluſſe für ſeine Stammesgenoſſen in Judäa. Einige Räte Kleopatras
hatten ihr nämlich, nachdem ſie feſten Fuß in dieſer Gegend gefaßt
und Ptolemaïs eingenommen hatte, den Gedanken nahe gelegt, die
Gelegenheit nicht vorübergehen zu laſſen, ſich Judäas, das ihren Schutz
nicht entbehren konnte, zu bemächtigen, Alexander zu entthronen und
das Land an Ägypten zu bringen. Aber Anania trat dieſem Rate
mit Entrüſtung entgegen; er wies nicht nur auf das Ungerechte einer
ſolchen Bundesbrüchigkeit hin, ſondern machte die Königin auch auf die
nachteiligen Folgen eines ſolchen Schrittes aufmerkſam. Sämtliche
Judäer Ägyptens, die als die Stütze ihres von ihrem Sohne bedrohten
Thrones galten, würden, ſo bemerkte Anania, ſich zu ihren Feinden
ſchlagen, falls ſie einen verräteriſchen Angriff auf die Unabhängigkeit
der judäiſchen Nation machen ſollte[3]). In ſeinen Worten lag zugleich
die Drohung, daß er ſelbſt mit dem Gewichte ſeiner politiſchen Einſicht
und ſeines Feldherrentalentes aufhören würde, ihr zu dienen, oder gar
ſich gegen ſie erklären würde. Dieſe Sprache verfehlte nicht des Eindruckes auf das Gemüt der Königin, ſie verwarf den argliſtigen Rat
der Judenfeinde und ſchloß in Betſan ein Schutz- und Trutzbündnis
mit Alexander (um 98[4]). So hat die warme Anhänglichkeit eines

---

[1]) Joſ. daſ. 12, 5—6; 13, 1.   [2]) Daſ. 13, 1.
[3]) Daſ. 13, 2.   [4]) Daſ.

einflußreichen Judäers an seine Nation eine große Gefahr von Judäa abgewendet, noch ehe der judäische König dieselbe ahnen konnte.

Alexander war durch das Bündnis mit Kleopatra von Lathuros drohender Stellung befreit, indem dieser gezwungen war, sich aus Judäa zurückzuziehen und nach Cypern heimzukehren. Alle Städte, die ihm Vorschub geleistet hatten, empfanden jetzt Alexanders Rache. Er nahm nach zehnmonatlicher Belagerung die befestigte Stadt Gadara ein und entriß die Stadt Amathus am Jordan [1]) ihrem Beherrscher Theodoros, dessen Vater Zeno dem Mörder seines Großvaters Simon Schutz gewährt hatte (o. S. 66). Aber sorglos wie Alexander war, gab er dem besiegten Feinde Gelegenheit, sein Heer zu überfallen, zehntausend Mann niederzumachen und sein ganzes Feldgepäck zu erbeuten. Von dem erlittenen Unfalle sich erholend, wandte sich Alexander von der Jordangegend nach dem Küstenstriche und eroberte Raphia, die Grenzstadt Palästinas im Südwesten, und das nördlicher davon gelegene Anthedon. Um Gaza einzunehmen, mußte er ein ganzes Jahr lang viele Kämpfe bestehen und konnte die Stadt nur durch den Verrat eines auf den Einfluß seines Bruders eifersüchtigen Anführers Lysimachos in seine Gewalt bekommen. Seine ganze wilde Wut entlud Alexander gegen die besiegten Einwohner von Gaza; er ließ die angesehensten unter ihnen hinrichten, und der Schrecken vor ihm war so groß, daß viele ihre Frauen und Kinder mit eigenen Händen töteten, um sie nicht in judäische Gefangenschaft geraten zu lassen (96 [2]).

Während der neun Jahre von Alexanders Thronbesteigung bis zur Einnahme von Gaza hatte er, weil von Gefahren und peinlichen Verwickelungen umlagert, die Eintracht im Innern nicht gestört. In dem brennenden Streit zwischen den Pharisäern und Sadduzäern scheint er Neutralität beobachtet zu haben, wohl weil er während der ganzen Zeit nicht Muße hatte, sich darum zu bekümmern. Viel mag auch zu diesem friedlichen Verhalten gegen die Parteispannung seine Gemahlin Salome beigetragen haben, welche eine warme Anhängerin der Pharisäer war. Wenn auch der König nicht gerade Partei für sie ergriffen hatte, so ließ er sie doch gewähren und tat nichts, um ihre Empfindlichkeit zu verletzen und das Volk, das ihnen anhing, zu reizen. Wie schon erwähnt, stand Simon ben Schetach, der Führer der Pharisäer, unter Alexander in hoher Gunst bei Hofe, weil er der Bruder der Königin war. Als man den König einst gegen Simon eingenommen hatte, indem man ihn verleumdete, daß er sich einer List gegen Alexander bedient habe, war er genötigt, sich in einem sichern Versteck verborgen

---

[1]) Nach einer Quelle identisch mit Zaphon (Asophon) Jerus. Schebiit 9, 1 p. 38 d.   [2]) Josephus Altert. XIII, 13, 3.

zu halten, und die Königin, die seinen Aufenthalt kannte, verriet ihn
nicht. Da traf es sich, daß parthische Gesandte an Alexanders Hof
kamen und vom König zur Tafel geladen, bei dem Gelage die Anwesenheit Simons vermißten, an dessen Weisheit sie sich bei früherer
Gelegenheit ergötzt hatten. Alexander wollte ihnen zu Liebe den
pharisäischen Weisen wieder an seine Tafel ziehen und bat die Königin,
ihn dazu zu bewegen. Die Königin tat es aber nicht eher, als bis
ihr königlicher Gemahl ihr das Versprechen gegeben hatte, daß er dem
Flüchtlinge nichts zuleide tun werde. Auf das Zureden der Königin
erschien Simon wieder bei Hofe und setzte sich mit einer Art Selbstbewußtsein zwischen das Königspaar. Auf Alexanders Verwunderung
über die Anmaßung erwiderte er: „Die Weisheit, der ich diene, gewährt mir den Rang, mich Königen gleichzustellen" [1]).

Simon scheint von Alexander als Vermittler zwischen den noch
immer zurückgesetzten Pharisäern und den im Besitze der Ämter be-
findlichen Sadduzäern verwendet worden zu sein. Der hohe Rat war
noch seit Hyrkans Abfall vom Pharisäertum von sadduzäischen Mitgliedern besetzt, und solange diese Bevorzugung der einen Partei
gegen die andere fortdauerte, schien eine Versöhnung und ein ruhiger
Zustand unmöglich zu sein. Der König mag daher vom Wunsche beseelt gewesen sein, eine Ausgleichung des Streites durch die Gleichberechtigung beider Parteien zu Ämtern und Würden herbeizuführen.
Allein die Pharisäer weigerten sich, mit ihren Gegnern gemeinsam zu
fungieren und leisteten leidenden Widerstand. Nur Simon ben Schetach
ließ sich in den Schoß des sadduzäischen Kollegiums aufnehmen, allerdings mit dem Hintergedanken, dasselbe nach und nach von seinen
sadduzäischen Mitgliedern zu säubern. Dieses Ziel erreichte er dadurch, daß er die Sadduzäer in verfängliche Fragen verwickelte, so daß
sie bei deren Lösung mit ihrem Prinzipe in Widerspruch gerieten.
Sich auf das sadduzäische Prinzip berufend, daß nur solche Gesetze
giltig seien, deren Ursprung im Pentateuche deutlich angegeben ist,
fragte er sie, wie sie in solchen Fällen entscheiden würden, wo das
Gesetz schweigt, ob sie nicht auch zu dem Brauche, also zur Überlieferung, Zuflucht nehmen würden. Die Sadduzäer hatten für solche
Fragen keine Antwort, und auf diese Weise setzte Simon den sadduzäischen Führern so viel zu und beschämte sie in Gegenwart des
Königspaares, so oft dieses den Sitzungen beiwohnte, so tief, daß sie
sich nach und nach zurückzogen. Die leer gewordenen Stellen besetzte
Simon allmählich mit Pharisäern, bis der hohe Rat wieder gänzlich
das Organ der pharisäischen Lehren geworden war. Und dieser Tag,

[1]) Note 13.

der achtundzwanzigste Tebet (Januar, ungefähr 100), an welchem der hohe Rat von sadduzäischen Mitgliedern ganz gesäubert war, wurde als Gedenktag festlich begangen[1]).

Diese neutrale Stellung Alexanders gegen die Parteien dauerte jedoch nur so lange, als seine gefährdete Lage seine Aufmerksamkeit von den inneren Angelegenheiten abzog. Sobald er aber als Sieger und Eroberer so vieler Städte und Gebietsteile heimkehrte und sich mit aufgeblähtem Dünkel als unumschränkten Herrn und Gebieter betrachtete, änderte sich das Verhältnis. Sei es nun, daß der wieder-erworbene Einfluß der Pharisäer seiner Macht im Wege war, oder daß er die für Kriege brauchbaren Sadduzäer belohnen und an sich fesseln wollte, oder daß ihn sein Günstling, der Sadduzäer Diogenes, dessen Ratschläge eben so verderblich für Alexander wie für die Wohl-fahrt des Landes waren, für das Sadduzäertum einzunehmen gewußt hatte: genug, Alexander trat mit einem Male als entschiedener Gegner der pharisäischen Lehre auf und gab dieses auf eine sehr verletzende Weise kund. Als er einst am Hüttenfeste als Hoherpriester fungierte, sollte er einem alten Brauch zufolge aus einer silbernen Schale Wasser als Sinnbild der Fruchtbarkeit, auf den Altar gießen. Aber um diese von den Pharisäern geltend gemachte religiöse Sitte geflissentlich zu verhöhnen, goß er das Wasser zu seinen Füßen nieder. Mehr brauchte es nicht, um den Unwillen der im Tempelvorhofe anwesenden Volks-menge zu reizen. Mit rücksichtsloser Erbitterung warfen die Anwesenden die Festfrüchte (Etrog), welche sie in Händen hatten, nach dem ketzerischen König und beschimpften ihn als einen unwürdigen Hohenpriester, als den Enkel einer Gefangenen[2]). Dieser Vorfall hätte Alexander das Leben gekostet, wären nicht die pisidischen und cilicischen Soldtruppen schnell herbeigeeilt, um auf die Aufständischen einzuhauen. Nahe an sechstausend Mann verloren dabei ihr Leben im Tempel (um 95). In der Hitze des Kampfes wurde auch der Altar verletzt; eine seiner Spitzen wurde zerbrochen. Um ähnlichen Auftritten für die Zukunft vorzubeugen, ließ Alexander das Volk vom Betreten des Vorhofes der Priester, wo der Altar stand, durch eine Scheidewand ausschließen[3]). Diese Vorgänge, bei denen die Schuld auf beiden Seiten gleich war, erzeugte einen unversöhnlichen Haß zwischen dem König und dem Pharisäertume, welcher der judäischen Nation Ströme von Blut kostete und sie so sehr schwächte, daß sie einem kräftigen Andrang von außen keinen gleich kräftigen Widerstand entgegen zu setzen vermochte. So hatten die Hasmonäernachkommen schon im dritten Geschlechte den

[1]) Note 1, No. 16.
[2]) Josephus Altertümer XIII, 13, 5. Vergl. Note 13.   [3]) Jos. das.

Bau, den ihre Vorfahren mit ihrem Blute aufgeführt, durch blinde
Leidenſchaftlichkeit ſo ſehr erſchüttert, daß es wunderbar erſcheint, wie
er den wiederholt auf ihn geführten Stößen noch ſo lange widerſtehen
konnte.   Die Spaltung des Reiches in Juda und Israel unter
Rehabeam und Jerobeam wiederholte ſich in der erbitterten Parteiung
der Phariſäer und Sadduzäer.

Alexander aber ſah den Riß nicht, den ſeine Hand dem Staats-
gebäude in kindiſcher Verblendung beigebracht hatte; er trug ſich vielmehr noch immer mit hochfliegenden Plänen, die Landesgrenzen zu
erweitern, ohne zu bedenken, daß, nachdem einmal das einträchtige
Zuſammenwirken von Fürſt und Volk dahin war, der größere Umfang
des Staates mehr dazu führen könnte, das Vaterland zu ſchädigen
als zu kräftigen. Er hatte aber nichts anderes im Auge, als ſeine
Kriegsluſt zu befriedigen, und richtete ſeine Unternehmungen gegen
das transjordaniſche Land im Oſten des toten Meeres, das noch
immer den Namen Moabitis führte, und gegen den Landſtrich im
Südoſten des Tiberiasſees, welcher Galaditis oder auch Gaulanitis
hieß.   Den ganzen Bezirk umfaßte aber auch der gemeinſchaftliche
Name Arabien, weil die nabatäiſch-arabiſchen Könige von Petra, der
ehemaligen idumäiſchen Hauptſtadt, auch auf dieſen Landesteil Anſpruch
machten. In Gaulanitis eroberte Alexander unter andern auch die
Stadt Amathus am Jordan und rächte die Niederlage, die er einige
Jahre vorher gegen Theodoros an dieſem Orte erlitten hatte. Allein
als er in ſeinen Eroberungen fortſchreiten wollte, warf ſich ihm der
nabatäiſche König Obeda (oder Oboda) entgegen und lockte ihn in
ein unwegſames, von Schluchten zerriſſenes Terrain, wo Alexanders
Heer völlig aufgerieben wurde, und er ſelbſt nur mit dem nackten
Leben nach Jeruſalem entkommen konnte (um 94[1]). In Jeruſalem
erwartete ihn die Erbitterung der Phariſäer, die das Volk bis zur
Empörung gegen ihn aufgeſtachelt hatten. Es erfolgten ſechs Jahre
hintereinander (94 bis 89) blutige Aufſtände und innere Kämpfe,
durch die das judäiſche Land zur Ohnmacht herabſank. Jeden Aufſtand unterdrückte zwar Alexander durch die fremden Mietstruppen;
aber die Metzeleien, die dabei vorkamen, gaben immer wieder Stoff zu
neuen Aufſtänden. Am Ende war Alexander von dieſen Reibungen
ſo erſchöpft, zumal er durch die innern Unruhen in den Unternehmungen nach außen gelähmt war, daß er den Phariſäern die Hand
zum Frieden zu reichen ſich gezwungen ſah.   Jetzt war es die
Phariſäerpartei, die in blinder Wut die Friedenshand zurückſtieß und

---

[1] Joſephus daſ. 13, 5.

einen Verrat an dem Lande beging, der ewig ein Schandfleck dieser Partei bleiben wird. Auf Alexanders Anfrage, welche Friedens=bedingungen sie aufstellen, erwiderten die pharisäischen Führer: die erste Bedingung zu einem dauernden Frieden sei sein Tod[1]). Heim=lich hatten sie sogar mit dem damaligen König von Syrien, Eukäros, — dem vierten von den fünf hinterlassenen Söhnen des Antiochos Grypos, welcher im Kriege mit seinem Bruder Philippos stand und in Damaskus residierte — landesverräterische Unterhandlungen ge=pflogen, ein syrisches Heer in Judäa einrücken zu lassen, und ver=sprochen, mit ihren Anhängern zu ihm zu stoßen, um Alexander zu demütigen. Auf die Nachricht von Eukäros Einfall ins Herz von Judäa mit vierzigtausend Mann Fußvolk und dreitausend Reitern rückte ihm Alexander bis Sichem mit zwanzigtausend Fußgängern und tausend Reitern entgegen. In dem blutigen Treffen bei Sichem kämpften Judäer gegen Judäer und Griechen gegen Griechen, indem beide Heere ihrem Anführer treu blieben und sich zu keinem Abfall verleiten ließen. Die auf beiden Seiten blutige Schlacht entschied zu Gunsten des Eukäros, und Alexander war durch den Verlust aller Mietstruppen genötigt, im Gebirge Ephraim flüchtig umherzuirren[2]).

Sein trauriger Fall erweckte ihm wieder das Mitleid des Volks; sechstausend seiner pharisäischen Gegner verließen das syrische Lager und gingen zu Alexander über, wodurch Eukäros in die unangenehme Lage versetzt war, Judäa verlassen zu müssen. Die wütendsten Pharisäer setzten nichtsdestoweniger den Kampf gegen ihren Feind fort; in einem Treffen besiegt, warfen sie sich in eine Festung Bethome[3]), wurden aber von Alexander zur Übergabe derselben gezwungen. Alexander ließ sich vom Rachegefühl und von der Über=redungsgabe seines sadduzäischen Günstlings Diogenes hinreißen, achthundert gefangene Pharisäer an einem Tage ans Kreuz zu schlagen (um 88). Übertreibend erzählte man sich später, Alexander habe so=gar die Frauen und Kinder der zum Tode Verurteilten vor ihren Augen hinschlachten lassen und habe diesem blutigen Schauspiele bei einem Schmause, von Buhlerinnen umgeben, zugesehen[4]). Indessen bedurfte es nicht dieses Übermaßes von Grausamkeit, um ihn mit dem Schimpfnamen „Thrazier[5])" zu brandmarken; die Kreuzigung von

---

[1]) Josephus das.   [2]) Das. 14, 1 — 2.
[3]) Vielleicht Kephar-Ithome; nach einer anderen L.=A. Be-Meselis; jüd. Krieg I, 4, 6. [Eine Vermutung Furrers s. bei Schürer I[3], 282.]
[4]) Jos. das. 14, 2.
[5]) Das. die Benennung: ὥστ . . . ἐπικληθῆναι αὐτὸν ὑπὸ τῶν Ἰουδαίων Θραξίδαν, scheint eine andere Bedeutung zu haben als Thrazier, vielleicht von שׂרט „schlagen".

achthundert Mann war hinreichend, ihn als herzloſen Menſchen-
ſchlächter zu verurteilen, und ſie hat den Sadbuzäern, welche Schadenfreude darüber empfanden, bittere Früchte getragen. Dieſer unver-
ſöhnliche Haß beider Parteien hat der Nation die tiefſten Wunden
geſchlagen; über fünfzigtauſend Mann von beiden Parteien kamen
während dieſer ſechsjährigen innern Kämpfe um[1]). Die Phariſäer
litten am meiſten darunter und hielten ſich im Lande nicht mehr ſicher;
in der Nacht nach der Kreuzigung der achthundert flüchteten etwa
achttauſend von ihnen ins Ausland[2]), teils nach Syrien, teils nach
Ägypten. Diejenigen, welche nach Syrien, namentlich nach Seleucia
und Bet-Zabbai geflohen waren, hatten viel Ungemach zu erdulden,
wobei ihrer viele den Tod gefunden haben und nur ein kleiner Teil ſich
retten konnte[3]). Diejenigen, die in Ägypten ein Aſyl ſuchten, fanden
bei ihren alexandriniſchen Stammesgenoſſen gaſtfreundliche Aufnahme
und verblieben dort bis nach Alexanders Tode. Unter dieſen war
auch Juda ben Tabbaï[4]), welcher ſpäter zu bedeutendem Einfluſſe
gelangte und der Rächer ſeiner hingeſchlachteten Parteigenoſſen wurde.
Wo ſich Simon ben Schetach während dieſer Verfolgungszeit aufhielt,
iſt nicht bekannt. Nach einer unverbürgten Sage ſoll er im Exil in
ſo dürftigen Umſtänden gelebt haben, daß er ein beſchwerliches Geſchäft
mit Flachs betreiben mußte. Seine Jünger ſollen ihm einſt, um es
ihm zu erleichtern, ein Kamel gekauft haben. Als ſie dann an dem
Halſe desſelben ein wertvolles, mit Edelſteinen beſetztes Halsband
bemerkten, beglückwünſchten ſie ihn über dieſen Fund; er aber bedeutete
ihnen, die Edelſteine dem arabiſchen Verkäufer wieder zuzuſtellen, weil
ſie nicht zum Kauf gehörten[5]).

In welche Schwäche Alexander durch die inneren Kämpfe geraten
war, zeigte ſich bald darauf, als die Könige von Nabatäa und Syrien,
Aretas und Antiochos XII., der jüngſte der fünf Söhne des Grypos,
Judäa zu ihrem Kriegsſchauplatz machten, ohne daß er imſtande war,
ſie in Schranken zu halten. Er hatte wohl, um den Durchzug des
Antiochos zu verhindern, eine hohe Plankenmauer mit Türmen von
Kapharſaba (Antipatris) an bis Joppe aufführen und einen tiefen
Graben dabei ziehen laſſen, aber Antiochos füllte den Graben aus,
verbrannte die Mauer und durchzog Judäa der ganzen Breite nach[6]).

---

[1]) Daſ. 13, 5.   [2]) Jüd. Krieg I, 4, 4.
[3]) S. Note 1, Nr. 33.   [4]) Jeruſ. Chagiga II, 2, p. 77 d.
[5]) Daſ. Baba-Mezia II, 5, p. 8 c. Deuteron. Rabba c. 3.
[6]) Joſephus Altert. XIII, 15, 1. Hier iſt angegeben, daß Antiochos direkt
Judäa bekämpft habe, dagegen in jüd. Krieg I, 4, 7, wohl richtiger, er habe
einen Zug gegen Aretas unternehmen wollen, und Alexander habe ihm Hinder-

Darauf hatte Alexander schwere Kämpfe mit dem Nabatäerkönig Aretas
zu bestehen, der infolge der Selbstzerfleischung der letzten syrischen
Könige von den Damaszenern eingeladen wurde, den durch den Tod
seines Gegners erledigten Thron gegen die Anmaßung eines Tyrannen
Ptolemäus einzunehmen. Aretas war der mächtigste Fürst der Araber
oder Nabatäer. Er führte in seinem Lande griechisches Wesen ein und
ließ sich auf den von ihm geprägten Münzen „Griechenfreund"
nennen[1]). Er schmückte die nabatäische Hauptstadt Petra mit Gebäuden,
Theatern und Rennbahn nach Art der Griechen. Als Beherrscher von
Damaskus verlangte er von Alexander Unterwürfigkeit und überzog
Judäa mit Krieg. Bei Adida verlor Alexander eine Schlacht gegen
ihn und mußte einen schimpflichen Frieden eingehen[2]).

Indessen verließ Alexander das Glück nicht. Es trat in Syrien
wieder eine Veränderung ein, die ihm zum Vorteil gereichte. Tigranes, ein Nachkomme des von Antiochos Epiphanes bekämpften
Statthalters Artaxias, gründete ein großes armenisches Reich, erbaute
eine bedeutende Stadt Tigranokerta und bevölkerte sie mit griechischen
Bewohnern. Nachdem er glückliche Kriege gegen die benachbarten
Parther geführt, richtete er seinen Blick auf das durch Bruderkriege
geschwächte syrische Reich. Von der Bevölkerung eingeladen, die Herrschaft zu übernehmen, verjagte er den syrischen König Antiochos
Eusebos, Kyzikenos Sohn, verdrängte wohl auch Aretas aus Damaskus und regierte vierzehn Jahre über Syrien und einen Teil von Klein-

nisse entgegengestellt. Die L.-A. Χαζαρζαζά ist nicht richtig, sondern mit σ, wie
einige Codd. haben, und auch Altert. XVI, 5, 2 in der Edition Χαφαρσαζά.
Im Talmud lautet der Name ebenfalls כפר-סבא. [Diese hat „Χαζερσαζά" in
den Text aufgenommen.]

[1]) Vergl. über Aretas Philhellen oder חרחת מלך נבטו und die von ihm
geprägten Münzen die Abhandlung des Herzogs de Luynes Revue numismatique 1858, p. 292 fg. und des Grafen de Vogüé das. 1868, p. 157 fg.
Wenn der Letztere angibt, daß Aretas von 95 bis 50 regiert haben müsse, so
hat er Josephus Angabe gegen sich. Denn dieser nennt den arabischen König,
welcher Alexander durch einen Hinterhalt eine Niederlage beigebracht 'Οβέδας
oder 'Οβόδης (Altert. XIII, 13, 5; jüdischer Krieg I, 4, 4) und zwar geschah
dieses nach dem Tode der beiden syrischen Gegenkönige Grypos und Kyzikenos,
d. h. nach 95. Damals kann also dieser Aretas noch nicht regiert haben. Jos.
nennt zwar (Altert. das. 13, 3) einen König der Araber, welcher den Gazäern
Hilfe versprochen. Dieser muß aber Obodes Vorgänger gewesen sein. Übrigens
spricht auch Justin von diesem Aretas Philhellen (39, 5): Arabum rex Ero-
timus (l. Aretas) fiducia 70 filiorum ... divisis exercitibus, nunc Aegyp-
tum nunc Syriam infestavit, magnumque nomen Arabum ... fecerat. [Das
Richtige, daß im Texte Aretas III. gemeint sei, hat hier wohl Schürer I[3],
S. 732 f.]

[2]) Joseph. Altert. XIII, 15, 2.

asien (83 bis 69[1]), bis die Römer ihre gewalttätige Einmischung voll=
brachten. Wie es scheint, begünstigte Tigranes den judäischen König
Alexander, um den von ihm verdrängten Aretas im Zaume zu halten.
Alexander war dadurch in den Stand gesetzt, wieder seine Kriegslust
zu befriedigen und neue Erorberungen zu machen. Er bekriegte einige
wichtige transjordanische Städte mit griechischen Einwohnern, welche
Aretas untertänig waren, Diospolis (Dion), Pella und Gerasa,
wo Theodoros, sein Gegner, Schätze niedergelegt hatte. Von hier aus
zog er nördlich, nahm das niedere Gaulanitis mit der Hauptstadt
Gamala, das obere mit dem Vorort Sogane und noch dazu Seleucia
im Osten des hohen Sees (Merom, Samachonitis[2]) ein. Die Bewohner
aller dieser Städte zwang er, das Judentum anzunehmen und sich die
Beschneidung gefallen zu lassen. Die Stadt Pella, deren Bewohner
sich dagegen sträubten, ließ er zerstören[3]). Auch die früher im Osten
des Toten Meeres erorberten Städte, die Aretas ihm entrissen hatte,
brachte er wieder in seine Botmäßigkeit. Judäa wurde durch eine
Reihe von Städten vergrößert, jenseits des Jordans von Seleucia im
Norden bis Zoar, der Palmenstadt, im Süden des Toten Meeres,
und am Mittelmeere von Rhinokrura und Raphia im Süden bis zum
Karmelgebirge im Nordwesten. Wichtig waren besonders die Seestädte.
Für seine griechischen Untertanen ließ Alexander zuerst Münzen mit
der griechischen Inschrift: „König Alexander" (Βασιλέως Αλεξάνδρου)
prägen, mit einem Anker auf der einen Seite und auf der anderen
mit hebräischen Buchstaben: „Jonathan, der König" (Jehonathan
ha-Melech). Seine Münzen aus früherer Zeit dagegen hatten nur
die Inschrift: „Der Hohepriester Jonathan und das Gemein=
wesen der Judäer", wie die seiner Vorgänger[4]). Nach dreijährigem
Feldzuge jenseits des Jordans (83 bis 80) kehrte er nach Jerusalem

---

[1]) Aus Appians Zeugnis (de rebb. Syr. 48. 70) und aus Justin 40, 1
geht hervor, daß Tigranes eine Reihe von Jahren König von Syrien war.
Über die Ausgleichung der Data vergl. Clinton fasti hell. III, p. 348. Dann
muß er Aretas verdrängt haben. Der Anfang fällt ins Jahr 83, und gerade
in diese Zeit, drei Jahre und darüber vor Alexanders Tod, fallen seine Er=
oberungen in Peräa und Gaulanitis. Alexander muß sie also mit Tigranes
Erlaubnis gemacht haben. Aus Joseph. Altert. XIV, 1, 4 geht hervor, daß
12 Städte in Peräa, die Alexander erobert hatte, den Arabern, d. h. Aretas,
gehört hatten. Er hat demnach gegen Aretas Krieg geführt.
[2]) Jos. jüd. Krieg 1, 4, 8; Altert. XIII, 15, 3; statt Ἔσσαν muß gelesen
werden Γέρασαν, wie an erster Stelle. Über Gaulanitis vergl. jüd. Krieg IV, 1, 1.
[3]) Jos. Altert. das. 15, 4.
[4]) Vergl. Madden, history of jewish coinage, p. 65 fg. Numism. Orient II,
85 f., Merzbacher, Untersuchungen über althebr. Münzen, S. 197 fg.

zurück und wurde vom Volke als Sieger begrüßt[1]). Er hatte seine
Untaten zum Teil vergessen gemacht. In der oberen Jordan=Gegend
diesseits auf einem von allen Seiten freien Berge Sartøba hatte er
eine starke Festung anlegen lassen, die seinen Namen führte: Alexan=
brion, und auch jenseits des Jordans sicherte er die Eroberungen
durch die starke Wehr Machärus (Machwar), in einer sehr günstigen
Lage auf einer steilen Höhe von allen Seiten durch Schluchten ge=
schützt, in der Nähe des Toten Meeres[2]). Diese zwei Berg=Kastelle
samt dem dritten Hyrkanion, welches Johann Hyrkan im Westen
hatte anlegen lassen, waren durch Natur und Kunst so stark befestigt,
daß sie als fast uneinnehmbar galten.

Noch im letzten Jahre seiner Regierung, obwohl er mehrere Jahre
an einem viertägigen Fieber litt, das er sich durch Trunk zugezogen
haben soll, nahm er den Krieg gegen die noch uneroberten Festungen der
transjordanischen Gegend wieder auf. Bei der Belagerung der Festung
Ragaba (Argob) erkrankte er aber so schwer, daß er sich auf den Tod
vorbereitete. Der Ernst der letzten Stunde ließ ihn seine Taten in
einem andern Lichte erscheinen. Er sah jetzt mit Grauen ein, daß er
ebenso unklug wie ungerecht gehandelt, die Pharisäerpartei zu ver=
folgen und dadurch sich das Volk zu entfremden, und empfahl daher
der um ihrer Söhne Zukunft tief besorgten Königin, welche er als
Regentin einsetzte, auf das dringendste, sich eng an die Pharisäer an=
zuschließen, sich mit Räten aus ihrer Mitte zu umgeben und nichts
ohne deren Zustimmung zu unternehmen. Er schärfte ihr auch ein,
seinen Tod den Kriegern so lange zu verheimlichen, bis die belagerte
Festung gefallen sein würde, und dann seine Leiche den Pharisäern zu
überlassen, damit sie nach Belieben ihre Rache an derselben befriedigen
oder sie großmütig beerdigen sollten[3]). Doch ist diese Nachricht nicht
ganz glaublich. Nach einer mehr verbürgten Quelle habe Alexander
die Bekümmernis der Königin wegen des Parteihaders mit folgenden
Worten zerstreut: „Fürchte weder die wahren Pharisäer, noch ihre
aufrichtigen Gegner, sondern sei vor den Heuchlern beider Parteien
(den Gefärbten, Unechten) auf deiner Hut, die, wenn sie Untaten wie
der verbuhlte Stammesfürst Simri verübt, Lohn dafür erwarten, wie
Pinehas, der Eiferer fürs Gesetz"[4]). Alexander starb im siebenund=

---

[1]) Jos. Altert. das. 15, 3.

[2]) Über die Lage von Alexandrion auf dem Berge סרטבא (jetzt Karn=
Sartabe) Monatsschrift 1880, 14 [vgl. Guthe, a. a. O., S. 181], und über die
von Machärus, hebr. הרי מכור, Jos. jüd. Kr. VII, 6, 2—3 [das. S. 268]. Über
הר המלך und כור מלכא Monatsschr. das. S. 17.   [3]) Jos. Altert. XIII, 15, 5.

[4]) Sota p. 22 b. Irrtümlich bezieht Derenburg die Nachricht in Sophe=
rim I, 9, von der Vergoldung der Gottesnamen in einem Pentateuch auf

zwanzigsten Regierungsjahre (79) und hinterließ zwei Söhne Hyrkan und Aristobul. Die Pharisäer setzten seinen Todestag ungroßmütig unter die freudigen Gedenktage[1]). Er hatte durch seine Untaten gegen die Pharisäer nicht bloß sich, sondern auch die Hasmonäerfamilie so verhaßt gemacht, daß die Bestimmung des Jahres in Urkunden nach dem Regierungsjahre des Hohenpriesters: „im Jahre des Hohen priesters des höchsten Gottes" fortan aufgehoben wurde[2]).

Alexander (Essai sur l'histoire de la Palestine p. 101). Alexander wird im Talmud niemals mit seinem griechischen Namen genannt, sondern stets ינאי. Massechet Sepher Thora ed. Kirchheim I, 10 hätte ihn über das Richtige belehren können. Dort lautet die Stelle: מעשה בתורתן של אלכסנדריים שהיו כל איכרוותיהם כתובים בזהב. Alexandriner also und nicht Alexander Schürer hat sich zum selben Irrtum verleiten lassen.

    [1]) S. Note 1, Nr. 21 und 25.
    [2]) Vergl. Note 1, 28. Josephus läßt Alexander im 49. Lebensjahre sterben (Altert. XIII, 15, 2). Er wäre geboren 128 ante, was aber nicht recht damit stimmt, daß er bereits vor 110 einen Sohn hatte (o. S. 122). Er müßte ihn dann vor dem 18ten Jahre gezeugt haben. Jedenfalls steht im Widerspruche damit, daß seine Frau Salome Alexandra 73 Jahre alt geworden sei (das. 16, 5), denn sie wäre dann 148 [142!] geboren, und also 20 [14!] Jahre älter als ihr Mann gewesen. Eine oder die andere Zahl ist jedenfalls [?] falsch.

Siebentes Kapitel.

Salome Alexandra.

Ihr Verhalten gegen die streitenden Parteien. Macht der Pharisäer; der er-
neuerte hohe Rat; Juda b. Tabbaï und Simon b. Schetach. Einrichtungen
und Verordnungen. Das Unterrichtswesen. Die antisadducäischen Halbfeiertage und Festlichkeiten. Die Tempelspende und der Tempelschatz.
Parteihaß gegen die Sadduzäer. Hinrichtung des mächtigen Sadduzäer-
führers Diogenes. Gefährliche Verbannung der Sadduzäer. Politische
Ruhe. Salomes Erkrankung und Tod.

79 — 69.

Es war ein Glück für die judäische Nation, daß eine Frau von
sanfter Gemütsart und aufrichtiger Frömmigkeit den Staat zu einer
Zeit leitete, nachdem der Ungestüm eines Mannes ihn aus den Fugen
gerissen hatte. Sie wirkte wie der erquickende Tau auf ausgedorrte,
sonnenverbrannte Saaten. Die aufgeregten Leidenschaften und der
blutige Haß der zwei Hauptparteien konnten sich während ihrer Regierung mäßigen und das Gemeinwesen sich von beengenden Partei-
verhältnissen zu gemeinsamer Nationalwohlfahrt erheben. Wiewohl
die Königin Salome[1] — mit dem Herrschernamen Alexandra —
mit ganzer Seele dem Pharisäertum zugetan war und ihm die innern
Angelegenheiten überließ, so war sie doch weit entfernt, die Gegenpartei
unduldsam zu verfolgen, schützte vielmehr diejenigen Sadduzäer, welche
der Strenge des Gesetzes hätten verfallen können, und öffnete ihnen
die Landesfestungen als Asyle. Ihr Ansehen imponierte den Nachbar-
fürsten so sehr, daß sie nicht wagten, Judäa mit Krieg zu überziehen,
und ihre Klugheit hielt den mächtigen Eroberer Tigranes, der sich
Syriens bemächtigt hatte, von den Grenzen Judäas ab. Der Himmel
selbst trug dazu bei, während ihrer neunjährigen Regierung das Land
mit Fruchtbarkeit zu segnen. Eine lange Zeit bewahrte man die erstaunlich großen Weizenkörner auf, welche zu ihrer Zeit auf den Feldern
Judäas gesammelt wurden[2]. Der Wohlstand des Volkes hatte sich
so sehr gehoben, daß Glasgeräte, damals noch ein Gegenstand des Luxus,

[1] Abgekürzt von Salominon, Salomine; vergl. Note 11, Ende.
[2] Sifra zum Abschnitt Bechukotai I, Leviticus rabba z. St. [III. M., 26, 4].

allgemein auf den Tafeln prangten[1]). Auch ſie ließ während ihrer
Regierung eigene Münzen prägen mit derſelben Verzierung wie ihr
Vorgänger und mit der hebräiſchen und griechiſchen Inſchrift: „Königin
Alexandra" und mit einem Anker als Symbol[2]). Im ganzen ver=
lief ihre Regierung friedlich und glücklich; das Geſetz, bisher von der
Parteileidenſchaft verhöhnt, nahm einen regelmäßigen Gang, und wenn
es auch zuweilen die an Geſetzesübertretung gewöhnten Sadduzäer
traf, ſo fielen ſie wenigſtens nicht als Opfer der Willkür. Die von
Alexander gefüllten Kerker öffneten ſich, die flüchtigen Phariſäer kehrten
aus ihrem Exile zurück[3]), und ihr enger Geſichtskreis hatte ſich durch
die im Auslande gewonnenen Erfahrungen erweitert. Salome Alexandra
ſetzte ihren älteſten Sohn Hyrkan, ein ſchwaches Weſen voller Privat=
tugenden, aber ohne Einſicht für öffentliche Angelegenheiten, zum Hohen=
prieſter ein.

Sowohl aus perſönlicher Neigung, als auch gemäß dem letzten
Willen, welchen Alexander auf dem Todenbette ihr vorgezeichnet, be=
vorzugte Salome, wie angegeben, die bis dahin verfolgte phariſäiſche
Partei und räumte ihr die wichtigſten Befugniſſe, faſt die Regierung
der inneren Angelegenheiten ein. Simon ben Schetach, das Organ
dieſer Partei, war ihr Bruder und beſaß ihre höchſte Gunſt. So
mächtig war ſein Eingreifen in die Geſchichte dieſer Zeit, daß ſeine
Geſinnungsgenoſſen ſie eben ſo nach ihm wie nach der Königin be=
zeichneten. Sie nannten ſie „die Tage Simon ben Schetachs und
der Königin Salome." Dieſe hatte den Vorſitz im Rate der
Siebzig, welchen bis dahin die regierenden Hohenprieſter inne hatten,
den Phariſäern überlaſſen. Das Amt war zu wichtig für die Geſetz=
gebung und Handhabung der Geſetze, als daß dieſe es in den Händen
des unberechenbaren Hohenprieſters hätten laſſen ſollen. Hyrkan, dem
es gebührte, war zu unſelbſtändig oder zu wenig willensmächtig, als
daß er Einſpruch dagegen hätte erheben ſollen. Seit dieſer Zeit war
in der Regel der Angeſehenſte unter den Phariſäern oder Geſetzes=
lehrern der Vorſitzende (Naſi) des hohen Rates. Selbſtverſtändlich
gebührte dieſe Würde, die dem Hohenprieſter entzogen wurde, Simon
ben Schetach. Allein dieſer war nicht ehrgeizig und berief dafür den

---

[1]) Jerus. Sabbat I, p. 3 d und Parallelen; Note 13.
[2]) Bei de Saulcy, a. a. O., 106. Außer dieſem ſind noch 2 Exemplare
gefunden worden. Vergl. Madden, history, 70 ff.; coins, 91 ff. Auf der mit
der griechiſchen Inſchrift βασιλις Αλεξανδ. entgegengeſetzten Seite bemerkt man
noch die Spur eines hebr. ח, was darauf führt, daß ſie auch eine hebr. Inſchrift
hatte. ה iſt der Reſt des Wortes מלכה.
[3]) Joſephus Altert. XIII, 16, 1—2.

in Alexandrien weilenden Juda ben Tabbaï, dessen Wissen und
Charakter ihm so bedeutend erschienen, daß er ihm den Vorrang zu
überlassen gesonnen war.   Ein schmeichelhaftes Sendschreiben erging
an Juda ben Tabbaï, ihn zur Rückkehr einzuladen; die Fassung des
eigentümlichen Sendschreibens war so gehalten, als wenn Jerusalem
die Gemeinde von Alexandrien beschwöre, ihr den exilierten Gatten
wiederzugeben.   „Von mir Jerusalem, der heiligen Stadt, an dich,
Alexandrien; mein Ehegemahl weilt bei dir und ich bin verlassen" [1]).
Vermutlich hatte die alexandrinische Gemeinde diesem berühmten palä=
stinischen Gesetzeslehrer ein wichtiges Amt anvertraut.   Juda ben Tabbaï
säumte nicht, der Einladung nachzukommen, und übernahm mit Simon
ben Schetach gemeinschaftlich, den Ratskörper zu reorganisieren, die
Rechtspflege zu verbessern, das erschütterte Ansehen der Religionsgesetze
wieder herzustellen, das Unterrichtswesen zu erweitern und überhaupt
solche Anordnungen zu treffen, die dem Zeitbedürfnisse entsprachen.
Diese beiden Männer, deren Gesinnungsadel aus ihrer Wirksamkeit
hell hervorleuchtet, haben gleich Esra und Nehemia die Wiedergeburt
des gesetzesstrengen Judentums befördert, und wenn sie, gleich diesen,
oft zu Gewaltmaßregeln griffen und ein hartes Verfahren eintreten
ließen, so ist dieses nicht ihrer persönlichen Leidenschaftlichkeit, sondern
dem Ernste der Zeitlage entsprungen.   Ebenso unnachsichtig strenge
waren sie gegen sich selbst und die Ihrigen, wo es galt, das Ansehen
des Gesetzes zu heben.   Mit Juda ben Tabbaï und Simon ben
Schetach beginnt die Herrschaft des gesetzlichen Judentums im phari=
säischen Sinne, das von Geschlecht zu Geschlecht immer mehr bereichert
und erweitert wurde.   Sie werden daher die Wiederhersteller des
Gesetzes genannt, welche „der Krone (des Gesetzes) ihren alten Glanz
wiedergegeben haben" [2]).
    Ihre Tätigkeit begann mit der Säuberung des Ratskörpers.   Die
sadduzäischen Mitglieder, welche infolge des Zerwürfnisses zwischen
Alexander und den Pharisäern zum zweiten Male die Sitze inne
hatten, wurden ihrer Stellen entsetzt, das Strafgesetzbuch, das sie als
Ergänzung der biblischen Strafgesetze eingeführt hatten, wurde aufgehoben
und dafür wurden wieder die durch Überlieferung überkommenen
Normen zur Geltung gebracht.   Das Volk hatte sich über diese Ver=
änderung nicht zu beklagen, da die sadduzäischen Strafgesetze, so nament=
lich das „Aug' um Aug'" wegen ihrer Härte verhaßt waren.   Der
vierzehnte Tammus (Juli um 78) wurde als Siegestag zur Halbfeier
erhoben, und auch sämtliche Tage, an welchen die sadduzäischen Normen

---

[1]) Vergl. Note 13.   [2]) Kidduschin 66 a, s. Note 13.

zum Weichen gebracht worden waren, ſogar jener Tag, an welchem
die vor Alexanders Verfolgung flüchtig gewordenen Phariſäer, „der
kleine Reſt der Schriftkundigen" (Pletat Saphraja), den ſie umgebenden
Gefahren entronnen waren [1] (ſiebzehnte Abar, März). In dem neu-
gebildeten hohen Rat nahm Juda ben Tabbaï anfangs den Vorſitz ein.
Simon ben Schetach begnügte ſich mit dem zweiten Range (Ab-bet-din [2]),
und die übrigen Stellen wurden ohne Zweifel mit den aus der Verbannung heimgekehrten Geſetzeslehrern ausgefüllt. Das Prozeßver-
fahren wurde dahin erweitert, daß den Zeugen nicht bloß Fragen über
Ort und Zeit des Verbrechens vorgelegt wurden, ſondern auch über
die nähern Umſtände, damit der Richter in den Stand geſetzt ſei, den
Vorgang beſſer zu beurteilen und die Zeugen auf Widerſprüchen zu
ertappen [3]). Dieſe Maßregel ſcheint beſonders gegen die Angebereien
gerichtet geweſen zu ſein, die häufig genug vorgekommen ſein müſſen,
und die auch in einer Zeit, in der die Rolle von Siegern und Be-
ſiegten ſo oft wechſelte, nicht ausbleiben konnten. Simon ſchärfte daher
den Richtern ein, beim Zeugenverhör recht umſtändlich und in der
Frageſtellung recht vorſichtig zu ſein, damit die Ankläger nicht aus den
den Richtern entfahrenen Worten ihr Lügengewebe zu beſchönigen vermöchten [4]). — Den häufig vorkommenden Eheſcheidungen, welche die
buchſtäbliche Deutung des pentateuchiſchen Scheidungsgeſetzes von ſeiten
der Sadduzäer nicht hinderte, arbeiteten ſie durch eine wirkſame Maßregel entgegen. Es beſtand zwar ſchon ſeit alten Zeiten eine gegen
die Überhandnahme von Scheidungen gerichtete Beſtimmung, daß der
Mann ſeiner Ehefrau im Falle der Eheauflöſung eine Summe zahlen
ſollte, wovon ſie im Notfalle ſich ſelber ernähren könnte, mindeſtens
zwei Minen Silbers (etwa 150 ℳ) für eine als Jungfrau und die
Hälfte für eine als Witwe Geheiratete. Dieſe Summe ſollte die zurückgebliebene Witwe auch von der Hinterlaſſenſchaft des Ehemannes zu
fordern haben. Der reſtaurierte hohe Rat erließ deswegen eine neue
Verordnung, daß der Gatte die ausgeſetzte Summe bei ſich behalten
und für ſeinen Geſchäftsbetrieb verwenden dürfe, der Gattin aber eine
Schuldverſchreibung (Ketubbah, συγγραφη) ausſtellen müſſe, daß er
mit ſeinem ganzen Vermögen für dieſe Schuld hafte [5]). Bei der
Seltenheit des klingenden Geldes bei einem Volke, deſſen Reichtum

---

[1]) S. Note 1, Nr. 33.

[2]) So iſt das Verhältnis in Jerus. Chagiga II, p. 77 d und Parallelſtellen aufzufaſſen.

[3]) Sanhedrin 40 a. Daß Simon dieſes ſtrengere Zeugenverhör eingeführt
hat, folgt aus Abot 1, 9.

[4]) Abot 1, 9.   [5]) Über dieſe Verordnungen ſiehe Note 13.

größtenteils in liegenden Gründen bestand, war durch diese Bestimmung
der Ehescheidung allerdings eine Schranke gesetzt, indem es einem un=
bemittelten Gatten oft schwer fiel, eine Summe aus seinem Geschäfts=
betrieb zu ziehen, und er dadurch in die Notwendigkeit versetzt war,
eine augenblickliche Aufwallung und Gereiztheit durch nüchterne Über=
legung zu verwinden.

Eine andere Verordnung dieser Zeit, als deren Urheber ebenfalls
Simon ben Schetach ausdrücklich genannt wird, hatte ein besseres
Unterrichtswesen zum Ziele. Noch bestanden in Judäa keinerlei Schulen,
sondern der Jugendunterricht war nach biblischer Norm dem Vater
allein zugewiesen. In Jerusalem bestand zwar eine Art Hochschule
zur Heranbildung von Gesetzeslehrern, aber sie kam nur den Nahe=
wohnenden und den Bemittelten zustatten. Das Restaurations=
Kollegium führte daher, um dem Bedürfnisse abzuhelfen, in allen
größeren Städten, welche ebenso viele Mittelpunkte für kleinere Bezirke
bildeten, höhere Schulen ein für erwachsene Jünglinge von sechzehn
Jahren ab[1]). Die Unterrichtsgegenstände beschränkten sich ohne Zweifel
bloß auf die heilige Schrift, besonders auf das Fünfbuch der Thora,
und die überlieferte Gesetzeskunde. So hatte denn die Lehre des
Judentums Pflanzstätten gefunden, von wo aus sie sich durch die stete
Folge der Geschlechter stets wieder verjüngen konnte, und diese Ein=
richtung überlebte alle anderen Institutionen und war das wirksamste
Mittel, das Judentum aus dem Schiffbruche der Zeiten zu retten.

Hatte der hohe Rat auf diese Weise für die Zukunft gearbeitet,
so vergaß er auch nicht die vielfach getrübte Gegenwart und war be=
müht, ihr den Stempel pharisäischer Richtung aufzudrücken. Alle die=
jenigen Gesetze, die während der langen Herrschaft des Sadduzäertums,
seit Hyrkans Zerwürfnis mit den Pharisäern bis zu Salomes Re=
gierungsantritt, beim Volke halb in Vergessenheit geraten oder ver=
nachläsigt worden waren, sollten aufgefrischt und in das Leben des
Volkes eingeführt werden. Geflissentlich legten es die pharisäischen
Führer darauf an, so oft die Zeit herannahte, in welcher die streitigen
Gesetze zur Anwendung kommen sollten, dieselben mit Pomp und feier=
lichen Vorkehrungen zu begehen, oder die Tage, an welchen sie in
Wirksamkeit getreten waren, als Gedenktage alljährlich durch Unter=
lassung von öffentlicher Trauer oder öffentlichem Fasten feiern zu lassen.
So wurde namentlich das Wassergußopfer am Hüttenfeste, das Alexander
auf eine so höhnische Weise verletzt hatte, (o. S. 127) mit Jubel be=
gangen, und es bildete sich mit der Zeit daraus ein eigentümliches

---

[1]) Dieselbe Note.

Volksfest (Simchat Bet ha-Schoëba), von dem man ſpäter ſagte, wer
dieſe Freude nicht geſehen, habe noch nie eine glänzende Volksfeier
erlebt. In den Nächten vom erſten Feſttage an war der Tempelberg
ſo hell erleuchtet, daß die ganze Stadt wie von einem Feuermeer erglänzte, und die Nacht war zum Tage erhellt. Alles Volk drängte
ſich zum Tempelberge, um dem Schauſpiele beizuwohnen oder ſich dabei zu beteiligen. Die ernſteſten Perſonen ließen ſich herbei, Be-
luſtigungen zum beſten zu geben und Fackeltänze aufzuführen. Dieſes
Freudengetöſe dauerte die ganze Nacht; niemand dachte an den Schlaf.
Für die Frauen wurde eine eigene Gallerie erbaut, damit ſie, getrennt
von den Männern, zuſchauen könnten.

Die Luſt wechſelte mit dem feierlichen Geſang von Pſalmen ab.
Sämtliche Leviten, welche in Jeruſalem anweſend waren, füllten die
fünfzehn Stufen, welche vom Frauenvorhofe zum höher gelegenen
Männervorhofe führten, ſangen fünfzehn Pſalmen in Begleitung von
vielen Harfen und Nablien, unterſtützt von hellen Knabenſtimmen.
In den letzten der fünfzehn davon genannten „Stufenpſalmen"
forderten die Leviten das im Tempelvorhofe anweſende Volk auf,
ſeinerſeits den Herrn zu preiſen. Dieſer Pſalm wurde damals zu
dieſem Zwecke gedichtet[1]).

> „Nun preiſet den Herrn, alle ihr Knechte des Herrn,
> „Die ihr ſtehet in dem Tempel des Herrn in den Nächten,
> „Erhebet eure Hände zum Heiligtum und preiſet den Herrn,
> „Es ſegne dich der Herr von Zion aus,
> „Der Schöpfer des Himmels und der Erde."

Darauf trat ein Vorbeter vor und forderte die Anweſenden auf,
in zwei Pſalmen Gott von Zion aus zu preiſen; dieſe zwei Pſalmen
wurden ebenfalls damals gedichtet:

> „Halleluja! Lobet den Namen des Herrn, lobet, ihr Knechte des Herrn,
> „Die ihr ſtehet im Tempel des Herrn, in den Vorhöfen unſeres Gottes.
> „Lobet den Herrn, denn er iſt gütig,
> „Lobſinget ſeinem Namen, denn er iſt lieblich,
> „Denn Jakob hat ſich der Herr auserkoren, Israel zu ſeinem Eigentum."

Der erſte dieſer beiden Gemeindepſalmen erinnert an Gottes
Allmacht in der Natur und an ſeine Wunder für Israel in der Vorzeit, bis er ihm das heilige Land zum Eigentum gegeben. Er erinnert auch an die Nichtigkeit der Götzen, das Händewerk von Menſchen,

---

[1]) Vergl. Graetz, Kommentar zu den Pſalmen S. 48, 57, 77, 658 fg.

welche einen Mund haben und nicht sprechen, Augen und nicht sehen, Ohren und nicht hören. Er schließt mit den Worten:

„Haus Israel, preiset den Herrn,
„Haus Ahron, preiset den Herrn,
„Haus Levi, preiset den Herrn,
„Ihr Gottesfürchtigen, preiset den Herrn,
„Gepriesen sei der Herr von Zion aus, der in Jerusalem weilet."

Die Gemeinde wiederholte dann bei jedem Absatze den Vers:

„Lobsinget dem Herrn, denn er ist gütig,
„Lobsinget seinem Namen, denn er ist lieblich."

In dem zweiten Psalm redet der Vorbeter die Gemeinde an:

„Halleluja! Danket dem Herrn, denn er ist gütig,
„Denn ewig währet seine Huld."

Er erinnert ebenfalls an Gottes Allmacht und Wundertaten für Israel und schloß:

„Wenn er uns erniedrigt, dachte er doch unser,
„Erlöste uns von unsern Feinden,
„Er gibt Brot aller Kreatur.
„Danket dem Gott des Himmels!"

Das Volk fiel bei jedem Verse ein:

„Danket dem Herrn, denn er ist gütig, denn ewig währet seine Huld!"

Mit Tagesanbruch gaben die Priester mit den Posaunen das Zeichen zum Beginne des Wasserschöpfens. Bei jedem Haltpunkt ertönte Posaunenschall, bis das ganze Volk an dem Quell Siloah angelangt war, woraus das Wasser für das Gußopfer in einer goldenen Schale geschöpft wurde. In feierlichen Schritten brachte man das Gefäß mit dem Wasser bis zum Wassertore im Westen der inneren Tempelmauer, wo wiederum die Posaunen erschallten. Aus einem silbernen Gefäße wurde das Wasser auf den Altar gegossen, wobei die Flöte, welche nur bei außerordentlich freudigen Anlässen ertönte, ihre schmelzende Weise mit den andern Instrumenten vermischte.

Ein ähnliches Volksfest fand an dem zum Halbfeiertage erhobenen Holzfeste (ξυλοφορία), dem fünfzehnten Ab (August), statt, welches die jungen Mädchen besonders durch Gesang und Tanz zu begehen pflegten. Auf einem freien Platz in den Weinbergen fand sich eine Schar junger Mädchen ein; alle in weiß gekleidet, führten sie ihren Tanzreigen auf und sangen dabei strophische Lieder in der heiligen Sprache. Die anwesenden männlichen Zuschauer suchten sich oft bei dieser Gelegenheit ihre Lebensgefährtinnen aus. Sicherlich war dieses

Fest ebenfalls eine Demonstration gegen die Sadduzäer, die den Brauch des Holzopfers für den Altar (Korban Ezim) als unbiblisch nicht anerkannt zu haben scheinen. Es wird davon erzählt, ein König, vermutlich der sadduzäisch gesinnte Alexander Jannaï, habe einst ein Verbot gegen das Holzopfer erlassen und habe Wachen aufgestellt, die Holzspenden zurückzuweisen. Einige Familien, welche gewohnt waren, alljährlich an einem bestimmten Tage Holz zu weihen, sollen sich einer List bedient haben, um die Wachen zu täuschen, indem sie das Holz in Leiterform zusammengefügt in den Tempelvorhof zu bringen wußten. Wegen der also erwiesenen Treue genossen diese Geschlechter, die Nachkommen des Salma aus Bethlehem und Netopha, Gonbe-Ali und Koze-Keziot, das Vorrecht, daß das erste Altarfeuer am Schlusse der Holzspende von ihrem gespendeten Holze unterhalten, und daß der fünfzehnte Ab, ihr Holzspendetag, zum allgemeinen Halbfeiertag erhoben wurde[1]). In der religiösen Richtung der Zeit hatten auch die Ehrenspenden einen religiösen Charakter, und der Ehrgeiz fand sich befriedigt, wenn ihm die Erlaubnis erteilt wurde, den Tempel mit Weihgeschenken zu versehen.

Diesen opferwilligen Sinn benutzte der hohe Rat, um einen Akt zu erlassen, welcher mehr als alles andere den nationalen Gemeinsinn zu wecken imstande war und zugleich der sadduzäischen Ansicht entgegenwirken konnte. Die Sadduzäer hatten behauptet, die täglichen Opfer, wie überhaupt die Bedürfnisse des Tempels, brauchten nicht aus einem Nationalschatze bestritten zu werden, sondern sollten dem frommen Gefühle der Einzelnen überlassen bleiben. Der Rat unter Salome Alexandra bestimmte, daß jeder Israelite vom zwanzigsten Jahre an — Proselyten und freigewordene Sklaven mit eingeschlossen — alljährlich mindestens einen halben Sekel (ungefähr $1\frac{1}{4}$ ℳ) zum Tempelschatz zu spenden habe. Dadurch war den täglichen Opfern ein nationaler Charakter verliehen, da sie aus den Spenden der ganzen Nation bestritten wurden. Es war damit keineswegs ein Zwang aufgelegt, denn der bei weitem größte Teil der Judäer des In- und Auslandes spendete diesen Beitrag freiwillig, um so mehr, als man ihn nach und nach als ein Sühnemittel (Kappara, λύτρον) betrachtete[2]). Die Ausländer überboten sich sogar an Freigebigkeit für den Tempel. Aber weil der Beitrag eines halben Sekels[3]) für eine religiöse Pflicht gehalten wurde, erkannte man den Schatzmeistern das Recht zu, die Säumigen zu pfänden[4]). Drei Sammlungen zu verschiedenen Zeiten

---

[1]) S. Note 23.   [2]) Philo de Monarchia, § 3 M. II, 224.
[3]) Machazit ha-Schekel.   [4]) Schekalim 1, 3.

wurden dafür angesetzt, für Judäa im Beginn des Frühjahres. Am ersten Adar machten Herolde im ganzen Lande bekannt, daß die Einsammlung der Tempelspende herannahe, und am fünfzehnten desselben Monats nahm sie ihren Anfang; sie dauerte zehn Tage; wer bis dahin den Beitrag nicht abgeliefert, der konnte ihn nur dem Schatzmeister des Tempels überliefern[1]). Dann kamen die Spenden vom Auslande: aus den transjordanischen Ländern, Ägypten, Syrien, die erst gegen das Wochenfest einliefen, und aus den noch entfernteren Ländern: Babylonien, Medien, Kleinasien noch viel später, gegen das Hüttenfest[2]). Die letzten Sammlungen fielen wegen des Reichtums und der Freigebigkeit der ausländischen Judäer am reichsten aus; statt der silbernen oder kupfernen Sekel und Denare spendeten die Ausländer Goldstatern und Dariken[3]) (15 Markstücke). In jedem Lande, wo Judäer stark vertreten waren, wählten sie Mittelpunkte, wo sie die gesammelten Beiträge niederlegten, bis dieselben nach Jerusalem gebracht wurden. Die angesehensten Männer wurden dazu gewählt, die Spenden an den Tempel abzuliefern, und sie führten den Namen „heilige Gesandte" (ἱεροπόμποι[4]). In Mesopotamien und Babylonien waren in den zwei größtenteils von Judäern bevölkerten Städten Nisibis und Nahardea (Naarda) am Euphrat Schatzkammern für die Tempelspenden, von wo aus sie unter starker Bedeckung, wegen der räuberischen Parther und Nabatäer, nach Jerusalem geführt wurden[5]). Die kleinasiatischen Gemeinden hatten ebenfalls ihre Sammelplätze: Apamea und Laodicea in Phrygien, Pergamus und Adramyttium in der Landschaft Aeolis. Aus diesem Landstriche gingen etwa zwanzig Jahre nach der getroffenen Verfügung nahe an zweihundert Pfund Gold (165 000 ℳ) ein[6]). Man kann daraus schließen, welche erstaunliche Einnahmen für den Tempel einliefen, und man begreift, wie die drei Sammlungen so viel brachten, daß man von jeder drei große Körbe (Kuppa), drei Saah (ungefähr 13 Liter) enthaltend, füllen konnte und doch noch einen Überschuß hatte[7]). Der Tempel zu Jerusalem galt daher als der reichste[8]) und war oft Gegenstand des Neides und der Raubgier. Das in den jedesmalig drei gefüllten Körben vor-

---

[1]) Das. I, 3.   [2]) Das. Talmud 6 b.   [3]) Tosefta Schekalim c. 2.
[4]) Philo de virtutibus § 31, M. II, 578, vgl. de Monarchia das.
[5]) Josephus Altert. XVIII, 9, 1.   [6]) Cicero pro Flacco 28.
[7]) Schekalim 6 a.
[8]) Josephus Altert. XIV, 7, 2. Vergl. darüber Schwarz Berechnung, Frankel-Graetz Monatsschr., Jahrg. 1875, S. 361, daß selbst nur bei 2 000 000 Beitragsfähigen, und die Ausgaben zu der Einnahme wie 1 : 10 berechnet, jährlich ein Überschuß von 23 Zentner Silber geblieben sein müsse.

handene Gold, welches in einer Zelle (Lischka) aufbewahrt wurde,
diente für die laufenden Opferbedürfnisse. Auch die Lehrer, welche
jungen Priestern Unterricht in dem Opferritual erteilten, die Tierärzte,
welche die Leibesfehler der Opfertiere untersuchten, die Abschreiber des
in dem Tempelvorhof aufbewahrten Musterexemplares des Gesetz=
buches (o. S. 109), die kundigen Verfertiger der Schaubrote und des
Räucherwerkes, die Frauen, welche Vorhänge webten, alle diese wurden
von den Tempelspenden besoldet[1]). Der Überschuß der Spenden,
welcher sich beim Füllen der Körbe herausstellte (Schejarê Terumat
ha-Lischka), wurde für die Unterhaltung der Stadt Jerusalem, der
Mauern, Türme und der Wasserleitung verwendet[2]). Aber alle diese
Ausgaben konnten die großen Summen nicht aufzehren, und es wurde
vom Reste ein Schatz angelegt, welcher, durch die freiwilligen Gaben
noch vergrößert, mehr als einmal die Habgier der Eroberer reizte.
Am ersten Nissan (April) fing man an, die Opfer von den neuen
Spenden einzukaufen, selbst wenn die alten noch reichlich vorhanden
waren, und dieser Tag, sowie die folgenden sieben Tage galten als
Halbfeiertage, um den Sieg über die Sadduzäer alljährlich in Erinnerung
zu bringen. Der Schatzmeister, welcher die gesammelten Gelder in
die Körbe schüttete, mußte sich dabei einiger feierlichen Formeln be=
dienen, um die Wichtigkeit der Sache den Sadduzäern gegenüber recht
hervorzuheben[3]). Als ähnliche gegensadduzäische Siegestage galt die
Zeit vom achten Nissan bis zum Schlusse des Passahfestes, an denen
keine öffentliche Trauer angestellt werden durfte, weil an denselben die
pharisäische Ansicht von der Wandelbarkeit des Wochenfestes gegen die
sadduzäische durchgedrungen war. Noch einige solche Halbfeiertage
wurden begangen zur Erinnerung an den Sieg über die Sadduzäer.

Soweit hatte die von Juda ben Tabbaï und Simon ben Schetach
ausgegangene Restauration noch einen harmlosen Charakter; sie frischte
alte Gesetze wieder auf, schuf neue und suchte Mittel, um sie dem
Gedächtnisse und der Aufmerksamkeit des Volkes einzuprägen. Die
Königin Salome Alexandra hatte alle diese Anordnungen und Gesetzes=
bestimmungen der Pharisäer gut geheißen und sich ihnen gefügt. An
sich waren alle diese Bestimmungen zwar nicht im Sinne der mosaischen
Lehre, aber auch nicht über sie hinausgreifend. Aber in so gemäßigten
Schranken kann sich keine Reaktion halten. Sie wird ihrer Natur
nach ebenso zu Übergriffen geführt, wie auf jeden Stoß ein Gegenstoß
folgt. Diejenigen Sadduzäer, welche sich der pharisäischen Auslegung
des Gesetzes nicht fügen mochten, wurden vor den Richterstuhl geladen

---

[1]) Schekalim 6a. Ketubbot 106b.   [2]) Schekalim 6a.   [3]) Note 13.

und schonungslos verurteilt[1]). Der Eifer, das Ansehen des Gesetzes zu heben und die Opposition aus dem Herzen der Sadduzäer zu bannen, war so groß, daß Juda ben Tabbaï einst einen Zeugen, welcher bei einer Anklage auf den Tod des falschen Zeugnisses über= führt worden war, hinrichten ließ, um die sadduzäische Ansicht tat= sächlich zu widerlegen[2]), ohne zu bedenken, daß er damit gegen ein pharisäisches Gesetz fehlte, nach welchem die Bestrafung überführter Zeugen nur dann eintritt, wenn sie sämtlich überführt worden sind. Ein einziger Zeuge aber ist, weil er kein Zeugnis begründen kann, auch nicht straffällig. So lauter war aber die Gesinnung beider Häupter, daß Simon ben Schetach nicht unterließ, seinen Kollegen wegen der Übereilung eindringlich zu rügen, und Juda ben Tabbaï empfand eine so tiefe Reue über das unschuldig vergossene Blut des hingerichteten Zeugen, daß er sofort seine Würde als Vorsitzender niederlegte und seine Zerknirschung laut werden ließ[3]). Hingestreckt auf dem Grabe des Hingerichteten, stieß er ein Jammergeschrei aus und erflehte von Gott seinen Tod, um so den von ihm begangenen Justizmord zu sühnen. Überhaupt haben die beiden Männer trotz ihrer Strenge, zu der sie die Zeitlage trieb, die pharisäische Milde nicht verleugnet. Ein Gedenkspruch des Juda ben Tabbaï läßt seine milde Gesinnung erkennen: „Nur so lange", pflegte er zu sagen, „be= trachte die Angeklagten als Gesetzesübertreter, solange sie noch vor Gericht stehen; sind sie abgetreten, so sollen sie dir wieder als Un= schuldige erscheinen"[4]).

Simon ben Schetach, der nach dem Austritte Juda ben Tabbaïs den Vorsitz im Rate eingenommen hatte, scheint in der Strenge gegen die Gesetzesübertreter nicht nachgelassen zu haben. Unter ihm kam auch die Seltenheit eines Hexenprozesses vor. Achtzig Weiber, die der Zauberei angeklagt waren, wurden in Askalon ans Kreuz ge= schlagen[5]). Seitdem der erste israelitische König Saul die Zauberei verfolgt hat, ist in der judäischen Geschichte von diesem wüst=mystischen Unwesen nicht mehr die Rede; es ist also höchst rätselhaft, wie diese Erscheinung plötzlich in einer Zeit wieder auftreten konnte, wo ihr die Grundbedingung, das mit Unsittlichkeit gepaarte Götzentum, durch= aus fehlte. Es ist aber über diesen Hexenprozeß ein so dichter Schleier der Sagenhaftigkeit gebreitet[6]), daß sich der Vorfall gar nicht beurteilen und keinerlei Schluß auf die Sittengeschichte daraus

---

[1]) Josephus Altert. XIII, 16, 2.
[2]) Maccot 5 b und Parallelstellen.
[3]) Daf.   [4]) Abot 1, 8.   [5]) Sanhedrin 46 a.
[6]) Jerus. Chagiga II, p. 77 d und Raschi zu Sanhedrin 44 b.

ziehen läßt. Wegen seiner rücksichtslosen Strenge hatte sich Simon
ben Schetach einen so tiefen Haß von seiten seiner Gegner zugezogen,
daß sie auf Rache sannen und ihm empfindlich zu schaden trachteten.
Sie stellten falsche Zeugen auf, die seinen Sohn eines todeswürdigen
Verbrechens bezichtigten, infolgedessen er zum Tode verurteilt
wurde. Auf dem Wege zum Richtplatze beteuerte er aber auf so
rührende Weise seine Unschuld, daß die Zeugen selbst davon betroffen
wurden und ihr Lügengewebe eingestanden. Als die Richter darauf
den unschuldig Verurteilten frei zu sprechen Miene machten, machte sie
das Opfer selbst auf die Gesetzwidrigkeit ihres Verfahrens aufmerksam,
indem gesetzlich den Zeugen, wenn sie ihre frühere Aussage wieder
zurücknehmen, kein Glauben geschenkt werden dürfe. „Willst du",
sprach der Verurteilte zu seinem Vater gewendet, „daß das Heil
Israels durch deine Hand befestigt werde, so betrachte mich als eine
Schwelle, auf welche man ohne Bedauern tritt"[1]). Und Vater und
Sohn zeigten sich der großen Aufgabe, Hüter des Gesetzes zu sein,
würdig, der eine opferte sein Leben, der andere sein Vatergefühl für
die Wahrung des Gesetzes. Simon, ein judäischer Brutus, ließ der
Gerechtigkeit gegen seinen Sohn freien Lauf, obwohl er, wie sämtliche
Richter, von seiner Unschuld überzeugt war.

Die Strenge des pharisäischen Gerichtshofes hatte, wie natürlich,
die Häupter der Sadduzäer nicht geschont, ja diese zuerst und nach=
drücklich getroffen, weil die Verfolgung Alexanders gegen die Pharisäer
als ihr Werk betrachtet worden war. So hatte Alexanders sadbu=
zäischer Günstling Diogenes und mit ihm mehrere andere, welche
die Hinrichtung der achthundert Pharisäer angeraten oder gut geheißen
hatten, dafür mit dem Leben gebüßt[2]). Durch diese Verfolgung ihrer
Partei fühlten sich die angesehenen Sadduzäer beunruhigt; das Schwert
des Gerichtes schwebte stets über ihrem Haupte, um bei dem geringsten
religiösen Vergehen niederzufahren. In der Angst um ihr Leben
wandten sie sich an Salomes zweiten Sohn Aristobul, der, ohne gerade
dem Sadduzäertum zugetan zu sein, sich gern als ihr Beschützer auf=
warf, weil er für seine kriegerischen Pläne die Kriegserfahrung und
die Verwendbarkeit der Sadduzäer nicht hätte entbehren können. Er
nahm sich daher ihrer warm an und empfahl sie der Gnade der
Königin. Als die sadduzäischen Führer vor Alexandra erschienen
waren, brachten sie ihre Verdienste um den verstorbenen König und
den Schrecken in Erinnerung, den ihr bloßer Name den feindlichen
Nachbarn Judäas einflößte, und drohten, ihre Dienste dem Nabatäer=

---

[1]) Jerusch. Sanhedrin V, p. 23 b.
[2]) Josephus Altert. XIII, 16, 2.

könig Aretas oder den syrischen Herrschern anzubieten. Sie baten um Sicherheit in irgend einer Festung des Landes, um vor Beauf= sichtigung geborgen zu sein. Das weiche Herz der Königin konnte den Tränen der im Kriege ergrauten Männer nicht widerstehen und setzte die verdienstvollsten Sabbuzäer zu Befehlshabern der meisten Landesfestungen ein[1]). Nur die drei stärksten Festungen mochte sie ihnen nicht anvertrauen: Machärus im Osten des toten Meeres, Hyrkania im Westen und Alexandrion auf dem Berg Sartaba. Diese drei Festungen waren die Schatz= und Waffenkammern der hasmonäischen Könige; darum mochte sie Alexandra nicht in den Händen der unzuverlässigen Sabbuzäer wissen. Die Folge rechtfertigte ihren Argwohn gegen dieselben nur zu sehr.

Politische Veränderungen fielen während Alexandras Regierung in Judäa nicht vor. Nur einen einzigen Kriegszug ließ sie gegen Ptolemäus, Sohn des Mennaios, Tetrarch oder Beherrscher von Damaskus, welcher sich später mit dem makkabäischen Hause ver= schwägerte, unternehmen, weil derselbe die Grenzstädte Judäas be= lästigte. Den Oberbefehl über das aus Miestruppen bestehende Heer übertrug sie ihrem jüngeren Sohn Aristobul, weil er mehr als sein älterer Bruder Hyrkan seinem Vater an Kriegslust glich. Allein der Zug fiel nicht glücklich aus[2]), hatte jedoch keine weiteren Folgen, weil für die Selbständigkeit Syriens die letzte Stunde geschlagen hatte. Dieses Land, das sich von der Niederlage Antiochos des Großen gegen die Römer, mehr noch von der Mißregierung des Antiochos Epiphanes nicht mehr erholen konnte und während eines ganzen Jahrhunderts von Thronstreitigkeiten und innern Unruhen bis zur Ohnmacht er= mattet war, hatte einen armenischen Herrscher angenommen und wurde bald darauf die Beute der Römer. Tigranes, König von Armenien, dem auch fast ganz Syrien gehorchte, gedachte nämlich sämtliche Länder, die früher zu diesem Reiche gehört hatten, unter seine Botmäßigkeit zu bringen. Er richtete zunächst seine Angriffe auf Ptolemaïs, dessen Bewohner der letzten syrischen Königin, Selene=Kleopatra, zugetan gewesen waren. Die Fürstin, Tochter des körperlichen und moralischen Ungetüms Physkon und seiner würdig — sie war mit zwei Brüdern und dem Sohne eines derselben verheiratet — schmeichelte sich, Syrien für ihren in Blutschande gezeugten Sohn Antiochos Asiatikus wieder zu erwerben, ja sie trug sich mit dem Hirngespinst, selbst Ägypten zu erlangen, und bettelte deswegen beim römischen Senate

---

[1]) Josephus Altert. XIII. 16, 3.
[2]) Das. und jüd. Kr. I, 5, 3, „ἀεὶ θλίβων τὴν πόλιν" ist nicht recht ver= ständlich.

oder den damaligen Machthabern. Ihre nächſte Hoffnung war indes
auf Ptolemaïs gerichtet, das die Bewohner dem gegen ſie heran=
rückenden Tigranes auf Selenes Rat verſchloſſen. Er mußte eine
Belagerung gegen dieſe wichtige Hafenſtadt eröffnen[1]). Die Nähe des
mächtigen Armenierkönigs erſchreckte mit Recht die Königin Alexandra,
und ſie verſuchte, durch Geſchenke und freundliche Worte einem Zu=
ſammenſtoß mit demſelben zuvorzukommen. Tigranes nahm den
judäiſchen Geſandten und die Geſchenke freundlich auf, hätte ſich aber
doch ſchwerlich von Eingriffen in Judäa ferngehalten, wenn ihn nicht
die Gegnerſchaft der Römer gezwungen hätte, die Belagerung von
Akko aufzuheben und für die Sicherheit des eignen Landes Sorge zu
tragen. Der römiſche Feldherr Lucullus war nämlich indeſſen in ſein
Land eingefallen (69)[2]). So war Judäa zwar für den Augenblick
von der drohenden Nähe eines mächtigen Eroberers befreit. Bald
aber ſtellten ſich dafür andere Gefahren und Unglücksfälle ein, die es
bis ins innerſte Mark erſchütterten.

Alexandra war nämlich hoffnungslos erkrankt, und dieſe Krank=
heit war die Veranlaſſung zu den traurigſten Verwickelungen. Der
leidenſchaftliche und ehrgeizige Ariſtobul verließ ſofort in der Vor=
ausſicht, daß ſein ſchwacher Bruder Hyrkan zum Nachfolger ſeiner
Mutter beſtimmt ſei, heimlich die Hauptſtadt, kam nach der galiläiſchen
Feſtung Gabata, in der Nähe von Sepphoris, auf deren Befehls=
haber, den Sadduzäer Galaiſtes, er zählen konnte, und ließ ſie ſich
übergeben. In fünfzehn Tagen waren einundzwanzig ähnliche Feſtungen
in ſeiner Gewalt, ihre ſadduzäiſchen Gouverneure hatten ſie ihm ſämt=
lich übergeben[3]). Für die Schätze, die er daſelbſt gefunden, warb
er Hilfstruppen von den kleinen ſyriſchen und transjordaniſchen Fürſten
und den räuberiſchen Trachoniten an und war dadurch in den Stand
geſetzt, eine nicht unbedeutende Macht aufzuſtellen[4]). Vergebens baten
Hyrkan und die angeſehenſten Ratsmitglieder, wozu wohl auch Simon
ben Schetach gehörte, die Königin, etwas Entſcheidendes zu tun, um
die ſchwebende Gefahr eines Bürgerkrieges abzuwenden; ſie verwies
ſie auf das Heer, die Schätze und die treugebliebenen Feſtungen, und
überließ es ihnen nach eigenem Gutdünken für das Heil des Staates
zu ſorgen. Sie ſelbſt beſchäftigte ſich nur noch mit ihrer letzten
Stunde. Bald darauf ſtarb ſie (69) und hinterließ Land und Volk

---

[1]) Altert. daſ. 16, 4. Vergl. Clinton fasti hellenici III, 340 fg.

[2]) Joſephus daſ.

[3]) Daſ. 16, 5. Statt Ἀγαβα hat eine andere L.=A. Γαβαθά, was wohl
גבבת‎ iſt, 3 röm. Mill. von Sepphoris entfernt.

[4]) Daſ.

der Wut des Bürgerkrieges, der es um die schwer errungene Unabhängigkeit bringen sollte. Salome hatte nur neun Jahre regiert und
soll sehr alt geworden sein[1]); sie hatte die glücklichen Tage der Freiheit ihres Volkes gesehen und mochte wohl auf dem Totenbette die
hereinbrechende Nacht der Knechtschaft in bekümmerter Seele geahnt
haben. Wie sie die einzige Königin in der judäischen Geschichte war,
deren Name von den Spätern mit Verehrung genannt wurde, so war
sie auch die letzte selbständige Herrscherin Judäas.

[1]) Das. 16, 6. Diese Zahl 73 ist gewiß fehlerhaft. Vergl. o. S. 121, N. 2.

Achtes Kapitel.

Hyrkan II. und Aristobul II.

Bruderkampf um die Krone. Vertrag zwischen den feindlichen Brüdern. Aristobuls Verhalten gegen die Parteien. Der Idumäer Antipater. Hyrkans Schwäche. Der Nabatäerkönig Aretas belagert Jerusalem. Der Essäer Onias. Einmischung der Römer. Pompejus erobert Jerusalem. Der Gebietsumfang Judäas wird beschränkt. Judäer in Rom; ihr Einfluß. Der Proprätor Flaccus zieht die Tempelspenden der kleinasiatischen Gemeinden ein und wird angeklagt. Ciceros judenfeindliche Rede. Schwächung der Synhedrialgewalt. Die Vorsitzenden Schemaja und Abtalion. Gewaltsamer Tod Aristobuls und seines Sohnes Alexander. Antipaters wachsender Einfluß. Julius Cäsar gewährt den Judäern Freiheiten. Antipaters Söhne Phasael und Herodes. Herodes vor Gericht. Cassius Gewaltthaten in Judäa. Verschwörung gegen das idumäische Haus. Der judäische Feldherr Malich. Antipater wird vergiftet. Rache des Herodes. Die Parther in Judäa. Antigonos wird König.

69 — 40.

Wenn ein Staat von der Vorsehung zum Untergange bestimmt ist, so beschleunigt nichts so sehr den Verfall, als Thronstreitigkeiten, weil sie die edelsten Kräfte der Nation dazu aufstacheln, sich selbst aufzureiben, und gewöhnlich damit enden, das Joch der Fremdherrschaft herbeizuführen, das um so drückender wird, als die Fremdherrschaft in solchen Fällen dem Scheine nach als Wohltäterin und Friedensbringerin auftritt. Die Volksverminderung durch eine hinraffende Seuche kann durch die Zeugungskraft wieder ersetzt werden; die Verheerungen eines äußeren Krieges gleicht der aus dem energischen Widerstande hervorgegangene Friede wieder aus; aber der durch Thronprätendenten entflammte Bürgerkrieg erzeugt unheilbare Verderbnis, Fäulnis und Auflösung. Als die Späteren nach dem letzten Grunde des Unterganges des jüdischen Staates forschten, konnten sie ihn in nichts anderem finden, als in dem glühenden Hasse, von dem die zwei Söhne Alexanders entbrannt waren[1]), der in immer zunehmenden Verhältnissen verderblich fortwirkte.

Der selbstmörderische Haß wird überhaupt in dem Schlusse dieses Zeitraumes die Triebfeder der Ereignisse. Das Band der Eintracht,

[1]) Joma 9 b.

welches das Gesetz und die großen Erinnerungen um die Nation ge=
schlungen, machte der blutigsten Zwietracht Platz; Verschwörung, Miß=
achtung des Heiligsten und die niedrigsten Leidenschaften, die in einem
solchen Zustande ihre beste Nahrung finden, waren jetzt an der
Tagesordnung. Der Nationalkörper erscheint wie ein gewaltiger Riese,
der sein mächtiges Schwert gegen seinen eigenen Leib schwingt, um
sich bis zur Verblutung zu schwächen und die gierigen Raubvögel
herbeizulocken, denen er zum Fraße dienen soll. Die schönen Tage
des zweiten Tempels sind jetzt vorüber, und die wenigen glücklichen
Jahre, welche die Nation noch ferner genießt, erscheinen wie eine
glänzende Abendröte, die das Hereinbrechen der Dunkelheit und des
nächtlichen Grauens verkündet. Mit Recht giebt ein Tiefblickender
aus der späteren Zeit der Hasmonäerherrschaft nur die Dauer von
zehn Jahreswochen[1]) in runder Zahl, von Simons Selbstregierung
an gerechnet bis zum Tode der Königin Salome (142—69). Wie
Simons Regierungsantritt einen Wendepunkt zur Unabhängigkeit, so
bezeichnet der Tod der Königin Salome den Wendepunkt zur Knecht=
schaft. Doch mitten in dieser Verwirrung und Selbstzerfleischung er=
kannten die Edelsten der Nation, daß das Judentum nicht in dem
wechselvollen Verlaufe eines politischen Gemeinwesens, nicht in der Be=
hauptung äußerer Macht und in leerem Glanze bestehe, sondern in
der Ausprägung und Entfaltung der Lehre, welche von Jakobs Hause
auf das ganze Menschengeschlecht übergehen und das Heil der Welt
begründen helfen soll. Mehr denn früher läuft jetzt neben der ab=
schreckenden äußeren Geschichte die erhebende innere des Geistes einher,
der sich immer mehr aus den engen Banden des Staates zu befreien
sucht, und dem die Trümmer selbst zur Neuverjüngung dienen.

Der Tod der Königin Salome gab also, wie gesagt, das Zeichen
zu dem blutigen Bruderkampfe, welcher die Nation in zwei feindliche
Lager spaltete. Hyrkan II., dem älteren Sohne, der auch den Namen
Jochanan geführt zu haben scheint[2]), übergab die sterbende Mutter

---

[1]) R. Nathan, Synhedrin 97 b, s. Raschi das.

[2]) Wenn die von de Saulcy beschriebene Münze *ΑΣΙΛΕΩΣ* mit einem
Anker auf der einen Seite und מכ׳ p mit einem Stern auf der andern richtig
gelesen ist: יהוחנן הפלך (Num. chron. 1871, p. 242, No. 47), so würde daraus
folgen, daß Hyrkan II. auch Jochanan genannt war. Denn Johan Hyrkan I.
führte in den von ihm vorhandenen Münzen nicht den Titel הפלך. Dann
müßte aber diese Münze in den ersten 3 Monaten seiner Regierung geschlagen
sein. Denn nach dieser Zeit wurde er von seinem Bruder abgesetzt (vergl. weiter),
und nach Aristobuls Beseitigung ließen ihm die Römer nicht den Königstitel.
[Vergl. hierzu Merzbachers Abhandlung in der Zeitschr. für Numismatik III
(1876), 197 ff. und Schürers I ³, 285, Anm. 30, Bemerkung dazu.]

nach dem Erstgeburtsrechte die Krone. Aber er, den die schönsten
Tugenden eines bescheidenen Privatmannes zierten, wäre wohl vermöge seiner Charakterschwäche, seiner Ratlosigkeit und der tiefgefühlten
Bedürftigkeit einer Stütze auch in ruhigen Zeiten nur ein mittelmäßiger
Regent gewesen. Stürmischen Zeiten war er nicht gewachsen und
richtete durch seine Gutmütigkeit mehr Verderben an als ein anderer
durch tyrannische Übergriffe. Sein jüngerer Bruder Aristobul war
der gerade Gegensatz von ihm, und die Vorsehung schien die beiden
Brüder mit entgegengesetzten Eigenschaften ausgestattet zu haben, damit
sie das Werk der Auflösung um so rascher befördern sollten. Mit
der Feigheit Hyrkans kontrastierte grell der ungestüme Mut Aristobuls,
der ihn auch in der verzweifeltesten Lage aufrecht erhielt, aber ihn
auch bis zur Tollkühnheit hinriß, eine Eigenschaft, worin er seinem
Vater Alexander nur zu ähnlich war. Damit verband er einen un-
gemessenen Ehrgeiz, der ihn bis zum letzten Atemzuge nicht verließ
und ihn bis zur Verblendung gegen die Wirklichkeit anrennen ließ.
War Hyrkan ein inniger Anhänger des Pharisäertums, so setzte sich
Aristobul über diese Schulstreitigkeiten hinweg und ließ sich weder
von der einen noch von der anderen Partei zu gewaltsamer Aufrechterhaltung ihres Prinzips bewegen. Sein Ziel war, mächtiger Herrscher
von Judäa zu werden und mit den gegebenen Mitteln die Nachbarländer in Abhängigkeit zu bringen. Aber sein Ungestüm ließ ihn des
Zieles verfehlen, und anstatt der Lorbeeren häufte er Schmach auf
sein eigenes Haupt wie auf das der Nation. Kaum hatte die Königin
Salome-Alexandra die Augen geschlossen und Hyrkan den Thron bestiegen, als Aristobul mit den angeworbenen Hilfstruppen und den
sadduzäischen Anhängern auf die Hauptstadt losging, um seinen Bruder
zu entthronen. Auf Hyrkans Seite standen die Pharisäer, das Volk
und die Soldtruppen, welche die verstorbene Königin unterhalten hatte.
Zu größerer Sicherheit hatten die Hyrkanisten Aristobuls Frau und
Kinder als Geiseln in die Burg Baris, nordwestlich vom Tempel,
in Haft gebracht[1]). In Jericho trafen die feindlichen Brüder mit
ihren Heeren zusammen. Hyrkan verlor die Schlacht und entfloh nach
Jerusalem in die Burg Baris, weil der größte Teil der Mietstruppen
zu Aristobul übergegangen war. Dieser belagerte auch den Tempel,
wohin sich viele seiner Gegner geflüchtet hatten, und eroberte ihn.
Als er nun Herr des Heiligtums und der Hauptstadt geworden war,
mußte der Besiegte sich ergeben. Es fand indes eine Vermittelung
und Aussöhnung statt, und im Tempel beschworen die Brüder das

---

[1]) Josephus jüd. Krieg I, 5, 4.

Bündnis, daß Aristobul, der zum Herrschen Befähigtere, die königliche Krone, Hyrkan das hohepriesterliche Diadem tragen sollte. So war Hyrkan nach dreimonatlicher Regierung entthront (69[1]). Zur Befestigung des Bündnisses heiratete Aristobuls Sohn Alexander Hyrkans Tochter Alexandra, deren Kinder und Enkel später ein so tragisches Ende erfahren sollten.

Der durch einen glücklichen Handstreich König gewordene Aristobul II. scheint keinerlei Veränderungen im Innern vorgenommen zu haben, welche die Pharisäer gegen ihn hätten einnehmen können, wie man denn überhaupt in seinem Leben keinen einzigen Zug findet, der ihn zum ausgesprochenen Sadduzäer stempeln könnte. Man darf demnach die bald darauf erfolgte tiefgehende Zerrissenheit nicht als Fortsetzung der Parteizwiste zwischen Sadduzäertum und Pharisäertum ansehen. Die Sadduzäer, die ohnehin in theoretischen Diskussionen nie stark waren, mögen endlich eingesehen haben, daß für sie auf dem Boden der Theorie keine Lorbeeren blühen werden, und daher die religiöse Wirksamkeit den Pharisäern überlassen haben. Die Furcht vor dem Volke, das dem Pharisäertum mit Hingebung zugetan war, mag sie auch bestimmt haben, die Streitigkeiten fallen zu lassen und sich äußerlich unterzuordnen.

Die Parteistellung in Judäa nahm daher von jetzt an einen veränderten Charakter an, ja, sie wäre vielleicht ganz erloschen, wenn sich nicht ein Mann mit seinem maßlosen Ehrgeize und seinem per-

---

[1]) Josephus gibt bei diesen Tatsachen, Altert. XIV, 1, 2, genaue Daten an; es ist die Frage, ob sie ganz zuverlässig sind. Hyrkan habe nach dem Tode der Mutter die Hohepriesterwürde im dritten Jahre der 177. Olymp. erlangt; das wäre 70—69 ante. Er fügt aber hinzu: während des Konsulats des Hortensius und Metellus, d. h. von Januar 69 an. Allerdings kann dieses noch immer in 177, 3. Olymp. fallen. An einer anderen Stelle, XV, 6, 4, gibt er an, Hyrkan habe die Herrschaft nach dem Tode der Mutter nur 3 Monate inne gehabt: κατασχὼν τρεῖς μῆνας. Diese 3 Monate müßten also im Verlaufe des Jahres 69 angesetzt werden. In XX, 10 berichtet er: als Aristobul 3 Jahre und 3 Monate die Hohepriesterwürde inne gehabt, habe Pompejus nach Eroberung Jerusalems dieselbe dem Hyrkan wieder überlassen. Pompejus Eroberung Jerusalems fällt Sommer oder Herbst 63. 3 Jahre 3 Monate zurückgerechnet, fiele Aristobuls Funktion als Hoherpriester etwa Frühjahr 66. Wer war von 69 bis 66 Hoherpriester? Doch wohl Hyrkan. Damit wäre die Angabe des arabischen Makkabäerbuches c. 34 bestätigt, daß der Ausgleich zwischen den Brüdern der Art war, daß Hyrkan die Hohepriesterwürde behalten sollte. Er hätte sie demnach 69—66 inne gehabt, und sie könnte ihm entrissen worden sein, als er zu Aretas entflohen war. Die Angabe bei Joseph., daß Hyrkan nach dem Vertrag ἰδιώτης, Privatmann geblieben oder ζῆν ἀπραγμόνως spricht nicht gerade dagegen; es bedeutet: ohne Herrscherrecht und Macht. [S. jedoch Schürer I[3], 291].

ſönlichen Intereſſe in den Vordergrund der Begebenheiten gedrängt
hätte und mit ſeiner Familie der Vampyr der judäiſchen Nation geworden wäre, der ihr edelſtes Blut ausgeſogen hat. Dieſer Mann
war Antipater, einem angeſehenen idumäiſchen Geſchlechte entſproſſen,
welches gleich allen Idumäern von Johann Hyrkan gezwungen worden
war, das Judentum anzunehmen. Noch nie iſt eine verkehrte Handlung ſo ſchnell und ſo nachdrücklich beſtraft worden. Hyrkans I.
Fanatismus ſollte jetzt Verderben über ſein Haus und ſeine Nation
bringen. Antipater hatte durch Reichtum und diplomatiſche Befähigung
unter Alexander und ſeiner Witwe den Poſten als Statthalter von
Idumäa bekleidet und ſich nicht bloß bei ſeinen Stammesgenoſſen
ſondern auch bei den Nachbarn, den Nabatäern und den Bewohnern
von Gaza und Askalon, durch Geſchenke und Gefälligkeiten beliebt
gemacht[1]). Hyrkan II., der in ſeiner Beſchränktheit einen Führer
brauchte, hatte Antipater ſein Vertrauen geſchenkt, und dieſer mißbrauchte es mit der Gewiſſenloſigkeit eines Günſtlings, der ſeinen Einfluß zu ſeinem Vorteil auszubeuten gedenkt. Er unterließ keine
Gelegenheit, Hyrkan das Erniedrigende ſeiner Lage vorzuhalten, daß
er, zum Throne berufen, denſelben ſeinem jüngern Bruder hatte abtreten
müſſen. Er wirkte auf die ſchwache Seite dieſes Schwächlings, indem
er ihn zu überzeugen ſuchte, daß Ariſtobul damit umginge, ihn aus
dem Wege zu räumen, weil er nicht eher ſeine Königswürde für ge-
ſichert halte, bis derjenige nicht mehr ſein werde, dem ſie von Rechts-
wegen gebühre. Durch ſolche Mittel brachte Antipater den geängſtigten
Hyrkan dahin, daß er eidbrüchig auf den teufliſchen Plan einging, eine
fremde Macht als Schiedsrichterin über Judäas Geſchick anzurufen[2]).
Antipater hatte alles im voraus mit Aretas Philhellen, dem Könige
der Nabatäer, mit der Umſicht eines alle Umſtände erwägenden feinen
Kopfes geordnet; Hyrkan brauchte ſich nur leidend zu verhalten. In
einer Nacht entfloh Hyrkan mit Antipater aus Jeruſalem und erreichte
auf mühſamen Wegen die wie ein Vogelneſt auf einem hohen Berg-
plateau ſchwebende Hauptſtadt Petra. Aretas war bereit, Hyrkans
Sache zu unterſtützen, denn er war ſchon von Antipater durch reiche
Geſchenke gewonnen worden und hatte die Ausſicht, nach dem Siege
zwölf Städte im Oſten und Südweſten des toten Meeres, deren Eroberung den Hasmonäern ſo viele Kämpfe gekoſtet hatte, wieder zu
erlangen, darunter die bekannten Medaba, Sibma, Bet-Haran

---

[1]) Joſephus Altert. XIV, 1, 3; jüd. Kr. I, 6, 2. Der Ausdruck ὃν . . .
στρατηγὸν ἀποδειξάντων bezieht ſich auf Antipater und nicht auf ſeinen
Vater. [2]) Daſ. Altert. 1, 3—5.

(später Livias), Zoar, Horonaim und Marissa[1]). Aretas zog also
nach Judäa mit einem bedeutenden Heere von 50 000 Mann zum
Schutze Hyrkans, und dessen Anhänger schlossen sich dem fremden Heere
an. Es kam zu einer Schlacht, in welcher Aristobul den Kürzeren
zog und sich nach Jerusalem retten mußte (66[2]). Die Ruhe, welche
Judäa nahe an drei Jahre genossen hatte, war durch Antipaters
ränkevollen Ehrgeiz und Hyrkans maßlose Unklugheit auf längere
Zeit dahin.

Aretas schritt zur Belagerung Jerusalems im Beginne des Früh=
jahres. Um dem traurigen Anblicke zu entgehen, flohen viele ange=
sehene Jerusalemer, vermutlich auch Häupter der Pharisäer, aus der
Stadt. Die meisten von ihnen begaben sich nach Ägypten[3]), um, wie
es scheint, in dem Oniastempel das Passahfest zu feiern. Die Be=
lagerung zog sich mehrere Monate hin, die festen Mauern Jerusalems
ersetzten die geringe Zahl der Aristobulischen Kämpfer. Aber es trat
Mangel an Lebensmitteln ein und, was für die Frommen noch schreck=
licher war, an Opfertieren für den Altar, namentlich für das bevor=
stehende Passahfest.

Aristobul wendete sich daher an die frommen Gefühle der judäischen
Belagerer, um sie zu bestimmen, für Bezahlung Opfertiere zu liefern.
Hyrkan oder vielmehr Antipater, der die Seele des hyrkanischen Lagers
war, scheint anfangs nichts gegen die Opferlieferung gehabt zu haben,
namentlich da die Belagerten anboten, das Stück sogar — wohl über=
trieben — mit 1000 Drachmen zu bezahlen. An jedem Tage wurden
daher Körbe an einem Seile von der Mauer mit dem Gelde herunter=
gelassen und Lämmer dafür heraufgezogen. Da aber die Belagerung
sich in die Länge zog und das Ende derselben nicht abzusehen war,
so gab ein schlauer Ratgeber — man kann Antipater dahinter ver=
muten — den Rat, sich des Opfermangels in der Stadt zu bedienen,
um die Übergabe derselben zu erzwingen. Infolgedessen sollen die
Hyrkanisten eines Tages anstatt der verlangten Lämmer ein Schwein
zum Hinaufziehen in den Korb gelegt haben[4]). Dieser Hohn gegen
das Heiligtum erfüllte die Gemüter mit Entrüstung und machte einen
so tiefergreifenden Eindruck, daß der hohe Rat später die Schweine=
zucht ganz verboten hat. Noch einer anderen Rohheit machten sich
einige Hyrkanisten zur selben Zeit schuldig. Unter denen, welche die
belagerte Stadt verlassen hatten, war auch ein frommer Mann Onias,
der vorher zur Zeit einer Dürre durch sein Gebet Regen erfleht hatte,
und während der Belagerung nahe bei Jerusalem in einer einsamen

---

[1]) Das. [Die Namen sind sehr unsicher. Vergl. den Textbefund bei Niese,
a. a. O.].   [2]) Josephus Altert. XIV, 2, 1.   [3]) Das.   [4]) S. Note 15.

Gegend lebte. Aus dieſem Verſtecke zogen ihn die Soldaten von
Hyrkans Lager und drängten ihn, in dem Wahne, daß der Himmel
ſeinen Wunſch diesmal, ebenſo wie früher ſein Gebet um Regen, erhören werde, einen Fluch gegen Ariſtobul und ſeinen Anhang auszuſprechen. Aber anſtatt zu fluchen, ſprach der Fromme mit der Kraft
ſittlicher Hoheit: „Herr der Welt, da die Belagerer ſowohl wie die
Belagerten zu deinem Volke gehören, ſo flehe ich dich an, daß du die
Verwünſchungen, die ſie gegeneinander ausſprechen, nicht erhören
mögeſt." Die rohen Soldaten, unempfindlich für eine ſolche Größe,
erſchlugen ihn wie einen Verbrecher[1]). Auf dieſe Weiſe glaubten ſie
das Gewiſſen des Judentums, das laut gegen dieſen wahnwitzigen
Bruderzwiſt ſprach, zum Schweigen zu bringen. Allein ſo ſehr auch
die Großen ſich gegen die Stimme des Gewiſſens abſtumpften, das
Volk fühlte ſich von dieſem Treiben tief verletzt und hielt das Erdbeben,
das in dieſer Zeit Paläſtina wie einen Teil von Aſien erſchütterte,
und den Orkan[2]), welcher die Halme auf dem Felde knickte, für Zeichen
des göttlichen Zornes wegen der Verhöhnung des Heiligen und der
Niedermetzelung der Gerechten.

Doch ein furchtbareres Unglück als Erdbeben und Orkan zog wie
eine unheilverkündende Wolke über Judäa heran. „Das Tier mit
eiſernen Zähnen, ehernen Klauen und ſteinernem Herzen, das vieles
verzehren und den Reſt mit Füßen treten" ſollte, fiel in Judäas
Marken ein, um ſein Blut zu trinken, ſein Fleiſch abzunagen und ſein
Mark auszuſaugen. Die Stunde hatte geſchlagen, wo der römiſche
Adler mit ſchnellem Fluge ſich auf Israels Erbe ſtürzen, die aus vielen
Wunden blutende judäiſche Nation umkreiſen und ihr neue Wunden
beibringen ſollte, bis er ſie zur kalten Leiche gemacht. Wie das unerbittliche Fatum waltete Rom damals über die Schickſale der vorder-
aſiatiſchen Völker, plündernd, zerteilend, vernichtend; Judäa war dasſelbe Los zugedacht. Mit erſtaunlicher Spürkraft witterte der Raub-
vogel von der Ferne ſeinen Fraß und eilte herbei, den Lebensfunken
auszublaſen. Er erſchien zum erſten Male in der Geſtalt des
Scaurus, eines Legaten des Pompejus, der nach Aſien ausgezogen
war, um ſich für ſeine Unbedeutendheit in der Heimat in der Fremde
ein hohes und weites Piedeſtal zu ſchaffen. Scaurus ſuchte für ſich
und ſeinen Herrn in Syrien die Gelegenheit zu Reichtümern und
Ehren. Da er aber dieſes Land von anderen Blutſaugern beſetzt fand,
wendete er ſich nach Judäa, und ihn begrüßten die ſtreitenden Brüder
als einen Heilsboten, der ſie aus der Verlegenheit befreien ſollte.

---

[1]) Joſephus Altert. XIV, 2, 1.   [2]) S. Note 15.

Beide schickten Gesandte an ihn ab, und da sie wußten, daß die Römer
für den Glanz des Goldes nicht unempfindlich waren, so sahen sie sich
beide vor, nicht mit leeren Händen vor Scaurus zu erscheinen. Ari=
stobuls Geschenke überwogen; er hatte vierhundert Talente (an
2 000 000 ℳ) gebracht, während Hyrkan, oder vielmehr Antipater,
nur Versprechungen gemacht hatte. Das römische Interesse war auch
diesmal nicht im Widerspruch mit Scaurus Habgier. Es verlangte,
daß der Nabatäerkönig, welcher über eine bedeutende Macht und Länder=
strecke verfügte, durch die Einmischung in den judäischen Bürgerkrieg
nicht noch mächtiger werde. So ließ denn Scaurus ein Machtgebot
an Aretas ergehen, die Belagerung Jerusalems sofort aufzuheben, und
bedrohte ihn im Weigerungsfalle mit Roms Zorne. Unterwürfig ge=
horchte Aretas, führte sein Heer in sein Land zurück, das von Aristo=
buls aus der Belagerung befreiter Schar verfolgt und bei einem Orte
Kaphyron (?) aufs Haupt geschlagen wurde. Aretas verlor dabei
sechs Tausend Mann und Antipater seinen Bruder Phallion (65)[1].
Aristobul konnte sich für den Augenblick der Täuschung überlassen, er
sei wirklich der siegreiche König von Judäa. Der Gang der römischen
Politik und die langsam bedächtigen Taten des Feldherrn Pompejus
gegen Mithridates nährten in ihm den Wahn, daß sein Königtum über
Judäa für die Dauer gesichert sei. Kriegslustig wie sein Vater, machte
er Einfälle in benachbarte Gebiete und unterhielt Kaperschiffe, um auch
zu Wasser Beute zu machen[2]. Zwei Jahre blieb Aristobul in dieser
Selbsttäuschung (65—63) und mag auch in dieser Zeit, um seine
Selbständigkeit zu beurkunden, Münzen geschlagen haben.

Allein Antipaters erfinderischer Geist wußte ihn bald aus dieser
eingebildeten Sicherheit aufzuschrecken. Wenn es auf Bestechung und
diplomatische Künste ankam, war er Aristobul bei weitem überlegen.
Er hatte bereits Scaurus dafür gewonnen, sich für Hyrkan zu erklären
und ihm bei Pompejus, der jetzt in Syrien Lorbeeren sammelte, das
Wort zu reden. Diesem war der Bruderstreit ein willkommener
Anlaß, ein unterjochtes Volk mehr in die Liste seiner Eroberungen ein=
zutragen und damit in Rom zu triumphieren. Wiewohl Aristobul ihm
ein ebenso reiches, als wegen seiner Kunst wertvolles und berühmtes
Geschenk gemacht hatte, das auch angenommen wurde, war die Streit=
sache damit noch lange nicht beigelegt. Dieses Geschenk bestand in
einem goldenen Weinstocke mit goldenen Reben und Blättern, von

---

[1] Das. Altert. XIV, 2, 3. Statt Παπυρῶνα oder Παπυροῦν hat Epi=
phanius die L.=A. Κανυρῶν, das doch eher semitisch klingt.
[2] Folgt aus Joseph. das. 3, 2 τάς τε καταδρομὰς ... καὶ τὰ πειρατήρια
τὰ ἐν τῇ θαλάττῃ τοῦτον (Ἀριστόβ.) εἶναι τὸν συστήσαντα.

500 Talenten (etwa 2 062 500 ℳ) an Wert, den der König Alexander wahrſcheinlich als Zierde für den Tempel hatte verfertigen laſſen, und der mit der Inſchrift „von Alexander, dem judäiſchen Könige" verſehen war. Dieſes Kunſtwerk erregte die Bewunderung aller derer, die es zu Geſichte bekamen, und Pompejus beeilte ſich daher, es als Vorboten ſeiner Triumphe nach Rom zu ſenden, wo es auf dem Kapitol den Jupitertempel zierte[1]). Die Frömmigkeit hatte aber den goldenen Weinſtock nicht vermiſſen wollen und weihte aus eigenem Antriebe dazu, der eine eine goldene Traube, der andere ein goldenes Blatt, ſo daß er ſpäter wieder an dem Eingange der Tempelvorhalle prangte[2]).

So ſehr auch das Prachtgeſchenk Pompejus' Eitelkeit befriedigte, ſo war er doch weit entfernt, ſich für den Geber desſelben zu entſcheiden. Mit unverſchämter Anmaßung gab er vielmehr Antipater und Nikodem, den Geſandten der feindlichen Brüder, den Beſcheid, daß ihre Herren in Perſon vor ihm in Damaskus erſcheinen möchten, wo er die Streitſache prüfen und Recht ſprechen würde. Obwohl tief beſchämt über die erfahrene Demütigung, erſchienen beide, der Aufforderung gehorchend, und machten ihr Recht mit beredtem Munde geltend; der eine berief ſich auf ſein Erſtgeburtsrecht, der andere auf ſeine größere Würdigkeit. Aber auch eine dritte Partei war vor Pompejus erſchienen, die das Recht der Nation gegenüber den wutentbrannten Fürſten vertreten wollte. Es hatte ſich in dieſem Streite eine republikaniſche Partei gebildet, welche, der Zänkereien der Hasmonäer überdrüſſig, das judäiſche Gemeinweſen ohne erbliches Oberhaupt nur nach dem Organe des Geſetzes regiert wiſſen wollte. Man weiß nicht mehr, aus welchen Elementen dieſe einſichtsvolle Partei hervorgegangen iſt, aber ohne Zweifel waren Mitglieder des hohen Rates dabei beteiligt. Die Republikaner beklagten ſich beſonders über die letzten Hasmonäer, daß ſie die judäiſche Staatsverfaſſung geändert und das Hoheprieſtertum in eine Monarchie verwandelt hätten, um das Volk zu knechten[3]).

---

[1]) Strabo bei Joſeph. daſ 3, 1. Die Inſchrift lautet nach den meiſten Handſchr. Ἀλεξάνδρου und nicht τοῦ Ἀριστοβούλου τοῦ Ἀλεξάνδρου.

[2]) Middot 3, 8.

[3]) Joſeph. Altert. XIV, 3, 2. Allerdings waren die letzten Hasmonäer infolge von Alexanders Untaten und infolge des Bruderkrieges bei den geiſtigen Führern des Volkes mißliebig geworden (vgl. o. S. 125). Wenn aber Geiger (Urſchrift 205) dieſes aus einer Stelle im Jeruſch. (Taanit IV, p. 58 d) beweiſen zu können vermeinte, daß man der Prieſterabteilung Jojarib, aus welcher die Hasmonäer hervorgingen, einen ſchmähenden Beinamen beigelegt habe, und Derenburg ihm folgt und eine ſelbſtändige Deutung für die Stelle verſucht, ſo haben Beide ſie mißverſtanden. Sie haben ſie überhaupt unvollſtändig zitiert Sie lautet nämlich: אמר ר' לוי: יהויריב גנבר, מירון קרתה, מסרבי מסר בויתא לשנאייא: א"ר ברכיה

Bei dieser Gelegenheit zeigte sich der erste unscheinbare Keim jener später mächtig gewordenen Partei, welche, als Ausdruck des National= unwillens, der römischen Allgewalt getrotzt und den Untergang des judäischen Staates mit der Strahlenkrone des Heldentums verklärt hat.

Pompejus hörte aber weder auf die Beschwerden der Republikaner, noch auf die Rechtsgründe der streitenden Brüder; er hatte auch gar nicht die Absicht, den Streit beizulegen, sondern wollte nur unter dem Scheine eines Schiedsrichters Judäa unter die römische Lehnsherrschaft bringen. Mit geringem Scharfsinn konnte er wissen, daß sich Hyrkans Schwäche, bevormundet von seines Ratgebers Intriguengeist, besser zu der Rolle eines römischen Schützlings eignen würde, als Aristobuls tollkühner Mut, und war daher innerlich dem Schwächeren geneigt, Aber da er fürchtete, durch eine verfrühte Entscheidung in einen lang= wierigen Kampf, und noch dazu in einem für die Kriegsführung so schwierigen Lande mit Aristobul verwickelt zu werden und eben da= durch sein triumphierendes Erscheinen in Rom verzögern zu müssen, hielt er denselben mit Versprechungen hin. Aristobul durchschaute aber die ihm gelegte Schlinge und wollte sie bei Zeiten zerreißen; er be= festigte sich darum in der Burg Alexandrion auf dem Berg Sartaba und hoffte von hier aus den Einzug der Römer verhindern zu können. Bald zeigte sich die Anmaßlichkeit der römischen Ländergier in ihrer ganzen Nacktheit. Das gute Recht der Selbstverteidigung eines Fürsten, der in gar keinem Verhältnisse zu den Römern stand, betrachtete der römische Feldherr als Empörung und Auflehnung und behandelte Aristobul als einen widerspenstigen Aufwiegler. Pompejus zog gegen ihn zu Felde, setzte bei Betsan über den Jordan, forderte ihn von Koreai aus auf, unweit der Festung Alexandrion in einer Gegend, wo damals der beste Wein gezogen wurde, sich ihm auf Gnade und Ungnade zu unterwerfen, und versetzte ihn mit falschen Hoffnungen und ernsten Drohungen in jenen Zustand der Furcht und Schwankung,

---

ירדיריב, יה הריב עם בניו על שמרו וסרנו בו. ידעיה עמוק ציפורים. ידע יה עיצה עמוקה. שבליכם ורגלם לציפורין. Verständlich wird diese Stelle durch eine Kalirische Kinah (איכה ישבה). In derselben werden die Schicksale der 24 Priesterklassen bei der Tempelzerstörung mitgeteilt, die ihren Wohnsitz in je einer Stadt hatten. Die Kinah ist ohne Zweifel einem Midrasch entnommen, in welchem die Ephemeriden und die Städte aufgezählt waren. Die ersten zwei Städte lauten: מסרבי מרון und צפורים, dabei כרני, und die letzten צלמין und אריה. Die erste Priesterabteilung Jojarib hatte ihren Sitz in Meron, das noch den Beinamen hatte מסרבייא, die zweite Jedaja in Sepphoris. Die erstere hieß vollständig ירויוב מירון מסרבייא und die zweite ידעיה עמ.פ.ק צפורים. Diese Namen werden in Jeruf. z. St. agabisch gedeutet, die Deutung bezieht sich aber nicht auf die Hasmonäer, sondern auf den Untergang der 24 Ephemeriden.

die auch einen überlegeneren Geist als Aristobul zu falschen Schritten
hätte verleiten können. Der Unglückliche übergab zuletzt die starken
Festungen. Aber die Torheit bald wieder bereuend, zog er sich nach
Jerusalem zurück, um sich hier hinter den festen Mauern so lange zu
verteidigen, bis er günstigere Bedingungen erlangen würde. Pompejus
rückte ihm nach und, in Jericho angelangt, erreichte ihn die ihn ent-
zückende Botschaft von dem Selbstmord des der römischen Macht so
gefährlichen Mithridates. Dieser so leicht gewonnene Sieg über einen
der gefährlichsten Feinde Roms schwellte Pompejus' Brust mit noch
größerer Selbstbefriedigung; er wollte nur noch das geringe Hindernis,
den Widerstand von seiten Aristobuls, überwinden, um in Rom die
Früchte seiner ohne große Mühe errungenen erstaunlichen Erfolge zu
genießen. Für den Augenblick schien ihm der Sieg leicht werden zu
sollen, indem Aristobul, der Furcht nachgebend, sich reuig zu Pompejus
begeben, ihn mit Geschenken überhäuft und ihm versprochen hatte, auch
Jerusalem seiner Gewalt zu überliefern. Pompejus' Legat Gabinius
war bereits mit Aristobul aufgebrochen, um Besitz von der Hauptstadt
zu ergreifen und noch mehr Geld in Empfang zu nehmen. Aber die
judäischen Patrioten widersetzten sich diesem Ansinnen und verschlossen
Gabinius die Tore. Aristobul wurde hierauf in Gewahrsam gehalten[1]).

　　So hatte denn Jerusalem nach kaum drei Jahren wiederum eine
Belagerung zu erdulden. Pompejus rückte mit seinem Heere heran,
und die Stadt wurde ihm von den Hyrkanisten und den friedlich Gesinnten übergeben. Die Patrioten aber zogen sich auf den Tempelberg
zurück, brachen die Brücke ab und verteidigten sich von da aus mit er-
staunlicher Standhaftigkeit. Pompejus mußte sich wider Willen auf
eine förmliche Belagerung einlassen; denn der Tempelberg war von
der Nordseite her durch Felsen, Schluchten, künstliche Gräben und Türme
gut verteidigt. Pompejus mußte von Tyrus Belagerungsmaschinen
herbeiholen lassen, um die Mauern zu erschüttern, und aus entfernten
Wäldern Holz fällen lassen, um die Vertiefungen der Gräben auszufüllen. So zog sich die Belagerung in die Länge und würde vielleicht
noch länger gedauert haben, wenn die Belagerten nicht wegen ängst-
licher Beobachtung des Sabbats dem Feinde die Erstürmung erleichtert
hätten. In Folge einer, man weiß nicht, ob pharisäischen oder sadduzäischen Auslegung des Gesetzes hielten es die Belagerten wohl für
erlaubt, am Sabbat Waffengewalt mit Waffengewalt abzuwehren, aber
nicht Angriffe auf die Mauer zurückzuschlagen. Sobald die Römer
diese Bedenklichkeit erkannten, benutzten sie dieselbe zu ihrem Vorteile,

---

[1]) Josephus Altert. XIV, 3, 3—4; 4, 1.

ließen stets am Sabbat die Waffen ruhen, um nur an der Erschütterung
der Mauer zu arbeiten. An einem Sabbat (im Monat Siwan, Juni 63[1])
wurde ein Turm des Tempels zu Falle gebracht und eine Bresche
eröffnet, von wo aus die kühnsten Römer sich einen Weg zum Tempel
bahnten. Mordend drangen die Legionen und Bundestruppen in den
Vorhof und streckten die Priester neben den Opfertieren nieder. Die
Ahroniden ließen sich nämlich nicht einen Augenblick in ihren heiligen
Übungen stören, sondern sahen ruhig dem Tode entgegen. Viele
stürzten sich von den Zinnen in die Abgründe, andere zündeten sich
selbst Scheiterhaufen an. Im ganzen kamen an diesem Tage 12000
Judäer um. Pompejus drang bei dieser Gelegenheit in das Innere
des Tempels ein, um seine Neugierde über die Beschaffenheit des
judäischen Kultus zu befriedigen, über welchen unter den Heiden die
widersprechendsten Gerüchte in Umlauf waren. Der römische Sieger
war nicht wenig erstaunt, keinen Eselskopf in dem judäischen Heiligtume, ja gar kein Bild von der Gottheit darin zu erblicken[2]. Dieser

---

[1] Josephus Altert. XIV, 4, 2—3. Das περὶ τρίτον μῆνα ist offenbar echt
und aus judäischer Quelle geschöpft, demnach kann das νηστείας ἡμέρα nicht auf
den Versöhnungstag, sondern [muß] auf einen einfachen Sabbat bezogen werden.
Josephus (XVI, 2, 40) hat das letztere Wort von Strabo oder Nicolaos, seinen
Quellen, beibehalten, die den Sabbat für ein jejunium hielten, weil an demselben keine warmen Speisen vorkamen. Richtig setzt daher Dio Cassius die
Einnahme Jerusalems an einem Sabbate an (ἐν τῇ τοῦ Κρόνου ἡμέρᾳ, 37, 16).
Allerdings berichtet Joseph. selbst (jüd. Krieg I, 7, 4; V, 9, 4), daß Jerusalem
im 3. Monate der Belagerung eingenommen wurde: „τρίτῳ μηνὶ τῆς πολιορ-
κίας". Aber da er in den Altert. diese Beifügung nicht hat, so
wollte er offenbar „den dritten Monat" des Jahres bezeichnen und auch
hier, wie öfter, seine früheren Angaben selbst berichtigen. Die Belagerung
braucht nicht drei Monate gedauert zu haben, denn auch in einer kürzeren Zeit
konnten die vervollkommneten römischen Belagerungsmaschinen einen Turm
der nördlichen Tempelseite erschüttern und eine Bresche machen. Es ist auch
nicht denkbar, daß vom Zuge Pompejus im Beginne des Frühlings bis zur
Einnahme, etwa im September, sich 7 Monate hingezogen haben sollten. Damit sind die Einwürfe erledigt, welche Schürer (S. 137, R.) gegen „den dritten
Monat" vorgebracht hat. Schürer selbst setzt die Einnahme Jerusalems unter
Herodes in den dritten Monat des jüd. Jahres, im Juli (S. 187, N), nach Herz-
feld an. Nun gibt Josephus selbst an, daß beide Eroberungen an einem und demselben Tage stattgefunden haben (Altertum XIV, 16, 4): ὥσπερ . . ἐπὶ Πομ-
πηίου . . τῇ αἰτῇ ἡμέρᾳ. Die Eroberung unter Herodes kann aber nicht am
Feste des Fasttages, des Versöhnungstages, stattgefunden haben, also auch
nicht die erste unter Pompejus. Bei beiden kann also τῷ τρίτῳ μηνὶ nur bedeuten, im dritten Monate des Jahres, von Nissan an gezählt. [Nichtsdesto-
weniger scheinen Schürers (I³, S. 298, Anm. 23) Argumente für die Eroberung
des Tempels im Spätherbst durchschlagend zu sein.]

[2] Tacitus historiae V, 9.

traurige Vorfall hatte demnach auch eine günstige Seite für das Judentum, indem er die heidnischen Vorurteile und Fabeln, die durch bös-
willige alexandrinische Schriftsteller und Antiochos Epiphanes über das
Judentum verbreitet waren, zerstreut hat.   War es Scheu vor dem
gewaltigen Eindruck, den die bildlose Erhabenheit des Tempels erweckt
hat, oder war es Vorsicht, um nicht von seinen Feinden als Tempel-
räuber verschrieen zu werden; jedenfalls bleibt es merkwürdig, daß
Pompejus, seine Geldgier bezwingend, den Tempelschatz, in welchem
sich nicht weniger als zweitausend Talente befanden[1]), unberührt ließ.
Dem Zufalle, daß der römische Eroberer Jerusalems nicht zu den Ent-
artetsten gehörte, hatte es Judäa zu verdanken, daß es bloß das Vor-
spiel der Tempelzerstörung genossen, und daß es damals noch dem
Scheine nach als ein selbständiger Staat fortdauern konnte.   Aber die
Unabhängigkeit war von dieser Stunde an für immer untergegangen.
Gerade ein Jahrhundert, nachdem die Makkabäer über die Thrannei
der Syrer gesiegt hatten, brachten ihre Nachkommen die Thrannei
der Römer über Judäa.

Was hatte nun Hyrkan von der Berufung auf den römischen
Schiedsrichter?   Pompejus nahm ihm den Königstitel, ließ ihm nur
die Hohepriesterwürde und den zweideutigen Titel Volksfürst (Ethnarch[2])
und setzte ihn unter die Vormundschaft des Antipater, der zum Landes-
verweser ernannt wurde.   Eine gewisse Macht mit einem Titel mußte
ihm Pompejus lassen, um ihn in den Stand zu setzen, die Erbitterung
der Patrioten gegen die Unterjochung zu dämpfen.   Denn bei der
Nachricht von Jerusalems Eroberung strömte vom Lande eine große
Menge herbei, um ihren Unwillen über die Vergewaltigung mit den
Waffen zu betätigen.   Diese Erbitterung sollte Hyrkan beschwichtigen[3]).
Die Mauern Jerusalems wurden niedergerissen und Judäa als be-
siegtes Land betrachtet, wenn auch nicht förmlich als Provinz dem
römischen Reiche einverleibt.   Jerusalem und ganz Judäa mußten
wieder an eine fremde, feindliche Macht Tribut zahlen, von dem es
kaum ein Jahrhundert befreit war.

Worin bestand dieser Tribut?   Hatte der Sieger nach römischem
Brauche Felder, Weinberge und Weideplätze als Staatseigentum erklärt und den Eigentümern nur als Pächtern die Nutznießung gelassen,
wofür sie einen Teil der Ernte als Pachtzins den Römern abliefern
mußten?   Oder sind die Ländereien der Besiegten, oder derer, welche
gegen die Römer gekämpft, ihr Leben zur Verteidigung des Vater-

---

[1]) Josephus Altert. XIV, 4, 4.
[2]) Daf. XX, 10.   [3]) Daf. XIV, 4, 4.   Jüd. Kr. I, 7, 6.

landes gelassen hatten, und derer, welche in die Gefangenschaft geraten waren, fremden Pächtern überlassen worden? Genaues weiß man darüber nicht[1]); der römischen Hab= und Ländergier ist das Härteste zuzutrauen. Außerdem wurde das judäische Land in engere Grenzen eingeschlossen und auf den geringen Umfang gebracht, den es in der vorhasmonäischen Zeit hatte. Sämtliche Seestädte und andere im Küstenstrich belegene Ortschaften, die von Griechen bewohnt waren: Gaza, Azotus, Arethusa, Jamnia, Joppe, Stratonsturm, Dora, erklärte Pompejus für Freistädte und überließ sie ihren Bewohnern. Ebenso die Binnenstädte und die jenseits des Jordans gelegenen, welche Hyrkan I. und Alexander nach schweren Kämpfen Judäa einverleibt hatten. Samaria, Skythopolis (Betsan) und andere Städte in der Ebene Jesreel, ferner Gadara, Hippos, Pella, Dion (Diospolis), Philadelphia und andere wurden von Judäa wieder losgerissen und zum Teil in Freistädte verwandelt und der Botmäßigkeit des römischen Statthalters von Syrien untergeordnet. Die meisten dieser Städte datierten ihre Freiheit von Pompejus, dem Eroberer Jerusalems. Zehn Städte, besonders die jenseitigen, verbanden sich untereinander zu Schutz und Trutz (Dekapolis[2]). Von den Kriegsgefangenen ließ Pompejus die Schuldigen, d. h. die glühenden Patrioten, hinrichten, die übrigen nach Rom führen. Die gefangenen judäischen Fürsten Aristobul, sein Sohn Antigonos, seine zwei Töchter und sein Oheim und Schwiegervater Absalon mußten in Rom unter den andern besiegten Königen und Königssöhnen Asiens vor Pompejus' Triumphwagen einhergehen (61[3]). Während Zion ihr Haupt in Trauer verhüllte, schwelgte Rom in unendlichem Siegesjubel; aber die nach Rom geschleppten judäischen Gefangenen waren der erste Keim zu einer Gemeinde, welche unter einer andern Form einen Kampf gegen die römischen Institutionen aufnahm und sie zum Teil besiegte.

[1]) Das Tributverhältnis Judäas in der Zeit zwischen Pompejus Eroberung und Cäsars milder Gesetzgebung bezüglich desselben ist dunkel. Josephus Angabe ist unbestimmt. Jüd. Krieg I, 7, 6 ist nur angegeben, daß Pompejus dem Lande und Jerusalem Tribut aufgelegt habe: τῇ τε χώρᾳ καὶ τοῖς Ἱεροσολύμοις ἐπιτάσσει φόρον. Noch kürzer und unbestimmter Altert. XIV, 4, 4: καὶ τὰ μὲν Ἱεροσόλυμα ὑποτελῆ φόρου Ῥωμαίοις ἐποίησεν. Aus Ciceros Rede pro Flacco 28 geht hervor, daß ein Pachtverhältnis der Ländereien eingeführt war; er sagt von dem Lande nach Pompejus Eroberung aus: quod victa, quod elocata, d. h. verpachtet war. Dasselbe scheint auch aus einem Erlasse Cäsars hervorzugehen (Altert. XIV, 10, 5): ὅπως τε Ἰουδαίοις ἐν τῷ δευτέρῳ τῆς μισθώσεως [ἔτει] τῆς προσόδου κόρον ὑπεξέλωνται καὶ μήτε ἐργοῖα ἐῶσί τινες. Vergl. Note 9.

[2]) Jos. daf. Vergl. Schürer, a. a. O., S. 138 [jetzt I[3], 299].

[3]) Jos. daf. 4, 5.

Ohne Zweifel lebten schon vor Pompejus' Einmischung Judäer in Rom und andern italienischen Städten; sie mögen wohl von Ägypten und Kleinasien aus, infolge der Handelsbeziehungen, dahin eingewandert sein und sich angesiedelt haben. Die ersten römischen Judäer waren wohl nicht Gefangene, sondern Geschäftsleute, die mit den römischen Großen durch Getreidelieferung von Ägypten und Steuerpacht mit Kleinasien in Verbindung standen. Aber diese Einwanderer hatten schwerlich eine regelmäßige Gemeindeverfassung, da ihnen wohl vor allem Gesetzeslehrer fehlten. Unter den Gefangenen aber, die durch Pompejus nach Rom geschleppt wurden, befanden sich sicherlich gesetzeskundige Männer, die von den reicheren Stammesgenossen losgekauft und bewogen wurden, sich da bleibend niederzulassen. Die von den Gefangenen abstammenden Geschlechter behielten auch in der Folge, nach römischem Gesetze, den Namen Freigelassene (Libertini [1]). Das Quartier der Judäer in Rom lag auf dem rechten Tiberufer, am Abhange des Berges Vatikan, entweder weil dieses Quartier den Ausländern zugewiesen war, oder weil sich die ersten judäischen Einwanderer in Rom einen günstigen Platz für Schiffsladungen ausgesucht hatten. Eine Brücke über den Tiber zum Vatikan führte noch lange Zeit später den Namen „Judäerbrücke" (pons Judaeorum [2]). Einer der in Rom angesiedelten Judäer, Theodos, führte in der römischen Gemeinde den Brauch ein, anstatt des Passah=Lammes, das außerhalb Jerusalems nicht genossen werden durfte, und das die Verbannten als liebgewonnene Gewohnheit nicht missen mochten, einen Ersatz desselben zu genießen. Darüber war man in Jerusalem unzufrieden, weil es den Schein hatte, als wenn sie im Auslande Opferähnliches genössen. Es erging ein rügendes Schreiben von Jerusalem an Theodos des Inhalts: „Wärst du nicht Theodos, so würden wir dich in den Bann legen" [3].

Die römischen Judäer blieben nicht ganz ohne Einfluß auf den Gang der politischen Verhältnisse Roms. Da sie, sowohl die früher Ansässigen als auch die losgekauften Gefangenen, Stimmrecht in den Volksversammlungen hatten, so gaben sie durch ihre Eintracht untereinander, nach einem verabredeten Plan zu handeln, durch ihre Rührigkeit, ihre nüchterne, leidenschaftslose Auffassung der Verhältnisse, vielleicht auch durch ihren hellen Geist wohl manchmal den Ausschlag bei Volksbeschlüssen. So bedeutend war ihr stiller Einfluß, daß der ebenso engherzige wie beredte Cicero, der von seinem Lehrer Apollonius

---

[1] Philo, Gesandtschaft an Cajus 23, M II, 568. Tacitus Annalen 2, 85. Apostelgeschichte 6, 9.

[2] Philo, das. Basnage, Histoire des juifs T. IV, p. 1047 ff. [W. Freund in] Frankels Monatsschrift, Jahrg. III, S. 438.   [3] Pesachim 53 a.

Molo Judenhaß gelernt hatte, als er einst gegen die Judäer sprechen wollte, sich scheute, seine judenfeindlichen Gesinnungen laut werden zu lassen, um sich die Judäer nicht auf den Hals zu hetzen. Er hatte nämlich die ungerechte Sache eines Prätors Flaccus zu verteidigen, der vielfacher Erpressungen angeklagt war, die er während der Verwaltung seiner kleinasiatischen Provinz sich hatte zuschulden kommen lassen. Unter anderem hatte Flaccus die Tempelspenden (aurum Judaeorum) der kleinasiatisch = judäischen Gemeinden — an 200 Pfund Gold (ungefähr 155000 ℳ) — einziehen lassen, welche in den Städten Apamea, Laodicea, Abramyttium und Pergamum eingesammelt waren (62). Er hatte sich dabei auf einen Senatsbeschluß berufen, welcher die Ausfuhr des Geldes aus den römischen Provinzen verbot, und Judäa genoß, obwohl unterjocht, noch nicht die Ehre unter die Provinzen aufgenommen zu sein. Die römischen Judäer waren bei der Verhandlung des Prozesses gegen Flaccus (59) aufs innigste beteiligt und hatten sich unter das Publikum gemischt. Der feige Cicero fürchtete sich daher so sehr vor ihnen, daß er gern mit gedämpfter Stimme gesprochen hätte, um bloß von den Richtern und nicht von den Judäern gehört zu werden. In seiner Schutzrede bediente er sich einer kleinlichen Sophistik, welche vielleicht auf Stockrömer, aber gewiß nicht auf einsichtsvolle Männer Eindruck gemacht hat. Unter anderm äußerte er sich: „Es gehört ein hoher Ernst dazu, dem barbarischen Aberglauben der Judäer entgegenzutreten, und es zeugt von hohem Charakter, im Interesse des römischen Staats den in Volksversammlungen rührigen Judäern Verachtung zu zeigen. Wenn Pompejus keinen Gebrauch von seinem Siegesrecht gemacht hat und den judäischen Tempelschatz unberührt ließ, so tat er es gewiß nicht sowohl aus Verehrung der judäischen Heiligtümer, als vielmehr aus Klugheit, um der argwöhnischen und verleumderischen judäischen Nation keine Gelegenheit zu Anklagen zu geben; sonst würde er wohl schwerlich fremde und noch dazu judäische Heiligtümer verschont haben. Als noch Jerusalem unbesiegt war, und die Judäer in Frieden lebten, zeigten sie eine tiefe Abneigung gegen den Glanz des römischen Reiches, gegen die Würde des römischen Namens, gegen die Gesetze unserer Vorfahren, und in dem letzten Kriege hat die judäische Nation erst recht bewiesen, von welcher feindlichen Gesinnung sie in bezug auf uns beseelt ist. Wie wenig beliebt diese Nation bei den unsterblichen Göttern ist, hat sich dadurch gezeigt, daß ihr Land erobert und verpachtet worden ist"[1]. Welchen

---

[1] Cicero pro Flacco 28. Der unverständliche Schlußsatz in dieser Rede: qnod servata soll eine Interpolation eines jüdischen oder christlichen Apologeten sein (Bernays, im rheinischen Museum, Jahrg. XII, S. 464).

Eindruck dieſe Rede gemacht, und wie das Urteil gegen Flaccus aus=
gefallen iſt, iſt nicht bekannt. Ein Jahr ſpäter wurde Cicero mit der
Verbannung beſtraft und durfte ſich im Umkreiſe von achtzig Meilen
von Rom nicht blicken laſſen; ſein Haus und ſeine Villen wurden dem
Erdboden gleich gemacht.

Für das zerſtückelte Judäa war die Knechtung nach Pompejus'
Entfernung noch drückender, weil es in dem Mittelzuſtande zwiſchen
einer eroberten Provinz und einem ſelbſtändigen Lande gelaſſen war.
Wäre es in eine römiſche Provinz verwandelt worden, ſo hätte es
wenigſtens die Vorteile einer ſolchen genießen können. Aber die Halb=
heit und Unbeſtimmtheit ſeines Verhältniſſes zu Rom machten es von
der Laune und Willkür der römiſchen Beamten abhängig, weil man
ſich im Senate wenig um Judäa kümmerte. Das willkürliche Ver=
fahren der ſyriſchen Prokonſuln, die ſich fortwährend Eingriffe erlaubten,
fand in Rom keinen Ankläger. Der mächtige Miniſter Hyrkans trug
dazu bei, dieſen Umſtand dauernd und drückend zu machen. Er unter=
hielt mit den größten Opfern die Verbindung mit Rom, um an ihm
eine Stütze gegen ſeine Unbeliebtheit im Volke zu haben, das ihn als
Freiheitsmörder haßte. Mit dem Schweiße Judäas unterſtützte Anti=
pater den römiſchen Feldherrn Scaurus, der von Judäa aus gegen
den Nabatäerkönig Aretas einen Feldzug eröffnet hatte. Ariſtobuls
älteſter Sohn Alexander II., welcher der Gefangenſchaft entronnen und
in Judäa angekommen war, zog die Patrioten an ſich, bewaffnete
10000 Fußgänger und 1500 Reiter und führte ſie gegen Jeruſalem.
Hyrkan, oder richtiger ſein Herr Antipater, konnte ſich nicht gegen ihn
halten und verließ die Hauptſtadt, welche Alexander befeſtigen ließ.
Um ſich zu ſichern, befeſtigte er auch die Hauptkaſtelle Alexandrion.
Hyrkania dieſſeits und Machärus jenſeits des Jordans (um 59—58[1]).
Der damalige prokonſulariſche Statthalter von Syrien Lentulus
Marcellinus hatte gegen den ebenſo liſtigen wie kriegeriſchen Aretas
Philhellen Kämpfe zu beſtehen und mußte die Dinge in Judäa gehen
laſſen, war vielleicht auch von Alexander durch Geld bewogen, ihn ge=
währen zu laſſen. Für Geld begünſtigten die römiſchen Machthaber
damals bald die eine, bald die andere Partei. Alexander fühlte ſich ſo

---

[1] Joſ. Altert. XIV, 5, 2; j. Kr. I, 8, 2. Die Vorgänge, welche in
dieſem Kapitel erzählt werden, die Flucht Hyrkans aus Jeruſalem, Alexanders
Unternehmen, Jeruſalem zu befeſtigen, die Befeſtigung der Kaſtelle und
Alexanders Niederlage können unmöglich im 1. Jahr von Gabinius ſyriſchen
Prokonſulat 57 vorgegangen ſein, ſondern müſſen zum Teil unter das ſeines
Vorgängers Lentulus Marcellinus fallen, der nach Appian de rebb. Syr. 51,
gegen die Nabatäer kämpfte.

sicher, daß er Münzen prägen ließ mit griechischer und hebräischer In=
schrift: „König Alexander und Hoherpriester Jonathan"[1]).

Indessen kam Aulus Gabinius, ein Parteigänger Pompejus' und
der Gewissenloseste unter den damaligen römischen Erpressern, als Statt=
halter nach Syrien. Antipater, der bereits früher ihn durch Be=
stechung gewonnen hatte, eilte zu ihm und klagte ihm sein Leid, und
Gabinius war sofort bereit, Alexander zu bekämpfen. Mit den römischen
Legionen und den judäischen Truppen, befehligt von zwei judäischen
Führern Pitholaus und Malich, welche später Grund genug hatten,
ihre Hilfeleistung für die Römer zu bereuen, schlug er ihn vor Jerusalem
und zwang ihn, sich nach Alexandrion zu flüchten. Diese Bergfestung
belagerte er so lange, bis Alexander um Frieden bitten mußte. Den
Todesstreich, der Alexander bereits zugedacht war, wendete seine Mutter
nur mit Mühe ab, indem sie, die Kniee des Römers umfassend, für
ihn um Gnade flehte. Die drei Festungen, die Alexander als Zuflucht
gedient hatten, wurden geschleift[2]).

Zwei Akte des Gabinius nach seinem Sieg über Alexander, der
eine von vorübergehender, der andere von nachhaltiger Wirkung, zeigen,
wie die arglistige Politik der Römer, durch Teilung zu herrschen, so
sehr leitender Instinkt geworden war, daß sie ihn auch da anwendeten,
wo sie nur noch geringen Widerstand fanden. Um Judäa auch die
Möglichkeit zu benehmen, seine Grenzen und seine Macht zu erweitern,
ermunterte Gabinius die freigewordenen Grenzstädte, ihre verfallenen
Festungswerke wieder aufzurichten. Infolge dieser, einem Befehle
gleichklingenden Erlaubnis wurden mehrere, ehemals zu Judäa gehörige
Städte wieder befestigt; unter andern an der Meeresküste Raphia,
Anthedon, Gaza, Azotus, Dora und im Binnenlande Samaria
und Betsan; das letzte nannte sich zu Ehren seines Wohltäters

---

[1]) Bei Merzbacher, Untersuchung über althebr. Münzen S. 207, ist eine
Reihe von Münzen aus de Saulcys Werk und andern Sammlungen zusammen=
gestellt, welche Alexanders Namen tragen, aber nach Typus und andern Eigen=
heiten nicht Alexander I. angehören können. Sie werden daher mit Recht
Alexander II. beigelegt Deutlich hat eine derselben die Legende *BA . . . ΩΣ*
ΑΛΕΞΑΝΔ . . Y (βασιλέως Ἀλεξάνδρου) auf der einen Seite und auf der
andern עלכסנדר. Eine andere hat . . *ΑΛΕΞΑΝ . . .* und hebr. לדרסכע. Der
Name mit hebr. Buchstaben lautet also, wenn ergänzt: עליכסנדרוס Alexandros
(ע = o). Ein drittes Exemplar hat noch die hebr. Buchstaben כ . יונתן . · · ·.
Daraus folgt, daß Alexander II., hebr. יונתן, ebenfalls Münzen geprägt hat,
und zwar kann dieses nur während der Jahre 59—57 geschehen sein, ehe er
von Gabinius besiegt wurde. Damals, als er Jerusalem inne hatte, konnte er
sich als König und Hohepriester gerieren.
[2]) Jos. Altert. XIV, 5, 4. [Von einem fußfälligen Bitten ist weder
hier noch jüd. Kr. I, 8, 5 die Rede.]

Gabiniopolis[1]). Diese Städte zeigten in der Folge einen unversöhnlichen Geist gegen Judäa. Der gegängelte Schwächling Hyrkan
büßte seine, wenn auch beschränkte Machtbefugnis als Ethnarch ein;
er wurde bloß als Hoherpriester geduldet. Aber auch die Einheit,
welche dieser und die Synhedrial-Körperschaft vertrat, sollte gebrochen
werden. Judäa sollte nicht mehr ein einheitliches Gemeinwesen für
Verwaltung und Gesetzgebung bilden; es wurde von Gabinius in fünf
Gebiete geteilt (57), von denen jedes einen eigenen Verwaltungsrat
für innere Angelegenheiten haben sollte. Dieser Rat erhielt den Titel
Synhedrion. Die Ratsversammlung hatte ihren Sitz in je einem
Vororte. Der Süden des Landes oder das engere Judäa wurde in
vier Distrikte geteilt mit vier Vororten: Jerusalem, Gazara,
Emmaus und Jericho; Galiläa dagegen, das nicht so dicht von
Judäern bevölkert war, hatte nur einen einzigen Vorort, Sepphoris.
An die Spitze der fünf Synhedrien wurden römischgesinnte Judäer
aus der Aristokratie der Priester gesetzt[2]), in deren Interesse es lag,
es mit Rom zu halten.

Obwohl der Zerstückelungsakt des Gabinius von richtigem Blicke
zeugt, indem der Römer erkannte, daß der Schwerpunkt der judäischen
Nation im hohen Rate lag, so täuschte er sich doch über die Wirksamkeit
seiner Maßregel. Da diese Einrichtung aus dem innersten Leben der
Nation hervorgegangen und nicht etwas von außen Aufgezwungenes war,
so war ihr zentralisierender Einfluß nicht so leicht zu brechen. Die Fünf-
teilung Judäas war kaum eingeführt, als sie mit Gabinius' Entfernung
aus dem Lande sogleich wieder verschwand, ohne auch nur eine Spur
zurückzulassen. Der hohe Rat in Jerusalem blieb nach wie vor das
Herz des Volkes, nur war seine Macht durch die ungünstige Zeitlage
gelähmt. Er scheint seit dieser Zeit die Benennung „Synhedrion"
(Synhedrin) und zum Unterschiede von den kleinen Gerichtshöfen das
„große Synhedrion" angenommen zu haben[3]). Politische Macht

---

[1]) Josephus Altert. XIV, 5, 1—3. Eckhel, Doctrina nummorum III,
345 ff. [Die Sachlage war doch anders, vergl. Schürer II³, 133. 151.]

[2]) Jos. das. 5, 4 und Parall. j. Kr. Statt Gadara im Texte gibt Menkes
Bibelatlas richtig Gazara (גזר) an, da das erstere von Pompejus dem Gada-
renser Demetrios zugeteilt worden war, also nicht mehr zu Judäa gehörte.
Aber auch die L.-A. Amathus kann nicht richtig sein, da diese Stadt erst von
Alexander Jannaï erobert worden war, also keine oder nur eine geringe judäische
Bevölkerung hatte, und sich nicht zum Sitze eines judäischen Synhedrion
eignen konnte. Ich lese daher 'Αμμαΰς statt 'Αμαθοΰς. [Amathus war jedoch
(Altert. XIII, 13, 3) „μέγιστ.ν ἔρυμα τῶν ὑπὲρ τὸν 'Ιορδάνην κατῳκημένων",
wie Schürer I³, 279 mit Recht geltend macht.]

[3]) So wohl richtig Wieseler, Beiträge zur richtigen Würdigung der Evangelien, S. 224.

besaß es zwar nicht mehr, denn die Römer hatten diese vollständig an sich gezogen. Aber seine geistige Autorität bedeutete viel. Die beiden Präsidenten desselben waren nach dem Tode Simons ben Schetach dessen vorzüglichste Jünger: Schemaja (Sameas) und Abtalion (Pollion). In den Kernsprüchen, welche von ihnen aufbewahrt sind, spiegelt sich die ganze Trostlosigkeit der Zeit ab. Schemaja schärfte den Jüngern ein: „Liebe das Handwerk, fliehe das Herrschen und befreunde dich nicht mit der weltlichen Macht" [1]. Abtalion prägte den Gesetzeslehrern ein: „Seid vorsichtig in euren Äußerungen, daß ihr euch nicht die Strafe des Exils zuzieht, eure Jünger würden euch dann in ein Land von verführerischem Einflusse (verderblichem Wasser) folgen und ihn in sich aufnehmen müssen, und so würde der heilige Gottesname durch sie entweiht werden" [2]. Man hat aus einer mißverstandenen Stelle die beiden Synhedristen Schemaja und Abtalion fälschlicherweise zu Proselyten gemacht, und die Sage läßt sie von einem Assyrerkönig abstammen; allein schwerlich war die Gesetzeskunde damals so sehr gesunken, daß Proselyten die Einheimischen darin hätten übertreffen können; ohnehin wurden Proselyten niemals zu den höchsten Ämtern zugelassen (o. S. 101). Sie scheinen aber, richtig verstanden, Alexandriner gewesen zu sein, oder wenigstens sich eine längere Zeit im Exil in Alexandrien, vielleicht mit ihrem Lehrer Juda ben Tabbaï, aufgehalten zu haben [3]. Während ihrer beinahe fünfundzwanzigjährigen Wirksamkeit (um 60—35), in der die politische Macht des Synhedrion immer mehr schwand, scheinen sie ihre Tätigkeit nach innen gerichtet zu haben. Sie sammelten einen Kreis von lernbegierigen Jüngern um sich, denen sie das Gesetz, seine Begründung und Anwendung tradierten. Sie genossen wegen ihrer tieferen Beschäftigung mit den überlieferten Gesetzesbestimmungen in der Folgezeit eine so anerkannte Autorität, daß schon das Zurückführen einer Auslegung auf Schemaja und Abtalion als Beweiskraft galt [4]. Überhaupt sind sie fast die einzigen, auf deren Entscheidung und Aussprüche sich die spätere Zeit berief, weil sie wohl mehr als ihre Vorgänger mit dem theoretischen Ausbau des überlieferten Gesetzesstoffes sich beschäftigt haben. Einer ihrer größten und dankbarsten Jünger nannte sie „die beiden Größen der Zeit" (Gedolê ha-Dor [5]). Mit Schemaja und Abtalion beginnt also jene dem staatlichen Interesse abgewendete, sich

---

[1] Abot 1, 10. ואל התודע לרשות bedeutet, wie das griechische ἐξουσία die weltliche Macht.

[2] Das. 11.   [3] Note 16.

[4] Pesachim 66 a; Jom-Tob 25 a; Jebamot 67 a; Edijot I, 3.

[5] Pesachim 66 a. Vergl. 70 b.

mehr in die Tiefe der Gesetzesforschung versenkende Richtung der Pharisäer, welche seitdem immer weitere Kreise an sich zog und zuletzt das einzig Beharrende und Trostbringende ward. Sie wurden daher nicht bloß als bedeutende Weise, sondern auch als kundige Schriftausleger (Darschanim) gepriesen[1]). Möglich, daß sie die genauere Schriftdeutung aus Alexandrien, wo die grammatische Fertigkeit heimisch war, nach Judäa verpflanzt haben. Von welcher hohen Gesinnung die Synhedristen beseelt waren, wird ein später erfolgter Vorfall beweisen, der zugleich von der Entwürdigung zeugt, welche die Fremdherrschaft und Hyrkans Schwäche über die Nation gebracht haben.

Die äußere Geschichte Judäas hat eine Zeit lang nichts anderes als Auflehnung gegen die römische Gewaltherrschaft und die unglückseligen Folgen derselben, Bedrückungen, Räubereien und Tempelschändungen einzutragen, welche die römischen Machthaber und ihre Helfershelfer fast zu täglichen Erlebnissen machten. In dieser Drangsalszeit scheint der Brauch eingeführt worden zu sein, das Buch Esther in den Bethäusern an dem Feste Purim öffentlich zu lesen, und dieses Fest religiös-vorschriftlich zu begehen. Die Verlesung sollte die Nation daran erinnern, daß ihr Gott in früherer Zeit ihr in Nöten beizustehen pflegte, auch ohne wunderbares Eingreifen, und daß er sie auch in dieser Zeit nicht verlassen werde[2]). Mit der Selbsthilfe den Römern gegenüber war es vorüber. Aristobul war es gelungen, mit seinem Sohne Antigonos aus Rom zu entkommen — wobei ihm wohl nicht nur seine römischen Stammesgenossen, sondern auch Senatoren in Rom, Pompejus' Gegner, behilflich gewesen waren — und in Judäa einzutreffen. So drückend ward das römische Joch empfunden, daß der früher bei der Nation nicht allzusehr beliebte Aristobul jetzt mit Begeisterung empfangen und als Retter in der Not begrüßt wurde. Jedermann stellte sich ihm zur Verfügung, so daß nicht genug Waffen vorhanden waren, sämtliche Freiwillige in Krieger umzuwandeln. Ein judäischer Unterfeldherr, Pitholaos, der bisher auf Hyrkans Seite gestanden und Aristobul hatte bekämpfen helfen, weihte ihm jetzt sein Schwert. So konnte Aristobul über ein Heer von achttausend Mann verfügen, mit dem er vor allem versuchte, die Festung Alexandrion wiederherzustellen und von da aus durch einen Guerillakrieg die Römer

---

[1]) Pesachim 66 a. Vergl. 70 b.

[2]) Wie angegeben (Note 3, Nr. 15) war das Purimfest zur Zeit der Abfassung des ersten Makkab. nicht bekannt, wohl aber zur Zeit der Abf. des II. Makkabb. Zur Zeit Hillels wurde das Buch Esther bereits in den Kanon aufgenommen (Note 17). Im Talmud Megilla 7 a ist noch eine Erinnerung geblieben, daß das Einführen des Purim-Festes Bedenken erregt hat.

zu ermüden. Aber ſein heißblütiges Temperament riß ihn hin, ſich in
eine offene Schlacht gegen ſie einzulaſſen, wodurch der größte Teil
ſeines Heeres getötet wurde und der Reſt ſich zerſtreute. Noch immer
ungebeugt, warf ſich Ariſtobul mit dem Reſt der Krieger in die Feſtung
Machärus und ſuchte ſie in Eile widerſtandsfähig zu machen. Aber
als die Römer mit ihren Belagerungswerkzeugen heranrückten, mußte
er ſich nach zweitägiger Belagerung ergeben und wurde zum zweiten
Male mit ſeinem Sohne in Feſſeln nach Rom geſchickt (56). Ein
ebenſo klägliches Ende nahm ein zweiter Aufſtand, den ſein Sohn
Alexander gewagt, welcher auf Gabinius' Verwendung vom Senate die
Freiheit erlangt hatte. Dieſer wegen ſeiner Räubereien berüchtigte
Parteigänger Pompejus' und Statthalter von Syrien hatte das Land
ſo ſchwer bedrückt, daß die Bewohner aus Verzweiflung zu den Waffen
griffen, um Alexander zur Bekämpfung der Römer beizuſtehen. So
konnte er mehr als 30000 Kämpfende um ſich verſammeln. Er begann damit, ſämtliche Römer, auf die er ſtieß, niederzumachen, und
diejenigen, welche ſich auf den Berg Garizim geflüchtet hatten, belagerte
er. Gabinius hatte nicht Truppen genug, um gegen ihn zu Felde zu
ziehen, und mußte ſich des ſchlauen Miniſters Antipater bedienen, um
einen Teil von Alexanders Parteigängern von dieſem abzuziehen. Mit
dem Reſte zog Alexander dem inzwiſchen angeſammelten römiſchen
Heere unter Gabinius entgegen, ließ ſich unbeſonnen dazu hinreißen,
eine Schlacht am Berge Tabor (Ithabyrion) aufzunehmen und erlitt
gegen Gabinius eine fürchterliche Niederlage (55[1]). Dieſer traf jetzt
nach Antipaters Weiſung und Eingebung neue Einrichtungen in Jeruſalem.

Inzwiſchen hatten ſich die drei bedeutendſten Männer Roms,
Julius Cäſar durch Geiſtesüberlegenheit, Pompejus durch Kriegsruhm und Craſſus durch erſtaunlichen Reichtum hervorragend, geeinigt und ein feſtes Bündnis beſiegelt, um die Macht des Senats
und der Optimaten zu brechen und die Staatsangelegenheiten nach
ihrem Willen zu regeln (56). Die Triumviren teilten einander die
ſchönſten Länder als Provinzen und Wirkungskreiſe zu. Der trotz
ſeines ſprichwörtlich gewordenen Reichtums geldgierige Craſſus erhielt
Syrien, wozu Judäa fortan ohne weiteres gerechnet wurde. Auf ſeinem
Kriegszuge gegen die Parther machte er einen Umweg, um Jeruſalem
zu berühren, von deſſen gefülltem Tempelſchatze angelockt. Dieſer Schatz
vermehrte ſich aus den Opfergaben und Spenden, welche die Judäer
in den Ländern der Zerſtreuung unter Römern und Parthern alljährlich
nach Jeruſalem zu ſenden pflegten, und aus den Weihgeſchenken, welche

[1]) Joſephus Altert. XIV, 6, 1. J. Kr. I, 8, 7.

Heiden, die aus Liebe zum Judentum Verehrer des Gottes Israels (Halbproselyten) geworden waren, dem Tempel zugewendet hatten[1]). Crassus machte keinen Hehl daraus, daß er die zweitausend Talente heben wollte, die Pompejus unberührt gelassen hatte. Um seine Geld= gier zu beschwichtigen, händigte ihm der fromme Schatzmeister Eleasar einen goldenen Balken ein (dreihundert Minen schwer), der wegen seines hölzernen, kunstvoll gearbeiteten Überzuges den übrigen Priestern unbekannt geblieben war. Crassus beschwor feierlich, den Tempelschatz nunmehr zu schonen. Aber was war für einen Römer ein Judäern gegebenes heiliges Versprechen? Er nahm den goldenen Balken, die zweitausend Talente und außerdem noch die goldenen Tempelgefäße, welche an achttausend Talente wert waren (54[2]). Mit diesem und anderem Tempelraube beladen, brach er gegen Parthien auf; aber an diesem Volke zerschellte die römische Macht, so oft sie auch einen ge= waltigen Anlauf gegen dasselbe nahm. Der unersättliche Crassus wurde erschlagen und sein Heer so sehr zusammengehauen, daß sein Legat Cassius Longinus von hunderttausend Mann kaum den zehnten Teil nach Syrien zurückführte (53). Die Parther verfolgten das ge= schwächte römische Heer, und die Syrer, des römischen Joches über= drüssig, hielten es heimlich mit ihnen. Auch der judäischen Nation schien der Augenblick zur Abschüttelung des schimpflichen Joches günstig; da aber keiner der judäischen Fürsten zugegen und Hyrkan bis zur Ohnmacht von den Banden des Römlings Antipater umstrickt war, so sammelte Pitholaos, welcher aus der Festung Machärus entkommen war, ein großes Heer, um es gegen Cassius zu führen. Aber das Glück verließ die judäischen Waffen, so oft sie mit den Römern zusammen= stießen. Das Heer, das in Tarichäa (Magdala) am Tiberiassee ein= geschlossen war, mußte sich ergeben. Pitholaos wurde von Cassius auf Antipaters Drängen zum Tode verurteilt, und dreißigtausend judäische Krieger wurden als Sklaven verkauft (52[3]).

Noch einmal erglänzte dem gefangenen Aristobul die Hoffnung, den Thron seiner Väter einzunehmen und den Verräter Antipater, der so viele Leiden auf das Haupt der Nation und der Hasmonäerfamilie gehäuft hatte, in sein Nichts zurückzuwerfen. Julius Cäsar, der größte Mann, den Rom erzeugt, hatte dem Senat den Fehdehandschuh hingeworfen und mit seinem Verbündeten Pompejus gebrochen. Der

---

[1]) Josephus Altert. das. 7, 2. Ob die 800 Talente, welche die klein= asiatischen Judäer bei der Nachricht von Mithridates' Vertilgungskrieg gegen die Römer zur Sicherheit nach der Insel Kos gebracht hatten, von heiligen Spenden herrührten, ist zweifelhaft.

[2]) Josephus Altert. XIV, 7, 1.   [3]) Das. 7, 3.

heftige Kampf zwischen den beiden Nebenbuhlern warf die Kriegsfackel bis in die entferntesten Teile des römischen Reiches. Um Pompejus' Einfluß zu schwächen, hatte Cäsar den in Rom weilenden Aristobul in Freiheit gesetzt und ihm zwei Legionen übergeben, damit er in Judäa und Syrien für ihn tätig wirke. Aber die Pompejaner kamen diesem Schritte zuvor, sie räumten den judäischen Fürsten durch Gift aus dem Wege. Seine Freunde legten seine Leiche in Honig, bis sie nach Jerusalem geführt und im Erbbegräbnis der Hasmonäer beigesetzt werden konnte. Ein eigenes Verhängnis waltete über dieser Familie. Nur sehr wenige aus ihrer Mitte sind eines natürlichen Todes gestorben. Aristobuls ältester Sohn Alexander wurde zur selben Zeit von dem Pompejaner Scipio auf Pompejus' Geheiß in Antiochien mit dem Beile enthauptet (49 [1]). Die noch übrigen Glieder von Aristobuls unglücklicher Familie, seine Frau und sein Sohn Antigonos, fanden Schutz bei dem Fürsten von Chalcis im Libanon-Gebirge, mit Namen Ptolemäus, dessen Sohn Philippion sich in Aristobuls Tochter Alexandra verliebt und sie heimgeführt hatte. Aber sein Vater Ptolemäus ließ aus Liebe zu seiner Schwiegertochter seinen eigenen Sohn aus dem Wege räumen und heiratete dessen Witwe [2]). So sehr hatte das harte Geschick die Hasmonäer verschlimmert, daß sie sich nicht scheuten, Eheverbindungen mit Heiden einzugehen und sich blutschänderischen Umarmungen hinzugeben.

Von diesem Riesenkampf der zwei mächtigen Rivalen um die Alleinherrschaft blieben die Judäer nicht verschont, weder die im Heimatlande noch die im Römerreich zerstreut Wohnenden. Er hat sich indes günstiger für sie gestaltet als zu erwarten war. In Kleinasien wohnte eine zahlreiche judäische Bevölkerung, besonders in Ephesus, der Hauptstadt Asiens in der römischen Zeit, in Sardes, der ehemaligen Hauptstadt des lydischen Reiches, in Pergamum und andern Orten. Zur Zeit, als Julius Cäsar sich Roms bemächtigt hatte, wurde der Konsul Lucius Cornelius Lentulus (April 49) in diese Provinz beordert, um für Pompejus Truppen auszuheben. Die Juden dieser Provinz sollten ebenfalls zum Kriegsdienste herangezogen werden. Ihnen aber war dieser Kriegszwang entsetzlich. Sie sollten sich für Pompejus schlagen oder geschlagen werden für ihn, der ein Feind ihrer Nation war, der Knechtschaft über Judäa gebracht und zwei hasmonäische Fürsten hatte umbringen lassen. Ferner sollten sie im Kriege gezwungen werden, ihre Religionsgesetze zu übertreten, am Sabbat die Waffen zu tragen und unerlaubte Speisen zu genießen. Die in Ephesus wohnenden an-

---

[1]) Josephus Altert. XIV. 7, 4.   [2]) Das. 7, 4.

gesehenen Judäer wußten jedoch diesen Zwang von ihren Religions=
genossen abzuwenden.

Als die römischen Kriegstribunen die judäischen Jünglinge und
Männer in Ephesus, wo der Konsul Lentulus sein Standquartier
hatte, ausheben wollten, trat ein Redner Dositheos, Sohn des Kleo=
patridas aus Alexandrien, wahrscheinlich ein Judäer, auf und legte
dar, daß die Judäer, welche römische Bürger wären, und denen die
Beobachtung ihrer Religionsgesetze von alters her zugesichert wäre,
nicht zum Kriegsdienst angehalten werden dürften. Für die Befreiung
der Judäer vom Kriegsdienst bemühte sich auch mit erstaunlichem Eifer
ganz besonders Titus Ampius Balbus, welcher zum Legaten be=
fördert und mit dem Geschäft der Aushebung betraut worden war.
Er bewog den Konsul, die Befreiung der kleinasiatischen Judäer aus=
zusprechen und zu verkünden (19. Sept. 49). Der Freund der Judäer
beeilte sich tags darauf, das Edikt überall bekannt zu machen. So
wurden auch die Judäer in Sardes und die auf der Insel Delos vom
Kriegsdienste befreit (Mai 48). Die judäische Gemeinde in Sardes
erlangte auch ein günstiges Edikt des Quästors und Prokonsuls Lucius
Antonius, durch welches ihre alten Gerechtsame, religiöse Versamm=
lungen zu halten und eigene Gerichtsbarkeit zu genießen, erneuert
wurden [1]).

Antipater dagegen, der durch Pompejus zur Macht gelangt war,
sandte ohne Skrupel dienstbeflissen judäische Truppen zu dessen Hilfe
auf den Kriegsschauplatz bei Pharsalus [2]), wo (August 48) die Ent=
scheidung darüber erfolgte, ob Pompejus oder Cäsar Herr der römischen
Welt bleiben sollte. Sobald aber das Glück dem Pompejus den Rücken
gekehrt und er in Ägypten einen schmählichen Tod gefunden hatte,
nahm der idumäische Ränkeschmied keinen Anstand, seinen Gegner Cäsar
gegen die pompejanische Partei zu unterstützen. In der gefährdeten
Lage, in der Cäsar sich in Ägypten ohne hinlängliche Truppenzahl,
ohne Nachricht von Rom, inmitten einer feindlichen Bevölkerung befand
(Oktober 48 — März 47), entwickelte Antipater eine rührige Tätig=
keit zu seinen Gunsten, die nicht ohne Belohnung blieb. Er versah
das Hilfsheer, das Mithridates, der pergamenische König, Cäsar zu=
führte, mit allen Bedürfnissen, ließ breitausend judäische Truppen zu
dessen Heere stoßen, half ihm Pelusium erobern, machte die Treue der
ägyptischen Judäer, die Besatzungstruppen von Onion, gegen ihren
König, den letzten der Ptolemäer, wankend, indem er ihnen Briefe von
Hyrkan vorzeigte, daß sie Cäsars Partei unterstützen sollten, und trug

---

[1]) Vergl. Note 9 II.　　　[2]) Appian, bellum civile II, 71.

überhaupt sehr viel zu Cäsars Siege bei (48 [1]). Dafür wurde er auch von dem allmächtigen Cäsar mit dem römischen Bürgerrecht, der Steuerfreiheit für seine Familie und dem Amte eines Landesverwesers (ἐπίτροπος, ἐπιμελητής) belohnt; er konnte jetzt Hyrkans Gunst entbehren und alles Ernstes als dessen Gönner angesehen werden. Vergebens suchte Aristobuls noch übrig gebliebener Sohn Antigonos eine Unterredung mit Cäsar nach, worin er an die Treue seines Vaters und Bruders für die cäsarianische Sache erinnerte, in deren Dienst beide ihr Leben verloren haben, während Hyrkan und Antipater seinem Feinde Pompejus anhingen. Antipater zeigte dagegen Cäsar die Wunden, die er im gegenwärtigen Kampfe für ihn empfangen, und trug den Sieg davon [2]). Der tiefe Menschenkenner Cäsar wußte nur zu gut Antipaters Dienstbeflissenheit und Energie zu schätzen, als daß er, der selbst die Legitimität gebrochen, die Rechtsansprüche Antigonos' hätte unterstützen sollen. Aus Gefälligkeit für Antipater bestätigte Cäsar (47) Hyrkan als Hohenpriester und Ethnarchen; auch Judäa erhielt einige Erleichterung. Die Mauern Jerusalems durften wiederhergestellt werden, die Gebiete, die früher zu Judäa gehört hatten, namentlich einige Städte in der Ebene Jesreel und Lydda wurden wieder dazu geschlagen. Von Kriegslasten und namentlich von den beschwerlichen Winterquartieren für die römischen Legionen befreite Cäsar die Judäer; doch mußten die Grundbesitzer jedes zweite Jahr den vierten Teil der Ernte für die Truppen nach Sidon abliefern. Nur im Erlaßjahr (ἔτος σαββατικόν) waren sie von dieser Naturaliensteuer befreit, weil an demselben die Äcker nicht bestellt wurden. Indessen war das nicht die einzige Abgabe vom Grundbesitze; der Zehnte der jährlichen Ernte mußte an Hyrkan geleistet werden, ein Einkommen, das ihm Cäsar bestätigte, und dem noch die Einkünfte von der Stadt Joppe zur Bestreitung der Hofhaltung hinzugefügt wurden.

Der kluge Antipater mochte aber seine erlangte Machtstellung nicht von Cäsars Glück allein abhängig machen. Wie leicht konnte der gewaltige Diktator, zu dessen Sturz die Republikaner und Pompejaner mit dem Aufgebot aller Kräfte sich vereinigten, unterliegen oder umkommen. Der römische Senat und ein Volksbeschluß sollten die scheinbar dem Ethnarchen Hyrkan bewilligte, im Grunde aber ihm zufallende Macht für ewige Zeiten bestätigen. Der Diktator kann verschwinden. Aber ein Senatsbeschluß, noch dazu bestätigt durch einen Volksbeschluß, ist bleibend. Auf Cäsars günstige Stimmung und Leichtigkeit, einen solchen Beschluß zu veranlassen, konnte er rechnen. Wie aber konnte

---

[1]) Jos. Altert. 8, 1—2. [2]) Das. 8, 3—4.

der Alleinherrſcher im Drange der Geſchäfte, das zerrüttete römiſche
Reich wieder einzurenken, ſeine Feinde allüberall niederzuwerfen und
die republikaniſche Verfaſſung ſanft in die Monarchie überzuleiten,
dazu bewogen werden, ſich auch noch mit den Judäern zu befaſſen?
Dafür mußten Cäſars Freunde gewonnen werden. Antipater drängte
daher ſeinen Schützling Hyrkan, Geld, recht viel Geld für Rom flüſſig
zu machen. Die Geldgeſchenke an Cäſars Freunde, welche Hyrkans
Geſandte überbrachten, wurden jedoch in Antipaters Namen überreicht[1]).
Dieſe ſorgten nun für eine öffentliche Kundgebung zu gunſten der
Judäer. Der römiſche Senat beſtätigte ſelbſtverſtändlich alles, was
ihm vorgelegt und was Cäſar bereits bewilligt hatte: daß die Judäer
Freunde und Bundesgenoſſen der Römer ſeien, daß Hyrkan ihm früher
und beſonders während ſeiner Verlegenheit weſentliche Dienſte geleiſtet
habe, daß ihm und ſeinen Nachkommen die Hoheprieſterwürde ver=
bleibe, und er zugleich als Ethnarch der Judäer auch außerhalb Judäas
anerkannt werde, daß, wenn in irgend einer römiſchen Provinz den
Judäern Unrecht getan würde, Hyrkan ſie zu verteidigen berechtigt ſei
und über die Frage, was zu der ihnen bewilligten Religionsfreiheit
gehöre, zu entſcheiden habe, daß ferner er und ſeine Nachkommen und
Geſandten ehrenvoll in Rom aufgenommen werden und einen Ehren=
platz bei den Gladiatoren= und Tierkämpfen einnehmen ſollten, daß
die Judäa einverleibten Gebietsteile unangefochten bleiben ſollten, daß
das Land von Kriegsaushebung, Gelderpreſſung und Winterquartieren
für die römiſchen Feldherren verſchont werde, daß alle dieſe Gerecht=
ſame und Vergünſtigungen, in eine Tafel eingegraben, in griechiſcher
und lateiniſcher Schrift auf dem Kapitol und in den Tempel in Sidon,
Tyrus und Askalon aufgeſtellt werden, und daß endlich den judäiſchen
Geſandten in Rom Gaſtgeſchenke gereicht werden ſollten.

Der Senatsbeſchluß zu gunſten der Juden wurde mit derſelben
Leichtigkeit, da er auf Cäſars Wunſch erfolgte, vom Volke beſtätigt.
Aber alle dieſe Judäa und Hyrkan gewährten Gunſtbezeigungen und
Gerechtſame gereichten lediglich Antipater zum Vorteil, und nur die
Judäer in den römiſchen Provinzen genoſſen von Cäſars Gunſtbe=
zeugungen den Vorteil.

Der Schöpfer des Cäſarentums war außerordentlich wohlwollend
gegen die Judäer oder ſuchte ſie für ſich zu gewinnen, weil ſie zuver=
läſſiger waren als die ſtets falſchen und windbeuteligen Griechen in den
griechiſch redenden Provinzen. Den alexandriniſchen Judäern beſtätigte
er für die ihm geleiſteten Dienſte die längſt genoſſene Gleichſtellung

---

mit den Griechen sowie sämtliche Privilegien, und dazu gehörten die
Gerechtsame, von ihrem stammesgenössischen Volksfürsten (Ethnarchen,
Arabarchen) regiert zu werden und unter seiner Gerichtsbarkeit zu
stehen.   Diese Privilegien wurden zum Andenken in eine Säule ein=
gegraben[1]).   Die Ausfuhr der Tempelspenden, welche mehrere Jahre
vorher Anfechtung gefunden hatte (o. S. 165), gestattete er durch be=
sondere Verfügungen. Die kleinasiatischen Judäer, denen ihre griechischen
Mitbewohner die Religionsfreiheit streitig machten, schützte Cäsar in
ihren alten Rechten, daß sie am Sabbat nicht vor Gericht geladen
werden dürften, daß es ihnen freistände Versammlungen zu halten, daß
— was besonders wegen zu befürchtender Aufstände untersagt war —
sie Synagogen bauen und überhaupt die gottesdienstlichen Gebräuche
ungehindert beobachten dürften (47—44)[2]).   Wurden sie von den boshaften Griechen in Kleinasien gehindert,
ihre religiösen Satzungen zu beobachten und konnten sie einmal von den
römischen Prokonsuln oder Prätoren nicht die Abstellung ihrer Be=
schwerden erlangen, so wendeten sie sich mit ihren Klagen an den zu
ihrem Beschützer eingesetzten Ethnarchen Hyrkan, und dieser richtete
durch seine Gesandten Ermahnungsschreiben an die römischen Statt=
halter, die, mit Berufung auf Cäsar oder den Senatsbeschluß, die
judenfeindliche Stadt zwangen, den Judäern Religionsfreiheit zu ge=
währen.   Infolge einer solchen Gesandtschaft befahl ein Prokonsul den
Bewohnern von Laodicea in Großphrygien und Tralles in Carien, ihre
judäischen Mitbewohner nicht zu stören, ihre Sabbate und andere
Religionsgesetze zu beobachten[3]).   Die Griechen von Milet und von
Parium, einer Stadt in Mysien, hatten den Judäern geradezu Religions=
zwang in bezug auf Sabbatheiligung und Versammlung zu religiöser
Andacht aufgelegt.   Ein scharfes Wort des römischen Statthalters,
welcher wußte, daß Cäsar die Judäer ernstlich begünstigt wissen wollte,
genügte, um ihre Unduldsamkeit zu brechen. In manchen Städten bedurfte
es nicht einmal der Ermahnung oder der Zwangsmittel. Die Vorstellung
von seiten der Juden und ihre Berufung auf Cäsar und den Senats=
beschluß genügte, um die Bürger willfährig zu machen.   So räumte
ihnen die Stadt Sardes einen Platz zum Bau einer Proseuche ein,
und die Marktmeister wurden verpflichtet dafür zu sorgen, daß die
Judäer Nahrungsmittel nach ihrem Ritus fänden[4]). Hyrkan, in der
Heimat ein Schatten, war den Religionsgenossen in der Fremde ein
schirmender Schild.

[1]) Vergl. Note 9.   [2]) Note 9 II.
[3]) Dieselbe Note, vergl. Monatsschrift, Jahrg. 1886, S. 344 f.
[4]) Vergl. Note 9 II.

Auch der römisch=judäischen Gemeinde muß Cäsar Wohltaten er=
wiesen haben, da sie seinem Andenken eine so tiefe Anhänglichkeit be=
zeigte. Während er in Rom jede Versammlung der Bürgerschaft unter=
sagte, weil er Auflehnung und Aufstände gegen die von ihm erstrebte
monarchische Gewalt befürchtete, gestattete er den Judäern religiöse Ver=
einigung[1]). Aber alle diese Freiheiten ließen die judäische Nation als
solche kalt, eben weil sie Gunstbezeugungen waren. Die außerpalästi=
nensischen Judäer mochten Cäsar als ihren Wohltäter segnen. Die
palästinensischen sahen in ihm nur den Römer, den Gönner des ver=
haßten Idumäers. Kein Laut der Begeisterung begrüßte die Ver=
kündigung der von ihm gewährten Freiheiten, kein Akt, keine Feier be=
zeugte die Freude der Nation an dem Geschenkten. So mürrisch und
finster blickte das Volk auf alle diese Vorgänge, daß Antipater sich
herausgefordert sah, den Unzufriedenen mit dem dreifachen Zorne,
seinem eigenen, dem Hyrkans und dem Cäsars zu drohen, den Unter=
würfigen aber große Belohnungen zu verheißen[2]). Eine versprengte
Schar des aristobulischen Heeres, darunter Jerusalemer, hatte sich unter
einem Häuptling Ezekia auf dem galiläischen Gebirge zu behaupten
gewußt, fügte Römern und Syrern vielen Schaden zu und lauerte nur
auf eine Gelegenheit, um die Fahne des Aufstandes gegen Rom zu
erheben. Die Römer nannten freilich diese Schar eine Räuberbande
und Ezekia einen Räuberhauptmann; aber die Judäer betrachteten sie
als die Rächer ihrer Ehre und Freiheit. Sie wurden noch empfind=
licher verletzt, als Antipater seinen Söhnen die Verwaltung des Landes
übertrug und auf nichts anderes sann, als auf die Machtvergrößerung
seines Hauses. Von den vier Söhnen, die ihm die Nabatäerin Kypros
geboren hatte, setzte er den ältesten, Phasael, zum Statthalter von
Jerusalem und Judäa und den zweiten, den fünfundzwanzigjährigen[3])
Herodes, zum Statthalter von Galiläa ein.

Dieser junge Mann wurde der böse Dämon für die judäische
Nation und schien dazu berufen, sie an allen Gliedern gebunden der

[1]) Note 9 II. [2]) Josephus Altert. XIV, 9, 1.
[3]) Das Alter von fünfzehn Jahren, das Herodes nach der Lesart in
Josephus Altert. XIV, 9, 2, bei der Übernahme der Verwaltung gehabt haben
soll, beruht ohne Zweifel auf einem Kopistenfehler, da er nach demselben jüd.
Krieg I, 33, 1 [und Altert. XVII, 6, 1] im Alter von nahe an siebzig Jahren
starb, mithin im Jahre 73 geboren wurde, folglich bei Übernahme der Ver=
waltung um 47—46 bereits in den Zwanzigern stand. Daß ihn Josephus noch
als sehr jung bezeichnet, νέος παντάπασιν, verschlägt nichts, da er auch Simon
von Scythopolis einen „Jüngling", νεανίας, nennt, obwohl dieser bereits
eine Frau und mehrere Kinder hatte, jüd. Krieg II, 18, 4; ebenso nennt er den
Eleasar ben Ananias, das. 17, 2, einen „Jüngling", obwohl er bereits im
Mannesalter stand.

Römerherrschaft zu überantworten und ihr den Fuß auf den Nacken
zu setzen. Gleich einer unheilschwangeren Wolke warf er bei seinem
ersten Auftreten einen düsteren Schatten auf das Leben der Nation,
und die Dunkelheit nahm immer zu, bis alles mit dichter Finsternis
bedeckt und jeder Glanz erloschen war und alles in wirrem Traume
strauchelte und fiel. Treu der ränkevollen Politik seines Vaters, begann
Herodes damit, den Römern kriechend zu schmeicheln und die judäischen
Gemüter zu verletzen. Um sich die Gunst der Fremdherrschaft zu erwerben und zugleich für die Sicherheit seiner Familie zu sorgen, unternahm er einen Kriegszug gegen die Freischar des Ezekia, machte diesen
zum Gefangenen und ließ ihn mit seinen Genossen ohne Verhör und
ohne Untersuchung ihrer Vergehen enthaupten. Die Syrer und Römer
hatten nicht Worte des Dankes genug für den Räuberbändiger, wie sie
ihn nannten. Sextus Cäsar, ein Verwandter des römischen Dikta-
tors und von diesem als Statthalter von Syrien eingesetzt (Juli 47
bis etwa Frühjahr 46), überhäufte Herodes wegen dieser Taten mit
Gunstbezeugungen. Aber die Vaterlandsfreunde trauerten; sie sahen
mit Schrecken, daß sich aus dem Basiliskenei eine giftige Schlange entwickelt hatte, daß Antipaters Söhne ihren Vater an Frechheit noch
übertrafen; sie ahnten, daß, wenn den Antipatriden Spielraum gelassen
würde, der Nationalkörper sich werde zu Tode verbluten müssen.
Schaltete doch die idumäische Familie über die Nationalgüter wie über
ihr eigenes Vermögen und verwendete sie dazu, die Zuneigung der
Römer zu fesseln. Der Schmerz über die tiefe Demütigung, welche
Hyrkan und die Nation durch die Idumäerfamilie erfuhr, gab angesehenen Männern den Mut, den schwachsinnigen König auf seine traurige
Lage aufmerksam zu machen. Sie stellten ihm vor, wie seine Würde
ein leerer Klang geworden, die Fülle der Macht hingegen sich bei Antipater und seinen Söhnen befände, und wie sie bald ihm selbst Gesetze
vorschreiben würden. Sie wiesen auf die Hinrichtung des Ezekia und
seiner Genossen als auf eine dem Gesetze zugefügte Verhöhnung hin.
Herodes hatte ohne königliche Vollmacht bloß nach eigenem Belieben
in die Gerechtsame des Tribunals oder des Königs eingegriffen und
ein Todesurteil vollstreckt. Diese Worte hätten wohl kaum einen Eindruck auf den Schwächling Hyrkan gemacht, wenn nicht die Mütter der
Erschlagenen sein Herz durch Jammergeschrei zerrissen hätten[1]). So
oft er sich im Tempel blicken ließ, warfen sie sich vor ihm nieder und
beschworen ihn unter Wehklagen, den Tod ihrer Söhne nicht unge-
ahndet zu lassen.

[1]) Josephus Altert. XIV, 9, 3—4.

Solchen Bestürmungen konnte Hyrkans schwaches Herz nicht wider=
stehen, und er erteilte dem Tribunal die Erlaubnis, Herodes vor den
Richterstuhl zu laden. Der Gerichtshof, dessen Mitglieder zum größten
Teil Herodes' Ankläger bei Hyrkan gewesen waren, säumte nicht, Hyrkan
zu veranlassen, den übermütigen Idumäer aufzufordern, sich in einer
bestimmten Frist zu stellen und sich wegen der Hinrichtung des Ezekia
und seiner Mannen zu rechtfertigen. Antipater aber verfehlte nicht,
seinen Sohn von dem drohenden Gewitter, das sich über seinem Haupte
zusammenzog, in Kenntnis zu setzen, und ihn zu warnen, nicht ohne
sichere Bedeckung in Jerusalem einzutreffen, aber auch nicht zu
viel Truppen mitzubringen, um nicht Hyrkan argwöhnisch zu machen.
Herodes stellte sich zur bestimmten Frist, aber unter bewaffneter Be=
gleitung, und brachte ein Schreiben von Sextus Cäsar an Hyrkan mit,
worin dieser den Ethnarchen für das Leben seines Schützlings ver=
antwortlich machte. So nahte die Gerichtsverhandlung heran, welche
Jerusalem in fieberhafte Spannung versetzte. Von dem Ausgange
dieses Prozesses hing sehr viel ab. Als die Mitglieder des Gerichts=
hofes, in dessen Mitte sich auch Hyrkan befand, ihre Sitze eingenommen
hatten, erschien der Angeklagte im Purpurgewand, selbst bewaffnet und
von bewaffneten Trabanten umgeben, mit herausfordernder Miene.
Bei diesem Anblick entsank den meisten der Mut. Sie fühlten schon
das kalte Schwert an ihrem Halse, und selbst diejenigen schlugen die
Augen zu Boden, die am meisten Erbitterung gegen ihn gezeigt hatten.
Selbst Hyrkan war betroffen. Ein peinliches Stillschweigen trat ein,
jeder hielt den Atem an sich. Nur ein einziger fand das Wort,
die niedergetretene Würde des Gerichtshofes zu retten, der Synhedrist
Schemaja. In ruhiger Haltung sprach er die Worte: „Stehet der auf
den Tod Angeklagte nicht da, um uns sofort dem Tode zu weihen,
wenn wir das Schuldig über ihn aussprechen? Und doch kann ich ihn
weniger tadeln, als euch und den König, daß ihr eine solche Schmähung
der Gerechtigkeit duldet. So wisset denn, daß derselbe, vor dem ihr
jetzt zittert, euch alle einst dem Henkerbeil überliefern wird"[1]. Diese
Worte rüttelten den Mut und das Gewissen der Richter wieder auf,
und sie zeigten sich im nächsten Augenblick ebenso erbittert, als sie
früher feige waren. Hyrkan aber fürchtete diesen auflodernden Zorn
des Tribunals und befahl, die Sitzung zu vertagen. Inzwischen entzog
sich Herodes auf Hyrkans Rat der gegen ihn gerichteten Feindseligkeit
und kehrte nach Damaskus zurück, wo ihn Sextus Cäsar mit offenen
Armen aufnahm und ihn zum Statthalter von Cölesyrien ernannte (46).

[1] Josephus Altert. XIV, 9, 4. Note 15.

Mit Ehren überhäuft, war Herodes im Begriffe, die ihm angetane
Schmach, ihn wegen seiner Handlungsweise zur Verantwortung gezogen
zu haben, an seinem Herrn und den Richtern blutig zu rächen. Nur
mit Mühe konnten ihn sein Vater und sein milder gesinnter Bruder
Phasael von diesem Vorhaben abbringen. Aber er grub die Rache
tief in sein Herz, um sie später auszuführen.

Die tiefgreifende Erschütterung, welche die Ermordung Cäsars
(März 44) nach sich zog, brachte Judäa nur neue Drangsale, und mit
Recht waren die Judäer Roms über Cäsars Tod so untröstlich, daß
sie mehrere Nächte hindurch bei seinem Aschenhügel trauerten[1]. Für
Rom waren die krampfhaften Zuckungen, die blutigen Kriege, die Pro=
skriptionen nichts weiter, als die schweren Geburtswehen einer neuen
Ordnung der Dinge; für Judäa hingegen, das die Wirkungen derselben
nicht minder verspürte, waren sie gewissermaßen die Anzeichen eines
auflösenden Siechtums. Wie an vielen Punkten des römischen Reiches,
so verdrängten auch in Judäa die republikanischen Gewalthaber die
cäsarianische Partei, um ihr bald darauf wieder das Feld zu räumen.
Der Republikaner Cassius Longinus war (Herbst 44) nach Syrien
gekommen, um Legionen und Geld aufzutreiben. Auch in Judäa drang
er ein, weil es hieß, daß von den Cäsar anhänglichen Legionen in
Ägypten Scharen in dieses Land gezogen wären, um an den Mördern
den Tod ihres bewunderten Helden zu rächen[2]. Hauptsächlich war es
aber Cassius um Brandschatzung zu tun. Denn nach seiner Meinung
gab es keine reichere Goldmine als Judäa. War er ja Zeuge gewesen
wie Crassus erstaunliche Summen aus dem Tempel zu Jerusalem
fortgeschleppt hatte.

Freilich hatte Cassius vergessen in Rechnung zu bringen, daß die
idumäischen Vormünder von den Römern gelernt hatten, Schätze zu
heben und flüssig zu machen. Es war daher unter den damaligen
Umständen nicht mehr so leicht, die siebenhundert Talente zu erschwingen
die Cassius in der kürzesten Zeit herbeizuschaffen befohlen hatte. Antipater
mußte vielmehr, um sich mit den Machthabern des Tages in gutem
Einvernehmen zu erhalten, das Eintreiben der auferlegten Summe unter
seine Söhne und Freunde und einen der treuen Freunde Hyrkans,
Malich, verteilen. Die ersteren, besonders Herodes, entwickelten einen
erstaunlichen Eifer, ihren Anteil von den Bewohnern der ihnen unter=
gebenen Landesteile zu erpressen und schnell an Cassius abzuliefern.
Herodes bewarb sich um die Gunst der Republikaner ebenso eifrig, wie
er vorher und nachher um die Huld ihrer Gegner gebuhlt hat. Malich

---

[1] Sueton, Julius Cäsar 84.   [2] Dio Cassius 47, 28.

aber, der zu ſpät zur Einſicht gekommen war, wieviel Unheil die knechtiſche
Nachgibigkeit gegen Rom über Judäa gebracht hatte, zögerte damit,
teils um die ausgeſogenen Bewohner zu ſchonen, teils um einen Wechſel
der Dinge abzuwarten; allein Caſſius hatte Eile, jeder Augenblick
konnte ihm die Machtvollkommenheit entreißen, mit welcher er jetzt in
Syrien über Menſchen und Verhältniſſe verfügte.   Er ließ daher die
Einwohner von vier Städten des judäiſchen Südens, Gophna,
Emmaus, Lydda und Thamna feſſeln und als Sklaven verkaufen
und ihre Beſitztümer konfiszieren.   So wiederholten ſich die traurigen
Szenen aus der Zeit der ſchwachen israelitiſchen Könige.   Freie Söhne
Judas mußten Sklavendienſte verrichten in Antiochien und in den
phöniziſchen Städten Thyrus, Sidon und Arabus[1]).   Auch den ſaum-
ſeligen Malich hätte er ſeinen Zorn empfinden laſſen, wenn ſich nicht
Hyrkan ins Mittel gelegt und ein Löſegeld für ihn aus ſeinem Privat-
vermögen hergegeben hätte, weil Malich der einzige war, der es mit
Hyrkan treu meinte.

Milde und gut war dieſer letzte der Hasmonäerfürſten, und wo
er konnte, war er beſtrebt, in den drangſalsvollen Zeiten ſeinen Glaubens-
genoſſen Hilfe zu leiſten und ihr Los zu mildern.   In dem Bürgerkriege, der nach Cäſars Tode zwiſchen ſeinen Mördern und Anhängern
ausbrach, in den beſonders die Provinzen Kleinaſiens und Syrien
hineingezogen wurden, betrieb Publius Dolabella die Sammlung
einer Truppenmacht in den kleinaſiatiſchen Städten.   Die Judäer in
denſelben ſollten ebenfalls ausgehoben werden.   Da ſchickte Hyrkan
einen Geſandten an ihn, Alexander, Sohn des Theodoros, — gewiß
nicht ohne bedeutende Geldſummen — mit dem Geſuche, die Judäer
von dem Kriegsdienſte zu befreien, da ſie dieſem nicht ohne Verletzung
ihrer Religion obliegen könnten.   Und Dolabella bewilligte die Bitte
und richtete an die kleinaſiatiſchen Städte, wo Judäer angeſiedelt waren,
ein Rundſchreiben, ſie von dem blutigen Handwerk zu befreien (März 43)[2]).
Ja, milde und edel war Hyrkan, leider aber nur zu ſchwach gegen
diejenigen, die ihn umgarnten und auch die geringe Macht, die er noch
beſaß, ſeinen Händen entwinden wollten.

Aber endlich war auch den blöden Augen dieſes unglücklichen
Schattenkönigs offenkundig geworden, daß die Idumäer, unter dem
Deckmantel warmer Dienſtbefliſſenheit für ihn, in Wahrheit nur ihrer
eigenen Selbſtſucht dienten.   Er fing daher an mißtrauiſch gegen ſie
zu werden, und ſuchte ſich, da er immer eine Stütze brauchte, an

---

[1]) Joſephus Altert. XIV, 11, 2. Aus Antonius Dekreten daſ. 12, 3 bis 5
ergibt ſich, daß ſie nach Antiochien und Phönizien verkauft wurden.
[2]) Note 9.

Malich anzulehnen. Und doch mußte Hyrkan noch nichts von dem teuflischen Anschlage, den die idumäischen Emporkömmlinge gerade in jenem Augenblicke gegen ihn im Schilde führten. Aber Malich wußte es und gedachte dem zuvorzukommen. Es war nämlich zwischen Cassius und Herodes heimlich der Plan verabredet worden, daß Hyrkan entthront und Herodes von den Römern als König von Judäa anerkannt[1]) und von den Legionen gegen etwaigen Widerstand unterstützt werden sollte. So geheim aber auch der Anschlag gehalten worden war, so hatte doch Malich Wind davon bekommen; allein er besaß kein Mittel ihm offen entgegenzutreten, und mußte ebenfalls zu heimlicher Verschwörung seine Zuflucht nehmen. Er ließ bei einem Mahle, das Hyrkan seinen Getreuen gab, Gift in die für Antipater bestimmte Schüssel werfen, woran dieser starb (März 43). Er lebte nämlich in dem Wahne, daß mit dem Tode des alten Ränkeschmiedes die Wurzel des Übels abgeschnitten sein werde. Darin aber hatte er sich getäuscht. Herodes war seinem Vater nicht nur an Entschlossenheit und Frechheit, sondern auch an Verstellungskunst überlegen. So sehr Malich sich auch vor Antipaters Söhnen, um sie sorglos zu machen, von dem Verdachte der Vergiftung zu reinigen Mühe gab, so viele Tränen des tiefsten Leides er auch über den Tod des „Wohltäters" der judäischen Nation heuchelte, und so sehr auch sie sich den Schein gaben, als glaubten sie seinen Worten, so lauerten sie doch auf das Leben dessen, an dem sie den Tod ihres Vaters zu rächen und ein Hindernis für ihre ehrgeizigen Pläne zu beseitigen hatten.

Der heißblütige Herodes gedachte mit einem Schlage Malich und auch den Scheinkönig zu beseitigen. Gegen die Warnung seines älteren, besonneneren Bruders wollte er mit einer bewaffneten Schar in Jerusalem eindringen und sich der Hauptstadt bemächtigen. Cassius hatte ihm nämlich eine bedeutende Macht anvertraut, angeworbenes Fußvolk und Reiterei überlassen und selbst Kriegsschiffe zur Verfügung gestellt und ihn zum Hauptmann über Cölesyrien ernannt. Einen Teil dieser Krieger führte er gegen Jerusalem. Auf Malichs Rat untersagte ihm aber Hyrkan den Einzug. Er tat dies jedoch nicht mit Herrenstrenge, sondern unter dem Vorwande, daß es wegen des bevorstehenden Passah= festes unstatthaft sei, heidnische Truppen in die heilige Stadt zu bringen, weil dadurch eine Verunreinigung des Opfers erfolgen und die Opfer= handlung gestört werden könnte. Herodes kümmerte sich indessen wenig um diese Skrupel, drang in der Nacht in Jerusalem ein und gedachte seinen Plan auszuführen. Allein sei es, daß er Widerstand von seiten

---

[1]) Josephus Altert. XIV, 11, 4.

des zum Feſte verſammelten Volkes oder von der Leibwache, mit der
ſich Malich umgeben hatte, befürchtete: er unternahm für den Augen=
blick nichts Feindſeliges [1]).

Alle Teile des römiſchen Reiches waren damals bei dem neuen
Bürgerkriege in großer Aufregung. Jedes Land und jeder Fürſt oder
Teilfürſt gedachte von einer der gegeneinander erbitterten Parteien
Gewinn zu ziehen.

Gegen Caſſius, den Beſchützer der Söhne Antipaters, war der
mit den Cäſarianern verbündete Dolabella in Syrien eingetroffen, von
dem Hyrkan die Befreiung der kleinaſiatiſchen Judäer vom Kriegsdienſte
erlangt hatte (o. S. 182). Auf ihn hatte, wenn auch nicht der kurz=
ſichtige Fürſt, ſo doch Malich gerechnet. Siegte er, ſo war Herodes
als Caſſius Parteigänger verloren. Nun hatte damals die berüchtigte
Buhlerin Kleopatra von Ägypten für Dolabella Hilfstruppen nach
Syrien geſandt, die wahrſcheinlich ihren Zug durch Judäa nehmen
ſollten. Wie, wenn ſich die Waffenfähigen in Judäa mit dieſen ver=
bänden? Allerdings von Hyrkan war nicht zu fürchten, daß er einen
ſolchen Plan hätte faſſen oder ausführen ſollen. Aber Malich war
wohl imſtande, Judäa für die Cäſarianer aufzuſtacheln. Darum fürchtete
ihn nicht bloß Herodes, ſondern auch der bis dahin ſiegreiche Führer
der Republikaner, Caſſius, der Dolabella in Laodicea belagerte. Beide
verabredeten, dieſen Patrioten und treuen Freund Hyrkans durch Gewalt
oder Liſt ums Leben zu bringen.

Bei einem Mahle in Thyrus, wohin Malich zur Befreiung ſeines
Sohnes gekommen war, fielen einige römiſche Legionare auf Herodes
Befehl über Malich her und ſchlugen ihn nieder. Hyrkan, der bei der
Nachricht von Malichs Tod in Ohnmacht fiel, ließ ſich von Herodes
glauben machen, dieſer Tod ſei auf Caſſius Befehl erfolgt. Und ſo
feigherzig war dieſer unglückliche Fürſt, daß er den Mann, den er im
Herzen als einen treuen Freund beweinte, öffentlich als einen Vater=
landsverräter brandmarkte, der den Tod verdient habe [2]).

Der Rieſenkampf im römiſchen Reiche um den Fortbeſtand der
Republik oder die Einführung der Monarchie brachte, wie geſagt, den
Judäern Leid und Plage. In den Provinzen wechſelten die Befehls=
haber bald von der einen, bald von der anderen Partei, und ſie alle
erpreßten mit gleicher Härte Brandſchatzung und Aushebung für
den Krieg.

Der Republikaner Brutus machte es in Kleinaſien nicht glimpf=
licher, als es der Cäſarianer Dolabella und als es Caſſius in Judäa

---

[1]) Joſephus Altert. XIV, 11, 5.			[2]) Daſ. 11, 6.

gemacht hatte. Die Judäer in den kleinasiatischen Städten waren um
so übler daran, als die verworfenen Griechen die Störung der staatlichen Ordnung benutzten, um sie zu drücken und selbst ihre religiösen
Übungen zu stören. Vergessen hatten sie die für die Religionsfreiheit
der Judäer erlassenen Dekrete von Lentulus, Cäsar und Dolabella,
als der letztere kaum abgezogen war. Die Judäer in der Hauptstadt
Ephesus, denen der Rat wiederum verboten hatte, den Sabbat zu
heiligen und sogar Strafgelder wegen der Beobachtung ihrer Religion
aufgelegt hatte, wandten sich in ihrer Not an den damals in Kleinasien weilenden Brutus und erlangten von ihm die Erlaubnis, nach
ihren Gesetzen zu leben (42[1]). Brutus war für Geldgeschenke, wenn
sie reichlich waren, nicht eben unempfindlich. Aber dieses neue Dekret
für die Religionsfreiheit wurde nur so lange beobachtet, bis sich Brutus
mit Cassius vereinigte, um den entscheidenden Krieg gegen die Cäsa-
rianer zu führen.

Nach Cassius Abzuge aus Syrien zu eben diesem Kriege waren
die Patrioten in Judäa eifrig daran, den idumäischen Brüdern ihre
Macht zu entwinden, da ihr Beschützer ihnen nicht mehr beistehen
konnte. Malichs Bruder nahm die Feindseligkeit gegen sie auf und
bemächtigte sich, nicht ohne Hyrkans Wissen, einiger Festungen. Ein
gewisser Felix, der eine Schar fremder Krieger befehligte, befehdete
mit Hilfe judäischer Bewaffneter Phasaël in Jerusalem. Von einer
anderen Seite mischte sich ein Verwandter des hasmonäischen Hauses
Ptolemäus, Fürst von Calchis, ein, der die Tochter des unglücklichen
Aristobul geheiratet hatte (o. S. 173). Dieser faßte den Plan ins
Auge, seinen Schwager Antigonos, Aristobuls übriggebliebenen Sohn,
zum König von Judäa ernennen zu lassen. Dafür gewann er den
römischen Statthalter in Syrien Fabius und einen der Stattherren,
den Cassius eingesetzt hatte, um die Provinzialverbände in Syrien und
Phönicien zu sprengen. Dieser sogenannte Tyrann von Thyrus, Namens
Marion, ließ sich um so eher von Ptolemäus gewinnen, als er nicht
minder Herodes haßte. Diese Verbindung gegen die Judäer schien für
den Augenblick einen günstigen Erfolg zu versprechen, um so mehr, als
Herodes gerade zurzeit erkrankte. Marion bemächtigte sich dreier Festungen
in Galiläa, um von diesen aus den Kampf zu beginnen. Allein kaum
war Herodes genesen, so zerstob der Plan wie eine Seifenblase. Die
Idumäer siegten über ihre Feinde, und Herodes mußte von Hyrkan
bei seinem Einzuge in Jerusalem mit der Siegespalme bekränzt werden[2].
Um sich der Furcht vor diesem Mächtigen zu entschlagen, wollte ihn

---

[1] Note 9.   [2] Josephus Altert. XIV, 11, 7. 12, 1.

Hyrkan an sein Haus fesseln und verlobte ihm seine Enkelin, die wegen ihrer Schönheit so berühmte und später so unglückliche Mariamne (Mariamme[1]). Das Schlachtopfer sollte mit dem Henker durch eheliche Bande vereint werden. Alexandra, ihre Mutter, betrieb dieses so tränenreiche Bündnis, uneingedenk dessen, daß der Vater der Braut, Alexander, durch die Ränke des Vaters des Bräutigams sein Leben unter dem Beile ausgehaucht hatte — ein unsäglich schreckliches Verhängnis für die Hasmonäerfamilie. So sehr überhäufte das Glück die Idumäer mit seinen Gunstbezeugungen, daß alle Wechselfälle in der damaligen politischen Welt, so sehr sie auch dem Anscheine nach ihnen nachteilig zu werden drohten, ihnen nur noch größere Macht verliehen. Das republikanische Heer war bei Philippi völlig geschlagen (im Spätherbst 42), die Führer Brutus und Cassius hatten sich entleibt, die römische Welt lag dem zweiten Triumvirat Octavian, Cäsars Neffen, Antonius und Lepidus zu Füßen. Wie zitterten Herodes und Phasaël vor den Folgen dieses Umschwunges für sich! Hatten sie ja für die Gegner des Triumvirats und besonders für Cassius den größten Eifer an den Tag gelegt. Außerdem waren die judäischen Großen zu dem Sieger Antonius nach Bithynien geeilt, um bei ihm wegen der Anmaßung der idumäischen Brüder Klage zu führen. Aber Herodes wußte bald die Wolken zu zerstreuen. Auch er erschien vor Antonius mit glatter Zunge und blankem Gelde, und infolgedessen erinnerte sich Antonius, daß er früher Antipaters Gastfreundschaft genossen hatte. Mehr noch als dies mochten ihn die Geschmeidigkeit und die Brauchbarkeit des vielgewandten Herodes zu der für diesen so günstigen Entscheidung bestimmt haben. Er wies die Ankläger ab und entließ Herodes mit Ehrenbezeigungen. Hyrkan aber wagte keine Klage gegen Herodes zu führen und erwirkte nur so viel durch das Huldigungsgeschenk einer goldenen Krone vermittels dreier Gesandten, Lysimachos, Sohnes des Pausanias, Joseph, Sohnes des Mennaios, und Alexander, Sohnes des Theodoros, daß die durch Cassius Gewalt zu Sklaven verkauften Judäer wieder in Freiheit gesetzt und ihnen ihre Ländereien zurückerstattet wurden (41). Die Stimme der Nation, die sich wiederholentlich durch Gesandtschaften vernehmlich machte, wurde nicht gehört. Eine Gesandtschaft von hundert Personen, die vor Antonius in Daphne bei Antiochien erschien, hörte er kaum an und ließ fünfzehn davon in den Kerker werfen, zumal der ebenfalls anwesende Hyrkan selbst auf Antonius Frage erklärte, daß die idumäischen Brüder allein regierungsfähig seien. Eine noch zahlreichere von tausend angesehenen

---

[1]) Josephus Altert. XIV, 12, 2 — 6.

Männern, welche sich nicht beruhigen konnten, daß die Nation den idumäischen Machthabern preisgegeben sein sollte, suchte abermals Antonius in Tyrus auf. Aber sie fand ihn nicht, sondern seinen Vertreter und Herodes mit Hyrkan. Sie wurde von den Römern teils getötet, teils in Fesseln geschlagen. Die Gefesselten ließ Antonius später ebenfalls hinrichten. Die beiden Brüder aber ernannte er zu Verwaltern von Judäa unter dem Titel Tetrarchen (Vierfürsten) 41 [1]).

Einmal schien es, als wenn das Glück den idumäischen Brüdern den Rücken kehren und das gesunkene hasmonäische Haus wieder emporheben wollte. Die Parther, von dem flüchtig gewordenen römischen Republikaner Labienus aufgestachelt, hatten unter dem Königssohne Pacorus und dem Feldherrn Barzapharnes einen glücklichen Einfall in Syrien und Kleinasien gemacht, während Mark Antonius in den Armen der verführerischen Königin Kleopatra schwelgte. Waren die Parther schon an sich gegen die Idumäer, Herodes und Phasaël, als Bundesgenossen der Römer, eingenommen, so wurden sie es noch mehr durch Lysanias, den Sohn des mit dem aristobulischen Hause verschwägerten Ptolemäus, welcher den parthischen Feldherren große Summen versprochen hatte, wenn sie die verhaßten Brüder aus dem Wege räumen, Hyrkan entthronen und dem letzten Sprößling der hasmonäischen Familie, Antigonos, die Krone aufsetzen würden. Die Parther willigten ein und zogen in zwei Abteilungen am Meeresstrande und durch das Binnenland auf Jerusalem zu. Am Berge Karmel stießen viele Judäer zum parthischen Heere und erboten sich als Mitkämpfer für die Befreiung vom Joche der Eindringlinge. Die Schar der judäischen Kämpfer wuchs mit jedem Schritte; da ihnen aber der Marsch der parthischen Vorhut zu langsam schien, eilten sie ihr nach Jerusalem zuvor und, mit vielen Jerusalemern vereinigt, belagerten diese Patrioten den Palast der Hasmonäer. Herodes, der damals in der Hauptstadt anwesend war, vertrieb sie zwar in Gemeinschaft mit Phasaël; aber sie warfen sich auf den Tempelberg, und das niedrige Volk Jerusalems, obwohl unbewaffnet, unterstützte die Kämpfer für Antigonos. Indessen nahte das Wochenfest (40) heran, und eine Menge Volkes aus allen Teilen Judäas strömte nach der Hauptstadt, und diese alle nahmen Partei für Antigonos. Die Antigonianer hatten die Stadtteile inne, die idumäische Partei war auf den Palast und die Zitadelle der Festung beschränkt [2]). Indessen rückte Pacorus, Mundschenk des Königs, in Jerusalem ein, hielt aber noch mit dem letzten Worte zurück und verfuhr noch friedlich gegen die idumäischen Brüder. Er überredete Hyrkan

---

[1]) Josephus Altert. XIV, 13, 1—5.　　[2]) Das. 13, 3—8.

und Phaſaël ſich als Geſandte zu Barzapherneß zu begeben, um mit
demſelben die ſtreitigen Angelegenheiten zu ſchlichten; Herodes aber ließ
er nicht aus den Augen. Als die Geſandten vor dem parthiſchen Feld=
herrn in Ekdippa (Keſib) erſchienen waren, wurden ſie ſofort in
Feſſeln geworfen; Phaſaël entleibte ſich ſelbſt, und Hyrkan wurde als
Gefangener zurückgehalten, nachdem ihm die Ohren verſtümmelt worden,
um ihn künftighin zum Hohenprieſter untauglich zu machen. Auch
Herodes ſollte durch Liſt gefangen genommen werden; aber von den
Getreuen, die ſein Bruder ihm zugeſchickt, gewarnt, entzog er ſich der
Gefangenſchaft durch die Flucht in dunkler Nacht. Er hatte die weib=
lichen Glieder ſeiner Familie und ſeine Braut Mariamne mitgeführt,
und eilte auf die Feſte Maſada zu, wo er die Frauen unter Aufſicht
ſeines Bruders J o ſ e p h zurückließ, um ſich von da weiter zu begeben.
Die Verwünſchungen des Volkes folgten ihm nach. Antigonos wurde
ſofort zum König von Judäa eingeſetzt. Den Schattenkönig Hyrkan
führten die Parther nach Babylonien[1]). Antigonos, mit dem hebräiſchen
Namen M a t t a t h i a, fühlte ſich als König: er ließ Münzen ſchlagen
mit ſeinem hebräiſchen und griechiſchen Namen: „Mattathia, der Hohe=
prieſter und die Gemeinde der Judäer", auch „König Antigonos", im
Kranze einen blühenden Stengel oder ein Füllhorn als Emblem[2]).
Die parthiſchen Hilfstruppen waren abgezogen, die römiſche Beſatzung,
welche noch in einigen Feſtungen zurückgeblieben war, vernichtete Anti=
gonos[3]). So war Judäa wieder von fremden Truppen geſäubert und
konnte ſich einen Augenblick dem ſüßen Traume wiedererlangter Un=
abhängigkeit nach faſt dreißig ſchweren Jahren innerer Reibungen und
blutiger Kämpfe hingeben.

---

[1]) Daſ. 13, 9—10; jüd. Krieg I, 13, 6.
[2]) Anhang zu Bayers Vindiciae IV. Eckhel, doctrina nummorum III,
480 ff. De Saulcy, recherches sur la numismatique judaïque 110—113;
Madden in den beiden oft genannten Werken.   [3]) Dio Cassius 49, 22.

Neuntes Kapitel.

Antigonos und Herodes.

Antigonos' schwacher Charakter und Herodes' Energie. Dreijähriger Krieg um
den Thron. Einnahme Jerusalems durch Herodes und Sosius. Herodes
wird König, Proskriptionen und Konfiskationen. Gang der herodianischen
Politik. Die Erblichkeit des Hohenpriestertums aufgehoben. Tod des
prinzlichen Hohenpriesters Aristobul. Palastintriguen. Krieg mit den
Nabatäern. Erdbeben; der letzte Hasmonäer wird getötet. Hillel wird
Vorsitzender des Synhedrion, sein traditionelles System. Der Essäer
Menahem und der strenge Pharisäer Schammaï; die Hillel'sche und Scham-
maïtische Schule. Herodes' zunehmendes Glück. Hinrichtung Mariamnens.
Herodes' Prachtliebe und Baulust. Der Tempelbau. Herodes' häusliches
Unglück; er läßt seine Söhne Alexander und Aristobul hinrichten. Anti-
pater und seine Intriguen. Die Pharisäer unter Herodes. Die Zerstörer
des römischen Adlers. Das Buch Kohélet. Antipaters Hinrichtung und
Herodes' Tod.

40 — 4.

Wie Judäa seine Größe und Unabhängigkeit weniger der Kriegs-
überlegenheit der ersten Hasmonäer, als vielmehr ihrer Gewandtheit,
die günstigen Umstände zu benutzen, verdankte, so erfuhr es Demütigung
und Knechtung durch die Kurzsichtigkeit des letzten Hasmonäerkönigs,
der die sich darbietenden Vorteile nicht wahrzunehmen verstanden hat.
Die Zeitlage war für Antigonos höchst günstig zur Erwerbung einer
gewissen Machtstellung. Die römischen Machthaber waren gegeneinander in Hader und Krieg entbrannt. Das Morgenland, von Okta-
vian mit gleichgiltigen Augen betrachtet, war für Antonius, dem es
zugefallen war, mehr eine liebgewonnene Stätte der Üppigkeit und des
eitlen Glanzes, als ein Schauplatz widerhallenden Kriegsruhms. Die
weichen Arme der Kleopatra hatten ihm das rauhe Lager der Kriegs-
göttin widerwärtig gemacht. Die Parther, nach deren Ländern Roms
Gier lüstern war, hatten sie tapfer abgewiesen. Hätte es also Antigonos verstanden, den gegen die idumäische Familie und die Römer
entflammten Zorn des Volkes zu unterhalten, hätte er auch nur den
Unternehmungsgeist seines Großvaters Alexander entwickelt, so würden
die Römer selbst, anstatt in ihm einen Feind zu erblicken, ihn gern

zum Freunde oder Bundesgenossen gemacht haben, um mit seiner Hilfe den
Parthern Verlegenheiten zu bereiten. Ihre Anhänglichkeit an Herodes,
die lediglich auf Eigennutz beruhte, wäre kein Hindernis gewesen; sie
hätten ihn wieder in den Staub gedrückt, aus dem sie ihn erhoben
hatten, wenn sie von Antigonos dieselben Dienste hätten erwarten
können. Antonius' Legat Ventidius, mit dem Kriege gegen die
Parther beauftragt, war nur vor Jerusalem gerückt, um zu brand-
schatzen, und ließ sich nicht auf Belagerungen ein. Leicht hätte er für
Antigonos gewonnen werden können, wie sein Unterfeldherr Silo, in
Judäa zurückgelassen, in der Tat sich hatte gewinnen lassen. Schon
hatten sich die Gebirgsbewohner von Galiläa für Antigonos ausgesprochen und standen für seine Sache mit jener Ausdauer ein, die
solchen Stämmen eigen ist. Sepphoris in Galiläa war von Antigonos' Anhängern in einen Waffenplatz verwandelt worden[1]). Die kriegerische Besatzung von Joppe hielt ebenfalls zu Antigonos. Außerdem
hausten in den Höhlen von Arbela unermüdliche Freischärler, welche,
wenn auch im offenen Kampfe unbrauchbar, doch dem Feinde im Rücken
gefährlich werden konnten. Antigonos aber hatte nichts von einem
Staatsmanne und nichts von einem Feldherrn. Er verstand nicht einmal die kriegerischen Hilfsmittel, die ihm so reichlich zu Gebote standen,
vorteilhaft und entscheidend zu verwenden; nicht einmal eine Verbindung
zwischen den beiden Brennpunkten des Kriegsschauplatzes, dem galiläischen Norden und dem judäischen Süden, zur gegenseitigen Hilfeleistung war hergestellt worden. Seine ganze Tätigkeit zersplitterte sich
an kleinlichen Zielen, seine vorherrschende Leidenschaft war Rachegefühl
gegen Herodes und dessen Brüder, und sie lähmte seine Tatkraft anstatt sie zu steigern. Er wußte sich nicht zu jener wahrhaft königlichen
Höhe zu erheben, von welcher herab er gegen die idumäischen Emporkömmlinge mehr Verachtung als Haß hätte empfinden müssen. Während
seiner Regierung, die fast vier Jahre dauerte (40—37), unternahm er
nichts Großes, Entscheidendes. Im ersten Jahre seiner Regierung
(40—39) hatte er keinen andern Feind als Herodes' jüngeren Bruder
Joseph zu bekämpfen, der im ganzen nur achthundert Mann zur Verfügung hatte, die noch dazu in der Festung Masada eingeschlossen
waren. Er vermochte nicht einmal diese Festung einzunehmen, um damit seinem Gegner den letzten Stützpunkt zu entreißen.

Auch im Innern verstand es Antigonos nicht, die Männer von
Einfluß zu gewinnen, daß sie seine Sache zu der ihrigen machten, um
mit ihm zu stehen und zu fallen. Selbst die Führer des Synhedrion,

---

[1]) Josephus Altert. XIV, 15, 4. Jüd. Kr. I, 16, 2.

Schemaja und Abtalion, obwohl sie Herodes wegen seiner alles Maß überschreitenden Frechheit nicht liebten, waren gegen Antigonos eingenommen, und durch sie wurde das den Pharisäern anhangende Volk ebenfalls lau gegen ihn. Der Grund der Abneigung gegen den letzten hasmonäischen König ist schwer zu ermitteln. Hat Antigonos vielleicht den sadduzäischen Ansichten gehuldigt, oder herrschte eine persönliche Eifersüchtelei zwischen dem Vertreter der Königsgewalt und den Vertretern des Gesetzes? Man weiß es nicht. Für das letztere spricht ein an sich geringfügiger Vorfall, der auf das unfreundliche Verhältnis zwischen beiden schließen läßt. Das Volk hatte an einem Versöhnungstage den königlichen Hohenpriester nach vollendetem Gottesdienste — wie es Brauch war — vom Tempel bis zu seiner Wohnung in gedrängten Reihen begleitet. Als unterwegs aber die Volksmenge die Synhedristen Schemaja und Abtalion gewahrte, verließ sie den Hohenpriester, um den beliebten Gesetzeslehrern das Ehrengeleite zu geben [1]). Antigonos, ärgerlich über die erfahrene Zurücksetzung, äußerte seine Empfindlichkeit gegen die beiden Synhedristen in einer ironischen Begrüßung, welche diese dem Könige auf eine ebenso verletzende Weise erwiderten. Diese Spannung mit den einflußreichsten Männern, verbunden mit seiner Unerfahrenheit in der Kriegskunst und in staatsmännischem Verfahren, haben das größte Mißgeschick über ihn, sein Haus und die Nation herbeigeführt.

Von ganz anderem Holze war sein Nebenbuhler Herodes, der alles besaß, was jenem mangelte. Er zwang stets das Glück, so wie es ihn auf einen Augenblick verlassen hatte, ihm wieder zuzulächeln. Herodes' Lage nach der nächtlichen Flucht (S. 188) aus Jerusalem war so verzweifelt, daß er, als er noch dazu auf seiner Flucht von den judäischen Bewohnern angegriffen worden war, im Begriffe stand, sich zu entleiben. Sein Schritt, den Nabatäerkönig Malichos, zu dem er in einem verwandtschaftlichen und bundesgenössischen Verhältnis stand, und bei dem er die Schätze seiner Familie niedergelegt hatte, für sich zu gewinnen, mißlang. Derselbe ließ ihn bedeuten, sein Gebiet nicht zu betreten; denn er wolle die Parther, welche Antigonos zum Könige eingesetzt hatten, nicht reizen. So durchwanderte Herodes die judäisch-idumäische Wüste allein, ohne Geldmittel, aber doch ungebeugt sich in weitgreifende Pläne wiegend. Er begab sich nach Ägypten. Den Vorschlag, den ihm die Ägypterkönigin Kleopatra gemacht, in ihren Dienst als Feldherr zu treten, wies er zurück; seine Träume hingen der Krone von Judäa nach. Zu Schiffe begab er sich nach Rom. Unterwegs

[1]) Daf. Altert. 15, 1. Jüd. Kr. 15, 3.

mit Sturm und Unwetter kämpfend, traf er gerade in einem günſtigen
Zeitpunkte in Rom ein, als Octavian und Antonius ſich wieder in dem
brundiſiſchen Vertrag geeinigt hatten. Es fiel ihm nicht ſchwer, An=
tonius zu überzeugen, von welchem Nutzen ihm ſeine Dienſte gegen die
Parther ſein könnten, und daß Antigonos, durch die Parther auf den
Thron gehoben, ein unverſöhnlicher Feind der Römer ſein und bleiben
werde. Antonius war überhaupt von Herodes' Gewandtheit und Klug=
heit beſtochen. Er legte daher ein günſtiges Wort für ihn bei Octavian
ein, und dieſer durfte ihm nichts abſchlagen. Vielleicht hatte er auch
einige einflußreiche Judäer Roms dafür gewonnen, daß auch ſie ihm
bei den Machthabern das Wort redeten. So ſetzte er es durch, daß
er innerhalb ſieben Tagen vom Senat förmlich als König von Judäa
anerkannt und Antigonos als Feind Roms erklärt wurde (Winter 40[1]).
Dies war der zweite Todesſtoß, den Rom der judäiſchen Nation ver=
ſetzt hat, indem es ſie einem Ausländer, einem Halbjudäer ($\eta\mu\iota\upsilon\delta\alpha\iota\upsilon\varsigma$),
einem Idumäer, der perſönliche Beleidigungen zu rächen hatte, auf
Gnade und Ungnade preisgab. Sie mußte dafür noch Tribut an Rom
zahlen[2]).

Herodes, der ſeinen Ehrgeiz mit dem ſchönſten Erfolge gekrönt
ſah, entriß ſich den Aufmerkſamkeiten, mit denen ihn Antonius in Rom
behandelte, um den eben erlangten Titel eines Königs von Judäa zu
verwirklichen. Er verließ Rom und traf in Akko ein (39); ſeine
Freunde, die er ſich zu gewinnen gewußt hatte, unterſtützten ihn mit
dem zu einem Prätendentenkrieg ſo unentbehrlichen Gelde, namentlich
der reichſte Judäer in Antiochien, Saramalla[3]), welcher für Anti=
paters Söhne eine beſondere Anhänglichkeit an den Tag legte. Mit
dieſen Hilfsquellen beſoldete er Mietstruppen, unterwarf einen großen
Teil von Galiläa (Frühjahr 39) und begab ſich nach dem Süden, um
die Feſtung Maſada, wo ſein Bruder Joſeph von den Antigonianern
hart bedrängt war, zu entſetzen. Von den römiſchen Truppen, die
Ventidius auf ſeinem Zuge gegen die Parther unter Anführung des
Silon ihm zugeſandt, hatte er wenig Hilfe, entweder weil dieſer Unter=
feldherr von Antigonos beſtochen war, oder weil er einen Wink be=
kommen hatte, es mit keinem der judäiſchen Kronprätendenten zu ver=
derben, ſondern ſie einander aufreiben zu laſſen. Sie unterſtützten ihn
daher nicht bei der Belagerung Jeruſalems; Herodes mußte alſo vom
Süden abziehen und den Krieg nach Galiläa verlegen, wo er Sepphoris
einnahm und die Freiſchärler in den Höhlen von Arbela zerſtreute

---

[1]) Joſephus Altert. XIV, 14, 1—5.
[2]) Appian bell. civil. 5, 75.
[3]) Joſ. Altert. XIV, 13, 5; XV, 2, 3; j. Kr. I, 13, 5.

(Winter 39—38). Von welchem Geiste diese beseelt waren, zeigte ein Greis unter ihnen. Nachdem sämtliche in den Höhlen geborgenen Freischärler durch Feuer und die Schwerter der in großen Kasten an eisernen Ketten heruntergelassenen Bewaffneten den Tod gefunden hatten, tötete dieser Greis seine sieben Söhne mit eigener Hand, überhäufte Herodes mit Schmähungen, daß er, der Niedrige, sich die Königswürde über Judäa angemaßt hatte und stürzte sich zuletzt, obwohl Herodes ihm Verzeihung angeboten hatte, vom Eingang der Höhle in die Tiefe[1]). Er war ein Vorbild für die Selbstaufopferung der Patrioten in Massen, um der Knechtschaft zu entgehen.

Bei der Unentschiedenheit der Römer, sich energisch an dem Kriege zu beteiligen, zog er sich in die Länge; denn auch der zweite Unterfeldherr Machäras, den Ventidius zum Scheine Herodes zu Hilfe nach Judäa gesandt hatte (38), unternahm nichts Ernstliches[2]). So sah sich denn Herodes genötigt, sich persönlich in Antonius' Lager zu begeben, welcher damals Samosata belagerte. Infolge der Dienste, die er ihm bei dieser Gelegenheit leistete, und seiner Überredungsgabe, beauftragte Antonius einen seiner Feldherren, Sosius, mit zwei Legionen Antigonos ernstlich zu bekämpfen und den König römischer Wahl einzusetzen. Unterstützt von diesen Hilfstruppen, kehrte Herodes nach Galiläa zurück, fand aber die Lage der Dinge ganz verändert. Sein Bruder Joseph, dem er sein Heer mit dem Bedeuten, vor seiner Rückkehr nichts zu unternehmen, sondern nur die Festungen zu behaupten, übergeben, hatte sich in einen Kampf mit Antigonos bei Jericho eingelassen und dabei sein Leben verloren. Das herodianische Heer war zerstreut und die Galiläer im vollen Aufstande, und der römische Feldherr Machäras verhielt sich ziemlich teilnahmlos. Herodes mußte also die Wiedereroberung des Landes von neuem beginnen, und es gelang ihm, obwohl damals ein schneereicher Winter dem Feldzug hinderlich war (38—37), das ganze Land bis Jerusalem von den Antigonianern zu säubern und den Tod seines Bruders an Pappos zu rächen, der ihm das Haupt abgeschlagen hatte. Diesen Krieg führte er rachesschnaubend mit unerbittlicher Grausamkeit; fünf Städte um Jericho mit ihren Bewohnern, zweitausend an der Zahl, welche für Antigonos Partei genommen, ließ er verbrennen. Mit dem herannahenden Frühjahr (37) schritt er zur Belagerung Jerusalems, vorher aber feierte er in Samaria, die Hand befleckt von dem Blute seiner Landsleute, sein Beilager mit seiner mehrere Jahr vorher ihm ver=

---

[1]) Jos. Altert. XIV, 15, 1—5; j. Kr. I, 16, 4.
[2]) Das. 14, 6; 15, 1—7.

lobten Braut Mariamne[1]), gegen deren Vaterbruder er eben einen
blutigen Krieg führte. Die Neuvermählte mochte ahnen, daß derselbe,
der jetzt nur von Rachegedanken gegen den Rest der Hasmonäer erfüllt
war, auch bald ihr und ihrer ganzen Familie Würgengel werden würde.
Rücksichtslos wie er war, verließ er seine idumäische Frau Doris, die
ihm bereits einen Sohn, Antipater, geboren hatte.

Sobald Sosius mit einem zahlreichen Heere von römischem Fuß=
volk, Reiterei und syrischen Hilfstruppen in Judäa eingerückt war,
wurde die Belagerung Jerusalems ernstlich betrieben, obwohl der Spät=
winter noch strenge war, und die Zufuhr von Lebensmitteln den Römern
von wilden Banden, wie sie der Bürgerkrieg erzeugt und die Gebirgs=
gegend begünstigt, öfter abgeschnitten worden war. Das Belagerungs=
heer betrug nahe an hunderttausend Mann und nahm dieselbe Stellung
ein, welche Pompejus siebenundzwanzig Jahre vorher eingenommen
hatte, im Norden Jerusalems, dem Tempelberg gegenüber. Es er=
richtete Wälle, füllte die Gräben aus und legte Mauerbrecher an.
Mit dem Eintreten des Frühlings, als die warme Jahreszeit nach
kurzer Zeit die Saaten zur Reife brachte, wurde die Belagerung un=
unterbrochen fortgesetzt. Die Belagerten, obwohl Mangel leidend, ver=
teidigten sich mit Löwenmut und erwarteten ein Wunder vom Himmel,
der die heilige Stadt und den Tempel vor den Händen der Heiden
und des verhaßten Herodes schützen werde. Sie machten öfter Aus=
fälle, vertrieben die Arbeiter, zerstörten die begonnenen Belagerungs=
werke, richteten eine neue Mauer auf und erschwerten die Arbeit der
Belagerer so sehr, daß diese nach dem Verlaufe eines Monats noch
nicht weit vorgerückt waren[2]). Die beiden Hauptsynhedristen Schemaja
und Abtalion sprachen sich aber gegen den Widerstand aus und rieten,
Herodes die Tore zu öffnen. Nach ihrer religiösen Anschauung habe
der Himmel Herodes als Geißel über die Nation verhängt, um sie für
ihre Sündhaftigkeit zu züchtigen[3]). Antigonos scheint aber nicht die
Macht oder den Mut gehabt zu haben, die Aufwiegler zu bestrafen.
Indessen teilten nicht sämtliche angesehene Pharisäer diese Gesinnung;
ein ansehnlicher Teil derselben, unter Anführung der Bene=Baba aus
einer wegen ihres alten Adels und ihrer Frömmigkeit beim Volke ein=
flußreichen Familie, war Antigonos eifrig zugetan und widersetzte sich
dem Ansinnen, dem Feinde die Stadt zu übergeben[4]). Diese Spaltung
im Innern, verbunden mit den Angriffen von außen, mag dazu beige=
tragen haben, daß die äußere nördliche Stadtmauer nach vierzig Tagen

---

[1]) Jos. Altert. XIV, 15, 8—14.
[2]) Das. 16, 1; jüd. Krieg I, 18, 1—2.
[3]) Das. 9, 4.   XV, 1, 1.   [4]) Das. XV, 7, 10.

den Stößen der Belagerungsmaschinen nachgab und zusammenstürzte.
Die Belagerer drangen in die Unterstadt und die Außenwerke des Tem=
pels ein; die Belagerten mit dem Könige verschanzten sich in der Ober=
stadt und auf dem Tempelberge. Gegen die zweite Mauer stürmten
die Römer wieder einen halben Monat, versorgten aber während der
ganzen Zeit den Tempel mit Opfertieren[1]). Die Jerusalemer kämpften
mit Löwenmut. Aber sie unterlagen. An einem Sabbat, als die
judäischen Krieger keinen Angriff erwarteten, fiel ein Teil der zweiten
Mauer, und die Römer stürzten wie Rasende in die Altstadt und den
Tempel, alles niedermetzelnd ohne Schonung und Mitleid für Geschlecht
und Alter und die Priester bei den Opfertieren würgend. Jerusalem
wurde verhängnisvoll an demselben Tage eingenommen, an welchem
Pompejus siebenundzwanzig Jahre vorher den Tempel erobert hatte
(Siwan, Juni 37[2]). Kaum gelang es Herodes, die Wütenden von
Plünderung und Tempelschändung zurückzuhalten, und nur durch reiche
Geschenke an jeden einzelnen Soldaten wendete er die Zerstörung Jeru=
salems ab, um nicht über Ruinen zu herrschen. Antigonos geriet in
Gefangenschaft. Seine Feinde fügten zum Unglück seiner Entthronung
noch die Verleumdung hinzu, er habe, um sein Leben flehend, sich
Sosius zu Füßen geworfen, aber dieser habe ihm verächtlich den
Frauennamen Antigona gegeben. Auch machten sie ihm zum Vor=
wurfe, er habe einen Säulengang des Tempelhofes in Brand gesteckt
und seinen Schutzherren, den Parthern, versprochen, fünfhundert
Mädchen als Entgelt für ihre Dienste zu liefern, Verleumdungen, die
offenbar dahin zielten, ihn in den Augen der Nation als einen Un=
würdigen erscheinen zu lassen[3]). Sosius schickte den gefangenen König
zu Antonius, der ihn auf Herodes' dringendes Bitten gegen Sitte und
Brauch geißeln und mit dem Beile das Haupt abschlagen ließ, ein
schimpflicher Tod, der bei den Römern selbst Entrüstung erregte[4]).
Antigonos war der letzte der acht fürstlichen Hohenpriester aus dem
hasmonäischen Hause, welches mehr als ein Jahrhundert geherrscht und
zuerst Größe und Glanz und dann Erniedrigung und Elend über
Judäa gebracht hat.

[1]) Jos. Altert. XIV, 16, 2.

[2]) Das. 16, 2—4; jüd. Krieg I, 18, 2—3; Dio Cassius 49, 22. Vergl.
o. S. 161 u. Note 8 [und meine Bemerkungen dazu], daß die Eroberung im
Sommer 37 unter dem Konsulate Agrippa=Gallus und nicht, wie Dio Cassius an=
gibt, ein Jahr vorher unter dem Konsulat Claudius=Norbanus, stattgefunden hat.

[3]) Jos. Altert. das. 16, 2. XIV, 13, 3. Jos. fügt bezüglich der ver=
sprochenen Mädchen hinzu: οὐ μὴν ἔδωκεν.

[4]) Strabo bei Josephus Altert. XV, 1, 2. Plutarch, Leben des An=
tonius 36. Dio Cassius das.

Herodes, oder wie ihn das Volk nannte, der idumäiſche Sklave,
war alſo am Ziele ſeiner hochfliegenden Wünſche; ſein Thron ruhte
zwar auf Trümmern und Leichen, aber er fühlte in ſich die Kraft,
ihn auf dieſem Untergrunde zu behaupten, auch wenn es ſein mußte,
ihn mit einem breiten Blutſtrom zu umgeben. Der bittere Haß des
judäiſchen Volkes, dem er ſich ohne das geringſte Verdienſt, ohne Rechtstitel
als gebietender Herrſcher aufgezwungen hatte, war ihm nichts gegen
Roms Zuneigung und Antonius' freundliches Lächeln, das Legionen
bedeutete, und dieſe unſchätzbaren Güter erſetzten ihm, was ihm ſeine
judäiſchen Untertanen verſagten. Auch däuchte es ihm nicht ſchwer,
ſich die Liebe des Volkes zu ertrotzen, wie er ſich das Königtum er=
trotzt hatte. Den Gang ſeiner Politik erfaßte er mit klarem Blicke;
er war ihm gewiſſermaßen von den Umſtänden vorgezeichnet: ſich ganz
hingebend an die Machthaber Roms anzuſchließen, um an ihnen eine kräftige
Stütze gegen den Volksunwillen zu haben, dieſen Unwillen wiederum
durch ſcheinbare, unſchädliche Zugeſtändniſſe allmählich zu bändigen,
oder ihn durch unerbittliche Strenge unwirkſam zu machen. Dieſe
Politik verfolgte er vom erſten Augenblick ſeines Sieges an, ſeine
ganze vierunddreißigjährige Regierungszeit hindurch bis zu ſeinem
letzten Atemzuge, kalt und herzlos wie das Schickſal, mit erſchreckender
Konſequenz. Selbſt in der erſten Verwirrung, bei der Eroberung des
Tempelberges, verlor er ſeine Kaltblütigkeit nicht, und befahl ſeinem
Trabanten Koſtobar, gleich ihm von idumäiſcher Herkunft, die Aus=
gänge aus Jeruſalem mit Wachen zu umſtellen und alle Flüchtlinge
einzufangen. Haufenweiſe wurden Antigonos' Anhänger hingeſchlachtet,
darunter fünfundvierzig aus den angeſehenſten Geſchlechtern[1]. Dabei
vergaß Herodes ſeinen alten Groll nicht; die Synhedriſten, welche
zwölf Jahre vorher, von Schemajas mannhafter Rede aufgerüttelt,
entſchloſſen waren, ihn des Mordes wegen zu verurteilen (o. S. 180),
ließ er ſämtlich hinrichten, mit Ausnahme der beiden Häupter Schemaja
und Abtalion, weil ſie ſich als Gegner des Antigonos erwieſen hatten[2].
Auch die Bene=Baba entgingen für den Augenblick ſeinem Rache=
ſchwerte. Koſtobar ſelbſt hatte ſie in Schutz genommen, weil er, ehr=
geizig wie ſein Herr, dieſen einſt zu entthronen, und ſich durch den
Einfluß derer, die ihm das Leben zu danken haben würden, einen
Anhang im Volke zu gewinnen dachte[3]. Einen Geſetzeslehrer, Baba
ben Buta, der vielleicht demſelben Geſchlechte angehört hat, ließ

[1]) Joſephus Altert. XV, 1, 2; vgl. 7, 10.
[2]) Daſ. XIV, 9, 4; XV, 1, 1.
[3]) Daſ. XV, 7, 10.

Herodes blenden [1]). Das Vermögen aller Verurteilten und Bestraften ließ er für seinen Schatz einziehen [2]); er hatte von den Römern, seinen Lehrmeistern, die Vorteile der Proskriptionen und Güterkonfiskationen gründlich erlernt. Mit den täglich sich anhäufenden Schätzen konnte er Antonius' Gunst, der für sein schwelgerisches Leben und die Befriedigung von Kleopatras Habgier nie zuviel Geld hatte, stets lebendig erhalten. Alle diese Gewalttätigkeiten ertrug das Volk; es war der Aufstände und Kriege müde, die mit geringen Unterbrechungen dreiunddreißig Jahre, seit dem Tode der Königin Salome, die Lebensverhältnisse erschüttert und den Wohlstand heruntergebracht hatten. Man sehnte sich nach Ruhe und war froh, wenigstens von einem König beherrscht zu werden, der sich äußerlich doch zum Judentume bekannte und die Sitte der Väter, wie man hoffte, unangetastet lassen würde. Nicht wenige waren auch von Herodes' alle Schwierigkeiten besiegender Gewandtheit und Tatkraft zur Bewunderung hingerissen und ihm aufrichtig zugetan, und er verfehlte nicht, diese für ihre Anhänglichkeit reich zu belohnen. Im ganzen aber hatte er wenig Vertrauen zu den Einheimischen; er fühlte, daß ihre Unzufriedenheit mit der Art, wie er zur Herrschaft gelangt war, und wie er sie behauptete, nicht ganz zu entwurzeln war; er gab daher bei der Besetzung von Ehrenstellen ausländischen Judäern den Vorzug.

Zum Hohenpriester ernannte er, mit Übergehung des hasmonäischen Hauses, einen gewissen Ananel, zwar von ahronidischem Geschlechte, aber weder von hasmonäischer noch von einer andern angesehenen priesterlichen Familie. Um aber die Empfindlichkeit der Nation nicht zu reizen, die im Punkte der Religion, namentlich des Tempels und der hohenpriesterlichen Würde, sehr rege war, gab er ihn für einen Babylonier [3]) aus, weil man in Palästina den babylonischen Judäern gern den Vorzug eines höheren Geschlechtsadels einräumte, in der Voraussetzung, daß sie sich niemals durch Mischehen befleckt haben. Ob es mit der babylonischen Abkunft dieses Ananel seine Richtigkeit hatte, ist zweifelhaft; eine glaubwürdigere Quelle läßt diesen Hohenpriester aus Ägypten abstammen [4]). Herodes gab auch sein eigenes Geschlecht für ein altjudäisches aus, das aus Babylonien eingewandert sei, und wollte dadurch den Schandfleck verwischen, daß er von den zum Judentum gewaltsam bekehrten Idumäern abstammte. Wenn es auch die Einheimischen nicht glaubten, die ein gutes Gedächtnis für seine wahre Abkunft hatten, gelang es ihm doch, Auswärtige und Heiden

[1]) Baba-Batra 4a [vgl. M. Kerithot VI, 3].
[2]) Josephus Altert. XV, 1, 2.
[3]) Das. 2, 4.   [4]) Para 3, 5: חנמאל דכצרי.

zu täuſchen. Sein vertrauter Freund, der Geſchichtsſchreiber Nikolaos von Damaskus, erzählte die Märe weiter, wie er ſie aus Herodes Munde vernommen[1]). Weil aber ſeine Abſtammung, wenn ſie wahr geweſen wäre, ſich aus den genealogiſchen Tafeln, die das Synhedrion beauffichtigte, hätte erweiſen müſſen, ſoll er dieſelben aus dem Archive haben verbrennen laſſen[2]). Wie zum Hohenprieſtertum, ſo berief er auch nach dem Tode von Schemaja und Abtalion zu Synhedrialpräſidenten Ausländer, und wie es ſcheint, Babylonier aus der Familie Bene-Bathyra[3]), die in Herodes' Gunſt ſtand. Er räumte dieſer Familie ſpäter einen kleinen Landſtrich in Batanäa ein, wo ſie unter ihrem Familienhaupte Zamaris eine Stadt unter dem Namen Bathyra[4]) angelegt hat; die Bene-Bathyra blieben daher ſeinem Hauſe bis auf den letzten Sproß desſelben treu.

Zwei Perſonen konnten Herodes' Herrſchaft noch gefährden, ein Greis und ein Jüngling: Hyrkan, welcher Krone und Prieſterdiadem getragen hatte, und deſſen Enkel Ariſtobul, der Anſpruch auf beides hatte. So lange dieſe noch nicht unſchädlich gemacht waren, konnte er ſich nicht dem ruhigen Genuſſe ſeiner Errungenſchaften hingeben. Hyrkan war zwar in parthiſche Gefangenſchaft geraten und noch dazu verſtümmelt, d. h. untauglich zur Prieſterwürde; aber die Parther waren ſo großmütig geweſen, ihm die Freiheit zu ſchenken, und die babyloniſchen Judäer, froh, den unglücklichen König das Leid vergeſſen zu machen, hatten ihn in ihrer Mitte mit Zuvorkommenheit und Ehren überhäuft[5]) und ihm vermutlich in der von judäiſcher Bevölkerung gefüllten Stadt Nahardea (Naarda) eine Reſidenz eingeräumt. Deſſenungeachtet hatte Hyrkan eine tiefe Sehnſucht nach ſeinem Heimatslande, und Herodes fürchtete daher, daß er oder die babyloniſchen Judäer die Parther für ſich gewinnen und ſie bewegen könnten, ihm den Thron wiederzugeben, von dem ſie ihn hinweggeriſſen. Und wie leicht konnte nicht ein ſolcher Wechſel eintreten? Antonius' Feldzug gegen den Partherkönig Phraates (36) verlief unglücklich. Konnten die Sieger nicht zum zweiten Male in Syrien einfallen und Hyrkan mit ſich führen, wäre es auch nur, um an dem König römiſcher Wahl Wiedervergeltung zu üben wegen der Hilfe, die er den Römern gegen Parthien geleiſtet? Herodes fürchtete das und wollte der Gefahr zu-

[1]) Nikolaos von Damaskus bei Joſephus Altert. XIV, 1, 3.
[2]) Africanus bei Euſebius, Kirchengeſchichte, I, 7, 11. Vergl. M. Sachs, Beiträge, Heft 2, S. 157 [und Schürer I[3], S. 292].
[3]) Vergl. Frankel, Monatsſchrift, Jahrg. I, S. 115 ff.
[4]) Joſephus Altert. XVII, 2, 2 [vgl. Schürer II[3], S. 13.]
[5]) Daſ. XV, 2, 2.

vorkommen. Er wollte Hyrkan dem parthischen Einflusse entziehen,
ihn lieber in seiner Nähe sehen, um seine Schritte besser überwachen
zu können. Mit der ihm eigenen Verstellung ließ Herodes daher durch
seinen Freund Saramalla, den angesehensten der syrischen Judäer,
vermittels Geschenke den parthischen König gewinnen, Hyrkan zu ent=
lassen, und diesen einladen, nach Jerusalem zurückzukehren, Thron und
Macht mit ihm zu teilen und den Dank zu empfangen, den er ihm
wegen so vieler Wohltaten schulde. Vergebens mahnten die baby=
lonischen Judäer den leichtgläubigen Hyrkan ab, sich nicht zum zweiten
Male in den Strudel der politischen Weltbegebenheiten zu stürzen; er
eilte seinem Verhängnis entgegen. In Jerusalem angekommen (36),
nahm ihn Herodes aufs freundlichste auf, nannte ihn Vater, gab ihm
den Ehrensitz bei der Tafel und in den Ratsversammlungen[1]), und
diese Zuvorkommenheit täuschte den schwachen Mann so sehr, daß er
den lauernden Blick nicht merkte, mit welchem ihn der Idumäer be=
obachtete.

Hyrkan war also entwaffnet und unschädlich, er war in einem
goldenen Käfig. Gefährlicher schien Herodes dessen Enkel, der sechzehn=
jährige Aristobul, der wegen seiner Abkunft, seiner Jugend und
seiner Bewunderung erregenden Gestalt alle Herzen für sich einnahm.
Herodes hatte ihm zwar allen Einfluß zu entziehen geglaubt, indem
er ihm die ihm gebührende Hohepriesterwürde vorenthalten, obwohl
er sein Schwager war, und damit einen Fremden belohnt hatte; aber
dieses Mittel verfehlte seine Wirkung. Seine Schwiegermutter Alexandra,
in Intriguen ebenso gewandt wie Herodes, hatte Antonius für ihren
Sohn einzunehmen gewußt. Sie hatte die Bildnisse ihrer beiden
Kinder, der Mariamne und des Aristobul, der schönsten ihres Volkes,
dem Antonius zustellen lassen, überzeugt, daß man auf diesen ver=
weichlichten Helden durch Sinnenreiz am besten einwirken könne.
Dellius, Antonius' treuer Anhänger und Vermittler, machte auch hier=
bei den Vermittler; er gedachte durch die wundervolle Schönheit dieser
beiden Hasmonäer=Enkel seinen Freund aus Kleopatras Liebesbanden
zu reißen. Antonius, von den Bildern betroffen, verlangte den Jüng=
ling zu sehen, und Herodes konnte nicht umhin, um ihn aus des
Machthabers Nähe fern zu halten, ihn zum Hohenpriester zu ernennen
(Anfangs 35). Natürlich wurde Ananel gegen Gesetz und Herkommen
seiner Würde enthoben. Diese Erhebung ihres Sohnes genügte aber
der ehrgeizigen Alexandra noch nicht. Sie sann heimlich darauf, ihm
auch die Krone, welche ihre Väter getragen, zuzuwenden. Sie hatte

[1]) Josephus Altert. XV, 2, 1—4.

sich zu diesem Zwecke mit der auf Herodes neidischen Königin Kleopatra verschworen und zwei Särge bestellt, in welche sie und ihr Sohn gelegt werden sollten, um, ohne Verdacht zu erregen, die Stadt verlassen und nach Ägypten entkommen zu können. Aber Herodes, dem diese Intrigue verraten worden war, überraschte Mutter und Sohn in den Särgen und verhinderte ihr Entfliehen. Desto eifriger mußte er daran denken, sich des gefährlichen Jünglinges zu entledigen. Ohnehin hatte Aristobul das Herz des Volkes für sich eingenommen; so oft er im Tempel erschien, weideten sich die Augen aller an seiner schönen, hochragenden Gestalt, und man konnte in ihren Augen den Wunsch lesen, diesen letzten Sproß der Hasmonäer auch mit der Königskrone geziert zu sehen. Mit Gewalt konnte Herodes gegen diesen Nebenbuhler nicht verfahren, da die vielvermögende Kleopatra Aristobuls Gönnerin war. So nahm er denn zur List seine Zuflucht. Er lud ihn nach Jericho, seinem Lieblingsaufenthalte, ein und gab seinen Dienern die Weisung, dem Jünglinge im Bade spielend den Garaus zu machen, die auch pünktlich ausgeführt wurde (Herbst 35[1]). Mit dem achtzehnjährigen Aristobul III. starb der letzte Stammhalter des Hasmonäerhauses. Ananel wurde zum zweiten Male Hoherpriester. Vergebens heuchelte Herodes die tiefste Trauer um den Tod seines jungen Schwagers, vergebens verschwendete er Wohlgerüche für die Leiche; Verwandte wie Freunde der Hasmonäer klagten ihn des Mordes an, aber die Lippen wagten nicht, den Gedanken laut werden zu lassen.

Diese Untat hatte aber die traurigsten Folgen für ihn und machte ihm das Leben bis an sein Ende zur Höllenpein. Sie erregte nicht etwa Gewissensbisse und Reue in diesem Kieselherzen, sondern einen immer mehr sich steigernden Unfrieden in seinem Hause, der die seinem Herzen Teuersten als Opfer hinraffte und ihn selbst zum Unglücklichsten der Menschen machte. Selten hat sich ein Verbrechen in so sichtbarer Verkettung mit so brennenden Zügen an seinem Urheber gerächt wie an Herodes. Aber was bei einem minder verstockten Herzen Veranlassung zur Umkehr gewesen wäre, das war für ihn ein Sporn, Verbrechen auf Verbrechen zu häufen, seine nächsten Verwandten und Kinder zu morden und so als abschreckendes Beispiel von der überwältigenden Macht eines sündigen Lebens dazustehen.

Alexandra, die ihren Ehrgeiz auf die Erhebung ihres Sohnes gesetzt und sich um ihre Hoffnungen betrogen sah, verfehlte nicht, Herodes bei Kleopatra als Mörder anzuklagen, und diese maßlos leidenschaftliche Königin, welche auf Herodes Länder ein lüsternes

----

[1]) Josephus Altert. XV, 2, 5—7; 3, 1—3.

Auge geworfen hatte, benützte diese Gelegenheit, ihn in den Augen ihres Anbeters verhaßt zu machen. Antonius lud hierauf Herodes zu sich nach Laodicea ein, damit er sich über das Geschehene rechtfertige. Für sein Leben zitternd, reiste Roms Vasallenkönig dahin, wußte aber durch reiche Geschenke und Beredsamkeit Antonius so sehr für sich einzunehmen, daß er ihm nicht nur Aristobuls Tod nachsah, sondern ihn auch mit Ehren auszeichnete (Frühjahr 34 [1]). Frohen Mutes kehrte Herodes nach seiner Residenz zurück; er war einer großen Gefahr entgangen. Er büßte zwar eine kostbare Perle seiner Krone ein. Die wegen ihres hochgeschätzten Balsams und ihres Palmenwuchses berühmte Gegend von Jericho hatte denn doch Antonius ihm entzogen und sie Kleopatra, die er auch mit fast dem ganzen Küstenstrich des Mittelmeeres belehnte, geschenkt. Herodes mußte von ihr den Ertrag des Bodens um 200 Talente in Pacht nehmen [2]. Aber dieses Lösegeld konnte nicht in Betracht kommen gegen den großen Verlust, der ihm gedroht hatte. Er konnte zufrieden sein.

Allein an der Schwelle seines Palastes erwartete ihn der Dämon der Zwietracht und erfüllte sein Inneres mit Verzweiflung. Er hatte vor seiner Abreise seine Gattin Mariamne dem Gemahl seiner Schwester Salome, Namens Joseph, anvertraut und ihm den geheimen Auftrag gegeben, falls er bei Antonius in Ungnade fallen und sein Haupt verwirken sollte, seine Gemahlin und ihre Mutter zu töten. Die Liebe zu seinem schönen Weibe, das er keinem Nachfolger gönnen mochte, und zugleich der Haß gegen die Hasmonäerinnen, die nicht Schadenfreude an ihm erleben sollten, gaben ihm diesen teuflischen Gedanken ein. Joseph hatte aber Mariamne, sei es aus Gutmütigkeit, um sie von der überschwenglichen Liebe ihres Gatten zu überzeugen, sei es aus Bosheit, welche die Glieder dieser Familie gegeneinander ·hegten, den geheimen Befehl zu ihrem Tode verraten und dadurch einen Stachel mehr in das Herz dieser unglücklichen Königin gesenkt. Als sich daher ein falsches Gerücht von Herodes' Tode in Jerusalem verbreitet hatte, wollte Mariamne sich mit ihrer Mutter unter den Schutz der römischen Fahnen begeben. Diesen Umstand benützte Herodes' Schwester Salome, von gleichem Hasse sowohl gegen ihren Gatten Joseph als auch gegen ihre Schwägerin beseelt, weil diese mit königlichem Stolze sich mit der Familie ihres Gatten nicht befreunden mochte, um beide bei ihrem Bruder zu verleumden und sie sogar des heimlichen Einverständnisses und eines unzüchtigen Umganges anzuklagen. Herodes,

[1] Josephus Altert. XV, 3, 4—8. [2] Das. 4, 1—2; j. Kr. I, 18, 5. [vgl. Schürer I [3], S 362, Anm. 5].

anfangs ungläubig, fand die Verleumdung beſtätigt, als Mariamne ver=
riet, daß ſie um ſeinen geheimen Auftrag gewußt hatte. Sein Zorn
kannte keine Grenzen; er ließ Joſeph enthaupten, Alexandra in Ge=
wahrſam halten und hätte auch Mariamne jetzt ſchon dem Tode ge=
weiht, wenn ſeine Liebe zu ihr nicht ſtärker als ſein Zorn geweſen
wäre[1]). Von dieſer Zeit an (34) war der Same des Mißtrauens
und des Haſſes im engſten Kreiſe ſeiner Familie ausgeſtreut, und er
wucherte fort, bis ein Familienglied nach dem andern dem gewaltſamen
Tode anheimgefallen war.

Äußerlich zwar blieb Herodes das Glück treu und half ihm
über die traurigſten Lagen hinweg. Ehe das ſechſte Jahr ſeiner
Thronbeſteigung abgelaufen war, hatten ſich drohende Gefahren über
ſeinem Haupte zuſammengezogen, die einen minder Starken nieder=
geworfen hätten. Eine noch überlebende Schweſter des letzten Has=
monäerkönigs Antigonos hatte ſich zur Rächerin ihres Bruders und
ihres Geſchlechtes aufgeworfen, Truppen geſammelt und, man weiß
nicht auf welche Weiſe, die Feſtung Hyrkania in ihre Gewalt bekommen
(um 32[2])). Kaum hatte Herodes dieſe Frau beſiegt, als ihm eine
andere weit ernſtere Gefahr drohte. Kleopatra, die, überhaupt eine
Judenfeindin, zur Zeit einer Hungersnot den judäiſchen Armen nicht
gleich den übrigen Einwohnern Alexandriens Getreide verabreichen
wollte[3]) und gegen Herodes beſonders eingenommen war, gab ſich alle
Mühe, ihn mit ihrer Allmacht bei dem Wollüſtling Antonius zu ver=
derben. Wie Lyſanias, Sohn jenes mit den Hasmonäern befreundeten
ſyriſchen Fürſten Ptolemäus, auf ihre Veranlaſſung enthauptet worden
war[4]), ſo ſollte es auch Herodes und dem Nabatäerkönig ergehen.
Sie ermüdete daher nicht, Herodes durch Intriguen zu ſchaden; ſie
verlockte ihn, als ſie durch Judäa reiſte, durch ihre Schönheit, etwas
zu begehen, was Antonius' Zorn aufs höchſte hätte reizen müſſen;
aber ſeine berechnende Überlegung widerſtand der Verlockung. Aus
Furcht vor ihr und auch vor dem Volke, deren Haß auf ſeinen Sturz
ſann, ſah er ſich beizeiten nach einem Zufluchtsorte um, der ſein
Leben wenigſtens lange zu ſchützen imſtande ſein ſollte. Er machte
die ſteile Bergfeſte Maſada, die nur von zwei Seiten, vom toten
Meer und der entgegengeſetzten Seite, auf ſchmalen, ſteilen und ge=

---

[1]) Joſephus Altert. XV, 3, 9.
[2]) Joſephus, j. Krieg I, 19, 1. Die Zeit iſt angedeutet durch τοῦ Ἀκτιακοῦ
πολέμου συνεῤῥωγότος . . . καὶ κεκρατηκὼς Ὑρκανίας κ. τ. λ.
[3]) Joſephus gegen Apion II, 5.
[4]) Joſephus Altert. XV, 4, 1. Dio Caſſius 49, 32 [vgl. Schürer I[3], 362,
Anm. 5 und 713 f.]

schlängelten Pfaden, an Schluchten vorüberführend, zugänglich war, noch wehrhafter. Die Spitze des Kegels von sieben Stadien Umfang ließ er mit hohen und festen Mauern, siebenunddreißig Türmen und mit Wohnungen versehen. Auch einen Prachtpalast mit Säulengängen, Bädern, Mosaikestrich ließ er sich auf Masada bauen und durch Türme gegen Angriffe schützen. Große Wasserbehälter ließ er anlegen, um stets Wasservorrat zu haben, und der freie Platz konnte zum Anbau von Getreide dienen[1]. Wenn ihm alles mißlingen sollte, so sollte diese steile Feste am toten Meere ihm gegen seine Feinde, und wenn ihrer noch so viele wären, Sicherheit des Lebens gewähren. Kleopatra sann aber auf einen andern Plan, um ihn ohne große Anstrengung zu verderben. Sie machte Herodes zum Bürgen für die ihr zugewiesenen Einnahmen aus einem Teile des Gebietes des Nabatäerkönigs Malich, um ihn in Kriege mit diesem zu verwickeln, wobei ihre Absicht war, die ihr gleicherweise verhaßten beiden Nachbarkönige einander aufreiben zu lassen. Das letztere gelang ihr zum Teil. Da Malich die regelmäßige Steuerzahlung eingestellt hatte, überzog ihn Herodes mit Krieg. Sobald er aber zwei Siege über ihn (bei Dium und Kanath in der hauranischen Landschaft) davongetragen hatte, schickte Kleopatra ihren Feldherrn Anthenion dem Nabatäerkönige zu Hilfe, und das judäische Heer erlitt eine so furchtbare Niederlage, daß Herodes über den Jordan zurückgehen mußte und sich auch diesseits nicht mehr sicher hielt. Dazu kam noch ein furchtbares Erdbeben, das besonders die Sarona-Ebene (den östlichen Teil der Ebene Jesreel) hart traf; die Häuser stürzten zusammen und begruben viele tausend Menschen unter ihren Trümmern (im Frühjahr 31). Seit diesem Erdbeben pflegten die Hohenpriester am Versöhnungstage im Allerheiligsten für die Einwohner der Sarona besonders zu beten, daß ihre Häuser nicht ihre Gräber werden sollen[2]. Die Niederlage gegen die Nabatäer und das Erdbeben machten das judäische Heer so mutlos und die Feinde so zuversichtlich, daß das Äußerste zu befürchten war. Herodes flößte ihnen aber neuen Mut zu neuem Kampfe ein. Die Nabatäer wurden bei Philadelphia besiegt und erkannten ihn als Lehnsherrn an (31[3]).

Kaum hatte er von dieser Seite Ruhe, als sich ein Sturm erhob, der die römische Welt aufs tiefste erschütterte und auch den Günstling der römischen Machthaber zu verderben drohte. Seitdem Rom und die ihm untertänigen Völker den Dreimännern, Octavianus Cäsar,

---

[1] Josephus, jüd. Krieg VII, 8, 3—4 [vgl. Schürer I³, 638, Anm. 137].
[2] Jerus. Trakt. Joma p. 42 c.
[3] Josephus Altert. XIV, 5, 4; jüd Krieg I, 19, 3—6.

Markus Antonius und Aemilius Lepidus, zu Füßen lagen,
und diese drei einander gründlich haßten und hinwegzuräumen trach=
teten, war die politische Atmosphäre mit Verderben drohenden Ele=
menten erfüllt, die jeden Augenblick losbrechen konnten. Dazu kam
noch das unerhörte Schauspiel, daß einer dieser drei Gewaltigen von
dem buhlerischen und teuflischen Weibe Kleopatra beherrscht war,
welche ihren Liebeszauber über ihn dazu benutzte, um Herrin von Rom
zu werden, selbst wenn Länder und Inseln deswegen in Flammen
aufgehen sollten. In dieser tieferregten Zeit verkündete ein judäischer
Dichter in Form sibyllinischer Weissagung in schönen griechischen
Versen den Untergang der sündhaften römischen und griechischen Welt
und den Anbruch des herrlichen Morgens des Messias. Schreckliche
Tage verkündete dieser judäisch=griechische Seher, in denen Beliar
(Belial), der Gegen=Messias, die Menschen verführt und verderbt:

„Wenn fürwahr Rom dereinst auch herrschet über Ägypten
„Und es zusammen regiert, dann wird das größte der Reiche
„Des unsterblichen Königs unter den Menschen erscheinen,
„Und es kommt ein heiliger Fürst, der die Länder der Erde
„Alle beherrscht, alle Zeiten hindurch, wie die Zeiten verrinnen.
„Und dann herrscht unerbittlicher Zorn lateinischer Männer:
„Drei werden Rom alsdann mit schrecklichem Lose vernichten,
„Und in den eignen Häusern gehen alle Menschen zu Grunde.

. . . .

„Weh' Dir, Elenden, weh'! wenn jener Tag Dir erscheinet
„Und des unsterblichen Gottes Gericht, des mächtigen Königs!

. . . .

„Aber daher von . . . . . dereinst wird Beliar kommen.
„Und er stellet die Höhe der Berge, macht stehen die Meerflut,
„Auch den glänzenden Mond und die große feurige Sonne;
„Weckt die Gestorbenen auf und wird viele Zeichen verrichten
„Unter den Menschen. Jedoch in ihm ist keine Vollendung,
„Sondern Gaukel=Trug, und viele Menschen verführt er,
„Treue erwählte Hebräer und auch noch andere Männer
„Ohne Gesetze, und welche noch nicht des Gottes vernahmen.
„Wenn aber dann die Drohungen nah'n des mächtigen Gottes
„Und die feurige Kraft auf die Erde in Fluten herabkommt,
„Dann verbrennt er den Beliar und auch sämtliche Menschen,
„Die übermütigen Sinnes auf ihn ihr Vertrauen gesetzet.
„Und alsdann wird die Welt sich unter der Hand eines Weibes
„Finden, beherrscht von ihm und ihm in allem gehorchend
„Wenn dann hierauf eine Witwe beherrscht die sämtliche Erde,
„Und in die mächtige Flut sie das Gold und Silber geworfen,

. . . .

„Dann wird auch das Gericht des großen Gottes erscheinen
„Für die langdauernde Zeit der Welt, wenn dies alles sich zuträgt"[1].

[1] Vergl. Note 3, Nr. 10.

Eine Zeit des Unheils brach allerdings herein, auch eine Art Beliar war aufgetreten, der Halbjudäer Herodes; aber sie brachten nicht die messianische Morgenröte. Mit der Kriegserklärung Octavianus' und Antonius' entbrannte ein heftiger Kampf des römischen Westens und Ostens, Europas und Asiens gegeneinander, es war ein Völkerkrieg, wie ihn die Welt seit Alexanders Zeiten nicht gesehen hatte. Er endete aber schnell mit Antonius Sturz in der Schlacht bei Actium (2. September 31). Dieser Sturz traf auch Herodes mit niederschmetternder Gewalt. Er selbst, wie seine Feinde zweifelten nicht daran, daß er in den Fall seines Hauptgönners mit hineingerissen werden würde. War er doch Antonius' treuester Bundesgenosse gewesen. Ihm zu Ehren hatte Herodes die Birah oder Baris oder Afra, nordwestlich vom Tempel, die er mit Mauern und hohen Türmen versehen und mit einer starken Besatzung belegen ließ, damit von ihr aus der Tempel, den sie an Höhe überragte, oder vielmehr jede Bewegung darin überwacht werden könnte, Antonia genannt[1]). Er hatte ferner Antonius im Kriege gegen Octavian mit Lebensmitteln unterstützt. Jetzt war er auf das Äußerste gefaßt, aber sein boshaftes Herz wollte auch die letzten Sprößlinge der Hasmonäer, den achtzigjährigen Greis Hyrkan, seine Gattin Mariamne und ihre Mutter Alexandra, seinen Sturz nicht überleben lassen. Hyrkan klagte er an, er habe ein strafbares Einverständnis mit dem Nabatäerkönig Malich gepflogen und legte zur Begründung der Anklage einen Briefwechsel desselben mit dem Feinde vor. Schlau, wie er war, hatte er zwar sofort nach Octavians Siege dessen Partei ergriffen und dazu beigetragen, die große Schar von Antonius wilden Gladiatoren, welche sich durch Syrien und Judäa nach Ägypten durchzuschlagen hofften, um ihrem Herrn dort beizustehen, völlig aufzureiben[2]). Aber er konnte nicht hoffen, daß der Sieger ihm diese Parteinahme für ihn hoch anrechnen und darum seine warme Dienstbeflissenheit für den Besiegten vergessen würde. Auf seinen Befehl verhängte das feige Synhedrion, vielleicht von den ihm ergebenen Söhnen Bathyras beherrscht, die Todesstrafe über Hyrkan[3]), den weiter keine Schuld traf als eine beispiellose Schwäche gegen den Mörder seines Geschlechts und Bedrücker seines Volkes. Nicht einmal ein Ehrenbegräbnis wurde diesem hasmonäischen König zuteil.

Mariamne und ihre Mutter ließ Herodes, im Begriffe sich vor den Sieger Octavian Cäsar zu stellen, in der Festung Alexandrion unter Aufsicht eines Ituräers Soem mit dem Befehle, sie hinzurichten,

---

[1]) Jüd. Krieg V, 5, 8. Vergl. Note 2, II [und über die Lage der Antonia Schürer I[3], 198, Anm. 37].

[2]) Josephus Altert. XV, 6, 7. [3]) Josephus Altert. XV, 6, 1—4.

ſobald die Nachricht von ſeinem Tode eingelaufen ſein würde. Noch
ehe er ſich zur Reiſe anſchickte, war er von den Umſtänden gezwungen,
einen Perſonenwechſel im Synhedrion zuzulaſſen, den er ſonſt wohl
ſchwerlich zugegeben haben würde. Durch dieſen eigentümlichen Wechſel=
fall wurde ein bis dahin unbekannter Babylonier, Hillel, Synhe=
drialoberhaupt. Er gab dem Judentum eine Richtung, die in tauſend=
facher Verzweigung und Verkettung bis auf den heutigen Tag nach=
wirkt. Auf ſeine haßerfüllte Zeit wirkte Hillel mit ſeinem ſanftmütigen,
friedfertigen Weſen wie das Öl auf die ſturmbewegten, aufgeregten
Meereswogen.

Hillel (geb. um 75 v., ſt. um 5 n.) führte den Stammbaum
ſeines Geſchlechtes mütterlicherſeits bis auf David zurück[1]), das auch
nach dem babyloniſchen Exil in Babylonien verblieben war. Obwohl
von hoher Herkunft, ſoll er in dürftigen Verhältniſſen gelebt und von
ſeinem reichen Bruder Schebnah unterſtützt worden ſein[2]). Wahr=
ſcheinlich mit Hyrkan aus Babylonien nach Jeruſalem eingewandert
(36), wurde er einer der eifrigſten Zuhörer der Synhedriſten Schemaja
und Abtalion, deren Überlieferung er mit gewiſſenhafter Wörtlichkeit
mitzuteilen pflegte[3]). Dabei ſoll er mit drückender Armut zu kämpfen
gehabt und von dem Tropaïcon (victoriatus, halber Denar), das er täglich verdiente, die Hälfte für den Unterhalt ſeines Hauſes verwendet,
die andere Hälfte dem Türhüter des Lehrhauſes gegeben haben, um
ſich Eingang zu verſchaffen. Eines Tages, als er nur wenig verdient
und den Türhüter nicht befriedigen konnte, ſei Hillel, ſo wird erzählt,
im Winter auf das platte Dach geſtiegen, um auf den Vortrag der
Synhedriſten zu lauſchen. In das Zuhören ganz vertieft, habe er
nicht bemerkt, daß der fallende Schnee ihn nach und nach ganz ver=
graben habe, bis er vor Kälte ſtarr und faſt leblos geworden ſei.
Tags darauf an einem Sabbat habe man ihn in dieſem Zuſtande
unter einer dichten Schneedecke gefunden und mit vieler Mühe zum
Leben wieder erweckt[4]). Dieſe ſagenhaften Züge wollen Hillels Lern=
eifer hervorheben. Seine Ausbildung erhielt er im Lehrhauſe des
Schemaja und Abtalion, von denen er die überlieferten mündlichen
Geſetze überkommen hat[5]). Hillels hervorſtechender Charakter war jene
herzgewinnende Taubenſanftmut, die dem aufwallenden Zorne nicht
einen Augenblick die Herrſchaft über das Gemüt einräumt, jene tief=
innige Menſchenliebe, die aus der eigenen Demut und der günſtigen

[1]) Jerus. Taanit IV, p. 68 a u. a. O.
[2]) Sota 21 a.
[3]) Edijot 1, 3.   [4]) Joma 35 b.
[5]) Pesachim 66 a, jer. Pes. 33 a. Vergl. Note 16 und 17.

Beurteilung anderer entspringt, endlich jener aus tiefstem Gottvertrauen
hervorgegangene Gleichmut, der im Anblick des hereinbrechenden Un=
glücks unerschütterlich standhaft bleibt. Die spätere Zeit kannte kein
vollkommeneres Ideal der Milde und Bescheidenheit als den Babylo=
nier Hillel[1]), und die dichterische Sage verarbeitete diese Züge mit
besonderem Wohlgefallen und dramatischer Lebendigkeit. Zwei Per=
sonen gehen eine Wette miteinander ein, ob Hillel wohl zum Zorne
gereizt werden könne, und der eine von ihnen, der sich dessen anheischig
gemacht, ermüdet Hillel, obwohl dieser bereits eine hohe Stellung ein=
nahm, wiederholentlich mit kindischen Fragen und unehrerbietigen
Äußerungen. Hillel erwidert dem lästigen Fragesteller stets mit uner=
schütterlicher Milde, beantwortet die Fragen mit Gelassenheit und hat
für die derben Ausfälle gegen ihn kein zürnendes Wort. Die Sage
läßt ferner Heiden sich an Hillel wenden, die Proselyten werden wollen
unter unausführbaren Bedingungen. Der eine will das ganze Juden=
tum in der kürzesten Zeit erlernen, während man auf einem Fuß stehen
könne; ein anderer will sich nur zur schriftlichen Lehre bekennen, die
mündlichen Zusätze aber nicht annehmen; ein dritter möchte in den
judäischen Bund aufgenommen werden, um sich mit der hohenpriester=
lichen Würde bekleidet zu sehen. Hillel habe für alle diese Forderungen
eine milde Antwort gegeben und die Proselyten so sehr zu gewinnen
gewußt, daß sie von ihren Bedingungen abstehen. Demjenigen, welcher
das ganze Judentum nur in einen einzigen Satz zusammengefaßt an=
nehmen wolle, habe Hillel den goldenen Spruch gegeben: „Was dir
unangenehm ist, das tue auch andern nicht," das ist das Haupt=
gebot, alles andere nur Ausführung desselben[2]). Dieser Grundsatz
edler Menschenliebe, der später als eine neue Offenbarung von den
Heiden begrüßt worden ist, stammt zweifellos von Hillel; denn er ist
ein Ausfluß seines weichen, menschenfreundlichen Gemüts und wird
durch andere Sprüche, die sich von ihm erhalten haben, bestätigt.

Seinen friedfertigen Charakter betätigte Hillel, so oft seine Ansicht
später auf Widerspruch stieß[3]); theoretisch folgerichtig, war er praktisch

---

[1]) Sabbat 30 b, ff.
[2]) Das. דעלך סני לחברך לא תעביד וו היא כל התורה כלה. Daß dieser Kernspruch
alt ist, folgt aus Philo, welcher ihn unter den ungeschriebenen Gesetzen
des Judentums aufführt: Κἂν τοῖς νομίμοις αἰτοῖς ἅ τις παθεῖν
ἐχθαίρει, μὴ ποιεῖν αὐτόν (bei Eusebius praeparatio evang. VIII, 7,
p. 358, Philo, Fragm. bei Mangey II, p. 629). Das Verbum ἐχθαίρει ent=
spricht vollkommen dem דעלך סני. Es ist jedenfalls dem Chaldäischen nach=
gebildet und stammt ohne Zweifel von dem aus Babylonien eingewanderten
und Chaldäisch redenden Hillel. Jedenfalls ist es älter als Jesus. Vergl.
weiter unten Kap. 11. 　　[3]) Tosephta Chagiga c. 2. Babli Beza 20 a.

ſtets nachgiebig und verſöhnlich ſelbſt gegen Jüngere. Seine Mild=
tätigkeit kannte keine Grenzen, und er verfuhr auch dabei mit jener
Zartheit, den Empfänger von Wohltaten nicht durch die Gabe zu be=
ſchämen, ſondern ihn ſeinem Stande gemäß zu ehren. Es wird von
ihm erzählt, er habe einem heruntergekommenen Erben eines edlen Ge=
ſchlechtes nicht bloß den nötigen Bedarf, ſondern ſo viel zukommen
laſſen, daß er ſtandesgemäß leben konnte; er habe ihm einen Sklaven
zur Bedienung und ſogar ein Roß zum Reiten gekauft[1]). Sein Gott=
vertrauen hob Hillel über jede Furcht hinweg, und er hat es ſo ſehr
den Gliedern ſeines Hauſes einzuflößen gewußt, daß er, als er einſt
beim Eintreten in die Stadt ein klägliches Jammergeſchrei hörte, be=
haupten durfte: „Ich bin gewiß, daß dieſe Jammertöne nicht aus
meinem Hauſe dringen"[2]). In dieſem Geiſte ſind auch die Sinnſprüche
gehalten, die Hillel, mehr noch als ſeine Vorgänger, in verniger Kürze
hinterlaſſen hat. Einer derſelben lautet: „Sorge ich nicht für mich
(meine Seele), wer täts? Tu' ichs nur für mich, wieviel vermag ich?
Wenn nicht jetzt, wann ſonſt?" „Sei von den Jüngern Ahrons, liebe
den Frieden, ſuche den Frieden; liebe die Menſchen, ſo führſt du ſie
zur Lehre"[3]). Durchdrungen von der hohen Beſtimmung Israels, die
reine Gottesverehrung zu erhalten und zu lehren, pflegte er dieſe
Überzeugung beim Freudenfeſte des Waſſerſchöpfens im Tempel ſinnig
auszudrücken: „Bin ich (Israel) hier, ſo iſt alles hier; fehle ich, wer
findet ſich ein?"[4]). Die Lehre des Judentums ſtand ihm ſo hoch, daß
er empört darüber war, wenn er ſie als Mittel zur Befriedigung des
Ehrgeizes und der Ruhmſucht gemißbraucht ſah. „Wer ſeinen Namen
zu erhöhen trachtet, erniedrigt ihn, wer ſich nicht der Lehre befleißigt,
verdient nicht zu leben, wer nicht zulernt, verkümmert, wer die Krone
der Lehre benutzt, vergeht"[5]).

Wie Hillel wegen ſeiner hohen Tugenden den Späteren als Ideal
vorſchwebte, ſo gilt ſeine Wirkſamkeit wegen der Entwickelung, die ſie
dem geſetzlichen Judentum gegeben, als ein Wendepunkt; er wird da=
her nächſt Esra als der geiſtige Wiederherſteller der Lehre[6]) betrachtet,
der ſie aus dem Zuſtande des Verfalls herausgeriſſen hat. Nach zwei
Seiten hin wirkte er erfriſchend und belebend. Den Stoff der münd=
lichen Lehre, den er in dem Umgange mit den Synhedriſten Schemaja

---

[1]) Tos. Pea Ende.
[2]) Berachot 60 a. Jerus. Berachot, p. 14 b.
[3]) Abot I, 12. 14.
[4]) Succa 53 a. Vergl. Tosafot z. St. u. Jerus.
[5]) Abot I, 13.
[6]) Succa 10 a.

und Abtalion in sich aufgenommen hatte, bereicherte er durch uralte
Überlieferungen, die in Babylonien aus frühester Zeit durch die Exulanten heimisch waren. Doch bei weitem bedeutender war die formale
Ausbildung, die er den überlieferten Gesetzesbestimmungen gab. Er
führte sie auf allgemeine Prinzipien zurück und erhob sie dadurch aus
dem engen Kreise des Herkömmlichen und des bloß in der Sitte
Wurzelnden zur Höhe der Erkenntnis. Die Überlieferung trägt, nach
Hillels Ansicht, den Grund ihrer Rechtfertigung und ihrer bindenden
Kraft in sich, sie braucht sich nicht bloß auf die Autorität zu berufen.
Er bahnte dadurch gewissermaßen die Versöhnung zwischen Pharisäertum und Sadduzäertum an, indem er gemeingiltige Grundsätze aufstellte, denen beide ihre Zustimmung nicht versagen konnten, und wollte
dadurch die verderbliche Quelle des leidenschaftlichen Hasses verstopfen.
Es durfte fortan nach seiner Auffassungsweise keine Differenz und kein
Schulstreit mehr über die Verbindlichkeit überlieferter Gesetze möglich
sein. Hillel gab einerseits das sadduzäische Prinzip zu, daß jedes Gesetz nur dann Gültigkeit habe, wenn es in der Schrift begründet erscheine, behauptete aber andererseits, daß diese Begründung nicht bloß
in dem toten Buchstaben liege, sondern in allgemeinen Voraussetzungen,
welche der heilige Text selbst andeute. Vermittels sieben Auslegungsregeln (Scheba Middot)[1] könne ein mündliches Gesetz aus der Schrift
abgeleitet sein und durch sie dieselbe Berechtigung wie ein ausdrücklich
vorgeschriebenes beanspruchen. Durch diese sieben Regeln erschien die
mündliche Gesetzgebung in einem ganz anderen Lichte; sie hatte nicht
mehr den Charakter des scheinbar Willkürlichen, sondern nahm den
Stempel des Allgemeinen und Annehmbaren an und konnte als aus
der heiligen Schrift geflossen betrachtet werden. Diese Regeln sollten
ferner nicht bloß den bereits vorhandenen Inhalt der mündlichen Überlieferung rechtfertigen, sondern gewisse Handhaben bieten, die Gesetze
zu erweitern und auf unvorhergesehene Fälle anzuwenden. Es war
damit dem Synhedrion ein ausreichender Maßstab für seine gesetzgebende
Tätigkeit gereicht und dem Verstande ein weites Gebiet zu scharfsinnigen Kombinationen eröffnet. Die Hillelschen Regeln, die später
vielfach ausgebildet und erweitert wurden, legten den Grund zu derjenigen Methode scharfsinniger Erörterungen und Folgerungen, die man
Talmud im engeren Sinne nennt.

Diese Auslegungsregeln, die zum Teil von den als große Schriftforscher gepriesenen Schemaja und Abtalion, Hillels Lehrern, ausgegangen sein mögen, die er selber aber zuerst systematisch aufgestellt hat,

---

[1] S. Note 17.

scheinen anfangs keinen Beifall gefunden zu haben. Ausdrücklich wird berichtet, er habe sie bei der Verhandlung vor dem bathyrenischen Synhedrion in Anwendung gebracht[1]), dieses aber habe sie mißachtet; es mag entweder kein Verständnis dafür gehabt oder ihre Brauchbarkeit bestritten haben. Es war übrigens weder das erste noch das letzte Mal, daß eine Wahrheit bei ihrem ersten Auftreten bei der Mittelmäßigkeit keinen Anklang gefunden hat. Indessen hatte Hillel Gelegenheit, die Deutungsregeln bei einer Frage öffentlich zu vertreten, auf deren Austrag die ganze Nation gespannt war, und diese Gelegenheit brachte ihm die Würde des Synhedrialvorsitzes ein. Der Vorabend des Festes, an welchem das Passah=Lamm geopfert werden sollte, war — damals ein höchst seltener Fall — auf einen Sabbat gefallen, und das bathyrenische Synhedrion wußte keine Auskunft darüber zu geben, ob das Passah am Sabbat geopfert werden dürfe oder nicht. Hillel, dessen Bedeutung wohl schon die Aufmerksamkeit der Einsichtsvollen erregt haben mochte, hatte sich in die Diskussion gemischt und bewiesen, daß, nach den Regeln der Gleichheit, der Schlußfolgerung und der Analogie, das Passah wie jedes Gesamtopfer den Sabbat verdränge. Die Debatte war, da die zur Begehung der Feier eingetroffene Menge sich dafür interessierte, so hitzig, daß dabei ermutigende und tadelnde Äußerungen über Hillel laut wurden. Die einen riefen: „Von dem Babylonier haben wir die beste Auskunft zu erwarten"; andere sprachen ironisch: „Was haben wir Gutes von dem Babylonier zu erwarten!"[2]). Da das Synhedrion nicht geneigt war, auf die Beweisführung einzugehen, berief sich Hillel endlich auf eine aus dem Munde von Schemaja und Abtalion vernommene Tradition, die seine Folgerung bestätigte. Hillels Name wurde seit diesem Tage so volkstümlich, daß die bathyrenischen Synhedristen ihre Stellen niederlegten — man weiß nicht, ob freiwillig oder vom Volke gezwungen — und Hillel das Präsidium überließen (um 30[3]). Hillel, weit entfernt auf diese Rangerhöhung stolz zu sein, äußerte seine Unzufriedenheit damit und schalt die Synhedristen aus: „Was hat zu Wege gebracht, daß ich (unbedeutender Babylonier) Synhedrialvorsitzender werden muß? Eure Trägheit, den Belehrungen von Schemaja und Abtalion Aufmerksamkeit zu schenken"[4]). Herodes scheint dieser Wahl kein Hindernis entgegengesetzt zu haben, teils weil er, um seine Krone und seinen Kopf vor dem Zusammentreffen mit Octavian besorgt, die Nation nicht gegen

[1]) Tosefta Sanhedrin c. 7.
[2]) Jerus. Pesachim c. VI, p. 33 a; babli 66 a.
[3]) Das. vergl. Note 16.
[4]) Pesachim das.

sich aufreizen mochte, teils weil Hillel als Babylonier und als Lehrer der Friedfertigkeit ihm nicht unlieb war. Infolge dieser bedeutungs= losen Veranlassung kam ein Mann an die Spitze des Synhedrion, der diese Würde mit den glänzendsten Tugenden zierte, der einen tiefen Einfluß auf die Entwickelung des Judentums ausübte, und dessen Nach= kommen an vier Jahrhunderte würdige Vertreter desselben wurden.

Unter den von Hillel während seiner Wirksamkeit ausgegangenen Verordnungen sind zwei von allgemeinem Interesse und zeugen, daß er für die Lebensverhältnisse einen richtigen Blick hatte und ihnen Rechnung getragen hat. Im Sabbatjahre sollten sämtliche Schulden verfallen. Aber diese für einen republikanischen, auf Sittlichkeit basierten Staat so weise Maßregel der Ausgleichung verschobener Ver= mögensverhältnisse hatte in der Zeit, als das Kapital eine Macht ge= worden war, den Nachteil, daß Vermögende Anstand nahmen, den Mindervermögenden durch Darlehen aus der Verlegenheit zu helfen. Wegen dieser Rücksicht verordnete Hillel, ohne das Schuldenerlaßgesetz ganz aufzuheben, daß der Gläubiger vor dem Eintritt der Verfallzeit dem Gerichte schriftlich die Schuld übertragen sollte[1]), damit dieses sie einziehen könne, ohne daß der Gläubiger das Gesetz zu verletzen brauche. Diese zeitgemäße Verordnung, für Gläubiger und Schuldner gleich vorteilhaft, führt den griechischen Namen Prosbol (Übergabe)[2]), weil die Schuld übergeben werden sollte. Wie tief muß das Griechische in Herodes' Zeit das judäische Volk bereits durchdrungen haben, wenn selbst der Babylonier Hillel für eine neue Gesetzesbestimmung ein grie= chisches Wort gebraucht hat! — Die zweite Verordnung Hillels betraf die Einlösung eines verkauften Hauses in einer ummauerten Stadt. Nach dem biblischen Gesetze steht es den Verkäufern innerhalb einer Jahresfrist frei, den Kauf rückgängig zu machen; erst wenn diese Zeit verstrichen ist, verbleibt das Haus dem Käufer. Mit dieser Bestimmung haben manche Käufer Mißbrauch getrieben, indem sie sich am letzten Tage des Jahres unsichtbar machten, um das erkaufte Grundstück zu behalten. Deswegen verordnete Hillel, der Verkäufer habe in einem solchen Falle das Kaufgeld dem Tempelschatzmeister zu übergeben und könne sich dann mit Gewalt in den Besitz seines Hauses setzen[3]).

[1]) Schebiit X, 3—4.
[2]) M. Sachs, Beiträge, Heft 2, S. 70, erklärte es als πρὸς βουλῇ πρεσβευτῶν und in der Tat kommt auch der Ausdruck vor (Gittin 36 b): פרוזבול וכוטי. Nichtsdestoweniger scheint Schürers etymologische Erklärung (Lb. S. 458 [jetzt II³, 363]) die richtige zu sein = προσβολή „Übergabe" von προσβάλλειν = מסר.
[3]) M. Erachin IX, 4; Babli 31 b.

Den zweiten Rang als Stellvertreter nahm neben Hillel der
Eſſäer Menahem[1]) ein, gewiß auf Herodes' ausdrücklichen Wunſch;
denn dieſer war ihm in einem hohen Grade gewogen. Den Grund
ſeiner Zuneigung zu dieſem Eſſäer erzählte man ſich ſpäter folgender-
maßen. Menahem habe Herodes im Kindesalter vermöge des den
Eſſäern zugeſchriebenen Blickes in die Zukunft nachdrücklich prophezeit,
er werde einſt König von Jeruſalem werden und eine glanzvolle Regierung führen, aber gegen Frömmigkeit und Gerechtigkeit fehlen. Was
dem Knaben fabelhaft erſchienen, deſſen hätte ſich der Mann erinnert,
als er die Krone trug. Er habe ſofort den Seher zu ſich gerufen,
ihn gnädig angeredet und ihn nach der Dauer ſeiner Regierung gefragt. Da aber Menahem ein hartnäckiges Schweigen beobachtete,
habe Herodes die Zahl der Jahre fragweiſe genannt, ob er zehn,
zwanzig, dreißig Jahre regieren werde, und da jener durch keinen Zug
dieſelbe verneinte, habe es Herodes als eine gute Vorbedeutung hin-
genommen, daß er mindeſtens dreißig Jahre regieren werde[2]). Indeſſen ſcheint ſich Menahem in ſeinem Amte nicht behaglich gefühlt
zu haben; er ſchied aus, nach einigen, um in den Hofdienſt zu treten,
und ihm ſeien viele Geſetzeslehrer nachgefolgt, die ſich Herodes ange-
ſchloſſen hätten und dafür belohnt worden ſeien. Nach andern, wohl
richtiger, habe er ſich in die Einſamkeit (der Eſſäer) zurückgezogen[3]).
Sein Nachfolger wurde Schammaï[4]), der das Gegenſtück und doch
die notwendige Ergänzung zu Hillel bildete. — Von Schammaïs
Lebensgeſchichte iſt faſt nichts bekannt; er war ſicherlich ein Paläſtinenſer und daher an allen politiſchen und religiöſen Verwickelungen
ſeines Geburtslandes aufs innigſte beteiligt. Seine religiöſen An-
ſchauungen waren ſtreng bis zur Peinlichkeit. So wollte er ſeinen
noch im Kindesalter ſtehenden Sohn dem Faſtengeſetze am Verſöhnungstage unterwerfen, und ſeine Freunde mußten ihn zwingen, die Geſund-
heit des Kindes zu ſchonen[5]). Als ſeine Schwiegertochter einſt am
Hüttenfeſte mit einem Knaben niedergekommen war, brach der Pein-
lichfromme die Decke über dem Zimmer der Wöchnerin durch, um
daraus eine Feſthütte zu machen, damit auch ſein neugeborener Enkel
der religiöſen Vorſchrift genügen könne[6]). Doch war Schammaï keineswegs von ſo finſterer, menſchenfeindlicher Gemütsart, wie ihn die
Späteren lediglich aus einem Rückſchluſſe von ſeiner zelotiſchen düſteren

---

[1]) Chagiga II, 2.   [2]) Joſephus Altert. XV, 10, 5.
[3]) Jeruſ. Chagiga II,   77 d; Babli 16 b.
[4]) Chagiga daſ. Vergl. Note 16.
[5]) Toſefta Joma IV, 2; vergl. Babli Joma 82 a.
[6]) Succa II, 8.

Schule geschildert haben, die sich ihn nicht anders als mit dem Stocke
in der Hand denken konnten[1]. Er empfahl vielmehr freundliches Ent=
gegenkommen gegen jedermann, wie der Sinnspruch bezeugt, der sich
von ihm erhalten hat: „Mache deine Beschäftigung mit der Lehre zur
Hauptsache, sprich wenig, aber leiste viel und empfange jeden Menschen
mit freundlichem Blicke"[2]. Diese beiden Synhedristen, Hillel und
Schammaï, bildeten eigene Schulen (Bet-Hillel, Bet-Schammai), welche
in vielen religiösen, sittlichen und rechtlichen Fragen auseinander gingen
und später in der Kriegszeit auf den Gang der geschichtlichen Ereig=
nisse nach entgegengesetzten Richtungen gewaltig eingewirkt haben.
Herodes ahnte nicht, welche unversöhnlichen Elemente für sein Haus
sich in der Abgeschiedenheit des Lehrhauses unbemerkt heranbildeten.

Mit angsterfülltem Herzen hatte er sich zu Octavian Cäsar, der
nach dem Siege über Antonius bei Actium alleiniger Herr des römischen
Länderkreises geworden war, nach Rhodus begeben. Der in seiner
Heimat Hochfahrende erschien vor dem Gewaltigen demütig, des
Schmuckes beraubt, doch nicht ohne männliche Entschlossenheit. In der
Unterredung mit Octavian verschwieg Herodes keineswegs sein enges
Verhältnis zu Antonius; aber er konnte sich auch darauf berufen, daß
er sich nach der Nachricht von der Schlacht bei Actium von ihm ab=
gewendet hatte, und ließ durchblicken, welchen Nutzen der Sieger von
seiner Dienstbeflissenheit und Ergebenheit ziehen könnte, die er von
Antonius auf dessen Besieger zu übertragen gedächte. Octavian war
weder edel genug, feile Kreaturen zu verachten, noch hielt er sich für
allzu sicher, um sie entbehren zu können. Er nahm daher den
Reuigen gnädig auf, befahl ihm, das Diadem wieder anzulegen und
ließ ihn, mit Ehren überhäuft, in sein Land zurückkehren (30[3]).
Herodes, der sich in die Umstände zu schicken wußte, wurde ein eben
so treuer Anhänger Octavians, wie er es Antonius zwölf Jahre lang
hindurch gewesen war. Auf Octavians Zuge nach Ägypten gegen seine
Feinde ging er ihm mit reichen Geschenken nach Akko entgegen, ver=
sorgte sein Landheer während des Marsches durch die wasserlose Gegend
mit Wasser und Wein, und Antonius konnte, noch ehe er sich entleibt
hatte, erfahren, daß Herodes' Treue nicht gerade felsenfest war. Herodes
genoß auch die Schadenfreude, daß es seiner hartnäckigen Feindin,
Kleopatra, nicht gelingen konnte, den Sieger mit ihren verführerischen
Reizen zu umstricken, und daß ihr nichts anderes übrig blieb, als sich
selbst den Tod zu geben. Die alexandrinischen Judäer teilten diese

---

[1] Baba Batra 133 b. Sabbat 31 a.
[2] Abot I, 15.   [3] Josephus Altert. XV, 6, 6—7.

Freude; denn auch ſie hatten von ihrem Haſſe zu leiden. Noch kurze
Zeit vor ihrem Tode wünſchte dieſes entmenſchte Weib nichts ſehnlicher,
als daß ſie ſämtliche Judäer der ägyptiſchen Hauptſtadt, weil ſie zu
Octavian hielten, mit ihrer Hand hätte niedermetzeln können[1]. Dafür
erhielten die ägyptiſchen Judäer wegen ihrer Anhänglichkeit an Octavian die Beſtätigung ihrer Gleichſtellung mit den übrigen helleniſchen
Einwohnern und andere Gerechtſame; er hatte zu ihrer Treue ſo viel
Vertrauen, daß er den judäiſchen Arabarchen die Aufſicht über die
Hafenzölle auf dem Nil und dem Meere ließ, die ſie von den ägyptiſchen Königen, von Ptolemäus Philometor und den beiden älteren
Kleopatra, erhalten hatten[2]. Es war dies ein um ſo größerer Beweis
von Vertrauen, als dem erſten Kaiſer an dem Beſitze Ägyptens, der
römiſchen Kornkammer, und beſonders Alexandriens als Hafenplatzes,
ſo viel gelegen war, daß kein Senator ohne kaiſerliche Erlaubnis dahin reiſen durfte. Als der damalige Arabarch ſtarb, geſtattete Octavian, daß ihm ein Nachfolger von den alexandriniſchen Judäern ernannt werden dürfe und ließ dieſem, Namens Nikanor[3], alle Vorrechte ſeiner Vorgänger. Ja, er erteilte den Judäern noch größere
Vorrechte. Denn während er die griechiſchen Alexandriner wegen ihrer
Verdorbenheit, ihres Wankelmutes und ihres zum Aufruhr geneigten
Geiſtes außerordentlich beſchränkte und ihnen keinerlei behördliche Gewalt ließ, ſondern ſie unter den von ihm eingeſetzten Richter ſtellte,
ernannte er ſelbſt einen judäiſchen Rat (γερουσία), welcher dem Arabarchen oder Ethnarchen zur Seite ſtand[4]. Dieſer regierte die judäiſche Gemeinde ſelbſtändig, entſchied die Rechtsſtreitigkeiten und ſorgte
für die Ausführung der kaiſerlichen Verordnungen und Verträge[5].

Auch den in Rom zahlreich angeſiedelten Judäern, den Libertini
(o. S. 164), gewährte der erſte Kaiſer, wenn auch nicht beſondere
Vergünſtigung, ſo doch Duldung ihrer religiöſen Übungen, und ſein
Beiſpiel war für die Folgezeit maßgebend. Sie durften ihre eigenen
Gotteshäuſer haben und gottesdienſtliche Verſammlungen abhalten, obwohl Zuſammenkünfte in Rom ungern geſehen wurden; ſie durften
ferner ihre Spenden für den Tempel alljährlich nach Jeruſalem ſenden,
obwohl ſonſt Verſenden von großen Summen von Rom ins Ausland
verboten war. Die römiſchen Judäer erhielten auch ihren Anteil von
der Getreide-Verteilung an das Volk. Fiel die Verteilung auf einen

---

[1] Joſephus gegen Apion II, 5.
[2] Daſ. vergl. o. S. 34 und Note 4.
[3] Joſephus Alterth. XIX, 5, 2. Dieſelbe Note.
[4] Philo gegen Flaccus 10 M. II, 527 fg.
[5] Strabo bei Joſephus daſ. XIV, 7, 2.

Sabbat, so wurde ihnen ihr Anteil am darauffolgenden Tage verabreicht. So hatte es der erste Kaiser angeordnet[1]).

Dem judäischen König schenkte Octavian die Leibwache der Kleopatra, vierhundert Gallier (oder Kelten), und gab ihm sämtliche von Judäa losgerissenen Seestädte (S. 163) und das Gebiet von Jericho zurück. Auch Samaria, Gabara und Hippos wurden Judäa einverleibt[2]). So hatte es wieder denselben Umfang, den es vor dem Bruderkriege und der Einmischung der Römer eingenommen hatte. Aber unter welchen veränderten Umständen! Daß der erste Kaiser Octavian Augustus für den Tempel Geldmittel zu täglichen Opfern angewiesen hat[3]), ist gewiß eine Übertreibung seiner Gunstbezeugung. Wohl aber wurde, vermutlich auf Veranlassung von Herodes' maßloser Schmeichelei, seit der Zeit im Heiligtum für das Wohl der römischen Cäsaren geopfert[4]). Augustus wie seine Gemahlin weihten goldene Weinkrüge für den Tempel[5]).

Herodes stand jetzt auf dem Gipfel seiner Macht; das Mißgeschick war nicht nur von ihm abgewendet, sondern hatte auch beigetragen, ihn noch mehr zu erhöhen. Aber er sollte das Glück nicht genießen. Die Strafe seiner Verbrechen heftete sich an seine Ferse und verwandelte ihm den Freudenkelch in Wermut. Es ereignete sich in dem engen Kreise seines Hauses ein Trauerstück, wie es die Phantasie des Dichters nicht tragischer ersinnen kann, und erfüllte sein Herz mit stechenden Schmerzen. Mariamne, die während seiner Abwesenheit mit ihrer Mutter wie eine Gefangene behandelt wurde, hatte von ihrem Kerkermeister Soem den geheimen Befehl erfahren, den Herodes schon zum zweiten Male gegeben hatte, sie nicht seinen Tod überleben zu lassen. Bei seiner Rückkehr machte sie keinen Hehl aus ihrem Hasse gegen ihn, und wenn er ihr von zärtlicher Liebe sprach, hielt sie ihm den Tod ihres Bruders und ihres Großvaters, den Tod ihrer Verwandten, entgegen. Herodes' Herz war gefoltert von der Liebe zu diesem schönen Weibe, dessen Besitz zugleich seine Sinne und seinen Ehrgeiz befriedigte, und von Haß gegen diese Feindin seiner Person und seiner Macht. In diesem, sein ganzes Wesen erfüllenden Mißmut war er nur allzu sehr geneigt, einer Intrige seiner schadenfrohen Schwester Salome, daß Mariamne seinen Mundschenk bestochen habe,

[1]) Philo Gesandsch. an Cajus 23 M. II, 568 f.
[2]) Josephus das. XV, 7, 3.
[3]) Philo Gesandtschaft an Cajus 23. 40. M. II, 569, 592. [Jos. j. Kr. II, 10, 4. 17, 2 ff., gegen Apion II, 6.]
[4]) Philo das. Josephus jüd. Kr. II, 17, 3—4.
[5]) Philo das.; Josephus j. Kr. V, 13, 6.

ihm Gift zu geben, ein offenes Ohr zu leihen. Bei dem Verhöre, das
darauf erfolgte, kam dann an den Tag, daß Mariamne um ſeinen geheimen Auftrag an Soem wußte, und dieſer Verrat eines ſeiner vertrauteſten Diener erregte ſeine Eiferſucht noch mehr und entfeſſelte ein
ganzes Heer wilder Leidenſchaften in ſeiner Bruſt. Soem wurde ſofort enthauptet. Erſchüttert von dieſen ſchmerzlichen Empfindungen,
klagte er vor einem von ihm zuſammenberufenen Rate ſeine Frau des
Ehebruchs und des Vergiftungsverſuches gegen ihn an; die Richter
glaubten ihm gefällig zu ſein, wenn ſie das Todesurteil ſo raſch wie
möglich fällten. Den Aufſchub der Hinrichtung, welchen Herodes be-
abſichtigte, verhinderte Salome, die ihren Bruder zu überreden gewußt,
daß das Volk zur Befreiung Mariamnes einen Aufſtand machen
würde, wenn er ſie der Sicherheit des Kerkers anvertrauen ſollte. So
wurde denn das ſchönſte Weib Judäas, die Hasmonäerfürſtin, der
Stolz des Volkes, in der Jugendblüte zum Richtplatze geführt. Sie
betrat ihn in ſtandhafter Faſſung, ohne Schwäche und weibliche Furcht,
ihrer Ahnen würdig (29[1]). Mariamne war das wohl getroffene Bild
Judäas, das durch argliſtige Ränke und Leidenſchaften dem Henkerbeil
überliefert wurde.

Mariamnes Tod hatte aber die Rachegeiſter in Herodes Bruſt
nicht gebändigt, ſondern nur zu noch größerer Wut aufgeſtachelt. Er
konnte ihren Verluſt nicht ertragen und verfiel deswegen in Raſerei
und Krankheit. Er ſoll ihre Leiche in Honig haben einbalſamieren
laſſen[2]), um ſich bei deren Anblick einer Täuſchung hinzugeben, rief
ſtets ihren Namen unter Schluchzen und Seufzen, befahl ſeinen Dienern,
von ihr, als wenn ſie noch lebte, zu ſprechen, und ließ, da bei ihm
die innere Aufregung nur durch Blutvergießen geſtillt werden konnte,
ihre Richter, die zu ſeinen vertrauteſten Freunden gehörten, hinrichten. Die Gemütsbewegung warf ihn endlich aufs Krankenlager,
und er lag in Samaria ſo ſchwer darnieder, daß die Ärzte für ſein
Leben fürchteten. Dieſe gute Gelegenheit wollte Alexandra benutzen,
um ſich in den Beſitz Jeruſalems zu ſetzen und ihren Todfeind zu
entthronen. Sie verſuchte den Hauptmann der Stadt und den Aufſeher des Tempels zu überreden, ſie zu unterſtützen. Die von Todesfurcht und Rachedurſt Verblendete hatte vergeſſen, daß der eine, Achiab,
Herodes' naher Verwandter war, der denn auch ihren wahnſinnigen
Verſuch ſofort dem Könige angezeigt hat. Die Nähe der Gefahr weckte

---

[1]) Joſ. Altert. XV, 7, 1—7, j. Kr. I, 22, 3—5.
[2]) Baba Batra 3 b. Dieſes wird Sanhedrin 66 b מעשה הורדום genannt,
ſo die richtige im Aruch zuerſt angeführte L.=A.

Herodes' Lebensgeister wieder auf. Hatte er ja Gelegenheit gefunden, sich der letzten Hasmonäerin zu entledigen. Obwohl sie sich immer eine unschuldige Miene zu geben gewußt und ihre Heuchelei so weit getrieben hatte, ihrer Tochter Mariamne vor ihrem Tode die bittersten Vorwürfe über ihren Undank gegen Herodes zu machen, um sich von dem Verdachte einer Mitschuld an dem ihrer Tochter zur Last gelegten Verbrechen zu reinigen, traute er ihr doch nicht. Alexandras Tod wurde ebenso schnell vollzogen, wie verhängt (um 29 oder 28 [1]). Mit ihr erlosch das letzte Reis des hasmonäischen Stammes, nachdem sie ihren Schwiegervater Aristobul II., ihren Gatten Alexander, ihren Schwager Antigonos, ihren Sohn Aristobul III., ihren Vater Hyrkan II. und ihre Tochter Mariamne nacheinander eines schmählichen Todes hatte sterben sehen. Sie entging dem Verhängnis ihres Hauses nicht, von dessen Gliedern kaum zwei, von Juda dem Makkabäer an, lebenssatt auf ihrem Bette entschlafen sind. Nicht lange nachher wurden auch die noch übrigen Seitenverwandten des hasmonäischen Hauses, die Bene = Baba, enthauptet, so daß man mit Recht später sagen durfte, daß, wer sich auf die Abstammung von den Hasmonäern berufe, eben dadurch seine unedle Abkunft von dem idumäischen Sklaven Herodes verrate [2]). Die Söhne Babas hatte Herodes' vertrautester Freund, der Idumäer Kostobar, viele Jahre verborgen gehalten, um mit ihrer Hilfe eine Verschwörung auszuführen, die dahin zielte, die Idumäer zu ihrem heidnischen Kultus zurückzuführen, deren Priester für den Götzen Kozé seine Vorfahren gewesen waren. Salome aber, deren Gatte Kostobar nach der Hinrichtung ihres ersten Gatten Joseph geworden war, liebte in der Ehe die Abwechselung und sah in ihrer Stellung am Hofe nur die günstige Gelegenheit für Palastintriguen. Sie schied sich von ihrem zweiten Gatten, indem sie ihm gegen die Sitte den Scheidebrief zustellte, und verriet ihrem Bruder, um Kostobar zu verderben, dessen Schonung gegen die Söhne Babas. Hierauf ließ Herodes Kostobar, dessen Mitwisser, Helfershelfer und Freunde Lysimachos, Gadia = Antipater, Dositheos und die Schützlinge hinrichten um 26 [3]).

Die noch übrigen zwei Dritteile der herobianischen Regierung bewegen sich ohne Fortschritte und bilden eine lange Kette von kriechender Schmeichelei gegen Augustus und Rom, von Bau = und Schaulust, von tief eingerissener Sittenverderbnis, von unglücklichen Verschwörungen und Hofintriguen und von dadurch herbeigeführten neuen Ver=

---

[1]) Josephus Altert. das. 7, 8.   [2]) Baba Batra, 3 b.
[3]) Josephus Altert. das. 7, 8—10.

brechen und Hinrichtungen. Um ſich die Gunſt des allmächtigen Auguſtus
zu erhalten, führte er in Jeruſalem die Feier der vierjährigen Aktiaden
ein (2. Sept. 28) zur Erinnerung an Auguſtus' Sieg über ſeinen Nebenbuhler, baute ein Theater und eine Rennbahn, veranſtaltete Kampfſpiele
mit Athleten und wilden Tieren und erregte dadurch den Unwillen der
Nationalen, die in alledem mit Recht die Symptome erblickten, das
Judentum allmählich in den heidniſch-römiſchen Kultus umzuwandeln,
und die beſonders in den römiſchen Trophäen und Adlern, welche im
Theater aufgeſtellt wurden, die Einführung des römiſchen Götterweſens
ſahen.   Zehn todesverachtende Männer verſchworen ſich, Herodes inmitten ſeiner Schauluſt zu ermorden.   Ihnen ſchloß ſich ein Blinder
an, der ſein Leben nicht beſſer verwerten zu können glaubte, als wenn
er es dem Morde des Tyrannen und des Sittenverderbers weihte.
Die Verſchwörung wurde verraten und die Verſchworenen, welche ſich
ihrer Unternehmung rühmten, unter Qualen hingerichtet; das Volk aber
zerriß den Angeber in Stücke, die es den Hunden vorwarf[1]). Noch
ein anderes Ärgernis gab Herodes dem Volke, indem er die Stadt
Samaria, die von alters her in Judäa tief verhaßt war, nicht nur in
dem Umfange einer halben Meile neu gründete und mit den ſchönſten
Bauten zierte (25), ſondern auch den Gedanken ahnen ließ, ſie zur
Hauptſtadt des Landes zu machen, wozu ihre Lage beſonders geeignet
war.   Dies hieß der Stadt Jeruſalem eine Nebenbuhlerin erwecken
und ſie ihres Anſehens und ihrer Heiligkeit nach und nach berauben.
Auch einen Tempel ließ er darin erbauen.   Das neuerbaute Samaria
nannte Herodes zu Ehren Auguſtus': Sebaſte[2]), ſo wie er früher zu
Ehren Antonius' die Burg Baris, die Waffenburg der Hasmonäer
an der Nordweſtſeite des Tempels, Antonia genannt hatte[3]). Judäa
wurde durch ihn mit Städten und Denkmälern überfüllt, welche die
Namen ſeiner römiſchen Gönner oder die ſeiner Familie erhielten.
Stratonsthurm am Meere ließ er mit verſchwenderiſchen Koſten zu

---

[1]) Daſ. 8, 1—4.

[2]) Joſ. daſ. 8, 5. Die meiſten Chronologen ſetzten die Umwandlung
Samarias in Sebaſte in das Jahr 25, nach Joſephus Altert. XV, 8, 5; 9, 1
im 13. Jahre Herodes'. Schürer (Lb. 191, N. [jetzt I³, 366, Note 8]) macht
dagegen ſamarit. Münzen geltend, welche bis auf das Jahr 27 und 29 hinauf-
führen. Er muß aber ſelbſt zugeben, daß die Benennung Sebaſte erſt erfolgen
konnte, als Octavian den Titel Sebaſtos (Auguſtus) angenommen hatte, und
dieſes geſchah erſt im Jan. 27 (vergl. Clinton, Faſti hell., III, 27). Folglich
beweiſen die Münzen nur, daß Samaria vom Jahre 29, als Auguſtus ſie Herodes
überlaſſen hatte, ihre Selbſtändigkeit datierte. Ihre Neubegründung durch
Herodes aber kann recht gut in das Jahr 25 geſetzt werden.

[3]) Vergl. o. S. 205.

einer der schönsten Städte und Hafenplätze umbauen und gab ihr den
Namen Cäsarea (Kisrin). Einen Turm an der Mauer derselben
nannte er nach Augustus' Stiefsohn Drusus. Herodes scheute sich
nicht, sogar einen römischen Tempel auf dem Boden des heiligen
Landes zu errichten. Cäsarea wurde mit zwei Kolossen geschmückt, von
denen der eine das Bild Augustus' in den riesigen Verhältnissen des
olympischen Jupiter und der andere das der Stadt Rom nach dem
Vorbilde der argivischen Juno trug. Bei der prunkhaften Einweihung
von Cäsarea, dessen Erbauung nahe an zwölf Jahre dauerte (21—12),
glaubte man sich in eine heidnische Stadt versetzt, und mit Recht
nannten die Nationalen diese Stadt wegen ihres Namens, ihres Ursprunges und ihrer Bedeutung Kleinrom. Sie wurde später als
der Sitz der römischen Statthalterschaft die Nebenbuhlerin Jerusalems
und endlich ihre Siegerin. So oft Cäsarea jubelte, trauerte Jerusalem.
Den Hafenplatz bei Cäsarea, der allmählich sich zu einer eigenen Stadt
erweiterte, nannte er Sebastos[1]). — Die beiden Flügel seines
Palastes, den er sich aufs prachtvollste mit reichem Schmucke in der
Oberstadt auf dem ehemaligen Zion erbaute, führten die Namen
Cäsars und Agrippas. Dem letzteren zu Ehren, der die rechte
Hand des Augustus war, nannte er auch die neuerbaute Seestadt
Anthedon Agrippias. Seines Vaters Namen zu verewigen, gab
Herodes dem Flecken Kapharsaba den Namen Antipatris. Den
Namen seiner Mutter Kypros gab er der neuerbauten Stadt bei
Jericho. Zum Andenken seines Bruders nannte er die Bauten im
Nordosten Jerichos Phasaelis und einen Turm der inneren Festung
von Jerusalem ebenfalls Phasael; sich selbst setzte er ein Monument
etwa zwei Meilen südwestlich von Jerusalem in der Festung Herodium,
wo er über den ihn verfolgenden Volkshaufen nach seiner Flucht ob-
gesiegt hatte[2]). Auf einer Anhöhe baute er einen Prachtpalast mit
hohen Türmen, in welchem für Bequemlichkeit und Luxus gesorgt war.
Zweihundert Stufen von weißem Marmor führten vom Fuße hinauf,
und eine Wasserleitung wurde mit vielen Kosten angelegt, um Herodium mit Wasser zu versehen. Herodes hatte allerdings Judäa ver-

---

[1]) Josephus Altert. XV, 9, 6; XVI, 5, 1; XVII, 5, 1. [Vgl. Schürer
I³, 389; II³, 27; 104 ff.]
[2]) Das. XV, 9, 4; XVI, 5, 2; s. Kr. I, 21, 4—10. Über Herodion, das
in der Mischna בית הרדיס genannt wird (korrumpiert בית חדרו) vergl. Monatsschr.
Jahrg. 1870, S. 227 fg. Der von den Christen Frankenberg, von den
Mohammedanern El Fureidis (das Paradies) genannte Berg wird mit der
Höhe, worauf Herodium erbaut war, identifiziert. — Irrtümlich nimmt Schürer
(L. B. 207 fg. [jetzt I³, 390, Note 66]) zwei Festungen Herodium an. [Mir
scheint doch Schürer Recht zu haben, vgl. Buhl, a. a. O., S. 157.]

ſchönert, aber doch nur wie man ein Opfer bekränzt, das man dem Tode geweiht hat.

Seiner Prachtliebe war mit all dieſen Bauten Genüge geſchehen, aber nicht ſeiner Ruhmſucht. Auf die Zuneigung der eigenen Nation verzichtend, wollte Herodes die Bewunderung fremder Nationen auf ſich ziehen und ſeinen Namen unter ihnen volkstümlich machen. Er erſchöpfte die Steuerkraft des judäiſchen Volkes, häufte Erpreſſungen, ſuchte nach Schätzen in den alten Königsgräbern, verkaufte die des Diebſtahls Angeklagten als Sklaven ins Ausland und verſchwendete alle dieſe Einnahmen, um ſyriſche, kleinaſiatiſche und griechiſche Städte zu ſchmücken. Man hat keine Vorſtellung von den überſchwenglichen Summen, die Herodes auf dieſe Weiſe dem Lande entzogen hat. Er ließ Gymnaſien bauen in Tripolis und Damaskus, Wälle um Byblos, Theater, öffentliche Plätze und Tempel in Sidon, Waſſer- leitungen in Laodicea, Bäder und Säulengänge in Askalon. Er ließ die Straßen Antiochiens mit Marmor pflaſtern und mit Galerien umgeben, ließ den Apollotempel und die Flotte der Rhodier und die verfallenen Säulengänge der Chier wiederherſtellen, unterſtützte die Lydier, Samier, Jonier, ja ſelbſt die Spartaner und Athener; er beſtritt die ſtädtiſchen Koſten der zum Andenken des Sieges über Antonius bei Aktium neuerbauten Stadt Nikopolis. Er ſetzte Preiſe für die in Verfall geratenen olympiſchen Spiele aus[1]), um deren er- loſchenen Glanz wieder aufzufriſchen. Dafür haben ihn auch die leicht- ſinnigen Syrer und Griechen bis in den Himmel erhoben. Auguſtus war zufrieden mit ihm und äußerte ſich: „Herodes ſei würdig, die Krone von Syrien und Ägypten zu tragen!"[2]). Einen handgreiflichen Nutzen erlangte er durch dieſe geſinnungsloſe Ergebenheit, indem Auguſtus ihm die Landſchaft Batanäa (Baſan), das Hochland Auranitis (Hauran) und das vulkaniſch zerriſſene, wilde Trachonitis, nördlich von Hauran, wahrſcheinlich auch dazu Ituräa im Oſten des Hermon- Libanon ſchenkte (24—23), weil ſie von Räuberbanden wimmelten und kein anderer als Herodes imſtande war, dieſelben zu bändigen. Es war kein angenehmes Geſchenk; denn er mußte viele Kämpfe mit den Bewohnern, welche wie wilde Tiere hauſten, beſtehen und zuletzt 3000 Idumäer nach Trachonitis ſenden, um ſie im Zaume zu halten[3]). Auch ſpäter, nicht lange vor ſeinem Tode, mußte Herodes noch Vor- kehrungen treffen, um die räuberiſchen Einfälle der Trachoniter zu ver- hindern. Einen babyloniſch-judäiſchen Häuptling, Zamaris, welcher

---

[1]) Joſeph. Altert. daſ. XVI 5, 3; jüd. Krieg I, 21, 11.
[2]) Joſeph. Altert. XVI, 5, 1.
[3]) Daſ. XV, 10, 1—2. XVI, 9, 2.

mit 100 Familiengliedern und 500 Mann berittener und bewaffneter
Gefolgschaft über den Euphrat eingewandert war und von Augustus'
Statthalter über Syrien die Erlaubnis erhalten hatte, sich nördlich
vom See Merom bei Ulatha anzusiedeln, bewog Herodes in Batanäa
mit den Seinigen Wohnsitz zu nehmen, um die Trachoniter im Zaume
zu halten. Zamaris' kühne Streiter waren diesen gewachsen und legten
in dieser Gegend Burgen und eine Stadt Bathyra an. Sie dienten
auch zur Bedeckung der Tempelspenden, welche von Babylonien nach
Jerusalem alljährlich abgeführt wurden[1]). Wie Herodes' Dichten und
Trachten nur dahin gerichtet war, den Fremden zu gefallen, die Gunst
der Römer zu gewinnen und sich bei den Griechen beliebt zu machen,
so umgab er sich im Innersten seiner Hofhaltung nur mit Fremden,
besonders Griechen. Nikolaus von Damaskus, ein zu seiner
Zeit berühmter philosophisch gebildeter Redner und Geschichtschreiber,
war sein zweites Ich, der ihn öfter vertrat und ihn nötigenfalls bei
Octavian Caesar verteidigte. Dessen Bruder Ptolemäus war sein
Ratgeber und Verwalter des Reiches. Ein Grieche Andromachos
und ein Römer Gemellus waren die Erzieher seiner Söhne von
Mariamne, zu denen diese mehr Vertrauen hatten, als zu ihrem Vater[2]).

Mochte Herodes sich auch der Bewunderung und Zuneigung der
Griechen, Römer und der auswärtigen Judäer, denen sein Ansehen
bei dem Machthaber von Nutzen war, erfreuen, das Volk von Judäa
empfand nichts als Abscheu gegen den anmaßenden Emporkömmling,
der sie der Sitte der Väter zu entfremden trachtete. Hatte er sich auch
während einer gewaltigen Hungersnot (24), die seuchenartige Krankheiten erzeugt hatte, als freigebigen Wohltäter gezeigt, so machte er
durch sein ganzes Benehmen diese Wohltaten bald wieder vergessen,
und die Nation sah in ihm nur den Thronräuber, den Mörder der
Hasmonäer, den Würger aller Besseren, den Unterdrücker der Freiheit.
Die drei Würden, Königtum, Priestertum und Synhedrion hatte er
eine nach der andern geschändet. Die erste hatte er sich selbst angemaßt, die zweite, bis zu seiner Zeit mit geringen Ausnahmen erblich,
verlieh er nach Gutdünken und Vorteil; die Macht des Synhedrion
beschränkte er so sehr, daß er demselben nur wenig Spielraum ließ.

---

[1]) Daf. XVII, 2, 1—2. Die Zeit ist bestimmt unter Saturninus' Statthalterschaft 5—6 ante.

[2]) Über Nikolaos von Damaskus, Müller, Fragmenta historicorum Grae-
corum III, 343 fg. Feder, Excerpta a Polybio . . . atque Nicolao Damas-
ceno, p. 61—180. Nikolaus war keineswegs Jude. [Vgl. Schürer I[3], 50 ff.]
— Über seinen Bruder Ptolemäus, Jos. Altert. XVI, 7, 2; XVII, 9, 4. —
Über die Letztgenannten daf. XVI, 8, 3.

Nach Ananel hatte er Josua aus dem Geschlechte Phiabi zum Hohenpriester eingesetzt. Weil ihn aber ein schönes Mädchen bezaubert hatte, eine andere Mariamne, Tochter eines unbekannten Priesters Simon, so erhob er dessen Vater zum Hohenpriester, um eine einigermaßen ebenbürtige Ehe eingehen zu können (24). Dieser Hohepriester Simon, durch welchen Josua verdrängt wurde, war aus Alexandrien. Er war der Sohn des Boëthos und hat den Grund zu der Größe des Hauses Boëthos gelegt, welches noch einige Hohepriester aufstellte[1]). Dieser Alexandriner scheint der Stifter der Boëthusäer gewesen zu sein, die den sadduzäischen Lehrsätzen huldigten und sie gewandter als die Sadduzäer mit alexandrinischer Schlagfertigkeit und Sophisterei zu rechtfertigen verstanden[2]).

Alle diese rücksichtslosen Eingriffe, die Herodes sich erlaubte, waren nicht geeignet, ihn bei der Nation beliebt zu machen. Er kannte diese Mißstimmung und wollte sie, da er sie nicht unterdrücken konnte, wenigstens unschädlich machen. Er ließ sich daher vom Volke den Eid der Treue schwören (20) und bestrafte diejenigen hart, die ihn zu verweigern wagten. Nur den Essäern, welche die Eidesleistung überhaupt als Mißbrauch des heiligen Gottesnamens scheuten, erließ er sie[3]); er hatte von ihrer friedfertigen, beschaulichen Lebensweise nichts zu fürchten; solche Untertanen wünschte er sich, die jede Unbill duldend hinnahmen. Von den Pharisäern haben ihn die Anhänger des friedfertigen Hille und noch mehr die des strengen Schammaï verweigert. Aber mit Rücksicht auf den allgemein beliebten Hillel entband er sie davon. Sonst wurden die Eidesverweigerer selbst mit dem Tode bestraft[4]).

Aber trotz aller dieser Vorsichtsmaßregeln traute er dem Volke nicht und besoldete daher ein Heer von Spionen, die sich unter die Volksgruppen mischen und auf ihre Reden lauschen sollten. Er selbst pflegte verkleidet sich in Volksversammlungen einzuschleichen, und wehe dem, der sich eine Äußerung der Unzufriedenheit entschlüpfen ließ; er wurde sofort festgenommen, in die Festung Hyrkanion gebracht und heimlich aus dem Wege geräumt[5]). Volksgunst ist aber so süß, daß sie auch der Tyrann nicht entbehren mag, und Herodes lag um so mehr daran, als er gern in den Augen der Römer als ein volksbeliebter Fürst erscheinen mochte, zumal in Augustus' Augen, mit welchem er in Syrien zusammen kam (20), und der ihm damals Gebiete jenseits des Jordans schenkte[6]). Um sich beim Volke beliebt zu

---

[1]) Josephus Altert. XV, 9, 3, s. Note 19.
[2]) S Note 12.   [3]) Jos. Altert. XV, 10, 4.
[4]) Vergl. Note 24.   [5]) Jos. XV, 10, 4.
[6]) Das. XV, 10, 1—3.

machen, erließ er den dritten Teil der Steuern, angeblich weil das
Land vorher durch anhaltende Dürre gelitten hatte[1]). Diese Rücksicht,
verbunden mit seiner Baulust, gab ihm den Gedanken ein, den Tempel,
der bereits fünfhundert Jahre alt, klein und in altertümlichem Stile
erbaut war, neu und glänzend umzuschaffen. Die Vertreter der Nation,
denen er seinen Willen, den Tempel zu erneuern, kund gab, nahmen
die Botschaft mit Schrecken auf; sie fürchteten, daß es Herodes nur
darum zu tun sei, den alten Tempel abzubrechen, oder daß sich der
Neubau in die Länge ziehen werde, und sie so oder so des Heiligtums
beraubt sein würden. Indessen beruhigte er sie durch die Versicherung,
daß er den alten Tempel so lange werde unberührt lassen, bis die
Baumaterialien herbeigeschafft und Arbeiter in Masse angeworben sein
würden. Bald sah man Tausende von Wagen, welche Quadersteine
und Marmor auf den Bauplatz herbeiführten. Zehntausend Arbeiter,
im Baufache unterrichtet, waren zur Hand, ans Werk zu gehen. Im
achtzehnten Jahre seiner Regierung (Januar 19) wurde der Bau in
Angriff genommen, und das Innere des Tempels war in anderthalb
Jahren vollendet. Der äußere Bau, Mauern, Hallen, Säulengänge
erforderten einen Zeitraum von acht Jahren, und noch lange nachher,
bis kurz vor dessen Zerstörung, wurde an dem äußeren Tempelraume
gearbeitet. Es hat sich eine in zwei verschiedenen Quellen überein-
stimmende Nachricht erhalten, daß während der Bauzeit des inneren
Tempels der Regen nie am Tage, sondern immer nur zur Nachtzeit
gefallen sei[2]), wodurch die Arbeiten keine Störung erlitten. — Der
Herodianische Tempel war ein Prachtwerk, dessen erhabene Schönheit
diejenigen, welche ihn noch gesehen, nicht genug bewundern konnten.
Er unterschied sich von dem abgebrochenen Serubabelschen Tempel durch
ein gesteigertes Größenverhältnis und erhöhten Glanz[3]). Der ganze
Umfang des Tempelberges (Har ha-Bajit), welcher mit einer hohen und
festen Mauer umgeben war, betrug mit der damit verbundenen Burg
Antonia sechs Stadien ($^3/_{20}$ Meile, $1^1/_8$ Kilom.) und stieg terrassen-
förmig auf. Vermöge dieser Lage konnte das Heiligtum aus weiter
Ferne gesehen werden, und es machte auf das Auge einen imposanten
Eindruck. Längs der ganzen äußersten Mauer waren innerhalb ge-

[1]) Das. 10, 4.
[2]) Josephus Altert. XV, 11, 5—7. Taanit 33 b.
[3]) Die ausführliche Beschreibung des Herodianischen Tempels Mischna
Middot; Josephus Altert. XV, 11, 3—5; jüd. Kr. V, 5, 1—6. Die Vergleichung
beider Quellen ergibt manche Widersprüche und Dunkelheiten über Maßver-
hältnisse. Vergl. Monatsschr. 1876, S. 386 fg., 435 fg. [Weitere Literatur bei
Schürer I[3], 392, Note 73.]

räumige, mit Cedern gedeckte und mit bunten Steinen gepflasterte
Hallen und Säulengänge, an drei Seiten doppelte, an der Südseite,
an welcher der Zwischenraum größer war, dreifache; diese letzteren hießen
die königlichen Hallen. Der erste, freie Vorhof, durch die Säulengänge
eingefaßt, der in hebraisiertem Griechisch Istawaanit[1]) (στοά) hieß,
diente dem Volke zum Sammelplatz, wo die wichtigsten Fragen ver-
handelt wurden. Heiden, wie Verunreinigte, durften sich nur hier
aufhalten; daher ließ Herodes auf Säulen griechische und römische
Inschriften anbringen, welche die Heiden warnten, weiter vorzubringen.
Sie wurden aus dem Grunde vom weiteren Betreten des Heiligtums
ausgeschlossen, weil sie, den levitischen Reinheitsgesetzen nicht unterworfen, als Verunreinigte galten. Die Inschrift auf den Säulen lautete
in sieben Zeilen, mit großen in die Augen fallenden Buchstaben:
„Kein Volksfremder darf innerhalb des Gitterwerkes um
das Heiligtum und der Umwallung gehen; wer betroffen
würde, der hätte es selbst verschuldet, daß der Tod ihm
nachfolge"[2]). Der zweite Vorhof (Chel), früher von einer gitter-

----

¹) Pesachim 13 b und Parallelstellen.

²) Eine Säule mit einer Inschrift, welche unzweifelhaft aus dem Herodianischen Tempel stammt, hat Clermont-Ganneau 1871 entdeckt. Er fand sie
in Jerusalem in einem halbverfallenen Gebäude, etwa 50 Meter nördlich von der
Omar-Moschee. Der Block aus verhärtetem Kalk ist, nach Angabe des Finders
90 Centimeter lang, 60 hoch und 39—40 dick. Die Inschrift lautet: Μηθένα
ἀλλογενῆ .εἰσπορεύεσθαι ἐντὸς τοῦ περὶ τὸ ἱερὸν τρυφακτου καὶ περιβόλου,
ὃς δ'ἂν ληφθῇ ἑαυτῷ αἴτιος ἔσται διὰ τὸ ἐξακολουθεῖν θάνατον. Die Buchstaben in Initialen sind fast 1 Centim. groß. Vergl. darüber Revue archéo-
logique, Jahrg. 1872, p. 214 ff., 290 ff. Clermont-Ganneau behauptet, daß
in der Inschrift der Sinn liege, daß der Heide, welcher beim Überschreiten der
Schranke betroffen würde, der Todesstrafe unterläge. Er zog daraus einen ge-
hässigen Schluß bezüglich der Intoleranz der Judäer. Aber Derenburg hat ihn
bereits gründlich widerlegt (Journal Asiatique, Jahrg. 1872, S. 178 ff.) und
nahm mit Recht an, daß der Sinn nur sein kann, daß der Übertreter sich
selbst den Tod auf übernatürliche Weise zuziehen würde. Er
machte dafür geltend, daß in der jüdischen Tradition kein Gesetz Todesstrafe
über einen Verunreinigten oder Heiden verhängt, der in das Heiligtum eingedrungen wäre. Auch das andere Argument Derenburgs ist richtig, daß Herodes,
auf dessen Befehl der Tempelbau ausgeführt wurde und der ein serviler Römling war, unmöglich die Zustimmung zu einer Inschrift gegeben haben würde,
die einen Römer wegen Übertretung mit dem richterlichen Tode bedrohte. Der
Ausdruck ὃς ἂν ληφϑῇ kann auch bedeuten von der Gottheit erfaßt werden.
Darin hat aber Clermont-Ganneau Recht, daß Philo und Josephus den Sinn
der Inschrift so aufgefaßt haben, daß der Betroffene den Tod erleiden sollte.
[Gegen diese einzig richtige Deutung, die Derenburg und Graetz der Inschrift
gegeben haben, würde auch Schürer (II³, 273) nichts eingewendet haben, wenn
er gründlicher in die halachische Literatur eingelesen wäre.]

artigen Holzmauer (Soreg, δρύφακτος) eingeschlossen, erhielt unter Herodes eine feste Mauer, die nicht hoch war.

Die Räume des Tempels wurden wenig geändert und bestanden, wie in dem älteren von Serubabel erbauten, aus drei unbedeckten Höfen (Azarâh) und aus dem überdachten Heiligtume. Dieses behielt im Innern dasselbe Maßverhältnis wie das ältere, der heilige Raum für Leuchter, Schaubrottisch und goldenen Altar vierzig Ellen Länge und zwanzig Breite und das Allerheiligste im äußersten Westen zwanzig Ellen im Gevierte. Äußerlich aber erhielt das Heiligtum einen viel größeren Umfang, hundert Ellen Höhe und eben so viel Länge von Ost nach West — eine Vorhalle im Osten mitgerechnet, aber nur siebzig Ellen Breite von Nord nach Süd. An dieser Vorhalle war aber zu beiden Seiten ein geschlossener Anbau von je fünfzehn Ellen angebracht, wodurch die Breitseite im Osten dem Auge ebenfalls eine Ausdehnung von hundert Ellen darbot. Die Mauern des Heiligtums bestanden aus leuchtendem weißen Marmor, und da sie auf der höchsten Höhe des Tempelberges errichtet waren und den Vorbau überragten, so boten sie dem Auge von Ferne von allen Seiten einen prachtvollen Anblick. Die scheinbar dreißig Ellen betragende Dicke derselben war durch breite Zwischengänge und Zellen durchbrochen. Der weite Raum vor dem Heiligtume zerfiel in Abteilungen für Frauen, Laien, Priester und Opferdienst. Innerhalb und außerhalb des inneren Vorhofes oder des Vortempels waren offene und geschlossene Hallen zu verschiedenen Zwecken und auch für die Schatzkammern. Längs der südlichen und nördlichen Wand im Innern waren bedeckte Säulengänge mit Stein= sitzen (ἐξέδραι), wohin die diensttuenden Priester bei Nässe und drückender Hitze sich zurückziehen konnten. Der Raum für das weibliche Geschlecht, das sich mehr als früher am Tempelbesuche beteiligte, war ganz be= sonders abgeschlossen, und von außen waren im Weibervorhofe nach drei Richtungen Balkone zum Zuschauen bei Festlichkeiten angebracht.

Eine große Pracht wurde auf die Flügeltüren, Pfosten und Oberschwellen der Pforten im Tempel verwandt. Zum Frauenraum führte von Ost nach West eine Pforte, deren Türen aus glänzendem korinthischem Erz gegossen waren, die ein reicher und frommer Alexandriner, wohl der damalige fürstliche Arabarch Nikanor, geweiht hatte [1]). Es führte daher den Namen Nikanor=Tor. Von diesem führten fünfzehn Stufen zum Raume für die Laien durch eine Pforte, welche wegen ihrer hohen Lage das h o h e T o r genannt wurde. Die Vorhalle (Ulam) war nicht durch Flügeltüren geschlossen. Von ihr

---

[1]) Vergl. Note 4.

aber führte eine Pforte zum Heiligtume, welche, höher und breiter als die übrigen, mit Doppelflügeltüren von außen und innen zu öffnen versehen war, die mit einer starken Goldlage belegt waren. Sie führte den Namen das große Tor oder das Tempeltor schlechthin (Schaar ba-Gadol, Pitcho schel Hechal). Wegen der Höhe und Wuchtigkeit der Flügeltüren dieser Pforte war sie schwer zu öffnen und zu schließen; mehrere Leviten mußten sich dabei anstrengen, und die starken, in ausgehöhltem Stein sich bewegenden Zapfen machten beim Öffnen ein solches Geräusch, daß es in allen Tempelräumen und noch darüber hinaus vernommen wurde. Das Heiligtum war vom Allerheiligsten nicht durch eine Tür, sondern durch einen Doppelvorhang geschieden, welcher aus Byssus-, himmelblauen, roten und hochroten babylonischen Purpurfäden gewebt, einen prächtigen Anblick darbot. Die Türen, welche von Nord und Süd vom freien Raum in den Tempel führten (drei oder vier zu jeder Seite), hatten Verzierungen aus feiner Schnitzarbeit. Das hohe Dach des Tempels war mit vergoldeten Spitzen versehen, welche den Zweck hatten, Raben und andere Vögel abzuhalten, sich darauf Nester zu bauen. Diese Spitzen verliehen dem Gebäude einen besonderen Glanz, wenn sie von der Sonne beschienen wurden, und dienten nebenher, ohne daß die Erbauer daran gedacht haben mögen, als Blitzableiter, welche die Entladung elektrischer Wolken auf den Tempel verhinderten [1]).

Der Pomp der Einweihung des auf Herodes' Befehl erbauten Heiligtums übertraf bei weitem den, welchen Salomon nach Vollendung des von ihm errichteten veranstaltet hatte. Hekatomben auf Hekatomben wurden geopfert, und das Volk wurde gespeist. Der Tempel wurde gerade an dem Tage eingeweiht, an welchem Herodes sich etwa zwanzig Jahre vorher mit blutigen Händen Jerusalems bemächtigt hatte (Juni 18 [2]) — eine unheilvolle Erinnerung. Die Hand, welche den Tempel erbaute, hatte auch schon die Fackel zu dessen Zerstörung angezündet. Herodes stellte ihn unter Roms Schutz. Ein goldner Adler, Symbol der römischen Macht, war oberhalb des Haupteinganges zum Ärger der Frommen angebracht [3]). Es hing von der Laune der römischen Machthaber ab, wie lange das judäische Heiligtum bestehen sollte. Von der Antonia, welche dazu bestimmt war, den Tempel zu überwachen, ließ Herodes noch einen unterirdischen Gang ausbauen, welcher bis zum Osttore

---

[1]) Josephus j. Kr. das. 5, 6. Middot 4, 6; vergl. Arago, Notice sur le tonnerre im Annuaire du bureau des longitudes.

[2]) Josephus Altert. XV, 11, 6. Die Eroberung fand im Juni statt, o. S. 162, 196 [und die Bemerkungen dazu.]

[3]) Das. XVII, 6, 2.

führte, um auch von hier aus die Vorgänge im Heiligtum überwachen
und jede feindselige Bewegung gegen ihn plötzlich niederschlagen zu
können[1]). Mißtrauen gegen das von ihm geknechtete Volk erfüllte
seine Seele.

Der Tempelbau war Herodes' einziges Werk, für welches das
Volk ihm Dank wußte, ohne jedoch ihm Liebe zuzuwenden. Sonst
kam seine Regierung nur den auswärtigen Judäern zustatten. Die
kleinasiatischen Griechen[2]) hörten nämlich nicht auf, die Judäer in
ihren Gemarken mit ihrer boshaften Unduldsamkeit zu plagen, trotz
der ihnen von den römischen Machthabern zugegangenen Weisung,
deren Religionsübungen nicht zu stören[3]). Ja, sie gingen sogar darauf
aus, die Gleichstellung der Judäer aufzuheben. Ganz besonders zeigte
die Hauptstadt Ephesus immer wieder einen feindseligen Geist gegen
die Judäer, zwang sie, am Sabbat und Feiertage vor Gericht zu erscheinen, Kriegsdienste zu leisten, lästige und kostspielige Ämter zu übernehmen, verbot ihnen, die für den Tempel in Jerusalem gesammelten
Spenden dahin abführen zu lassen, und wollte diese für städtische
Bedürfnisse, vielleicht für Festspiele, verwendet wissen[4]). Sonderbar
ist es, daß sich die kleinasiatischen Judäer mit ihren Klagen über
Religionszwang nicht an Herodes um Abhilfe wandten; sie scheinen
kein Vertrauen zu ihm gehabt zu haben, da er durchweg die Griechen
begünstigte. Indessen stand er ihnen dennoch bei. Er stand zu Marcus
Agrippa, dem Schwiegersohn Augustus' und gewissermaßen Teilhaber
seiner Macht, in ebenso gutem Verhältnis wie zum Kaiser. Man
sagte: Herodes sei dem Augustus nächst Agrippa der liebste und ebenso
dem Agrippa nächst Augustus[5]). Auf Agrippas Rundreise lud Herodes
ihn ein, auch Jerusalem zu besuchen, bezeigte ihm die ausgesuchteste
Aufmerksamkeit (Herbst 15) und begleitete ihn auf der Rückreise nach
Kleinasien. Diese Gelegenheit benutzten die dortigen Judäer, um ihre
Beschwerden gegen die boshaften Griechen vor ihm in Herodes' Beisein
vorzubringen. Der Letztere konnte nicht umhin, als ihr Beschützer aufzutreten und bewog seinen Freund, den Redner Nikolaos von Damaskus,
eine Rede zu ihren Gunsten zu halten. Die Jonier in Kleinasien be-

---

[1]) Das. XV, 11, 7.
[2]) Jos. Altert. XVI, 2, 3 fg.
[3]) Das. XII, 3, 2.
[4]) Es ist beachtenswert, daß schon damals dasselbe Argument für die
Ausschließung geltend gemacht wurde, wie heutigen Tages. Jos. Altert. XVI,
2, 5. πρόφασις δὲ (τῶν Ἑλλήνων ἦν) ,,ὡς τὴν χώραν αὐτῶν νεμόμενοι (οἱ
Ἰουδαῖοι) πάντα νῦν ἀδικοῦεν‘ Οἱ δὲ ἐγγενεῖς τε αὐτοὺς ἐδείκνυσαν κ. τ. λ.
Deutlicher das. XII, 3, 2: ἀξιούντων δὲ (τῶν Ἰώνων), εἰ συγγενεῖς εἰσιν αὐτοῖς
Ἰουδαῖοι σέβεσθαι τοὺς αὐτῶν θεούς.   [5]) Jos. jüd. Krieg I, 20, 4.

ſtritten keineswegs, den Judäern Unbilden angetan zu haben, aber ſie
erkannten ihnen überhaupt das Recht nicht zu, in dieſem Lande zu
wohnen, ſie ſeien völlig rechtloſe Fremde, obwohl ſie ſeit Jahrhunderten
dort angeſiedelt ſeien[1]). Darauf erklärte Agrippa in öffentlicher Ver=
ſammlung, daß er aus Freundſchaft für Herodes mindeſtens das tun
wolle: die Religionsfreiheit der Judäer beſtätigen und den Griechen
verbieten, ſie zu kränken[2]). Agrippa verbot auch in einem ſtrengen
Schreiben an die Behörden von Epheſus[3]), ſich ja nicht an den von
den Judäern geſammelten Tempelſpenden zu vergreifen, und bemerkte,
daß ein ſolches Verfahren als Tempelſchändung verurteilt werden ſolle.
Auch erteilte er dem Prätor die Weiſung, die Judäer am Sonnabend
nicht vor Gericht zu laden[4]).

Die Kleinaſiaten ſcheinen ſich aber wenig daran gekehrt und ihren
böſen Willen gegen die Judäer fortgeſetzt zu haben. Daher ſchickten
die letzteren eine Geſandtſchaft an Auguſtus ſelbſt, um ihre Beſchwerden
vorzubringen. Darauf erließ der Kaiſer ein Edikt, daß den Judäern,
welche ſich immer als treue Parteigänger des Cäſariſchen Hauſes be=
währt hätten, und denen infolgedeſſen vom Senat und Volk Religions=
freiheit eingeräumt worden ſei, dieſe ihre Gerechtſame unangetaſtet
bleiben ſollten. Sie ſollen am Sabbat und ſelbſt am Rüſttag deſſelben
von Nachmittag an nicht vor Gericht geladen werden und Spenden
für das Heiligtum ſammeln und nach Jeruſalem ſenden dürfen. Wer
ſich an dieſen Spenden vergreift oder ihre heiligen Bücher aus dem
Schrein entwendet, ſoll als Heiligtumsſchänder behandelt werden.
Auguſtus beſtimmte, daß ſein Edikt an einem ſichtbaren Platz zur
Nachachtung veröffentlicht werde. Er gab auch dem Prokonſul von
Aſien Norbanus Flaccus die Weiſung, daß er darauf halten möge, die
Gerechtſame der Judäer nicht antaſten zu laſſen; und dieſer erließ ein
Machtwort in dieſem Sinne an die Bürgerſchaft von Epheſus und

---

[1]) Daſ.   [2]) Daſ. XVI, 6, 3.

[3]) Daſ. 6, 1—2. Das auguſteiſche Edikt muß ſpäter als Agrippas
Weiſung zu Gunſten der Judäer erlaſſen worden ſein, ſonſt hätte ſich der
letztere auf jenes berufen müſſen. Der Satz in dieſem Edikt: $\dot{\epsilon}\grave{\alpha}\nu$ $\delta\acute{\epsilon}$ $\tau\iota\varsigma$
$\varphi\omega\varrho\alpha\vartheta\tilde{\eta}$ . . $\tau\grave{\alpha}\varsigma$ $\dot{\iota}\epsilon\varrho\grave{\alpha}\varsigma$ $\beta\acute{\iota}\beta\lambda o\upsilon\varsigma$ $\alpha\dot{\upsilon}\tau\tilde{\omega}\nu$, $\ddot{\eta}$ $\tau\grave{\alpha}$ $\dot{\iota}\epsilon\varrho\grave{\alpha}$ $\chi\varrho\acute{\eta}\mu\alpha\tau\alpha$ . . . $\dot{\epsilon}\varkappa$ $\tau\epsilon$ $\dot{\alpha}\nu\delta\varrho\tilde{\omega}\nu o\varsigma$
. . . iſt wohl verſetzt. Er muß lauten: $\tau\grave{\alpha}\varsigma$ $\beta\acute{\iota}\beta\lambda o\upsilon\varsigma$ $\dot{\epsilon}\varkappa$ $\dot{\alpha}\nu\delta\varrho\tilde{\omega}\nu o\varsigma$ $\ddot{\eta}$ $\tau\grave{\alpha}$ $\chi\varrho\acute{\eta}\mu\alpha\tau\alpha$
$\dot{\epsilon}\varkappa$ $\tau o\tilde{\upsilon}$ $\sigma\alpha\beta\beta\alpha\tau\epsilon\acute{\iota}o\upsilon$. Denn $\dot{\alpha}\nu\delta\varrho\tilde{\omega}\nu o\varsigma$ iſt gewiß verſchrieben ſtatt $\dot{\alpha}\varrho\tilde{\omega}\nu o\varsigma$, nämlich
das hebr. ארון, der Schrein, in welchem die heiligen Schriften aufbewahrt zu
werden pflegten; vgl. Sabbat 32 a, daß das Volk die תיבה genannt habe ארנא
oder ארון. — Das dabei vorkommende Wort $\sigma\alpha\beta\beta\alpha\tau\epsilon\tilde{\iota}o\varsigma$ gibt Epiphanius
durch Synagoge wieder. Die kleinaſiatiſchen Judäer nannten alſo ihr Bet=
haus, weil ſie es nur am Sabbat zu beſuchen pflegten, $\sigma\alpha\beta\beta\alpha\tau\epsilon\tilde{\iota}o\varsigma$. Vergl.
Haverkamps Note zu dieſer Stelle. Die Emendation $\dot{\alpha}\varrho\tilde{\omega}\nu o\varsigma$ ſtammt von Reland.

[4]) Daſ. 6, 3.

Sardes. Aber so hartnäckig waren besonders die Epheser gegen ihre
judäischen Mitbewohner, daß sie sich selbst daran nicht kehrten, und
die Judäer einige Jahre später genötigt waren, sich persönlich darüber
bei dem Prokonsul Julius Antonius (dem Sohne des Triumvirs
Antonius) zu beklagen. Auch dieser erließ nun einen Befehl an die
Epheser mit strengem Ernste[1]); ob er einen wirksameren Erfolg hatte?

Auch in der Provinz Kyrenaika in Afrika, wo die Judäer seit
der Zeit der ersten Ptolemäer angesiedelt waren, hatten sie sich in
dieser Zeit über Unbilden von Seiten der Griechen zu beklagen. Sie
bildeten in dieser Landschaft einen ansehnlichen Teil der Bevölkerung
und hatten ihre eigene bürgerliche Verfassung. Zu Sullas Zeit hatten
sie einen Aufstand gemacht[2]), ohne daß man weiß, unter welchen
Umständen und zu welchem Zwecke. Der römische Feldherr Lucullus
wurde dorthin gesandt, um die Ruhe wiederherzustellen. In der
Hauptstadt Berenike standen sie unter einem stammesgenössischen
Oberhaupte, Archonten genannt. Als die Römer Besitz von diesem
Gebiete genommen hatten, ließen sie den Judäern selbstverständlich
ihre politische Gleichstellung und ihre Gerechtsame. Auch hier wurden
ihnen diese plötzlich von den Griechen streitig gemacht, und wiederum
waren es die gesammelten Tempelspenden für Jerusalem, welche die
Bürgerschaft nicht absenden lassen wollte. Trotzdem Augustus' Rund=
schreiben, daß die Judäer ungestört nach ihren Religionsgesetzen leben
durften, auch dahin gesandt worden war, vergriffen sich die Einwohner
dennoch an den für das Heiligtum bestimmten Geldern. Als aber
judäische Gesandte sich zu Agrippa begaben und Beschwerde darüber
führten, verbot er diese Übergriffe und befahl, die den Judäern ent=
zogenen Gelder zurückzuerstatten[3]). War es eine Folge dieser von
Augustus und Agrippa anerkannten Religionsfreiheit der Judäer, daß
der Statthalter von Kyrenaika Marcus Tittius sich so außer=
ordentlich wohlwollend gegen sie zeigte? Die judäischen Archonten
von Berenike haben nämlich wegen seines gütigen Verhaltens gegen
die Gemeinde und gegen jeden einzelnen beschlossen, ihm eine Oliven=
krone zu weihen und seinen Namen bei allen Zusammenkünften am
Sabbat und Neumond preisend zu nennen. Eine mit der kurzen
Inschrift dieses Beschlusses versehene Säule von parischem Marmor
haben sie auf einem ausgezeichneten Platz im Amphitheater aufgestellt[4]).

---

[1]) Das. 6, 3 § 6 an Sardes adressiert, Philo legatio ad Cajum 40 Mangey
II 592 an Ephesus gleichlautend.
[2]) Das. XIV, 7, 2.   [3]) Das. XIV, 6 5.
[4]) Corpus Inscriptionum Graecarum III, No. 5361. Nach Böckhs Be=
rechnung soll die Inschrift aus dem Jahre 13 vor Chr. Zeit stammen. Allein

Als Herodes von seiner Zusammenkunft mit Agrippa nach Jerusalem zurückgekehrt war, berief er eine Volksversammlung und verfehlte nicht hervorzuheben, welche Begünstigung er für die kleinasiatischen Juden von Agrippa erwirkt hatte. Auch erließ er den vierten Teil der Steuern denjenigen, welche im abgelaufenen Jahr sie noch nicht geleistet hatten[1]). Bei dieser Gelegenheit wurde das Volk mit ihm ausgesöhnt und jauchzte ihm zu. Aber als er die Volksbeliebtheit genießen zu können glaubte, verbitterten ihm die Rachegeister diese kurze Freude.

Das letzte Dritteil der Herodianischen Regierung beschwor ein grausiges Unglück auf das Haupt des bereits sechzigjährigen Sünders herab, und dieses versetzte ihn in jenen Zustand dumpfer Verzweiflung, in welchem der Mensch aufhört und das wilde Tier beginnt. Die Leichen der unschuldig Gemordeten richteten sich gespenstisch gegen ihn auf, verfolgten ihn wachend und träumend und machten ihm sein Leben zu einer beständigen Höllenqual. Vergebens sah er sich nach einer treuen Seele um, die ihn leiten und trösten sollte. Sein eigenes Fleisch und Blut, seine Geschwister, Salome und Pheroras, die er so hoch gestellt, seine eigenen Kinder sogar waren seine Feinde und verschworen sich gegen seine Ruhe und sein Leben. Dieses qualvolle Dasein machte ihn noch schonungsloser und blutgieriger gegen alle, die in seine gefährliche Nähe kamen. Die Hauptveranlassung zu seinem Unglück war Mariamnes Tod. Sie hatte ihm zwei Söhne (und zwei Töchter) hinterlassen, Alexander und Aristobul[2]), welche, sobald sie zu Verstand gekommen waren, sich den Tod ihrer unschuldigen Mutter tief zu Herzen nahmen und kein Gefühl für ihren Vater hatten. Herodes hatte sie, weil sie mütterlicherseits von hasmonäischer Abkunft waren, zu seinen Nachfolgern bestimmt und sie nach Rom zur Erziehung geschickt, damit sie sich frühzeitig in Augustus' Gunst sonnen und in das römische Wesen einleben sollten. Er verheiratete sie hierauf, den älteren Alexander mit Glaphyra, einer Tochter des kappadocischen Königs Archelaus, die sich der Abkunft von persischem Königshause rühmte, aber die Tochter einer Buhlerin war, und den jüngeren mit Salomes Tochter Berenice. Er beabsichtigte dadurch Einigkeit unter die Glieder seiner Familie zu bringen. Aber der Haß

---

dagegen spricht, daß nach Josephus Agrippa zuerst auf die Unbilden der auswärtigen Judäer im J. 14 aufmerksam gemacht wurde und noch später Augustus (o. S. 227). Agrippas Erlaß an die Cyrener, welcher sich bereits auf Augustus' günstiges Edikt an den Prätor Flavius beruft, ist doch wohl noch später anzusetzen. Wenn nun Titius im J. 13 so wohlwollend gegen die Judäer gewesen sein soll, so hätten diese doch keinen Grund zur Klage gehabt. [Vgl. jedoch Schürer III³, S. 43, N. 16]. ²) Jos. XVI, 2, 5.
³) Das. XVI, c. 7—8; c. 10, 1—7; c. 11, 1—7.

der rachsüchtigen Salome und ihres Bruders Pheroras gegen die hasmonäische Mariamne, der auch nach deren Tode nicht erloschen war, ließ diese Eintracht nicht aufkommen; sie übertrugen ihn auf deren beide Söhne, obwohl einer derselben Salomes Schwiegersohn war. Sie wußten Herodes dahin zu bringen, daß er seinen Sohn aus erster Ehe mit Doris, den er samt seiner Mutter bei seiner Verheiratung mit der hasmonäischen Mariamne verstoßen hatte, wieder zu sich nahm und ihn als Prinzen behandelt wissen wollte. Der Sohn der Doris, mit Namen Antipater, hatte in seinem Blute die ganze Tücke, Herzlosigkeit und Verstellungskunst der idumäischen Familie und kehrte seine Bosheit gegen Vater und Brüder. Diese drei, Salome, Pheroras und Antipater, obwohl Todfeinde untereinander, vereinigten sich im Hasse gegen Mariamnes Söhne. Je mehr der Vater jene vorzog, und je mehr die Augen des Volkes auf den Hasmonäern von mütterlicher Seite mit Wohlgefallen weilten, desto mehr waren sie diesen ein Gegenstand der Furcht und des Abscheues. Antipater erfand Anschuldigungen gegen Alexander und Aristobul, daß sie den Tod ihrer Mutter an dessen Urheber rächen wollten. Unbedachtsame Äußerungen, in einem Augenblick des Unmutes entfahren, gaben Veranlassung zu der Verdächtigung. Herodes' argwöhnische Seele sog diese Verleumdung gierig ein; er fing an, seine Söhne zu hassen, und um sie zu bestrafen, erteilte er Antipater gleiches Recht auf die Nachfolge, wodurch er die Söhne der Hasmonäerin nur noch mehr erbitterte und zu rücksichtslosen Ergüssen gegen ihren Vater hinriß. Diese Ergüsse wurden Herodes hinterbracht, vergrößert und zu einer förmlichen Verschwörung gegen sein Leben geformt. Antipater sorgte dafür, daß Beweise von der Verschwörung der beiden Brüder gegen ihren Vater vorgelegt werden konnten. Vergebens verwendeten sich der König von Kappadocien und Augustus selbst für die Freisprechung der angeklagten Brüder. Antipater wußte, immer mit der Miene der herzlichsten Liebe für seine Brüder, neue Ränke gegen sie zu schmieden. Die Diener und Freunde derselben, welche Herodes auf die Folter spannen ließ, sagten aus, was man von ihnen verlangte. Auf die Aussage der Gefolterten hin wurden Alexander und Aristobul in Berytus von einem Rate, der aus hundertundfünfzig von Herodes' Freunden zusammengesetzt war, verurteilt. Herodes beeilte ihre Hinrichtung, ließ sie nach Samarien schleppen, daselbst, wo ihr Rabenvater dreißig Jahre vorher die Hochzeit mit ihrer Mutter gefeiert hatte, enthaupten (um 7) und ihre Leichen in Alexandrion beisetzen[1].

[1] Josephus Altert. 10, 1—9; 11, 1—7.

Ihr Tod hatte das Intriguenspiel gegen den König nicht erschöpft, sondern ihm nur neue Nahrung gegeben. Herodes hatte nämlich Antipater zu seinem Nachfolger bestimmt; aber diesem schien die Thronfolge nicht gesichert, solange der Vater noch lebte, und er lebte ihm zu lange. Er verband sich daher mit Pheroras zu einer Verschwörung gegen das Leben seines Vaters und Wohltäters. Pheroras war nämlich mit seinem Bruder zerfallen, weil dieser seine Mißehe mit einer Sklavin gemißbilligt hatte. Salome aber hatte sich von ihnen getrennt und warnte Herodes vor ihren Ränken und Schlichen, die sie gut kannte. Herodes' Auge war jedoch bereits so sehr getrübt, daß er sich gerade gegen Antipater ungläubig verhielt. Ja, er sah nicht einmal das ganze Gewebe von Verschwörung gegen ihn, welches in seiner nächsten Nähe gesponnen wurde. Vier Weiber, die mit Antipater und Pheroras in stetem Verkehr waren, faßten einen Plan gegen sein Leben: Antipaters Mutter, Doris, die wieder im Palaste weilte, Pheroras' Frau und deren Mutter und Schwester. Alle diese hielten geheime Zusammenkünfte, gewannen Herodes' Eunuchen Bagoas für ihre Verschwörung und auch einen schönen Jüngling Carus, mit dem der König einen widernatürlichen Verkehr hatte. Aber auch mit den allerstrengsten Pharisäern, die ihn wegen seiner Entfremdung vom Judentum und wegen seiner fortgesetzten Schändung desselben bitter haßten, verbanden sich die vier Weiber. Man weiß nicht recht, ob sie Herodes' pharisäische Gegner aufgesucht haben oder von ihnen aufgesucht worden sind. Genug, als an sie und ihre Anhänger der Befehl ergangen war, dem König den Eid der Treue zu schwören, verweigerten sie ihn, und als sie eine hohe Geldstrafe wegen der Weigerung erlegen sollten, gab Pheroras Weib die Summe her. Es waren mehr als sechstausend, wahrscheinlich Anhänger des Hauses Schammaï, welche einen ingrimmigen Haß gegen den idumäischen König hatten. Um ihn zu stürzen, verkündeten einige Fanatiker, darunter heimlich Pheroras' Frau, daß der Untergang des herobianischen Hauses von Gott beschlossen sei, und daß die Herrschaft auf ihre Nachkommen übergehen werde. Dem Eunuchen verkündeten sie, daß er berufen sei, Vater und Wohltäter des judäischen Volkes zu werden, er werde nicht bloß als König die Herrschaft haben, sondern auch auf wunderbare Weise Kinder erzeugen können. Ihre Verheißungen, gleichviel ob es Eingebungen eines verschrobenen Geistes oder Vorspiegelungen waren, fanden Glauben und ermutigten die Hoffenden, Herodes' Tod zu beschleunigen.

Er aber hatte keine Kunde von den Wühlereien in seiner nächsten Nähe. Seine Schwester mußte ihm das Intriguengewebe enthüllen.

Selbstverständlich ging er nicht gerade schonend mit den entdeckten Verschworenen um. Die Pharisäer, die sich am tiefsten eingelassen hatten, sowie der Eunuch, sein Schandbube Carus und alle Verwandten, welche zu der Verkündigung der Pharisäer sich zustimmend verhalten hatten, mußten es mit ihrem Leben büßen[1]. Gegen Pheroras' Frau hätte er gern ebenfalls den Todesstreich geführt; aber er war von einer unbegreiflichen Schwäche gegen seinen Bruder und konnte ihn nicht einmal zwingen, sich von ihr zu trennen. Nur in bezug auf den Hauptschuldigen, seinen Sohn Antipater, verharrte er in Verblendung, verbot ihm jedenfalls den Umgang mit Pheroras und den „Weibern" und verbannte ihn in das Gebiet, das er ihm unter dem Namen eines Vierfürstentums Peräa (Tetrarchie) von Augustus verschafft hatte. — Um sicher zu sein und dem Hasse des Volkes zu entgehen, veranlaßte Antipater, daß ihn der Vater nach Rom sandte, um Augustus' Bestätigung für seine Nachfolge zu erwirken. Von Rom aus zettelte er neue Ränke gegen seine noch übrigen Brüder an. Endlich aber kam sein teuflisches Spiel an den Tag. Pheroras, Herodes' letzter Bruder, war unerwartet gestorben (5), und da man seiner, gegen Herodes' Willen geheirateten Frau seinen Tod zur Last legte, wurde eine Untersuchung gegen diese eingeleitet. Die Untersuchung brachte ein anderes Geheimnis ans Licht, als man erwartet hatte. Die Frau gestand, daß Pheroras und Antipater beschlossen hätten, den König zu vergiften. Das Gift sei schon bereit gewesen, aber, gerührt von den Besuchen, die Herodes seinem Bruder während seiner Krankheit gemacht, habe Pheroras befohlen, es zu verschütten; den Rest zeigte die Frau zur Bestätigung ihrer Aussage vor. Vernommene Zeugen und noch andere Umstände machten Antipaters Plan, seinen Vater zu vergiften, sonnenklar. Diese Offenbarung war ein harter Schlag für Herodes. Also gerade derjenige Sohn, den er aus der Niedrigkeit erhoben und zum König bestimmt hatte, um dessenwillen er die Söhne der noch immer nicht vergessenen Mariamne hatte hinrichten lassen, war sein Todfeind! Die Aufregung seines Gemütes war grenzenlos, und doch mußte er sich verstellen und Liebe für Antipater heucheln, um ihn zu bewegen, nach Jerusalem zurückzukehren. Sobald Antipater in Jerusalem eingetroffen war, überhäufte er ihn mit Vorwürfen, stellte ihn vor ein Tribunal, dessen Vorsitz der römische Statthalter Quintilius Varus führte, und klagte ihn des veranlaßten Brudermordes und versuchten Vatermordes an. Da das Ungeheuer seine Unschuld beteuerte, trat Herodes' Freund Nikolaos von Damaskus als unerbitt-

[1] Josephus Altert. XVII, 2, 2.

licher Ankläger gegen ihn auf. Antipaters Todesurteil wurde hierauf
gefällt, und Herodes bat Auguſtus, es zu beſtätigen [1]). In dieſe Anklage
war auch eine von Herodes' Frauen, die zweite Mariamne, verwickelt,
deren Sohn Herodes zum Nachfolger beſtimmt war, falls Antipater
vor ſeinem Vater ſterben ſollte. Hierauf wurde dieſe zweite Mariamne
verwieſen, ihr Sohn aus dem Teſtament geſtrichen und ihr Vater, der
Hoheprieſter Simon ben Boëthos, ſeiner Würde entkleidet; zum Nachfolger wurde Matthia, Sohn Theophils [2]), ernannt (4). Unter dieſem
Hohenprieſter kam der Fall vor, daß ein anderer, Joſeph ben Ellem
aus Sepphoris, ſein Verwandter, an deſſen Stelle an einem Verſöhnungstage fungieren mußte [3]), weil jener durch einen nächtlichen Zufall verunreinigt worden. Seit jener Zeit iſt der Brauch eingeführt worden,
daß jedem Hohenprieſter ein Stellvertreter für den Verſöhnungstag
beſtimmt wurde, der ſich eine Woche vorher denſelben Vorbereitungen
unterwerfen mußte. Auch wurden Mittel angewendet, den Hohenprieſter
in der Nacht dieſes Tages wach zu erhalten [4]).

So viele und ſo anhaltende Gemütserſchütterungen warfen Herodes,
der indes dem ſiebzigſten Lebensjahre nahe war, aufs Krankenlager.
Alle ſeine Hoffnungen waren zertrümmert, das Werk ſo vieler Mühſale,
ſo vieler Verbrechen, ſo vielen Blutvergießens war ihm ſelbſt widerwärtig geworden, da er es ſeinen Söhnen mißgönnte, die er durchweg
für ſeine Feinde hielt. Zu welchem von ihnen ſollte er jetzt Vertrauen
haben? Zum dritten Mal änderte er die Nachfolge und beſtimmte den
Thron für ſeinen jüngſten Sohn Antipas [5]), weil er die älteren ſämtlich
für ſeine Feinde hielt. Allein ein Gemütszuſtand, der bei jedem anderen
Milde und Erbarmen erzeugt hätte, ſtimmte ihn nur noch wilder und
grauſamer. Ein geringes Vergehen feuriger Jünglinge ahndete er in
dem Zuſtande des Lebensüberdruſſes, an der Pforte des Grabes mit
derſelben Gefühlloſigkeit und Härte, wie zur Zeit, als noch die kühnſten
Träume des Ehrgeizes ſeine Bruſt ſchwellten. Die Phariſäer waren
ſeine Freunde nicht, namentlich diejenigen nicht, welche Anhänger der
ſtrengen Schule Schammaïs waren, beſonders nachdem er viele derſelben
hatte hinrichten laſſen (o. S. 233). Die am Leben Gebliebenen unterließen nicht, in ihren Hörſälen die Jugend gegen den Idumäer und
Römling aufzureizen. Sie konnten dies ohne Gefahr in verblümter
Redeweiſe tun, wenn ſie die Strafandrohung der Propheten gegen das
Volk der Idumäer auf Herodes und ſein Haus anwendeten. Da

---

[1]) Joſephus Altert. XVII, 4, 1—3. 5, 1—8.   [2]) Daſ. 4, 2.
[3]) Daſ. 6, 4. Toſefta Joma, c. I, 4. Jeruſal. Joma p. 38 d und parall.
Babli daſ. 12 b.
[4]) Miſchna Joma I, 1. 4.   [5]) Joſephus Altert. XVII, 6, 1.

Idumäer und Römer ihnen gleich verhaßt waren, so bildete sich ein übereingekommenes Verständnis, alles Gehässige von Idumäern in der heiligen Schrift ohne weiteres auf Rom und Römlinge zu übertragen. So hatten die judäischen Volkslehrer eine Menge Stichwörter, die Nationalfeinde zu brandmarken, ohne daß diese es merken konnten, und ihre Äußerungen wirkten um so eindringlicher auf die Zuhörer, als die Übertragung biblischer Redeweise auf Zustände und Personen der Gegenwart mit Witz verbunden war und einen eigenen Reiz hatte. Die Notwendigkeit, feindselige Äußerungen über Rom und Herodes zu verhüllen, erzeugte eine eigentümliche, gewandte, beziehungsreiche Vortragsweise, voll feiner Anspielungen und rätselhafter Andeutungen, welche man Agada nennt. Unter der Form der Auslegung der heiligen Schrift konnten die Volkslehrer ihre freien, wahren Gesinnungen an den Tag legen. Die Agada, die, wenn nicht ihren Ursprung, doch ihre Ausbildung in dieser Zeit erhalten hat, war eine scharfe Waffe in den Händen der Pharisäer, die dazu diente, die Massen gegen die Feinde der Nation aufzustacheln.

Unter den Herodes und den Römern feindseligen Pharisäern zeichneten sich zwei durch Eifer und Rücksichtslosigkeit aus: Juda b. Sariphaï, und Matthia b. Margalot, und waren deshalb sehr beliebt. Sobald sie von Herodes' schwerer Krankheit hörten, stachelten sie ihre Zuhörer auf, der Tempelschändung ein Ende zu machen und den römischen Adler über dem Tempelportale herunterzuschleudern. Ein Gerücht, das sich in Jerusalem verbreitete, Herodes sei verschieden, begünstigte das gewagte Unternehmen. Sofort drangen viele Jünglinge mit Äxten zum Tempelportale, ließen sich an Seilen hinaufziehen und schlugen den Adler herunter. Bei der Nachricht von dem Volksauflaufe ließ ein Hauptmann die Herodianischen Truppen aufmarschieren, auf die Adlerzerstörer fahnden und vierzig derselben samt den beiden Führern gefangen nehmen. Herodes' erschöpfte Lebensgeister blitzten wieder auf beim Anblick der Opfer, die seinem Rachegefühle verfallen waren. Beim Verhöre mußte er Worte hören, die ihm bewiesen, daß er doch zu schwach war, den zähen Volkswillen zu brechen. Die Gefangenen gestanden ohne Furcht ihre Tat ein, rühmten sich derselben, und auf die Frage, wer sie dazu gereizt, antworteten sie: „das Gesetz". Er ließ sie sämtlich als „Tempelschänder" lebendig verbrennen[1]) und machte sogar Miene, die Verfolgung weiter auszudehnen, ein Vorsatz, von dem ihn jedoch wohl eher die Furcht, als die Milde zurückgehalten haben mag. Der Hohepriester Matthia, welcher bei dieser Adlerzerstörung

[1]) Josephus Altert. 6, 2—4.

irgendwie beteiligt war, wurde abgesetzt und dafür ein römisch gesinnter Hoherpriester, Joasar, Sohn des Simon aus dem Geschlechte der Boëthos, mit der Würde bekleidet[1]). Er war der sechste Hohepriester während der Herodianischen Regierung.

Wie sehr Herodes aber auch den Mund verstummen machte, welcher ihm seine Ruchlosigkeit vorwarf, und die darüber entrüsteten Verkünder den Flammen überlieferte, er konnte es doch nicht verhindern, daß einer seiner Zeitgenossen ein Bild von seinen Untaten und seiner verzweifelten Gemütsstimmung in seinen letzten Regierungsjahren der Nachwelt hinterlassen hat. Dieses Bild, wie vorsichtig verhüllt auch gezeichnet, ist doch so lebenswahr gehalten, daß Herodes, wenn es ihm zu Gesichte gekommen wäre, und er es verstanden hätte, vor Entsetzen über seine eigene Verworfenheit hätte vergehen müssen. Es war ein bedeutender Künstler, der dieses Schattenbild gezeichnet und in den Rahmen der Zeit eingefügt hat mit allem Elend und Jammer, welchen dieser König von der Römer Gnaden über alle Klassen der Bevölkerung Judäas gebracht hatte. Auch die Verzerrungen, welche die Herodianische Trug- und Blutregierung im Volksleben erzeugt hat, verstand dieser Künstler in dem Zeitbilde kenntlich hervortreten zu lassen. Hätte er seine oft überraschenden Gedanken in zusammenhängender Reihenfolge entwickelt und in einen abgerundeten Guß gebracht, so hätte sich sein Werk den vollendeten Kunstwerken anreihen können. Er stellte aber seine Betrachtungen und Nutzanwendungen über die Verkehrtheit seiner Zeit sprunghaft dar, ohne vermittelnde Übergänge, öfter in rätselhafter Sprache, bald in spöttischem Tone und in ironischen Wendungen, und bald wieder untermischt mit Schmerzensausrufen. Kohélet[2]) wird dieser Künstler und

---

[1]) Josephus Altert. 6, 2—4.

[2]) In meinem 1871 erschienenen Kommentar zum Prediger (Kohélet) habe ich den Nachweis geführt, daß das rätselhafte Buch nur dadurch Verständnis erhält, wenn man davon ausgeht, daß es eine Satire auf Herodes, seine bluttriefende Regierung, welche im judäischen Staate das Unterste zu oberst gekehrt hat, und auf die verkehrten Anschauungen gewisser Klassen bildet. Seitdem ist dieses Buch vielfach erklärt worden, besonders in England und Frankreich: Thomas Tyler, some new evidence as to the date of the Ecclesiastes (1872); Dale, a commentary on Ecclesiastes (1873); E. H. Plumptre, Ecclesiastés, or the preacher (1881); E. Renan, l'Ecclesiaste traduit de l'Hebreux avec une étude sur l'âge et le caractère du livre (1882); Ch. Hen. Hamilton Wright, the book of Kohélet (1883). Alle diese Forschungen haben meinen Kommentar berücksichtigt, teilweise auch manches daraus adoptiert, dagegen die Abfassungszeit unter Herodes negiert, ohne auch nur durch irgend ein Argument meine Annahme zu erschüttern. Ich finde mich daher keineswegs in die Enge getrieben, davon abzugehen, im Gegenteile hat das unsichere Herumtasten der genannten Autoren und ihre Verlegenheit bei der Erklärung

sein eigenartiges Buch genannt, welches alles dieses und viel Gedanken=
anregendes enthält. Kohélet ist aber der Name des Königs, dem der
unbekannte Verfasser die Betrachtungen über die Verkehrtheiten der Zeit
in den Mund legte. Er läßt den König, der so hoch und weit hinaus=
strebte und so kläglich mit Verzweiflung im Herzen seinem Ende ent=
gegensah, sich selbst geißeln, sich selbst zum Warnungsbilde aufstellen.
Er läßt ihn, nachdem er sich lebenslänglich abgemüht, das Bekenntnis
ablegen, „Eitelkeit der Eitelkeiten, alles ist eitel“.

Kohélet ist aber nicht bloß eine Satire auf den König, seine
Mißregierung, den Mißerfolg seiner Bestrebungen und die Verkehrt=
heiten der Zeit, sondern auch eine philosophische Ermahnung, sich nicht
von den trostlosen Erscheinungen der Zeit niederdrücken zu lassen und
den Gleichmut nicht zu verlieren. Das Buch geht dabei von einer
eigenartigen religiösen Anschauung aus, die nicht nur von der seiner
Zeit sondern auch von der aller Zeiten abweicht. Die darin dargestellte
Frömmigkeit trägt nicht die angekränkelte Farbe des düsteren Brütens
und der Traurigkeit über die Schlechtigkeit der Welt, sondern die
gesunde des sicheren Vertrauens auf den Lenker derselben, der von
Anfang an alles zum besten gefügt und geordnet habe. Bei allem
Elende, welches Herodes über die judäische Nation gebracht, bei aller
Zersetzung, die er verursacht hatte, war doch noch so viel Geisteskraft
im Volke geblieben, ein so durchdacht angelegtes literarisches Erzeugnis
zu schaffen — wohl das letzte aus der nachexilischen Zeit.

Nach einer kurzen und spannenden Einleitung über den ewigen
Bestand der Welt in dem ewigen Fluß aller Dinge führt das Buch
den König Kohélet ein, wie er zum Bewußtsein der Eitelkeit seiner
Bestrebungen gekommen ist. „Ich, Kohélet, bin König über Jerusalem
geworden und gab mein Herz hin, mit Weisheit zu erforschen und zu
erspähen alles, was unter dem Himmel geschieht — ein böses Geschäft,
das Gott den Menschen gegeben, sich damit zu quälen. Ich habe
nämlich alles Tun gesehen, das unter dem Himmel geschieht, und sieh’
da, alles ist Hauch und Jagd nach Wind“. Das Selbstgeständnis des
Königs von der an sich selbst erfahrenen Enttäuschung geht noch weiter.
„Ich sprach mit meinem Herzen: „„Sieh’ da, ich bin groß geworden
und habe mehr Weisheit erlangt als alle vor mir in Jerusalem.

der Stellen, welche Indizien für die Abfassungszeit gewissermaßen aufdrängen,
meine Überzeugung nur noch mehr befestigt. L. Seinecke hat meine Auf=
fassung und Zeitbestimmung von Kohélet vollständig adoptiert. (Geschichte des
Volkes Israel II, 35 f., Göttingen 1884.) [Die Unmöglichkeit dieser Ansetzung
des Buches hat Kuenen, Hist. krit. Einl. in die Bücher des A. T., III, 1,
S. 176 f., 188, 196 m. E. gründlich nachgewiesen.]

Wohlan, ich will mein Herz in Freuden und Genüſſen des Angenehmen
erproben .... Ich hatte in meinem Sinne ausgedacht, meinen Körper
in Wein zu baden, ich machte meine Werke großartig, baute mir Häuſer,
pflanzte mir Weinberge, ſchuf mir Gärten und Luſtplätze (Paradieſe)
und pflanzte darin Bäume jeglicher Frucht. Ich kaufte Sklaven und
Sklavinnen, Hausleute hatte ich, auch Herden von Rindern und Schafen
mehr als alle vor mir in Jeruſalem. Ich ſammelte mir auch Schätze
von Gold und Silber, Königsſchätze, ich verſchaffte mir Sänger und
Sängerinnen und Luſtbefriedigungen der Menſchen. Alles, was meine
Augen begehrten, entzog ich ihnen nicht. Denn mein Herz ſollte ſich
an meiner Mühe freuen. Da ſah ich aber nach allen meinen Werken,
die meine Hände geſchaffen, und ſieh' da — alles Hauch und Jagd
nach Wind und kein Gewinn unter der Sonne ... Und ich haſſe das
Leben, denn mir mißfällt das Tun, welches unter der Sonne geſchieht;
ich haſſe all mein Mühen, daß ich es einem überlaſſen ſoll, der nach
mir ſein wird, und wer weiß, ob er weiſe oder töricht ſein wird, und
er ſoll über alles herrſchen, um was ich mich gemüht? Das iſt eben
Eitelkeit" [1]).

Noch öfter läßt der Verfaſſer den König ſolche düſtere Betrachtungen
über die Zukunft anſtellen. „Da gibt es einen Einzigen, der keinen
Zweiten über ſich hat, auch nicht Sohn und Bruder, und kein Ende
iſt allem ſeinen Mühen. Aber für wen mühe ich mich denn ab und
laſſe meine Seele darben? Das iſt aber Eitelkeit und eine ſchlimme
Sache" [2]). Sollte Herodes an dieſen Zügen noch nicht zu erkennen ſein
ſo ſollten noch derbere Anſpielungen auf ſeine verkehrte Regierung, wie
er die Angeſehenſten heruntergebracht und gemeines Geſindel hoch er=
hoben hatte, die erwünſchte Deutlichkeit geben: „Der Niedrige iſt auf
erhabene Höhe gehoben und die Reichen ſitzen in Niedrigkeit; ich ſah
Sklaven auf Roſſen und Fürſten auf der Erde gehen wie Sklaven" [3]).
Und noch deutlicher: „Weh dir, o Land, deſſen König ein Sklave iſt,
und deſſen Fürſten ſchon des Morgens ſchmauſen! Glücklich, o Land,
deſſen König ein Freier iſt, deſſen Fürſten zur Zeit ſpeiſen in Tapferkeit
und nicht in Trunt" [4]). — „Beſſer ein armſeliges und kluges Kind
als ein alter und törichter König, der gar nicht mehr gewarnt werden
kann" [5]). Welche Jronie liegt eben darin, daß ein König ſelbſt einen
ſolchen König oder ſich ſelbſt an den Pranger ſtellt! Weil der Ver=
faſſer aber fürchtete, Opfer ſeiner Satire zu werden, ſo bricht er plötzlich
ab, ſo oft er auf den König eine grelle Beleuchtung geworfen hat, und
ſpricht von einem anderen Gegenſtand in harmloſer Weiſe.

[1]) Kohélet 1, 12 fg.   [2]) Daſ. 4, 8.   [3]) Daſ. 10, 6. 7.
[4]) Daſ. 10, 16—17. Vergl. Graetz' Kommentar z. St.   [5]) Daſ. 4, 13.

Freier durfte er sich bewegen, wenn er von den Untaten und Verkehrtheiten der Zeit sprechen wollte. „Und auch das habe ich unter der Sonne erfahren: an der Stätte des Rechtes da ist die Ungerechtigkeit, und an der Stätte der Frömmigkeit da ist die Sünde[1]). — Wiederum habe ich alle Bedrückungen unter der Sonne gesehen, da sind die Tränen der Bedrückten, die keinen Tröster haben, und in der Hand ihrer Bedrücker ist Macht, und sie haben keinen Annehmer. Da pries ich die Toten, die längst gestorben, glücklicher als die noch Lebenden und glücklicher als beide diejenigen, die noch gar nicht geboren und die böse Taten nicht gesehen haben, die unter der Sonne geschehen"[2]). Ironisch läßt der Verfasser den König sprechen — immer den König Kohélet selbst — „wenn du Druck des Armen und Raub an der Stätte des Rechtes und der Gerechtigkeit siehst, so wundere dich über das Ding nicht, denn ein Hoher wacht über einen anderen und über diesen sind noch Höhere"[3]). Auch die Spioniersucht und die Angeberei der Herodianischen Regierungsweise, wodurch so viele dem dunkeln Kerker oder dem heimlichen Tode verfielen, läßt das Buch nicht ungegeißelt: „Selbst unter deinen Bekannten sollst du den König nicht verwünschen, und in deinem Schlafgemach den Vornehmen nicht schmähen; denn ein Vogel des Himmels kann die Stimme entführen und der Mann der Flügel das Werk verraten"[4]).

Indessen da die Aufgabe des Verfassers nicht allein war, eine Satire auf den König zu schreiben, sondern ganz besonders die Übel zu heilen, welche dessen Mißregierung erzeugt hatte, so mußte er auch nach dieser Seite hin scharf zufahren und die Dinge beim rechten Namen nennen. Es ist nicht erstaunlich, daß beim Anblick der eingerissenen Zerrüttung aller Lebensverhältnisse im judäischen Gemeinwesen sich eine düstere, lebenssatte Stimmung in die Gemüter eingenistet hatte. Was soll aus Juda und dem Judäertum werden, wenn ein Fremdling, ein Römerknecht alle Gewalt in Händen hat und diese mißbraucht, um nicht bloß das Volk zu knechten, sondern es sich selbst zu entfremden, das Gesetz zu verletzen, das Hohepriestertum zu schänden und die Patrioten noch dazu zu zwingen, ihm den Eid der Treue zu leisten und ihm die Hand zu seiner Verruchtheit zu bieten[5])! Weh, wer das erlebt hat! Das war die Stimmung der Gemüter derer, welche Sinn und Herz für die Nation und die Lehre hatten. Jede

---

[1]) Kohélet 3, 16, s. Kommentar.　　[2]) Das. 4, 1—3.　　[3]) Das. 5, 7.
[4]) Das. 10, 20. Der Mann der Flügel בעל הכנפים kann eine Anspielung auf die Essäer sein, mit denen Herodes gut stand. Vergl. o. S. 92 und Note 12.
[5]) Josephus Altert. XV, 10, 4.

Freude war aus Judäa gewichen. Stumm ging einer neben dem
andern einher, um nicht dem Unmut unwillkürlich einen Laut zu leihen
und ſich und den Freund ins Unglück zu ſtürzen [1]). Die Anhänger
der ſchammaïtiſchen Schule, welche von ihrer ſtrengen Lebens= und
Religionsanſchauung noch finſterer auf die Vorgänge blickten, faßten
daher ihre Verdüſterung in den Worten zuſammen: „Es wäre beſſer
für den Menſchen, er wäre gar nicht geboren" [2]). Der Tod ſchien
vielen und beſonders der in den Schulen gebildeten Jugend erwünſcht.
Gegen dieſe Lebensverachtung, welche jede Tatkraft lähmt und die
Zukunft erſt recht bedrohlich macht, führte der Verfaſſer des Buches
Kohélet einen heftigen Kampf, und ihr iſt ein großer Teil des Buches
gewidmet. An einer Stelle führt er die Redeweiſe der Vertreter dieſer
düſtern Lebensanſchauung an, um ſie lächerlich zu machen:

> „Beſſer ein guter Name als gutes Öl,
> „Und der Todestag als der Geburtstag.
> „Beſſer ins Trauerhaus als ins Hochzeitshaus gehen;
> „Denn das iſt das Ende aller Menſchen,
> „Und der Lebende kann ſichs zu Herzen nehmen.
> „Beſſer Harm als Scherz;
> „Denn bei trübem Blick kann das Herz glücklich ſein.
> „Das Herz des Weiſen im Trauerhauſe,
> „Das Herz des Toren im Freudenhauſe.
> „Beſſer des Weiſen Anfahren als des Toren Lied zu hören;
> „Denn wie das Geräuſch der Dornen unter dem Topfe,
> „So das Lachen der Toren." [3])

Darauf der Verfaſſer oder die von ihm eingeführte Figur: „Auch
das iſt eitel" und Spruch gegen Spruch aufführend:

> „Beſſer das Ende einer Sache als der Anfang,
> „Beſſer ein Langmütiger als ein Trübſinniger."

„Sei nicht übereilt in deinem Gemüt, dich zu härmen, denn
der Harm ruht im Herzen der Toren. Sprich nicht, wie iſts doch,
daß die früheren Tage beſſer als dieſe waren? Denn nicht mit Weisheit
fragſt du ſo. . . Sieh, das iſt Gottes Werk; denn wer könnte beſſer
machen, was er ſchlecht gemacht hätte? Am Tage des Glückes genieße
das Glück und am Tage des Unglückes beachte, daß Gott eins dem
andern entſprechend gemacht hat" [4]). Das war die Philoſophie des
Verfaſſers, dem wahrſcheinlich, als einem Sadduzäer, die phariſäiſche
und die eſſäiſche Überfrömmigkeit und düſtere Lebensanſchauung in

---

[1]) Joſephus Altert. XVI, 5, 4.
[2]) Erubin, p. 13 a. Vergl. Graetz, Kohélet, S. 25 fg.
[3]) Kohelet 7, 1—6. Vergl. Kommentar.
[4]) Daſ. 7, 8—14.

gleicher Weise zuwider waren. Beim Anblick der Frevel und der Übel
nur nicht zu verzweifeln und den Tod herbeizurufen, ermahnt er.
Da alles von Gott stammt, so hat auch das Übel seine Notwendigkeit.
Alles hat Gott zu seiner Zeit gut gemacht[1]), denn es gibt für alles
eine Zeit:

> „Eine Zeit zum Zeugen und eine Zeit zum Sterben,
> „Eine Zeit zum Pflanzen und eine Zeit auszureißen,
> „Eine Zeit zum Töten und eine Zeit zum Heilen,
> „Eine Zeit zum Niederreißen und eine Zeit zum Bauen,
> „Eine Zeit zum Weinen und eine Zeit zum Lachen . . . . .,
> „Eine Zeit zum Lieben und eine Zeit zum Hassen,
> „Eine Zeit für Krieg und eine Zeit für Frieden.“[2])

Da Gott alles zu seiner Zeit gut und passend gemacht hat, so
soll der Mensch über das Wie und Warum nicht grübeln. Denn das
Verkehrte kann er doch nicht besser machen und das Mangelhafte nicht
ergänzen[3]). Nur nicht grübeln! „Denn, je mehr Weisheit, desto
mehr Harm, je mehr Wissen, desto mehr Schmerz“[4]). Der Mensch
kann einmal den Grund der Dinge nicht erforschen. Gott habe den
Menschen geflissentlich die Unwissenheit ins Herz gegeben, daß sie nicht
finden, was Gott von Anfang bis zu Ende gemacht hat. Wie sehr
sich der Mensch auch abmüht, es zu suchen, er kann es nicht finden,
und wenn der Weise spricht, daß er es wisse, so kann auch er es nicht
finden. „Wie du nicht weißt, was der Weg des Geistes in die Gebeine
im Leibe einer Schwangeren ist, so kannst du die Werke Gottes nicht
wissen, wie er es vollbringt“[5]).

Wie es kommt, daß die früheren Zeiten besser waren? „Was da
war, wird wieder sein, und was geschehen ist, wird wieder geschehen,
es gibt nichts ganz Neues unter der Sonne. Es gibt einmal eine
Sache, von der man spricht: „„Sieh, das ist neu!““ Es war längst
in früheren Zeiten, die vor uns waren; aber es ist keine Erinnerung
an das Frühere geblieben, und auch an das Spätere, das sein wird,
wird keine Erinnerung bleiben bei denen, die noch später sein werden“[6]).
Da die Welt sich nun gleich bleibt, da „ein Geschlecht vergeht und
das andere kommt, und die Erde für immer stehen bleibt, da die
Sonne auf und nieder geht, da der Wind sich in Kreisen dreht und
zu seinem Ausgang wieder zurückkehrt, und alle Flüsse ins Meer gehen,
und dieses nicht voll wird, weil die Flüsse immer wieder zurücklaufen“[7]),
so ist in einer unglücklichen Zeit kein Grund zu verzweifeln, ins Trauer=

---

[1]) Kohelet 3, 10. [2]) Das. 3, 1—8.
[3]) Das. 1, 15; 7, 13. [4]) Das. 1, 17.
[5]) Das. 3, 10; vergl. den Kommentar zu 11, 5; 8, 17.
[6]) Das. 1, 9—11. [7]) Das. 1, 4—8.

haus zu gehen und sich den Tod zu wünschen. Auch sich zu härmen
und zu kasteien ist kein Grund. Das Leben, da es von Gott stammt,
hat seinen Wert. „Für alle Lebenden gibt es eine Hoffnung; einem
lebendigen Hunde geht es besser als einem toten Löwen. Die Lebenden
wissen, daß sie sterben werden. Die Gestorbenen wissen aber gar nichts" [1].
Schroff stellt sich der Verfasser in Gegensatz zu denen, welche den
Todestag für erwünschter hielten als den Geburtstag. „Süß ist das
Licht und angenehm für die Augen, die Sonne zu schauen. Wenn der
Mensch viele Jahre lebt, sollte er sich aller freuen; denn die Tage der
Finsternis werden noch mehr sein. Darum, freue dich, Jüngling,
deiner Jugend", — so redet der Verfasser die Träger der Zukunft
an, daß sie sich nicht von den Schwarzsehern verdüstern lassen mögen. —
„Laß dich dein Herz froh machen in den Tagen deines Mannes-
alters, entferne Trübsinn aus deinem Herzen und laß Harm fahren
von deinem Leibe; denn Jugend und Manneskraft sind vergänglich" [2].

Gegenüber den Lebensverächtern und den sich Kasteienden hielt
es der Verfasser für nötig, nach der nüchternen sadduzäischen Anschauung, sich recht derb auszusprechen: „Nichts ist besser im Leben,
als zu essen und zu trinken und sich seines Lebens zu freuen. Denn
es ist eine Gabe Gottes" und darum nicht zu verachten [3]. — „Geh,
iß in Freuden dein Brot und trinke mit freudigem Herzen deinen
Wein; denn Gott hat dein Tun längst gebilligt. Genieße das Leben
mit dem Weibe, das du liebst alle Tage deines vergänglichen
Lebens" [4]. — Wie sehr muß die Weltflucht und die Enthaltsamkeit
von der Ehe um sich gegriffen haben, daß ein Sittenlehrer es für
seine Pflicht hielt, eine Ermahnung, die Freuden des Lebens zu genießen,
an seine Zeitgenossen zu richten!

Rätselhaft ist es, warum dieser Sittenlehrer auch gegen den
Unsterblichkeitsglauben ankämpft. Hat dieser Glaube die Lebens-
verachtung gefördert, daß der seltsame Prediger einschärfen zu müssen
glaubte: „Alles, was deine Hand erreichen kann, mit deiner Kraft
zu tun, das tue; denn es gibt kein Tun, keine Berechnung, kein Wissen,
keine Klugheit im Grabe, wohin du gehst" [5]. Keck leugnet er das
Fortleben der Seele nach dem Tode, gegenwärtig Ausgangs- und
Zielpunkt der herrschenden Religionsanschauung. „Das Geschick der
Menschen und der Tiere ist gleich; wie diese sterben jene, Vorzug des
Menschen vor dem Tiere gibt es nicht, alles vergänglich, alles geht
zu einem Orte, alles aus Staub gewordene kehrt zum Staub zurück.

---

[1]) Kohelet 9, 4—5.
[2]) Das. 11, 7 ff.   [3]) Das. 2, 24; 3, 12—13; 8, 15.   [4]) Das. 9, 7—9.
[5]) Das. 9, 10.

Wer weiß, ob der Geist der Menschensöhne nach oben steigt, und der Geist der Tiere nach unten unterhalb der Erde fährt?" „Ich habe eingesehen, daß nichts besser ist, als daß der Mensch sich seines Lebens freue, denn wer will ihn dahin bringen, zu sehen, was nach ihm sein wird!" [1]). Es sind offenbar gespitzte Pfeile gegen eine oder mehrere Religionsparteien gerichtet, gleichviel ob gegen Pharisäer oder Essäer. Den Überfrommen sagt er überhaupt unangenehme Dinge: „Ein und dasselbe Geschick ist für den Gerechten wie für den Frevler, für den Guten wie für den Bösen, für den Opferbringenden wie für den Nichtopferer, für den Schwörenden wie für den, der den Eid scheut" [2]). Das Letzte ist an die Essäer gerichtet. „Sei nicht zu fromm und klügle nicht zu viel; warum willst du dich aufreiben? Denn es gibt keinen Frommen auf Erden, der nur gut handelte und nicht sündigte" [3]). Kohélet geißelt alle häßlichen Auswüchse, welche die Zeitlage und die herobianische Frevelregierung dem judäischen Volkskörper angesetzt hatte.

Aber die ewige Gerechtigkeit züchtigte Herodes noch empfindlicher als es ein von Entrüstung und Strenge geleitetes irdisches Gericht vermocht hatte. Selbst die Freude, die sie ihm, ehe er seiner überhandnehmenden Ekel erregenden Krankheit erlag, noch gewährte, war eine herbe Züchtigung. Von Augustus war die Erlaubnis eingelaufen, den verruchten Antipater nach Gutdünken zu bestrafen. Die Freude, an seinem Sohne Rache nehmen zu können, linderte für einen Augenblick Herodes' Schmerzen, aber im nächsten Augenblicke übermannten sie ihn derart, daß er nahe daran war, seinem Leben mit einem Messer ein Ende zu machen. Sein Verwandter Achiab entriß ihm die Waffe, aber das Wehklagen, das sich infolge dieses Vorfalles im Palaste zu Jericho erhoben hatte, drang auch zu den Ohren des im selben Palaste gefangenen Antipater. Dieser faßte wieder Hoffnung für sein Leben und beschwor seinen Kerkermeister, ihn in Freiheit zu setzen, da ihm nach dem erfolgten Ableben des Vaters die Herrschaft zufalle. Der Kerkermeister, der nicht leichtgläubig sein eigenes Leben verwirken mochte, eilte in die Gemächer des Königs, um sich von dessen Leben oder Tod zu überzeugen. Sobald Herodes aus seinem Munde erfuhr, daß Antipater der Hoffnung Raum gegeben, ihn zu überleben, befahl er seinen Trabanten, ihn ohne Aufschub zu töten, was auch geschah [4]). Obwohl Antipater den zehnfachen Tod verdient hatte, so war doch jedes Gemüt empört, daß ein Vater schon über den dritten Sohn das Todesurteil verhängte und es vollstrecken ließ. Augustus, obwohl selbst stiefväterlich gegen seine Tochter Julia gesinnt, äußerte bei der Nachricht von Antipaters

---

[1]) Kohelet 3, 19—22.   [2]) Das. 9, 2.   [3]) Das. 7, 16—20.
[4]) Josephus Altert. XVII, 7, 1.

Hinrichtung: „Er möchte lieber Herodes' Schwein ſein als deſſen Sohn" [1]).
Eine ſpätere Sage ſpann Herodes' Wut gegen ſeine Kinder noch mehr
aus und ließ ihn ſämtliche Kinder unter zwei Jahren von Bethlehem
und der ganzen Umgegend abſchlachten, weil er vernommen habe, der
Meſſias ſei in dieſem Flecken aus davidiſchem Sproß geboren worden [2]).
Nun, von dieſem Kindermorde wenigſtens iſt der große Verbrecher
freizuſprechen. Herodes' letzte Gedanken beſchäftigten ſich indeſſen doch
noch mit einem Mordbefehle. Er ließ die angeſehenſten Männer Judäas
zu ſich nach Jericho entbieten, ſie in der Rennbahn bewachen und gab
ſeiner Schweſter Salome und ihrem dritten Gatten, Alexas, den
Auftrag, ſie nach ſeinem Tode von ſeiner Leibwache niederhauen zu laſſen,
damit die ganze Nation und jede Familie den Tod ihrer Lieblinge zu
beweinen habe und ſich nicht der Freude über ſeinen Hingang überlaſſe.
Mordgedanken beherrſchten ihn vom erſten Augenblicke ſeines öffentlichen
Auftretens bis zu ſeinem letzten Hauche. Vier Tage nach Antipaters
Hinrichtung ſtarb Herodes (im Frühjahr 4) im neunundſechzigſten Jahre
ſeines Lebens und im ſiebenunddreißigſten ſeiner Regierung, vierund-
dreißig Jahre nach der Entthronung des letzten hasmonäiſchen Herrſchers [3]).
Seine Schmeichler nannten ihn „Herodes den Großen", die Nation
aber nannte ihn nicht anders als den „hasmonäiſchen Sklaven".
Während ſeine Leiche mit allem Pomp in die Ruheſtätte nach Herodium
unter Begleitung der thraciſchen, germaniſchen und galliſchen Leibwache
und der auguſteiſch genannten Truppe geführt wurde, beging das Volk
ſeinen Todestag feſtlich als einen Halbfeiertag [4]).

[1]) Macrobius Saturninus II, 4.
[2]) Matthäus-Evangelium 2, 6.
[3]) Joſephus Altert. XVII, 8, 1.   Jüd. Krieg I, 33, 8.   [4]) S. Note 1.

Zehntes Kapitel.

Archelaus und die ersten römischen Landpfleger.

Die herodianische Familie; Teilung Judäas; Aufstand gegen Archelaus;
Sabinus und Varus; die abenteuernden Häuptlinge, Juda der Galiläer.
Herodes' Testament bestätigt; Archelaus wird Ethnarch, seine kurze
Regierungszeit, seine Verbannung. Judäa römische Provinz. Die Land-
pfleger. Aufregung wegen des Zensus. Die Schulen Hillels und Scham-
maïs. Juda der Galiläer Stifter der Zelotenpartei. Die Abgabenlast.
Neue Feindseligkeiten der Samaritaner. Vertreibung der Judäer aus
Rom unter Tiberius; die Vierfürsten. Erbauung der Stadt Tiberias.
Feindseliger Geist des Landpflegers Pontius Pilatus. Wohlwollen des
Statthalters Vitellius.

4 v. bis 37 n. Chr.

So unglückselig auch die heriodianische Regierung war, so konnte
sie doch im Vergleich zu der nachfolgenden eine glückliche genannt
werden. Sie hatte wenigstens eine blendende Außenseite und war in
großem Stile gehalten und entbehrte nicht eines gewissen Schwunges.
Judäas Grenzen reichten unter Herodes viel weiter hinaus als zur
glücklichsten Zeit der Hasmonäer=Regierung. Die Landstriche, um welche
die Hasmonäer Aristobul I. und Alexander I. jahrelang Kriege geführt
und die sie doch nur zum Teil erobert hatten, jenseits des Jordan und
des Hermon, waren Herodes durch einen Federstrich zugefallen; nur
daß das Geschenkte minder angenehm ist als das mühsam Errungene.
Die Städte Judäas erhoben sich in neuem Glanze, ausgestattet mit
allem, was die griechische Baukunst für den Schönheitssinn darbot,
nur daß sie mehr dem Ruhm der römischen Machthaber und der
herodianischen Familie, als der Nation zustatten kamen. Die Hafen=
plätze der Meeresküste, namentlich der von Cäsarea, wimmelten von
Schiffen und belebten den Handel; freilich vermehrten die daraus ge=
wonnenen Einkünfte nicht den Nationalreichtum. Der Tempel strahlte
in verjüngter Schönheit und konnte äußerlich an die Wiederkehr der
salomonischen Zeit erinnern, nur daß die Priester gezwungen waren,
für das Heil derer zu opfern, welche sie im Herzen verwünschten. Das
Land genoß sogar eine gewisse Selbständigkeit; denn die römischen
Fesseln waren dem oberflächlichen Blicke unsichtbar. Dieser ganze Schein,

und eben weil alles Schein war, zerrann nach dem Ableben deſſen,
der ihn zu behaupten gewußt hatte. Sobald der Tod ſeinen Händen
die Zügel entriſſen hatte, trat eine Zerfahrenheit in dem öffentlichen
Leben ein, die der Vorbote neuer und anhaltender Unglückstage war.
Der äußerlich zuſammengehaltene Staatsbau löſte ſich alsbald auf,
ſtürzte zuſammen und begrub unter ſeinen Trümmern alles, was noch
an Freiheit und Nationalität in Judäa geblieben war.

Herodes hatte von ſeinen zehn Frauen ſechs Söhne (und mehrere
Töchter) noch am Leben gelaſſen, die er in ſeinem Teſtamente zum Teil
begünſtigte, zum Teil hintanſetzte. Wie wenig ihm an der Größe
Judäas gelegen war, und wie ſehr ihn in allen Angelegenheiten nur
die Selbſtſucht leitete, zeigte die Eröffnung des Teſtamentes, mit dem
Ptolemäus, der Bruder des berühmten Geſchichtſchreibers Nikolaos
von Damaskus, betraut war. Anſtatt Judäa in ſeiner Einheit zu-
ſammenzuhalten, zerſtückelte er es, um drei ſeiner Söhne mit Teilen desſelben zu belehnen; die übrigen, Herodes, ſeinen Sohn von der zweiten
Mariamne, einen andern Herodes von der Jeruſalemerin Kleopatra
und Phaſael von der Pallas, bedachte er gar nicht. Seinem Sohn
Archelaus von der Samaritanerin Malthake hinterließ er Judäa
und Samaria und deſſen Bruder Antipas die Landesteile (Tetrarchie)
Galiläa und Peräa, Philipp von der Jeruſalemerin Kleopatra
eine andere Tetrarchie, größtenteils von wilden Völkerſchaften bewohnt,
Gaulanitis, Batanäa, Trachonitis, Auranitis und das Quellgebiet des
Jordan unter dem Namen Paneas. Seiner Schweſter Salome ver-
machte er als Belohnung für ihre Treue die Einkünfte der Städte
Jamnia, Azotus und Phaſaelis (im Norden von Jericho). Indes hatte
Herodes dieſe letztwillige Verfügung und die anderweitigen Schenkungen
nur als Wunſch ausgeſprochen, und es dem Kaiſer Auguſtus überlaſſen, ſie zu beſtätigen oder anderweitig über Land und Nachfolger
zu beſtimmen. Die brüderlichen Erben, wie ſie ohne Liebe gezeugt
und erzogen worden, waren auch nicht durch das Band geſchwiſterlicher
Liebe untereinander vereinigt. Jeder beneidete den anderen um ſeinen
Anteil; namentlich gönnte Herodes Antipas ſeinem Bruder Archelaus
weder die größeren Landesteile, noch den Königstitel, da er in einem
früheren Teſtamente als einziger Thronfolger beſtimmt geweſen war.
Salome, die Vielvermögende, empfand ebenfalls Haß gegen Archelaus
und trachtete darnach, ihm die Nachfolge ſtreitig zu machen. Die
Zwietracht des herodianiſchen Hauſes vererbte ſich auf Kinder und
Kindeskinder. Weil Herodes Verfügung von einem höheren Willen
abhing, beſtrebten ſich die dabei intereſſierten Perſonen, die Volksgunſt
zu erlangen, um an ihr eine Fürſprecherin bei Auguſtus zu haben.

Salome und ihr Gatte Alexas gingen so weit, Herodes Mordbefehl wider die in Haft gehaltenen Vornehmen des Landes (o. S. 244) unausgeführt zu lassen; sie mußten den Obersten der herodianischen Leibwache zu überreden, Herodes selbst sei von der Ausführung der angedrohten Hinrichtung in Masse abgestanden[1]).

Archelaus, der noch mehr Grund hatte, sich mit dem Scheine der Volksgunst zu umgeben, betrat nach der Trauer den Tempelvorhof und versprach, auf einem in Gestalt eines Thrones errichteten Rednerstuhle stehend, die Unbilden, die das Volk von seinem Vater erlitten, abzustellen und alles auf das befriedigendste zu ordnen. Allein die Volksmenge, durch diese Nachgiebigkeit ermutigt, begnügte sich nicht mit leeren königlichen Versprechungen, sondern formulierte die Beschwerden in faßbare Punkte und verlangte schleunige und sichere Abhilfe. Fünf Punkte waren es besonders, auf welchen das Volk hartnäckig bestand: die drückenden, regelmäßigen jährlichen Steuern sollten vermindert, die Zölle auf öffentliche Käufe und Verkäufe aufgehoben, die Gefangenen, die seit Jahren in den Kerkern schmachteten, in Freiheit gesetzt, die Räte, die für den Feuertod der Adlerzerstörer mitgestimmt, sollten bestraft, endlich der mißliebige Hohepriester Joasar abgesetzt und ein Würdigerer an seine Stelle eingesetzt werden[2]). Damit war aber nicht weniger verlangt, als ein neues, volkstümliches Regierungssystem einzuführen und die herodianische Tyrannei öffentlich zu brandmarken.

Wenn Archelaus auch der gute Ruf seines Vaters nicht sehr am Herzen lag, war er doch nicht imstande, auf solche Wünsche einzugehen; aber um das Volk nicht zu reizen, versprach er alles und schob die Ausführung auf, bis das Testament die Bestätigung erhalten haben würde. Allein die Volksmenge, aus den vielen Tausenden bestehend, die am Vorabend des Passah zur Festfeier aus allen Teilen Judäas in Jerusalem zusammengeströmt waren, und aufgestachelt von den strengen Pharisäern, die mit der Erinnerung an den Märtyrertod der Adlerzerstörer Juda und Matthias und ihrer Jünger auf das Gemüt wirkten, ließ sich nicht abweisen, sondern trat trotzend auf. Was sie unternommen hat, ist nicht bekannt; Archelaus hatte einen Aufstand zu fürchten, und um diesem vorzubeugen, sandte er eine Schar Soldaten, die Zusammenrottung auseinanderzutreiben. Aber die Soldaten wurden mit Steinwürfen empfangen und in die Flucht geschlagen. Indessen nahte der Nachmittag heran, und das Volk, mit dem Passahopfer beschäftigt, hatte vorläufig seinen Zorn fahren lassen und dachte weder an Angriff noch an Widerstand. Da ließ Archelaus die opfernde Menge

[1]) Josephus Altert. XVII, 8, 1—2.   [2]) Daf. 8, 4; 9, 1.

von sämtlichen in Jerusalem weilenden Fußtruppen plötzlich überfallen und niederhauen; die Reiterei stand in der Ebene, um die Flüchtigen niederzutreten. Dreitausend kamen an diesem Tage auf dem Tempelberge und in den angrenzenden Stadtteilen um, die übrigen zerstreuten sich. Herolde machten darauf in der ganzen Stadt bekannt, daß Archelaus die Passahfeier für dieses Jahr (4) verböte; jedermann sollte sich vom Tempel fernhalten[1]). Das war die Einweihung von Archelaus' Regierung. Indessen mag zu seiner Entschuldigung dienen, daß er zum Blutvergießen förmlich herausgefordert war, indem das Volk Anforderungen an ihn stellte, die er außerstande war zu erfüllen, wollte er sich nicht dem Verdachte aussetzen, sich königliche Befugnisse angemaßt zu haben, ehe noch Augustus sein Wort gesprochen hatte.

Obwohl Archelaus' Verwandte an seiner Stelle nicht milder verfahren wären, tadelten sie dennoch seine Grausamkeit und bedienten sich derselben als Waffe, um als Ankläger gegen ihn vor Augustus aufzutreten und ihm die Thronfolge streitig zu machen. Die ganze Sippschaft reiste nach Rom, um Judäa zu den Füßen des Kaisers zu legen und von ihm die Bestätigung oder Änderung des Testamentes zu erflehen. Während ihrer Abwesenheit traten Ereignisse ein, die den Preis ihrer Bewerbungen beinahe in andere Hände gelegt hätten. Judäa glich einem großen Kampfplatze, auf dem erbitterte Gegner gegeneinander losrennen. Häuptlinge warfen sich in mehreren Teilen als Könige oder Volksführer auf, für und gegen die Freiheit kämpfend. Das Blut der erschlagenen Kämpfer, das Geschrei der wehrlos Erwürgten, der Rauch der eingeäscherten Städte erfüllten jedes Herz mit Grauen und schienen den Untergang Judäas herbeizuführen. Die tragischen Ereignisse des ersten Jahres nach Herodes' Tode bezeichnet die Chronik mit dem Ausdruck Kriegsepoche des Varus[2]), des Statthalters von Syrien, bekannt durch seine spätere Niederlage gegen die Germanen. Die Leiden, die infolge von Varus Einmischung über Judäa hereinbrachen, standen in keinem Verhältnis zu der Dauer des Aufstandes und Kampfes. Quinctilius Varus war nach der Abreise der herodianischen Familie auf Archelaus' Veranlassung in Jerusalem geblieben, um den Ausbruch eines Aufstandes in Abwesenheit der Fürsten im Keime zu ersticken. Die Arbeit fiel ihm nicht schwer, da die den Herodianern feindlichen Patrioten weder nach einem Plane handelten, noch bewaffnet waren, sondern sich von ihrem Hasse zu unklugen Demonstrationen hinreißen ließen. Hierauf hielt Varus seine Anwesenheit in der judäischen Hauptstadt für überflüssig und begab sich auf seinen

---

[1]) Josephus Altert. 9, 2—3.
[2]) πόλεμος Οὐάρου, Polemos schel Varos. Vergl. Note 18.

Posten nach Antiochien, ließ aber doch eine hinlängliche Truppenzahl zurück, um jedem erneuerten Versuch zu begegnen. Kaum war der Statthalter abgezogen, so traf ein anderer römischer Plagegeist in Jerusalem ein, Augustus' Schatzmeister Sabinus, den sein Herr abgesandt hatte, um Herodes' Schätze und vermutlich auch den Tempelschatz mit Beschlag zu belegen, als wenn der Kaiser der rechtmäßige Erbe des herodianischen Nachlasses gewesen wäre. Sabinus muß nichts Gutes im Sinne gehabt haben; denn obwohl er Varus versprochen hatte, bis zur Entscheidung des herodianischen Testamentes in Cäsarea zu verweilen, beschleunigte er dennoch seine Reise nach Jerusalem[1]). Weil ihm aber die von Archelaus bestellten Hüter der Schätze nicht willfährig waren, reizte er die Menge förmlich zu einem Aufstande auf, um Veranlassung zum Einschreiten zu haben[2]).

Indessen rückte das Wochenfest heran, das abermals eine Menge Volkes aus allen Teilen dies- und jenseits des Jordan nach Jerusalem führte, von denen die meisten mit dem Gedanken gekommen waren, gegen die Römer und Herodianer einen Schlag zu führen. Der Kampf blieb nicht aus; die Volksmassen, die ihre Führer gefunden hatten, nahmen den Tempelberg und den Hippodrom ein und bedrohten die Römer, die im Palaste des Herodes in der Oberstadt ihr Quartier hatten. Sabinus hielt sich für verloren, ermunterte einerseits von der Höhe des Turmes Phasael, wohin er sich zur Sicherheit zurückgezogen hatte, die Römer zum Angriff auf den Tempel und sandte andererseits Eilboten an Varus, damit er Verstärkung zu ihm stoßen lasse. Die judäischen Angreifer wären vermittelst der Geschosse und Steine, die sie von der Tempelmauer auf die Römer schleuderten, Sieger geblieben, wenn die Feinde nicht brennbare Stoffe auf das Dach der Säulengänge geworfen hätten, wodurch diese in Brand gerieten. Das Feuer griff so schnell um sich, daß die Kämpfenden nicht Zeit hatten, sich zu retten, und teils durch das Feuer, teils durch die Schwerter der Römer, teils durch Selbstmord aus Verzweiflung umkamen. Sobald der Tempel von seinen Verteidigern verlassen war, stürzten sich die Römer, von dem Schatze angezogen, in die Vorhöfe. Sabinus allein soll sich vierhundert Talente angeeignet haben[3]). Andere Verwüstungen, die die Römer im Tempel angerichtet haben, sind in den Quellen nur angedeutet. — Der Raub des Tempelschatzes, die Entweihung des Heiligen und die Zerstörung der Tempelhallen, kaum zehn Jahre nach ihrer Vollendung, fachten Wut und Mut zum neuen Angriff gegen Sabinus an. Selbst die meisten herodianischen Truppen gingen zu den Unzufriedenen über

---

[1]) Josephus Altert. XVII, 9, 3; 10, 1. [2]) Das. [3]) Das. 10, 2.

und halfen die Römer bekämpfen. Nur Gratus, Anführer des herodianischen Fußvolkes, und Rufus, ein Reiterhauptmann, die zusammen dreitausend Soldaten befehligten, blieben den Römern treu. Die Aufständischen belagerten hierauf den herodianischen Palast, legten Minen, um die Türme zum Sturze zu bringen, und drohten den Römern mit dem Schlimmsten, wenn sie nicht sofort abzögen. Sabinus schwankte zwischen der Furcht, von den Judäern besiegt, und der Hoffnung, mit dem von Varus erwarteten Zuzug Meister des Aufstandes zu werden, und hielt sich in den Zitadellen des Palastes[1]).

Diese Vorgänge entfesselten in allen Teilen Judäas alle Gräuel der Anarchie, die indessen, wenn sie von einsichtsvollen Führern zu einem, die ganze Nation elektrisierenden Ziel geleitet worden wären, den Streit der Herodianer um die Krone noch auf eine andere Weise entschieden hätten, als diese erwartet haben. Aber weil die im ganzen Lande herrschende Aufregung und Erbitterung keinen Sammelpunkt fand und von Abenteurern selbstsüchtig ausgebeutet wurde, schadete sie der Nation mehr als den Feinden. Zweitausend Soldaten, die von Herodes kurz vor seinem Tode entlassen worden waren, vermutlich Idumäer, beunruhigten den Süden. Ein gewisser Simon, ein Sklave des Herodes, imposant wegen seiner Gestalt und Schönheit, sammelte eine Schar Unzufriedener um sich, die ihn als König anerkannten, und verbrannte den königlichen Palast in Jericho und andere königliche Burgen. Ein Namenloser aus Peräa verbrannte mit seiner Horde den königlichen Palast in Bethramta (Livias) am Jordan. Ein dritter Abenteurer, ein Hirte mit Namen Athronges, von riesiger Größe und Körperkraft, von vier ähnlichen Brüdern unterstützt, setzte sich das Diadem auf, band mit den Römern an, schnitt ihnen die Zufuhr ab und hielt sich so tapfer, daß er am schwersten zu besiegen war und sein Unwesen am längsten fortsetzen konnte[2]). Nur ein einziger Freischarenführer hatte ein festes Ziel im Auge und hätte den Römern und Herodianern am meisten schaden können, wenn er von Gleichgesinnten und vom Glücke unterstützt worden wäre. Es war Juda, bekannt unter dem Namen der Galiläer, aus Gamala in Gaulanitis gebürtig, ein Sohn jenes Ezekia, an welchem sich Herodes seine ersten Sporen verdient hatte (o. S. 178). Von Haß gegen Rom und das herodianische Haus und von Liebe zu der Nation erfüllt, rief Juda der Galiläer eine Partei ins Leben, die später die ganze Nation beherrschte und den Römern mehr zu schaffen machte als die Gallier und Germanen, die Partei der Eiferer (Zeloten). Juda stand damals in reifem Mannes-

---

[1]) Josephus Altert. 10, 3.   [2]) Das. 10, 5 ff.

alter (geb. um 50 vorchr. Z.). Mit seinem Feuereifer und seinem
glühenden Römerhaß entzündete er die Gemüter und gewann einen
beträchtlichen Anhang unter dem kräftigen Menschenschlage der Galiläer.
Mit diesem überfiel er die Waffenkammern der galiläischen Hauptstadt
Sepphoris, bewaffnete seine Leute, besoldete sie mit dem vorgefundenen
Gelde und wurde der Schrecken der römisch Gesinnten[1]).

Dringender noch als Sabinus mahnten die Vorgänge in der Nähe
von Syrien den Statthalter, dem Aufstande zu begegnen und den
gefährdeten römischen Truppen zu Hilfe zu eilen. Wie sehr muß die
Schilderhebung der Judäer Varus in Angst versetzt haben, da er nicht
nur die ganze verfügbare römische Truppenmacht (zwei Legionen Fußvolk und vier Geschwader Reiterei, über 20000 Mann) ausrücken ließ,
sondern auch die Hilfstruppen der benachbarten kleinen Fürsten unter
die Waffen rief. Der Nabatäerkönig Aretas, froh, eine Gelegenheit
zur Rache an den Judäern, seinen Besiegern unter Herodes, zu haben,
stellte freiwillig seine Truppen dem römischen Feldherrn zur Verfügung,
und verheerte, da er die Vorhut des römischen Heeres bildete, die Städte
und Dörfer, die seine Truppen durchzogen, durch Plünderung und
Brände. Eine Abteilung seines Heeres hat Varus nach Galiläa detachiert,
die gegen Juda den Galiläer operieren sollte. Der Kampf um den
Besitz von Sepphoris scheint sehr heiß gewesen zu sein; denn Varus
ließ die Stadt in Flammen aufgehen und die Einwohner als Sklaven
verkaufen; Juda der Galiläer aber entkam glücklich. Ebenso erging
es der Stadt Emmaus im Westen, wo Athronges gehaust hatte; die
Einwohner hatten sich jedoch durch die Flucht gerettet. In Jerusalem
angekommen, fand Varus eine leichte Arbeit, indem die Belagerer des
Sabinus, von den einrückenden Truppen erschreckt, den Kampf aufgaben.
Er ließ nichtsdestoweniger auf die Schuldigen fahnden und zweitausend
Gefangene ans Kreuz schlagen[2]). Das war das Ende des Aufstandes,
der dem aufwallenden Zorne sein Entstehen verdankte, bei dem aber
die Klugheit nicht zu Rate gezogen worden war. Er brachte Judäa
nur noch in schimpflichere Abhängigkeit von Rom; eine Legion blieb
zur Überwachung der Stadt in Jerusalem. — Während dieser Zeit
bettelten die Herodianer vor Augustus' Thron um die judäische Krone
und überzeugten ihn durch ihre kriechende Gesinnung und ihre gegenseitige Beschuldigung, daß sie allesamt unwürdig zum Herrschen waren.
Ehe noch Augustus die Entscheidung getroffen hatte, kam eine judäische
Gesandtschaft, aus fünfzig der angesehensten Männer bestehend, von

---

[1]) Daf. 10, 4—8. Tacitus Historiae 5, 9.
[2]) Josephus Altert. daf. 10, 9.

Varus ermutigt, nach Rom, um gegen das herodianiſche Regiment Klage
zu führen und den Machthaber zu bitten, Judäa als eine mit Syrien
verbundene römiſche Provinz zu erklären, im übrigen aber der judäiſchen
Nation Freiheit in inneren Angelegenheiten zu gewähren. Da das
Verlangen der Geſandtſchaft von 8000 römiſchen Judäern unterſtützt
wurde, mußte ſie Auguſtus zu Worte kommen laſſen. Die Geſandten
ergoſſen ſich in Anklagen gegen Herodes, der die beſten des Landes
getötet und den Reichtum deſſelben ausgeſogen hatte, um fremde Städte
damit zu beſchenken, im Lande ſelber aber Verarmung zurück gelaſſen
hätte. Dennoch beſtätigte Auguſtus, nachdem er ſie und die Kronprätendenten angehört hatte, im ganzen das herodianiſche Teſtament,
nur daß er Archelaus nicht den Königstitel bewilligte, ſondern ihn bloß
als Volksfürſten (Ethnarchen) anerkannte, allerdings mit dem Verſprechen,
ihm ſpäter, wenn er ſich deſſen würdig zeigen ſollte, den Glanztitel
auch noch hinzuzufügen[1]. Auguſtus mußte aus Anſtandsrückſichten
gegen einen Fürſten, der nächſt ſeinem Egoismus den Römern mit
Eifer und Ergebenheit gedient, und den er als Freund behandelt
hatte, deſſen letztwillige Verfügung ehren. Der kaiſerliche Schatz büßte
nichts dabei ein, ob Judäa unter dem Titel einer Ethnarchie oder einer
Provinz von Rom abhängig war.

Archelaus' Regierung war kurz und bedeutungslos (4 vor bis 6
nach Chr.). Von Herodes' Eigenſchaften ſind nur ſeine Bauluſt und
ſeine Kriecherei gegen die Römer auf ſeine Kinder und Enkel übergegangen. Im übrigen waren ſie Schwächlinge, und ſelbſt ihre Thrannei
hatte etwas Kleinliches und Kümmerliches. Anfangs ſchien Archelaus
die gegen ihn wegen des Gemetzels im Tempelvorhofe entſtandene
Unzufriedenheit beſchwichtigen zu wollen. Er gab der öffentlichen
Meinung nach, ſetzte den mißliebigen Hohenprieſter Joaſar aus dem
Hauſe Boëthos ab und an ſeiner Stelle deſſen Bruder Eleaſar
ein, der ſich übrigens auch nicht lange behauptete und einen gewiſſen
Joſua aus der Familie Siä oder Seth zum Nachfolger erhielt.
Dieſer mußte wiederum Joaſar Platz machen. Drei Hoheprieſter in
dem kurzen Zeitraume von neun Jahren[2]! Um gleich ſeinem Vater
ſeinen Namen an einem Neubau zu verewigen, ließ Archelaus eine
Stadt mit dem Namen Archelaïs erbauen, ſtellte den verbrannten
Palaſt von Jericho wieder her und legte zur Bewäſſerung der Palmen-
gärten von Jericho eine Waſſerleitung von Naara nach dieſer Stadt
an. Seine Einnahmen von der Hälfte des Landes betrugen 600 Talente[3].

---

[1] Joſephus Altert. 11, 1—5.   [2] Note 19.
[3] Joſephus Altert. XVII, 11, 4.

Krieg führte er nur gegen den Häuptling Athronges, der sich nach dem Tode seiner vier Brüder noch lange zu behaupten gewußt hatte; aber nicht einmal diesen an Mannschaft bereits erschöpften Abenteurer vermochte Archelaus zu besiegen, sondern mußte sich die Bedingungen gefallen lassen, an die Athronges seine Unterwerfung knüpfte. — Die Empfindlichkeit der Frommen verletzte er durch seine Heirat mit seiner Schwägerin Glaphyra, der Witwe seines hingerichteten Bruders Alexander. Diese kappadozische Königstochter[1]) hatte ihrem unglücklichen Gatten zwei Söhne geboren, von denen später der jüngere Tigranes und der Sohn des älteren gleichen Namens zu Königen von Groß- und Kleinarmenien eingesetzt wurden. Ungerührt von dem traurigen Schicksale ihres Gatten hatte sie sich nach dessen Tode mit dem numidischen Könige Juba, dem bekannten Schriftsteller, verheiratet und von diesem geschieden, ging sie eine Ehe mit Archelaus, dem Bruder ihres ersten Mannes, ein, die nach jüdischem Gesetze verpönt ist. Um diese Ehe zu brandmarken, erzählte die Sage, Alexander sei ihr vor ihrem Tode im Traume erschienen, habe ihr ihre Untreue vorgeworfen und ihr verkündet, sie werde bald wieder mit ihm verbunden werden. Sonst ist aus Archelaus' Leben wenig bekannt; er wurde von Judäern und Samaritanern des tyrannischen Verfahrens angeklagt, von Augustus zur Verantwortung gezogen, entthront und ins Exil nach Gallien unter die Völkerschaft der Allobroger nach der Stadt Vienna verbannt (6 nachchr. Zeit[2]). Archelaus' Vergehen braucht darum nicht so arg gewesen zu sein und das seines Vaters übertroffen zu haben; es braucht nur in Augustus' Absicht gelegen zu haben, das zweideutige Verhältnis Judäas als eines Vasallenstaates mit dem einfachen einer römischen Provinz zu vertauschen, um zum Scheine den Beschwerden der Ankläger Gehör zu geben, ihn zu entsetzen und die Landesteile Judäa und Samaria zum römischen Reichskörper zu schlagen. Die Fürstentümer des Herodes Antipas und des Philipp blieben jedoch in ihrem früheren Verhältnisse. Nur die Städte, welche Salome gehörten, gingen in das Privateigentum des Augustus über, weil sie Salome bei ihrem Ableben (um 10 nachchr. Z.) der Kaiserin Livia geschenkt hatte[3]).

Judäa war also, nachdem es seit hundertundfünfzig Jahren unter eigenen Fürsten eine wirkliche oder scheinbare Unabhängigkeit behauptet hatte, vollständig unter römische Botmäßigkeit gebracht und mit der Statthalterschaft von Syrien vereinigt, in welchem Verhältnis es mit Abzug von wenigen Jahren bis zum letzten Aufstande verblieb. Der

---

[1]) Josephus Altert. 13, 4; XVIII, 5, 4.
[2]) Josephus Altert. XVII, 13, 2—4; jüd. Krieg II, 7, 3—4.
[3]) Josephus Altert. das. XVIII, 2, 2.

kaiserliche Vertreter in Judäa, welcher den Titel Prokurator (ἐπίτροπος, Landpfleger) führte, hatte seinen Sitz in der Küstenstadt Cäsarea, welche von dieser Zeit an die gehässige Nebenbuhlerin Jerusalems wurde. Der römische Landpfleger hatte über die Ruhe und Ordnung des Landes zu wachen, die pünktliche Ablieferung der Abgaben aller Art zu betreiben und besaß sogar die Befugnis, die Todesstrafe zu verhängen und die peinliche Gerichtsbarkeit des judäischen Gerichtshofes zu überwachen[1]). Dadurch war die Autorität des Synhedrialkörpers beschränkt und seine politische Bedeutung, die er schon während der herodianischen Regierung eingebüßt hatte, fast auf nichts heruntergebracht. Wie in die Synhedrialfunktion, so maßten sich die Römer auch die Einmischung bei der Besetzung des Hohenpriesteramtes an. Der Landpfleger ernannte fortan die Hohenpriester und entsetzte sie wieder, je nachdem sie den römischen Interessen förderlich oder hinderlich waren, und hielt den hohenpriesterlichen Ornat in Gewahrsam, um ihn nur zu den drei Hauptfesten und für den Versöhnungstag auszuliefern. Die hohenpriesterlichen Gewänder lagen in einem Saale der Burg Antonia unter Schloß und Riegel und wurden von den Tempelbeamten vor der Festzeit gelöst und nach deren Ablauf im Beisein eines römischen Aufsehers wieder angelegt. Ein Licht brannte stets vor dem Schranke, worin der Ornat lag[2]). Der erste Landpfleger, den Augustus für Judäa ernannte, war der Reiteroberst Coponius. Mit ihm zugleich kam der syrische Statthalter Quirinius (6—7), um Archelaus' Privatvermögen als konfisziertes Gut mit Beschlag zu belegen und den römischen Zensus einzuführen, d. h. die Volkszahl aufzunehmen und die Ländereien abzuschätzen, um demgemäß die Steuerfähigkeit des Landes zu ermessen. Für jede Person sollte eine Kopfsteuer (tributum capitis) erhoben werden, selbst für die Frauen und Sklaven. Nur weibliche Kinder unter zwölf, männliche unter vierzehn Jahren und Greise waren davon ausgenommen. Außerdem wurden noch eine Einkommensteuer eingefordert und von den Viehzüchtern ein Teil der Heerde. Die Steuern von Grund und Boden (tributum agri) sollten in Abgaben von der Ernte geliefert werden (annona[3]). Diese Zumutung empörte alle Klassen der Bevölkerung in gleichem Grade, weil jeder darin einen Eingriff nicht bloß in die Staatsangelegenheiten, sondern in die Privatverhältnisse erblickte, als wenn Köpfe, Land und Vermögen jedes einzelnen

---

[1]) Josephus Altert. 1, 1. XX, 9, 1; j Krieg II, 8, 1. Matthäus-Evangelium 27, 11 fg. und Parallelstellen.

[2]) Jos. Altert. XVIII, 4, 3. XV, 11, 4.

[3]) Das. XVIII, 1, 1. Vergl. Marquardt, Handb. der römischen Altert. II, 2, S. 167 Ende [und Schürer I[3], 510 ff.].

Eigentum des römischen Herrschers wäre, über welches er nach Belieben verfügen könnte. Man kann es den mit der römischen Staatsverfassung Unbekannten nicht verdenken, wenn sie den Zensus als eine Form der Sklaverei betrachteten und ein dem babylonischen ähnliches Exil mit bangem Herzen erwarteten. Diese, wenn auch übertriebene, so doch nicht ganz ungerechtfertigte Auffassung des Zensus rief, wie keine Maßregel vorher, eine tiefe Bewegung im ganzen Lande hervor und erzeugte neue Parteistellungen, welche die alte Entzweiung zwischen Pharisäern und Sadduzäern ganz in den Hintergrund drängte. Andere Gefühle, andere Stichwörter kamen jetzt an die Reihe. Die Frage, ob den mündlichen Gesetzesbestimmungen Gültigkeit zukomme oder nicht, wich vor der brennenden Frage, ob man sich von den Römern knechten oder ihnen energischen Widerstand leisten sollte, und die Antwort darauf spaltete die Pharisäer selbst in zwei Lager. Die infolge des Zensus entstandene neue Parteistellung ging aus dem Schoße des Synhedrion, aus dem Kreise des Lehrhauses, hervor; sie knüpfte sich an die Namen Hillel, Schammaï und Juda, den Galiläer.

Hillel und Schammaï haben wohl kaum die Katastrophe erlebt, welche Judäa in das Provinzialverhältnis zu Rom brachte. Die Nachricht, daß der erstere vierzig Jahre das Synhedrialpräsidium eingenommen habe[1]), entbehrt der geschichtlichen Gewißheit. Hillels Tod hat in weiten Kreisen Trauer verbreitet; die Gedächtnisrede an seinem Grabe begann mit dem Schmerzensrufe: „O frommer, o sanftmütiger, o würdiger Jünger Esras[2])!" Die Anhänglichkeit des Volkes an ihn erstreckte sich auch auf seine Nachkommen; das Synhedrialpräsidium wurde seitdem in seinem Hause erblich, und es behauptete sich in dieser Würde über vier Jahrhunderte. Von Hillels Sohn und Nachfolger Simon I.[3]) ist bis auf den Namen nichts bekannt; desto mehr Bedeutsamkeit erlangte die von Hillel gegründete Schule, welche den Geist ihres Gründers geerbt und treu fortgepflanzt hat. Ihre Anhänger zeigten im öffentlichen Leben dieselbe Friedfertigkeit, Sanftmut und Nachgiebigkeit wie ihr Meister[4]) und bewährten diesen Charakter während der großen Reibungen und Stürme, denen Judäa preisgegeben war. Von den Jüngern, die sich Hillel eng angeschlossen haben und „die Ältesten der Hillelschen Schule" (Sikne bet Hillel) genannt werden, in runder Zahl achtzig, sind nur zwei dem Namen nach bekannt: Jona-

[1]) Sifri Ende. [2]) Sota 48 b und Parallelstellen.
[3]) Sabbat 15 a Seder Tannaim [we - Amoraim (ed Graetz, Breslau 1871), S. 27].
[4]) Erubin 13 b. Vergl. Tosephta Chagiga II, 110 ff. und Parall. Jom 20 a. jerus. daf. 61 c.

than, Sohn Ussiels, und Jochanan ben ha=Choranit. Dem
ersteren wird eine chaldäische Übersetzung der Propheten ohne tatsäch=
liche Begründung beigelegt. Sein Vater Ussiel soll ihn enterbt und
seine Hinterlassenschaft dem Schulhaupte Schammaï zugewendet haben,
wahrscheinlich weil er unzufrieden war, daß der Sohn sich der Hillel=
schen Schule angeschlossen hatte. Jochanan hatte seinen Beinamen von
seiner hauranitischen Mutter, die ihn wohl aus der Ehe mit einem
Heiden geboren hatte [1]).

Wie ein Unglück selten allein eintrifft, so gesellte sich zu dem Leid
der Fremdherrschaft für die judäische Nation das Mißgeschick der Spal=
tung innerhalb des Synhedrial=Kollegiums, das doch die Einheit ver=
treten sollte. Es ging in zwei Richtungen auseinander. Neben der
Schule Hillels bildete sich die Schule Schammaïs, welche den Keil
bildete, die bis dahin für die Auslegung und Anwendung des gegebenen
Gesetzes in Schrift und Überlieferung einheitliche Lehre des Judentums
zu spalten. Diese Spaltung, welche von Jahrhundert zu Jahrhundert
zunahm und später zwar tief beklagt, aber nicht mehr gehemmt werden
konnte, wurde auf den Umstand zurückgeführt, daß die Jünger der
beiden Schulen der Belehrung ihrer Meister nicht die volle Aufmerk=
samkeit zugewendet [2]), sondern sich in politische Händel gegen die Hero=
dianer, die sie tief haßten und verabscheuten, eingelassen hatten.

Wie die Hilleliten die Sanftmut ihres Meisters zur Richtschnur
nahmen, so eiferte die Schule Schammaïs ihrem Stifter in Strenge

---

[1]) Die Zahl 80 Schüler Hillels, Sukka 28 a und Parall. oder gar ‏ש' פ‎
Jerus. Nedarim p. 39 b ist eine runde Zahl, wie öfter ‏כהנים גדולים' פ‎ oder
‏זוגות תלמידים' פ‎ Chagiga 16 b. — R. Jochanan b. Sakkaï kann unmöglich Hillels
unmittelbarer Jünger gewesen sein, vergl. weiter unten. Dagegen muß die
Tradition, daß Jonathan b. Us. dessen Schüler gewesen, richtig sein, da sonst
von ihm nichts vorkommt, und die Geschichte seiner Enterbung zu Gunsten
Schammaïs, wie sie in Jerus. Nedarim a. a. O. erzählt wird, nur dadurch
verständlich wird. Der Vater, wohl Schammaïte, enterbte den Sohn wegen
dessen Anhänglichkeit an Hillel. Entstellt ist diese Geschichte erzählt Baba
Batra 133 b, daß nicht Jonathan b. Us. enterbt worden wäre, sondern der Sohn
eines Unbekannten, entstellt, um Jonathans Namen nicht zu verunglimpfen. —
Das Targum Jonathan zu den Propheten wird gegenwärtig mit Recht als
etwaiges Werk dieses Jonathan allgemein bezweifelt; vergl. Z. Frankel,
Beilage zum Jahresbericht des Breslauer Seminars Jahrg. 1872, S. 412 fg.
Ob ‏יונתן‎ die Hebraisierung von Theodotion, dem griechischen Übersetzer, ist, muß
noch erhärtet werden. — ‏יוחנן בן החורנית‎, wie er immer genannt wird, war ein
Hillelite; vergl. J. H. Weiß, Geschichte der jüd. Tradition I, S. 177 fg. ‏חורנית‎
bedeutet eine Hauraniterin, wie ‏דרמסקית‎ eine Damascenerin und ‏בטנית‎
eine Batanäerin. Es waren proselytische Frauen, wie Derenburg richtig
eruiert hat. Essai sur l'histoire etc. de la Palestine, S. 223 f.

[2]) Tosefta Chagiga II, 9, Sanhedr. VII, 1.

nach und übertraf dieselbe noch, wie denn überhaupt die Milde natur=
gemäß einer Steigerung nicht fähig ist, die Strenge dagegen bis zum
Übermaß angewendet werden kann. Als wenn den Religionsvorschriften
gar nicht genügt und die Grenzen des religiös Verbotenen nicht weit
genug ausgedehnt werden könnten, verfuhren die Schammaïten bei der
Gesetzesauslegung so erschwerend, daß diejenigen ihrer Entscheidungen,
die einen erleichternden Charakter haben, als merkwürdige Ausnahmen
aufgezählt werden[1]). So dürfe nach ihrer Ansicht keine Arbeit vor
dem Sabbat begonnen oder übergeben werden, die am Sabbat auch
ohne Hinzutun eines Judäers vollendet werde[2]). Man dürfe am Sabbat
weder Geldsummen zu wohltätigen Zwecken aussetzen, noch Unterhand=
lungen über Verlöbnisse oder Unterricht der Kinder pflegen, noch Kranke
besuchen, noch Leidtragende trösten[3]). In den Bestimmungen über levi=
tische Reinheit von Personen, Gefäßen und Kleidern hatten die Scham=
maïten Übertreibungen, welche sie den Essäern näher brachten[4]). Ebenso
erschwerend waren sie in betreff der Ehegesetze. Scheidungen ließen die
Schammaïten nur in Fällen unzüchtigen Betragens von seiten der Frau
zu[5]). Eine kaum faßbare Peinlichkeit machten sie für die Beobachtung
der religiösen Gesetze zur allgemeinen Regel. Die Empfehlung der
großen Versammlung, einen Zaun um das Gesetz zu ziehen, daß es nicht
übertreten werde (B II b, S. 184), überboten sie im Übereifer und
machten Gesetze um Gesetze und verboten das Gestattete, weil im aller=
äußersten Falle ein Gesetz verletzt werden könnte. Dabei waren sie
selbst von Gewissensbissen gequält, ob sie nicht unwissentlich sich hätten
etwas zu Schulden kommen lassen. Ein Jünger Schammaïs aus einer
adeligen Familie, Baba ben Buta, brachte täglich ein Schuldopfer, um
eine vielleicht unbedacht begangene Übertretung des Gesetzes zu sühnen[6]).
Die Schule Schammaïs hat das pharisäische Prinzip auf die Spitze ge=
trieben und setzte ihre Beschlüsse meistens, da ihr Anhang im Synhe=
drion zahlreich war, gegen die maßhaltende Ansicht der Hilleliten durch.
Bei den Debatten benahmen sich die Schammaïten rücksichtslos, un=
gestüm, oft verletzend selbst dem greisen Hillel gegenüber, und stets un=
beugsam, während ihre Gegner gelassen und bescheiden auftraten und
sich nachgiebig zeigten[7]). Von den Hilleliten wird öfter erzählt, daß
sie sich für überwunden erklärten, von den Schammaïten dagegen niemals;
sie beharrten stets auf ihrer Ansicht. Einzig und allein der milden

---

[1]) Edujot c. 4—5.   [2]) Sabbat p. 17 b, fg. Tosefta Sabbat I, 20.
[3]) Sabbat 12. Tosefta das. XVI, 22.
[4]) Sabbat 13 ff. und an vielen Stellen im Talmud. Markus=Evangelium
7, 2—4. [5]) Gittin IX, 10.   [6]) Keritot VI, 3.
[7]) Jom-Tob. 20 a. Erubin 13 b.

Nachgiebigkeit der Hillelschen Schule ist es zuzuschreiben, daß infolge
der Schulstreitigkeiten der innere Frieden nicht gestört wurde[1]) und
zwischen den Anhängern beider Schulen, die in so vielen Punkten auseinander gingen, ein freundliches Verhältnis herrschte. Ebenso streng
wie in betreff der Gesetzesauslegung waren die Schammaïten in ihren
Lebensanschauungen und in der Behandlung derjenigen, die sich als
Proselyten dem Judentum anschließen wollten. Kam ein Heide zu einem
Schammaïten, um von ihm in das Judentum aufgenommen zu werden,
so konnte er auf einen unfreundlichen, abstoßenden Empfang gefaßt
sein[2]). Die schammaïtische Schule liebte die Proselyten nicht, sie hatte
an den proselytischen Herodianern traurige Beispiele, wie verderblich
dem Judentume Halbjudäer werden können. So strenge aber auch die
Schammaïten in der Auslegung des Gesetzes waren, so entbanden sie
doch von dieser Strenge das judäische Heer, das gegen die Nationalfeinde in den Krieg zog. Hatte man früher Bedenken in bezug auf
das Kriegführen am Sabbat, ob man nämlich einen versuchten Sturm
auf die Besatzung abwehren dürfe, so sprachen sich die Schammaïten
unbedingt dafür aus, daß man die Belagerung einer feindlichen Stadt,
die man vor dem Sabbat begonnen habe, mit Verletzung sämtlicher
Sabbatbestimmungen fortsetzen dürfe, bis die Festung zum Falle gebracht sei[3]). Diese Auslegung rührte von Schammaï selbst her, bei
dem der Haß gegen die Heiden über die religiöse Peinlichkeit den Sieg
davontrug. Die Schammaïten hatten auch im Volke einen so großen
Anhang wie unter den Synhedristen; ihre religiöse Strenge wie ihr
Heidenhaß fanden mehr Anklang als die Nüchternheit und Friedfertigkeit der Hilleliten; jene bildeten daher häufig die Mehrzahl und konnten
ihre Beschlüsse durchsetzen. Mit ihnen geistesverwandt war die Partei
der Zeloten, welche Juda, der Galiläer, (o. S. 250) von fanatischem
Römerhasse erfüllt, stiftete; diese Eiferer (Kannaim) nannten sich auch
nach dem Namen ihres Hauptstifters Galiläer. Das Stichwort, das
Juda der Zelotenpartei gab, und das von einem Schammaïten Zaddok
so gierig aufgenommen worden zu sein scheint, war, daß es das göttliche Gesetz verletzen heiße, wenn man den römischen Herrschern Gehorsam
leiste; nur Gott allein gebühre die Herrschaft, und nur er könne Gehorsam verlangen. Man müsse daher mit dem Aufgebot aller Kräfte,
mit Aufopferung des Vermögens, der Familie und des eigenen Lebens
die Anmaßer bekämpfen, welche an Gottes Statt Untertanenpflicht von
den Judäern verlangen[4]). Als Vorbild eines Eiferers wurde „Pinehas"

---

[1]) Jebamot 13 a.   [2]) S. Note 24.
[3]) Tosefta Erubin III, 5 ff.   Sabbat 19 a.
[4]) Josephus Altert. XVIII, 1, 6; jüd. Kr. VII, 8, 6; 10, 1.

aufgestellt, welcher ganz allein einem pflichtvergessenen Stamme und der schlaffen Nation gegenüber für Gott geeifert und den Stammesfürsten „Simri", welcher mit einer Midjaniterin Buhlerei trieb, getötet hat. Der judäische Staat müsse republikanisch regiert werden; sein Oberherr solle Gott und seine Verfassung dessen Gesetz sein. Solche Grundsätze, die jedermann faßlich waren, mußten um so mehr Eingang finden, je schwerer das römische Joch auf der Nation lastete. Das Ziel, die Erringung der Freiheit, elektrisierte Jünglinge und Männer. Anfangs nur von den Schammaïten unterstützt, vergrößerte sich die zelotische Partei, als die Römer die Zügel noch straffer anzogen.

Sobald Quirinius den Befehl erlassen hatte, daß jeder die Zahl seiner Familienmitglieder, seine Ländereien und sein Vermögen auf einer Rolle angeben sollte, gaben die Zelotenführer Zaddok und Juda, der damals in Jerusalem anwesend gewesen zu sein scheint[1]), das Zeichen zu energischem Widerstande. An einigen Orten scheint es zu Widersetzlichkeiten gekommen zu sein. Die Gemäßigten dagegen und der Hohepriester Joasar[2]) suchten die Gemüter zu beruhigen und die Aufregung zu dämpfen, vermutlich indem sie das Volk aufklärten, daß der Zensus nicht Knechtung und nicht Konfiskation des Vermögens beabsichtige, sondern nur die Steuerleistung kontrollieren solle. Aber dennoch blieb der Zensus so verhaßt, daß der Name selbst eine gehässige Bedeutung annahm; man bezeichnete mit dem Worte jede Geldstrafe (Census, κῆνσος, Kenas[3]). Wiewohl die Gemäßigten die Widersetzlichkeit zu verhindern suchten, waren sie nichtsdestoweniger über die Eingriffe der Römer empört. Wie konnten sie auch die römische Anmaßlichkeit gut heißen, da von jetzt ab Steuer von jedem Kopfe (Gulgôlet), Abgaben von den Feldfrüchten und den Häusern und endlich Ausgangs- und Eingangszölle (Meches) eingefordert wurden! Auch die Hilleliten hielten diesen Steuerdruck so sehr für ungerechtfertigt, daß sie, trotz ihrer Gewissenhaftigkeit, jedes Mittel gestatteten, sich von demselben zu befreien[4]). Wie verhaßt das römische Abgabensystem war, beweist der Umstand, daß jeder, der sich dabei beteiligte, sei es als Steuerpächter (Moches) oder als Zöllner (Gabbaï) für ehrlos erklärt, in der guten Gesellschaft nicht gelitten wurde und als Zeuge keinen Glauben fand[5]). Nur solche, welche aus Eigennutz oder Leichtsinn einen unfrommen Lebenswandel führten, gaben sich dazu her, das Zollamt zu übernehmen; Zöllner und

---

[1]) Daf. Altert. daf. 1, 1. Der Ausdruck ʼΙούδας . . . Σάδδουκον Φαρισαῖον προσλαμβανόμενος scheint dafür zu sprechen. Für Galiläa, das Antipas gehörte, war der Zensus nicht ausgeschrieben.

[2]) Daf. 1, 1. [3]) Sehr oft in der Mischna.

[4]) Nedarim 27 b, 28. [5]) Sanhedrin 25 b.

Geſetzübertreter wurden daher gleichbedeutende Schimpfnamen[1]). Noch eine andere Veränderung trat durch die römiſche Beſitznahme von Judäa ein. Die öffentlichen Urkunden, ſelbſt Scheidebriefe, mußten nach den Regierungsjahren der Kaiſer ausgeſtellt werden, während man bisher nur nach den Jahren der judäiſchen Regenten gezählt hatte. Auch darüber waren die Zeloten empfindlich und warfen den gemäßigten Phariſäern, die ſich ſelbſt hierin nachgiebig gezeigt hatten, Lauheit in religiöſen Dingen vor. „Wie dürfe man die Schändung begehen, in dem Scheidebrief die Formel „„nach dem Geſetze Moſes und Israels““ neben den Namen des heidniſchen Herrſchers zu reihen und ſolchergeſtalt den geheiligten Namen des größten Propheten auf gleiche Stufe mit dem Namen des Herrſchers zu ſetzen?“[2]). Um die feindliche Stimmung im Volke wegen des Zenſus einigermaßen zu beſchwichtigen, mußte Quirinius ein Zugeſtändnis machen. Er ſetzte den mißliebigen Hohenprieſter Joaſar ab und ernannte an deſſen Stelle einen Anan aus der Familie Seth. Dieſer bildete eine angeſehene Prieſterfamilie, „das Haus Anan“, aus welchem fünf Hoheprieſter hervorgegangen ſind[3]).

Der Verluſt des letzten Reſtes der Selbſtändigkeit nach Herodes Tode übte einen Rückſchlag auf das innere Leben des Volkes aus. Während der anarchiſchen Zuſtände wanderten die Ruheliebenden nach den Nachbarländern, Syrien, Kleinaſien und auch nach den Euphratländern aus; den erſten Anſiedlern zogen andere nach, und das heilige Land war durch die häufigen Auswanderungen von Entvölkerung bedroht. Dieſem Übelſtande gedachten die Vertreter des Judentums entgegenzuwirken. Es gab aber in dieſer Zeit nur ein einziges Mittel, irgend welche Maßregel durchzuſetzen: die Bedrohung mit dem Verluſte der levitiſchen Reinheit. Der Tempel mitſamt dem Opferweſen galt als das Höchſte und wurde wie der Augapfel vor jedem Hauche der Verunreinigung und Trübung bewahrt. Vom Beſuch des Tempels ausgeſchloſſen oder an der Darbringung eines Opfers wegen levitiſcher Unreinheit gehindert zu ſein, galt als eine Art Strafe, der niemand ſich ausſetzen mochte. Dieſe Stimmung benutzten die phariſäiſchen Führer des Volkes, die Schammaiten und Hilleliten in gleicher Weiſe, um die Auswanderung aus Paläſtina zu hemmen. Sie erklärten, daß, wer auch nur einen Schritt ins Ausland geſetzt habe, als levitiſch unrein betrachtet[4]) und nicht eher zum Opfern zugelaſſen werde, bis er

---

[1]) Evangelium Matthäi 9, 10 und Parallelſtellen.
[2]) Jadajim IV, 8. Die richtige L.-A. iſt אמר מין גלילי, d. h. ein Galiläer oder Zelote. Möglich, daß der Stifter Juda ſelbſt dieſen Vorwurf den allzu nachgiebigen Phariſäern gemacht hat.
[3]) Vergl. Note 19.   [4]) Note 18.

sich einer umständlichen Reinigung unterzogen habe. Wenn diese Maß=
regel, welche zunächst gegen die Ahroniden gerichtet war, die Auswande=
rung auch vermindert hat, völlig verhindert hat sie sie keineswegs. Klein=
asien, wo es vermögende und angesehene Glaubensgenossen in nicht
geringer Zahl gab, die infolge der günstigen Dekrete des Augustus
unbehelligt waren (o. S. 228), übte eine besondere Anziehungskraft aus.
Die kleinasiatische Auswanderung führte indessen religiöse Verwickelungen
herbei. Ehemänner verließen ihre Frauen in Palästina, oder diese mochten
nicht mit auswandern und konnten nach dem Gesetze nicht dazu ge=
zwungen werden [1]. Es erfolgten darauf Ehescheidungen; aber die Ge=
setze über die Ausfertigung des Scheidebriefes waren bereits so sehr
mit skrupulöser Umständlichkeit erschwert, daß ein in Kleinasien aus=
gestellter Bedenken bezüglich seiner religiös=gesetzlichen Gültigkeit erregte.
Die gesetzgebende Behörde in Jerusalem bestimmte daher, daß der Bote,
der einen Scheidebrief für eine Ehefrau aus Kleinasien überbrachte, vor
Zeugen versichern müsse, daß das Schriftstück gesetzmäßig ausgestellt sei [2].

Durch den Übereifer der Schammaïten und die Nachgiebigkeit der
Hilleliten erhielt das Judentum ein ganz anderes Gepräge, eine finstere
Gestalt; es wurde eine Religion, welche die Weltflucht lehrte und empfahl.
Es wurde nicht mehr gefragt, was nach Moses Fünfbuch (der Thora)
erlaubt oder verboten sei, sondern lediglich, was das „Haus Scham=
maïs" oder das „Haus Hillels" lehre.

Diese peinliche Religiosität veranlaßte ein für die Zukunft ersprieß=
liches Werk, das diese Richtung überwinden helfen sollte. Es gab
nämlich in dieser Zeit bereits neben dem hochverehrten Fünfbuch Moses
und den nahestehenden neunzehn prophetischen Schriften, aus welchen
in den Bethäusern vorgelesen zu werden pflegte, noch eine Reihe von
Schriften erbaulichen Inhalts, die, weil sie nicht von Propheten stammten,
nicht zur öffentlichen Vorlesung verwendet und daher nicht als ein
Schrifttum höherer Art angesehen wurden. Das waren die Psalmen,
seit dem Altertum bis zur Makkabäerzeit gedichtet, von denen eine Aus=
wahl von den Levitenchören täglich und bei verschiedenen Anlässen im
Tempel bald in freudigen, bald in traurigen Weisen gesungen wurde.
Es war das unter dem Namen des Königs Salomo angelegte Spruch=
buch mit weisen Ermahnungen und Warnungen. Ferner das sinnige
Buch Hiob, in welchem das Rätsel des Menschenlebens zuerst in einer

---

[1] Ketubbot XIII, 11.

[2] Die Bestimmung הַמֵּבִיא גֵט צָרִיךְ שֶׁיֹּאמַר בְּפָנַי נִכְתַּב וּבְפָנַי נֶחְתַּם (Gittin I, 1)
ist ursprünglich lediglich für מְדִינַת הַיָּם, d. h. das Ausland, welches am Meere
liegt, das westliche Kleinasien, eingeführt worden. Der Grund dafür ist ohne
Klügelei im Jerusch. das. gegeben: שֶׁאֵין בְּקִיאִין (בִּמְדִינַת הַיָּם) בְּדִקְדּוּקֵי גִּטִּין.

anziehenden und erhabenen Dichtung zu löſen verſucht wurde. Dazu
gehörten ferner die Klagelieder Jeremias beim Untergang Jeruſalems und beim Beginn der babyloniſchen Gefangenſchaft, die ſchöne
Jdylle des Buches Ruth, welche in der Zeit nach der Rückkehr aus der
Gefangenſchaft der Verſchwägerung mit den fremden Völkern, die in
die judäiſche Lebensgemeinſchaft treten wollten, das Wort reden wollte
(B. II b. 136); das Dreibuch Chronik, Esra und Nehemia, welches
die Zuſtände und Vorgänge nach der Rückkehr aus dem Exile darſtellt.
Sodann das Hohelied, welches in einer den ſtürmiſchen Tagen vorangehenden ruhigen Zeit ebenfalls unter dem Namen Salomos gedichtet
worden war (daſ. 257), und die beiden Bücher Daniel und Eſther,
in der Drangſalszeit der Makkabäerkämpfe zur Tröſtung und Erhebung
gedichtet (daſ. 332), und endlich das Buch Kohelet, das die trübe
Zeit der letzten Vergangenheit vergegenwärtigt (o. S 236 f.). Alle dieſe
Schriften, die, ohne irgend einen heiligen Charakter zu beſitzen, nur
dem einzelnen zur Privatleſung dienten, wurden auch zum Privat-
gebrauch benutzt; die Tierfelle, auf welchen ſie geſchrieben waren, dienten
auch als Sattel zum Reiten oder ſonſt wie.

Dem Synhedrial=Kollegium aus den beiden Schulen Schammaï
und Hillel ſchien aber der Mißbrauch ſolcher Schriften, die doch in der
heiligen Sprache verfaßt ſind, und in denen — mit Ausnahme des
Buches Eſther — der heilige Gottesname genannt wird, als eine Ent=
würdigung. Aber wie dem Unfug ſteuern? Abermals vermöge der
Strenge der levitiſchen Reinheitsgeſetze. Dieſe Schriften waren näm=
lich meiſtens in den Händen der Prieſter (Ahroniden), die ſich von den
Prieſterabgaben (Hebe, Opferfleiſch) ernährten. Die beiden Schulen
erklärten nun mit einem Male: wer ein heiliges Buch auch nur berührt,
gilt inſoweit als unrein, als er von den genannten Gaben nichts
zehren dürfe, bis er ſich gebadet habe. Da das aber etwas umſtänd=
lich war, ſo zogen es die Prieſter vor, lieber ſo ſelten als möglich mit
dieſen Schriften in Berührung zu kommen. Drollig genug klang aller=
dings die Maßregel, daß heilige Schriften eine verunreinigende Wirkung
haben ſollen! Die Phariſäer, die ſie eingeführt, ſind auch wirklich von
ihren Gegnern, den Sadduzäern, ausgelacht worden. Dieſe ſpotteten:
wer ein heiliges Buch anrührt, deſſen Hände ſind unrein, wer aber
Blätter von Tagesneuigkeiten (Hemeras) lieſt, iſt nicht unrein! Aber
der Spott hat noch niemals den religiöſen Übereifer entwaffnet. Die
Maßregel der beiden Schulen blieb vielmehr ſo lange in Kraft, bis
die Geſetze über Reinheit und Unreinheit überhaupt in Verfall kamen.

So ſeltſam die Maßregel auch iſt, ſo hatte ſie doch die erſprieß=
liche Seite, daß dieſe Schriften vor dem Untergang bewahrt blieben.

Es gab also seitdem drei Gattungen von biblischen Schriften: das hoch=
heilige Fünfbuch oder Moses Lehre, die Propheten mit der Heilig=
keit zweiten Grades und die genannten Bücher mit der Heiligkeit dritten
Grades. Diese wurden heilige Schriften schlechthin genannt (Kitbe
Kodesch, Hagiographen[1]). Eine Regel (Kanon) dafür, was zu dieser
Gattung gehören solle, wurde anfangs nicht aufgestellt, sondern das
höhere Altertum oder der religiöse Inhalt waren eine Empfehlung für
die Aufnahme und Einreihung unter die Hagiographen. Wahrscheinlich
hatte Sirachs Spruchbuch, das noch wärmer als die Salomonischen
Sprüche den hohen Wert des „Gesetzes" betont, ebenfalls einen Platz
in der Sammlung gefunden. Für die Anerkennung wegen des höheren
Alters richteten sich die Sammler nach der Aufschrift, die an der Spitze
der Schriften angegeben war. Nur zwei Büchern gegenüber wurde
das Bedenken rege, ob ihnen der Charakter der Heiligkeit zu verleihen
sei: dem Hohenliede, welches zwar Salomos Namen an der Spitze
trägt, aber, äußerlich betrachtet, nur ein weltliches Liebeslied zu sein
scheint, und dem Prediger (Kohelet), der zu Anfang zwar auch diesen
König als Verfasser andeutet, der aber in seiner Zweifelsucht selbst den
Glauben an die Unsterblichkeit und an eine gerechte Weltordnung in
den Zweifel hineinzieht. Die Schammaïtische Schule war daher von
vornherein gegen die Zulassung dieser Bücher zur Sammlung der
Hagiographen, und ihr Urteil scheint eine Weile durchgedrungen zu sein,
da später die Frage über die Zulässigkeit derselben von neuem angeregt
wurde. Nur die Gunst, welche beide Bücher, die eine andere Tonart
als die übrigen biblischen Schriften anschlagen, bei den Hilleliten fanden,
hat sie vor dem Untergang geschützt.

Am meisten beliebt wurden zwei hagiographische Schriften, der
P s a l t e r und D a n i e l. Die Psalmen, von denen die Zeitgenossen
glaubten, daß sie zum allergrößten Teil von dem königlichen Sänger
David stammen, wurden fast den prophetischen Büchern gleichgestellt.
Die Leser suchten und fanden darin Anspielungen und Andeutungen
auf die verschiedenen Lagen der Nation in dem Verlaufe der langen
Geschichte, als wenn der Sänger diese prophetisch vorausgeschaut und
auch für trübselige Zeitläufe Trost und Hoffnung angedeutet hätte.
Priester und Leviten, zumeist pharisäisch gesinnt und der einen oder
anderen der beiden Schulen angehörig, wählten daher aus dem Psalter
für den Chorgesang der Leviten an manchen Wochentagen und Festen
Klage= und Bittpsalmen aus, welche die unglückliche Lage unter der
Römerherrschaft wiederspiegeln, überzeugt, daß diese vorausgesehen und

[1] Vergl. Note 18.

eine Erlösung davon durch die göttliche Gnade für sein Volk verheißen
worden wäre. — Das mystische Buch Daniel aber wurde ebenfalls
in diesem Lichte betrachtet und gab Anhalt für die Anwendung seiner
Mystik auf die Gegenwart. Das vierte Tier, eine Allegorie für ein
viertes Reich, welches nach dem babylonischen, medo-persischen und
griechisch-mazedonischen auftreten und alles mit Füßen niedertreten
werde, das „kleine Horn" (eine Allegorie in diesem Buche), welches
Lästerungen gegen Gott ausstößt, wurde auf das länderbezwingende
und völkerknechtende Rom bezogen, dessen jäher Sturz zugleich verkündet
werde [1]).

Unter Coponius, der nach Quirinius' Abzug als der erste Landpfleger geblieben war, regte sich wieder der alte Groll zwischen Judäern
und Samaritanern. Seitdem Hyrkan I. die letzteren besiegt, ihre Hauptstadt dem Erdboden gleichgemacht, ihren Tempel auf Garizim verbrannt
hatte (S. 71), schien es, als wenn dieser halbjüdäische Volksstamm mit
abweichendem Kultus und mit seinem Protest gegen die Heiligkeit des
jerusalemischen Tempels der Vergessenheit anheimgefallen wäre. Allein
Herodes, der nicht übel genug heraufbeschwören konnte, hatte die
Samaritaner wieder aus dem Schlummer geweckt und ihre Leidenschaft
angefacht. Er hatte ihre Stadt Samaria unter dem Namen Sebaste
wieder aufgebaut und sie ohne Zweifel wegen seines dem ihrigen ähnlichen Verhältnisses zum Judentume auf alle Weise begünstigt. Eine
seiner Frauen, Malthake, war eine Samaritanerin und deren Sohn
Archelaus sein Nachfolger. Die Samaritaner mochten nun glauben,
der Zeitpunkt sei nahe, dem Tempel in Jerusalem eben so zuzusetzen,
wie die Hasmonäer dem ihrigen getan, und die Römer würden ihnen,
wenn auch nicht Vorschub leisten, doch durch die Finger sehen. Als
daher das Passahfest herannahte und an diesen Tagen wegen der vielen
Opfer die Tempelpforten schon um Mitternacht geöffnet wurden, schlichen
sich einige Samaritaner in den ersten Tempelvorhof und warfen Menschen-
gebeine in die Säulenhallen, wodurch der Tempel verunreinigt werden
sollte (um 10). Ob auch in das Innere des Heiligtums Gebeine geworfen worden, und ob dadurch der Tempeldienst an diesem Tage gestört

---

[1]) Vergl. Midrasch zu Genesis c. 76: זו מלכות הרשעה שמכתבת .... קרן זעירא
טירוניה מכל האומות בעולם. Deswegen hat Zacharia ben Kabutal, welcher kurz
vor dem Tempeluntergang Vorleser für die Hohenpriester war, denselben aus
Daniel vorgelesen, um ihnen nahezulegen, daß das vierte oder römische Reich
ebenso dem Untergang geweiht sei, wie die vorangegangenen drei (Joma I, 6:
פעמים הרבה קריתי לפני בדניאל). Vergl. Hieronymus Comment. zu Daniel XI,
Ende, daß jüdische Ausleger die Danielschen Visionen auf das römische Reich
bezogen haben.

war, läßt sich wegen der Dunkelheit der Nachricht nicht ermitteln [1]).
Die Folgen davon waren, daß der Haß zwischen den beiden Völkerschaften von neuem aufloderte, und daß die Wachen bei dem Tempel,
welche den Leviten oblagen, verschärft wurden. Nicht lange nach dieser
Begebenheit wurde Coponius abberufen und an seine Stelle Marcus
Ambivius und bald darauf dessen Nachfolger Annius Rufus ernannt — in sieben Jahren drei Landpfleger (7—14), was jedenfalls
für die Nation ein Übel war, indem jeder derselben auf Bereicherung
ausging und das Volk aussog.

Augustus' Tod (14) änderte an den judäischen Verhältnissen gar
nichts; Judäa fiel dem neuen Cäsar Tiberius unter so vielen Ländern
als Erbschaft zu. Äußerlich mögen sich die Provinzen unter Tiberius'
Regierung nicht übel befunden haben; denn dieser Vertilger der römischen
Aristokratie war gegen das Volk nicht ungerecht. Er erleichterte auch
auf die Klagen der Judäer wegen des unerträglichen Steuerdruckes
die Abgaben und sandte einen anderen Landpfleger in Valerius
Gratus [2]), der sein Amt elf Jahre verwaltete (15—26). Innerlich
aber war Tiberius noch mehr als sein Vorgänger und Adoptivvater
gegen das Judentum eingenommen, gleichsam als hätten die cäsarischen
Träger des Römertums geahnt, daß das römische Wesen und der
römische Kultus durch das Judentum den Todesstoß empfangen werden.
Bei aller Rücksicht, mit welcher Augustus die Judäer behandelte — er
und seine Gemahlin Livia weihten dem Tempel Geschenke und ließen
sogar für sich in dem Heiligtume zu Jerusalem Opfer bringen — war
ihm doch die judäische Religion widerwärtig. Er lobte daher seinen Enkel
Cajus Cäsar dafür, daß er nach Herodes' Tode auf seinem Zuge
nach dem Orient Judäa nicht besucht und im Tempel zu Jerusalem
nicht geopfert hatte [3]). Die Abneigung mag sich vermehrt haben, als
Römer, besonders aber römische Frauen, sich dem Judentume zuneigten.
Die Begeisterung der Judäer für ihre Religion und ihren Tempel
bildete einen scharfen Gegensatz zu der Nüchternheit der Römer, der
Priester wie der Laien, gegen ihren Nationalkultus. Diese religiöse
Wärme verfehlte nicht, religionsbedürftige Gemüter unter den Heiden
hinzureißen und dem Judentume Proselyten zuzuführen. Der Untergang der Freiheit im monarchischen Rom hatte das Ideale, wofür hoch-

---

[1]) Josephus Altert. XVIII, 2, 2. Vergl. dazu die Noten in der Haver-
campschen Ausgabe. Möglich, daß dieser Fall Gelegenheit für die Bestimmung
gegeben hat, daß das Passah=Opfer ausnahmsweise auch bei levit. Unreinheit
dargebracht werden dürfe.
[2]) Josephus Altert. XVIII, 2, 3.
[3]) Sueton, Augustus 93.

geſtimmte Seelen erglühten, vertilgt und das Leben reizlos gemacht,
ſo daß ſich die tiefer empfindenden Gemüter nach etwas ſehnten, wofür
ſie ſchwärmen konnten. Unter Tiberius gab es daher mehrere römiſche
Proſelyten, die, um den religiöſen Herzensdrang zu befriedigen, Geſchenke
für den Tempel nach Jeruſalem ſandten. Doch hatte wohl der Aber-
glaube ebenſo großen Anteil an der Zuneigung manches Römers und
mancher Römerin zur judäiſchen Religion wie ihre innere Überzeugung.
Der Kultus der Iſisprieſter fand damals ebenſoviel Anhänger in
Rom wie das Judentum. Gerade das Unbekannte, Fremde, Myſtiſche
übte auf die aller Idealität baren Römer eine mächtige Anziehungskraft aus. Die römiſchen Proſelyten erregten nun Tiberius' beſonderes
Mißfallen, als einſt die Iſisprieſter Mißbrauch mit ihrem Kultus trieben
und eine römiſche Matrone in das Netz der Verführung lockten, und
als vier betrügeriſche Judäer eine römiſche Proſelytin ausbeuteten.
Tiberius hielt den Zeitpunkt für geeignet, gegen den judäiſchen Kultus
in Rom wie gegen den ägyptiſchen einzuſchreiten. Dieſe Proſelytin
war Fulvia, die Gemahlin eines bei Tiberius angeſehenen Senators
Saturninus. Als Fulvia ſich zum Judentum bekannt hatte, ſchickte
ſie durch ihre judäiſchen Lehrer Geſchenke an den Tempel, welche dieſe
aber für ſich behielten. Sobald Tiberius Kunde von dieſem Betruge
erhielt, legte er dem Senat ein Geſetz gegen die Judäer vor, und dieſer
faßte den Beſchluß, daß ſämtliche Judäer und Proſelyten in Rom bei
Strafe ewiger Sklaverei die Stadt verlaſſen ſollten, wenn ſie nicht bis
zu einer beſtimmten Friſt das Judentum abgeſchworen haben würden.
Tiberius' Miniſter Sejan, der ihn mit dämoniſcher Gewalt beherrſchte,
hat ihn dazu aufgeſtachelt[1]). Tauſende judäiſcher Jünglinge wurden
infolgedeſſen nach der Inſel Sardinien verbannt, um gegen die dortigen
Räuberbanden zu kämpfen (19). Es war vorauszuſehen, daß die Verbannten in dem ungewohnten rauhen Klima untergehen würden; allein
dies war kein Grund für die hartherzigen Senatoren und den grauſamen
Tiberius, milder gegen ſie zu verfahren. Die Judäer in ganz Italien
wurden mit Ausweiſung bedroht, wenn ſie nicht ihren religiöſen Ritus
aufgäben. Ganz beſonders wurden die Jünglinge und Männer kräftigen
Alters gezwungen, auch am Sabbat die Waffen im Heere zu gebrauchen,
und wenn ſie aus religiöſen Bedenken ſich deſſen weigerten, wurden ſie
hart beſtraft[2]). Das war die erſte Religionsverfolgung gegen die Judäer

---

[1]) Philo gegen Flaccus 1, M. II, 517. Geſandtſchaft an Cajus 24, M. II. 569.
[2]) Die vier Quellen, welche darüber berichten, ſtimmen nicht ganz überein
und müſſen ausgeglichen werden. Joſephus (Altert. XVIII, 3, 4—5) ſpricht von
Verbannung von 4000 Judäern nach Sardinien und von Beſtrafung vieler,
welche am Sabbat nicht kämpfen mochten: πλείστους δὲ ἐκόλασαν μὴ θέλοντας

in Rom und ihr erstes Märtyrertum im Abendlande, der Vorläufer un=
zähliger anderer. — Der neue von Tiberius belegierte Landpfleger Gratus
mischte sich wie seine Vorgänger in die inneren Angelegenheiten Judäas
ein; er setzte während seines elfjährigen Prokuratoramtes nicht weniger
als fünf Hohepriester ab, von denen einige nicht länger als ein Jahr
in der Würde blieben. Manchmal war die Beliebtheit oder Mißliebigkeit
der Hohenpriester der Beweggrund für den Wechsel, öfter aber Be=
stechung oder launenhafte Willkür. Die erste Wahl fiel, nachdem Anan
abgesetzt war (o. S. 260), auf einen Hohenpriester Ismael aus der
Familie Phiabi oder Phabi[1]), der ein würdiger Nachkomme des
Musterpriesters Pinehas genannt wird, und den die Sehnsucht der
Nation herbeiwünschte. Eine schöne Parabel sagt von ihm, der Tempel
selbst habe gewünscht, daß doch endlich Ismael die Hohepriesterwürde
bekleiden möchte. Aber eben, weil er die Sympathie des Volkes genoß,
mochte ihn wohl der römische Landpfleger nicht dulden und setzte nach
kurzer Zeit Eleasar, den Sohn des Anan[2]) aus der Familie Seth,
an seiner Stelle ein. Auf diesen folgte nach einem Jahre Simon
aus der Familie Kamith[3]); er und seine Brüder fungierten als
Hohepriester oder Stellvertreter. Auch Simon blieb nur ein Jahr im
Amte und wurde durch Joseph Kaiaphas oder Kaiphas ersetzt[4]),
welcher ausnahmsweise längere Zeit fungierte (ungefähr 19 bis 36).
Von parteiischen Quellen wird dieser als strenger Pharisäer von blut=
dürstigem Charakter geschildert.

στρατεύεσθαι διὰ φυλακὴν τῶν πατρίων νόμων. Tacitus (Ann. II, 85) spricht
auch von Verbannung von 4000 nach Sardinien, aber nicht von Judäern allein,
sondern auch von Ägyptern. Actum et de sacris Aegyptiis Judaicisque
pellendis factumque patrum consultum, ut quatuor millia libertini generis
ea superstitione infecta . . . in insulam Sardiniam veherentur . . . Dazu
aber auch von Religionszwang und Drohung der Ausweisung aus ganz Italien,
ceteri cederent Italia, nisi certam ante diem profanos ritus exuissent.
Sueton schreibt unbestimmt von der Verbannung judäischer Jünglinge und von
der Ausweisung aller aus Rom (Tiberius 36): Judaeorum juventutem per
speciem sacramenti in provincias . . distribuit, reliquos gentis ejusdem vel
similia sectantes urbe summovit, sub poena perpetuae servitutis nisi ob-
temperassent. Die vierte Quelle ist das Referat in der legatio ad Cajum
(Philo Ges. an Cajus § 24 M. II, 569) über Tiberius' Aufhebung des Ediktes
nach Sejans Tod und seinen Befehl, die Judäer in den Städten zu beruhigen,
daß die Verfolgung nicht auf alle, sondern nur auf wenige Schuldige anwend=
bar sei, und nichts von den Riten zu ändern. παρηγορῆσαι μὲν τοὶς κατὰ
πόλεις τῶν ἀπὸ τοῦ ἔθνους ὡς οὐκ ἐπὶ πάντας προβάσης τῆς ἐπεξελεύσεως . . .
κινῆσαι δὲ μηδὲν τῶν ἐξ ἔθους. Daraus folgt, daß von Tiberius eine Ver=
folgung gegen die Beobachter der judäischen Riten in ganz Italien verhängt war.
[1]) Josephus Altert. XVIII, 2, 2. Vergl. Note 19.
[2]) Josephus das. XVIII, 2, 2.   [3]) Das. Note 19.   [4]) Josephus das

Während Judäa mit den dazu gehörigen Landesteilen Samaria und Idumäa von Landpflegern regiert wurde, behielten die davon losgetrennten Glieder, die Tetrarchie Galiläa und Peräa unter Herodes Antipas und die andere, Batanäa mit anderen Teilen unter Philipp, einen Schein von selbſtändiger Regierung. Aber dieſe Glieder wurden fortan vom Staatskörper ſo ſehr getrennt, daß ſie zu Judäa in das Verhältnis des Auslandes traten. Verjährung des Beſitzes in dem einen Landesteile ſollten keine rechtliche Wirkung für diejenigen haben, die in einem der anderen Landesteile wohnten[1]). Durch die Feindſeligkeit der Samaritaner, deren Land als Keil zwiſchen Judäa und Galiläa mitten inne lag, war der Verkehr zwiſchen beiden losgetrennten Landesteilen noch mehr gehemmt, und Tempelbeſucher aus dem Norden mußten einen großen Umweg machen oder waren Unannehmlichkeiten ausgeſetzt, wenn ſie durch Samaria nach Jeruſalem gelangen wollten[2]). Die beiden Fürſten Antipas und Philipp zeichneten ſich durch nichts weiter als durch Bauluſt und Ergebenheit gegen die Römer aus. Antipas hatte zuerſt Sepphoris zur Hauptſtadt ſeiner Tetrarchie erhoben; als aber Tiberius Kaiſer geworden war, baute er, obwohl er von ſeinem Lande nur 200 Talente bezog[3]), eine neue Stadt in der paradieſiſchen Talebene des Geneſaret-Sees, nannte ſie Tiberias und verlegte ſeinen Sitz dahin (um 24 bis 26). Fromme Judäer ſcheuten aber den Aufenthalt in der neuerbauten Stadt, weil ſich daſelbſt, vielleicht von einer Schlacht her, Menſchengebeine fanden, wodurch die Einwohner am Tempelbeſuch und an anderen, levitiſche Reinheit erfordernden Übungen verhindert worden wären, wenn ſie ſich nicht ſtets einer ſiebentägigen Reinigung unterwerfen wollten. Antipas mußte daher durch lockende Verſprechungen und durch Zwang Bewohner für Tiberias herbeiziehen[4]), und doch wurde es über ein Jahrhundert von Gewiſſenhaften gemieden. Die Stadt Beth-Ramtha (Bet Haram), die, in gleicher Lage mit Jericho, ebenfalls Balſamſtauden lieferte[5]) und daher wichtig war, nannte Antipas zu Ehren von Auguſtus' Gemahlin Livias[6]). Philipp, der nur hundert Talente Einnahmen bezog[7]), erbaute ebenfalls zwei Städte; die eine in der reizenden Gegend der Jordanquelle nannte er Cäſarea, welche zum Unterſchiede von der gleichnamigen Stadt am Meere mit dem Zuſatz Cäſarea Philippi genannt wurde. Die andere nordöſtlich vom Geneſaret-See, die früher

---

[1]) Baba Batra 38 a.
[2]) Chagiga 25 a. Joſephus Altert. XX, 6, 1.
[3]) Joſ. daſ. XVII, 11, 4.
[4]) Joſ. XVIII, 2, 3.   [5]) Sabbat 26 a. Vergl. B. I, S. 464.
[6]) Joſ. daſ. XVIII, 2, 1.   [7]) Daſ. XVII, 11, 4.

Beth-Saida (Zaidan) hieß, nannte Philipp Julias [1]), nach Augustus'
Tochter. Die cäsarische Familie hatte nicht viel mehr Denkmäler in
Rom als in Judäa. Philipp besaß indessen einen stillen Charakter,
war ohne starke Leidenschaften und verwaltete sein Fürstentum sieben=
unddreißig Jahre (4 vor — 34 nachchr. Z.) ruhig [2]). Antipas hingegen
hatte etwas von seines Vaters Hang nach Ausschweifung und von
dessen Blutgier.

Gratus' Nachfolger im Amte, Pontius Pilatus, der durch eine
während seiner zehnjährigen Verwaltung (26 bis 36) vorgefallene Be=
gebenheit eine weltgeschichtliche Berühmtheit erlangt hat, zeigte gleich
bei seinem Antritte, daß die judäische Nation bisher noch nicht genug
Erniedrigung erfahren hatte, und daß sie sich gefaßt machen müßte,
den Leidenskelch bis auf die Hefe zu leeren. Es genügt, um Pilatus
zu charakterisieren, daß er den Posten übernahm, als der tückische
Minister Sejan Kaiser und Senat erzittern machte, daß er folglich
Sejans Kreatur war und von ihm nach Judäa abgeordnet wurde.
Pilatus blieb hinter seinem Herrn nicht zurück. Er versuchte, was
kein Landpfleger vor ihm gewagt hatte, die empfindlichsten Seiten der
judäischen Nation zu verletzen und sie in ihren religiösen Gefühlen zu
kränken; er wollte die Judäer daran gewöhnen, den Kaiserbildern gött=
liche Verehrung zu zollen. Bis dahin hatten die Führer der römischen
Truppen die Scheu der Judäer vor Bildnissen, in denen sie nicht mit
Unrecht Menschenvergötterung erblickten, soweit geschont, daß sie die=
selben beim Einzug in Jerusalem von den Fahnen abzunehmen pflegten.
Dieser Empfindlichkeit mußten auch Herodes und seine Söhne Rechnung
tragen; sie durften auf ihre Münzen nicht die Köpfe Augustus' oder
Tiberius' prägen, so gern ihre Liebedienerei es getan hätte. Nur der
Tetrarch Philipp machte eine Ausnahme davon. Seine Münzen zeigen
das Bildnis der beiden Kaiser [3]), weil in seinem Fürstentume mehr
Heiden als Juden wohnten. Pilatus wußte also sehr wohl, daß bis
dahin auf die Bilderscheu der Judäer Rücksicht genommen worden war.
Er aber gedachte sie zu verhöhnen. Hatte er einen geheimen Auftrag
von Sejan, die Judäer geradezu zu kränken und zu reizen, oder tat
er es aus eigenem Antriebe, um Aussicht auf reiche Bestechung zu
haben? Man weiß es nicht. Heimlich ließ er die Kaiserbilder, die

[1]) Es ist unnötig mit Reland zweierlei Bethsaida anzunehmen, weil das
Johannes-Evangel. (12, 21) Βηθσαϊδά τῆς Γαλιλαίας nennt. Der evangelische
Verfasser war einfach in der Topographie Palästinas schlecht unterrichtet. [Vergl.
zu der Frage die Literatur, die Schürer II³, 162, Anm. 432 anführt.]
[2]) Jos. daf. XVIII, 4, 6.
[3]) Vergl. Madden, Coins of the Jews. 1881, 123 ff., die Münzen Philipps.

auf den Standarten der Legionen waren, nach Jerusalem bringen, um
sie daselbst aufzustellen.   Diese Ausstellung von göttlich verehrten
Menschenbildern brachte bei den Einwohnern Jerusalems und, wie sich
die Nachricht davon verbreitete, im ganzen Lande eine tiefe Aufregung
hervor. Abgeordnete des Volkes eilten zum Landpfleger nach Cäsarea,
ihn um Entfernung der Bilder anzuflehen.   Ihnen schlossen sich sogar
die noch lebenden Glieder des herodianischen Hauses an.   Fünf Tage
lagerten die Flehenden vor dem Palaste des Landpflegers, ihn mit
Bitten bestürmend.   Am sechsten Tage ließ Pilatus sie durch seine
Legionen erschrecken und drohte sie niederhauen zu lassen, wenn sie
nicht von ihren Bitten abständen.   Da aber die Judäer standhaft blieben
und ihr Leben für die Heilighaltung ihrer religiösen Überzeugung einzusetzen entschlossen waren, so gab er, vielleicht auch aus Furcht, von
Tiberius, ohne dessen Willen er es unternommen haben mochte, zur
Rechenschaft gezogen zu werden, den Befehl, den Gegenstand des Anstoßes
zu entfernen [1]).

Zum zweiten Male brachte er die Einwohner Jerusalems in Aufregung.   Unter dem Vorwande, eine Wasserleitung von einer zweihundert Stadien (36 Kilometer) von Jerusalem entfernten Quelle anzulegen, nahm er den Tempelschatz (Korban) in Beschlag.   Da er selbst
in Jerusalem anwesend war, so belagerte ihn die Volksmenge und stieß
Verwünschungen gegen ihn aus.   Er wagte aber nicht, seine Legionen
einschreiten zu lassen, sondern ließ viele Soldaten, in judäischer Tracht
verkleidet, sich unter die Menge mischen und auf sie einhauen.   Viele
Judäer fanden dabei Wunden und Tod, die anderen zerstreuten sich [2]).

---

[1]) Jos. Altert. XVIII, 3, 1. Philo Gesandtschaft an Cajus M. II, 589 fg.
und dazu Note 21.   [2]) Josephus das. XVIII, 3, 2.

Elftes Kapitel.

Messianische Erwartungen und der Ursprung des Christentums.

Messianische Spannung in den Gemütern. Verschiedene Auffassungsweisen von dem erwarteten Messias. Das essäische Himmelreich. Johannes der Täufer, sein Wirken, seine Gefangennahme. Jesus von Nazaret setzt Johannes' Werk fort. Seine Geburtsgeschichte. Seine Wirksamkeit, sein Verhalten zum Judentume und zu den Parteien. Seine wundertätige Krankenheilung und seine Austreibung der Dämonen. Sein geheimes Auftreten als Messias. Seine Reise nach Judäa. Anklage gegen ihn und seine Verurteilung. Die christliche Urgemeinde und ihre Vorsteher; die Ebioniten. Pilatus' Entfernung aus Judäa. Vitellius, Statthalter von Syrien, günstig gegen die Judäer gestimmt.

28 — 37.

Während Judäa noch zitterte bei dem Gedanken, daß der Landpfleger Pontius Pilatus irgend einen neuen Streich der Gewalttätigkeit ausführen könnte, der neue Aufregung und neue Leiden zur Folge haben würde, rang sich eine Erscheinung ins Leben, die in ihren Anfängen so klein war, daß sie nach ihrer Geburt kaum beachtet wurde, die aber durch die eigentümliche Art des Auftretens und durch die Gunst der Umstände allmählich einen so gewaltigen Anlauf nahm und eine so riesige Macht erlangte, daß sie der Weltgeschichte neue Bahnen vorzeichnete. Es war nämlich die Zeit gekommen, in welcher die Grundwahrheiten des Judentums, bisher gebunden und nur von Tieferdenkenden in ihrem wahren Werte erkannt, sich der Fessel entschlagen und frei hinaustreten sollten, die Völker der Erde zu durchdringen. Die Fülle hehrer Gedanken von Gott und einem heiligen Leben für den Einzelnen, wie für den Staat, die den Grundkern des Judentums ausmachen, sollte in die Leerheit anderer Völker überströmen und diesen einen reichen Inhalt bringen. Israel sollte seine Aufgabe: Lehrer der Völker zu werden, ernstlich zu verwirklichen anfangen. Sollte die uralte Lehre von Gott und dem sittlich=göttlichen Leben des Menschen bei der gottentfremdeten und entsittlichten Heidenwelt Eingang finden, so mußte sie neue Namen und neue Formen annehmen, wenn die Gemüter und Geister dafür empfänglich werden sollten, weil das Judentum in seinem ausgeprägten Wesen mit seinem alten Namen im allgemeinen unter den Heiden nicht beliebt war. Die neue Erscheinung, die unter

Pilatus' Landpflegerschaft auftauchte, war es nun, welche eine größere, innigere Teilnahme der Heidenwelt an der Lehre des Judentums anbahnen sollte. Aber diese Erscheinung trat durch Aufnahme fremder Elemente, durch Selbstentfremdung und Entfernung von ihrem Ursprung bald in einen schroffen Gegensatz zu diesem. Die judäische Religion, welche diese Geburt in die Welt gesetzt, konnte keine Mutterfreuden an ihr haben, weil die Tochter sich bald unfreundlich von ihrer Erzeugerin abwandte und Richtungen einschlug, wohin zu folgen dieser unmöglich war. Wollte das Judentum nicht seinen eigentümlichen Charakter abstreifen und seinen uralten Überzeugungen untreu werden, so mußte es einen schroffen Gegensatz zu dem von ihm selbst Erzeugten einhalten. Daher hat denn auch die leichte schmerzlose Geburt des zu großen Dingen aufbewahrten Kindes dem Judentum hinterher Schmerzen und Drangsale in Fülle gebracht, wodurch es eine geraume Zeit hindurch beinahe verkümmerte. Diese neue Erscheinung, diese alte Lehre in neuem Gewande, oder richtiger dieses mit fremden Elementen versetzte Essäertum ist das Christentum, dessen Entstehung und erster Verlauf in diese Zeitepoche der judäischen Geschichte fallen.

Das Christentum verdankt seinen Ursprung einem überwältigenden, dunkeln Gefühle, das die höheren Schichten der judäischen Nation beherrschte, und das mit jedem Tage mächtiger wurde, je unbehaglicher und unerträglicher sich der politische Zustand mit seinen Folgen gestaltete. Die gehäuften, täglich sich erneuernden Leiden, welche die Schonungslosigkeit der Römerherrschaft, die Schamlosigkeit der herodianischen Fürsten, die Feigheit und Kriecherei der judäischen Aristokratie, die Selbstentwürdigung der hohenpriesterlichen Familien, die Zwietracht der Parteien erzeugten, hatten die Sehnsucht nach dem in den prophetischen Verkündigungen verheißenen Erlöser, nach dem Messias, in einem so hohen Grade gesteigert, daß es jedem höher Begabten leicht gelingen konnte, messianisch-gläubige Anhänger zu finden, wofern er nur, sei es durch seine äußere Erscheinung, sei es durch seine sittlich-religiöse Haltung für sich einzunehmen verstand. Waren die tieferen Geister ja ohnehin gewöhnt, den ganzen politischen Zustand, wie er sich nach dem babylonischen Exil gestaltete, als einen nur vorübergehenden, als eine bloße Vorbereitung zu betrachten, bis der wahre Prophet erscheinen, bis Elia wiederkommen werde, die Herzen der Väter mit den Herzen der Kinder zu versöhnen und die Stämme Jakobs wiederherzustellen [1] Als das Volk in feierlicher Weise den Hasmonäer Simon zum Fürsten

---

[1] Malachi, 3, 23—24; Tractat 'Edujot Ende; Evangelium Matthäi 11, 14; 17, 10 und die Parallelstellen in den anderen synoptischen Evangelien. Vergl. folgende Note.

erkor (o. S. 57), bestimmte es seine und seiner Nachkommen Herrschaft nur auf Zeit, bis zum Erscheinen des treuen Propheten, der die Königs= würde dem wieder zuwenden würde, dem sie gebührt, und sie gebührte von Rechts wegen nach dem Ausspruche der Propheten dem Geschlechte Davids, dem Gesalbten (Maschiach). Als die gewaltige Erschütterung im römischen Reiche erfolgte und die drei trotzigen Gewaltmänner Octavian, Antonius und Lepidus scheinbar Cäsars Mörder züchtigen, im Grunde aber eine neue Staatsform in Rom einführen wollten und jeder sich selbst zum Alleinherrscher aufzuwerfen trachtete, als blutige Kriege alle drei Erdteile in Zuckungen versetzten, da erwartete ein judäischer dichterischer Schwärmer in Ägypten eine ganz andere Um= wälzung, den Untergang der ganzen götzendienerischen Welt und den Anbruch des „Reiches Gottes". In diesem Reiche werde ein heiliger König, der Messias, das Zepter führen:

„Wenn aber Rom dereinst auch herrschet über Ägypten
„Und es zusammen regiert, dann wird das größte der Reiche
„Des unsterblichen Königs unter den Menschen erscheinen.
„Und es kommt ein heiliger König, die Länder der Erde
„Alle beherrschend, alle Zeiten hindurch, wie die Zeiten hinschwinden.

Die messianische Zeit, die so bestimmt erwartet wurde, sollte eine ganz neue Ordnung herbeiführen, gewissermaßen „einen neuen Himmel und eine neue Erde" herstellen. Mit dem Erscheinen Elias, welcher des Messias Vorläufer sein sollte, werde die Auferstehung der Toten eintreten und eine zukünftige Welt sich gestalten. Die Thisbiten pries der Spruchdichter Sirach: „Glücklich, die Dich sahen und die entschlafen sind; denn auch wir werden des (ewigen) Lebens leben"[1]).

---

[1]) Gegenüber der Behauptung Straußens, daß die Evangelien Jesu Messianismus nach einem Modell ausgearbeitet hätten, und daß dieses Modell, die messianische Theorie, noch vor Jesu Erscheinen in der Anschauung der Judäer fix und fertig gewesen sei, behauptete zuerst Bruno Bauer (Kritik der evangel. Geschichte I, S. 391 fg., Philo, Strauß, Renan und das Urchristentum 1874, S. 42 fg.) das Entgegengesetzte, daß die ausgebildete Messiasidee erst später nach Entstehung des Christentums und infolge desselben sich entwickelt habe. Holzmann folgte dieser Anregung und rechtfertigte diese Annahme (Jahrb. für deutsche Theologie 1867, S. 389 fg.) durch Belege. Mit Recht erklärt Schürer diese Annahme für haltlos (Lb. der neutest. Zeitgesch. 586 fg. [jetzt II³, 504 ff.]). Aber seine Argumente sind durchaus nicht schlagend. Das vorchristliche Alter des Psalterium Salomonis und des Henoch steht noch nicht so fest, daß sie als Beweismittel gebraucht werden könnten, weil in denselben die Messiasidee aus= gebildet erscheint. Ebensowenig läßt sich dafür aus der Ascensio Mosis und dem Buche der Jubiläen argumentieren, deren Abfassungszeit entschieden nach= christlich ist [vergl. hierzu jedoch Schürer III³, 218 f., 277]. Philo spricht allerdings von der Erlösung Israels, aber nicht von einem Messias. Der Zeit= hintergrund von Sibyllina III, 652—656 ist auch noch nicht kritisch gesichert.

Die messianische Spannung beherrschte also die Gemüter in den mittleren Schichten der Nation mit Ausnahme der Aristokraten und der Römlinge, welche mit der Gegenwart zufrieden waren und von einem Wechsel der Dinge eher Unheil zu fürchten, als Heil zu erwarten hatten. Daher traten denn auch innerhalb des kurzen Zeitraumes von dreißig Jahren eine Reihe schwärmerischer Männer auf, welche ohne betrügerische Absicht, nur dem inneren Drange folgend, das Joch der Leiden vom Nacken der Nation abzuschütteln, sich als Propheten oder als Messiasse ausgaben und Gläubige fanden, die

So bleibt von Schürers Beweisen nur Sibyll. III, 46—50, wo allerdings von einem „ἄγνος ἄναξ" die Rede ist, da dieses Stück unstreitig aus der Zeit des zweiten Triumvirats stammt (V. 51—52):

$$\varkappa\alpha i\ \tau \acute{o}\tau \varepsilon\ \Lambda\alpha\tau \acute{\iota}\nu\omega\nu\ \mathring{\alpha}\pi\alpha\varrho\alpha \acute{\iota}\tau\eta\tau o\varsigma\ \chi \acute{o}\lambda o\varsigma\ \mathring{\alpha}\nu\delta\varrho\tilde{\omega}\nu$$
$$\tau\varrho\varepsilon \tilde{\iota}\varsigma\ '\mathrm{P}\acute{\omega}\mu\eta\nu\ .\ .\ .\ \varkappa\alpha\tau\alpha\delta\eta\lambda\acute{\eta}\sigma o\nu\tau\alpha\iota.\ \text{Vergl. o. S. 204.}$$

Zwei wichtige Beweise aber aus unzweifelhaft vorchristlichen Schriften hat Schürer ebenso wie die anderen Forscher übersehen. Makkabb. I, 14, 41 ist in der für Simons Wahl zum Fürsten ausgestellten Urkunde angegeben: $\tau o\tilde{v}\ \varepsilon \tilde{\iota}\nu\alpha\iota$ $\Sigma \acute{\iota}\mu\omega\nu\alpha\ \mathring{\eta}\gamma o\acute{v}\mu\varepsilon\nu o\nu\ .\ .\ .\ \varepsilon \mathring{\iota}\varsigma\ \tau \grave{o}\nu\ \alpha \mathring{\iota}\tilde{\omega}\nu\alpha\ \mathring{\varepsilon}\omega\varsigma\ \tau o\tilde{v}\ \mathring{\alpha}\nu\alpha\sigma\tau\tilde{\eta}\nu\alpha\iota\ \pi\varrho o\varphi\acute{\eta}\tau\eta\nu$ $\pi\iota\sigma\tau \acute{o}\nu.$ Der treu bewährte Prophet kann kein anderer als Elia sein. Die Hauptvertreter des Volkes haben also damit sagen wollen, daß sie diese Wahl unbeschadet der Legitimität des davidischen Hauses getroffen haben. Denn mit der Parusie Elias waren das Erscheinen des Messias aus dem Hause Davids und die Erlösung Israels eng verbunden gedacht, wie aus der zweiten, noch älteren und ebenfalls übersehenen Stelle hervorgeht. Sirach, wo er Elia preist (48, 10—11), sagt noch mehr als Maleachi von ihm aus: $\mathring{\varepsilon}\pi\iota\sigma\tau\varrho\acute{\varepsilon}\psi\alpha\iota\ \varkappa\alpha\varrho\delta \acute{\iota}\alpha\nu$ $\pi\alpha\tau\varrho \grave{o}\varsigma\ \pi\varrho \grave{o}\varsigma\ \upsilon \acute{\iota}\acute{o}\nu\ \varkappa\alpha i\ \varkappa\alpha\tau\alpha\sigma\tau\tilde{\eta}\sigma\alpha\iota\ \varphi\upsilon\lambda \grave{\alpha}\varsigma\ '\mathrm{I}\alpha\varkappa \acute{\omega}\beta\cdot\ \mu\alpha\varkappa \acute{\alpha}\varrho\iota o\iota\ o \mathring{\iota}\ \mathring{\iota}\delta \acute{o}\nu\tau\varepsilon\varsigma$ (Var. $\varepsilon \mathring{\iota}\delta \acute{o}\tau\varepsilon\varsigma)\ \sigma\varepsilon\ \varkappa\alpha i\ o \mathring{\iota}\ \mathring{\varepsilon}\nu\ \mathring{\alpha}\gamma\alpha\pi\acute{\eta}\sigma\varepsilon\iota\ \varkappa\varepsilon\varkappa o\sigma\mu\eta\mu\acute{\varepsilon}\nu o\iota,\ \varkappa\alpha i\ \gamma \grave{\alpha}\varrho\ \mathring{\eta}\mu\varepsilon \tilde{\iota}\varsigma\ \zeta\omega\tilde{\eta}\ \zeta\eta\sigma \acute{o}\mu\varepsilon\theta\alpha.$ Elia soll demnach die Stämme Jakobs aufstellen, aufrichten, wiederherstellen: הקים את שבטי, d. h. also die Erlösung bringen oder befördern. Der Schluß, V. 11, ist unverständlich, wenn man nicht eine bessere L.=A. dafür setzt. „Glücklich, die dich sahen und in Liebe geschmückt sind?" Was soll das bedeuten? Liest man statt $\varkappa\varepsilon\varkappa o\sigma\mu\eta\mu\acute{\varepsilon}\nu o\iota\ -\ \varkappa\varepsilon\varkappa o\iota\mu\eta\mu\acute{\varepsilon}\nu o\iota$ [Der Vorschlag wird durch die L.=A. guter HSS. bestätigt. Vergl. Schlatter, Das neu aufgef. hebr. Stück des Sirach (1897), S. 90.] die Entschlafenen, so erhält der V. einen besseren Sinn. Aber auch $\mathring{\varepsilon}\nu\ \mathring{\alpha}\gamma\alpha\pi\acute{\eta}\sigma\varepsilon\iota$ kann nicht richtig sein. In Liebe entschlafen? Hebräisch muß der V. gelautet haben ישי באהבה, und der Übersetzer hat falsch gelesen באהבה. Also „glücklich die dich, Elia, im Leben sahen und auch die in der Erde Entschlafenen, denn wir werden des Lebens leben." Sirach hat demnach mit dem Wiedererscheinen Elias nicht bloß die Wiederherstellung der Stämme, sondern auch die Auferstehung verknüpft — selbstverständlich nach der Anschauung seiner Zeit. Wir haben also Zeugnisse aus dem zweiten und ersten vorchristlichen Jahrhundert, daß die Messiasidee mit einem mystischen Nimbus im Volke gelebt hat. [In dem jetzt aufgefundenen hebr. Text des Sirach sind gerade diese beiden Verse nur trümmerhaft überliefert. Am empfehlenswertesten sind die Vorschläge N. Peters, Der hebr. Text des Ecclef. (1902), S. 273 f., 421. Vergl. Ryssel (in Kautzschs Apokryphen des A. T.), S. 264 und Schlatter, a. a. D., S. 90, 115].

ihren Fahnen bis in den Tod treu blieben. So leicht es aber auch war, messianisch-gläubige Anhänger zu finden, so schwer war es, sich bei der ganzen Nation als Auserwählter geltend zu machen und zu behaupten. Die Erkenntnis war durch die vielfachen Reibungen und die Vertiefung in die heiligen Bücher zu sehr geweckt, das Volk zu sehr in Parteien gespalten, von denen jede andere Ansprüche an den künftigen Erlöser stellte, als daß eine mit Messias-Zeichen auftretende Persönlichkeit die ganze Nation hätte befriedigen können. Die republikanischen Zeloten, die Jünger Judas des Galiläers, erwarteten zunächst, der Messias werde die Feinde Israels mit dem Hauche seines Mundes besiegen, dem Römerreiche ein Ende machen und das goldene Zeitalter davidischer Regierung wiederherstellen. Die Schammaïten mochten zu diesem Bilde vom Messias noch die äußerst peinliche Religiosität und die tiefste Sittenreinheit hinzufügen. Die Hilleliten, minder politisch und minder fanatisch, dachten sich wohl unter dem Messias einen Friedensfürsten für die inneren und äußeren Reibungen. Sie alle waren aber darin einig, daß der Messias aus davidischem Geschlechte entstammt sein müsse, wie denn der Ausdruck Sohn Davids (Ben David) im Laufe der Zeit gleichbedeutend mit Messias geworden war. Die messianische Erfüllung müsse sich, so glaubte man damals allgemein, auch bewähren durch das Heimkehren der in alle Enden zerstreuten Stämme Israels, reich von den Völkern mit Geschenken beladen, als Sühne für die ihnen auferlegten langen Leiden. Selbst die Gebildeten, welche vom griechischen Geiste angehaucht waren, als deren Hauptrepräsentant der judäische Platoniker Philo gelten kann, statteten die zukünftige Zeit der Herrlichkeit mit Wundern aus. Eine übermenschliche Erscheinung, nur den Frommen sichtbar, werde die verbannten und reuigen Nachkommen Israels aus griechischen und barbarischen Landen heimführen[1]). Die messianische Zeit werde auch, so dachten die Gebildeten, die judäische Nation innerlich dazu vorbereitet finden, in altpatriarchalischer Lebensheiligkeit und in gehobener Gesinnung, die keinen Rückfall mehr in die alte Sündhaftigkeit zuließe, und der göttlichen Gunst teilhaftig. Dann würden die Gnadenquellen ehemaliger Glückseligkeit aus ewigem Born wieder fließen, die verödeten Städte wieder erstehen, die Wüste in fruchtbares Land verwandelt werden und das Gebet der Lebenden würde die Kraft haben, die Hingeschiedenen wieder zu erwecken[2]).

---

[1]) Philo de execrationibus 8—9 ed. Mangey T. II, p. 435 ξεναγούμενοι πρός τινος Θειοτέρας ἢ κατὰ φύσιν ἀνθρωπίνης ὄψεως κ. τ. λ. Darunter soll eine Feuersäule, wie beim Auszug aus Ägypten verstanden werden, in der Haggada ענני כבוד genannt. Vergl. Korintherbr. 10, 1. [2]) Philo das.

Am meisten idealisch malten sich wohl die Essäer den Messias und die messianische Gnadenzeit aus, sie, deren ganzes asketisches Leben nur dahin zielte, das Himmelreich (Malchut Schamajim) und die kommende Zeit (Olam ha-Ba) zu fördern. Ein Messias, der die Zuneigung der Essäer gewinnen wollte, müsse ein sündenfreies Leben führen, der Welt und ihrer Nichtigkeit entsagen, Proben ablegen, daß er des heiligen Geistes (Ruach ha-Kodesch) voll sei, müsse Gewalt über die Dämonen besitzen und einen Zustand der Gütergemeinschaft herbeiführen, in welchem der Mammon nichts gelte, dagegen Armut und Hablosigkeit die Zierde der Menschen seien[1]).

Von den Essäern ging auch in dieser Zeit der erste Ruf aus, der Messias müsse in kurzer Zeit erscheinen, „das Himmelreich sei nahe". Derjenige, welcher seine schwache Stimme zuerst in der Wüste erhob, dachte aber nicht daran, daß sie weithin über Länder und Meere erschallen und die Völker der Erde um das Panier eines Messias scharen würde. Er verkündete das Himmelreich nur, um die Sünder im judäischen Volke zur Buße und Besserung einzuladen. Er mochte glauben, wenn dieser erste Schritt von seiten Israels geschehen sein würde, werde Gott den Sohn Davids, der, wenn auch nicht gegenwärtig, doch vorhanden sei, senden, dem Volke das messianische Heil zu bringen und die Toten zu erwecken. Der Essäer, welcher diesen Aufruf ergehen ließ, war Johannes der Täufer (wohl nichts anderes als der Essäer, d. h. der täglich in Quellwasser Leib und Seele reinigt). Es sind nur wenig Nachrichten über Johannes auf uns gekommen[2]). Seine Jugendgeschichte, daß er der Sohn eines Priesters Zacharias gewesen, welchen die bereits betagte Frau Elisabeth ihrem ebenfalls alten Gatten geboren, und daß er aus der Priesterklasse Abia gewesen, sowie andere seiner Geburt vorangegangene und nachfolgende Wunder[3]), sind spätere Dichtungen; das einzig Geschichtliche

---

[1]) Vergl. Note 12, II.
[2]) Matthäus 3, 4 fg., 11, 18 und Parall.
[3]) Die Geschichte des Urchristentums wird nie einen hohen Grad historischer Gewißheit erlangen können, weil die Hauptquellen, die Evangelien, von Legenden und tendenziöser Darstellung ganz durchzogen sind. Die Urgeschichte beginnt mit Johannes' Vorläuferschaft — auch dieser Zug ist tendenziös. Die Chronologie bezüglich Johannes' Auftreten bietet einen unentwirrbaren Knäuel. Vergl. über die Schwierigkeiten und die notbehilflichen Ausgleichungen Sevin, Chronologie des Lebens Jesu, ed. 2, S. 87 fg. Die Schwierigkeit liegt besonders darin, daß Johannes (nach Lukas 3, 1 fg.) im 15. Jahre des Tiberius aufgetreten, daß bald darauf Jesus von ihm getauft worden und — nach dem synoptischen Evangelien — nur ein einziges Jahr gewirkt haben soll, und noch dazu darin, daß Johannes von Herodes Antipas noch vor Jesus infolge seiner Interpellation an denselben wegen der Ehe mit Herodias hingerichtet worden sein

in dieser Darstellung ist wohl der Zug, daß Johannes ein Nasiräer=
leben geführt, d. h. zu den Essäern gehört hat. Seine Lebensweise

soll, daß also alles zusammen während der Jahre 29—30 geschehen sein müßte,
während nach Joseph. (Altert. XVIII, 5, 1) Herodes Antipas' Ehe mit Herodias
und die Verstoßung seiner ersten Frau, der Tochter des nabatäischen Königs,
sowie der Krieg mit diesem König kurz vor Tiberius' Tod 35—36 stattgefunden
haben (das. 5, 3). [Aus der Vergleichung von XVIII 5, 1 ff. mit das. 6, 2 ff.
geht jedenfalls soviel hervor, daß die Herodias=Ehe und der Krieg mit Aretas
keineswegs in sehr nahem chronologischen Zusammenhange gestanden haben]. Eine
noch größere Schwierigkeit entsteht dadurch, daß Jos. (a. d. erst. St.) erzählt,
Antipas' nabatäische Frau habe sich aus Eifersucht nach Machärus begeben,
weil diese Festung damals ihrem Vater gehört habe (εἰς τὸν Μαχαιροῦντα,
τότε πατρὶ αὐτῆς ὑποτελῇ), und daß er gleich darauf berichtet, Antipas habe
Johannes in Machärus gefangen gesetzt. Es müßte demnach zur selben Zeit
die Festung diesem, und nicht dem Nabatäerkönig, unterstanden haben. [Die
richtige Lesart a. a. O. ist „τῷ τε πατρὶ αὐτῆς ὑποτελεῖ", wodurch jede chro=
nologische Schwierigkeit wegfällt. Vergl. Niese z. Stelle und Schürer I³, 436,
N. 20.] Indessen ist dieser Punkt leicht zu erledigen. Josephus' Bericht über
Johannes, seine Gefangennahme und sein Tod (das. 2, 2) ist eine unverschämte
Interpolation, wie der über Jesus (das. 3, 3), der jetzt allgemein als eine
Fälschung angesehen wird. [Ob beide Stellen geradezu christliche Fälschungen
seien, ist doch nicht ganz zweifellos. Zweifellos ist nur, daß sie beide in so starker
christlicher Überarbeitung vorliegen, daß die etwaige echte josephinische Aussage
nicht mehr zu erkennen ist. Standen aber Aussagen des Josephus auch nur
an den Stellen, an denen sie sich jetzt befinden, so bezeugen sie m. E. deutlich, daß
dem Josephus ein Zusammenhang zwischen dem Auftreten Jesu und Johannes
nicht bekannt war. Die Literatur über die Echtheits=Frage s. bei Schürer I³,
436 ff., 544 ff.] Wie konnte auch Josephus geschrieben haben Ἰωάννου τοῦ
ἐπικαλουμένου Βαπτιστοῦ, ohne für die griechischen Leser zu erklären, was
denn eigentlich ein Täufer ist? Dieses Kapitel ist eine geschickt=ungeschickte
Fälschung. Da das Lukas=Evang. noch andere chronologische Schnitzer begeht,
z. B. Jesu Geburt in die Zeit der Schatzung des Quirinius setzt (7 nach Chr.)
und dabei dennoch in das Todesjahr des Herodes (4 v. Chr.), so kann, von anderen
Unrichtigkeiten abgesehen, das Todes=Datum — 15. Tiberius' — einfach falsch
sein. Soll es richtig sein, so kann Johannes' Tod nicht erfolgt sein wegen
seines Tadels der Ehe mit Herodias, wie denn dieser Zug ebenso tendenziös
ist wie der Kindermord zu Bethlehem. — Daß Johannes, wie seine Lebens=
weise in den Evang. geschildert wird, ein Essäer war, ist so sonnenklar, daß die
Apologeten selbst es nicht ableugnen können; vergl. Keim, Geschichte Jesu von
Nazara, I, 183. Sein Argument von Banus ist unglücklich. Auch dieser war
ein Ultra=Essäer; vergl. Note 12. Was soll denn der Beiname Βαπτιστής,
der Täufer, anders bedeuten, als ein Mann, der sich und andere im Wasser
badet טבל, שחרית כבל? Was sonst über die Bedeutung seiner Taufe an=
gegeben wird — auch in Renans Leben Jesu — ist Widersinn. Proselyten=
taufe? Er taufte ja nur Judäer! — Johannes' Taufplatz Bethabara (V.
Bethania) jenseits des Jordans nennt nur das Johannes=Evang. — verdächtig
genug. Es ist auch ein Widerspruch gegen die Angabe der synopt. Evang.,
wonach der Taufort „in der Wüste", d. h. in der Nähe des toten Meeres und
zwar diesseits gewesen sei.

war in der Tat ganz nach essäischem Zuschnitte. Er nährte sich von Heuschrecken und wildem Honig und trug die Tracht der alten Propheten, ein Kleid von Kamelhaaren und einen Gürtel von Leder. Johannes scheint von der Überzeugung belebt gewesen zu sein, daß, wenn erst das ganze judäische Volk sich im Jordan unter Bekenntnis seiner Sünden baden, d. h. die essäische Lebensregel annehmen werde, die verheißene Messiaszeit nicht ausbleiben könne. Daher lud er das Volk ein, die Taufe im Jordan zu nehmen, die Sünden zu bekennen und abzulegen und so auf das baldige Herannahen des Himmelreiches gefaßt zu sein.

Johannes mag wohl mit andern Essäern in der Wüste, in der Nähe des toten Meeres seinen beständigen Aufenthalt gehabt haben, um zu jeder Zeit bereit zu sein, Bußfertige über die tiefere sittliche Bedeutung der Wassertaufe zu belehren. Sicherlich war damit die Aufnahme in den Essäerorden verbunden, vielleicht ohne die strenge Regel der Enthaltsamkeit von allem Unreinen und ohne Teilnahme an der Gütergemeinschaft. Es werden sich wohl nicht wenige gefunden haben, tiefere, schwärmerische Gemüter, Überdrüssige an der Jämmerlichkeit der Gegenwart, die zu dem essäischen Täufer hinausströmten. Wer wollte nicht zu dem großen Werke der Erlösung und der Förderung des Himmelreiches beitragen, wenn es durch etwas erreicht werden konnte, das im Kreise des Hergebrachten und Gewohnten lag! Ob die Menge gebessert von der Jordantaufe heimkehrte, und ob der symbolische Akt einen tieferen, sittlichen Eindruck hinterlassen hat, darüber fehlen uns zwar Nachrichten, aber die Frage läßt sich aus der Erfahrung leicht beantworten. Im ganzen brauchte das judäische Volk, namentlich in den mittleren Schichten der Städtebewohner, gar nicht dieser krampfhaften Erschütterung zu innerer Besserung; es war keineswegs so lasterhaft und entartet, und die Mittel, welche ihm die ausgeprägte Religionsform reichte, waren hinlänglich, es auf dem Wege des Guten zu erhalten. Zu keiner Zeit war die Opferbereitwilligkeit der Massen größer als in dieser, und dies setzt einen regen Sinn und eine gute Gesinnung voraus. Wenn Leidenschaftlichkeit den einen oder den andern zu Vergehungen oder Verbrechen hinriß, so liegen ja solche Ausschreitungen in der menschlichen Schwäche. Nach zwei Seiten hin hätte vielleicht Johannes' Aufruf zur Bußfertigkeit heilsam wirken können: nach oben und nach unten, auf die durch die Römer verderbten judäischen Aristokraten und Reichen und auf das durch die vielfachen Kämpfe verwilderte Landvolk. Aber die Großen verlachten wohl den gutmütigen Schwärmer, welcher durch die Jordantaufe das Wunder der messianischen Zeit herbeizuführen gedachte, und die Söhne der Scholle (Am ha-Arez) waren viel zu stumpfsinnig, um dem Rufe zur Besserung zu folgen.

Johannes' Aufruf war auch viel zu harmlos und ging zu wenig über den Kreis gewohnter Vorstellungen hinaus, als daß er Anstoß bei der herrschenden Partei der Pharisäer hätte erregen können. Die Jünger, die sich ihm näher angeschlossen und die Lebensweise des Meisters fortgeführt haben, beobachteten das Gesetz in aller Strenge und fügten sich sogar den äußerlichen Fastengeboten[1]). Wenn die Pharisäer, d. h. in der damaligen Zeit die Hilleliten und Schammaïten, auch nicht sehr von der essäischen Schwärmerei und Übertreibung eingenommen waren, so befanden sie sich doch mit den Morgentäufern in keinem Gegensatze. Schwerlich wird also der Täufer mit den Trägern der Religion angebunden haben, um sie „Otterngezücht" zu nennen, „welches dem Zorn des jüngsten Gerichtes nicht entgehen werde"[2]). Von dieser Seite her hatte Johannes wohl kein Hindernis für seine Wirksamkeit; aber die Herodianer waren argwöhnisch gegen einen Mann, der soviel Volkszudrang hatte und der durch Schlagwörter, welche die Herzen aufs tiefste berührten, die Menge zu jeder Unternehmung hätte hinreißen können. Herodes Antipas, in dessen Gebiet Johannes sich aufgehalten, soll seine Trabanten abgesandt haben, ihn gefangen zu nehmen und in Haft zu bringen[3]). Ob er längere Zeit im Kerker geblieben und noch erlebte, wie einer seiner Jünger als Messias gehalten worden, wie man sich später erzählte[4]), das alles ist wegen der Unzuverlässigkeit der Quellen zweifelhaft. Gewiß ist es aber, daß ihn Antipas enthaupten ließ. Ein ausschmückender Zusatz, der den Tod des Täufers noch tragischer und interessanter zu machen den Zweck hat, berichtet, daß ihn Antipas gegen seinen Willen dem Tode geweiht und nur seiner Gemahlin Herodias aus Schwäche nachgegeben habe, welche den strengen Tadler ihrer gesetzlosen Ehe mit dem Schwager gehaßt. Herodias habe nämlich ihre Tochter überredet, wenn der Vater an seinem Geburtstage ihr einen Wunsch werde erfüllen wollen, sich das Haupt des Johannes auszubitten, das Mädchen

---

[1]) Matthäus 9, 14; 11, 18 und Parallelstellen.
[2]) Das. 3, 7—12. Dieser ganze Passus fehlt im Markus-Evangelium, d. h. in der Grundschrift des Matthäus (wovon weiter unten). Die Schimpfnamen „Otterngezücht, Schlangenbrut" für die Pharisäer sind in den Evangelien stehende Formeln geworden (Matthäus 12, 34; 23, 33). Sie stammen sicherlich aus den ersten Reibungen zwischen Judäern und Judenchristen in der Bar-Kochbaïschen Zeit und sind auch Johannes dem Täufer in den Mund gelegt worden.
[3]) Mätthäus 4, 12 und Parallelstellen.
[4]) Das. 11, 2—12 und Parallelstellen.

habe darauf der Mutter das blutige Haupt des Täufers auf einer
Schüſſel überbracht[1]) — lauter ſagenhafte Züge.

Nach des Täufers Gefangennahme haben einige ſeiner Jünger
ſein Werk fortgeſetzt[2]), unter denen keiner einen ſo gewaltigen Erfolg
hatte wie Jeſus aus Galiläa. Der Jünger wurde bald größer als
der Meiſter und gab den erſten Anſtoß zu einer Bewegung, welche
der Weltgeſchichte eine ganz andere Geſtalt verlieh und durch tauſend
Verkettungen die tiefſten Veränderungen in Denkweiſe und Sitten, in
Kunſt und Wiſſenſchaft, in Einzelverhältniſſen wie in großen Staats=
kreiſen hervorbrachte. Noch nie genoß ein Weibgeborener eine ſo
ſchwärmeriſche göttliche Verehrung Jahrtauſende lang. Er verdunkelte
mit ſeinem Glanze die Eroberer und Gründer großer Reiche; ja Er=
oberer und Gründer, Helden und Kraftgeiſter beugten in Demut ihr
Knie vor ihm. Zwei Galiläer, Juda und Jeſus, ſollten zwei ent=
wickelungsfähige Lehren, der eine das Phariſäertum, der andere das
Eſſäertum, in neue Bahnen führen.

Jeſus (Jeſchu abgekürzt von Jeſchua, geb. um 4 vor Chr.) aus
Nazaret[3]), einem Städtchen in Niedergaliläa ſüdlich von Sepphoris,
war der erſtgeborene Sohn eines ſonſt unbekannten Zimmermeiſters
Joſeph, von ſeiner Frau Mirjam oder Maria, den ſie mit noch
vier Söhnen Jacob, Joſe, Simon und Juda und einigen Töchtern
geboren hatte[4]). Ob Joſeph, Jeſu Vater, oder ſeine Mutter von
davidiſchem Geſchlecht abſtammte, iſt geſchichtlich durchaus unerwieſen,
obwohl ſeine judäiſchen Anhänger ſich ſpäter Mühe gaben, ſeinen
Stammbaum aufzuſtellen und bis David hinauf zu führen. Da aber
ihre Berichte einer ſicheren Grundlage entbehren, ſo enthalten ſie über
Jeſu oder Joſephs Abſtammung arge Widerſprüche. Auch hatten ſeine
judäiſchen Bekenner ſich bemüht, Jeſus in Bethlehem des Stammes
Juda, dem Wohnorte der davidiſchen Familie, geboren werden zu
laſſen, aber eben ſo vergeblich und mit Verſtoß gegen anderweitige

[1]) Matthäus 14, 3—11 und Parallelſtellen. Vergl. die Note zu Ende dieſes
Kapitels, daß Herodias Tochter Salome wohl im Jahre 29—30 bereits ver=
heiratet geweſen iſt.

[2]) Daſ. 9, 14; 11, 2; 14, 12.

[3]) Matthäus 2, 23; 21, 11; Lukas 2, 39; Johannes 1, 45 f. Der letztere,
welcher keinen Grund hatte, die Meſſianität Jeſu nach judäiſchen Begriffen zu
rechtfertigen, gibt gar nicht an, daß Jeſus im judäiſchen Bethlehem geboren
ſei. Übrigens hatte Nazaret auch den Namen Bethlehem (im Stamme Sebulon),
daher die Sage.

[4]) Matthäus 13, 55; Markus 6, 3; Lukas 4, 22; Johannes 6, 42. Joſephs
Vaterſchaft müſſen alle, auch halbrationaliſtiſche chriſtliche Theologen an=
nehmen, wenn ſie nicht die Myſtik einer jungfräulichen Geburt zugeben wollen.

Angaben. Aus Jesu Jugendzeit ist auch nicht eine einzige zuverlässige Nachricht bekannt, nur eine trübe Quelle will wissen, er habe bereits im zwölften Jahre bei einem Besuche seiner Eltern im Tempel mit den Lehrern der Nation tiefe Unterredungen gepflogen, worüber alle erstaunt gewesen seien[1]).

Das Maß seiner Kenntnisse läßt sich nur aus dem Bildungs= zustande seines engeren Vaterlandes Galiläa einigermaßen ermitteln. Die Galiläer, von der Hauptstadt und dem Tempel entfernt und noch dazu damals durch das Zwischenland Samaria am öfteren Tempel= besuche verhindert, standen in Kenntnissen und Gesetzeskunde weit hinter Judäa zurück[2]). Der lebendige Austausch der religiösen Gedanken und der Gesetzesdiskussionen, welche für die Tempelbesucher Lehre und Schrift zum Gemeingut machten, fehlte in Galiläa. Das Land, welches später die großen Hochschulen Uscha, Sepphoris und Tiberias besitzen und die letzten Blüten der Gesetzesentwickelung in Palästina treiben sollte, war vor der Tempelzerstörung arm an kennt= nispflegenden Anstalten. Aber dafür waren die Galiläer streng und zähe in Gebräuchen und Sitten, sie ließen sich nicht ein Titelchen weg= klügeln; auch das, was in Judäa für erlaubt galt, gestatteten sich die Galiläer nicht. Die galiläische Sittenstrenge erlaubte nicht dem ver= lobten Paar vertrauliches Zusammensein und andere Freiheiten, welche in Judäa ohne Anstoß geschehen durften[3]). Hier galt es für gestattet, am Vormittag des Rüsttages des Passah=Festes zu arbeiten, die Galiläer dagegen feierten ihn schon von des Morgens an[4]). Sie waren als jähzornig und rechthaberisch verrufen[5]). Von der heidnischen Nachbar= schaft der Syrer hatten die Galiläer allerhand Aberglauben ange= nommen. Es gab in Galiläa so viele Besessene, von bösen Geistern Geplagte, weil die galiläische Beschränktheit die Krankheitsformen dem Einfluß der Dämonen zuschrieb. Wegen der Nachbarschaft mit Syrien war auch der galiläische Dialekt verdorben und mit aramäischen Elementen vermischt. Die Galiläer vermochten das Hebräische nicht rein auszusprechen, verwechselten und verwischten die Kehllaute so sehr, daß sie sich öfter den Spott der Judäer zuzogen, welche viel auf eine korrekte Aussprache hielten. Man erkannte den Galiläer am ersten Worte, das er sprach, und ließ daher Galiläer nicht gern zum Vor=

[1]) Nur im Lukas=Evangelium 2, 42—50. Auch Josephus will der Art Erstaunliches geleistet haben, vita 2.

[2]) B. Nedarim 18 b.

[3]) Ketubbot 12 a; Tosefta Ketubbot I, 4.

[4]) M. Pesachim IV, 5.

[5]) Nedarim 48 a.

beten zu, weil ihre verwahrloſte Ausſprache Lachen erregte [1]). Jeſu
Geburtsort Nazaret bot nichts Beſonderes dar; es war ein kleines
Gebirgsſtädtchen und keineswegs fruchtbarer als die übrigen Teile von
Galiläa und hielt keinen Vergleich mit dem quellenreichen Sichem aus.
In der Nähe befindet ſich ein kleiner Hügel, von wo aus man die
naheliegenden Kuppen, aber keineswegs das Meer oder den Jordan
ſehen kann [2]).

Vermöge ſeiner galiläiſchen Abſtammung kann Jeſus unmöglich
auf der Höhe der Geſetzeskunde geſtanden haben, wie ſie die Schulen
Schammaïs und Hillels in Judäa heimiſch gemacht hatten. Er war
mit dem geringen Maß ſeiner Kenntniſſe und der verwahrloſten, halb-
aramäiſchen Sprache ſeiner Heimat auf Galiläa angewieſen. Was
ihm indeſſen an Kenntniſſen abging, das erſetzte bei ihm das Gemüt.
Tiefſittlichen Ernſt und Lebensheiligkeit muß er beſeſſen haben. Das
klingt aus allen den Äußerungen heraus, die ſich als echt bewähren [3]),

---

[1]) Vergl. Matthäus 26, 73; Markus 14, 70. Die Beiſtehenden ſagen zu
Petrus: „Du biſt ein Galiläer und deine Sprache lautet alſo"; vergl. b. Erubin
53 a, Megilla 24 b.

[2]) Renans Beſchreibung Nazarets im Leben Jeſu (2. Kap.) iſt reine
Schönfärberei, und die Phraſe: „Selbſt in unſeren Tagen iſt Nazaret noch ein
köſtlicher Aufenthaltsort, vielleicht der einzige Ort Paläſtinas, wo die Seele
ſich von der Laſt . . . etwas erleichtert fühlt", iſt unwahr. Ich und andere
Touriſten fanden die Gäßchen von Nazaret voll Unrats. Die Gegend um den
Thabor iſt viel lieblicher und die von Sichem und ſelbſt die von Bethlehem bis
Hebron viel fruchtbarer.

[3]) Bei der Darſtellung des Urchriſtentums darf der Hiſtoriker nur den
hiſtoriſchen, d. h. kritiſchen Standpunkt einnehmen. Dieſen Standpunkt errungen
zu haben, iſt eine glänzende Seite des deutſchen Geiſtes. Engliſche Deiſten,
Voltaire und die Enzyklopädiſten haben das Chriſtentum einfach verſpottet,
ohne über ſein Weſen recht klar geworden zu ſein. Plump iſt noch die Anſicht
des Verfaſſers der Wolfenbüttler Fragmente (Reimarus), daß Jeſus einfach ein
Betrüger geweſen, der ſich zum König der Juden habe aufwerfen wollen, und
als ihm der Verſuch mißlungen, die Erklärung abgegeben habe: „Mein Reich
iſt nicht von dieſer Welt!" Die Rationaliſten im Anfange des 19. Jahrhunderts,
als deren Repräſentant Paulus aus Heidelberg gelten kann, ſchlugen den um-
gekehrten Weg ein, indem ſie die neuteſtamentlichen Wunder ſamt und ſonders
verwarfen, das Geſchichtliche daran aber feſtzuhalten und auf das Maß des
Natürlichen zurückzuführen ſuchten. — Epochemachend in der neuteſtamentlichen
Kritik iſt Straußens Werk „das Leben Jeſu" (1835). Er wies darin unwiderleglich nach, daß viele Erzählungen in den Evangelien Mythen ſind, von den
Trägern der jungen Kirche unbewußt gedichtet und aus dem Beſtreben hervorgegangen, die altteſtamentlichen Weisſagungen vom Meſſias als eingetroffen
darzuſtellen. „Das und das iſt geſchehen, auf daß das und das erfüllt werde".
Straußens kritiſcher Geſichtspunkt erhellte aber nur zum Teil den dunklen Grund
der Evangelien; er erklärt vieles, aber nicht alles. Es blieb noch vieles in
Dunkelheit, das ſich nicht durch dieſe Methode begreifen läßt. Einen weiteren

es tönt sogar aus den entstellten Lehren heraus, welche seine Anhänger ihm in den Mund legten. Jesu Sanftmut und Demut erinnern an Hillel, den er sich überhaupt zum Muster genommen zu haben scheint, und dessen goldenen Spruch: „Was du nicht willst, daß man dir tue, tue auch anderen nicht" er zum Ausgangspunkt seiner Lehren machte [1]. Wie Hillel betrachtete Jesus die Friedfertigkeit und Ver=

Fortschritt in der neutestamentlichen Kritik machte die Tübinger Schule. An= geregt von F. C. Baur ging sie bei der Beleuchtung der Evangelien von dem Gegensatze aus, der das apostolische und nachapostolische Zeitalter in zwei Lager spaltete, dem Gegensatze des Ebionitismus, der das judäische Gesetz mit einer essäischen Beimischung innerhalb des Christentums festgehalten wissen wollte, und des Paulinismus, der sich feindlich gegen das Gesetz verhielt und die Gottessohnschaft scharf betonte. Gründlich wiesen die Anhänger dieser Schule mit mehr oder weniger Konsequenz nach, daß die Evangelien durchweg von diesem Gegensatz beherrscht seien und ihn überall reflektieren. Erst durch diesen Hauptschlüssel ist die Kritik imstande zu prüfen, was in den Evangelien historisch ist und was einen tendenziösen, polemischen Charakter hat. Freilich schmilzt dadurch das glaubwürdig Historische in den Evangelien zu einem Mini= mum zusammen. Noch hat sich aber die kritische Schule nicht an die Aufgabe gemacht, das Authentische im Leben Jesu von dem Mythischen und Tendenziösen auszuscheiden. Sie scheut die Desillusion. Auch von einer anderen Schwäche kann sie sich nicht losmachen, daß nämlich ein einziges Evangelium (sei es Matthäus oder Markus) unmittelbar vor oder unmittelbar nach der Tempel= zerstörung (70—80) verfaßt worden sei. Die Argumente dafür beruhen auf sehr schwachen Füßen. Das Leben Jesu ist in dem ältesten Evangelium erst über ein Jahrhundert nach seinem Heimgang (135—138) schriftlich dargestellt worden und enthält neben wenigen Traditionen viele Mythen und tendenziöse Ausschmückungen. Im allgemeinen läßt sich an dem Kanon fest= halten, daß diejenigen Äußerungen Jesu, die einen gesetzesfeindlichen Charakter haben oder dem Christentum eine universelle Bedeutung auch für die Heiden beilegen, durchaus unecht sind, da dieser Gesichtspunkt erst von Paulus aufgestellt und von den Hauptaposteln, namentlich von Jakobus und Johannes, scharf bekämpft wurde. Hingegen kann dasjenige in den Evangelien, was an den Ebionitismus, an Nomismus und an die Messianität für das israelitische Volk erinnert, Anspruch auf Authentizität machen. Über die essäischen Elemente im Urchristentum weiter unten.

[1]) Die Nächstenliebe wird in den Evangelien und in den apostolischen Briefen mit einem Zusatze gelehrt, der beweist, daß diese Lehre nicht als eine ursprünglich christliche aufgestellt wurde. Matthäus 22, 37—40 heißt es: Die Liebe zu Gott und die Liebe zu dem Nächsten seien die Hauptgebote des Juden= tums: „an diesen zwei Geboten hängt das ganze Gesetz und die Propheten." Das. 7, 12: Alles, was ihr wollt, daß euch die Leute tun sollen, das tut ihr ihnen: das ist das Gesetz und die Propheten." Dieser Zusatz hat nur einen Sinn, wenn man ihn auf den Vorgang zurückführt, in dem er zuerst aufgestellt wurde. Hillel hat nämlich einem Heiden, der das ganze Gesetz stante in pede uno lernen wollte, die Regel gegeben: Was dir verhaßt ist, tue auch deinem Nächsten nicht: מה דעלך סני לחברך לא תעביד; das ist das ganze Gesetz, alles Übrige ist Erklärung: זו היא כל התורה כולה ואידך פירושא.

söhnlichkeit als die höchste Tugend. Gewiß ist ihm kein Fluch gegen
seine Feinde entfahren, und seine übertreibenden Verehrer taten ihm
wohl Unrecht, wenn sie ihn Flüche ausstoßen ließen, oder ihm lieblose
Worte gegen seine eigene Mutter in den Mund legten. Er mag in
den leidenden Tugenden das Ideal erreicht haben, welches das Judentum, selbst das pharisäische, aufstellt: „Zähle dich zu den Unterdrückten
und nicht zu den Unterdrückern, höre Schmähungen an und erwidere sie
nicht, tue alles aus Liebe zu Gott und freue dich der Leiden"[1]).
Jesus mag auch ein sympathisches, herzgewinnendes Wesen gehabt
haben, wodurch sein Wort einen tieferen Eindruck machen konnte.

Seine ganze Gemütsrichtung, welche Gewalttätigkeit, weltliche Bestrebungen und Parteihader verabscheute, mußte Jesus zu den Essäern
hinziehen, die ein beschauliches Leben führten, der Welt und ihrer
Eitelkeit fremd waren. Als daher Johannes der Täufer, oder richtiger
der Essäer, zur Taufe im Jordan, zur Buße und zur Förderung des
Himmelreiches einlud, begab sich Jesus zu ihm und wurde von ihm
getauft. Die ausschmückende Sage erzählt: Der Himmel habe sich
bei diesem Akte geöffnet und der heilige Geist habe sich auf ihn in
der Gestalt einer Taube niedergelassen und ihm seinen Beruf verkündet[2]). Wiewohl es sich nicht nachweisen läßt, daß Jesus förmlich
in den Essäerorden aufgenommen wurde, läßt sich doch vieles aus
seinem Leben und Wirken nur durch die Annahme erklären, daß er
sich essäische Grundsätze angeeignet hatte. Wie die Essäer stellte Jesus
die freiwillige Armut hoch und verachtete den Reichtum. Es werden

---

Vergl. o. S. 207. Dieser Hintergrund schwebte sicherlich auch Jesus vor, als
er diesen Satz aussprach. Auch Paulus stellte noch die Nächstenliebe mit diesem
Zusatz auf (Galaterbrief 5, 14): „Das ganze Gesetz wird in einem Worte erfüllt, in dem: „Liebe deinen Nächsten wie dich selbst." So formuliert es auch
R. Akiba (Jerusalemischer Talmud), Traktat Nedarim VII, 4. Midrasch
Genesis Rabba c. 24: „Liebe deinen Nächsten wie dich selbst," ist eine Haupt-
regel (זה כלל גדול = μεγάλη ἐντολή) in der Thora. Auf den Unterschied der
negativen und positiven Fassung wird in den christlichen Urschriften kein Gewicht
gelegt. Philo und der Verfasser des Apokryphons Tobias (der, nach meinem
Dafürhalten, während der hadrianischen Verfolgung schrieb), haben diese Regel
ebenfalls in der negativen Formulierung (2, 15): καὶ ὃ μισεῖς μηδενὶ ποιήσῃς,
gerade wie Hillel, an den auch noch das dem chaldäischen דעלך entsprechende
μισεῖς erinnert (o. S. 207). Worauf es hier aber ankommt, ist, daß die Nächstenliebe auch im pharisäischen Kreise als Quintessenz des Judentums angesehen
wurde, und daß Jesus hierhin von Hillel abhängig erscheint; das kann nicht
geleugnet werden.

[1]) Sabbat 88 b; Joma 23 a; Gittin 36 b. Die Quelle hat den Charakter
einer alten Tradition.

[2]) Matthäus 3, 13 ff. und Parallelstellen. Auch in der Haggada wird die
Schechina (= heiliger Geist) unter dem Bilde einer Taube personifiziert.

ihm Aussprüche in den Mund gelegt, die echt zu sein scheinen: „Selig
sind die Armen, denn ihnen wird das Himmelreich" [1]. „Leichter ist
es, daß ein Kamel durch ein Nadelöhr gehe, als daß ein Reicher in
den Himmel kommt" [2]. „Man kann nicht zweien Herren dienen, Gott
und dem Mammon" [3]. „Sammelt euch nicht Schätze auf Erden,
welche Motten und Rost zerfressen und Diebe stehlen können, sammelt
euch lieber Schätze im Himmel". In schwärmerischer Übertreibung,
das Irdische zu verachten, warnte Jesus die Seinigen: „Sorget nicht
für euer Leben, was ihr essen und trinken werdet, auch nicht für euren
Leib, was ihr anziehen werdet. Die Vögel des Himmels säen und
ernten nicht, die Lilien auf dem Felde spinnen auch nicht. Sorget
nicht für den andern Morgen, sondern trachtet nach dem Reich Gottes" [4].
Mit den Essäern teilte Jesus die Scheu vor der Ehe: „Es ist nicht
gut, sich zu verheiraten". Er lobte diejenigen, welche um des Himmels
willen sich selbst entmannen [5]. Die Gütergemeinschaft, welche eine
Eigentümlichkeit der Essäer war, muß Jesus ebenfalls nicht bloß gebilligt, sondern geradezu empfohlen haben. Denn seine unmittelbaren
Jünger hatten eine gemeinschaftliche Kasse und lebten in Gütergemeinschaft [6]. Er schärfte ferner, gerade wie die Essäer, die Scheu vor
jedem Eide ein. „Schwört überhaupt nicht", so lehrte Jesus, „weder
beim Himmel, noch bei der Erde, noch bei eurem Haupte, sondern
euer Ja sei ja, und euer Nein sei nein" [7]. Kaum braucht es bemerkt
zu werden, daß die Wunderheilungen, die ihm zugeschrieben werden,
namentlich das Austreiben von Dämonen aus Besessenen durch Be-
sprechen, in dem essäischen Kreise heimisch waren und dort als ein
eigenes Geschäft betrieben wurden. Es galt seinen Anhängern nicht
als besonderes Wunder, daß Jesus die Teufel beschwören konnte,
sondern es wird nur an ihm hervorgehoben, daß er es den andern
gleich getan habe, also nicht gegen essäische Beschwörer zurückgeblieben
sei. Es ist wohl auch ein Rückschluß von seinem Kreise auf den

---

[1] Die richtige Fassung hat Lukas 6, 30; die Formulierung bei Matthäus
5, 3: „die Armen im Geiste", halten die Kritiker mit Recht für eine anti-
ebionitische Interpolation.
[2] Matthäus 19, 23—24 und Parallelstellen.
[3] Daf. 6, 24 und Parallelstellen.
[4] Daf. [5] Vergl. Matthäus 19, 10—12.
[6] Apostelgeschichte 2, 44; 4, 32; 5, 2. Im Johannes-Evangelium 12, 6.
13, 29, wird Judas Ischariot als Inhaber der gemeinschaftlichen Kasse dargestellt.
[7] Die ursprüngliche Fassung des Verbotes zu schwören, welches auf Jesus
zurückgeführt wird, haben der Jakobusbrief 5, 12, Justinus Martyr Apologie I,
c. 16, Clemens Homilien III, 55, XIX, 2; bei Matthäus 5, 34—37 ist sie
verwischt.

Stifter ſelbſt erlaubt, daß er wie dieſer dem Eſſäertum huldigte. Von ſeinem Bruder oder Verwandten Jakobus wird nämlich erzählt: Er habe ein Naſiräerleben geführt, habe keinen Wein getrunken, kein Tierfleiſch genoſſen, ſein Haar nie geſchoren, kein Öl gebraucht und ſich ſtets in Linnen gekleidet[1]). Aber es ſcheint, daß Jeſus ſich lediglich die

[1]) Es iſt erſtaunlich, daß ſelbſt die halben Kritiker, die zugeben, daß Johannes der Täufer, der Vorläufer des Chriſtentums, ein Eſſäer geweſen, die auch zugeben, daß die unmittelbaren Anhänger Jeſu, die Ebioniten, eſſäiſch gelebt haben, noch immer Scheu tragen, das Wort auszuſprechen, welches die Rätſel des Urchriſtentums, wie es in den Evangelien dargeſtellt iſt, zu löſen imſtande iſt: daß Jeſus mit dem Eſſäertum zuſammengehangen und vieles daraus entlehnt hat. Nur Strauß hat ganz zuletzt ſich bewogen gefühlt, dieſes Zugeſtändnis zu machen (alter und neuer Glaube, S. 248, Note 77): „Auch in die Anfänge des Chriſtentums, deſſen Zuſammenhang mit dem Eſſenismus eine ebenſo unabweisliche wie unerweisliche (?) Vorausſetzung bleibt, ſehen wir dieſe Richtung (der Eſſäer) hineinſpielen, die in ihrer ſtrengen Obſervanz die Ehe ſamt Fleiſch- und Weingenuß verwarf." Seitdem Renan den Roman „das Leben Jeſu" verfaßt hat (1863), iſt es aber Mode geworden, Schönfärberei damit zu treiben, den Gottmenſchen, die „Vergottung" zwar fahren zu laſſen, aber Jeſu Perſon und Tun ſo preziös darzuſtellen und zu ſublimieren, daß aus ihm ein göttlicher Menſch heraustreten ſoll. Es iſt das die neue romantiſche Schule, Schenkel, Hausrath, Keim. Renans farbenreiches Gemälde, weil auf dem Grunde des myſtiſchen JohannesEvangeliums ausgeführt, iſt allenfalls noch imſtande, einen augenblicklichen Effekt hervorzubringen. Wie aber die Romantiker nach den ſynoptiſchen Evangelien den Stifter des Chriſtentums ſo ſchildern können, daß er als der „Größeſte" erſcheine (wie ſich Keim ausdrückt), iſt unbegreiflich und iſt nur möglich, wenn ſie die Schattenſeiten verdecken. Denn in dieſen Evangelien wird der Schwerpunkt von Jeſu Tätigkeit in ſeine Wundertäterei verlegt. Um eine umfaſſende Schilderung von Jeſu Wirkſamkeit zu geben, berichten alle drei Evangelien (Matth. 4, 23 und Parallelſtellen): „Jeſus ging umher im ganzen galiläiſchen Lande, lehrte in ihren Synagogen . . und heilte allerlei Seuchen und Krankheit im Volke . . und ſie brachten zu ihm . . die Beſeſſenen, die Mondſüchtigen und die Gichtbrüchigen, und er heilte ſie". Die Romantiker müſſen das, was den Evangeliſten als das „Größeſte" an Jeſus erſchien, als ſagenhaft wegeskamotieren. Geht man aber von der unabweislichen Vorausſetzung der eſſäiſchen Richtung Jeſu aus, ſo kann man den evangeliſchen Erzählungen gerechter werden. Allerdings hat man ihm allerlei Kranke und Beſeſſene gebracht, weil man ihn zu den Eſſäern rechnete und dieſe allerdings Krankheiten auf magiſchem Wege heilen zu können glaubten. Wie man vor einen gewiſſen Eleaſar, wahrſcheinlich einen Eſſäer, Beſeſſene brachte, damit er den Dämon aus ihnen treibe, und dieſer ohne Zimperlichkeit in Gegenwart Vespaſians und ſeines Kreiſes ſich auf dieſe Kur einließ (Joſ. Altert. VIII, 2, 5), ebenſo kann man ſolche Dämonenbeſeſſene vor Jeſus gebracht haben, und er hat ſie wohl ebenſo wie jener Eleaſar kuriert. Kurz alles Schwärmeriſche und Exzentriſche im Leben Jeſu nach den ſynoptiſchen Evangelien iſt aus dem Eſſäismus, und nur aus ihm, zu erklären. Wie ſagenhaft auch Hegeſippus' Nachricht über Jakobus, angeblich Jeſu Bruder (bei Euſebius, historia eccle-

wesentlichen Züge des Essäertums angeeignet hat: die Vorliebe für die
Armut, die Verachtung des Reichtums und des Besitzes, die Gütergemeinschaft, die Ehelosigkeit, die Scheu vor dem Eide und die Selt-
samkeit, an Besessenen, Mondsüchtigen und dergleichen Leidenden Kuren
anzuwenden. Die unwesentlichen Punkte dagegen, wie die strenge levitische
Reinheit, das öftere Baden, das Tragen eines Schurzes und ähnliches
hat er fahren lassen. Selbst auf die Taufe scheint er kein besonderes
Gewicht gelegt zu haben, da nirgends von ihm erzählt wird, daß er
diese Handlung vorgenommen oder eingeschärft hätte[1].

Als Johannes von dem herodianischen Fürsten Herodes Antipas als
staatsgefährlich in Gefangenschaft gebracht worden war, gedachte Jesus
ganz einfach das Werk seines Meisters fortzusetzen. Er verkündete wie
dieser: „Tut Buße, denn das Himmelreich ist nahe[2]," vielleicht ohne
daran zu denken, daß er im Himmelreich, d. h. in der bevorstehenden
Messiaszeit, eine Hauptrolle haben werde. Indessen mag Jesus eingesehen haben, daß, wenn sein Ruf nicht wie der des Täufers in der
Wüste verhallen, sondern eine Wirkung hervorbringen sollte, er sich
damit nicht an das judäische Volk im allgemeinen, sondern an eine
bestimmte Volksklasse wenden müsse. Der judäische Mittelstand, die
Bewohner kleinerer und größerer Städte, war größtenteils derart
von Gottergebenheit, Frömmigkeit und leidlicher Sittlichkeit durchdrungen,
daß die Aufforderung, die Sünden zu bereuen und fahren zu lassen,
für sie gar keinen Sinn hatte. Die Äußerung, die jener junge Mann,
der das ewige Leben suchte, gegen Jesus getan haben soll: „Von Jugend
auf habe ich die Gebote Gottes beobachtet, habe nicht gemordet, nicht
Ehebruch getrieben, nicht gestohlen, nicht falsches Zeugnis abgelegt,
habe Vater und Mutter geehrt, meinen Nächsten wie mich selbst geliebt[3],"

siae II, 23), klingen mag, namentlich der Zug, daß er wegen seiner Frömmigkeit in das Innerste des Tempels habe eingehen dürfen, so ist doch nicht zu
übersehen, daß die nachapostolische Zeit, aus welcher Hegesippus' Zeugnis stammt,
die rigorose Askese, deren sich Jakobus befleißigt haben soll, als außerordentliche Frömmigkeit ὑπερβολὴ δικαιοσύνη, d. h. daß sie die essäische Praxis
hochgeschätzt hat. Deshalb wird von patristischer Seite von dem Apostel
Matthäus berichtet (Clem. Alex. Paedag. II, 64): Ματθαῖος μὲν οὖν . . .
σπερμάτων καὶ ἀκροδρύων καὶ λαχάνων ἄνευ κρέων μετελάμβανε. Essäische
Elemente im Urchristentum sind nicht bloß erweislich, sondern erwiesen.
Nur die Schönfärberei will sie nicht sehen.

[1] Vergl. Evangelium Johannis 4, 2.

[2] Matthäus 4, 12, 17. In der Parallelstelle Markus 1, 15 findet sich
dabei der verdächtige Zusatz: καὶ πιστεύετε ἐν τῷ εὐαγγελίῳ. Überhaupt gehören die Ausdrücke: εὐαγγέλιον oder εὐαγγελίζειν erst der nachpaulinischen
Zeit an.

[3] Das. 19, 16 – 20 und Parallelstellen.

diese Äußerung kann für die durchschnittliche sittliche Haltung des judä=
ischen Mittelstandes in jener Zeit gelten. Die Schilderung der Spätern
von der Verderbtheit des judäischen Volkes und von der Verworfenheit
der Pharisäer zu Jesu Zeit ist rein erfunden und entspricht der damaligen
Wirklichkeit nicht. Die Jünger Schammaïs und Hillels, die Anhänger
des Eiferers Juda, die erbitterten Feinde der Herodianer und Römer
waren nicht sittlich krank und bedurften allerdings des Arztes nicht.
Sie waren nur zu sehr aufopferungsfähig. Mit Recht dachte Jesus
gar nicht daran, diese bessern zu wollen. Aber ebensowenig warf er
sich zum Verbesserer der Reichen und Vornehmen, der Freunde der
Römer und Herodianer, auf. Diese würden den ungelehrten Sitten=
richter und Prediger mit Spott und Hohn behandelt haben, wenn er
sie an ihren Hochmut, ihre Käuflichkeit und Gesinnungslosigkeit gemahnt
hätte. Jesus hat daher mit richtigem Takt sich lediglich an diejenigen
wenden wollen, welche von der judäischen Gesellschaft ausgestoßen und
als gebrandmarkt behandelt wurden. Es gab im judäischen Lande
solche, welche gar keine Kunde von den Heilswahrheiten des Juden=
tums, von seinem Gesetze, seiner alten glanzvollen Geschichte und seiner
Zukunft hatten. Es gab Gesetzesübertreter ('Abarjanim), oder wie
sie in der damaligen Sprache hießen, Sünder (άμαρταλοί), welche,
wegen religiöser Vergehungen aus der Gemeinschaft ausgestoßen, ihre
Rückkehr entweder nicht suchten oder nicht fanden. Es gab Zöllner
und Steuerpächter, die, wegen ihrer Vorschubleistung der römischen
Interessen von den Patrioten gemieden, dem Gesetze den Rücken kehrten
und ein sittlich wildes Leben führten, unbekümmert um Vergangenheit
und Zukunft. Es gab Unwissende, niedrige Handwerker und Knechte
(Am ha-Arez), welche selten Gelegenheit hatten, nach der judäischen
Hauptstadt zu kommen, den Tempel in seiner erhebenden Herrlichkeit
zu schauen, oder die Lehre des Judentums zu vernehmen, und die sie,
selbst wenn sie sie vernahmen, nicht verstanden. Für diese hatte der
Sinaï nicht geflammt, hatten die Propheten nicht geeifert; denn die
Gesetzeslehrer, mehr mit dem Ausbau der Lehre als mit der Belehrung
der Masse beschäftigt, machten ihnen Gesetz und Propheten nicht ver=
ständlich und führten sie nicht in deren Gesichtskreis ein.

An diese Volksklassen wollte sich Jesus wenden, um sie aus der
Verdumpfung ihrer Gottvergessenheit und Unwissenheit, aus dem Schmutze
ihrer Lasterhaftigkeit, aus ihrer Entfremdung von Gott und seinem
Gesetze herauszureißen. Er fühlte in sich den Beruf, „die verlorenen
Schafe des Hauses Israel zu retten." „Die Gesunden, d. h. die Gesetzes=
kundigen und Gesetzesbeflissenen, brauchen den Arzt nicht," so äußerte
er sich offenherzig, „sondern die Kranken, damit keins von den geringsten

verloren gehe"[1], — gewiß ein edler, hoher Beruf! Indem Jesus seine Wirksamkeit auf einen bestimmten Kreis beschränkte, konnte diese nach menschlicher Berechnung eher Erfolg haben als die Johannes des Täufers, der seine Verkündigung unbestimmt in die Wüste hineinschrie. Auch in einem anderen Punkte unterschied sich Jesu Wirksamkeit von der des Täufers. Während dieser das Volk zu sich rief und es jedem überließ, dem Rufe zu folgen oder auch nicht, ging Jesus an die Besserungsbedürftigen heran, um sie an sich heranzuziehen und sie für die Wahrheiten, die er zu verkünden hatte, durch Wort und Beispiel empfänglich zu machen.

Von dieser hohen Aufgabe erfüllt, das niedrige, sündhafte, gesetzes- unkundige, gottvergessene Volk, die Sünder, Zöllner und Dirnen, vermöge der halbessäischen Lebensweise zur Buße und zur Vorbereitung für die nahe Messiaszeit zu erwecken, trat Jesus zuerst in seiner Geburts- stadt Nazaret auf[2]. Aber hier, wo man ihn von Kindesbeinen an kannte und sich wohl dem Zimmermeistersohn an Frömmigkeit ebenbürtig, an Gesetzeskunde überlegen fühlte, fand er nur hämische Verachtung. Als er in der Synagoge am Sabbat von Buße sprach, fragten die Zuhörer einander: „Ist das nicht der Sohn des Zimmermanns Joseph? Sind nicht seine Mutter und Geschwister bei uns?" Man rief ihm die Worte zu: „Arzt, heile Dich selbst zuerst!" und hörte nicht auf ihn. Einer unverbürgten Nachricht zufolge hätten die Nazaretaner ihn gar aus der Stadt gewiesen und ihm gedroht, ihn von dem Hügel der Stadt in den Abgrund zu stürzen[3]. Diese schimpfliche Behandlung in der eigenen Vaterstadt gab ihm Veranlassung zu dem Spruche: „Der Prediger gilt am wenigsten in seiner Heimat"[4]. Er verließ Nazaret, um nie wieder dort aufzutreten.

---

[1] Matthäus 9, 12; 10, 6; 15, 24; 18, 11—14; 21, 31 und Parallelstellen.

[2] Ich glaube bei diesem Punkte dem Lukas-Evangelium folgen zu müssen, welches Jesus zuerst in Nazaret auftreten läßt (4, 16) und dann erst in Kaper- naum (4, 31). Vers 14 muß als eine verallgemeinernde Einleitung zu dem weiterhin Erzählten genommen werden. Auch Matthäus 4, 13 deutet dieses Verhältnis an: „Er verließ Nazaret und kam zu wohnen in Kapernaum." Freilich steht damit in Widerspruch Lukas 4, 23, wo angegeben ist, Jesus habe sich seiner Erfolge in Kapernaum gerühmt und mit Matth. 13, 54—58, wo angedeutet wird, daß Jesus erst nach großen Erfolgen in Galiläa nach seiner Vaterstadt (πατρίς, sicherlich Nazaret) gekommen sei. Dieser Widerspruch mag dem Umstande zuzuschreiben sein, daß die Evangelisten den üblen Eindruck ver- wischen wollten, daß Jesus bei seinem ersten Auftreten einen so hartnäckigen Unglauben gefunden. Sie schildern daher zuerst die glänzenden Erfolge.

[3] Nur Lukas 4, 29 hat diesen Zug, die andern Synoptiker nicht, vgl. Matth. 13, 54 fg.

[4] Matth. 13, 57 und Parallelstellen.

Einen besseren und glänzenderen Erfolg fand Jesu Tätigkeit in der an der Nordwestküste des Tiberias-Sees gelegenen Stadt Kapernaum (Kefar Nachum). Die Einwohner dieser, in einem paradiesischen, von üppiger Fruchtbarkeit strotzenden Landstriche gelegenen Stadt unterschieden sich von den Nazaretanern, wie ein mildes Küstenklima von einer rauhen Gebirgslandschaft. Der beste Weizen in Galiläa gedieh bei Kapernaum und dem benachbarten Chorazin[1]. Es gab wohl in Kapernaum mehr Verweichlichte, mehr in Laster Versunkene und wohl einen größeren Gegensatz von Reichtum und Armut. Diese Stadt bot daher seiner Wirksamkeit mehr Spielraum. Seine eindringliche, ernste, dem tiefsten Gemüt entströmende Belehrung fand hier mehr Eingang. Zuhörer aus dem niedrigen Kreise fanden sich zu ihm, schlossen sich ihm an und folgten ihm nach. Zu seinen ersten Anhängern aus Kapernaum gehörten Simon, mit dem Beinamen Kephas oder Petrus[2] (Felsen) und sein Bruder Andreas, die Söhne Jonas, beide Fischer, der erste halb und halb ein Gesetzesübertreter, der sich hin und wieder über die Speisegesetze hinwegsetzte; ferner die zwei Söhne eines gewissen Zebedäi, Namens Jakobus und Johannes, eifervolle Männer, die Söhne des Sturmes (Boanerges, Bene Ra'asch) genannt[3]. Auch ein reicher Zöllner, den die Quellen bald Matthäus, bald Levi[4] nennen, und in dessen Haus Jesus beständig weilte und mit anderen Genossen von dem verachtetsten Stande verkehrte, folgte ihm. Auch Frauenzimmer von zweideutigem Rufe gehörten zu seinem Gefolge[5], von denen am berühmtesten geworden ist Maria Magdalena (aus der Stadt Magdala-Tarichäa bei Tiberias), aus welcher sieben Teufel, d. h. nach dem damaligen Sprachgebrauch sieben Laster ausgetrieben werden mußten[6]. Jesus machte aus diesen verworfenen Sünderinnen reuevolle Büßerinnen. Es war dieses allerdings etwas Unerhörtes zur damaligen Zeit, daß

---

[1] Tosefta Menachot IX, 2 אף חטי ברחיים וכפר אחום אלו היו בצד ירושלים Daf. Babli p. 85 a: ומהן היו סביאין (את העמר) אף חטי כרזים וכפר אחים אלמלא סמובזזה. ליירושלים וכו׳. Statt ברחיים an der ersten Stelle muß offenbar כרזים gelesen werden, das neutestam. Chorazin. Statt des an beiden Stellen korrumpierten Namens אחים muß כפר נחום gelesen werden. Beide Städte lieferten also den allerbesten Weizen. Josephus nennt Kapernaum Κεφαρνόμη (Vita 72 u. a. St.).

[2] Lukas 4, 38 deutet an, daß Petrus und seine Familie aus Kapernaum waren, die übrigen Synoptiker lassen diesen Punkt dunkel. Paulus sagt deutlich im Galaterbrief 2, 12—13, daß Petrus „gelegentlich mit den Heidnischen aß."

[3] Matth. 4, 21 ff., Markus 3, 17 ff.

[4] Bei Matth. 9, 9 heißt der Zöllner Matthäus, bei Markus 2, 14 und Lukas 5, 27 dagegen Levi.

[5] Matthäus 21, 31; 27, 55, 56 und Parallelstellen.

[6] Markus 16, 9. Lukas 8, 2.

ein judäischer Lehrer mit Frauen und noch dazu von solchem Ruf
verkehrte.

Indessen wußte Jesus diese Sünder und Zöllner, diese verwahr-
losten und unsittlichen Geschöpfe durch Wort und Beispiel zu sich zu
erheben, ihren Sinn mit Liebe zu Gott zu erfüllen, „daß sie würdige
Kinder des Vaters im Himmel seien", ihr Herz durch Innigkeit und
Heiligkeit zu veredeln, ihren Lebenswandel durch die Aussicht, „in das
Himmelreich einzugehen" zu bessern. Das war das größte Wunder,
das er vollbracht hat. Das waren die Tauben, die er hören gemacht,
die Blinden, denen er die Augen geöffnet, die Kranken, die er geheilt,
die Toten, die er zum Leben geweckt hat. Ein Menschenbildner steht
unendlich höher als ein Wundertäter. Jesus lehrte vor allem seine
männlichen und weiblichen Jünger die essäisch leidenden Tugenden der
Selbstverleugnung, der Demut, der Güterverachtung, der Verträglichkeit
und Friedfertigkeit. Seinen Anhängern befahl er, weder Gold, noch
Silber, noch Erzgeld in ihren Gürteln zu halten, noch zwei Kleider
zu besitzen, noch Schuhe an ihren Füßen zu tragen[1]). Er stellte ihnen
Kinder als Muster auf, daß sie so sündenrein wie diese werden und
eine Wiedergeburt an sich vollziehen[2]), um Mitglieder des im Anzuge
begriffenen messianischen Reiches werden zu können. Das Gebot der
Nächstenliebe und der Verträglichkeit steigerte er bis zur Selbstlosigkeit.
„So dir jemand einen Streich auf eine Wange gibt, so reiche ihm
auch die andere hin, und so dir jemand das Oberkleid nimmt, so
gib ihm auch das Hemd"[3]). Die Armen lehrte er, nicht für Speise
und Trank und nicht für Kleidung zu sorgen; er wies sie auf die Vögel
des Himmels und die Lilien des Feldes hin, die ohne Sorgen genährt
und gekleidet werden. Die Reichen lehrte er auf die rechte Art Almosen
zu geben, „daß die Linke nicht wisse, was die Rechte tut"[4]). Den
Verstockten gab er die Weisung, wie sie im stillen Kämmerlein beten
sollten, und stellte dafür eine kurze Formel auf (Vater unser), die
möglicher Weise bereits bei den Essäern üblich war[5]).

An dem bestehenden Judentume rüttelte Jesus keineswegs, er dachte
gar nicht daran, Verbesserer der judäischen Lehre zu werden, oder
überhaupt etwas Neues zu stiften. Er wollte lediglich die Sünder belehren, daß auch sie Kinder Gottes seien, und sie für die messianische
Zeit würdig machen. Die Einheit Gottes betonte er nachdrücklich und

---

[1]) Matthäus 10, 9—10 und Parallelstellen.
[2]) Das. 18, 3—4: 19, 14 und Parallelstellen.
[3]) Das. 5, 39—40.　　[4]) Das. 6, 3.
[5]) Anklänge an das Vaterunser finden sich in jüdischen Gebetstücken, wie
von mehreren nachgewiesen wurde, zuletzt von Hippolyte Rodrigues.

wollte nicht im entferntesten an dem Gottesbegriff des Judentums modeln oder ihn gar abschwächen. Als ihn einst ein Gesetzeskundiger fragte, welches der Inbegriff des Judentums sei, antwortete er: „Höre Israel, unser Gott ist einzig und du sollst deinen Nächsten lieben wie dich selbst", das seien die Hauptgebote[1]). Als ihn jemand mit den Worten anredete: „Gütiger Lehrer!" wies Jesus die Anrede entschieden zurück und bemerkte dabei: „Nenne mich nicht gütig; nur Einer ist gütig, mein Vater im Himmel"[2]). Seine dem Judentum treugebliebenen Anhänger überlieferten von ihm die Äußerung: „Ich bin nicht gekommen, das Gesetz zu vermindern oder zu vermehren. Eher würden Himmel und Erde vergehen, denn ein Jota von dem Gesetze"[3]). Den Sabbat muß er heilig gehalten haben; denn seine dem Judentum anhänglichen Jünger haben die Sabbatfeier streng beobachtet, was sie nicht getan haben würden, hätte sich ihr Meister darüber hinweggesetzt. Nur gegen die schammaïtische Sabbatstrenge, nach welcher man am Sabbat nicht einmal heilen dürfe, eiferte Jesus und sprach sich darüber aus, daß es nach dem Gesetz wohl gestattet sei, am Sabbat Gutes zu

---

[1]) In Markus 12, 28—33 ist die Einheit Gottes besonders hervorgehoben in den Parallelstellen dagegen Matthäus 22, 37 und Lukas 10, 27 fehlt gerade dieser wesentliche Punkt, gewiß nicht ohne Tendenz.

[2]) Matth. 19, 16—17 und Parallelst. Die Stelle ist sicherlich echt; denn sie widerstreitet der gnostischen Ansicht von dem gütigen und dem strengen Gott, von denen der erstere mit Jesus, der letztere mit dem Vater, dem Gotte des Gesetzes und der Weltenschöpfung, identifiziert wurde. Möglich, daß die Anrede an Jesus gelautet hat רַחֲמָנָא, was in den Evangelien mit ἀγαθέ wiedergegeben ist. Darauf wäre Jesu Antwort, daß nur Gott so genannt werden dürfe, recht passend. In der talmudischen Literatur bedeutet nämlich das Wort רחמנא geradezu Gott.

[3]) Matthäus 5, 17—19, vergl. Jakobusbrief 2, 10—12. Aus dem Umstande, daß der konsequente Antinomist Marcion diesen Spruch im entgegengesetzten Sinn formulierte: „Ich bin gekommen, das Gesetz aufzulösen," ergibt sich die Ursprünglichkeit der Fassung, wie sie die zwei Synoptiker haben. Auch der Talmud Sabbat 116 b, läßt einen Judenchristen (מ) den Satz aus Jesu Munde zitieren: כתיב ביה ביה אנא לא לא לפפחת מן אוריתא דמשה אתית ולא לאוסופי על אוריתא דמשה אתית. Vergl. Güdemann, religionsgeschichtl. Studien S. 69 fg., wo nachgewiesen ist, daß die richtige L.-A. ist ולא לאוסופי und nicht אלא, daß also das ἀλλὰ πληρῶσαι ein Mißverständnis des aramäischen Originalspruchs sein muß. Auch ist das. nachgewiesen, daß dieser und andere Sprüche Jesu wahrscheinlich aus den von Papias zitierten λόγια Jesu stammen, und nicht aus einem Evangelium. Übrigens kann der Ausdruck μία κεραία Matthäus V. 17—19, ein Krönchen vom Gesetze, durchaus nicht von Jesus stammen. Denn κεραία ist gewiß תג, die Krönchen auf manchen hebräischen Buchstaben. Diese תגין wurden midraschisch-haggadisch gedeutet. Der Zusatz will also sagen, daß auch die exorbitante Ausdeutung des Gesetzes hohen Wert habe. Das klingt aber antipaulinisch.

tun [1]). Gegen das bestehende Opferwesen hatte Jesus nichts einzu=
wenden, er verlangte lediglich, wie es auch die Pharisäer nicht anders
lehrten, daß Aussöhnung mit den Menschen der Versöhnung mit Gott
vorangehen müsse [2]). Selbst das Fasten verwarf Jesus nicht ganz und
gar, sondern wollte es ohne Schaustellung und Scheinheiligkeit geübt
wissen [3]). Er hatte an seinem Gewande die vom Gesetz vorgeschriebenen
Quasten (Zizit) [4]). Er stand so ganz im Judentum, daß er sogar die
Beschränktheit der damaligen Zeit teilte und die Heidenwelt, unter
welcher man damals die knechtenden Römer und ihre noch schlimmeren
Helfershelfer, die orientalischen Griechen und Syrer verstand, gründlich
verachtete. Er wollte mit den Heiden nichts zu tun haben. „Man
sollte nicht das Heilige den Hunden, die Perlen nicht den Säuen vor=
werfen, auf daß sie dieselben nicht mit Füßen treten und vernichten" [5]).
Als eine kanaanitische oder syrisch=griechische Frau aus Phönizien ihn
um Heilung ihrer besessenen Tochter anging, erwiderte er mit Härte:
„Ich bin nur zu den verlorenen Schafen Israels gesandt worden, und
es ist nicht recht, den Kindern das Brot zu nehmen und es den Hunden
hinzuwerfen". Seinen Jüngern schärfte er ein: „Den Weg der Heiden
sollt ihr nicht gehen, und in die Städte der Samaritaner nicht ein=
kehren" [6]). Indem sich Jesus auf diese Weise streng innerhalb des
Judentums hielt, wollte er durchaus keine neue Offenbarung bringen
und keinen neuen Bund stiften [7]), sondern lediglich die vorhandenen

[1]) Matth. 12, 10—12. Die Erzählung von dem Ährenausraufen der
Jünger am Sabbat, das Jesus gebilligt habe, halte ich für eine paulinische
Tendenz=Interpolation. Denn sie steht im Widerspruch mit der Erzählung vom
Heilen am Sabbat. Wenn, wie es daselbst heißt, der Mensch Herr des Sabbates
sei (das. V. 8), so darf man nicht bloß am Sabbat Gutes tun, sondern der
Sabbat ist überhaupt aufgehoben. Die Wendung, daß der Messias mehr sei
als der Tempel, und daß, wenn für den Tempel der Sabbat entweiht werden
dürfe, dies um so mehr für den Messias geschehen dürfe, klingt allzusehr anti=
nomistisch. Vergl. Joh. 5, 16 ff.
[2]) Matthäus 5, 23.   [3]) Das. 6, 16.
[4]) Folgt aus Matthäus 9, 20; 14, 35 und Parallelstelle bei Lukas. Bei
Markus 5, 27 fehlt das Wort κράσπεδον [steht jedoch das. 6, 56].
[5]) Matth. 7, 6.
[6]) Das. 15, 22—26; 10, 5   Selbst wenn diese heidenfeindlichen Äuße=
rungen nicht authentisch wären, sondern aus judenchristlichem Kreise stammten,
so vergesse man nicht, daß gerade dieser Kreis des Stifters Lehre am reinsten
reflektierte.
[7]) Die Bergpredigt Matth. c. 5—7 ist zum Teile so gehalten, als wenn
Jesus seine neue Lehre dem „Gesetz" entgegenstellen wollte. Allein ihre Authen=
tizität ist mehr als verdächtig. Markus kennt die Bergpredigt gar nicht —
folglich gehört sie zu den Einschiebseln in Matthäus' Grundschrift — und Lukas
nur zum Teil. Ferner ist sie voller Widersprüche in sich. Bald wird das Gesetz

religiösen und sittlichen Elemente als Samenkörner in solche Herzen
streuen, die bis dahin brach gelegen hatten. Nicht einmal die reine
Unsterblichkeit der Seele, d. h. das Fortleben der Seele nach dem
Abstreifen der leiblichen Hülle in himmlischer Seligkeit, lehrte Jesus,
sondern einzig und allein die Auferstehung des Leibes[1]) aus dem
Tode zu einer bestimmten Zeit, wie die übrigen Lehrer des Judentums
zur damaligen Zeit. Die Auferstehung des Gerechten und Frommen
werde hienieden auf Erden stattfinden und eine neue Ordnung der
Dinge, die zukünftige Welt ('Olam ha-Ba), begründen. Diese mag sich
Jesus wie die Pharisäer und Essäer im Zusammenhange mit der
Messiaszeit, mit dem Eintreten des Himmelreiches, gedacht haben. Für
die unbußfertigen Sünder nahm auch er eine feurige Hölle (Gehinnom,
Geenna)[2]) an. Sein Verdienst besteht vorzüglich darin — und das
ist nicht gering anzuschlagen — daß er die Vorschriften des Judentums
verinnerlichen wollte, daß er sie mit Herz und Gemüt auffaßte, das
Verhältnis der Israeliten zu ihrem Gotte, als Kinder zu ihrem Vater,
nachdrücklich betonte, die Brüderlichkeit der Menschen scharf hervorhob,
die Sittengesetze in den Vordergrund gestellt wissen wollte und endlich
die Lehre von der Gottinnigkeit und Heiligkeit entsittlichten Geschöpfen
zugänglich machte.

Allein durch die bloße Belehrung würde Jesus schwerlich einen
so hingebenden Anhang und eine so erfolgreiche Wirksamkeit gefunden
haben, wenn er nicht durch etwas Außerordentliches die Gemüter zu
Bewunderung und Begeisterung hingerissen hätte. Seine äußere Er=

hochgestellt, bald herabgezogen. Kann Jesus den unwahren Ausspruch getan
haben: das Gesetz sagt, „hasse deinen Feind" (das. 5, 43)? Nur der gesetzes=
feindliche Marcion kann solches aufgestellt haben, er, der bekanntlich Gegensätze
(ἀντιθέσεις) zwischen Judentum und Christentum aufgestellt und sich dabei nicht
immer an die Wahrheit gehalten hat. Schon Calvin kam darauf, daß die
sogen. Bergpredigt nicht in der Ordnung gehalten worden sein könne, wie sie
bei Matthäus erscheint, sondern daß sie eine freie Zusammenstellung ander=
weitig von Jesus gesprochener Reden sei. Die meisten neueren Ausleger halten
einen großen Teil derselben für eine freie Komposition des Evangelisten. Nimmt
man noch hinzu, daß Lukas einen Teil dieser Rede halten läßt, als Jesus vom
Berge heruntergestiegen war (6, 12; 17 fg.), so kann es nicht zweifelhaft
sein, daß das Ganze der geschichtlichen Tatsächlichkeit entbehrt, daß Jesus über=
haupt keine längere oder kürzere Berg= oder Ebene=Predigt gehalten und daß
er noch weniger seine Lehre dem alten Bunde antithetisch entgegengesetzt hat.
Wie unbestimmt ist nicht der Ausdruck: „er stieg auf den Berg." Auf welchen?
Und in welcher Gegend? In der Predigt soll Jesus sich gegen die Ehescheidung
scharf ausgesprochen haben (5, 31 fg.)!
      [1]) Matthäus 22, 23—32. Paulus' Dogmatik ist in den Episteln einzig
und allein auf der Prämisse der Auferstehung gebaut.
      [2]) Das. 5, 22.

scheinung, sein schwärmerisches Wesen, seine sittliche Größe, seine ein=
bringliche Lehrweise in kurzen Sprüchen oder in lang ausgeführten
Parabeln, die das Erhabene in schlichter, der Menge zugänglicher Form
darstellten, alle diese Umstände mögen einen mächtigen Eindruck hervor=
gebracht haben. Allein, um eine nachhaltige Begeisterung in dumpfen
und gegen Ideale gleichgültigen Volksklassen zu erwecken, um bei ihnen
unbedingten Glauben zu finden, um von ihnen als ein außergewöhn=
liches Wesen verehrt zu werden, dazu bedurfte es wohl eines außer=
ordentlichen, die Einbildungskraft der Massen gefangennehmenden
Vorganges. Nun sind die christlichen Quellennachrichten unter den
mannigfaltigsten Wendungen und Einkleidungen voll von Erzählungen,
Jesus habe Wunderheilungen zustande gebracht. Wenn auch vieles
von diesen Erzählungen auf Rechnung der übertreibenden Sage, des
vergrößernden Verherrlichungstriebes und namentlich des nachbildenden
Mythos zu setzen ist, so muß doch ein Kern daran geschichtlich sein.
Wunderheilung, namentlich an Besessenen, gehörte so sehr zum Inbegriff
der Jesus zugeschriebenen Wirksamkeit, daß seine Nachfolger sich dieser
Kraft mehr rühmten als eines besonders heiligen Lebenswandels. Die
Würdigkeit eines Jesu-Jüngers wurde später daran erkannt, daß er
böse Geister zu vertreiben und Krankheiten durch Beschwörungen im
Namen Jesu zu heilen vermöge[1]). Wenn man den Quellenschriften
glauben sollte, so bewunderte die Menge mehr Jesu Macht über die
Dämonen und den Satan als seine sittliche Größe. War die Heil=
kunde im judäischen Volke damals so sehr in der Kindheit, daß jeder
Heilkünstler als ein höheres Wesen angestaunt wurde? Oder waren
jene Krankheiten, die er geheilt haben soll, seelischer Art, in der Ein=
bildungskraft wurzelnd, und konnte es daher einem Seelenarzt gelingen,
sie vermöge der Einwirkungen auf die Phantasie zu entwurzeln? Oder
vermag die gesammelte, auf ein kräftiges Wollen konzentrierte Seele
einer sittlich=reinen Persönlichkeit auch in das organische Getriebe des
Menschen einzugreifen und die Ursache der Krankheit auf seelischem
Wege zu heben? Wie man sich auch diesen Vorgang erklären mag,
gewiß ist es, daß ein Fall oder mehrere vorgekommen sein müssen —
die Zahl ist dabei gleichgültig — daß Jesus eine Krankheit, welche
man damals Besessenheit nannte, durch Berührung, Beschwörung
oder sonst ein Mittel geheilt hat. Dadurch erregte er die Bewunderung
der Menge in einem hohen Grade. Erst dadurch erschien er den Personen
von niedrigem Bildungsgrade als ein außerordentliches Wesen. In

---

[1]) Vergl. besonders darüber Matthäus 10, 8, Markus 9, 38 ff., 16, 17 ff.,
Lukas 9, 49.

ihren Augen hatte der Prophet von Nazaret Gewalt über die böſen
Geiſter, welche den Menſchen ſchaden, über den Satan, welcher die
Kinder Israels von Gott abwendig macht, über die Hölle, der dieſe
Weſen der Finſternis entſpringen. Er ſchien ihnen ein Gottesmann
zu ſein, deſſen bloßes Wort magiſch wirke, und dem Wundertaten zu
üben eine Kleinigkeit ſei. Und da Jeſus dieſe Niedrigen nicht von
ſich wies, ſondern ſich zu ihnen herabließ, mit ihnen vertrauten Verkehr
pflegte, ſie in einer ihnen verſtändlichen Sprache belehrte und ſie zu
Teilnehmern am Himmelreiche erziehen wollte, ſo war es natürlich, daß
er ſie an ſich feſſelte und ſie ihm hingebende, treue Anhänger wurden.

Ermutigt von dem guten Erfolge in Kapernaum, wo Jeſus zuerſt
einen Jüngerkreis fand, reiſte er in den galiläiſchen Städten umher,
hielt ſich längere Zeit in der zweiten Hauptſtadt Betſaïda (Julias),
in Magdala und in Chorazin auf und warb da Anhänger. Auch
über den Tiberiasſee ſetzte er nach der Oſtküſte, nach der Gegend von
Gadara, aber entfernte ſich nicht auf längere Zeit aus Galiläa.
Indeſſen muß ſein Erſcheinen in Betſaïda und Chorazin keinen nach=
haltigen Eindruck hinterlaſſen haben, denn es wird ihm ein Weh über
dieſe Städte wegen ihrer Unwillfährigkeit und ihres Widerſtrebens
in den Mund gelegt. Sie wurden gleich Sodom und Gomorrha ver=
flucht[1]). Aber ſeine treuen männlichen und weiblichen Jünger, die ihm
überall hin folgten, dem gewaltigen Einfluß ſeiner Erſcheinung erliegend,
taten alles, was er ihnen vorſchrieb. Wie ſie ſich ihres früheren
unſittlichen und unfrommen Lebenswandels entwöhnten, ſo entäußerten
ſie ſich auch ihrer Habe[2]), um in Gütergemeinſchaft zu leben. Die
Gemeinſamkeit in Speiſe und Trank, dem Eſſäerorden entlehnt, war
das äußere Band, welches Jeſu Anhänger aneinander kettete. Durch
die Beiſteuer der reichen Zöllner waren auch die armen Anhänger der
Nahrungsſorgen enthoben, was ſie noch mehr an Jeſus feſſelte.

Unter ſeinen Anhängern wählte ſich Jeſus diejenigen zu beſonders
vertrautem Umgange aus, welche vermöge ihrer größeren Faſſungsgabe
oder ihres feſtern Charakters ihm zur Förderung ſeines Zieles dienlich
ſchienen. Die Zahl dieſer vertrauteſten Jünger war den Grundquellen
ſelbſt nicht mehr bekannt; die Sage reſumiert ſie indeſſen auf zwölf
und nennt ſie die zwölf Apoſtel (Sendboten), um im kleinen den Rahmen
der Stämme Israels zu haben. „Die zwölf Hauptjünger ſollten die
zwölf Stämme richten"[3]). Aber es waren ihrer jedenfalls mehr[4]).

---

[1]) Matthäus 11, 20—22.
[2]) Daſ. 19, 27 und Parallelſtellen.   [3]) Daſ. 19, 28.
[4]) Um die Zwölfzahl der Apoſtel herauszubringen, müſſen die Evangelien
zu Notbehelfen Zuflucht nehmen. Sie ziehen einige Namen zuſammen, oder

Bemerkenswert ist es, daß auch ein Zelote, von den Jüngern Judas des Galiläers, Namens Simon (Kananites[1]), sich an Jesus angeschlossen hat und in den engern Jüngerkreis aufgenommen wurde. Es beweist also, daß er durch die von Jesus gebotenen Mittel dasselbe Ziel zu erreichen hoffte, wie durch die von Juda, dem Zelotenstifter, empfohlene gewaltsame Befreiung vom Joche der Römer.

Das Ziel und den Mittelpunkt aller seiner Gedanken, das in seiner Brust verschlossene Geheimnis, eröffnete Jesus eines Tages seinem engsten Jüngerkreise. Er führte sie in eine entlegene Gegend am Fuße des Hermongebirges, unweit Cäsarea Philippi, der Hauptstadt des Tetrarchen Philipp, da wo der Jordan aus mächtigen Felskolossen hervorsprudelt; in dieser einsamen Umgebung wollte er ihnen seinen geheimsten Gedanken erschließen. Aber er veranstaltete es in der Art, daß die Jünger ihm diesen Gedanken, daß er selbst der erwartete Messias sei, gewissermaßen entlockten. Er fragte sie, wofür ihn seine Anhänger hielten. Die einen sagten: er sei der erwartete Elia, der unmittelbare Vorläufer des Messias; wieder andere: er sei der Prophet, den Mose verheißen habe. Darauf fragte sie Jesus: „Wofür haltet ihr mich?" Simon Petrus antwortete: „Du selbst bist der Messias" (Christus). Den Scharfblick des Petrus lobte Jesus, gestand seine Messianität ein, verbot aber den Jüngern, es zu verraten, noch überhaupt für jetzt davon zu sprechen[2]). Das war die in geheimnisvolles Dunkel gehüllte Geburtsstunde des Christentums. Als einige Tage später die vertrautesten Jünger Simon Petrus und die Zebedaïden Jakobus und Johannes schüchtern die Bemerkung an ihn richteten: daß doch dem Messias wohl Elia als

---

lassen einige weg. So macht Matth. (10, 3) aus Lebbaios und Thaddaios und ebenso aus Matthäus und Levi eine einzige Person (das. 9, 9, vergl. mit Markus 2, 14, Lukas 5, 27). Lukas und die Apostelgeschichte haben im Apostelkatalog statt Lebbaios und Thaddaios einen Namen Juda Jakobi (6, 16 und Parallelstellen in Apostelgeschichte). Die Zwölfzahl ist durchaus ungeschichtlich und nur als Analogie angebracht, wie die 70 „Ältesten" bei Lukas, analog den 70 „Völkern" — שבעים אומות. Paulus spricht allerdings auch von den Zwölfen (I. Korintherbr. 15, 5: τοῖς δώδεκα); aber das beweist nur, daß damals bereits die Sage von der Zwölfzahl ausgebildet war. Die Institution der Apostel entstand überhaupt erst nach Jesu Tod.

[1]) Bei Matth. 10, 4 heißt er Σίμων Κανανίτης, bei Lukas 6, 15 und Apostelgeschichte 1, 13 heißt er Σίμων ζηλωτής. Beides läuft auf eins hinaus, auf קנאי (Eiferer).

[2]) Matth. 16, 13—20. Im Markus=Evangelium 8, 27—30 ist die Nachricht viel ursprünglicher gehalten, bei Lukas 9, 18 ff. schon ziemlich verwischt. Die Ungeschichtlichkeit der evangelischen Kompositionen zeigt sich auch darin, daß sie Jesus schon früher als Davids Sohn erkennen und sich selbst als solchen bekennen lassen. Der Zug, daß er den Jüngern Stillschweigen über seine Messianität auflegte, dürfte eher historisch sein.

Vorläufer vorangehen müsse, deutete Jesus darauf hin, daß Elia bereits
in dem Täufer erschienen sei, ohne daß man ihn erkannt habe[1]).
Hatte Jesus diesen Gedanken vom Anfang seines Auftretens an in
tiefster Seele genährt? Oder war ihm der Gedanke erst aufgestiegen,
als durch die glücklichen Erfolge des gewonnenen Anhanges die Möglich=
keit der Verwirklichung näher gerückt schien? Das ist ein Rätsel, das
wohl nie wird gelöst werden können. — Wiewohl Jesus sich hier zum
erstenmale vor seinem Jüngerkreise als Messias bekannte und sich als
solchem huldigen ließ, so nannte er sich selbst doch nie Messias, sondern
gebrauchte dafür andere Ausdrücke, die ohne Zweifel im Essäerkreise
geläufig waren. Er nannte sich Menschensohn (Bar Nasch[2]) mit
Anspielung auf Daniel (7, 13): „Siehe mit den Wolken des Himmels
kam wie ein Menschensohn und gelangte bis zum Alten der Tage",
welcher Vers zwar von dem ganzen Volke, dem Messiasvolke spricht,
aber zu dieser Zeit — dem Sinne zuwider — auf den Messias bezogen
wurde[3]). Noch eine andere Benennung gebrauchte Jesus für seine
Messianität, nämlich das verhängnisvolle Wort „Sohn Gottes"
ebenfalls mit Anspielung auf den Psalmvers (2, 7): „Gott sprach zu
mir: „„Du bist mein Sohn, ich habe dich heute geboren""", der auch
in judäischen Kreisen vom Messias verstanden worden ist[4]). Hat Jesus
diesen Ausdruck bloß bildlich für Messias oder im eigentlichen Wortsinn
genommen wissen wollen? Er hat sich nie näher darüber erklärt, selbst
später nicht, als er wegen desselben zum Verhör geladen und dafür
verurteilt wurde. Seine Anhänger waren selbst später über den Sinn
des Wortes uneinig und die verschiedene Auffassung desselben spaltete
sie in zwei Parteien und erzeugte eine neue Mythologie.

Wie Jesus die messianischen Erwartungen zu erfüllen gedachte,
wird kaum angedeutet. Gewiß ist es, daß er nur an Israel dachte,
welches er sowohl von den Sünden, als auch von dem schweren Joche
der Römer erlösen zu können vermeinte[5]). An die Heidenwelt dachte
Jesus als Christus ebensowenig wie früher als Johannes=Jünger.
Ohne Zweifel stellte er sich das Erlösungswerk Israels so vor, daß,
wenn die judäische Nation durch hingebende Liebe zu Gott und den
Menschen, durch Selbstverleugnung und namentlich durch Übernahme

---

[1]) Matth. 17, 10—13 und Parallelstellen
[2]) Das. 8, 20; 10, 23 u. a. O.
[3]) Vergl. Sanhedrin 98 a. Davon wurde sogar der Messias mit einem
Hybridum genannt בר נפלי Bar-νεφέλη (Wolkensohn) das. 96 b. unten.
[4]) Sukka 52 a. Deswegen wurde Psalm 2 an die Spitze des Psalters
gestellt, weil er messianisch gedeutet wurde.
[5]) Lukas 24, 21.

freiwilliger Armut sich unter seiner Leitung zu einem höheren Leben erhoben haben würde, Gott, der gewissermaßen auf das Entgegenkommen seiner Kinder harre, aus Liebe zu seinem Volke alle jene Wunder, wie die Befreiung von der Fremdherrschaft, die Rückkehr der Zerstreuten und den davidischen Glanz eintreten lassen werde.

Als sich Jesus von seinen Jüngern als Messias anerkennen ließ, hatte er ihnen, wie schon erwähnt, die Geheimhaltung dieser Tatsache anempfohlen. War es Furcht, daß ihn Herodes Antipas, in dessen Gebiet er lebte und lehrte, dem Schicksale des Täufers überliefern möchte; oder wollte er erst einen größeren Kreis von Anhängern und Gläubigen um sich sammeln, um dann imposanter als Messias aufzutreten? Der wahre Grund wird sich nicht ermitteln lassen. Seine Jünger vertröstete er, daß die Zeit noch nicht da sei, aber es werde eine Zeit kommen, „wo sie das werden im Lichte mitteilen können, was er ihnen im Dunkeln gesagt, und sie werden dann das von den Dächern predigen können, was sie mit den Ohren erlauscht haben" [1]. Allein, es trat das Gegenteil von dem ein, was sowohl Jesus als seine Jünger erwartet hatten. Sobald es kundig geworden — die Jünger waren wahrscheinlich nicht verschwiegen — Jesus von Nazaret bereite nicht bloß das Himmelreich vor, sondern sei selbst der erwartete Messias, ward die öffentliche Meinung gegen ihn eingenommen. Man erwartete von ihm Zeichen und Beweise seiner Messianität, die er nicht geben konnte, und er wich den Fragen aus [2]. Viele seiner Anhänger sollen sogar ein Ärgernis an seiner Messianität genommen haben und von ihm abgefallen sein, ohne ferner „seines Weges zu gehen" [3]. Wollte er seinen Jüngern gegenüber sich keine Blöße geben, so mußte er etwas tun, um sein Werk zu krönen oder dabei unterzugehen. Sie erwarteten von ihm zunächst, daß er in der Hauptstadt des Landes vor den Augen der ganzen Nation, wenn sie sich zum Passahfeste in dem Tempel versammelt, als Messias auftreten werde. Es wird erzählt, seine eigenen Brüder hätten ihn beschworen, nach Judäa zu gehen, „damit seine Jünger sein Werk endlich sehen. Denn niemand tut etwas im Verborgenen, sondern will sich offenbar machen; wenn du solches tust, so offenbare dich der Welt" [4]. So mußte denn Jesus sich endlich ent-

---

[1] Matth. 10, 27. Lukas 12, 3.

[2] Matth. 12, 38; 16, 1. Die Worte an dieser Stelle: ἐκ τοῦ οὐρανοῦ sind sicherlich unecht, und ebenso der Schluß: „Wenn aber das Zeichen des Propheten Jona" Er fehlt bei Markus 8, 12.

[3] Johannes-Evangelium 6, 66 fg.

[4] Johannes 7, 3—5. Der Spruch Matth. 5, 15: „Niemand stellt sein Licht unter den Scheffel," der im Zusammenhange gar nicht paßt, scheint die Ermahnung seiner Freunde an Jesus zu sein.

ſchließen, den gefährlichen Weg anzutreten. Ohnehin war er in Galiläa
nicht ſicher und ſcheint, von den Häſchern des Tetrarchen Herodes
Antipas aufgeſucht und verfolgt, von Ort zu Ort geflohen zu ſein.
Als ſich ihm in dieſer Bedrängnis einer anſchließen wollte, äußerte
Jeſus ihm gegenüber: „Die Füchſe haben Gruben, die Vögel Neſter,
des Menſchen Sohn aber hat nicht, wo er ſein Haupt hinlegen ſoll" [1].
Wie lange er in Galiläa gelehrt hat, iſt nicht bekannt; die Hauptquellen
wollen andeuten, daß ſeine Wirkſamkeit im ganzen nur ein einziges
Jahr gedauert habe, ſo ſehr waren ihnen die Begebenheiten entſchwunden.
Nach einer andern, nicht beſſer bewährten Quelle habe ſie indeſſen
drei Jahre gedauert [2].

So wenig dachte Jeſus damals daran, zu dem beſtehenden Judentume in Gegenſatz zu treten, daß er dem Gebrauche der Feſtreiſenden
gemäß das den Judäern, namentlich den Feſtwallern, feindſelige Samarien
mied und einen Umweg über das jenſeitige Jordanland machte [3], um
mit der Sekte der Samariter nichts zu tun zu haben. Wie um jedem
Mißverſtändniſſe vorzubeugen, als wollte er das Geſetz aufheben, erwiderte er einem Phariſäer, der ſich ihm anſchließen wollte und nach
den Bedingungen fragte: „Wenn du ewiges Leben erlangen willſt,
ſo beobachte das Geſetz, verkaufe deine Habe und gib es den Armen",
d. h. teile es mit meinen der Armut befliſſenen Anhängern [4]. Über
Jericho reiſend und in der Nähe Jeruſalems angekommen, ließ er
ſich nicht in der Mitte der Hauptſtadt nieder, ſondern nahm ſeinen
Aufenthalt in der Nähe der Nordmauer in einem Dorfe Bethanien
am Ölberge, wo damals die Ausſätzigen, welche die heilige Stadt
meiden mußten, ihre Anſiedelung hatten. Im Hauſe eines ſolchen
Ausſätzigen, mit Namen Simon, der mit ſeinen Leidensgenoſſen ſich
ihm anſchloß, fand er Obdach [5]. Die andern Anhänger, die er in
Bethanien fand, gehörten ebenfalls dem niedern Stande an, Lazarus
und ſeine Schweſtern Maria und Martha. Nur von einem einzigen
reichen und angeſehenen Jeruſalemer, Joſeph von Arimathias, erzählen die Quellen, daß er ein Anhänger Jeſu geworden.

---

[1] Matthäus 8, 20.
[2] Nach dem Johannes-Evangelium, welches Jeſus zu drei Paſſahfeſten
nach Jeruſalem wandern läßt. Vergl. Sevin, Chronologie des Lebens Jeſu
S. 4 ff. [3] Matth. 19, 1; Markus 10, 1. Die beiden andern Evangelien (Lukas
17, 11 und Johannes 4, 4) ſind gefliſſentlich bemüht, dieſen Zug, gewiß eine
alte Tradition, zu verwiſchen und laſſen ihn Samaria berühren.
[4] Matth. 19, 16—21 und Parallelſtellen.
[5] Daſ. 21, 1, wo Bethanien ausgefallen und aus den Parallelſtellen der
ſynoptiſchen Evangelien zu ergänzen iſt, vergl. auch Matth. 26, 6. Über die
Lage von Bethanien vergl. Note 22.

Über Jesu Einzug in Jerusalem und sein Auftreten im Tempel
hat die Sage einen Dämmerschein der Verherrlichung verbreitet, der
nur wenig Geschichtliches enthält. Das Volk soll ihn im Triumphe
unter Hosiannagesang nach Jerusalem geleitet haben; aber dasselbe
Volk soll einige Tage später seinen Tod verlangt haben [1]. Das eine
wie das andere ist erdichtet, das eine, um seine Anerkennung als
Messias von seiten des Volkes darzustellen, das andere, um die Blut=
schuld seiner Hinrichtung auf das ganze Volk Israel zu wälzen. Ebenso
wenig geschichtlich ist der Zug, daß Jesus gewalttätig im Tempel
aufgetreten sei, Wechseltische für die Tempelspenden umgeworfen und
die Taubenverkäufer aus dem Tempel verjagt habe. Eine solche Auf=
sehen erregende Tat würde in den anderweitigen Quellen aus jener
Zeit nicht verschwiegen worden sein. Auch ist es unrichtig, daß Tauben=
händler und Wechsler ihre Verkaufsläden innerhalb des Tempels
gehabt hätten. Der Markt für Vögel zum Opfern war außerhalb
der Stadt in Bethanien auf dem Ölberge im Norden unter einer Ceder.
Auf dem Tempelberg wurden nur Öl, Wein und Mehl für unblutige
Opfer nicht um Geld, sondern gegen Marken geliefert, weil es nicht
jedermanns Sache war, das für solche Opfer vorgeschriebene Maß
zu kennen. In der Nähe des Tempelberges waren allerdings Wechsel=
tische für solche aufgestellt, welche es verabsäumt hatten, zur rechten
Zeit — in dem Monat vor dem Passahfeste — die Tempelspende zu
entrichten [2]. Gegen diesen Brauch, Geld in der Nähe des Tempels
zu sammeln, mag sich Jesus tadelnd ausgesprochen haben, weil ihm
der Mammon überhaupt widerwärtig war. Daraus hat wohl die
Sage eine Tempelstürmerei und Tempelreinigung gemacht [3].

Überhaupt ist gerade der wichtigste Abschnitt seines Lebens, die
Stellung, welche Jesus in Jerusalem dem Volke, dem Synhedrion und
den Parteien gegenüber eingenommen, ob er sich öffentlich als Messias
ausgegeben hat, und wie dieses aufgenommen worden, in den Quellen
in so schillernden Farben gehalten, daß man den geschichtlichen Kern
von den sagenhaften Ausschmückungen und Erfindungen gar nicht unter=
scheiden kann. Vorurteile mögen allerdings in der Hauptstadt gegen
ihn geherrscht haben. Von einem gesetzesunkundigen Galiläer hat der
gebildete Teil des Volkes das messianische Erlösungswerk am aller=
wenigsten erwartet; es verstieß überhaupt gegen die Jahrhunderte lang
gehegten Vorstellungen, den Messias aus Galiläa kommen zu sehen,
während man ihn aus Bethlehem und dem Stamme Davids erwartete [4].

[1] Matth. 21, 9 fg, vergl. mit 27, 23.
[2] M. Schekalim, I, 3.   [3] Vergl. Note 20.
[4] Johannes 7, 41 f., 52.

Das Sprichwort: „Was kann Gutes aus Nazaret kommen"[1]) mag sich damals gebildet haben. Die Frommen nahmen allgemeines Ärgernis an ihm, weil er mit Sündern, Zöllnern und Dirnen Umgang gepflogen, mit ihnen gegessen und getrunken hat. Selbst die Johannesjünger, d. h. die Essäer, scheinen an seinem Heraustreten aus der Regel Anstoß genommen zu haben[2]).

Die Schammaïten mochten seine auch am Sabbat ausgeführten Heilungen verletzt haben. Sie konnten sich einen Messias, der den Sabbat entweihte, nicht denken. Jesus hatte sich wohl hin und wieder gegen die Auslegung und Folgerungen der Pharisäer tadelnd geäußert, z. B. daß einem Sohne infolge eines getanen Gelübdes untersagt sei, seinen Eltern von seiner Habe etwas zu verabreichen, und dadurch das Gebot, die Eltern zu ehren, außer Kraft gesetzt sei[3]). Solches mag ihnen zu Ohren gekommen sein und sie gegen ihn eingenommen haben. Die Zeloten konnten nichts Großes von Jesus erwartet haben, weil er nur Friedfertigkeit predigte und seine Anhänger nicht mit glühendem Hasse gegen die Römer erfüllte. Alle diese auffallenden Eigentümlich- keiten, die man sich mit dem Messias nicht zusammenreimen konnte, ließen wohl den Mittelstand und besonders die Angesehenen der Nation, die Schriftgelehrten, kalt gegen ihn, und er hat wahrscheinlich keine freundliche Aufnahme in Jerusalem gefunden. Allein alle diese Ärger- nisse gaben noch keinen Grund zu einer Anklage gegen ihn, und man konnte ihm deswegen noch nichts anhaben. Die freie Meinungsäußerung war durch die häufigen Debatten der Schule Schammaïs und Hillels so sehr Gewohnheit geworden, daß nicht leicht jemand wegen einer abweichenden religiösen Ansicht verfolgt wurde, vorausgesetzt, daß er nicht allgemein anerkannte Religionsgesetze übertrat oder gegen den Gottesbegriff des Judentums verstieß.

Und eben an diesem Punkte bot Jesus dem Angriffe eine schwache Seite dar. Das Gerücht hatte sich wohl verbreitet, daß er sich als „Sohn Gottes" bezeichnete, ein Wort, das, wenn es in seinem schlichten Sinne genommen worden sein sollte, zu tief in die religiöse Überzeugung der judäischen Nation einschnitt, als daß die Vertreter derselben gleich- gültig darüber hätten hinwegsehen können. Allein wie sollte sich das Tribunal Gewißheit darüber verschaffen, ob er sich wirklich als solchen ausgab, und welche Bedeutung er dem Worte beilegte? Allzuver- schwenderisch ging Jesus wohl mit diesem Worte nicht um, sondern gebrauchte es wahrscheinlich nur im engeren Kreise seiner Jünger. Wie sollte man das erfahren, was ein Geheimnis dieses Kreises war,

---

[1]) Daf. 1, 46.   [2]) Matth. 11, 2—19.
[3]) Daf. 15, 3 fg. Vergl. Nedarim IX, 1.

und in welchem Sinne er es verstanden wissen wollte? Dazu brauchte
man einen Verräter aus eben diesem Kreise, und dieser wurde in
Judas Iskariot (Ischariot) gefunden, der, wie erzählt wird, von
Habgier ergriffen, denjenigen dem Gerichte überlieferte, den er bis dahin
als Messias verehrt hatte. Eine Quelle, die ihrer ganzen Haltung
nach alt und glaubwürdig erscheint, setzt es ins rechte Licht, wozu
dieser Verräter benutzt worden ist. Das Gericht brauchte, um Jesus
als falschen Propheten oder als Volksverführer (Messit) anklagen zu
können, zwei Zeugen, die verfängliche Worte aus seinem Munde vernommen hätten. Der Verräter sollte ihn also zum Sprechen bewegen,
damit die beiden Zeugen, welche in einem Verstecke auf jedes seiner
Worte lauschten, es deutlich vernehmen könnten — ein Ausnahme-
verfahren, welches wohl nur in diesem einzigen Falle vorgekommen
sein mag und später gegen Volksverführer zum Gesetze erhoben wurde[1]).

---

[1]) Sowohl Talmud Babli (Sanhedrin 67 a in der unzensierten Amster-
damer Ausgabe von 1645) wie Jeruschalmi (daf. VII, 16 p 25 d) geben an,
daß dieses Verfahren, Zeugen im Verstecke zu halten, gegen Jesus angewendet
wurde. Der erstere: וכן עשו לבן סטדא, der letztere: בן עשו
לבן סוטדא בלוד ותלאוהו בערב פסח. .לבן סוטדא בלוד והכמינו עליו שני תלמידי חכמים והביאוהי לבית דין וסקלוה Die Identität
von Jesus und בן סטדא wird im Talmud ohne weiteres vorausgesetzt. Die
Bedeutung des Wortes סטדא ist unklar; die Etymologie, welche der babylonische
Talmud a. a. O. und Sabbat 104 b. (in der unzensierten Ausgabe) von dem
Worte gibt, ist abenteuerlich. Wenn man bedenkt, daß Prozesse gegen Volksverführer (מסית) selten oder gar nicht während des zweiten Tempels vorgekommen sind, so wird man geneigt sein, die Halacha von dem Verfahren
gegen solche in der angeführten Mischna als dem Prozesse Jesu entlehnt anzunehmen. Die genannte Mischna und die Voraita dazu dürften die einzigen
authentischen Quellen im Talmud über Jesus sein. Was anderweitig noch
über ihn im Talmud tradiert wird, trägt einen durchaus sagenhaften Charakter.
Sanhedrin 43 a wird erzählt, ein Herold habe vierzig Tage vor Jesu Hinrichtung verkündet, dieser sei zum Tode wegen Zauberei und Volksverführung
verurteilt, damit Entlastungszeugen sich melden sollten: הכרוז יוצא לפניו (לפני) ישו
מ' יום ישו: יוצא ליסקל על שכשף והסית והדיח את ישראל כל מי שיודע עליו זכות יבא וילמד
עליו. ולא מצאו לו זכות ותלאוהו בערב פסח. Das klingt aber ungeschichtlich, daß man
gegen den Usus vierzig Tage zwischen der Verurteilung und der Hinrichtung
habe verstreichen lassen. Noch sagenhafter klingt die Nachricht daf. 107 b, daß
Jesus Josua ben Perachja (lebte zur Zeit Hyrkanos' I.) nach Ägypten begleitet
habe und andere Ungereimtheiten, die daselbst von ihm erzählt werden. Von
derselben Art ist auch die Nachricht Sabbat a. a. O.: Jesus habe Zaubermittel
aus Ägypten mitgebracht. Bemerkenswert ist nur, daß der Talmud wie Matthäus
Jesus in Ägypten weilen lassen. Von Jesu Jüngern, die der Talmud aufzählt
(Sanhedrin 43 a): מתאי נקאי נצר וב"י ותודה, sind nur der erste und letzte geschichtlich, Matthäus und Thaddaios (oder Theudas): נצר ist ein Sektenname,
Nazaräer; בוני ist identisch mit ניריון; קדמון בן (Taanit 20 a) und wohl auch mit
dem nur im Johannes [3, 1 f.] 7, 50 erwähnten Nikodemus. נקאי ist ganz
unbekannt, vielleicht eine Abkürzung von Nikolaiten. Die Panthera-Sage

Nach der christlichen Quelle hätte Judas Verrat nur dazu gedient,
Jesus in der Mitte seiner Jünger den Häschern und der sie begleiten-
den Volksmenge kenntlich zu machen, und er habe das durch einen
Huldigungskuß getan[1]), als ob derjenige, der doch im Triumphe in
Jerusalem eingezogen und im Tempel öffentlich gepredigt haben soll,
allen hätte unbekannt sein können! — Sobald die Häscher ihn ergriffen
hatten, verließen ihn sämtliche Jünger und suchten ihr Heil in der
Flucht, nur Simon Petrus folgte ihm von ferne[2]). Als es Tag geworden war am 14. Nissan, am Passahfeste, d. h. an dem Rüsttage vor
dem Feste der ungesäuerten Brote, wurde Jesus vor das Synhedrion
geführt, nicht vor das große, sondern vor den kleinen Gerichtshof von
dreiundzwanzig Mitgliedern, in welchem der Hohepriester Joseph
Kaiaphas den Vorsitz führte[3]). Das Verhör bestand darin, daß
der Gerichtshof sich vergewissern wollte, ob Jesus sich als den Sohn
Gottes ausgegeben habe, wie die Zeugen ausgesagt hatten. Es klingt
ganz unglaublich, daß ihm deswegen der Prozeß gemacht worden sei,
weil er vorher verkündet hätte, er vermöge den Tempel zu zerstören
und ihn in drei Tagen wieder aufzubauen[4]). Eine solche Äußerung,
wenn sie wirklich von ihm ausgesprochen worden war, konnte unmöglich
Gegenstand einer Anklage sein. Die Anklage lautete vielmehr auf
Gotteslästerung (Gidduf, $\beta\lambda\alpha\sigma\varphi\eta\mu\iota\alpha$), ob Jesus sich als Gottessohn
anerkannt wissen wollte[5]). Auf die an ihn in diesem Sinne gerichtete
Frage schwieg Jesus und gab gar keine Antwort. Als der Vorsitzende
ihn noch einmal fragte, ob er der Sohn Gottes sei, soll er erwidert
haben: „Du sagst es"[6]), und hinzugefügt haben: „Man werde bald

---

ist schon im Talmud angedeutet. Jesus wird hin und wieder בן פנדירא genannt.
Sie scheint während des Bar-Kochba-Krieges entstanden zu sein, da sie schon
Celsus (zu Hadrians Zeit) kennt. Das Toldot Jeschu ist ein elendes Mach-
werk kompiliert aus fragmentarischen Sagen des Talmud über Jesus.

[1]) Matth. 26, 48 und Parallelstellen.
[2]) Daf. 26, 56. 58.
[3]) Daf. 26, 57 und Parallelstellen.   [4]) Daf. 26, 61.
[5]) Daf. 63. Es ist sehr auffallend, daß die Evangelien angeben, es seien
falsche Zeugen gegen Jesus aufgetreten (Matthäus daf. 26, 59. 60 und Parallel
stellen), während sie selbst angeben, daß er wirklich das ausgesagt und wiederholt habe, wessen ihn die Zeugen beschuldigten.
[6]) Die Evangelien-Verfasser wußten selbst nicht mehr, wie Jesus auf die
an ihn vom Gerichtshof gerichtete Frage geantwortet hat. Nach Matth. daf.
V. 64 lautete die Antwort „$\sigma\grave{v}$ $\epsilon\acute{\iota}\pi\alpha\varsigma$", was ebensogut eine Bejahung wie eine
Verneinung bedeuten kann; nach Lukas 22, 70: „Ihr sagt es, daß ich es bin";
nach Markus hätte er geradezu geantwortet: „Ich bin es" (14, 62). Johannes
läßt Jesus bei dieser Gelegenheit ein volles, langes Bekenntnis ablegen und
sich auf seine öffentliche Lehrtätigkeit berufen — ein verdächtiger Zug!

den Menschensohn zur Rechten des Gottesthrones sitzen sehen, auf den Wolken des Himmels einherfahrend." Aus dieser Äußerung, wenn er sie wirklich getan haben sollte, konnten die Richter entnehmen, daß er sich selbst als Gottes Sohn betrachtete. Der Hohepriester zerriß darauf seine Kleider ob der vernommenen Gotteslästerung, und der Gerichtshof verurteilte ihn als Gotteslästerer[1]). Aus der Erzählung der christlichen Grundquellen läßt sich nicht entnehmen, ob die Richter nach den damals gültigen peinlichen Gesetzen ihn ungerechter Weise verurteilt hätten. Der Schein war gegen ihn. Die Bestätigung des Todesurteils oder vielmehr die Erlaubnis zur Hinrichtung holte das Synhedrion vom Landpfleger Pontius Pilatus ein, der gerade zur Festzeit in Jerusalem anwesend war.

Pilatus, vor den Jesus geführt wurde, fragte ihn nach der politischen Seite seines Auftretens, ob er in seiner Eigenschaft als Messias sich als König der Juden ausgebe, und da Jesus darauf zweideutig erwiderte: „Du sagst es"[2]), verhängte auch der Landpfleger das Todesurteil über ihn. Nur das war seines Amtes. Sagenhaft ist aber der Zug, Pilatus habe Jesus unschuldig befunden und ihn retten wollen, nur die Judäer hätten auf seinen Tod bestanden[3]). Wenn Jesus verhöhnt wurde und die Dornenkrone als Spott auf seine messianische Königswürde hat tragen müssen, so ging diese Roheit nicht von den Judäern, sondern von den römischen Kriegsknechten aus, die wohl froh waren, in ihm die judäische Nation verhöhnen zu können. Bei den

---

[1]) Die drei ältesten, synoptischen Evangelien, oder vielmehr eine und dieselbe von allen dreien benützte Relation, geben richtig an, daß der Gerichtshof ihn wegen Blasphemie, d. h. גדוף, verurteilt hat. Und der Zug, daß der Vorsitzende seine Kleider zerrissen habe (Matth. 26, 65; Markus 14, 63—64), spricht dafür und wird durch die Halacha bestätigt (Sanhedrin VII, 10—11). Auch Johannes 19, 7 berichtet, er sei nach dem Gesetze verurteilt worden, weil er sich selbst zu Gottes Sohn gemacht.

[2]) Die Synoptiker (Matth. 27, 11; Markus 15, 2; Lukas 23, 3) lassen Jesus auch hier antworten: „Du sagst es." Johannes 18, 34 f. läßt ihn dagegen die Frage verneinen mit der Gegenfrage: „Sagst du das aus dir selbst, oder sagten es andere von mir?" und die Erklärung hinzufügen: „Mein Reich ist nicht von dieser Welt."

[3]) Nur Matth. 27, 24 f. hat den Zug, daß Pilatus auf seine Hände Wasser gegossen zum Zeichen seiner Unschuld und den anderen vom Traum von Pilatus' Frau zu Jesu Rettung (das. 19). Da das Waschen der Hände ein judäischer Brauch war, vorgeschrieben für einen gefundenen Ermordeten, dessen Mörder unbekannt geblieben (V. M. 21, 6), so kann ihn der römische Landpfleger nicht angewendet haben. Mit Recht sehen daher Köstlin und Hilgenfeld in diesen Zügen die tendenziöse Interpolation eines paulinischen Diaskeuasten, welcher den Heiden Pilatus und seine Frau gläubiger gegen Jesus darstellen wollte als die Judäer.

jubäiſchen Richtern hingegen herrſchte ſo wenig leidenſchaftlicher Haß gegen ſeine Perſon vor, daß man ihm wie jedem Verurteilten den Becher mit Wein und Weihrauch gab, um ihn zu betäuben und ſeine Todesſchmerzen zu mildern[1]). Da Jeſus noch vor dem Tode gegeißelt wurde, ſo folgt daraus, daß Pilatus ihn nach römiſchen Strafgeſetzen behandelt hat; denn nach den jubäiſchen wurde die Geißelſtrafe keineswegs einem zum Tode Verurteilten aufgelegt. Die römiſchen Büttel (Lictores) waren es alſo, die den angeblichen „König der Judäer" ſchadenfroh mit Ruten oder Stricken gegeißelt haben[2]). Dieſe waren es auch, die auf Pilatus' Befehl ihn ans Kreuz nagelten und ihm den ſchimpflichen Tod nach römiſchen Geſetzen bereiteten. Denn mit dem Ausſpruch des Todesurteils von ſeiten des über Leben und Tod eingeſetzten römiſchen Beamten gehörte der Verurteilte nicht mehr ſeiner Nation an, ſondern verfiel der römiſchen Staatsgewalt. Nicht das jubäiſche Synhedrion, ſondern Pilatus hat Jeſus als Aufwiegler und Staatsverbrecher hinrichten laſſen. Die chriſtlichen Quellen wollen wiſſen, er ſei lebend um neun Uhr vormittags gekreuzigt worden, und erſt um drei Uhr nachmittags habe er ſeinen Geiſt ausgehaucht (um 30? 35?). Sein letztes Wort ſei ein Pſalmwort in aramäiſcher Sprache geweſen: „Gott, mein Gott, warum haſt du mich verlaſſen"! (Eli, eli, lama ſchebaktani). Zum Hohn hätten die römiſchen Soldaten auf das Kreuz eine Aufſchrift geſetzt: „Jeſus von Nazaret, König der Judäer". Die Kreuzigung und wahrſcheinlich auch die Beiſetzung der Leiche fand außerhalb der Stadt auf einem für Verurteilte beſtimmten Begräbnisplatze ſtatt, welcher den Namen Golgatha (Schädelſtätte) führte[3]). Das war das Ende des Mannes, der an der ſittlichen

---

[1]) Matth. 27, 34 und Parallelſtellen. Dieſer Wermutsbecher war aus Milde vorgeſchrieben (Ebel Rabbati oder Semachot II, 9. Sanhedrin 43 a). In den Evangelien wird das aber als eine Grauſamkeit gegen Jeſus geſchildert. Auch in Betreff der gereichten Flüſſigkeit differieren die Evangelien. Markus 15, 23 hat noch wie der Talmud Wein mit Myrrhen (oder Weihrauch), Matthäus dagegen Eſſig mit Galle. Die übrigen haben den Zug gar nicht.

[2]) Matth. 27, 26 fg. und Parallelſtellen. Aus dem Umſtande, daß nach dem Berichte der beiden, die Fakta weniger als die anderen entſtellenden Evangelien (Matthäus und Lukas) Jeſus vor dem Tode gegeißelt wurde: φραγελλώσας παρέδωκεν, ἵνα σταυρωθῇ folgert man gegenwärtig richtig, daß das ganze Strafvollziehungsverfahren gegen Jeſus nach römiſchen Geſetzen eingeſchlagen wurde, wozu auch das Tragen des Kreuzes gehörte. Vergl. Keim, Jeſus von Nazara III, S. 390, Nr. 397, 409 ff. Jeſus iſt demnach von Pilatus als Staatsverbrecher, weil er ſich ſelbſt als Meſſias, als König der Judäer ausgegeben hat oder dafür gehalten wurde, hingerichtet worden. Das Synhedrion hat lediglich den Prozeß gegen ihn anhängig gemacht.

[3]) Matthäus 27, 33 Parall.

Befferung der Verwahrloften seines Volkes gearbeitet hat und vielleicht das Opfer eines Mißverständnisses geworden ist. Sein Tod wurde die, wenn auch unschuldige, Veranlassung von unzähligen Leiden und mannigfachen Todesarten der Söhne seines Volkes. Millionen gebrochener Herzen und Augen haben seinen Tod noch nicht abgebüßt. Er ist der einzige Weibgeborene, von dem man ohne Übertreibung sagen kann, er habe mit seinem Tode mehr gewirkt als mit seinem Leben. Die Schädelstätte Golgatha wurde für die geschichtliche Welt ein neuer Sinaï. Übrigens machten diese für die christliche Welt so wichtigen Vorgänge zu jener Zeit in Jerusalem so wenig Aufsehen, daß die judäischen Geschichtsschreiber Justus von Tiberias und Flavius Josephus, welch letzterer selbst die geringsten Vorfälle unter Pilatus erzählt und sogar einen samaritanischen Propheten nicht übergeht, der seinen Volksgenossen die von Mose auf dem Berge Garizim verborgenen heiligen Gefäße zu übergeben sich anheischig gemacht hatte[1]), daß diese Jesu und dessen Hinrichtung mit keiner Silbe gedenken[2]).

Als der erste Schrecken wegen der Gefangennahme und der Kreuzigung Jesu, der seine Jünger auseinander gesprengt hatte, vorüber war, sammelten sie sich wieder, um über den Tod ihres geliebten Meisters zu weinen. Der ganze Anhang Jesu, wenigstens derjenige, welcher sich damals in Jerusalem befand, betrug nicht mehr als hundertundzwanzig Glieder, und wenn alle zusammengerechnet werden, die in Galiläa an ihn glaubten, nicht mehr als fünfhundert[3]). Und hier zeigt es sich, wie mächtig der Eindruck gewesen sein muß, den Jesus auf die größtenteils unwissenden Menschen gemacht hatte. Weit entfernt ihren Glauben an ihn, als einen Traum fahren zu lassen, begeisterten sie sich immer mehr für ihn, ja ihre Verehrung für Jesus steigerte sich bis zur Schwärmerei. Das einzige Anstößige lag für sie noch in dem Umstande, daß der Messias, der Israel erlösen und die Herrlichkeit des Himmelreiches bringen sollte, eines schimpflichen Todes gestorben war. Wie

---

[1]) Josephus Altertümer XVIII, 4, 1.

[2]) Über Justus' Stillschweigen von Jesus vergl. Photii bibliotheca codex 33, abgedruckt in der Didotschen Ausgabe des Josephus (II, p. III). Das Stück Josephus Altert. XVIII, 3, 3 von Jesus wird heutzutage kein besonnener Forscher für echt halten, zumal es kein Kirchenschriftsteller vor Eusebius kennt, und Origenes (contra Celsum I, 35) im Gegenteil bezeugt, Josephus habe Jesu Göttlichkeit nicht anerkannt: ἀπιστῶν τῷ Ἰησοῦ ὡς Χριστῷ Ἰωσήπος. In Eusebius' Zeit scheint diese Interpolation, wie die von Johannes dem Täufer, in Josephus' Geschichte hineingetragen worden zu sein [Vergl. die Bemerkung oben S. 276, N. 3].

[3]) Apostelgesch. 1, 15; erster Korintherbrief 15, 6, wenn die Zahl nicht übertrieben ist.

konnte der Messias Leiden unterworfen sein? Der leidende Messias ($\chi\varrho\iota\sigma\tau\acute{o}\varsigma$ $\pi\alpha\vartheta\eta\tau\acute{o}\varsigma$) war für sie ein gewichtiges Bedenken[1]). Dieser Anstoß an Jesus mußte erst beseitigt werden, ehe seine Anhänger sich dem vollen Glauben an seine Messianität hingeben konnten. Da mag denn ein Schriftkundiger unter ihnen sich und sie damit beruhigt haben, daß nach einer jesajanischen Prophezeiung, die auch judäischerseits auf den Messias bezogen wurde[2]), von Gott Leiden über den Messias verhängt werden würden, damit er dadurch die Sünden des Volkes tilge: „Er wird entrissen aus dem Lande der Lebenden, und für die Sünden seines Volkes erleidet er Wunden". Ein gläubiger Pharisäer[3]) hat wohl der entsetzten, haltlosen und geringen Schar der Jünger Jesu aus der größten Verlegenheit geholfen, indem er das Neue und Wunderliche vermittels der Schriftdeutung alt und schriftgerecht gemacht und dem von Beginn an in Auflösung begriffenen jungen Christentum einen Stützpunkt gegeben hat. Die Schriftdeutung war in dieser Zeit eine Macht, welche das Unsinnigste annehmbar machen und das Unglaublichste als notwendig erscheinen lassen konnte. Ohne einen noch so schwachen Beweis aus der heiligen Schrift, aus dem Pentateuch, den Propheten den Psalmen und Daniel, konnte nichts Neues Anklang finden und sich behaupten. Die pharisäische, den Wortsinn und den Zusammenhang oft entstellende Schriftauslegung, hat dem Glauben an Jesu Messianität nach seinem Tode erst Lebensfähigkeit gegeben. Damit war das Rätsel gelöst; es mußte alles so kommen. Selbst daß Jesus als Verbrecher hingerichtet wurde, erschien bedeutungsvoll, damit die Prophezeiung vom Messias buchstäblich erfüllt werde. War es nicht vorher verkündet, daß er unter die Übeltäter gerechnet werden würde?[4]) Seine Jünger wollten sich erinnern, von Jesus bei seinem Leben gehört zu haben, daß er Verfolgungen und sogar dem Tode entgegen gehe. So gehörten also Leiden und Tod mit zum Beweise seiner Messianität. Seine Anhänger gingen sein Leben durch und fanden in

---

[1]) Matthäus 16, 21; 17, 22 und Parallelstellen.

[2]) Vergl. Jalkut zu Jesaia c. 53.

[3]) Bedeutsam ist dafür der V. Matth. 13, 52, der von den Auslegern mißverstanden wurde: „Darum ein jeglicher Schriftgelehrter, unterwiesen ($\mu\alpha\vartheta\eta$-$\tau\epsilon\upsilon\vartheta\epsilon\iota\varsigma$) in dem Wesen des Himmelreiches, ist gleich einem Hausvater, der aus seinem Schatze Altes und Neues herausbringt." Das heißt doch wohl nichts anderes, als daß nur ein Schriftgelehrter, wenn er zugleich an das Himmelreich glaubt, imstande sei, das Neue dem Alten zu akkommodieren. Das Alte ist Schriftunterlage, das Neue ist die Erscheinung Jesu. Daß einige Schriftgelehrte und Weise (חכמים וסופרים) später dem Jesutum das Wort geredet haben, folgt aus Matth. 23, 34.

[4]) Matthäus 26, 54; Markus 15, 28.

jedem geringen Umſtande eine höhere meſſianiſche Beziehung; ſelbſt daß er nicht in Bethlehem, ſondern in Nazaret geboren war, ſollte die Erfüllung einer Prophezeiung ſein: „damit er Nazaräer (Naſiräer?) genannt werde" [1]. So waren denn die Anhänger überzeugt, daß Jeſus, der Nazaräer, der Chriſtus (Meſſias) ſei. War das Gemüt der Gläubigen von dieſer Seite aus beruhigt, ſo fiel es nicht ſchwer, einer anderen Frage zu begegnen: Wann ſoll denn aber das verheißene Himmelreich einkehren, wenn der Träger und Vollbringer desſelben den Kreuzestod geſtorben? Die Hoffnung gab Antwort darauf: „Der Meſſias werde in ſeinem Glanze mit den Engeln des Himmels wiederkommen, und dann werde er jedem nach ſeiner Tat vergelten." Sie glaubten: „Einige von den damals Lebenden werden den Tod nicht koſten, bis ſie den Menſchenſohn in ſein Reich werden kommen ſehen" (Paruſie) [2]. Jeden Augenblick erwarteten die Gläubigen daher die Wiederkunft Jeſu und unterſchieden ſich nur in dieſem einen Punkte von den Judäern, nur daß ſie die Meſſianität auf eine ſchon bekannte Perſönlichkeit übertrugen. Nach ſeiner Wiederkunft werde Jeſus das t a u ſ e n d j ä h r i g e Reich gründen, das S a b b a t j a h r t a u ſ e n d, nach Ablauf der ſechs Jahrtauſende der Welt, das den Gläubigen alle Wonnen des Friedens und jede irdiſche Glückſeligkeit bringen werde (Chiliasmus) [3]. Um dieſen Glauben zu erhalten, durfte Jeſus nicht dem Tode verfallen, ſondern mußte wieder erſtanden ſein. Vielleicht aus Anlehnung an die bibliſche Erzählung von dem Propheten Jonas, der drei Tage im Bauche des Fiſches zugebracht hatte, bildete ſich die Sage, Jeſus ſei drei Tage in der Gruft gelegen und ſei dann wieder auferſtanden, ſein Grab ſei leer gefunden worden. Mehrere Anhänger wollten ihn nach ſeinem Tode bald hier, bald da geſehen, mit ihm geſprochen, ſeine Wunden betaſtet und ſogar mit ihm Fiſche und Honigſeim gegeſſen haben [4].

[1] Matth. 2, 23. Dieſer Vers iſt ſehr dunkel.

[2] Daſ. 16, 27. 28 und Parallelſtellen. Auch Paulus glaubte an das baldige Wiedererſcheinen Jeſu. Vergl. w. u.

[3] Apokalypſe 20, 4—6.

[4] Die Erzählung von der Auferſtehung Jeſu, „die ſtärkſte oder gar einzige und letzte Burg des Chriſtentums," erklärt der Apologet Keim ſelbſt als die, in Widerſprüchen und Sagenhaftigkeiten ſchwimmend, ſ c h l e c h t   b e z e u g t e ſ t e Tatſache in den chriſtlichen Quellen." (Jeſus von Nazara III, 529). Keim ſelbſt, immer beſtrebt, den hiſtoriſchen Chriſtus aus unhiſtoriſch gehaltenen Quellen zu retten, erklärt ſich die Auferſtehung als eine Art V i ſ i o n: „Man ſah Jeſus, hörte vielleicht ein einziges Wort, das war alles" (S. 540). Schlimme Ausflucht für den Glauben wie für die Geſchichte! Konſequenter laſſen andere Apologeten wegen der mehr als zehn Widerſprüche in der Bezeugung der Auferſtehung ſie lieber ganz fallen, nicht bloß Renan, ſondern auch Ewald, Hausrath und andere. Damit iſt es aber nicht abgetan. Das einzige

Die Gläubigkeit fand so auch nicht den geringsten Grund an seiner Messianität zu zweifeln.

Indessen so hoch die ersten Gläubigen Jesus verehrten und so sehr sie ihn verherrlichten, so haben sie ihn doch nicht über die menschliche Sphäre hinausgehoben; ihre Begeisterung ging nicht so weit, ihn als Gott zu betrachten. Sie hielten ihn nur für einen höherbegabten Menschen, der nur, weil er wie keiner vor ihm das Gesetz erfüllt habe, würdig befunden worden, der Messias Gottes zu sein. Sie wichen daher vom Gesetze des Judentums nicht ab, beobachteten Sabbat, Beschneidung, Speisegesetze und hielten Jerusalem und den Tempel heilig[1]). Schwerlich würden sie das Gesetz beobachtet haben, hätte sie Jesus die Verwerfung desselben ausdrücklich gelehrt, oder hätten sie ihn davon abweichen gesehen. Doch hatten sie auch neben dem Glauben an den bereits erschienenen Messias einige Eigentümlichkeiten, wodurch sie sich von den übrigen Judäern unterschieden. Die freiwillige Übernahme der Armut, die sie Jesus gelehrt, war ein hervorstechender Zug an ihnen. Sie beriefen sich auf seinen Ausspruch, den er den Jüngern eingeschärft habe: „Ihr sollt nicht Gold, noch Silber, noch Erz in euern Gürteln haben, auch keine Taschen zur Wegefahrt, auch nicht

Richtige hat Strauß im Freimut seiner letzten Wandlung ausgesprochen: „Es mag bemütigend sein für den menschlichen Stolz, aber es ist so: Jesus könnte all das Wahre und Gute, auch all das Einseitige und Schroffe, das ja doch auf die Massen immer den stärksten Eindruck macht, gelehrt und im Leben betätigt haben; gleichwohl würden seine Lehren wie einzelne Blätter im Winde verweht und zerstreut worden sein, wären diese Blätter nicht von dem Wahnglauben an seine Auferstehung, als von einem derben, handfesten Einbande zusammengefaßt und dadurch erhalten worden." (Alter und neuer Glaube, S. 72).

[1]) Justinus dialogus cum Tryphone c. 48. „Καὶ γὰρ εἰσί τινες — ἀπὸ τοῦ ἡμετέρου γένους ὁμολογοῦντες αὐτὸν Χριστὸν εἶναι, ἄνθρωπον δὲ ἐξ ἀνθρώπων γενόμενον ἀποφαινόμενοι." Origenis Philosophumena (Hippolytus), ed. Miller, p. 257: „Ἔθεσιν Ἰουδαϊκοῖς ζῶσιν (Ἐβιωναῖοι). κατὰ νόμον φάσκοντες δικαιοῦσθαι καὶ τὸν Ἰησοῦν λέγοντες δεδικαιῶσθαι ποιήσαντα τὸν νόμον. διὸ καὶ Χριστὸν ὠνομάσθαι Ἰησοῦν, ἐπεὶ μηδεὶς τῶν (πρὸ αὐτοῦ) ἐτέλεσε τὸν νόμον. Ἰησοῦν ἐξ Ἰωσὴφ γεγενῆσθαι." — Irenaeus contra Haereses I, 26: „Et circumciduntur — qui dicuntur Ebionaei — ac perseverant in his consuetudinibus, quae sunt secundum legem et Judaïco charactere vitae, uti et Hierosolyma adorent, quasi domus sit Deo". Merkwürdig ist es, daß Ewald auch noch zum Teil den ebionitischen Standpunkt hat. Er schreibt in seinem: Christus und seine Zeit (S. 445): „Auch die höchste göttliche Kraft, wenn sie in dem sterblichen Leib sich hält und in bestimmter Zeit erscheint, findet in diesem Leibe und in dieser Zeit ihre Grenze. Und nie hat Jesus als der Sohn und das Wort Gottes sich mit dem Vater und Gott selbst verwechselt und vermessen sich selbst diesem gleichgestellt". Wie setzt sich aber Ewald mit seinem Lieblingsevangelium Johannes auseinander, welches geradezu aufstellt, Jesus habe sich Gott gleichgestellt? (vergl.

zwei Kleider, keine Schuhe, keinen Stab"[1]). Von dieser freigewählten
Armut hießen sie Ebioniten (Arme[2]), ein Name, den sie entweder
sich selbst gegeben oder von den Außenstehenden erhielten. Dadurch
war von selbst das Zusammenleben in Gütergemeinschaft erforderlich,
so daß jeder Hinzutretende sein Hab und Gut verkaufte und den Erlös
der gemeinschaftlichen Kasse überwies[3]). Nach dieser Seite hin entfernten sich die ersten Christen oder Judenchristen, von den Judäern
Nazaräer oder Nazarener genannt, nicht von ihrem Ursprung, dem
Essäertum. Zur Verwaltung der Gelder und Besorgung der gemein-
samen Mahlzeiten bestellten sie, wie es in jeder judäischen Gemeinde
üblich war, sieben Verwalter[4]). Die essäische Lebensweise der ersten
Anhänger Jesu zeigte sich auch in ihrer Enthaltsamkeit von Fleisch
und Wein, in dem ehelosen Leben, in der Verachtung des Öles zum
Salben und überflüssiger Gewänder; ein einziges weißes Linnengewand
genügte ihnen. Von Jakobus, Jesu Bruder, welcher wegen seiner
Blutsverwandtschaft zum Vorsteher der ersten judenchristlichen Gemeinde
gewählt worden war und ihr als Muster galt, wird erzählt[5]), er habe
weder Wein, noch sonst Berauschendes getrunken, kein Tierfleisch gegessen,
ein Schermesser sei nie über sein Haupt gekommen, er habe kein Kleid
von Wolle, sondern ein solches von Linnen getragen und überhaupt nur
ein Kleid besessen. Von diesem musterhaften Leben erhielt Jakobus

unter andern 5, 18; 10, 33). Wer nur irgend Sinn für geschichtliches Werden
hat, dem muß es einleuchten, daß Jesus im Urchristentum — bis Paulus — von
den Gläubigen lediglich als Messias, allenfalls mit göttlichprophetischen Attri-
buten verehrt wurde. Die Göttlichkeit wurde ihm erst später im heidnisch-
christlichen Kreise, und daher auch im Johannes Evangelium beigelegt. Paulus'
Christologie ist konfus.

[1]) Matth. 10, 9 und Parallelstellen.

[2]) Die Juden nannten sie Jünger Jesu, ישו תלמידי, μαθηταὶ τοῦ Ἰησοῦ
oder Nazaräer, Nazarener (נוצרים). Die Apostelgeschichte (24, 5) nennt noch
Paulus: Vorsteher der Sekte der Nazaräer (Nazoräer): πρωτοστάτης
τῆς τῶν Ναζωραίων αἱρέσεως. Den Namen Christianer, Christen, erhielten
sie von den Römern in Antiochien und zwar zuerst als Spottnamen (das. 11, 26).

[3]) Apostelgeschichte 4, 33—37.

[4]) Das. 6, 3—5; 21, 8.

[5]) Eusebius, Kirchengeschichte II, 23. Die Nachricht ist zwar sagenhaft, aber
doch charakteristisch für die Lebensweise der ersten Christen (Vergl. o. S. 287).
Über die Benennung Oblias: ἐκαλεῖτο (᾿Ιάκωβος) καὶ ᾿Οβλίας, ὅ ἐστιν
Ἑλληνιστί: περιοχὴ τοῦ λαοῦ hat Fuller wohl das Richtige getroffen, in-
dem er das Wort in ᾿Οζλεάμ umändert = עוז-לעם, „Macht und Schutz des
Volkes", aus der Endung αμ wurde ας; denn die gewöhnliche Erklärung des
Wortes durch עם-לבי ist gar zu widersinnig. — Über das Tragen von weißen
Kleidern seitens der Judenchristen vergl. Megilla 24 b f. לפני עובד אינו האומר
חיישינן שמא מינות נזרקה בו, dazu der Talmud: יעבור לא בלבנים אף בצבועין התיבה

den Ehrennamen der Fromme (Oblias, Ozli-Am). Er lebte streng
nach dem Gesetze und war ungehalten darüber, wenn Judenchristen sich
Vergehungen gegen dasselbe erlaubten[1]). Neben ihm standen der ersten
ebionitischen Gemeinde noch vor: Simon Kephas oder Petrus ben
Jonas und Johannes ben Zebedaï. Diese bevorzugten Jünger
werden „die Säulen des Christentums genannt." Simon Petrus war
der tätigste unter sämtlichen Jüngern Jesu; er gab sich Mühe, Anhänger
für den Glauben an Jesus und für die christliche Lebensregel zu
werben. Er wird indes als ein schwankender Charakter geschildert.
Die christlichen Quellen sagen von ihm aus, er habe bei Jesu Gefangen=
nahme ihn dreimal verleugnet, und sein Meister habe ihn selbst klein=
gläubig genannt[2]). Sein Gegner berichtete: Petrus habe ohne Rücksicht
auf die Speisegesetze mit den Heiden gegessen. Sobald aber Leute von
Jakobus' Anhang zugegen waren, habe er aus Furcht an heidnischen
Mahlen keinen Teil genommen[3]). Er sowie die anderen Jünger
wollten von Jesus dazu beauftragt worden sein, zu den „Verlorenen
des Hauses Israel" zu gehen, um sie der Brüderlichkeit und Gemein=
schaft des Gottesreiches teilhaftig zu machen. Sie sollten gleich Jesus
und Johannes dem Täufer das Himmelreich verkünden; kaum geboren,
ging das Christentum schon auf Eroberung und Proselyten aus. Die
Jünger Jesu behaupteten, von Jesus die Gabe empfangen zu haben,
Kranke zu heilen, Tote zu erwecken und böse Geister zu vertreiben[4]).
Die Dämonenbeschwörung, die bei Jesus nur eine Zufälligkeit war,
machten sie zu einer stehenden Funktion und verbreiteten den von Galiläa
aus mitgebrachten Glauben an die Macht des Satans und der bösen
Geister, welche durch diesen Glauben erst recht Wesenhaftigkeit erhielten.
Innerhalb des Judentums war der Dämonenglaube harmloser Natur,
ohne religiöses Gepräge; erst im Christentum wurde er zum Glaubens=
artikel erhoben, dem Hekatomben von Menschenopfern fielen. Die ersten
Christen gebrauchten oder vielmehr mißbrauchten den Namen Jesu zu
allerhand Beschwörungen und Bannungen; alle diejenigen, welche an
Jesus glaubten, schrieben sich die Macht zu, in seinem Namen böse
Geister vertreiben, Schlangen beschwören, Kranke durch Händeauflegen
heilen zu können, ja so sehr seien sie gefeit, daß, wenn sie etwas
Tödliches tränken, es ihnen nicht schaden würde[5]). Teufelsbannung

[1]) Folgt aus Galaterbrief 2, 12.
[2]) Matth. 26, 69 ff.; 14, 31.   [3]) Galaterbrief das.
[4]) Matth. 10, 8. Vergl. Markus 9, 38; Lukas 9, 49.
[5]) Markus 16, 17—19. Vergl. Jerus. Aboda sara 40 d. (wo die echte
L.A. erhalten ist): . . . . מעשה באלעור בן דמא שנשכו נחש ובא יעקב . . . . לרפותו
בשם ישו בן פנדירא.

(Exorcismus) ward allmählich ein stehendes Geschäft der christlichen Oberen; der Aufnahme eines neuen Mitgliedes ging eine Dämonen= beschwörung voran, als wäre dasselbe bis dahin vom Teufel besessen gewesen. Kein Wunder, daß die Judäer die Nazaräer und die Heiden die Christianer als Teufelsbeschwörer und Magier ansahen. Doch in den ersten Jahrzehnten nach Jesu Tode wurden sie in judäischem Kreise wenig beachtet. Wegen des niedrigen Standes, dem sie angehörten, entgingen sie der Aufmerksamkeit. Sie bildeten eine eigene Sekte und wurden wahrscheinlich den Essäern zugezählt, mit denen sie so viele Berührungspunkte hatten. Sie würden sich überhaupt verloren haben, wenn nicht später ein Mann aufgetreten wäre, welcher der Sekte eine Verbreitung gab und sie zu einer Höhe erhob, die ihr die Welt= herrschaft sicherte.

Ein Unstern waltete über dem judäischen Volke seit einem Jahr= hundert, seitdem der Bruderkrieg der letzten Hasmonäer die römische Zwingherrschaft über Judäa gebracht hatte. Jedes neue Ereignis schlug zu immer größerem Unglück für sie aus. Koheleths Trostwort: es gebe nichts Neues unter der Sonne, erwies sich auch als eitel. Das in phantastischer Verschwommenheit in den Gemütern lebende messianische Gebilde, das eine greifbare Gestalt angenommen hatte, war doch etwas Neues, das bis dahin noch nicht auf der Welt gewesen war, und diese Neugeburt mit der Totenmaske sollte dem judäischen Volke neue und schmerzliche Wunden schlagen. Das Messiastum aus Nazaret war aus dem Mutterschoß der essäischen Sekte hervorgegangen, und da diese bereits einen Groll gegen das von pharisäischen Grundlehren gestaltete Leben des Volkes hatte, so erbte das Kind diesen Groll und steigerte ihn noch, vom Schmerze gestachelt, den es durch den Tod seines Stifters empfand. Nicht wenig hat der Landpfleger Pontius Pilatus zu der feindseligen Stimmung der christlichen Sekte gegen ihr eigen Fleisch und Blut beigetragen. Er hatte zum Tod noch Schmach und Hohn hinzugefügt, hatte ihren Messias gegeißelt und gekreuzigt wie den niedrigsten Sklaven und hatte ihm zum Hohn für den „König der Judäer" die Dornenkrone aufgesetzt. Dieses Bild des bluttriefenden Jesus mit der Dornenkrone schwebte dessen Anhängern stets vor Augen und flößte ihnen Rachegedanken ein. Anstatt aber ihren Unwillen gegen das grausame, blutdürstige Römertum zu kehren, machten sie die Ver= treter des judäischen Volkes und allmählich dieses selbst in seiner Gesamtheit dafür verantwortlich. Sie machten sich vergessen oder ver= gaßen mit der Zeit, daß Pilatus der Mörder ihres Meisters war und wälzten die Blutschuld auf das Haupt des ganzen judäischen Stammes [1].

[1] Diese Umkehrung der Schuld kommt schon bei den Synoptikern vor.

Wenn der Nachricht zu trauen wäre, daß Tiberius nach Sejans
Sturze ein gewiſſes Wohlwollen gegen die Judäer gezeigt hat[1]) —
wiewohl dieſes Wohlwollen ebenſogut in der Launenhaftigkeit des Kaiſers
ſeinen Grund haben mochte — ſo ließe ſich daraus die ſonſt auffallende
Erſcheinung der Milde erklären, mit welcher die judäiſche Nation in
dieſer Zeit behandelt wurde. Die Judäer fanden Fürſprecher bei Hofe
namentlich an Tiberius' Schwägerin Antonia, die ihm das Komplott
des Sejan gegen ihn verraten hatte und die Freundin judäiſcher Großer
war. Infolgedeſſen nahm Tiberius den Achtbefehl gegen die römiſchen
Judäer zurück. Vitellius, Statthalter von Syrien, war ganz Zuvor=
kommenheit gegen die Judäer, ging nicht bloß auf ihre Klagen ein,
ſondern half ihnen ab und ſchonte mit einem an einem Römer unge=
wohnten Zartgefühl die empfindlichen Seiten derſelben. Auf die Be=
ſchwerden, welche Judäer und Samaritaner bei ihm gegen den Land=
pfleger Pilatus erhoben, ſandte er ihn ohne weiteres nach Rom zum
Kaiſer, um ſich vor ihm zu rechtfertigen[2]). Da Vitellius bei der
Gelegenheit zum Paſſahfeſte ſelbſt nach Jeruſalem gekommen war (36),
um ſich von dem Stande der Dinge zu überzeugen, ſo zeigte er ſich
geneigt, das römiſche Joch ſo viel wie möglich zu mildern. Er erließ
den Einwohnern Jeruſalems die Steuern von den Marktfrüchten[3]),
weil die Hauptſtadt für ihren Bedarf größtenteils auf den Markt an=
gewieſen war und daher die Steuer drückender empfand. Er befreite
ferner den hohenprieſterlichen Ornat von Schloß und Riegel der Burg
Antonia und übergab ihn dem Prieſterkollegium zur Hut, in deſſen
Händen er eine Zeitlang blieb[4]). Doch das Recht, die Hohenprieſter zu
ernennen, vergab Vitellius nicht; es war zu wichtig für die römiſchen
Intereſſen. Er machte ſelbſt davon Gebrauch, an die Stelle des Joseph
Kaiaphas Jonathan, Sohn Anans, einzuſetzen[5]). Kaiaphas hatte
während der ganzen Verwaltungszeit des Pilatus fungiert und mag
ſich wohl mit demſelben verſtanden haben; daher er bei der Nation
mißliebig geweſen zu ſein ſcheint. Alle dieſe Begünſtigungen der Judäer
gewährte Vitellius ohne ausdrücklichen Befehl des Kaiſers und ver=
mutlich nur nach allgemeiner Andeutung über das Verhalten gegen
dieſelben. Einen beſtimmten Auftrag erhielt er vom Kaiſer, den Fürſten
Herodes Antipas mit der ganzen verfügbaren römiſchen Kriegsmacht
gegen den König Aretas zu unterſtützen und zwar für eine ungerechte

---

[1]) Philo, Geſandtſchaft an Cajus § 24, M. II, 569.
[2]) Daſ.   [3]) Joſephus Altert. XVIII, 4, 2.   [4]) Daſ. 4, 3.
[5]) Daſ. und XV, 11, 4. Ob Vitellius dazu Vollmacht von Tiberius er=
halten hatte, wie Joſephus an der letzten Stelle andeutet (καὶ ἐκεῖνος ἐπέτρεψε),
bleibt zweifelhaft.

Sache. Antipas hatte die Tochter dieses Aretas, Königs der Nabatäer,
zur Frau; nichtsdestoweniger verliebte er sich in Herodias[1]), die
Frau seines Halbbruders Herodes, welcher, von seinem Vater Herodes I.,
enterbt, als Privatmann irgendwo, wahrscheinlich in Cäsarea, lebte.
Auf einer Reise nach Rom hatte er sie kennen gelernt, und die ehrgeizige
Herodias, die sich im Privatstande unglücklich gefühlt haben mag, hatte
treulos ihren Gatten, nachdem sie ihm eine Tochter geboren, verlassen
und war gewissenlos — gegen das Gesetz — eine Ehe mit dessen
Bruder eingegangen. Antipas erste, nabatäische Gemahlin, mit Recht
über seine Treulosigkeit erzürnt, war zu ihrem Vater Aretas entflohen
und hatte ihn zu einem Kriege gegen ihren treulosen Gatten gereizt.
Grenzstreitigkeiten zwischen beiden, wegen Teilung des Gebietes Galaditis
(Gilead), gaben den Vorwand zum Kriege, der eine geraume Zeit
hindurch wohl nur in kleinen Fehden bestand. Endlich erlitt Antipas
eine große Niederlage. Sobald er dies dem Kaiser angezeigt hatte,
gab dieser sofort Vitellius Befehl, Antipas gegen den Nabatäerkönig
beizustehen. Als Vitellius mit zwei Legionen von Ptolemaïs durch
Judäa ziehen wollte, nahmen die Judäer abermals Anstoß an den
Kaiserbildern, welche die Legionen an den Standarten hatten, und mit
denen sie durch Judäa und Jerusalem ziehen sollten. Der römische
Feldherr trieb indes die Gefälligkeit so weit, das Heer nicht durch das
judäische Land, sondern jenseits des Jordans ziehen zu lassen. Während
dieses gegen Petra zog, begab sich Vitellius mit Antipas nach Jerusalem
zum Passahfeste, wurde aufs zuvorkommendste empfangen und opferte
daselbst. Ehe er aber weiter ziehen wollte, erhielt er die Nachricht
von Tiberius' Ableben (16. März 37) und unterließ den Kriegszug
bis auf neue Verhaltungsbefehle des neuen Kaisers[2]). Vitellius war

[1]) Das. XVIII, 4, 2.
[2]) Das. 5, 1—4. Die blutschänderische Ehe bildet eine crux chrono-
logorum, da die Angaben darüber in den synoptischen Evangelien mit den von
Josephus angegebenen Daten durchaus nicht stimmen. Das Richtige ist, daß
diese Ehe lange, viele Jahre vor 29—30 stattgefunden haben müsse (Brann,
Die Söhne des Herodes, S. 52—61). Denn Herodias' Tochter Salome aus
erster Ehe hatte den Tetrarchen Philipp geheiratet, der 34 starb (Jos. das. 4, 6;
5, 4). Damit stimmt Josephus' Angabe (4, 6), daß Herodias gleich nach der
Geburt ihrer Tochter Salome [Daß Herodias unmittelbar nach Salomes
Geburt zur zweiten Ehe geschritten sei, sagt Josephus nicht. Brann, a. a. O.,
S. 40 ff.] sich mit Antipas in zweiter Ehe verheiratete. Dazu kommt noch,
daß, da Agrippa I. nach dem Tode des Prinzen Drusus Rom verlassen und
von Antipas auf Betrieb Herodias' in Tiberias unterhalten wurde zwischen 23
(dem Tode Drusus) und 32 (dem Antrittsjahr des syrischen Legaten Flaccus),
Herodias zwischen 23 und 32 bereits mit Antipas verheiratet gewesen sein muß. Schwierigkeit macht noch das von Josephus erzählte Faktum

für Judäa unstreitig der beste unter allen Landpflegern, und die Nation bewahrte ihm ein freundliches Andenken. So wird wohl auch die Entsetzung des Hohenpriesters Jonathan und die Ernennung von dessen Bruder Theophil, die von ihm ausgegangen waren, nicht gegen den Wunsch der Nation geschehen sein[1]).

des Krieges zwischen Antipas und Aretas, welcher eine Folge dieser blut= schänderischen Heirat gewesen sein soll. Denn Antipas' erste Frau, Aretas' Tochter, entfloh noch vor dieser Heirat aus Eifersucht zu ihrem Vater und reizte ihn zum Kriege, welcher Antipas' Niederlage zur Folge hatte. Diese Nieder= lage muß 36—37 stattgefunden haben. Denn Vitellius zog im Auftrage des Kaisers Tiberius gegen Aretas im Interesse Antipas' kurz vor Tiberius' Tod. Man muß auch annehmen, daß dieser Niederlage des Antipas mehrere Fehden zwischen ihm und Aretas vorangegangen sind, und zwar mehrere Jahre hindurch, da ohnehin Grenzstreitigkeiten zwischen beiden bestanden (nach Jos. 5. 1). Nichtsdestoweniger kann die Ehe zwischen Antipas und Herodias und die Flucht von Aretas' Tochter bereits in den ersten Jahren des Kaisers Tiberius stattgefunden haben. Antipas hatte sie während einer Reise nach Rom eingefädelt. Wozu reiste er nach Rom? Doch wohl wahr= scheinlich, um dem neuen Kaiser zu huldigen und sich von ihm seine Tetrarchie bestätigen zu lassen [Vergl. hierzu Brann, a. a. O., S. 49.]. Nehmen wir an, daß Salome, die Tochter Herodias' aus erster Ehe, zwanzig Jahre beim Tode ihres Gatten Philipp (34) gewesen sei, so war sie 14 geboren, und bald nach ihrer Geburt [vergl. jedoch die Bemerkung oben] verließ Hero= dias gewissenlos ihren ersten Gatten, um sich mit Antipas zu verheiraten. Keineswegs kann aber diese Salome im 15. Jahre des Tiberius (29), dem Jahre der Gefangennahme und des Todes des Täufers (nach Lukas), ein ganz junges Mägdlein κοράσιον gewesen sein, da sie mindestens 15 Jahre alt und wohl schon verheiratet war; [vergl. Brann, a. a. O., S. 42 ff und hierzu die von Schürer (I³, 441, Note 29) gebilligte chronologische Künstelei von Gut= schmidts (Lit. Centralbl. 1874, 522, Kleine Schr. II, 318)]; indes die evangelische Chronologie ist ohnehin nicht haltbar und die Stelle bei Josephus interpoliert (o. S. 293, 2). — Wo Herodes, Herodias' erster Gatte, gelebt hat, in dessen Haus Antipas auf seiner Reise nach Rom eingekehrt war und ihm die Frau entführte, ist nicht angegeben. Wahrscheinlich in Cäsarea; denn der Weg von Antipas' Land nach Rom führte über die damals beste Hafenstadt Cäsarea.

[1]) Jos. Altert. das. 5, 3.

Zwölftes Kapitel.

Agrippa I. Herodes II.

Agrippas Charakter, Lebensgang und Stellung. Neid der griechischen Alexandriner
gegen die Judäer. Judenfeindliche Literatur. Der Judenfeind Apion. Aufstand der Griechen in Alexandrien gegen die Judäer. Der Statthalter
Flaccus. Streit um die Gleichstellung der Judäer in Alexandrien. Drittes
Makkabäerbuch. Judäische Gesandtschaft, Philo. Caligulas Benehmen gegen
die judäische Gesandtschaft. Caligulas Befehl, sein Bildnis im Tempel
aufzustellen. Caligulas Tod befreit die Judäer von ihrer Not. Agrippas
Machtstellung unter Claudius. Seine Regierung. Gamaliel der ältere und seine
Verordnungen. Die Literatur. Agrippas Tod. Die Landpfleger. Herodes II.
Der falsche Messias Theudas. Tiberius Alexander. Herodes II. Tod.

37 — 49.

Als der römische Kaiser Tiberius durch Ersticken getötet worden
war und der Senat sich einen Augenblick dem süßen Traume hingab,
die alte Freiheit wieder zu gewinnen, ahnte Rom nicht, daß ihm in
Jerusalem und der kaum noch fertigen christlichen Gemeinde ein Feind
geboren worden war, welcher einst sein Wesen zersetzen, seine Götter
stürzen, seine Macht brechen und es selbst dem langsamen Hinsiechen
und der völligen Auflösung zuführen würde. Ein Gedanke, von einem
Sohne des Judentums erfaßt und ans Licht gesetzt, von einer verachteten Menschenklasse großgezogen, sollte Roms Machtfülle und
Herrlichkeit in den Staub treten. Der dritte römische Kaiser, Cajus
Caligula Germanicus, trug selbst dazu bei, das römische Götter-
wesen, die Hauptstütze des Römerreiches, der Verachtung preiszugeben.
Dem finsteren Menschenhaß war der Wahnsinn und die grausame
Feigheit auf dem Thron der Cäsaren gefolgt. Keines der von den
Römern unterjochten Völker empfand den Thronwechsel in Rom tiefer
als das judäische; jede Veränderung in den höchsten römischen Kreisen
wirkte auf Judäa zuweilen günstig, meistenteils ungünstig ein. Die
erste Zeit nach Caligulas Regierungsantritt schien für Judäa eine
günstige Wendung herbeiführen zu wollen. Caligula überhäufte einen
der besseren judäischen Prinzen, Agrippa, mit Gunstbezeugungen,
welche die Aussicht auf einige Erleichterung des römischen Druckes
erhoffen ließen. Bald aber zeigte es sich, daß diese Gunstbezeugung,

dieſes Wohlwollen und dieſe Zutunlichkeit nur flüchtige Launen waren,
die von einer anderen, blutgierigen verdrängt wurden und die Judäer
im römiſchen Reiche in Angſt und Schrecken verſetzten.

Agrippa (geb. um 10 v. Chr., geſt. 44 n. Chr.) war der Sohn
des von Herodes hingerichteten Ariſtobul und der Enkel der Hasmonäerin
Mariamne; er ſtammte alſo von hasmonäiſchem und idumäiſchem Blute,
und dieſe beiden feindlichen Elemente ſeines Weſens machten ſich ſein
Inneres ſtreitig, bis das Edlere den Sieg davontrug. In Rom erzogen
und im Umgange mit Tiberius' Sohn Druſus aufgewachſen, entwickelte
ſich zuerſt in Agrippa das herodianiſche Weſen. Er wurde ein Römer=
knecht, verſchwendete ſein Vermögen, um ſich die römiſche Gunſt zu
erkaufen, und der von ſeiner Großmutter Mariamne ererbte Edelſinn
beförderte nur noch ſeine Verſchwendung. Nachdem er das Vermögen
ſeiner Mutter Berenice, Tochter der Salome, vergeudet hatte, ſtürzte
er ſich in Schulden. Als er nach dem Tode ſeines Freundes Druſus
(23 nach Chr.) Rom verlaſſen mußte und nach Judäa zurückgekehrt
war, geriet er in ſolche Not, daß er in einem Winkel von Idumäa
leben mußte, er, der gewöhnt war, auf großem Fuße zu leben und
mit Cäſarenſöhnen umzugehen. In dieſer Not trug er ſich mit dem
Gedanken des Selbſtmordes. Allein ſeine hochherzige Gattin Kypros,
eine Enkelin von Herodes' edlerem Bruder Phaſael, verwendete ſich
für ihn, um ihn der Verzweiflung zu entreißen, bei ſeiner Halbſchweſter
Herodias, Fürſtin von Galiläa, die, obwohl ihrem Bruder nicht freundlich
geſinnt, ihren Gemahl Antipas bewog, aus Familienrückſichten ihm den
Lebensunterhalt zu gewähren. So wurde Agrippa Marktaufſeher von
Tiberias. Als ihm aber einſt Antipas die Abhängigkeit von ihm
vorhielt, verließ ihn Agrippa und ſchmarotzte bei dem ſyriſchen Statt=
halter Flaccus. So weit war es mit den Herodianern gekommen, daß
ſie faſt um Brot betteln mußten. Aber ſie verdienten dieſes Los wegen
ihrer Entartung, die ſo weit ging, daß jedes Gefühl von Blutsver=
wandtſchaft in ihren Herzen erſtorben war. — Aus der zweideutigen
Stellung eines Freundes des ſyriſchen Statthalters wurde Agrippa
ebenfalls verdrängt, und zwar durch ſeinen eigenen Bruder Ariſtobul,
der ihm die Gunſt des Römers mißgönnte. Von den Seinigen ver=
laſſen und angefeindet, wollte Agrippa ſein Glück wieder in Rom ſuchen;
aber nur mit Not entging er dem Schuldturm, in welchen ihn der
Verwalter der kaiſerlichen Güter in Jamnia werfen laſſen wollte, weil
er dem kaiſerlichen Schatze dreihunderttauſend Drachmen ſchuldete. Der
reichſte und angeſehenſte Judäer der alexandriniſchen Gemeinde, der
Arabarch Alexander Lyſimachos, zu dem er Zuflucht genommen,
verſah ihn hierauf mit den nötigen Mitteln zur Reiſe. Dieſer, einer

der edelsten Judäer seiner Zeit, war Verwalter der Güter der jüngeren Antonia, der Tochter des Triumvirn Antonius aus seiner ersten Ehe mit Augustus' Schwester, welche dieser Kaiser ihr aus der Hinterlassenschaft ihres Vaters in Ägypten überlassen hatte[1]). Der Arabarch muß sich wohl so große Verdienste um die kaiserliche Familie erworben haben, daß er in dieselbe als Wahlsohn aufgenommen wurde; er durfte daher seinem Namen die Namen des Kaiserhauses hinzufügen: Tiberius Julius Alexander, Sohn des Lysimachos[2]). Er besaß ohne Zweifel die feine griechische Bildung seiner Zeit; denn sein Bruder Philo gehörte zu den geschmackvollsten Kennern derselben. Nichtsdestoweniger hatte der Arabarch Alexander eine tiefe Anhänglichkeit an seine Stammesgenossen und den Tempel. Er ließ sämtliche Türflügel der Pforten des Heiligtums, welche von dem äußersten Vorhof in den Vortempel, den innersten Vorhof, führten, mit Ausnahme des Nikanortors (o. S. 226), mit gediegenem Gold belegen[3]).

Dieser Alexander wollte Agrippa nicht untergehen lassen, aber mißtrauisch gegen den maßlosen Schuldenmacher, bewog er dessen Gattin, sich für ihn zu verbürgen. In Rom angekommen (Frühjahr 36), begann für Agrippa ein neues Abenteurerleben. Anfangs vom Kaiser Tiberius auf der Insel Capri freundlich empfangen, aus Erinnerung an Agrippas Umgang mit dessen verstorbenem Sohne, fiel er gleich darauf in Ungnade, als der Kaiser erfuhr, welche Summe er dem kaiserlichen Schatz schuldete. Aus dieser neuen Verlegenheit half ihm seine Gönnerin, die jüngere Antonia, des Kaisers Schwägerin (o. S. 314), die für Agrippas Mutter Berenice, die mit ihrem Sohne zu dessen Erziehung in Rom gelebt hatte, ein freundliches Andenken bewahrt hatte. Durch ihre Vermittelung kam der abenteuernde Fürsten-Enkel zu Ehren und wurde der vertraute Freund des Thronfolgers Cajus Caligula. Und als wollte das Glück alle seine Launen an ihm auslassen, wurde Agrippa dem Umgang mit dem künftigen Kaiser entrissen und in den Kerker geworfen, weil er einst, um Caligula zu schmeicheln, den Wunsch geäußert hatte: „Wenn doch Tiberius bald aus dem Leben schiede und einem Würdigeren das Reich überließe". Einer seiner Sklaven hatte die unbesonnene Äußerung dem Kaiser hinterbracht. Im Kerker blieb Agrippa sechs Monate bis zu Tiberius' Tode (Okt. 36 bis März 37). Mit der Thronbesteigung seines Freundes Caligula ging für Agrippa der Glücksstern auf. Der neue Kaiser befreite ihn aus dem Kerker, schenkte ihm zum Andenken an die seinetwegen erduldeten Leiden eine goldene Kette statt der

[1]) Josephus Altert. XIX, 5, 1.
[2]) Sein Sohn wurde genannt Tiberius Julius, vergl. Corp. Inscrr. Graec. III, Nr. 4957.   [3]) Josephus j. Kr. V, 5, 3.

eisernen, die er hatte tragen müssen, setzte ihm das Diadem auf, womit
der Königstitel verbunden war, und überließ ihm Philipps Fürstentum,
das an Rom heimgefallen war, und einen Teil der Tetrarchie des
Lysanias, das daran grenzte und Abila des Lysanias[1]) genannt
wurde (3 3/5 M. nordöstlich von Damaskus).   Der römische Senat
verlieh ihm den Titel eines Prätors (37).   So anhänglich war ihm
der Kaiser Caligula, der anfangs ein guter Regent zu werden versprach,
daß er ihn erst nach einem Jahre in sein Königtum reisen ließ und
ihm das Versprechen abnahm, bald zu ihm zurückzukehren.

Als Agrippa als König und Günstling des Kaisers in Judäa
erschien (um August 38), das er tief verschuldet und bettelarm verlassen
hatte, erregte sein Glückswechsel den Neid seiner Schwester Herodias,
die von Ehrgeiz verzehrt, ihren Gemahl bestürmte, sich ebenfalls nach
Rom zu begeben und sich von dem gunstspendenden jungen Kaiser
mindestens ein Königreich zu erbitten.   Hier zeigte sich die Lieblosigkeit,
von welcher die Herodianer gegeneinander beseelt waren, in ihrer
ganzen Blöße.   Aus Furcht, Antipas könnte sich ebenfalls in Caligulas
Gunst setzen, oder aus Rache wegen der von ihm erlittenen Beschimpfung,
verleumdete ihn Agrippa beim Kaiser in einem Schreiben des Inhalts:
Antipas gehe mit verräterischen Plänen gegen Rom um; er sei bei
der Verschwörung des Sejan gegen Tiberius beteiligt gewesen; er
unterhalte eine Verbindung mit den Parthern, den Feinden Roms; er
habe so viel Waffen in seiner Hauptstadt angehäuft, daß ein Heer von
siebzigtausend Mann damit ausgerüstet werden könnte.   Antipas, vom
Kaiser in einer Audienz darüber zu Rede gestellt, gestand das Vor-

---

[1]) Josephus Altert. XVIII, 6, 1—10.   Philo in Flaccum § 5, M. II,
p. 520, § 6, M. II, p. 523. — Über Abila Lysaniae vergl. Renan, Dynastie
des Lysanias in den mémoires des inscriptions et des belles lettres T. XXVI
pars II, p. 49 fg.   Das Ergebnis der Renanschen Untersuchung ist, daß die
Landschaft den Namen von Lysanias führte, dem Sohne des Ptolemäus
Mennäi, welcher lange Damaskus inne hatte, und daß der Zenodoros oder
Zenon, nach welchem ein Landstrich den Namen οἶκος τοῦ Ζηνοδώρου führte,
wahrscheinlich ein Sohn dieses Lysanias war.   Renan zweifelt aber mit Unrecht
daran, daß eben diese Landschaft des Zenodoros Panias und Ulatha war.
Josephus berichtet (Ant. XV, 10, 3), Augustus habe dem Herodes auch noch
Οὐλάθαν καὶ Πανιάδα καὶ τὴν πέριξ χώραν geschenkt.   Dann berichtet er
(B. j. II, 6, 3): Augustus habe dem Herodes Antipas gelassen: Cäsarea usw.
καὶ μέρη τινὰ τοῦ Ζήνωνος (Ζηνοδώρου) οἶκου τὰ περὶ Ἰαμνίαν.
[Vergl. jedoch Niese z. St.]   Wie kommt Jamnia zu dieser Gegend?   Sagt doch
Josephus an derselben Stelle, daß Jamnia der Salome zugewiesen worden sei?
Man muß also lesen Πανιάδα statt Ἰαμνίαν.   Dann ist alles in Ordnung.   Ge-
bietsteile des Zenodorus und Panias wurden genannt „Haus des Zeno-
doros," d. h. Panias und Ulatha. [Vergl. hierzu Schürer I³, S. 718 f.]

handensein der Waffen ein und wurde sofort zum Verluste seines
Fürstentums und zur Verbannung nach Lyon in Frankreich verurteilt
(39), wohin ihm seine Gattin mit unerwarteter Treue folgte. Herodes'
letzter Sohn Herodes Antipas und seine Enkelin Herodias starben in
der Verbannung. Ihre Erbschaft überließ der Kaiser seinem Freunde
Agrippa, der durch den Zuwachs der Fürstentümer Galiläa und Peräa
(39)[1]) eine nicht unbeträchtliche Ländermacht besaß.

[1]) Josephus daf. 6, 11; 7, 1—2; XIX, 8, 2. An der letzten Stelle heißt
es, Agrippa habe unter Caligula vier Jahre regiert, indem er Philipps Tetrarchie drei Jahre innegehabt, im vierten auch die des Herodes Antipas dazu
bekommen: τῷ τετάρτῳ δὲ καὶ τὴν Ἡρώδου προσειληφώς. In dieser Angabe
konnten sich die Forscher bisher nicht zurecht finden. Denn Caligula hat Antipas noch im Jahre 39 während seiner Anwesenheit in Rom abgesetzt, und im
Herbst 39 zog Caligula zum Scheinkrieg nach Gallien und Deutschland aus und
blieb fast ein Jahr von Rom abwesend. Von 37, Caligulas Regierungsantritt,
bis 39 sind nur drei Jahre und kaum voll. Wie kann Agrippa im vierten
Jahre desselben Antipas' Tetrarchie bekommen haben? Daß ein Intervall
zwischen Antipas' Entsetzung und Agrippas Einsetzung anzunehmen sei, ist durchaus ungerechtfertigt (vergl. Schürer L.-B. der neutest. Zeitgesch. 246 N. [jetzt I³,
448 f., wonach Schürer, und zwar mit Recht, ein mehrmonatliches Intervall
zwischen der Absetzung des Antipas und der Überweisung an Agrippa annimmt].
Allein die chronologische Schwierigkeit ist einfach zu heben. Es steht gegenwärtig fest, daß es Münzen von Agrippa gibt, welche das Prägungsjahr 8 und
9 haben. Was von Eckhel und anderen Numismatikern bezweifelt wurde, ist
durch Reichardts Funde festgestellt. (Abgedruckt bei Madden, Numismata
orientalia II, 132.) Reichardt erklärte auch diesen Umstand richtig (Numism.
Zeitschr. II, 272): daß Agrippa seine Regierungsjahre derart gezählt haben
muß, daß die kurze Zeit vor Nissan, in welcher er die Regierung übernommen,
nach talmudischer Angabe, als ein volles Jahr gezählt wurde. Daher konnte
er 9 Regierungsjahre zählen, obwohl er im ganzen nur 7 Jahre regiert hat,
vom März 37 bis Sommer 44 (Reichardt daf.). Was Reichardt nur konje-
kturierend aufgestellt hat, findet seine Bestätigung durch chronologisch fixierte
Tatsachen. Caligula setzte Agrippa gleich nach seiner Thronbesteigung und dem
Tode Tiberius' zum König ein — März 37. Der März muß in diesem Jahre noch in
den Monat Adar gefallen sein. Nach Jos. (Ant. XVIII, 5, 3) traf Vitellius
auf seinem Zuge nach Petra zum bevorstehenden Feste in Jerusalem ein:
ἑορτῆς πατρίου . . ἐνεστηκυίας, d. h. zum Passah-Feste. Er weilte da drei
Tage, und am vierten erhielt er die Nachricht von Tiberius' Tod. τῇ τετάρτῃ . .
ἐδήλου τὴν Τιβερίου τελευτήν. Es muß eine geraume Zeit angenommen
werden, bis eine Nachricht von Tiberius' Tod von Rom nach Jerusalem gelangte.
Die Schiffahrt von Puteoli bis Alexandrien dauerte mehr als 12 Tage (L. Fried-
länder, Sittengesch. Roms II, 2, S. 133) und von Ostia nach Puteoli 3 Tage;
nun muß noch die Zeit von Rom bis Ostia und von Alexandrien nach Cäsarea
zu Schiff und von hier nach Jerusalem zu Lande gerechnet werden. Die Nachricht von Caligulas Tod (24. Jan.) kam Petronius erst anfangs März zu (vergl.
Monatsschr. Jahrg. 1877, S. 152 fg.), also nach mindestens einem Monat Intervall. Die Nachricht von Tiberius' Tode, 16. März, traf erst zum Passah-Feste
in Nissan ein; nimmt man auch nur einen Monat Intervall an, so muß der

Die Gunst, welche Caligula dem verarmten Agrippa gewährt hatte, und die, wie man vermuten konnte, auch auf seine Religionsgenossen übergehen würde, erregte den Neid der Heiden und brachte namentlich den längst in der Brust der alexandrinischen Griechen schlummernden, bodenlosen Haß gegen die Judäer zum Ausbruch. Die Judäer hatten zwar im ganzen römischen Reiche heimliche und offene Gegner. Es war eine Mischung von blindem Rassenhaß und von geheimer Angst, daß dieser, wenn auch verachtete, doch so stolze Volksstamm noch einmal zur Herrschaft gelangen werde, und diese Angst beherrschte Römer und Griechen[1]. Aber nirgends hatte die feindselige Stimmung einen so hohen Grad erreicht wie unter der unruhigen, lasterhaften, dem Müßiggang und der Spottsucht fröhnenden griechischen Bevölkerung Alexandriens. Mit mißgünstigem Auge blickte sie auf die Betriebsamkeit und den Wohlstand ihrer judäischen Nachbarn, die ihr darin den Rang abliefen, und die ihr auch in schöngeistiger und philosophischer Bildung, worauf sie am meisten stolz war, nicht nachstanden. Dieser Haß datierte noch aus der Zeit her, als die ägyptische Königin judäische Feldherren mit den äußeren Angelegenheiten des Landes betraut hatte (S. 84. 139), und wurde durch Bevorzugung der Judäer von seiten der ersten römischen Kaiser vermehrt, weil diese mehr Vertrauen zu den zuverlässigen Judäern als zu den leichtsinnigen Griechen hatten. Schmähsüchtige Schriftsteller hatten diesen Haß genährt und, um die Judäer zu verkleinern, deren Geschichte, auf die sie so stolz waren, boshaft entstellt.

Da Ägypten die Wiege der judäischen Nation war, so zogen solche Schriftsteller angeblich alte ägyptische Schriftdenkmäler an den Tag, welche zum Hauptthema hatten: die Judäer seien einst wegen Aussatzes aus Ägypten vertrieben worden; der Zorn der ägyptischen Götter habe sie getroffen; sie seien lange in der Wüste umhergeirrt, weil sie von den Ägyptern verstoßen worden wären; Mose habe sie Verachtung der

16. März 37 in den Adar gefallen sein. Agrippa ist also im Adar König geworden, und er rechnete von Adar bis Nissan als erstes Jahr. Adar bis Nissan 37 — I. J.; N. 37 bis N. 38 II. J.; N. 38 bis N. 39 III. J.; N. 39 bis Elul 39 das vierte Jahr. So ist die Chronologie in Ordnung. Die Jahre auf den Münzen müssen danach berechnet werden. Obgleich Madden diesen Kalkul richtig findet (a. a. O.), so berechnet er nichtsdestoweniger das Jahr 44 auf einer Münze des Herodes Antipas gleich 41 nachchr. (S. 122, 128), während es das Jahr 39 sein kann, nämlich das Jahr 4 vorchr. (vor Nissan begonnen) als 2 Jahre und das Jahr 39 nachchr. (nach Nissan abgesetzt) ebenfalls auf 2 Jahre. Dasselbe ist der Fall mit den Regierungsjahren des Tetrarchen Philipp.

[1]) Interessant ist dafür die Bemerkung in legatio ad Cajum § 4 M. II, 569: Τοιγαροῦν οἱ πανταχοῦ πάντες εἰ καὶ φύσει διέκειντο πρὸς Ἰουδαίους οὐκ εὐμενῶς εὐλαβῶς εἶχον κ. τ. λ.

Götter und Lieblosigkeit gegen Fremde gelehrt. Die verleumberischen Schriften gegen das judäische Altertum, angeblich von dem ägyptischen Priester Manetho verfaßt (v. S. 35) waren die Quelle, woraus die griechischen Schriftsteller ihre judenfeindlichen Belege schöpften. Je stolzer die Judäer auf ihre Religion waren und sie dem wüsten Götzentum der Heiden ihrerseits mündlich und schriftlich entgegensetzten, um so mehr lag es den griechischen Schriftstellern am Herzen, das Judentum in den Schlamm hinabzuziehen und es tief unter das Heidentum zu setzen. Sie nannten die Judäer gottlos, weil sie keine Bilder verehrten, menschenfeindlich, weil sie nicht mit Heiden an einer Tafel speisen mochten, bald Feiglinge, bald Raufbolde[1]), je nachdem sie es brauchten. Die Hauptträger dieser feindlichen Literatur waren zwei Alexandriner, ferner ein syrischer Grieche und endlich ein Rhodier, der das Gift, das er gegen die Judäer ausspritzte, von den Lippen des Syrers gesogen hat. Der älteste dieser Schmähsüchtigen, deren lügnerische Fabeln über das judäische Volk Griechen und Römer feindselig gegen die Juden gestimmt haben, und die noch bis auf den heutigen Tag nachklingen, war der stoische Philosoph Posidonius[2]) aus dem syrischen Apamea (geb. 135 st. 51 v.). Er war Zeuge vom Aufschwunge des judäischen Volkes unter den Hasmonäern Hyrkan I., Alexander I. und der Königin Alexandra und auch Zeuge vom Verfall des syrischen Reiches, welches die Judäer lange in Knechtschaft gehalten hat. Diese Wahrnehmung kränkte Posidonius und erfüllte ihn mit Haß gegen die Judäer. Er erfand daher Lügenmären über ihren Ursprung und ihre Gottesverehrung oder verbreitete solche, welche die Schmeichler des Antiochos Epiphanes erfunden hatten, um die ruchlosen Untaten dieses Königs an dem judäischen Volke und dessen Heiligtum zu beschönigen. In seine Geschichtserzählung nahm Posidonius das Lügengewebe auf von der Vertreibung der Vorfahren des judäischen Volkes wegen eines häßlichen Aussatzes und von Moses Gesetzgebung, welche Haß gegen alle Völker lehre. Auch die ebenso lächerliche wie boshafte Fabel, daß die Judäer im Allerheiligsten des Tempels einen Esel verehrten und jahraus jahrein einen Griechen auffütterten, um ihn aus Haß

---

[1]) Josephus contra Apionem II, 14.

[2]) Vergl. über Posidonius C. Müller Fragm. histor. Graec. III, p. 245 fg. Mit Recht stellt Müller auf, daß das Fragment bei Diodor (excerpta de virtute 34) über Antiochos Sidetes' Verhalten gegen die Judäer von Posidonius stammt (p. 256); darin kommt schon die Märe vom Esel vor. Richtig ist auch die Bemerkung, daß die angebliche Verehrung des Eselkopfes bei Apion (contra Apionem II, 7) von Posidonius und Apollonius Molo (d. h. eigentlich von dem ersteren) stammt und ebenso die Fabel von dem aufgefütterten Griechen (das. II, 8).

gegen die Griechen an einem bestimmten Tage abzuschlachten (B. II b 309),
hat Posidonius, wenn nicht erfunden, so doch unter Griechen und Römern
in Umlauf gesetzt und dadurch alle Welt gegen den judäischen Stamm
eingenommen. Er erlebte noch die Zeit, in der Pompejus nach der
Eroberung Jerusalems in den Tempel eindrang und von Bewunderung
erfüllt war kein Bildnis darin zu finden. Es ist aber nicht bekannt,
daß er, der mit Pompejus befreundet war, seine Lügenmärchen wider=
rufen hätte.

Die lügenhafte Erfindung von der Eselsverehrung und die ver=
leumberische Anschuldigung von dem aufgefütterten Griechen im Tempel
zu Jerusalem und von der menschenfeindlichen Gesinnung der Judäer
gegen alle Völker und besonders gegen die Griechen nahm der jüngere
Zeitgenosse des Posidonius, der mit ihm zusammen auf der Insel Rhodus
lebende Redner Apollonius Molo als erwiesene Tatsachen auf und
verbreitete sie weiter. Während aber der erstere sie nur nebenher als
zur Geschichte der syrisch=macedonischen Könige gehörig vorgebracht
hatte, machte sie der letztere in einer Schrift zum Ausgangspunkt einer
förmlichen Anklage[1]) gegen die Judäer und deren Verworfenheit. Molo

---

[1]) Josephus bemerkt, daß Apollonius Molo nicht eine zusammenhängende
Schrift gegen die Judäer geschrieben, sondern die Beschuldigungen gegen sie
sporadisch in einem Buche vorgebracht habe (contra Apionem II, 14) Ἄλλως
τε καὶ τὴν κατηγορίαν ὁ Ἀπολλώνιος οὐκ ἀθρόαν . . ἔταξεν, ἀλλὰ σποράδην
καὶ διὰ πάσης τῆς συγγραφῆς. [Zu den letzten Textworten vergl. Nieses Be=
merkung z. St.] Was für eine Schrift das war, ist nicht bekannt. Alexander
Polyhistor bezeichnet sie indes als eine gegen die Judäer besonders gerichtete
Schrift, mindestens als ein besonderes Kapitel (bei Eusebius praep. evang. IX, 19;
Müller Fragm. III, 212). Ὁ δὲ τὴν συσκευὴν τὴν κατὰ Ἰουδαίους γράψας
Μόλων. Das Wort συσκευή kann keineswegs opus integrum bedeuten, sondern
lediglich „Vorbereitung, Einleitung" zu einer Auseinandersetzung. [Rich=
tiger nach Schürer III³, 402: „Nachstellung, Bekämpfung, Streitschrift."] In
dieser συσκευή war die Geschichte Abrahams enthalten, ziemlich getreu bis auf
einige Unrichtigkeiten, aber ohne Gehässigkeit. An die Geschichte Abrahams
und Josephs hat sich wohl ein entstellender Bericht über den Auszug aus
Ägypten angereiht, nach Jos. II, 2. Μόλων δὲ καὶ ἄλλοι τινες (περὶ Ἰουδαίων
ἐξ Αἰγύπτου ἀπηλλαγμένων) ὡς αὐτοῖς ἔδοξεν. Auch über Mose und das
Gesetz enthielt diese Schrift verleumderische Anschwärzungen nach Josephus
das. II, 14. Die Fabel vom Eselskultus und der Auffütterung des Griechen
hat sie ebenfalls enthalten, entlehnt aus Posidonius' Geschichte von den Seleu=
ciden (s. vorige Note). Seine Schmähungen gegen den Charakter der Judäer
sind das. II, 14 auszüglich gegeben. Molo muß übrigens diese Schrift ver=
öffentlicht haben, ehe Alexander Polyhistor seine Exzerpte zusammengetragen
hat, da dieser aus jener ein Stück aufgenommen hat. Alexanders Blütezeit
wird mit der Pompejus' gleichgesetzt — also 82 bis 50 ante. Cicero, welcher
Molo bei dessen Anwesenheit in Rom 81 gehört hatte, suchte ihn später in
Rhodus auf. [Zur Personenfrage hat Schürer III³, 401 f. wohl das Richtige.]

ging die israelitische Urgeschichte (nach der griechischen Übersetzung) durch, berichtete von der Ausweisung der Israeliten infolge irgend eines Makels und schwärzte Moses, den Gesetzgeber reiner Gesittung, als einen Zauberer und dessen Gesetze als bar jeder Tugendanregung und voller Schlechtigkeit an. Die Lüge von der Eselsverehrung und der Mästung eines Griechen zum Schlachtopfer hat Apollonius Molo selbstverständlich aufgenommen. Er folgerte daraus, daß die Judäer Gottesleugner und Menschenfeinde seien, warf ihnen Feigheit und Tollkühnheit vor und bezeichnete sie als das unbefähigteste Volk unter den Barbaren, das keinerlei Erfindung zum allgemeinen Nutzen gemacht habe. — Von diesen beiden rhodischen Schriftstellern, in deren Umgang er lebte, hat wohl auch Cicero seine unwürdigen Ausfälle gegen den judäischen Stamm und das judäische Gesetz (o. S. 66) entlehnt. Julius Cäsar jedoch, welcher ebenfalls mit Posidonius und Molo verkehrte, hat sich von Vorurteilen gegen die Judäer frei gehalten.

Gierig nahmen alexandrinische Griechen solche Schmähungen auf, übertrieben sie noch und gaben ihnen eine größere Verbreitung und eine für die Judäer ihrer Zeit sehr unangenehme Anwendung. Einer derselben, Namens Chäremon (um 50 vorchr. Z.[1]), welcher die alt-ägyptische Geschichte aus Sagen zusammengestellt, begnügte sich damit, den Ursprung des judäischen Volkes zu verunglimpfen. Auch er ließ in einer Schrift die Israeliten wegen Unreinheit aus Ägypten aus-weisen, unter einem Führer Joseph, einem Schriftkundigen, dessen Zeit-genosse der Priester Mose gewesen sei. Beide seien Ägypter gewesen, der erstere habe den Namen Peteseph geführt und der andere Tisithes geheißen. Ob Chäremon noch andere Lügenmären über die Israeliten geschrieben, ist nicht bekannt. Giftiger als dieser behandelt sein jüngerer Zeitgenosse, der Alexandriner Lysimachos (um 30 vorchr. Z.[2]), die Judäer. Er nahm nicht bloß in seine Schrift über ägyptische Geschichte die Fabel von der Vertreibung der Israeliten aus Ägypten wegen Aussatzes — und zwar unter dem Könige Bokchoris — auf, sondern

---

[1] Vergl. über Chäremon Müller Fragm. III, p. 495 f. Es muß durch-aus zwei Schriftsteller dieses Namens gegeben haben, einen, welcher als Ciceros Lehrer ausgegeben wird, und einen andern, der spätestens um 50 ante gelebt haben muß, nach Müller das. [Vergl. jedoch Schürer III³, 405, der den von Josephus zitierten etwa ein Jahrhundert später setzt.] Aus seiner ägyptischen Geschichte hat Jos. nur ein Fragment c. Ap. I, 32 ausgezogen.

[2] Lysimachos' Lebenszeit läßt sich kaum annähernd bestimmen, da die-Angabe, daß er zwischen Mnaseas Patrensis (Olymp. 160 = 140 ante) und Apion (40 post) gelebt [Müller Fragm. III, 334] ein zu großes Intervall läßt. Josephus zitiert ihn das. I, 34 nach Chäremon und II, 14 nach Apollonius Molo. Er hat also wahrscheinlich später als diese gelebt.

fügte auch hinzu, der Geſetzgeber Moſe habe ihnen befohlen, daß ſie keinem
Menſchen Gutes erweiſen ſollten, und geraten, die Tempel und Altäre
anderer Völker zu zerſtören. Das hätten ſie auch rückſichtslos voll-
ſtreckt, und davon habe Jeruſalem urſprünglich den Namen Hieroſyla,
Zerſtörerin der Heiligtümer, geführt. Die gehäſſigen Ausfälle des
rhodiſchen Redners Apollonios Molo gegen die Judäer nahm auch
Lyſimachos auf, daß die Geſetze der Judäer weder gerecht noch wahr,
ſondern von Lehren des Menſchenhaſſes erfüllt ſeien.

Dieſe griechiſch ſchreibenden Schriftſteller waren nicht die einzigen,
welche aus Bosheit und Raſſenhaß gegen die Judäer deren Vergangenheit, Geſetze und großen Geſetzgeber verunglimpft und geſchmäht haben[1]).
Einer von ihnen erfand die Fabel, daß die Israeliten, nachdem ſie
wegen Ausſatzes ausgewieſen worden, lange in der Wüſte umhergeirrt
und wegen Waſſermangels dem Verſchmachten nahe geweſen ſeien, und
daß Moſe, ihr Führer, ihnen geraten habe, einer Herde wilder Eſel
nachzufolgen, weil dieſe wohl waſſerreiche Plätze aufſuchten. Sie hätten
auch richtig Waſſer gefunden und ihren Durſt gelöſcht. Nach ſechs-
tägiger Irrfahrt ſeien ſie dann in das Land gekommen, in dem ſie
Hauptſtadt und Tempel angelegt. Wegen dieſer Vorgänge feierten ſie
den ſiebenten Tag, an dem ſie Ruhe gefunden, und widmeten den Eſeln
göttliche Verehrung.

Welch eine Anhäufung von Schmähungen gegen das arme judäiſche
Volk, das, weit entfernt, einen Vernichtungskrieg gegen die Nachbarn
zu führen, nur auf Selbſtverteidigung bedacht war! Nur wenige
griechiſche Schriftſteller enthielten ſich, wenn ſie von Judäern ſprachen,
Verleumdungen gegen ſie anzubringen. Nur ein einziger iſt bekannt
geworden, der günſtig von ihrem Urſprunge und ihrer Gottesverehrung,
und zwei, die nichts Ungünſtiges von ihnen geſchrieben haben.

Cornelius Alexander aus Milet, Polyhiſtor genannt, weil
er eine große Beleſenheit in den Geſchichtswerken beſaß und allerlei
über Geſchichte und Länderkunde zuſammengetragen hat (um 82—50 vor),
hat auch Nachrichten über die alte Geſchichte der Israeliten von judäiſchen
Schriftſtellern, die ihm bekannt geworden waren, mit aufgenommen[2]),
große Stücke aus Demetrius', Eupolemos' und Artapans ſagenhafter

---

[1]) Folgt aus Joſ. c. Ap. II, 14: Apollonios Molo, Lyſimachos καί τινες
ἄλλοι. Was Tacitus hist. II, 3 referiert, ſtammt zum Teil aus Lyſimachos
(die Ausweiſung unter Bokchoris) zum Teil von anderen Schriftſtellern, namentlich die Verbindung der Wüſtenwanderung mit dem Sabbat. Aber auch die
Fabel vom Eselskultus ſcheint Tacitus oder ſeine Vorgänger damit in Verbindung gebracht zu haben.

[2]) Alexander Polyhiſtors Fragmente über die Judäer und deren Geſchichte
bei Kirchenvätern, zuſammengeſtellt in Müllers Fragmente II, 211 fg.

Bearbeitung der israelitischen Urzeit in griechischer Sprache, auch eine
Reihe von Versen aus dem Drama „der Auszug aus Ägypten" von
dem Tragödiendichter Ezechiel und von Theodot über die Bedeutung
Sichems. Alexander kannte nicht bloß die Verunglimpfung des Ursprunges
der Judäer durch Manetho, sondern auch die des Apollonios Molo
und hat von dem ersteren gar nichts und von dem letzteren nur das=
jenige ausgezogen, was keine Schmähung enthält. Er war zwar ein
geistloser Sammler, aber es gereicht ihm zur Ehre, daß er von der
Schmähsucht der Griechen und von dem Rassenhasse seiner Zeitgenossen
frei war. Auch Nikolaos von Damaskus (geb. um 64 vor, st. im
Beginne der christl. Zeitr.[1]) hat in seinen Geschichtsbüchern nichts
Nachteiliges gegen die Judäer geschrieben. Allerdings war er ein ver=
trauter Freund des Königs Herodes und hat auf dessen Wunsch die
Verteidigung der ionischen Judäer gegen die Feindseligkeit der Griechen
vor Marcus Agrippa, der rechten Hand des Kaisers Augustus, geführt
und erwirkt, daß sie in ihrem Bürgerrecht und in ihrer Religions=
ausübung nicht gekürzt werden sollten (o. S. 228). Sein jüngerer
Zeitgenosse Strabo (geb. 66 vor, st. 24 nachchr. Z.), der bedeutendste
Geograph des Altertums, hat in seinem geographischen, mit geschicht=
lichen Nachrichten untermischten Werke dem Judentum ein schönes Blatt
gewidmet. Wiewohl auch er die Judäer als von Ägyptern abstammend
ansah, wiederholte er dennoch nicht die ihm gewiß bekannte Fabel von
deren Ausweisung wegen Aussatzes und Unreinheit. Er stellte vielmehr
den Auszug so dar, daß Mose mit den von ihm Angeführten das
Nilland verlassen habe, weil ihm das ägyptische Wesen und besonders
die unwürdige Gottesverehrung zuwider gewesen sei. Bei der Erzählung
von Mose hob Strabo mit sichtlicher Billigung die Einheit Gottes
gegen die Vielgötterei und die bildlose Verehrung der Gottheit, wie
sie Mose gelehrt, gegen den Tierkultus der Ägypter und gegen die
Verähnlichung der Gottheit mit dem menschlichen Körper bei den Griechen
hervor. „Wie vermöchte einer, der Verstand hat, sich erdreisten, irgend
ein menschliches Abbild des göttlichen Wesens zu erdichten?" ruft er
aus[2]). Ganz im Gegensatz zu den Verunglimpfungen des Judentums
durch Posidonius, Molo, Chäremon, Lysimachos und andere Griechen
stellt Strabo diese Lehre als Befördererin der Tugend dar. Sie ver=
heiße Gutes von der Gottheit für diejenigen, die in Tugend und
Gerechtigkeit leben[3]). Strabo erzählt, daß Moses Nachfolger einige
Zeit in den von diesem gegebenen Gesetzen in gerechter Handlung und

---

[1] Vergl. Müller das. III, p. 358 f. Er war keineswegs ein geborener
Jude, wie Ewald behauptet (Gesch. d. V. Israel III, 2, S. 472).
[2] Strabo XVI, 2, 35.   [3] Das.

wahrhafter Gottesfurcht geblieben ſeien. Erſt die Späteren, welche
Zwangsherrſchaft eingeführt hätten, und beſonders die Prieſter hätten
eigentümliche Geſetze als Neuerungen eingeführt, wie Enthaltung von
gewiſſen Speiſen, Beſchneidung und Ähnliches, das er als Aberglauben
bezeichnet. Von dem Heiligtum in Jeruſalem ſprach Strabo mit einer
gewiſſen Hochachtung. Obwohl die Gewalthaber als Abtrünnige von
Moſes reiner Lehre das Volk mißhandelt hätten, ſei doch der Hauptſtadt
der Judäer eine gewiſſe Würde geblieben, welche ſie nicht als Sitz der
Zwangsherrſchaft verabſcheuten, ſondern als Tempel Gottes heilig hielten
und verehrten[1]). Strabo brachte eine geraume Zeit in Alexandrien zu
und ſcheint dort viel mit gebildeten Judäern verkehrt zu haben, auch mit
dem Hauſe des damaligen Arabarchen, von dem er neidlos erzählt, daß
er faſt wie ein Fürſt eines ſelbſtändigen judäiſchen Gemeinweſens angeſehen ſei, deſſen Glieder einen großen Teil von Alexandrien bewohnten[2]).

Aber gerade dieſe Selbſtändigkeit, welche die römiſchen Kaiſer den
Judäern in der ägyptiſchen Hauptſtadt eingeräumt hatten, während ſie
die Griechen in derſelben äußerſt beſchränkt wiſſen wollten, ärgerte
dieſe in hohem Grade. Der Raſſenhaß zwiſchen Griechen und Judäern
hatte daher in Alexandrien die größte Spannung, und dieſe benutzte
ein ſchamloſer Wicht, der ſämtliche judenfeindliche Schriftſteller an
Frechheit der Verleumdungen gegen die Judäer übertraf. Es war der
Ägypter Apion, der in Alexandrien das Bürgerrecht erhalten hatte
und mit grimmigem Neide gegen die günſtige Stellung der Judäer
erfüllt war. Er friſchte alle Fabeln ſeiner Vorgänger wieder auf,
überbot ſie noch und betörte die Menge mit ſeiner Zungenfertigkeit
und Marktſchreierei. Apion war einer jener Charlatane, welche ſich
nach dem Grundſatze richten: die Welt will betrogen ſein, darum ſoll
ſie betrogen werden. Als Ausleger der homeriſchen Geſänge reiſte
er durch ganz Griechenland und Kleinaſien und wußte den Griechen
ſo ſchmeichelhafte Fabeln aufzubinden, daß ſie ihn auf den Händen
trugen. Alles wollte er mit eigenen Augen geſehen oder von glaubwürdigen Perſonen vernommen haben; er wollte ſogar Homers Schatten
heraufbeſchworen haben, der ihm die Offenbarung gebracht, welche Stadt
den älteſten Dichter Griechenlands geboren hätte; nur dürfte er das
Geheimnis nicht verraten. Dabei war Apion von einer ſo aufgeblaſenen
Eitelkeit, daß man ihn die Trompete ſeines eigenen Ruhmes nannte.
Ja, er pries ſogar die Alexandriner glücklich, daß ſie ihn als Mitbürger beſaßen[3]). Was Wunder, wenn ein ſolcher Aufſchneider und

---

[1]) Strabo XVI 2, 37.   [2]) Bei Joſ. Altert. XIV, 7, 2.
[3]) Vergl. über Apions Charakter und geringe Leiſtungen in der homeriſchen
Exegeſe: Lehrs, Quaeſtiones epicae: disquiſitio, quid Apio Homero prae-

Lügenschmied den Judenhaß der Alexandriner benutzte, um das Lügen=
gewebe über das Altertum und den Charakter des Judentums noch
weiter auszuspinnen; je unverschämter, desto wirksamer. Von alten
Ägyptern wollte er gehört haben, Mose sei ein Priester von Heliopolis
gewesen; die judäische Nation habe keineswegs ein so graues Alter,
sondern sei erst zur Zeit der Erbauung Karthagos entstanden. Zum
Beweis dafür führte er an, daß die ältesten Geschichtsschreiber nichts
von den Judäern zu erzählen wüßten. Die 120 000 Judäer, welche
aus Ägypten wegen Aussatzes vertrieben worden seien, hätten an
Geschwüren an den Schamteilen gelitten und erst nach sechstägiger
beschwerlicher Wanderung durch die Wüste in Judäa Ruhe gefunden.
Sie feierten den Sabbat, weil auf ägyptisch diese häßliche Krankheit
Sabbathosis genannt werde; so deutete Apion sprachwidrig den
Sabbat auf seine Weise. Er stellte die Lügenmären zusammen, die
Antiochos Epiphanes oder seine Schmeichler erfunden hatten, um seine
Untaten an den Judäern zu beschönigen, die Erfindung von der Ver=
ehrung des Esels und der Auffütterung eines zum Schlachten bestimmten
Griechen im Tempel. In der Schrift, die er geradezu gegen die Judäer
verfaßte, machte er hämische Bemerkungen über die judäischen Männer,
die früher in Alexandrien eine hohe Stellung eingenommen hatten, und
erinnerte an den Haß der letzten Kleopatra gegen die Judäer. Apion
war der erste systematische Judenfeind der Heidenwelt.

Diese aus Neid, Religionshaß und Nationalantipathie zusammen=
gesetzte feindliche Stimmung der Alexandriner gegen die Judäer, wie
sie im Mittelalter in der christlichen Welt herrschte, mußte unter Augustus
und Tiberius an sich halten, weil die kaiserlichen Statthalter in Ägypten
Ruhestörungen und Tätlichkeiten streng niederhielten. Unter Caligula
änderte sich das Verhältnis insofern, als die heidnischen Alexandriner
wußten, daß der Statthalter Flaccus als Freund des Tiberius und
Anhänger seines durch Caligula hingerichteten Enkels dem argwöhnischen
Kaiser verdächtig war, und daß dieser jeder Anklage gegen ihn ein
offenes Ohr leihen würde. In der Tat fürchtete auch Flaccus so sehr,
die Aufmerksamkeit des rachsüchtigen Kaisers auf sich zu ziehen und bei
ihm verleumdet zu werden, daß er sich von dem alexandrinischen Pöbel
einschüchtern ließ. Er drückte daher ein Auge gegen das gewalttätige
Vorhaben desselben zu und ließ sich als sein willenloses Werkzeug

stiterit 3—7 ff. Es ist die beste Monographie über diesen Schriftsteller. Die
Fragmente aus Apions Schrift: κατὰ Ἰουδαίων hat Müller a. a. O. III,
p. 508 fg. [vergl. jetzt auch Reinach, Textes d'auteurs grecs et romains ré-
latifs au judaïsme (Paris 1895), S. 123 ff.] zusammengestellt [Weitere Lit.
bei Schürer III³, 411].

gebrauchen. Bei der Nachricht, daß Agrippa mit dem Königsdiadem geſchmückt worden ſei, empfanden die heidniſchen Alexandriner einen ganz beſonders ſtechenden Neid, als wenn ihnen ſelber dadurch ein an= geſtammtes Recht entriſſen worden wäre [1]). Der Jubel der alexandriniſchen Judäer, mit welchen Agrippa durch ihren Arabarchen Alexander in Beziehung ſtand, hatte ihre heidniſchen Mitbürger noch mehr gereizt und zu Tätlichkeiten gegen ſie aufgeſtachelt. Urheber und Anführer der judenfeindlichen Demonſtrationen waren zwei nichtswürdige Leute, ein beſtechlicher Geſchichtsſchreiber Iſidoros, den der Volkswitz die Blut= feder (καλαμοσφάκτην) nannte, weil er mit ſeiner Federfuchſerei ſo manchem das Leben geraubt, und Lampo, einer jener gewiſſenloſen Wüſtlinge, wie ſie eine entſittlichte Hauptſtadt unter einem heißen Klima erzeugt. Dieſe beiden Wühler (ταραξαπόλιδες) beherrſchten einerſeits den willenlos gewordenen Statthalter und lenkten anderſeits den Pöbel, der auf ihren Wink ihren Judenhaß befriedigte [2]).

Unglücklicherweiſe berührte Agrippa, deſſen Glückswechſel den Alexandrinern in die Augen geſtochen hatte, auf ſeiner Reiſe von Rom nach Judäa (Juli 38) auch Alexandrien. Wollte er bloß ſeine Freunde begrüßen, wie ſeine Verteidiger behaupteten, oder wollte er ſeiner Eitelkeit fröhnen, ſich in der zweiten römiſchen und zweiten judäiſchen Großſtadt in königlichem Schmucke angaffen zu laſſen, wie ſeine Feinde ausſprengten? Genug, ſein Erſcheinen gab der feindlichen Gärung gegen die Judäer Nahrung und Veranlaſſung zu Zuſammenrottungen. Der Statthalter, der ſich durch Agrippa verdunkelt ſah, freute ſich innerlich darüber. Die Zuſammenrottungen begannen mit einer Poſſe und endeten für die Judäer mit blutigem Ernſte. Zuerſt wurde Agrippa und mit ihm die Judäer auf eine empfindliche Weiſe verſpottet. Die Menge ſetzte einem harmloſen Narren Carabas, Spielball der alexandriniſchen Gaſſenjugend, eine Krone aus Papyrus auf, hängte ihm ein Binſengeflecht als Mantel um, gab ihm die erſte beſte Peitſche als Szepter in die Hand, ſtellte ihn auf einen hohen Punkt des Gymnaſion, begrüßte ihn mit komiſchen Geberden als König und nannte ihn auf chaldäiſch Marin (unſer Herr). Darauf ſtürmte der auf= geregte Pöbel ſchon am frühen Morgen in die Synagogen (Proſeuchen) und ſtellte Kaiſerbilder daſelbſt auf mit dem Vorgeben, ſie Caligula weihen zu wollen [3]). Auf das Drängen der Judenfeinde entzog Flaccus noch dazu den judäiſchen Bewohnern Alexandriens ihr Jahrhunderte lang ausgeübtes, von den erſten Kaiſern gewährleiſtetes Bürgerrecht

---

[1]) Philo gegen Flacus 5 M. II, 521.
[2]) Daſ. Legatio ad Cajum 45 M. II, 598. Vergl. in Flaccum 16 fg.
[3]) Daſ. in Flaccum 6 fg.

und erklärte sie als Fremde und Rechtlose[1]). Es war dies ein empfindlicher Schlag für die auf ihre bürgerliche Gleichberechtigung stolze
Judenschaft Alexandriens, die zum Ruhme dieser Hauptstadt durch
Wissenschaft, Kunst, Gewerbe und Schiffahrt ebensoviel beigetragen hatte
wie die griechischen Bewohner. Flaccus war damit aus der Rolle des
gleichgültigen Zuschauers herausgetreten und beteiligte sich fortan selbst
an den gesetzwidrigen Aufläufen.

Die Judäer wurden aus den vier Stadtteilen Alexandriens heraus-
gejagt und in das von ihnen bewohnte Quartier Delta am Hafen
zusammengedrängt. In die verlassenen Häuser und Werkstätten stürzte
sich die beutelustige Menge, plünderte, zerstörte und vernichtete, was
der Fleiß von Jahrhunderten angesammelt hatte. Mehr als vierhundert
Häuser judäischer Besitzer wurden zerstört[2]). Die wohlhabendsten,
darunter drei angesehene Männer, Mitglieder des judäischen Rates,
Euodios, Tryphon und Andron, die durch die Zerstörung und
Plünderung ihrer Häuser um ihre ganze Habe gekommen waren, verfielen in Dürftigkeit. Das Delta belagerte der Pöbel, um niemanden
herauszulassen, und dachte die in einen engen Raum zusammengedrängte
judäische Bevölkerung durch Hitze und Hunger aufzureiben. Trieb der
Mangel an Lebensmitteln einige aus dem belagerten Quartier heraus,
so wurden sie aufs grausamste mißhandelt und gefoltert und mitleidlos
ins Feuer geworfen oder ans Kreuz geschlagen. Dieser Leidensstand
dauerte über einen Monat. Plötzlich ließ der Statthalter achtunddreißig
Mitglieder des hohen Rates, unter ihnen auch die drei genannten, in
ihren Wohnungen überfallen, in Fesseln schlagen, ins Theater schleppen
und in Gegenwart des ganzen Pöbels geißeln (31. Aug. 38[3]). Dieser
Gewaltstreich war um so härter, als die von den Kaisern bestätigten
Privilegien der alexandrinischen Judäer sie vor entehrenden Strafen
schützten. Außerdem war die Geißelung an des Kaisers Geburtstag
vollstreckt worden, der selbst für Verbrecher einen Aufschub der Strafe
herbeizuführen pflegte. Einige Ratsglieder hauchten, wahrscheinlich
wegen vorgerückten Alters, unter Schmerzen das Leben aus. Andere
hatten später noch davon zu leiden. Selbst das weibliche Geschlecht
wurde mißhandelt und beschimpft. Sobald judäische Frauen oder Mädchen
sich blicken ließen, gab man ihnen Schweinefleisch zu essen, und wenn
sie sich weigerten es zu genießen, wurden sie unbarmherzig gefoltert[4]).
Damit noch nicht zufrieden, ließ Flaccus einen Centurio mit Soldaten
die Häuser der Judäer im Delta überfallen und untersuchen, ob sie
nicht Waffen verborgen hielten. Nicht einmal die Gemächer schamhafter

[1]) Daf. 8 fg.   [2]) Daf. 8, 11.   [3]) Taf. 10.   [4]) Daf. 11.

Jungfrauen entgingen der Untersuchung[1]). Diese Leiden zogen sich bis über die Mitte des September hin. Da kam plötzlich ein kaiserlicher Abgeordneter an, um Flaccus zu entsetzen und ihn zur Verantwortung nach Rom zu bringen, aber nicht um das himmelschreiende Unrecht zu sühnen, sondern weil er dem Kaiser verhaßt war. Am Hüttenfeste[2]) erhielten die Unglücklichen, in einen Winkel zusammengepfercht, die frohe Nachricht von Flaccus' Entsetzung. Er wurde zum Exil verurteilt und später getötet.

Sein Nachfolger Bassus (?)[3]) wird wohl die Ordnung wieder hergestellt und die Judäer vor neuen Ausbrüchen der Volkswut geschützt haben. Aber zu Ende war das Trauerspiel noch nicht. Namentlich war die Gleichberechtigung der Judäer mit den Griechen, die Flaccus ihnen entzogen hatte, noch immer der Gegenstand eines heftigen Streites. Bei dieser Gelegenheit setzte der Hauptjudenfeind Apion in einer Schrift gegen die Judäer mit sophistischen Kniffen auseinander, daß die Judäer nur als Gefangene nach Alexandrien gekommen wären[4]), und daß ihnen wegen ihrer Niedrigkeit der schlechteste Teil der Stadt, die Nachbarschaft der Meereswogen, zugewiesen wäre. Indem er das Wohlwollen, mit dem mehrere ägyptische Herrscher, wie Energetes I., Philometor VI., seine Gattin und Tochter Kleopatra die Judäer behandelt hatten, gänzlich verschwieg und die um die Förderung des ägyptischen Reiches verdienten judäischen Großen, Onias und Dositheos, heftig schmähte, führte er nur die den Judäern übelwollenden Herrscher, wie Ptolemäus Physkon und die letzte Kleopatra auf, von denen der erstere die Judäer Alexandriens beinahe von Elefanten hätte zertreten lassen (S. 48), die letztere ihnen während einer Hungersnot keine Getreideunterstützung hätte zukommen lassen (S. 209).

Den Streit um das Bürgerrecht hätte nur der Kaiser schlichten können, aber er befand sich damals in Germanien und Gallien, um knabenhafte Siege zu feiern und an der britanischen Meeresküste Muscheln für seinen Triumph zu sammeln. Als er nach Rom zurückgekehrt (31. August 40) und auf den wahnsinnigen Gedanken gekommen war, sich als Halbgott, dann als einen der Vollgötter verehren, sich Tempel weihen zu lassen und für seine Bildsäulen einen abgöttischen Kultus zu erzwingen, glaubten die heidnischen Griechen gewonnenes Spiel gegen die Judäer zu haben. Sie stellten wiederum mit Gewalt Kaiserbilder in die alexandrinischen Synagogen, überzeugt, daß die

---

[1]) Das. 11.   [2]) Das. 14.
[3]) Der Nachfolger war, wie wir jetzt wissen, C. Vitrasius Pollio, s. das Nähere bei Schürer I[3], 499 f.]
[4]) Josephus gegen Apion II, 2—6.

Judäer sich dagegen sträuben und so den Zorn des Kaisers auf sich laden würden. Dies gab Veranlassung zu neuem Streit, indem der damalige Statthalter von Ägypten sich darein mischte, um sich bei dem Kaiser in Gunst zu setzen. Er wollte den Judäern die göttliche Verehrung des Kaiserbildes aufzwingen, und da sie ihre Religionsgesetze dagegen geltend machten, wollte er das Ruhen am Sabbat verbieten, indem er darin den Schwerpunkt des Judentums erblickte. Zu den angesehensten der Judäer sprach er: „Wie, wenn ein plötzlicher Überfall von Feinden oder eine reißende Überschwemmung oder eine wütende Feuersbrunst, wenn Hunger, Pest, Erdbeben über euch kämen, würdet ihr den Sabbat auch dann so streng beobachten, auch dann die Hände in den Schoß legen, und nichts zu eurer Rettung unternehmen? Würdet ihr auch dann in euren Synagogen müßig sitzen, das Gesetz zu lesen und dunkle Stellen durch lange Reden zu erklären? Oder würdet ihr nicht alles von euch abschütteln und zur Rettung eurer Eltern und Kinder, eurer Habe und Güter, eures eigenen Lebens euch rüsten? Nun sehet, ich werde das alles für euch sein, der Überfall von Feinden, die reißende Überschwemmung, das wütende Feuer, der Hunger, die Seuche, das Erdbeben, die sichtbare Gestalt des unerbitterlichen Verhängnisses, wenn ihr nicht meinem Befehle nachkommet" [1]. Aber weder die Großen, die er durch diese Drohworte einzuschüchtern gedachte, noch das Volk ließen sich dazu verleiten; sie blieben ihrer Religion treu und waren bereit, die schwerste Pein über sich ergehen zu lassen. Indessen scheinen auch einige aus Furcht oder Ehrgeiz zum Heidentum übergegangen zu sein. Der judäische Philosoph Philo weiß von Abtrünnigen seiner Zeit und seiner Gemeinde zu erzählen und schildert sie als leichtsinnig, sittenlos und von niedriger Gesinnung [2]. Auch der Sohn des Arabarchen Alexander, mit Namen T i b e r i u s J u l i u s A l e x a n d e r verließ das Judentum und erreichte später hohe Würden im römischen Staate. Gleichgiltigkeit gegen das Judentum hatte wohl auch Anteil an dem Abfall einzelner. Denn die höhere philosophische Bildung, die bei den alexandrinischen Judäern von frühester Zeit an Eingang gefunden, hatte sie zum Nachdenken über das Judentum im ganzen und über einzelne Gesetze gebracht, und sie glaubten annehmen zu müssen, daß manches nur eine symbolische Bedeutung habe, um gewisse Gedanken und Gesinnungen anzuregen. Wenn man diese Ideen und Gesinnungen sich angeeignet habe, so sei die Beobachtung der

---

[1] Philo de somniis 18, M. I, 675; vergl. Note 25 [Schürer I³, 498, Anm. 162, will den Vorgang vielmehr unter Flaccus setzen. Vergl. auch III³, 525—531].

[2] Das. de poenitentia 2, M. II, 406.

Religionsgesetze, wie Sabbat, Festzeiten, Beschneidung, Tempelriten ganz
überflüssig [1]). Diese Anschauungsweise machte manche gegen das praktische
Judentum lau, und von diesen von der Zeitbildung Eingenommenen
werden wohl einige die schwere Prüfung nicht bestanden haben.

Um dem bösen Beispiele des Abfalles entgegen zu wirken, verfaßte ein alexandrinischer Judäer in dieser Prüfungszeit eine Schrift
in griechischer Sprache, welche durch ihre Darstellung des Eindruckes
nicht verfehlen konnte. Der unbekannt gebliebene Verfasser wollte
einerseits das Volk durch den Hinweis auf die göttliche Hilfe zum
Ausharren im Judentum ermutigen, anderseits die Untreue gegen
das väterliche Gesetz brandmarken. Diese Gedanken kleidete er in eine
Geschichte, die halb Wahrheit, halb Dichtung ist, wie sie ihm am besten
auf das Gemüt zu wirken geeignet schien. Die Farben waren der düsteren
Gegenwart entnommen und in Geschichtsform auf die Vergangenheit
übertragen. Diese Schrift, welche sich unter dem Namen des dritten
Makkabäerbuches [2]) erhalten hat, setzt die Leidensgeschichte der
alexandrinischen Gemeinde in ein helles Licht. Sie erzählt, der ägyptische König Philopator habe nach einem Siege den Tempel in Jerusalem
trotz der Bitten des judäischen Volkes betreten. Auf das Flehen des
Hohenpriesters Simon habe Gott, um die Tempelentweihung zu verhüten, den König mit Betäubung und Erschütterung bestraft. Bei
seiner Rückkehr nach Alexandrien habe Philopator dafür an den Judäern
dieser Stadt Rache nehmen wollen und einen Befehl erlassen, daß diejenigen, welche nicht den Götzen opfern würden, ihr Bürgerrecht verlieren, zu der niedrigen Volksklasse gezählt, als Knechte des Königs
mit dem Zeichen des Efeublattes, des Sinnbildes des Vacchus, an
einem Körperteile gebrandmarkt werden sollten; diejenigen hingegen,
welche sich dem Befehle unterwürfen, sollten ihre bürgerliche Gleichstellung behalten. Die meisten Judäer seien fest in der Treue gegen
ihren Gott geblieben und hätten ihr Vermögen preisgegeben, um sich
von der schimpflichen Einschreibung in die Plebejerklasse loszukaufen.
Diejenigen aber, welche abgefallen wären, über dreihundert, seien von
ihren Verwandten und Bekannten gescheut und von jedem Umgang
ausgeschlossen worden. Die Judenfeinde hätten nun ausgesprengt, daß
die Judäer, weil sie die heidnischen Götter nicht verehrten und sich der
Teilnahme an heidnischen Gelagen enthielten, Feinde des Königs und
aller Menschen seien. Die gesinnungsvollen Griechen in der Stadt
hätten jedoch Mitleid mit den Judäern empfunden, ohne ihnen freilich
helfen zu können, da die Regierungsweise tyrannisch war. Darauf

---

[1]) Das. de migratione Abrahami 6, M. I, 450.
[2]) Über Zeit und Tendenz des dritten Makkabäerbuches vergl. Note 3.

habe der König in seinem Zorne befohlen, sämtliche Judäer seines
Reiches mit Frauen und Kindern auch vom Lande gefesselt nach
Alexandrien zu bringen, um sie dem Tode zu überliefern. Wer aus
Mitleid einen Judäer, selbst einen Greis oder ein Wiegenkind, schützen
würde, sollte zu qualvollem Tode verurteilt werden. So seien denn
sämtliche Judäer Ägyptens zu Schiff wie gefesselte Tiere in die Renn=
bahn (Hippodrom) außerhalb Alexandriens geschleppt worden, und die
Judäer Alexandriens seien, weil sie Mitleid mit ihren unglücklichen
Brüdern gezeigt, zu derselben Strafe verurteilt worden. Um die zum
Untergang Verurteilten durch die verlängerte Todesfurcht noch schmerz=
licher zu quälen, sollte jeder einzelne derselben mit seinem Namen in
ein Register eingetragen werden. Wegen ihrer Menge habe sich die
Einschreibung vierzig Tage hingezogen, vom Juli bis August. Dann
habe der König befohlen, sämtliche Judäer von wütend gemachten
Elefanten zertreten zu lassen. Schon seien die Zuschauer versammelt
gewesen, und doch habe sich das blutige Schauspiel bis auf den dritten
Tag hingezogen, indem der König den ersten Tag verschlafen und am
anderen seinen feindseligen Befehl vergessen habe. Am dritten Tage
endlich seien die Elephanten, von Engeln getrieben, anstatt auf die
Judäer auf die Zuschauer losgestürzt, und der König, von diesem
Anblicke erschreckt, habe sein Vorhaben bereut, den Judäern sein Wohl=
wollen wieder zugewendet und ihnen erlaubt, gegen die Abtrünnigen nach
Belieben zu verfahren. So seien die dreihundert von den Treuen getötet
worden. Dieser Darstellung liegen die Vorgänge unter Ptolemäus
Physkon (o. S. 49) zu Grunde, die aber geflissentlich in eine frühere
Zeit verlegt wurden. — Das Buch schließt mit den ermutigenden
Worten: „Gepriesen sei der, der Israel zu allen Zeiten erlöst."
Dieses falsch betitelte dritte Makkabäerbuch muß eine gute Wirkung
auf die Schwankenden in der alexandrinischen Judenschaft hervor=
gebracht haben; es spiegelte die Gegenwart treu ab und eröffnete die
Aussicht auf einen frohen Ausgang[1]). Auch eine andere Schrift in
griechischer Sprache ist in dieser Zeit der Trübsale von einem judäischen
Denker zu dem Zwecke, die ägyptischen Judäer zum Festhalten an ihrem
Gotte und an ihrer hehren Gotteserkenntnis zu ermutigen, verfaßt
worden: Das Buch der Weisheit[2]).

Indessen waren die alexandrinischen Judäer darauf bedacht, durch
eine Gesandtschaft an den Kaiser sich aus ihrer verzweifelten Lage zu
befreien (im Winter 40). Drei (nach einer anderen Quelle fünf) Männer,
welche durch Stellung und Bildung sie am besten zu vertreten vermochten,

[1]) S. Note 3.
[2]) S. dieselbe Note.

wurden dazu auserwählt. Einer der Gesandten war der judäische Philosoph Philo, der durch Geburt, gesellschaftliche Stellung, tiefe Bildung und glänzende Beredsamkeit so sehr hervorragte, daß kein besserer Anwalt für die gerechte Sache gewählt werden konnte. Philo hat vermöge seiner Schriften nicht nur auf seine Zeitgenossen, sondern auf die Folgezeit auch über den judäischen Kreis hinaus so tief eingewirkt, daß die wenigen erhaltenen Züge aus seinem Leben nicht übergangen werden dürfen.

Als Bruder des Arabarchen Alexander gehörte Philo (geb. um 10 vor, st. um 60 nachchr. Z.) zu der angesehensten und reichsten Familie der alexandrinischen Gemeinde. Er erhielt in seiner Jugend diejenige allgemeine Bildung, welche vornehme Eltern für ihre Söhne als unerläßlich hielten. Von unersättlicher Lernbegier getrieben, eignete er sich diese Bildung vollkommen an. Er erzählt selbst, er habe in frühester Jugend den Stufengang der freien Wissenschaften (ἐγκυκλικά) durchgemacht, und obwohl jede derselben, gleich schönen Sklavinnen, ihn angezogen, habe er sich doch nicht von ihnen fesseln lassen, um die Gebieterin derselben, die Philosophie, zu vernachlässigen [1]). Die Neigung zu metaphysischen Untersuchungen hat sich bei Philo frühzeitig entwickelt und erweckte in ihm eine so schwärmerische Liebe dafür, daß er sich unermüdet damit beschäftigte und an nichts anderem Freude fand. In dem Äther der Begeisterung schwelgend, hatte er, wie er sich selbst ausdrückt, keinen Sinn für Ehren, Reichtum, körperliche Vergnügungen. Er kam sich vor, als wenn er mit Sonne, Mond und Gestirnen im Weltall herumschwebte [2]). Philo gehörte zu den wenigen Auserwählten, die nicht auf der Erde kriechen, sondern im hohen Geistesfluge sich von den Banden des Irdischen frei zu machen wissen. Er fühlte sich glücklich, der niederen Sorgen und Beschäftigungen enthoben zu sein. Obwohl er für Philosophie schwärmte, stand ihm das Judentum noch höher, das er die „wahre Weisheit" nannte. Wenn er auf der reichen Flur der griechischen Philosophie Gedankenblumen pflückte, so wand er daraus einen Kranz, um das Judentum damit zu schmücken. In sein reiches Schrifttum hatte er sich ganz vertieft; allein es war ihm nur aus der zweiten Hand, durch die griechische Übersetzung, bekannt. Obwohl die hebräische Sprache ihm nicht unbekannt war, so war sie ihm, wie den judäischen Alexandrinern überhaupt, nicht so vertraut, um den heiligen Text in der Ursprache zu verstehen. Eine geraume Zeit hatte Philo ein ausschließlich theoretisches Leben geführt, als ihn ein Vorfall, wie er mit Bitterkeit bemerkt, mit aller Gewalt in den Strudel politischer

---

[1]) Philo de congressu quaerendae eruditionis gratia 14, M. I, 530.
[2]) Das. de specialibus legibus 1, M. II, 299.

Sorgen stürzte[1]). Es kann aus diesen Worten hervorgehen, daß Philo mit irgend einem Amte betraut worden war, vielleicht als Mitglied des Rates aufgenommen wurde, dem er sich als Bruder des Arabarchen nicht hätte entziehen können. Oder meinte er damit, daß ihn der Leidens= stand seiner Stammes=und Religionsgenossen aus seinem beschaulichen Leben gerissen hat? Mit Wehmut blickte er in seinen späteren Jahren auf seine frühere Beschäftigung zurück und klagte, daß ihm das praktische Leben den hellen Blick ins Reich des Geistes getrübt, seinen hohen Gedankenflug gehemmt habe, tröstete sich aber, daß ihm doch noch so viel Schwungkraft geblieben, um ihn in ungestörten Augenblicken das Haupt wieder emporheben zu lassen. Er spricht dafür seinen innigen Dank gegen Gott aus, daß er seinen Geist in der überströmenden Flut des Alltäglichen nicht habe untergehen lassen und ihn mit dem Lichte der Weisheit so umstrahle, daß sein Leben nicht in der Finsternis verkümmere[2]).

Das philosophische Streben Philos gab aber nicht bloß seinem Geiste Nahrung, sondern flößte ihm auch einen hohen Gesinnungsadel ein und bildete ihn zu einem jener sittlichen Charaktere aus, denen die Torheit, Laster und Gemeinheit der Menschen als ein unauflösbares Rätsel erscheinen. Seine Frau war stolz auf ihn und eiferte ihm in Lebenseinfachheit nach. Als sie putzsüchtige Frauen einst fragten, warum sie, obwohl so reich, es verschmähe, goldenen Schmuck zu tragen, ant= wortete sie: „Die Tugend des Ehegatten ist ein hinlänglicher Schmuck für die Frau"[3]). Eine so hochbegabte Persönlichkeit wie Philo mußte einen mächtigen Einfluß auf seine Zeitgenossen ausüben, und dieser Einfluß mußte um so tiefer sein, als in seinen Reden und Schriften der liebliche Zauber schwungvoller, blütenreicher Beredsamkeit wehte. Die Zeitgenossen konnten seinen Stil nicht genug bewundern; er erinnerte so sehr an Platos poetische Sprache, daß man von dieser Gleichheit sagte: „Plato schreibt wie Philo oder Philo wie Plato"[4]). Philos Hauptstreben ging dahin, die Philosophie seiner Zeit mit dem Judentume zu versöhnen, oder richtiger, nachzuweisen, daß das Judentum die wahre untrügliche Philosophie sei. Diese Aufgabe war ihm nicht das Spiel von Verstandesübungen, sondern heiliger Ernst. Seine Seele war so voll von diesen Betrachtungen, daß er, wie er von sich erzählt, öfter in Verzückung geriet und innere Offenbarungen zu vernehmen glaubte, die er in nüchternen Augenblicken nicht hätte fassen können[5]). Den

[1]) Philo de specialibus legibus 1, M. II, 299.   [2]) Daf.
[3]) Fragment aus Antonius' Homilien bei Mangey II, 673.
[4]) Hieronymus catalogus scriptt. ecclesiastt. epistola ad Magnum 83.
[5]) Philo de Cherubim 9, M. I, 143.

größten Teil der philosophischen Schriften und namentlich die wichtigsten,
welche den Feingehalt des Judentums darlegen, hat Philo erst nach
der Rückkehr von der Gesandtschaft verfaßt.

Das war der Mann, welchen die alexandrinische Gemeinde zu ihrem
Fürsprecher beim Kaiser wählte. Ob auch Philos Bruder Alexander an
der Gesandtschaft teilgenommen, wird nicht erzählt, kann aber voraus=
gesetzt werden, da ihn Caligulas Zorn in den Kerker hat werfen lassen.
Die heidnischen Alexandriner hatten auch ihrerseits eine Gesandtschaft an
den Kaiser abgehen lassen, um die Gleichstellung der Judäer zu hinter=
treiben. An der Spitze derselben stand der Erzjudenfeind Apion[1]), Ver=
fasser der Schmähschrift gegen die alexandrinische Judenschaft. Auch der
giftige Isidorus gehörte zu der Gesandtschaft[2]). Es handelte sich bei dieser
Gesandtschaft nicht bloß um die Privilegien einer Körperschaft, sondern
im Grunde um Duldung oder Verfolgung der Judäer. Zum ersten
Male in der Geschichte trat das Judentum mit dem Heidentum in die
Schranken, vollständig vertreten von zwei Männern, welche beide von
der Milch der griechischen Kultur genährt waren. Wenn beide Religions=
und Kulturformen nach ihren Vertretern beurteilt worden wären, so
wäre wohl die Entscheidung zu Gunsten des Judentums nicht zweifelhaft
gewesen. Philo, voller Würde und Ernst, vertrat das verkörperte
Streben nach Wahrheit und dem sittlichen Ideale. Apion, voller Leicht=
fertigkeit und Schmähsucht, repräsentierte das verkörperte Bild der
zungenfertigen Ruhmredigkeit und der eitlen Selbstgenügsamkeit des
gesunkenen Griechentums. Philo verachtete so sehr seinen Gegner, den
Schwätzer Apion, daß er in dem Berichte über diese Gesandtschaft
seinen Namen unerwähnt ließ. Dieser Bericht[3]) war in fünf Büchern
geschrieben, wovon jedoch nur ein vollständiges Stück „gegen Flaccus"
und eine Überarbeitung unter dem Titel „Gesandtschaft an Cajus"
auf uns gekommen sind.

Der Ausgang dieses Streites zwischen den heidnischen und judäischen
Alexandrinern ist zweifelhaft. Caligula, welcher Schiedsrichter der
streitenden Parteien hätte sein sollen, war selbst leidenschaftliche Partei
in dieser Sache. Er haßte die Judäer, weil sie ihn nicht als Gott
anerkennen und verehren wollten, während alle übrigen seinem Zepter
unterworfenen Völker in niedriger Gesinnung ihm göttliche Verehrung
zollten. Aufgestachelt wurde Caligula, wenn es bei einer leidenschaftlichen,
sich selbst vergötternden Natur noch dessen bedurfte, von zwei verworfenen
Wesen, die er aus dem Schmutze an sich gezogen hatte: dem Ägypter

---

[1]) Josephus Altert. XVIII, 8, 1.
[2]) Gesandtschaft an Cajus 45, M. II, 598.
[3]) S Note 25.

Helikon und Apelles aus Askalon, den Genossen seiner Geilheit, welche beide die Judäer tief haßten. Apelles, ein berühmter tragischer Schauspieler seiner Zeit, brachte seinen Judenhaß aus seiner Heimat Askalon nach Rom, und Helikon brachte ihn aus Ägypten an den Hof des Kaisers, und da sie als seine ständigen Begleiter stets sein Ohr hatten, so war es ihnen ein Leichtes, ihm ihren ingrimmigen Judenhaß einzuflößen[1]). Kaum konnten die judäischen Gesandten, als sie zur Audienz zugelassen wurden, zu Worte kommen. Caligula empfing sie, während er seine Landhäuser besichtigte, bald dies bald jenes daran tadelnd oder lobend. Bald richtete er eine schnurrige Frage an sie, und ohne eine Antwort abzuwarten, ging er zu einem andern Gegenstand über, der seine Aufmerksamkeit erregte, und dieses alles in unruhiger Beweglichkeit. Sein erstes Wort an die judäischen Gesandten war in grinsendem Tone: „Ihr seid also die Gottverächter, die mich nicht als Gott anerkennen wollen, sondern lieber einen Namenlosen vergöttern, während mich außer euch alle verehren?" Darauf brach er mit auf- gehobenen Händen in eine so schneidende Lästerung gegen den Gott des Judentums aus, daß der Geschichtschreiber (Philo) sich scheute, das Wort niederzuschreiben. Als darauf Isidorus des Kaisers Zorn noch mehr durch die Bemerkung erregte, daß alle Völker für des Kaisers Heil geopfert, während die Judäer allein es unterlassen, beteuerten die judäischen Gesandten, sie hätten bei drei glücklichen Anlässen Freuden- opfer für ihn gebracht: bei seiner Thronbesteigung, bei seiner Genesung von einer schweren Krankheit und bei der Nachricht von seinem soge- nannten Sieg über die Germanen. Darauf fiel Caligula ihnen ins Wort: „Sei es, daß ihr für mich geopfert, aber was nützt es, daß ihr für mich geopfert und nicht mir!" Und ohne eine Antwort abzuwarten, ging er zur Besichtigung seiner Landhäuser über. Dann wendete er sich zum drittenmale an die judäischen Gesandten mit der Frage: „Warum eßt ihr kein Schweinefleisch?" zur höchsten Ergötzung aller heidnischen Zuhörer, die er noch durch andere Schnurren belustigte. Darauf fragte er die Gesandtschaft: Ich wünschte zu wissen, auf welche Titel ihr eure Gleichstellung stützt?" und lief dann, ohne die Recht- fertigung abzuwarten, davon. Bei der Verabschiedung der Gesandtschaft sagte er: „Die Menschen scheinen mir weniger schlimm als dumm zu sein, daß sie meine Göttlichkeit leugnen"[2]). Nach einer andern glaubwürdigen Nachricht soll Caligula sie in heftigem Zorn entlassen haben, und Philo, welcher nichts Gutes ahnte, habe seine Mitgesandten

---

[1]) Philo, Gesandtschaft an Cajus 26, M. II, 570 fg., daf. 30, 576. Über den Tragöden Apelles vergl. Sueton, Caligula 33, Dio Cassius 59, 5.

[2]) Philo daf. 43—45 M. II, 597—599.

ermahnt, ihre gerechte Sache von jetzt an Gott anheim zu ſtellen[1]). Welchen Beſchluß der Kaiſer gefaßt hat, iſt nicht bekannt, nur ſo viel iſt gewiß, daß der Arabarch Alexander in den Kerker geworfen wurde[2]).

Während die judäiſchen Geſandten noch dem wahnwitzigen Kaiſer bei ſeinem kindiſchen Treiben in Dikäarchia am Meeresſtrande, wohin ſie ihm aus Rom nachgefolgt waren, auf Schritt und Tritt nachgingen, um zu Worte zu kommen, wurden ſie von einer Schreckensnachricht faſt betäubt. Ein Judäer ſtürzte auf ſie zu und teilte ihnen unter Schluchzen in gebrochener Rede mit: „Unſer Tempel in der heiligen Stadt iſt hin, auch ihn läßt Caligula entweihen"! Gereizt wurde dieſer wahn- witzige Kaiſer gegen die Judäer in Judäa durch den Bericht eines ſeiner verworfenen Beamten Capito, welcher in Jamnia, dem Erbbeſitz des kaiſerlichen Hauſes, für den Kaiſer die Steuern eintrieb. Die Bewohner dieſer Stadt waren meiſtens Judäer. Nichtsdeſtoweniger ſpielten die eingewanderten Griechen in derſelben die Herren, ſuchten die Judäer zu kränken und legten es darauf an, deren religiöſe Bräuche zu verhöhnen und zu ſtören. Sobald die heidniſchen Jamnienſer Kunde von Caligulas Selbſtvergötterung vernahmen, errichteten ſie einen Altar, um für ihn zu opfern, in der Abſicht, die Judäer damit zu kränken. Dieſe verſammelten ſich und zerſtörten ihn. Dieſen Vorfall berichtete Capito dem Kaiſer, übertrieb ihn und ſtellte ihn als Tempelſchändung und Majeſtäts- beleidigung dar.

Caligulas Zorn, ſich gerade von den Judäern, denen er bisher nur Wohlwollen gezeigt hatte, als Gott verſchmäht zu ſehen, kannte keine Grenzen. Nicht bloß in den Synagogen, auch im Tempel zu Jeruſalem ſollte ſeine Bildſäule aufgeſtellt und der Widerſtand mit militäriſchen Mitteln gebrochen werden. Der Statthalter von Syrien, Petronius, erhielt den Befehl, mit ſeinen Legionen in Judäa einzurücken und mit ihrer Hilfe die Verwandlung des judäiſchen Heiligtums in einen Götzentempel durchzuſetzen. Man kann ſich den Todesſchrecken der judäiſchen Nation bei dieſer Nachricht nicht denken. Es war das Allerſchwerſte, was ihr zugemutet werden konnte; es war, als ſollte der ganzen judäiſchen Nation der Lebensodem ausgeblaſen werden. An ein Nachgeben war nicht zu denken, ſo ſchwebten allen die düſterſten Bilder der kommenden Dinge vor. Am Vorabend des Hüttenfeſtes (Oktober 40) traf die Botſchaft in Jeruſalem ein, und die feſtliche Stimmung verwandelte ſich in die tiefſte Niedergeſchlagen- heit. Ein wegen ſeiner Frömmigkeit hochverehrter Prieſter Simon

---

[1]) Joſephus Altert. XVIII, 8, 1.
[2]) Daſ. XIX, 5, 1.

(später Hohepriester) soll das Volk beruhigt haben; die Tempel=
entweihung werde nicht eintreten[1]). Indessen war Petronius mit zwei
Legionen an die Grenze Judäas in Akko eingerückt. Da aber die
Regenzeit des Herbstes bevorstand, und ein verzweifelter Widerstand
der Judäer vorauszusehen war, beschloß er in Akko zu überwintern,
um Caligulas Befehl, wenn es zum Kampfe kommen sollte, im Frühjahr
mit Nachdruck durchzusetzen. Viele tausend Judäer strömten zu Petronius
und verhehlten ihm nicht, daß sie lieber alle Todesarten erdulden, als
die Entweihung ihres Tempels durch ein Menschenbild zugeben wollten.
Petronius in Verlegenheit, wie er das ihm selbst wahnsinnig scheinende
Edikt durchsetzen sollte, ging mit den Räten des Königs Agrippa zu
Rate und bat sie, durch ihren Einfluß das Volk nachgiebiger zu stimmen.
Zu diesem Behufe begab er sich nach Agrippas Hauptstadt Tiberias.
Auch an diesem Aufenthaltsorte des Statthalters strömten viele tausend
Judäer zusammen, ohne feindliche Absicht, nur als Flehende, um auf
Petronius' Gemüt zu wirken. Wiederholentlich erklärten sie, das ganze
Volk sei entschlossen, lieber zu sterben, als die Entweihung mit anzusehen.
Daß es dem Volke Ernst damit war, bewies es durch die Vernachlässigung
des Ackerbaues, indem es vierzig Tage vorübergehen ließ, ohne die
Saat zu bestellen[2]). Die judäische Aristokratie hielt diesmal zum Volke,
selbst Agrippas Bruder Aristobul und Helkias der Ältere, ebenfalls
ein Herodianer, der mit Agrippa verschwägert war, waren über die
Zumutung entsetzt. An dieser Tatsache kann man erkennen, wie fest
das Judentum durch die Bemühungen der Pharisäer in den Gemütern
wurzelte. Zwei Jahrhunderte vorher hatten bei einem ähnlichen An=
sinnen des Antiochus Epiphanes Glieder der Hohenpriesterfamilie selbst
die Hand zur Entweihung geboten und Verrat am Gesetze geübt, während
jetzt sogar die halbentfremdeten Herodianer widerstanden. Auf den Rat
der judäischen Großen schilderte Petronius dem Kaiser die Sachlage
und glaubte ihn milder stimmen zu können. Das Volk beruhigte er
mit der Versicherung, daß er nicht eher etwas unternehmen wolle, als
bis neue Verhaltungsbefehle eingelaufen sein würden, und ermahnte
es, an den Feldbau zu denken, um ein Notjahr zu verhüten. Als
denkwürdig hat die Chronik das Ereignis aufbewahrt, daß es sofort
nach Petronius' beruhigender Rede anfing zu regnen, während bis dahin
Trockenheit geherrscht hatte[3]) und eine Mißernte in Aussicht stand.

Bevor jedoch noch Petronius' Schreiben in den Händen des Kaisers
war, hatte er durch Agrippas Vermittelung seinen Sinn in bezug auf

[1]) Note 19 und 21.
[2]) Josephus Altert. XVIII, 8, 2—4. Vergl. über das Chronologische
Note 21.   [3]) Daf. 8, 5—6.

die Gewaltmaßregel gegen das Judentum geändert. Der judäische König hatte einen so mächtigen Einfluß auf Caligula, daß die Römer ihn und Antiochos von Commagene als seine Lehrer in der Tyrannei bezeichneten [1]. Agrippa weilte in dieser Zeit wieder in der Nähe des Kaisers; er scheint ihn auf dem Kriegsschauplatz in Gallien aufgesucht zu haben [2], wo Caligula kindische Siege errang. Er begleitete ihn auch nach Rom, um Zeuge von seinen Triumphen zu sein. Als der Wahnsinnige auf dem Throne der Cäsaren göttliche Ehre forderte und befahl, sein Bildnis auch im Tempel zu Jerusalem aufzustellen, war es Agrippa gewiß nicht gleichgiltig; aber er war zu sehr Höfling, als daß er seinen wahnwitzigen Launen geradezu entgegenzutreten gewagt hätte. Er stellte sich vielmehr, als ob ihn der Notschrei seiner Stammes= genossen nichts anginge, veranstaltete einen verschwenderischen Schmaus für den Kaiser und dessen Günstlinge und setzte für sie die seltensten Leckerbissen auf die Tafel. Aber unter diesem Schein der Gleichgiltig= keit gegen seine Religionsgenossen erreichte er seinen Zweck. Caligula, durch so viel Aufmerksamkeit bestochen, forderte Agrippa auf, sich eine Gunst von ihm zu erbitten, er wolle sie ihm gern gewähren. Er kannte ihn nur von der leichtsinnigen Seite und konnte sich nichts anderes denken, als daß Agrippa sich neuen Länderbesitz und Vergrößerung seines Reiches ausbitten werde. Wie erstaunte er aber, als Agrippa nichts weiter wünschte, als daß er das Edikt bezüglich der Bildsäule zurücknehmen sollte! So uneigennützig, so fromm, so selbständig dem Willen des Kaisers gegenüber hatte er sich den dienstfertigen Schmeichler nicht gedacht. Der schlaue Caligula war überlistet. Sein Wort zurück= zunehmen, mußte er sich als Kaiser schämen, und so erließ er (Nov.—Dez. 40) ein Schreiben an Petronius des Inhalts: „Wenn seine Bildsäule noch nicht im judäischen Tempel aufgestellt wäre, die Angelegenheit ruhen zu lassen." Inzwischen bekam er das Schreiben in welchem Petronius seine Bedenklichkeit und die große Schwierigkeit seines Auftrages auseinandergesetzt hatte. Mehr brauchte es nicht, um diese leidenschaftlich erregte eigensinnige Natur in Wut zu versetzen. Ein Statthalter sollte es wagen, dem Kaiser von Schwierigkeiten zu sprechen! Petronius müsse von den Judäern bestochen worden sein. Anders konnte er sich die Sache nicht denken. Ein neuer, drohend strenger Befehl wurde erlassen, daß der ungehorsame Statthalter zum warnenden Beispiel für andere sich selbst den Tod geben sollte. Ehe aber Petronius dieses für die Judäer, wie für ihn selbst gleich gefahr= volle Schreiben in die Hände bekam, war bereits die Nachricht ein=

---

[1] Dio Cassius 59, 24.   [2] Das.

gelaufen, daß der Tollhäusler Caligula durch die Hand des Prätorianer-
tribuns Chäreas einen schmählichen Tod gefunden hatte (24. Januar 41 [1]).
Die Nachricht traf am 22. Schebat (März 41) ein: „Cajus Caligula
ist ermordet worden, und seine Befehle sind aufgehoben." Kein Wunder,
daß dieser Tag, welcher unverhoffte Erlösung von einem sicher geglaubten
Untergang gebracht, als erhöhter Freudentag begangen worden ist [2]).

Caligulas Nachfolger auf dem Throne der Cäsaren war Claudius,
der Blödsinn gepaart mit gelehrter Pendanterie. Dieser Kaiser schuldete
seine Krone dem Zufall und der geschickten diplomatischen Vermittelung
des Königs Agrippa, der den widerstrebenden Feigling dahin gebracht
hatte, die Wahl der Prätorianer anzunehmen, und zugleich den widerstrebenden Senat, sie anzuerkennen. Wie gesunken war Rom, daß ein
winziger judäischer Fürst, den die stolzen Patrizier aus der Zeit der
Republik kaum eines Blickes gewürdigt hätten, jetzt in der Senatskurie
sprechen und verhandeln durfte und gewissermaßen Rom einen Herrscher
geben konnte [3])! Claudius war auch nicht unerkenntlich gegen den
judäischen Fürsten. Er lobte ihn in öffentlicher Senatssitzung, bekleidete
ihn mit der Konsularwürde und machte ihn zum König von ganz
Palästina, indem er Judäa und Samaria zu seinem Reiche hinzufügte [4]).
Außerdem verlieh er ihm noch den Landstrich Abilene. Zur Erinnerung an die Rangerhöhung und Länderschenkung ließ der Kaiser
in pedantischer Nachahmung des Altertümlichen diese Tatsache in Tafeln
von Erz [5]) eingraben und eine Denkmünze schlagen, die auf der einen
Seite zwei ineinander verschlungene Hände darstellt mit der Inschrift:
„Freundschaft und Bundesgenossenschaft des Königs Agrippa
mit dem Senat und dem römischen Volke", und auf der anderen
Seite den Kaiser zwischen zwei Figuren mit der Legende: „König
Agrippa, Freund des Kaisers" [6]).

[1]) Josephus Altert. XVIII, 8, 7—9.
[2]) S. Note 1 und 21.
[3]) Josephus Altert. XIX, 4, 2—6. Dio Cassius 60, 8.
[4]) Josephus Altert. das. 5, 1. Dio Cassius das.
[5]) Das. j. Kr. II, 11, 5.
[6]) Das. — Im Pariser Münzkabinett befindet sich ein Unicum, auf welchem
auf der einen Seite drei Figuren abgebildet und ziemlich deutlich die Worte
zu lesen sind: *ΒΑΣ. ΑΓΡΙΠΑΣ ΦΙΛΟΚΑΙΣΑΡ.* Die Inschrift der anderen
Seite ist aber stellenweise unleserlich und dadurch ist der Sinn unverständlich.
Um sie zu entziffern haben sich Mionnet, Lenormant der Ältere, Cavedoni
und Reichardt bemüht. Das Richtige hat wohl Theod. Mommsen getroffen.
Er liest: [φιλ]ία βασ(ιλέως) ᾽Αγ[ρι]πα [πρὸς τὸν σύγ]κλητον καὶ τὸν [δ]ῆμ(ον)
Ρωμαίω(ν) κ(αὶ) συμ(μαχία). Vergl. numismatische Zeitschrift von Huber und
Karabacek III. Jahrg. 1871, S. 449 fg., die Entzifferung von Reichardt das.
S. 83 fg. und Madden, numismata orientalia II, p. 137.

So hatte Judäa unter Agrippa wieder dieselbe Ausdehnung wie früher, ja einen noch größeren Umfang als unter den hasmonäischen Königen und unter Herodes I., wie denn überhaupt Agrippas vierjährige Regierung (41—44) das glanzvolle Abendrot des judäischen Staates war.

Herodes II., dem Bruder und Schwiegersohne des Königs Agrippa — indem er dessen Tochter, die schöne Berenice, nachdem ihr Verlobter Marcus, Sohn des Arabarchen Alexander, gestorben war, geheiratet hatte — erteilte Claudius den Rang als Prätor und machte ihn zum Fürsten von Chalkis am Libanon. Auch dieser Teil Syriens konnte gewissermaßen zu Judäa gezählt werden, da er von einem judäischen Fürsten beherrscht wurde. Der Umschwung der Dinge in Rom nach Caligulas Tode kam auch den Judäern Alexandriens zu statten. Der Kaiser Claudius, der mit dem Arabarchen Alexander befreundet war, befreite ihn aus dem Kerker, in den ihn sein Vorgänger hatte werfen lassen, und schlichtete den Streit in Alexandrien zu Gunsten der Judäer. Ehe die Nachricht von dem Thronwechsel in der ägyptischen Hauptstadt bekannt war, hatten nämlich die judäischen Alexandriner zu den Waffen gegriffen, um den täglichen Leiden und der Schmach ein Ende zu machen. Caligulas Parteilichkeit gegen sie hatte zur Selbsthilfe herausgefordert; denn ihre Kraft war noch nicht gebrochen. Darauf erließ der neue Kaiser ein Edikt, welches die Privilegien und die Gleichstellung der alexandrinischen Gemeinde bestätigte und die Ruhe, die so lange unterbrochen war[1]), wiederherstellte. Die Arabarchenwürde, die den alexandrinischen und ägyptischen Judäern überhaupt von außerordentlicher Wichtigkeit war, weil sie dadurch von den römischen Beamten unabhängig und nur einem Oberhaupte aus dem eigenen Stamme untergeben waren, stellte der Kaiser wieder her, sowie alle Gerechtsame und Privilegien, die sie unter den Ptolemäern und den ersten römischen Kaisern genossen hatten. Auf Agrippas Anregung gewährte Claudius den Judäern im ganzen Reiche Religionsfreiheit, so daß sie von ihren heidnischen Nachbarn in der Ausübung ihrer Riten nicht gestört werden konnten[2]). Nach einer unverbürgten Nachricht soll Claudius sich auch so sehr für Philo und seine blühende griechische Beredsamkeit interessiert haben, daß er ihn aufforderte, seine Darstellung von den Leiden seiner judäischen Mitbürger unter Flaccus und seinen Bericht über die Gesandtschaft an Caligula im Senate vorzulesen[3]).

Als Agrippa mit Ehren überhäuft, von dem Kaiser entlassen, von Rom nach Judäa zurückkehrte, um Besitz von seinem Königreiche zu

---

[1]) Jos. Altert XIX, 5, 3.   [2]) Josephus daf. 5, 2.
[3]) Eusebius Kirchengeschichte II, 18.

ergreifen, merkte man an seinen Handlungen, daß eine Umwandlung mit ihm vorgegangen war, und daß der stürmische Thronwechsel in Rom, der einen übermütigen Kaiser gestürzt und einen Schwächling emporgehoben hatte, einen tiefen Eindruck auf ihn gemacht hatte. Aus dem leichtsinnigen Agrippa war ein ernster Mann geworden. Der Höfling war verschwunden und an seine Stelle trat der Patriot, der gewissenhafte Regent, der sich bewußt war, was er seiner Nation schuldete. Der Hasmonäer in ihm hatte den Herodianer überwunden. Unter Agrippa genoß Judäa zum letzten Male eine Spanne Zeit ungetrübten Glückes. Er bestrebte sich so sehr mit der Nation zu gehen, selbst auf die Gefahr hin, die Gunst der Römer einzubüßen, daß er die erbittertsten Königsfeinde entwaffnete und sie zu seinen Freunden machte. Den Häuserbesitzern Jerusalems erließ er die Häusersteuer[1]), vermutlich weil sie verpflichtet waren, den Festbesuchern unentgeltlich Wohnungen einzuräumen und demnach keinen Mietzins von ihren Besitzungen ziehen durften[2]); die Hauptstadt galt als ein der ganzen Nation gehörendes Eigentum.

Die Quellen können Agrippas Anhänglichkeit an das Judentum nicht genug rühmen[3]), als ob er sich bestrebt hätte, das wieder gut zu machen, was sein Ahn Herodes verbrochen hatte. Die ganze Nation fühlte sich nämlich in der Zeit nach Caligulas gewaltsamem Ende gehoben und hochgestimmt. Sie war plötzlich von einer der beiden gleich entsetzlichen Gefahren, entweder ihrem Apostelamte, Hüter der reinen Gotteserkenntnis gegen das Götzentum zu sein, untreu zu werden oder durch Widerstand unterzugehen, befreit worden. Abermals hatte sich der Finger Gottes in ihrem Geschicke gezeigt. Die Hoffnungen ihrer erbitterten Feinde waren zu Schande geworden. Daher beging sie in diesem Jahre die gelegentlichen Feste mit freudigem Herzen und dankbarem Gefühle.

Das Darbringen der Erstlinge von den Früchten im Tempel, bis dahin ohne festlichen Charakter, wurde in diesem Jahre besonders feierlich mit Sang und Klang begangen den ganzen Sommer hindurch. Die Gartenbesitzer in Städten und Dörfern sammelten sich in Gruppen mit den Erstlingsfrüchten in zierlichen Körben, die Reichen darunter in silbernen und goldenen, und zogen nach dem Hauptort des Kreises. Der versammelten Menge rief ein Führer zu: „Auf! Wir wollen nach Zion dem Tempel unseres Gottes wallen". Unter Flötenspiel zogen sie nach Jerusalem. Jedem solchen feierlichen Zuge gingen vor=

---

[1]) Josephus Altert. XIX, 6, 3.
[2]) Tosephta Ma'aser Scheni I, 12 [vergl. b. Meg. 26 a].
[3]) Josephus daf. 6, 1. 2; 7, 2; Pesachim 88 b, 107 b. Ketubbot 17 a

nehme Bewohner Jeruſalems vor den Toren entgegen und begleiteten
die Prozeſſion mit dem Flötenſpieler bis zum Tempel. Während die
Gartenbeſitzer ihre mit Kränzen geſchmückten Körbe mit den Erſtlings=
früchten den Prieſtern überreichten und dabei das Dankbekenntnis
ablegten, daß Gott ihre Vorfahren aus der ägyptiſchen Knechtſchaft
befreit und ihnen das heilige Land zum Beſitze gegeben, ſangen die
Levitenchöre den Dankpſalm (30), welcher die Erlöſung vom Untergange zum Inhalt hat.

> „Ich preiſe dich, Herr, daß du mich errettet,
> Und haſt meine Feinde nicht über mich triumphieren laſſen."

Allen gleich begab ſich der König Agrippa mit ſeinem Korbe von
Erſtlingsfrüchten auf der Schulter in den Tempel und legte ſein Dank=
bekenntnis ab. So ſah damals Jeruſalem einen großen Teil des
Volkes nach und nach mit dankerfülltem Herzen wegen der erlebten
Errettung in ſeine Mauern einziehen. Der alexandriniſche Philoſoph
und Verteidiger ſeiner Gemeinde vor Caligula, welcher das tiefe Herzeleid
empfunden und den günſtigen Umſchwung erlebt hat, fand ſich ebenfalls
in dieſer Zeit in Jeruſalem ein, und beſchrieb das „Korbfeſt" mit
anziehenden Farben [1]).

Im darauf folgenden Jahre (Herbſt 42) wurde ein anderes Feſt
in freudiger Stimmung begangen. Die Vorſchrift, daß der König am
Schluß des Sabbatjahres und des Hüttenfeſtes vor dem Volke aus
dem Deuteronomium öffentlich vorleſen ſolle, war ſeit dem Untergange
der Makkabäerfürſten nicht zur Ausführung gekommen. Der idumäiſche
Uſurpator Herodes wagte nicht, dieſe Rolle zu ſpielen, weil er auch
den Vers: „Aus der Mitte deiner Brüder ſollſt du einen König
wählen", nicht hätte leſen können, ohne ſich bloß zu ſtellen. Agrippa
aber durfte es eher wagen, und friſchte damit das alte halbverſchollene
Geſetz wieder auf. Im Tempel auf einer Emporbühne ſtehend, las er
aus einer Thorarolle, welche ihm der Hoheprieſter ehrerbietig überreicht
hatte, die vorgeſchriebenen Abſchnitte dem verſammelten Volke vor.
Bei dem Verſe von der Wahl des Königs aus den eigenen Volks=
genoſſen übermannte ihn die Erinnerung, daß er, halb von idumäiſcher
Abkunft, nicht würdig ſei, judäiſcher König zu ſein; er brach in Tränen
aus. Aber die anweſende Menge und ſelbſt die Phariſäer riefen ihm
begeiſtert zu: „Du biſt unſer Bruder, du biſt unſer Bruder!" [2])

---

[1]) Philo de festo cophini, ed. Richter, T. V, p. 48 fg. Vergl. dazu
Monatsſchrift Jahrg. 1877, S. 432 fg.

[2]) Sota Mischna VII, 8. Es ergibt ſich, daß das Jahr 41—42 ein
Sabbatjahr war. Vergl. Note 8 [und meine Bemerkungen dazu, welche dar-
tun, daß 41—42 unmöglich ein Sabbatjahr geweſen ſein könne].

Agrippa machte von seinem Rechte, die Hohenpriester zu ernennen, den richtigen Gebrauch. Er wählte statt Theophilos, den noch Vitellius eingesetzt hatte, Simon Kantheras, welcher Simon der Fromme genannt wurde[1]), gerade so wie der drei Jahrhunderte vorher, noch vor der Makkabäerzeit regierende. Er hatte bei der betrübenden Nachricht von Caligulas befohlenem Eingriff in den Tempel das Volk beruhigt (v. S. 340).

Nur ein einziger angesehener Pharisäer, Simon, ohne Zweifel von der strengen schammaïtischen Schule, vergaß Agrippas Herkunft nicht und versuchte, seinen Anhang gegen ihn einzunehmen, als sei er unwürdig zum König, unwürdig, den Tempel zu betreten. Agrippa befand sich gerade in Cäsarea, als der Stadthauptmann Silas ihm meldete, Simon wiegle das Volk gegen ihn auf. Er ließ darauf den unversöhnlichen Tadler zu sich kommen und ihn neben sich setzen, fragte ihn nach dem Grunde seiner Unzufriedenheit und entwaffnete den strengen Pharisäer so sehr durch seine Freundlichkeit, daß ihn dieser um Verzeihung bat. Reich beschenkt entließ ihn Agrippa[2]). Dieselbe Milde und Langmut zeigte er gegen den von ihm zum Reiterobersten und Stadthauptmann erhobenen Silas, der nicht aufhörte, den König an seine früheren unangenehmen Verhältnisse zu erinnern. Er reizte Agrippa so oft, daß er ihn seines Postens entsetzte und in den Kerker werfen ließ. Aber bald gewann die Erinnerung an die von Silas ihm geleisteten Dienste die Oberhand; er wollte ihm die Freiheit geben und ihn wieder an seine Tafel ziehen. Der rohe Mensch blieb jedoch bei diesen Beweisen von Güte ungerührt, verdoppelte seine Vorwürfe und zwang Agrippa, ihn unschädlich zu machen; er ließ ihn im Kerker[3]). An seine Stelle setzte er einen Judäer, seinen Freund Chelkia, zum Reiterobersten[4]). Auffällig war sein Verhalten bei der Wahl der Hohenpriester. Er hat in den drei Jahren seiner Regierung drei gewählt, jedes Jahr einen anderen. Den würdigen Simon Kantheras

---

[1]) Vergl. Note 19.

[2]) Josephus Altert. XIX, 7, 4.

[3]) Das. 7, 1. Der Aboda Sara p. 55 a. erwähnte Feldherr שאל אגריפס ‏‎ שר צבא את רבן גמליאל כתיב בתורתהב scheint Silas zu sein, und man muß lesen שר צבא של אגריפס wie Raschi andeutet. Da Silas lange mit Agrippa und in judäischen Kreisen verkehrt hat, so ist es nicht auffallend, daß er mit dem Inhalte des Pentateuchs bekannt war und an einen Vers aus demselben, welcher das Verhältnis des Judentums zum Heidentum darstellt, eine Frage geknüpft hat. Der Gamaliel, an den die Frage gerichtet ist, kann daher nur der ältere gewesen sein, Agrippas I. Zeitgenosse.

[4]) Folgt aus Jos. Altert. XIX, 8, 3. Es ist wohl derselbe, welcher das. XVIII, 8, 4 Ἐλ. ὁ μέγας genannt wird. Vergl. Monatsschrift 1885, S. 206.

seßte er ab und richtete seine Wahl auf Jonathan b. Anan, der schon früher als Hohepriester fungiert hatte (o. S. 314). Aber dieser Priester lehnte die Würde ab und bat den König, sie auf seinen Bruder Matthia zu übertragen, der von jedem Vergehen rein sei, worauf Agrippa einging. Warum er ihn später wieder absetzte und zu seinem Nachfolger Elionaï (oder Elioëni) einen Sohn des Kantheras, ernannte, ist nicht bekannt[1]). Es scheint, daß Agrippa, wie seine Vorgänger, diese hohe und einflußreiche Würde nicht auf längere Zeit einem und demselben Manne anvertrauen mochte.

Agrippas gesinnungsvolle Regierung machte sich in dem ganzen judäischen Gemeinwesen fühlbar. Das Synhedrion erhielt von ihm ohne Zweifel die Freiheit wieder, die inneren Angelegenheiten nach dem Gesetze zu regeln. Synhedrialpräsident war unter Agrippa Hillels würdiger Enkel, Gamaliel I. oder der ältere (ha-Saken[2]), Sohn Simons I., von dessen persönlichen Verhältnissen nichts bekannt geworden ist. Das Präsidium erlangte unter Gamaliel eine höhere Bedeutsamkeit, indem das Synhedrion nach dem Muster der politischen Verfassung eine mehr monarchische Form erhielt. Ein Schaltjahr durfte jetzt nur mit Zustimmung des Präsidenten eingesetzt werden, und als Gamaliel einst abwesend war, und den Synhedristen eine Einschaltung nötig schien, machten sie dieselbe von seiner Bestätigung abhängig[3]). Die Sendschreiben an die nahen und fernen Gemeinden gingen von ihm aus. Das Formular solcher Sendschreiben, das sich erhalten hat, ist wegen seines Inhaltes und seiner Form interessant; es zeigt, daß die auswärtigen, wie die judäischen Gemeinden das Synhedrion und dessen Vorsitzenden als höchste Autorität anerkannt haben. Gamaliel ließ nämlich durch seinen sprachkundigen Geheimschreiber Jochanan schreiben: „An unsere Brüder in Ober- und Niedergaliläa, Gruß. Wir tun euch kund, daß die Zeit gekommen ist, den Zehnten von euren Ölbehältnissen abzuschneiden." „An unsere Brüder, die Exulanten in Babylonien, Medien, Griechenland (Jonien) und an alle übrigen Exulanten Israels, Gruß. Wir tun euch kund, daß, da die diesjährigen Lämmer noch zart, die Tauben noch nicht flügge sind, der Frühling überhaupt sich verspätet hat, es mir und meinen Genossen gefiel, das laufende Jahr um dreißig Tage zu verlängern"[4]).

---

[1]) Note 19.   [2]) Folgt aus Pessachim 88 b.
[3]) Sanhedrin 11 b.   Edujot 7, 7.
[4]) Sanhedrin Tosefta II, 6.   Jerus. Sanhedrin I, 1, Fol. 18 d.   Babli Fol. 13 b. Einige ausgefallene Wörter in diesen Stellen können durch die Parallelstellen ergänzt werden. Bewährte Kritiker, wie Rappaport, haben mit Recht diese Sendschreiben auf Gamaliel I. bezogen, gegen die Kommentatoren,

Von diesem Gamaliel sind manche heilsame Verordnungen aus=
gegangen; zumeist sind sie gegen Mißbräuche gerichtet oder bezwecken
das Wohl der Gesellschaft (Tikkun ha-Olam). Durfte früher der
Gatte, wenn er seiner Frau den Scheidebrief zugesandt hatte, ihn beim
ersten besten Gerichtshofe widerrufen, so verordnete Gamaliel, daß
solches wegen möglicher Nachteile fernerhin unzulässig sei. Manche
von denen, die nach Kleinasien ausgewandert waren, nahmen dort einen
griechischen Namen neben dem hebräischen an, Rufus für Ruben,
Justus für Joseph, Alexander für Benjamin, und dieser Umstand
gab bei Ehescheidungen zu Verwechselungen Anlaß. Aus diesem Grunde
erließ Gamaliel eine Verordnung, daß in dem Scheidebriefe die ver=
schiedenen Namen des Gatten und der Gattin deutlich angegeben werden
sollen, um die Identität nicht zweifelhaft zu lassen. Ebenso sollten die
unterschriebenen Zeugen ihre Namen deutlich hinsetzen. — Bis dahin
konnte der Tod eines Ehegatten nur durch Aussage zweier Zeugen
bestätigt werden; Gamaliel bestimmte hingegen, daß auch das Zeugnis
eines einzigen in solchem Falle genüge, um die Ehefrau als Witwe zu
betrachten[1]). Eine andere Verordnung Gamaliels schützte die Witwen
vor der Willkür habsüchtiger Erben, wenn sie die für die Witwe aus=
gesetzte Summe (Ketubba) unter dem Vorwande vorenthielten, sie hätte
sich beim Leben des Ehegatten bezahlt gemacht. — Mit hoher Wahr=
scheinlichkeit rühren auch andere Bestimmungen, welche das Wohl der
Gesellschaft oder die Erhaltung der Eintracht zum Zwecke haben, von
Gamaliel her, wenn sie auch nicht unter seinem Namen angeführt
werden; so sicherlich die Verordnung, daß für gestohlene oder geraubte
Baumaterialien, wenn sie schon zum Bau verwendet worden sind, zum
Ersatz der Wert erlegt werden könne. Die Schammaïten in ihrer
Strenge hatten das Zurückerstattungsgesetz für Geraubtes so ausgelegt,
daß der unrechtmäßige Besitzer sein Haus niederreißen müsse, um den
geraubten Gegenstand in seiner ursprünglichen Gestalt dem Eigentümer
zu erstatten. Ganz im Hillelschen Geiste der Friedfertigkeit und Menschen=
liebe sind die Gesetze über das Verhalten gegen Heiden gehalten, die
ohne Zweifel ebenfalls Gamaliel zum Urheber haben. Ein Gesetz be=
stimmte, man dürfe den heidnischen Armen nicht verwehren, Nachlese
auf Feldern zu halten und die von dem Eigentümer zurückgelassenen Ähren

welche die Stelle falsch verstanden haben. Man übersehe den Umstand nicht,
daß Gamaliel diese Sendschreiben vom Tempel aus erließ, also noch zur Zeit
des Tempelbestandes. — An den beiden letzten Stellen wird genannt יוחנן סופר
הלוי, das letzte Wort ist korrumpiert aus הלוזי, der „fremder Sprachen Kundige."
In der Tos. steht הלה statt הלוזי. — Im Jerus. steht auch בני גלותה דיון.

[1]) M. Gittin IV, 1, b. 32 a, 34 b, 59 a. Jebamot 122 a.

an den Feldecken zu ſammeln, man müſſe ſie vielmehr in jeder Beziehung gleich judäiſchen Armen behandeln; man ſolle den Heiden den Friedens= gruß auch an ihren Feiertagen geben, wenn ſie dem Götzendienſte an= dächtig obliegen. Aus dieſer Geſetzgebung bildete ſich die menſchen= freundliche Praxis aus, daß in den Städten von gemiſchter Bevölkerung für die heidniſchen Almoſenbedürftigen ebenſogut wie für die judäiſchen geſorgt wurde, daß man die heidniſchen Kranken pflegte, ihren Hin= geſchiedenen die letzte Ehre erwies, ihre Leidtragenden tröſtete [1]). Möglich, daß in dieſer Zeit das Synhedrion, mit Rabban Gamaliel an der Spitze, ein noch weiter gehendes Geſetz zur Nachachtung erlaſſen hat, daß nämlich Heiden nicht als Götzendiener angeſehen, ja halb und halb als Judäer behandelt werden ſollen, wenn ſie gewiſſe ſittliche und religiöſe Verpflichtungen übernommen haben, nämlich die Enthaltung von Götzenkultus, von Blutſchande, von Mord, von Raub, vom Genuß der Fleiſchſtücke von lebenden Tieren, von Läſterung des Gottes Israels und endlich die Wahrung der Rechtspflege. Dieſe ſieben Beſtimmungen wurden noachidiſche Geſetze genannt, weil nach einer eigenen Auslegung in der Erzählung der Geneſis von Adam und Noa gefunden wurde, daß ſie Noa ſeinen Nachkommen zur Pflicht gemacht hätte [2]). Man könnte in dieſer heidenfreundlichen Geſetzgebung die Wirkung der agrippiniſchen Regierung erblicken. Rom und Judäa hatten für einen Augenblick ihre gegenſeitige Gehäſſigkeit abgelegt und zeigten einander wohlwollende Geſinnung. Die Zuvorkommenheit Roms gegen die Judäer ging ſo weit, daß, als einige leichtfertige Jünglinge der Stadt Dora in ihrem Übermut und Judenhaß auf Anregung der Menge des Kaiſers Bildnis in die Synagogen geſtellt hatten, der Statthalter Petronius auf Agrippas Klage die Weiſung ergehen ließ, ſolchem Unfuge der Religionsverletzung mit Nachdruck zu ſteuern [3]). Wie ſehr hatten ſich die Zeiten geändert! Andererſeits durfte Agrippa die phöniziſche Stadt Berytus aus Dank= barkeit ſchmücken und in ihr Theater, Bäder und Säulengänge mit voller Pracht bauen [4]), ohne dafür von den Trägern der Religion ge= tadelt zu werden.

Nach Vollendung der Bauten ließ er für die Bewohner Gladia= torenkämpfe aufführen, wozu er 1400 verurteilte Verbrecher auswählte, die ſo lange gegeneinander kämpfen mußten, bis ſie ſämtlich auf dem Platze blieben. Solche blutige, entſetzliche Schauſpiele, von dem herz=

---

[1]) M. Gittin V, 8, b. 59 b, 61 ff. Jeruſ. Gittin 47 c.
[2]) Toſefta Aboda Sara II, u. a. St. Vergl. Graetz, jüd. Proſelyten unter den Kaiſern S. 28.
[3]) Joſephus Altert. XIX, 6, 3
[4]) Daſ. 7, 5.

losen Rom eingeführt, waren nun einmal eine beliebte Volksbelustigung, die er der Bevölkerung nicht entziehen durfte, sobald er sich ihr angenehm machen wollte. Er selbst war an solche Spiele gewöhnt; er hatte sie öfter in Rom und anderwärts mit angesehen und war dadurch gegen den Entsetzen erregenden Anblick abgestumpft. Kaum drei Jahrzehnte später mußten seine besiegten Stammesgenossen in derselben Stadt und auf dem von ihm erbauten Theater einander auf dieselbe Weise zerfleischen.

Von seinem Großvater Herodes hatte Agrippa die Neigung geerbt, sich bei den Griechen beliebt zu machen. Wie dieser Geschenke nach Athen und anderen griechischen und ionischen Städten schickte, so hat auch sein Enkel dieser halbverkommenen Stadt, ehemals der Mutter der Künste, eine Wohltat erwiesen, welche von den Bürgern nicht so bald vergessen wurde[1]). Auch den Bewohnern von Cäsarea, welches Herodes zur Nebenbuhlerin Jerusalems gemacht hatte, und denen, welche in der Hafenstadt Sebastos, einem eigenen Viertel, wohnten, erwies Agrippa Wohltaten, und sie erschöpften sich in Zeichen der Dankbarkeit gegen ihn. Die Sebastener setzten seinen drei Töchtern Bildsäulen und schlugen ihm zu Ehren eine Denkmünze[2]) mit seinem Bilde und der Inschrift:

---

[1]) Corpus Inscriptionum Graecc. I, 361. Die Inschrift lautet: Ἡ βουλὴ ἡ ἐξ Ἀρείου πάγου καὶ ἡ βουλὴ τῶν X καὶ ὁ δῆμος Ἰουλίαν Βερενίκην βασίλισσαν μεγάλην, Ἰουλίου Ἀγρίππα βασιλέως θυγατέρα καὶ μεγάλων βασιλέων εὐεργετῶν τῆς πόλεως ἔκγονον, διὰ τῆς προνοίας τοῦ ἐπιμελήτου τῆς πόλεως Τιβ. Κλαυδ κ. τ. λ. Da Berenike hier „Sprößling der Wohltäter der Stadt" genannt wird, so muß Agrippa Athen ebenfalls eine Wohltat erwiesen haben.

[2]) Joseph. Altert. XIX, 9, 1. Καισαρεῖς καὶ Σεβαστηνοὶ τῶν εὐποιῶν αὐτοῦ (Ἀγρίππα) λαθόμενοι. Die Bildsäulen der Töchter Agrippas, von denen daf. die Rede ist, τοὺς ἀνδριάντας τῶν τοῦ βασιλέως θυγατέρων ἁρπάσαντες, hatten den Cäsarenser und Sebastener, d. h. Bewohner der Hafenstadt Sebastos, ihnen zu Ehren gesetzt, nicht Agrippa selbst, wie Schürer und Andere angenommen haben. Die Münze mit dem Agrippakopfe und dem Bilde der Fortuna (bei Madden, Numism. II, 133, No. 1.) hat auch nicht Agrippa selbst geschlagen, sondern ihm zu Ehren die Cäsarenser, was die Inschrift an dem Revers aussagt: ΚΑΙΣΑΡΙΑ Η ΠΡΟΣ ... Die Lücke hat Mionnet glücklich ergänzt πρὸς τῷ Σεβαστῷ λιμένι. Sämtliche Agrippa-Münzen, welche entweder Cajus' (Caligulas) oder Claudius' Kopfbild zeigen, sind von den Städten, wo sie geprägt wurden, geschlagen: Anthedon (Agrippias) [vergl. Schürer II³, 91], ebenso Tiberias und wahrscheinlich auch Gaza (dazu gehört wohl auch die Münze mit dem Agrippa-Kopf auf der einen und dem Miniaturbilde seines Sohnes zu Pferde auf der andern Seite, p. 138). Also nicht Agrippa hat seinen eigenen Kopf oder die Köpfe der Kaiser auf Münzen prägen lassen. Seine Anhänglichkeit an das Judentum war denn doch aufrichtiger, als Keim und Schürer annehmen. Er hat kein Bildnis machen lassen. Die Münze mit der Inschrift βασιλέως Ἀγρίππα (die auf der einen Seite eine

„Der große König Agrippa, Freund des Kaiſers" auf der
einen Seite. Auf der andern zeigt ſie das Bild der Glücksgöttin, die
in der einen Hand ein Ruder und in der anderen ein Füllhorn hält,
und dazu die Inſchrift: „Cäſarea[1]) das beim Hafen Sebaſtos."
Dieſe Dankbarkeit war nur nicht von gar langer Dauer. Den Hafen-
ſtädten Anthedon und Gaza hat er wohl auch Gunſtbezeugungen zugewendet, da auch ſie ihm zu Ehren Münzen geprägt haben. „Die
Söhne der Fremde" haben Agrippa, wie dem König David einſt,
gehuldigt, allerdings nicht mit aufrichtigem Herzen. Auch die wilden
Bewohner von Auranitis und Trachonitis haben ſeinen Namen durch
Inſchriften verewigt. Bei ſeiner Rückkehr aus Rom, wo er einen
Kaiſer gemacht hatte, dankten die Bewohner einer Stadt in dieſer
Gegend „für die Rettung des Königs Agrippa und ſeine Rück-
kehr", dem Gotte Zeus. Alle nannten ihn „den großen König",
freilich mit dem Zuſatze: „Freund des Kaiſers und Freund der
Römer" (φιλόκαισαρ φιλορώμαιος).

Obwohl Agrippa mit mehreren Fürſten befreundet war, die gleich
ihm ihre Macht und ihren Glanz der Gunſt Roms oder des Geſchöpfes,
welches als Kaiſer galt und Rom und das römiſche Reich bedeutete,
zu verdanken hatten, ſo kam es ihm doch nicht in den Sinn, ſeine
Tochter in deren Familie zu verheiraten, ſolange dieſe dem Heidentum
angehörten. Er verſchwägerte ſich lieber mit dem Arabarchenhauſe
in Alexandrien. Seine älteſte Tochter Berenice, die wegen ihrer
ſtrahlenden Schönheit und ihres Geſchickes berühmt geworden iſt (geb. 28,
ſt. zwiſchen 81 und 93), verlobte er mit Marcus, dem Sohn des
Arabarchen Alexander Lyſimachus (o. S. 319), dem er zu Dank
verpflichtet war, und der gleich ihm in die kaiſerliche julianiſche Familie

---

Art Schirm oder Baldachin und auf der anderen drei Ähren zeigt, daſ. 131 f.)
mag von ihm ſelbſt herrühren. Sie hat kein Menſchenbild.

[1]) Bei Le Bas und Waddington (Inscriptions grecques et latines III,
No. 2211, description p. 514) findet ſich eine Inſchrift: Ὑπὲρ σωτηρίας κυρίου
βασιλέως Ἀγρίππα καὶ ἐπανόδου κατ᾽ εὐχὴν Διὸς καὶ πατρίου (?) . . . ὁμο-
νοίας τὸν οἶκον ᾠκοδόμ[ησεν]. Sie bezieht ſich unſtreitig auf Agrippa I.
Zweifelhaft iſt, ob die (daſ. No. 2329, p. 533) in Kanatha gefundene Inſchrift: βασιλεὺς Ἀγρίππας φιλόκαισαρ καὶ φιλορώμαιος λέγει, Agrippa I.
oder II. angehört. Nach der lückenhaften Inſchrift ſcheint der judäiſche König
den Bewohnern von Kanatha Vorwürfe zu machen, daß ſie wie die Tiere
hauſen und ſich verſteckt halten (εὐφωλεύσαντες). In der bei Sia (¹/₂ Stunde
von Kanatha) aufgefundenen Inſchrift (daſ. No. 2365, p. 540) werden Agrippa I.
und II. bezeichnet als βασιλεὺς μέγας φιλόκαισαρ εὐσεβὴς καὶ φιλορώμαιος.
Daſ. Nr. 2112 p. 497 laſſen die Inſchriften: ἐπὶ βασιλέως μεγάλου Ἰουλίου
Ἀγρίππα und Nr. 2135: ἐπαρχὸς βασιλέως μεγάλου Ἀγρίππα, zweifelhaft, ob
ſie vom Vater oder vom Sohne ſprechen.

aufgenommen war. Der judäische Arabarch hatte vermöge seines Reichtums, seines Ansehens und Einflusses eine so hohe Stellung, daß der König kein Bedenken trug, seine Tochter in diese Familie zu verheiraten. Da indessen Marcus während der Verlobungszeit starb, verheiratete Agrippa diese Tochter an seinen Bruder Herodes II., König von Chalkis[1]). Seine zweite Tochter Mariamne (geb. 34) versprach er einem angesehenen Judäer, Julius Archelaus, einem Sohne Chelkias, welcher den Beinamen „der Große" führte[2]). Sie wurde auch, als sie mannbar war, mit diesem verheiratet, schied sich aber von ihm und heiratete einen Arabarchen[3]). Die jüngste seiner Töchter, die ebenfalls schöne Drusilla (geb. 38), verlobte Agrippa zwar mit einem heidnischen Prinzen, dem Sohn seines Freundes Antiochos von Commagene. Aber der Bräutigam, Namens Epiphanes, mußte versprechen, zum Judentum überzutreten und das Bundeszeichen anzunehmen[4]).

Agrippas letzte Regierungsjahre waren glücklich für die Judäer in und außerhalb Judäas, eine freundliche Abendröte vor dem Hereinbrechen grauenvollen Dunkels. Sie hatten eine gewisse Ähnlichkeit mit der Zeit des Königs Josia in der älteren Geschichtsperiode: friedliche Zustände im Innern und nach außen, Selbständigkeit innerhalb gewisser Schranken und geistige Regsamkeit, wie denn auch Agrippa eine gewisse Charakterähnlichkeit mit diesem Könige zeigte, indem beide zuerst von der Verderbnis der Zeit mit fortgerissen waren, sich später daraus emporgerafft haben und musterhafte Fürsten geworden sind. Die Judäer außerhalb Palästinas, weit und breit im römischen Reiche angesiedelt, genossen die Gunst, in welcher Agrippa beim Kaiser Claudius stand; sie durften nirgends in ihrer Lebensweise und in ihrer religiösen Überzeugung gekränkt werden und konnten ihre Eigenart bewahren.

Glücklich fühlten sich besonders die Judäer in Ägypten und namentlich in Alexandrien, wo sie vorher unter Caligula mehrere Jahre hindurch verhöhnt und gequält worden waren. Claudius hatte ihre Gleichberechtigung mit den griechischen Bewohnern des Landes ausdrücklich bestätigt und die Statthalter angewiesen, ihnen keinen Unglimpf zuzufügen zu lassen. Ihr Oberhaupt, der Arabarch Alexander Lysimachos,

---

[1]) Josephus Altert. XIX, 5, 1; 9, 1.

[2]) Das. 9, 1; XX, 7, 1. Dieser Julius Archelaus war ein Sohn des Mannes, welcher das. XVIII, 8, 4 Ἑλκίας ὁ μέγας genannt wird, und den Petronius neben Aristobul, dem Bruder des Königs Agrippa, zu Rate gezogen hat.

[3]) Das. XX, 7, 3 [daß ihr Gemahl „Arabarch" gewesen sei, steht nicht bei Josephus].

[4]) Das. XIX, 9, 1. XX, 7, 1.

von dieſem Kaiſer aus dem Kerker befreit (o. S. 344), nahm wieder
ſeine hohe Stellung ein und konnte für ſeine Stammesgenoſſen ſegens-
reich tätig ſein. Sein Bruder Philo begann erſt in dieſer Zeit unter
Claudius die Gedankenſchätze ſeines Innern zur Belehrung für große
Kreiſe zu offenbaren und bildete den Höhepunkt der judäiſch-griechiſchen
Geiſtesrichtung. Griechiſch redende und gebildete Judäer hatten bis
dahin viel in der helleniſchen Sprache geſchrieben, teils zur Abwehr
hämiſcher Angriffe auf ihren Urſprung und ihre Lehre, teils zur eigenen
Belehrung und zur Kräftigung ihrer Überzeugungen. Aber bleibenden
Wert hatte dieſes Schrifttum, ſoweit es nach dem Erhaltenen beurteilt
werden kann, durchaus nicht. Auf die dichteriſchen Erzeugniſſe (o. S. 46)
waren geſchichtliche gefolgt, teils unter eigenem, teils unter erborgtem
Namen und unter täuſchender Vermummung. Ein Demetrios[1])
hatte eine Art Geſchichte oder Chronologie der Judäer geſchrieben von
der Zeit der Erzväter vielleicht bis zur babyloniſchen Verbannung mit
genauer Berechnung der Jahre von Adam bis zur Wanderung nach
Ägypten, und vom Exile der Zehnſtämme und der babyloniſchen Gefangenſchaft bis zur Zeit eines Königs Ptolemäus. Ein anderer Schriftſteller, unter dem Namen Eupolemos, hinterließ ein Geſchichtswerk
über die Könige und Propheten — mit vielem Aufputz. Darin wurde
beſonders Salomo verherrlicht, und ein erdichteter Briefwechſel zwiſchen
ihm und den Königen von Ägypten und Thyrus mitgeteilt. Von Moſes
Weisheit wurde in dieſem Geſchichtsbuch geprieſen, daß er nicht bloß
die Geſetze, ſondern auch die Buchſtabenſchrift den Judäern überliefert
habe, und daß erſt von ihnen die Phönizier und von dieſen die Griechen
die Schrift entlehnt hätten.

	Ein judäiſch-alexandriniſcher Schriftſteller unter dem Namen
Artapanos, der einem ägyptiſchen Prieſter die Geſchichte von dem
Geſchlechte der Judäer in den Mund legte, miſchte in die Urgeſchichte
allerlei Fabeleien über Joſeph und Moſe. Weil griechiſche Schmäher
von dem Geſetzgeber mit Verachtung ſprachen (o. S. 323), verherrlichte
ihn dieſer — nennen wir ihn Artapanos — über die Maßen. Er habe
eigentlich Moyſos geheißen und ſei derſelbe, den die Hellenen als
Muſaios, den Lehrer des Saitenſpielers Orpheus, hoch verehrten.
Er ſei auch als Hermes, als Ausleger der heiligen Schriften der
Ägypter, von den Prieſtern in hoher Verehrung gehalten worden.
Dieſer Moyſos habe ſehr viele nützliche Erfindungen eingeführt, auch
die Philoſophie gelehrt, ſei ein gar bedeutender Krieger geweſen und
habe einen Waffenzug gegen die Äthiopier ausgeführt. Noch viel mehr

---

[1]) Vergl. über dieſe Literatur Note 3.

Fabeln hat Artapanos in Moses Lebensbeschreibung eingeflochten. — Ein Dichter Ezekielos (Theodektes?) bearbeitete die Geschichte Moses und des Auszuges aus Ägypten zu einem Drama und ließ die darin auftretenden Personen: Mose, seine Frau Sepphora, Raguel, seinen Schwiegervater, und selbst Gott in griechischen Versen sprechen. Diese Hellenisierung der israelitischen Urgeschichte scheint in einigen Kreisen Anstoß erregt zu haben, als wäre das Heilige dadurch entweiht. Als Ezekiels' Augenlicht durch ein Leiden erlosch, wurde es als eine Strafe wegen dieser Entweihung angesehen. Dieses Drama hat den Titel „Auszug" (Ἐξαγωγή), ist jedoch wie das ganze ältere judäisch-griechische Schrifttum nur bruchstückweise erhalten. Ganz unbedeutende Fragmente sind noch vorhanden von einem Theophilos über das Geschenk, welches Salomo dem tyrischen König Hiram gesendet haben soll, und von einem Aristaias über die Abstammung des Dulders Hiob, und diese Bruchstücke lassen nicht einmal auf den Inhalt oder Charakter ihrer Schriften schließen.

Neben diesen Schriften entstanden Übersetzungen einzelner Bücher der heiligen Schrift ins Griechische. Der jüngere Sirach, Enkel des ältern Jesua Sirach[1]), welcher unter Ptolemäus Physkon ausgewandert war, übertrug die Sprüche seines Großvaters ins Griechische[2]). Von dem Buche Esther, das erst während der Leiden der Makkabäerzeit entstanden ist[3]), sind mindestens zwei griechische Übersetzungen angelegt worden, die zugleich Zusätze, Ausschmückungen und Wundererzählungen enthalten. Ganz besonders ließen es sich die Übersetzer angelegen sein, Gottes Hand, was das Original vermissen läßt, bei der Errettung des Volkes unter Ahasverus zu zeigen, Wunder in die so nüchterne, so aller Wunder bare Erzählung einzuflechten, und einen Traum Mardochaïs zu erdichten, der ihm die Leiden und die Errettung voraus verkündet hätte.[4]).

Ein wohl in Alexandrien lebender judäisch-griechischer Schriftsteller, der, um die Griechen von der Vortrefflichkeit der judäischen Lehre zu überzeugen, unter dem Namen des griechischen Geschichtsschreibers Hekataios von Abdera schrieb, behandelte zwar ebenfalls die alte Geschichte und hinterließ eine Schrift über Abraham. Aber am meisten lag ihm daran, die Vorgänge, welche die Judäer unter griechisch-mazedonischer Herrschaft betrafen, zur Kenntnis zu bringen. Pseudo-Hekataios[5]) stellte dar, daß Judäer nicht bloß unter Alexander

---

[1]) Vergl. B. II. b, S. 281.   [2]) Vergl. o. S. 49, Anm. 2.
[3]) Vergl. B. II. b, S. 339.
[4]) Über die griechischen Übersetzungen von Esther soll an einer anderen Stelle abgehandelt werden.   [5]) Vergl. Note 3.

dem Großen, ſondern auch unter dem erſten Ptolemäer freiwillig nach
Ägypten ausgewandert wären, und daß ihnen dieſe mazedoniſchen
Herrſcher große Gunſt erwieſen hätten. Es ſollte eine Widerlegung der
Verunglimpfung von ſeiten griechiſcher Judenfeinde ſein, die behauptet
hatten, daß die Judäer in Alexandrien und Ägypten einen niedrigen
Stand eingenommen hätten. Einen kenntnisreichen und beredten Prieſter
Namens Ezechias, welcher mit nach Ägypten ausgewandert ſei, läßt
Pſeudo=Hekataios die Standhaftigkeit der Judäer bei der Beobachtung
ihrer Geſetze auseinanderſetzen und zeigt, daß ſie nicht Leiden, ſelbſt
nicht der Tod zur Übertretung derſelben bringen könnten. Einen
anderen Judäer, namens Moſollamos, läßt er den tatſächlichen
Beweis von der Nichtigkeit des Glaubens der Griechen an Vögelflug
führen. Dieſer habe als gewandter Schütze einen Vogel, auf welchen
in der Wüſte irrende Griechen die Hoffnung geſetzt, daß er ihnen den
richtigen Weg durch ſeinen Flug zeigen würde, mit einem Pfeil ge=
tötet und damit den Griechen das Törichte dieſes Glaubens bewieſen.
Auch von der Schrift des judäiſchen Hekataios ſind nur Bruchſtücke
vorhanden [1]).

Ganz erhalten ſind lediglich eine mit vielen Sagen und Wunder=
erzählungen ausgeſchmückte Geſchichte der Makkabäer in griechiſcher
Sprache, welche der Verfaſſer aus einer umfangreichen Schrift eines
Jaſon von Kyrene auszüglich gegeben haben will (zweites Makka=
bäerbuch), und die zur Zeit der Leiden der alexandriniſchen Judäer
unter dem Kaiſer Caligula entſtandene Erbauungsſchrift, um die
Leidenden zur Standhaftigkeit zu ermutigen, das dritte Makkabäer=
buch (o. S. 334).

Alle dieſe ſelbſtändigen oder halbſelbſtändigen Schriften, mehr oder
weniger ſchlecht geſchrieben, haben weder inhaltlichen noch künſtleriſchen
Wert. Sie legen nicht gerade das beſte Zeugnis von der Bedeutſam=
keit des judäiſch=griechiſchen Schrifttums ab. Die klaſſiſche Zeit des=
ſelben bildet erſt die Lebenszeit des Großgeiſtes Philo, des Zeit=
genoſſen des Königs Agrippa. Erſt dieſe offenbart die Vertiefung der
griechiſch redenden Judäer in ihre eigenen Quellen, ihren weiten Blick
und ihre Gedankenhoheit. Damals war die Geburtszeit einer eigenen
judäiſchen Weltweisheit. Erſt in dieſer philoſophiſch regſamen Zeit
konnte es unternommen werden, das Kunſtwerk Hiob in ein griechiſches
Gewand zu hüllen. In der Flachheit der vorangegangenen Zeit wäre
dieſe, eine bedeutende Gedankenarbeit erfordernde Überſetzung nicht
möglich geweſen. Eine geſicherte Überlieferung erzählt: Als einſt das

---

[1]) [Vergl. hierzu meine Bemerkungen zu Note 3, Nr. 10.]

Haupt des hohen Rates Gamaliel, Hillels Enkel, auf dem Tempel=
berge saß, sei ihm eine Übersetzung des Buches Hiob, ohne Zweifel
in griechischer Sprache, als etwas ganz Neues eingehändigt worden.
Er habe aber kein Behagen daran gefunden, vielmehr sofort den Be=
fehl erteilt, die ihm überreichte Rolle in das Gemäuer des Außen=
werkes des Tempels, an dem damals noch immer gearbeitet wurde,
zu stecken. Gamaliel hielt die Übersetzung eines der Bücher, welche
nicht zur Sammlung der Schriften der Thora und der Propheten ge=
hören, für schädlich[1]).

Die glückliche Zeit der agrippinischen Regierung war indessen
nur von kurzer Dauer. Wenn auch der Kaiser Claudius Vertrauen
zu Agrippa hatte, so beargwöhnten doch seine Diener jeden Schritt
des judäischen Königs und sahen darin ein Vorzeichen des Abfalls.
Agrippas Gewandtheit, Selbständigkeit und nationaler Sinn erschienen
den Römern, die ihn in der Nähe zu beobachten Gelegenheit hatten,
für die römischen Interessen gefahrdrohend. Sie täuschten sich in der
Tat nicht. So sehr auch Agrippa mit Rom liebäugelte, so war er doch
darauf bedacht, Judäa in den Stand zu setzen, einem Zusammenstoße
mit Rom, der ihm unvermeidlich schien, gewachsen zu sein. Hing ja
die Gunst oder Ungunst Roms von der Zufälligkeit ab, welche Person
an die Spitze der Weltmacht gestellt war, und selbst der beste Herrscher
war gegen die Vorurteile der römischen Großen und die Ränke seiner
Umgebung machtlos. Agrippa, der mit ganzem Herzen judäischer König
geworden war, wollte sein Volk nicht von der Laune irgend einer
Persönlichkeit abhängen lassen; darum ließ er Baumaterialien in Fülle
nach Jerusalem bringen und ging ans Werk, die Vorstadt auf dem
Hügel Bezetha im Nordosten der Stadt, nördlich von der Burg
Antonia (Baris) durch starke und hohe Mauern zu befestigen. Dieser
Stadtteil war allmählich durch Zunahme der Bevölkerung entstanden.
Hier waren Marktplätze für Wollhändler, Erzschmiede, Kleider= und
Viehverkauf. Bei einem feindlichen Angriff auf Jerusalem war aber
Bezetha zuerst gefährdet und dadurch auch die benachbarte Antonia.
Deswegen ließ sich Agrippa vom Kaiser Claudius, der ihm nichts ver=
sagen konnte, die Erlaubnis zur Befestigung derselben erteilen, und
die Hofkreaturen gewann er durch Geschenke dafür. Auch hatte diese
Vorstadt (Oberbezetha) nicht die Heiligkeit Jerusalems, weil sie offen
war. So wurde die Umwallung unternommen. Es wurden dazu
Quadersteine von zwanzig Ellen Länge und zehn Ellen Breite ver=
wendet, und die Dicke der Mauern betrug zehn Ellen. Diese begannen

---

[1]) Vergl. Monatsschr. Jahrg. 1877, S. 83 fg.

von dem Turm Hippikos im Weſten, machten einen weiten Bogen im
Norden und reichten bis zum Kibron=Tale im Oſten des Tempels.
Sobald ſie eine gewiſſe Höhe erreicht hatten, wurde dieſer Stadtteil
feierlich eingeweiht. Der König, das große Synhedrion, Levitenchöre,
gewiß auch der Hohepriester und hinter ihnen das Volk umzogen ihn
in Prozeſſion längs der Mauer. Im Tempel ſangen die Levitenchöre
den Pſalm 30, welcher die Erhebung des Volkes aus der Niedrigkeit
zum Inhalte hat (o. S. 346). Damit wurde Bezetha zum Beſtand=
teil der heiligen Stadt erklärt. Aber die Vollendung der Mauern
hintertrieb der damalige Statthalter von Syrien Vibius Marſus.
Er durchſchaute den Plan, den Agrippa mit der Befeſtigung verfolgte,
ſchilderte dem Kaiſer die Gefahren, die daraus für Rom entſtehen
könnten, und ſetzte es durch, daß ein Befehl an Agrippa erging, die
Befeſtigung einzuſtellen[1]). Agrippa mußte gehorchen. Er war noch
nicht in der Lage, Widerſetzlichkeit zu zeigen. Aber er hatte im Sinne,
Roms Macht in Judäa zu ſchwächen, und vereinigte ſich mit den ihm
befreundeten und verſchwägerten Nachbarfürſten, um eine ſelbſtändige
Haltung gegen Rom einzunehmen. Er lud daher dieſe Fürſten unter
dem Vorwande harmloſer Vergnügungen zu einer gemeinſamen Ver=
abredung nach Tiberias ein. Es trafen in der galiläiſchen Hauptstadt
ein Antiochos, König von Commagene, des judäiſchen Königs Ge=
ſinnungsgenoſſe, deſſen Sohn Epiphanes mit Agrippas jüngſter Tochter
verlobt war; ferner Sampſigeramos, König von Emeſa, deſſen
Tochter Jotape mit Agrippas Bruder Artiſtobul verheiratet war[2]),
ferner Kotys, König von Kleinarmenien, Polemon, Fürſt von
Cilicien und endlich Herodes, Agrippas Bruder, König von Chalkis.
Alle dieſe Fürſten waren von Claudius in ihre Stellung eingeſetzt
worden und hatten daher von einem Thronwechſel in Rom oder von
den Einflüſterungen einflußreicher Perſonen bei Hofe den Verluſt ihrer
Würde zu fürchten. Marſus aber ſchöpfte von dieſer Eintracht und
dieſem Zuſammentreffen befreundeter Fürſten Verdacht, traf plötzlich
in Tiberias ein und bedeutete den Verſammelten mit altrömiſchem
Stolze, ſich ſofort in ihre Heimat zu begeben[3]). Und ſo gefürchtet
war Rom, daß dieſe Fürſten auf ein Wort eines kaiſerlichen Dieners
auseinander gingen.

Indeſſen hätten wohl Agrippas Unternehmungsgeiſt und Ausdauer
Judäa vor neuen Demütigungen geſchützt und auch für die künftige
Sicherheit geſorgt, wenn ihn nicht der Tod im Alter von vierundfünfzig

---

[1]) Joſephus Altert. XIX, 7, 2. Vergl. über Lage und Bedeutung der
Bezetha Note 22 am Ende.
[2]) Joſephus Altert. XVIII, 5, 4.   [3]) Daſ. XIX, 8, 1.

Jahren ganz unerwartet ereilt hätte (Frühjahr? 44), als er eben einem Schauspiele zu Ehren des Kaisers Claudius nach dessen Rückkehr von der Eroberung Britanniens in Cäsarea beiwohnte. Sein plötzlicher Tod gab zu verschiedenen Gerüchten Veranlassung. Einige sagten, er hätte sich zuletzt versündigt, weil er sich von Schmeichlern göttliche Verehrung habe gefallen lassen. Andere, er habe die Stimme eines unheilverkündenden Uhus vernommen, wodurch sich erfüllt habe, was ihm einst, als er noch im Kerker saß, ein germanischer Soldat prophezeite, daß diese Stimme seinen Totengesang bedeuten werde[1]). Die Christen glaubten, er habe den plötzlichen Tod wegen der an ihnen verübten Verfolgung verdient[2]). Die Schmerzen in den Eingeweiden, die ihn überfielen und ihm den Tod brachten, lassen aber einen anderen Grund vermuten. Mit Agrippa ging der letzte Stern Judäas unter; er starb, wie der letzte edle König der vorexilischen Zeit, Josia, ein viertel Jahrhundert vor dem Untergang des Staates.

Nach Agrippas Tod zeigte es sich, mit welchem verbissenen Ingrimme die Griechen, die in Palästina wohnten, dieses Königs Machtstellung erfüllt hatte. Die Syrer und Griechen in Cäsarea und in der Hafenstadt Sebastos, uneingedenk der von Agrippa empfangenen Wohltaten, ergossen sich in Schimpfreden gegen den Verstorbenen und opferten unter Gelagen dem Charon, daß er Agrippa entführt. Die römischen Soldaten, welche in Cäsarea standen, besonders die aus der Bevölkerung ausgehobenen, welche den Namen Augustäer und Cäsarenser führten[3]), machten gemeinsame Sache mit ihnen, schleppten die

---

[1]) Josephus Altert. das. 8, 2.

[2]) Apostelgesch. 12, 1—23. Sonderbarerweise findet Schürer (a. a. O. 209 [jetzt I[3], 563]. Übereinstimmung zwischen diesem und dem Berichte Josephus' in den Hauptpunkten. Allein der Bericht der Apostelgeschichte ist durchweg sagenhaft; er meint auch gar nicht Agrippa, sondern Herodes magnus (Ἡρώδης ὁ βασιλεύς, wie Matth. 2, 1); dieser soll von Würmern zerfressen worden sein. Von dieser Sage darf man daher nicht ausgehen, um den Sterbemonat Agrippas zu fixieren, als wenn dieser um das Passah-Fest erfolgt wäre. Auch aus Dio Cassius' Angabe (60, 23) läßt sich nicht bestimmen, in welchem Monate Claudius' britannischer Triumph gefeiert wurde, also auch nicht die Zeit, in welcher Agrippa in Cäsarea wegen glücklicher Rückkehr des Kaisers (ὑπὲρ τῆς ἐκείνου σωτηρίας) ein Schauspiel veranstaltet hat. Da Münzen von Agrippa aus dem Jahre 9 existieren (o. S. 321), so muß er noch mindestens einen Monat nach Nissan d. J. 44 gelebt haben.

[3]) Josephus Altert. XIX, 9, 1. In diesem Berichte muß man unterscheiden die Καισαρεῖς καὶ Σεβαστηνοί, welche undankbar gegen Agrippa Schimpfreden ausstießen, von den Soldaten, welche die Bildsäulen der Prinzessinnen beschimpften. Auch diese werden das. 9, 2 genannt: ἴλη τῶν Καισαρέων καὶ τῶν Σεβαστηνῶν. Diese und noch andere 5 römische Kohorten sollten wegen ihrer Exzesse nach dem Pontus disloziert werden. Sie blieben aber

Bildnisse von Agrippas Töchtern in unflätige Häuser und beschimpften sie. Als Claudius von den seinem verstorbenen Freunde angetanen Beschimpfungen Nachricht erhielt, war er nicht gleichgiltig dagegen und wollte sogar dessen siebzehnjährigen Sohn Agrippa II., der damals zur Erziehung in Rom weilte, zum König ernennen; allein seine Günstlinge, die Freigelassenen Pallas und Narcissus, welche seinen Willen beherrschten, wußten ihn davon abzubringen. Sie schützten Agrippas Jugend vor und behaupteten, daß er nicht imstande sein werde, ein so schwieriges Land wie Judäa zu regieren. Darauf wurde Judäa wiederum zur römischen Provinz erklärt und verblieb in dieser Stellung bis zum Untergange des Reiches.

Dem ersten Landpfleger Cuspius Fadus, dem der Kaiser aus freundlicher Erinnerung an den verstorbenen judäischen König eine gewisse unabhängige Stellung gegenüber dem syrischen Statthalter Vibius Marsus verlieh, weil dieser feindlich gegen Agrippa und die Judäer gesinnt war, trug er auf, die übermütigen Soldaten, die Agrippas Andenken beschimpft hatten, zu bestrafen und sie nach dem Pontus zu versetzen. Das letztere unterblieb jedoch auf deren bringende Bitten um Verzeihung. Dieses von Judenhaß erfüllte Soldatenkorps blieb also in Judäa und trug nicht wenig zur Erbitterung der Nationalen bei [1].

Die judenfeindliche Stimmung der Heiden stachelte die Judäer zu Repressalien auf; es bildeten sich wieder, wie nach Herodes' Tode, Freischaren, die, von Führern geleitet, den heidnischen Bewohnern arg mitspielten. Ein solcher Freischarenführer war Tholomaï, welcher in Idumäa hauste und im benachbarten Lande den Nabatäern viel Schaden zufügte. Fadus betrachtete es als seine Aufgabe, solche Aufstände nicht wachsen zu lassen, zog gegen die Freischaren zu Felde und zersprengte sie; Tholomaï wurde gefangen und vermutlich enthauptet [2]. Ein Streit der Judäer in Peräa mit den heidnischen Einwohnern von Philadelphia (Rabbat Ammon) um das Gebiet von Mia (Zia), einige Stunden von dieser Stadt entfernt, fiel ebenfalls zum Nachteil der Judäer aus. Von den judäischen Anführern Amram, der den Streit

---

in Cäsarea und fügten unter Florus den Judäern viel Leid zu (das.): οἱ καὶ τοῖς ἐπιοῦσι χρόνοις τῶν μεγίστων Ἰουδαίοις ἐγένοντο συμφορῶν ἀρχή. Von diesen Sebastenoi = Augustani ist noch eine dunkle Sage im Midrasch (zu Esther p. 119 d) erhalten, daß sie im Verein mit den Decumani Titus den Rat erteilt hätten, den Tempel zu zerstören: . . . אלו שני לגיונותיו של מלך דיקומיני ואוגוסטיאני הן הן שנתנו עצה לנבוכדנצר ועלה והחריב בית המקדש. Nebuchadnezar steht hier, wie oft, statt Titus. Die zehnte Legion die Decumana, war tatsächlich bei der Eroberung und Zerstörung Jerusalems tätig.

[1] Josephus Altert. XIX, 9, 2; vergl. o. S. 359 N. 3.
[2] Das. XX, 1, 1.

benutzt hatte, um die Erlösung vom Joche der Römer zu unternehmen, und seinen Genossen Hannibal und Eleasar ließ Fadus den einen enthaupten und die übrigen verbannen[1]). Fadus beabsichtigte ferner der Römerherrschaft über Judäa denjenigen Umfang zu geben, den sie vor Agrippa unter den ersten Landpflegern hatte; er versuchte, die Hohenpriesterwahl und die Bewahrung der Priesterkleider in der Burg Antonia in seinen Bereich zu ziehen. Dagegen erhoben indessen die hohenpriesterlichen Geschlechter Einspruch, und auch Agrippas Bruder, Herodes II., war damit unzufrieden, weil er den Ehrgeiz hatte, das Recht der Hohenpriester=Wahl zu erlangen. Es scheint eine solche Aufregung deswegen in Jerusalem geherrscht zu haben, daß nicht bloß der Landpfleger Fadus, sondern auch der Statthalter Cajus Cassius Longinus mit zahlreichen Truppen in Jerusalem eintraf. Als die vornehmen Familien, Herodes und sein Bruder Aristobul an der Spitze, um Aufschub und um die Erlaubnis baten, deswegen eine Gesandtschaft an den Kaiser zu senden, gestatteten es die beiden höchsten römischen Beamten nur unter der Bedingung, daß Geißeln für die Erhaltung der Ruhe gestellt würden. Als solche übergeben waren, ging eine Gesandtschaft, bestehend aus Cornelius, dem Sohne des Keron(?), Tryphon, dem Sohne des Theudion, Dorotheos, dem Sohne des Nathanael, und Johannes nach Rom. Hier führte sie der jüngere Agrippa beim Kaiser ein, und dieser bewilligte aus Rücksicht für die Herodianer das Gesuch, damit die Judäer nach ihren eigenen Gesetzen leben könnten (Sommer 45[2]); Herodes erhielt das Recht, die Hohenpriester zu wählen. Er machte sogleich von diesem Recht Gebrauch, indem er den von seinem Bruder zuletzt eingesetzten Hohenpriester Elionaï (o. S. 348) seiner Funktion enthob und dafür einen anderen, Joseph aus dem Hause Kamith, ernannte[3]). Als

---

[1]) Josephus Altert. das. Vergl. über diesen Amram weiter unten.

[2]) Das. 1, 1—2. Die das. mitgeteilte Urkunde enthält im Anfang und am Ende fast unlösbare Datierungsschwierigkeiten. Diese vermindern sich nur wenig, wenn man mit N. Brüll (Jahrb. z. j. Gesch. und Lit. I, 66 N.): δημαρχικῆς ἐξουσίας τὸ πέμπτον .... αὐτοκράτωρ τὶ δ'ἔκτον statt δέκατον liest. Denn die Jahre des Tribunats und des Imperiums fallen bei Claudius zusammen. Von diesen Daten muß man also absehen. In der Sache selbst liegt es, daß, wenn die römischen Beamten das Ernennungsrecht der Hohenpriester sich vindizieren wollten, sie dieses, wenn auch nicht in Agrippas Sterbejahr 44, so doch im darauffolgenden begonnen haben. Die judäischen Gesandten verhandelten also darüber vor Claudius im J. 45. — Longinus war bereits anstatt Marsus Statthalter von Syrien. Claudius' Urkunde kann also spätestens Ende Mai oder Juni 45 d. h. in seinem 6. Jahre ausgestellt sein, wenn das Monatsdatum zum Schlusse πρὸ δ' καλανδῶν Ἰουλίου oder Ἰουνίου echt ist.   [3]) Note 19.

fürchtete Herodes einen Hohenprieſter längere Zeit im Amte zu laſſen,
ſetzte er nicht lange darauf an deſſen Stelle einen andern ein, Ana=
nias ben Nebedaï[1]) oder Jochanan ben Nebedaï (um 46), der
ſich durch weiter nichts als durch ſeine Gefräßigkeit berühmt gemacht
hat. Man erzählt ſich von ihm, daß zu ſeiner Zeit niemals übrig=
gebliebene Opferſtücke vorgekommen ſeien[2]).

Herodes II. konnte alſo in einem gewiſſen Sinne als König von
Judäa angeſehen werden. Nur auf den Gang der politiſchen Ange=
legenheiten beſaß er keinen Einfluß. Die von ihm erhaltenen Münzen
haben lediglich auf ſein eigenes Königreich Chalkis Bezug. Die poli=
tiſche und richterliche Macht war in den Händen der Landpfleger.
Das Synhedrion, das unter Agrippa und Gamaliel ſein altes Anſehen
wieder erlangt hatte, büßte es unter den Landpflegern wieder ein[3]).

Fadus hatte während ſeiner Verwaltung auch einen meſſianiſchen
Aufruhr zu dämpfen. Ein gewiſſer Theudas trat als Prophet oder
Meſſias auf und fand an 400 Gläubige, ſo ſehr war die meſſianiſche
Erlöſung die Sehnſucht des Volkes geworden. Schwerlich wird Theudas
ein bloßer Betrüger geweſen ſein. Er mag vielmehr, dem Herzens=
drange folgend, Träume zu verwirklichen geſucht haben. Darum ver=
hieß er ſeinen Anhängern als Zeichen ſeiner Meſſianität, daß er den
Jordan ſpalten und ſie trockenen Fußes hindurchführen werde. Als
dann ſeine Anhänger mit Hab und Gut ſich dem Jordan näherten,
verfolgte ſie eine von Fadus ausgeſandte Reiterſchar, tötete viele, machte
andere zu Gefangenen und hieb das Haupt des Schwärmers ab, das
nach Jeruſalem gebracht wurde[4]) (um 46). Nicht lange darauf wurde
Fadus abberufen und an ſeine Stelle kam der zum Heidentume über=
getretene Tiberius Julius Alexander, der Sohn des Arabarchen
Alexander und Neffe des judäiſchen Philoſophen Philo. Tiberius hatte
bereits die Würde eines römiſchen Ritters inne[5]). Der Kaiſer glaubte
gewiß durch die Ernennung eines geborenen Judäers aus einem an=
geſehenen Geſchlechte zum Landpfleger der judäiſchen Nation einen
Beweis ſeines Wohlwollens zu geben und ſie für den Verluſt der
Selbſtregierung zu entſchädigen. Er wußte nicht, daß die empfindlichen
Gemüter ſich nur noch mehr verletzt fühlen mußten, von einem Ab=
trünnigen regiert zu werden. Das Volk ſcheint ſich auch unter Tiberius'
Verwaltung ſehr unbehaglich gefühlt zu haben; die Zeloten erhoben
wieder ihr Haupt und reizten zum Aufruhr. Sie hatten Führer an
den Söhnen des Zelotenſtifters Juda, des Galiläers (v. S. 251, 259),

---

[1]) Dieſelbe Note. [2]) Vergl. dieſelbe Note.
[3]) Joſephus Altert. XX, 5, 1. Apoſtelgeſchichte 5, 36.
[4]) Tacitus Annalen 15, 28. [5]) Joſephus daſ. 5, 2.

Jakob und Simon, welche der Vater in seinen Grundsätzen erzogen hatte. Aus der harten Strafe, die der Landpfleger über sie verhängte, läßt sich auf den Ernst des Aufstandes schließen. Er ließ nämlich beide Brüder ans Kreuz schlagen[1]), die entehrendste Strafe nach römischem Strafgesetze. — Als sollte das Volk für so viele Demütigungen durch einen abgefallenen Genossen anderweitig entschädigt werden, sah es mit Stolz in dieser Zeit, wie eine heidnische Königin, die zum Judentum übergetreten war, seine Wohltäterin wurde und in einer Hungersnot mit königlicher Freigebigkeit für die Notleidenden sorgte (47—48). Doch davon später.

[1]) Josephus das. 5, 2.

Ende der 1. Hälfte des III. Bandes.